HISTÓRIA DO PENSAMENTO ECONÔMICO

Dados Internacionais de Catalogação na Publicação (CIP)
(Câmara Brasileira do Livro, SP, Brasil)

Brue, Stanley L.
B889h História do pensamento econômico / Stanley L. Brue, Randy R. Grant ; revisão técnica: Sebastião Neto Ribeiro Guedes. - São Paulo, SP : Cengage Learning, 2023.
608 p. : il. ; 26 cm.

Inclui bibliografia, índice e apêndice.
Tradução de: The evolution of economic thougth (8. ed.). ISBN 978-85-221-2563-0.
2. reimpr. da 8 ed. norte-americana de 2017.

1. Economia - História. I. Grant, Randy R. II. Guedes, Sebastião Neto Ribeiro. III. Título.

CDU 33(091) CDD 330.09

Índice para catálogo sistemático:
1. Economia : História 33(091)

(Bibliotecária responsável: Sabrina Leal Araújo - CRB 10/1507)

Stanley L. Brue
Pacific Lutheran University

Randy R. Grant
Linfield College

HISTÓRIA DO PENSAMENTO ECONÔMICO

Tradução da 8ª edição norte-americana

Tradução:
Noveritis do Brasil

Revisão técnica:
Professor Doutor Sebastião Neto Ribeiro Guedes
Bacharel em Economia pela Unesp e Doutor em Economia pela Unicamp
Professor do departamento de Economia da Unesp
Coordenador do programa de pós-graduação (*stricto sensu*)
em Economia da Unesp

CENGAGE Learning

Austrália • Brasil • Japão • Coreia • México • Cingapura • Espanha • Reino Unido • Estados Unidos

CENGAGE Learning

História do Pensamento Econômico

Tradução da 8ª edição norte-americana
2ª edição brasileira

Stanley L. Brue
Randy R. Grant

Título original: The Evolution of Economic Thought
Eight Edition

Gerente editorial: Noelma Brocanelli

Editora de desenvolvimento: Regina Helena Madureira Plascak

Supervisora de produção gráfica: Fabiana Alencar Albuquerque

Tradução: Noveritis do Brasil

Tradução da 6ª edição norte-americana: Luciana Penteado Miquelino

Copidesque: Norma Gusukuma

Revisões: Rosangela Ramos, Tatiana Tanaka, Beatriz Simões Araújo e FZ Consultoria Editorial

Revisão técnica: Professor Doutor Sebastião Neto Ribeiro Guedes

Projeto gráfico: Megaart

Diagramação: PC Editorial Ltda.

Capa: Megaart Design

Imagem da capa: Heijenbrock, Herman
'Furnaces in Hörde', c. 1910.
Oil on canvas, 128 × 128 cm.
Düsseldorf

ISBN-13: 978-85-221-2563-0
ISBN-10: 85-221-2563-5

Cengage Learning
Condomínio E-Business Park
Rua Werner Siemens, 111 – Prédio 11 – Torre A, Conjunto 12
Lapa de Baixo – CEP 05069-900 – São Paulo – SP
Tel.: (11) 3665-9900 – Fax: (11) 3665-9901
SAC: 0800 11 19 39

Para suas soluções de curso e aprendizado, visite **www.cengage.com.br**

Impresso no Brasil.
Printed in Brazil.
2. reimpressão de 2023

SUMÁRIO

	Prefácio	xi
	Linha do tempo das ideias econômicas	xv
Capítulo 1 –	Introdução e visão geral	1
	Uma linha do tempo das ideias econômicas	2
	As cinco perguntas principais	3
	A importância de estudar a economia e sua história	7
	Apêndice: A história do pensamento econômico: fontes de informações	10
Capítulo 2 –	A escola mercantilista	13
	Visão geral do mercantilismo	13
	O passado como preâmbulo 2-1 O mercantilismo e a oferta de mão de obra	**18**
	Thomas Mun	21
	O passado como preâmbulo 2-2 O mercantilismo tardio	**21**
	Gerard Malynes	25
	Charles Davenant	26
	Jean Baptiste Colbert	27
	Sir William Petty	29
Capítulo 3 –	A escola fisiocrática	35
	Visão geral dos fisiocratas	35
	François Quesnay	40
	Anne Robert Jacques Turgot	43
	O passado como preâmbulo 3-1 Quesnay e o diagrama de fluxo circular	**43**
Capítulo 4 –	A escola clássica – precursores	49
	Visão geral da escola clássica	49
	Sir Dudley North	54
	Richard Cantillon	56
	David Hume	59
	O passado como preâmbulo 4-1 Hume e a cooperação	**63**

Capítulo 5 - A escola clássica - Adam Smith 67
Detalhes biográficos 67
Influências importantes 68
A teoria dos sentimentos morais 69
A riqueza das nações 72
As leis econômicas de uma economia competitiva 77
O passado como preâmbulo 5-1
Adam Smith e os salários de eficiência **82**

Capítulo 6 - A escola clássica - Thomas Malthus 91
Cenários histórico e intelectual 92
Teoria da população de Malthus 94
O passado como preâmbulo 6-1
Malthus, Carlyle e a ciência lúgubre **98**
A teoria da superprodução 99
Avaliação das contribuições de Malthus 101
O passado como preâmbulo 6-2
Malthus e a fome nos dias atuais **102**

Capítulo 7 - A escola clássica - David Ricardo 109
Detalhes biográficos 109
A questão da moeda 111
A teoria dos rendimentos decrescentes e da renda da terra 112
A teoria do valor de troca e os preços relativos 116
A distribuição de renda 120
O passado como preâmbulo 7-1
O teorema ricardiano da equivalência **120**
Implicações políticas 124
O desemprego segundo Ricardo 127
O passado como preâmbulo 7-2
Teoria do comércio depois de Ricardo **128**
Avaliação 130

Capítulo 8 - A escola clássica - Bentham, Say, Senior e Mill 135
Jeremy Bentham 135
O passado como preâmbulo 8-1
A usura segundo Aquino, Bentham e Fisher **139**
Jean-Baptiste Say 143
O passado como preâmbulo 8-2
Say e a busca de rendimento **144**
Nassau William Senior 147
John Stuart Mill 150
O passado como preâmbulo 8-3
Mill, Taylor e os direitos das mulheres **151**

Capítulo 9	-	A ascensão do pensamento socialista	165
		Uma visão geral do socialismo	165
		Henri Comte de Saint-Simon	172
		Charles Fourier	175
		Simonde de Sismondi	177
		Robert Owen	179
		Louis Blanc	183
		Charles Kingsley	184
Capítulo 10	-	O socialismo marxista	189
		Detalhes biográficos e influências intelectuais	189
		A teoria da história de Marx	192
		A "lei de movimento" da sociedade capitalista	193
		A lei de movimento do capitalismo: um resumo	203
		Avaliação da economia de Marx	204
		O passado como preâmbulo 10-1 O colapso do marxismo	**208**
Capítulo 11	-	A escola histórica alemã	211
		Visão geral da escola histórica alemã	211
		Friedrich List	215
		O passado como preâmbulo 11-1 List e a teoria do comércio estratégico	**218**
		Wilhelm Roscher	220
		Gustav Schmoller	221
		Max Weber	224
		Um pós-escrito	226
Capítulo 12	-	A escola marginalista - precursores	229
		Visão geral da escola marginalista	229
		Antoine Augustin Cournot	234
		O passado como preâmbulo 12-1 Extensões da teoria de duopólio de Cournot	**239**
		Jules Dupuit	240
		O passado como preâmbulo 12-2 Gossen: utilidade e fama tardia	**243**
		Johann Heinrich von Thünen	244
Capítulo 13	-	A escola marginalista - Jevons, Menger, Von Wieser e Von Böhm-Bawerk	249
		William Stanley Jevons	249
		O passado como preâmbulo 13-1 Jevons: o jogo é racional?	**256**
		Carl Menger	258
		Friedrich von Wieser	263

O passado como preâmbulo 13-2
O custo de oportunidade segundo Franklin e Bastiat **267**
Eugen von Böhm-Bawerk 268

Capítulo 14 - A escola marginalista - Edgeworth e Clark 273
Francis Y. Edgeworth 273
O passado como preâmbulo 14-1
Curvas de custo de Jacob Viner **281**
John Bates Clark 283
O passado como preâmbulo 14-2
Clark, a produtividade marginal e os salários dos executivos **290**

Capítulo 15 - A escola neoclássica - Alfred Marshall 295
A vida e o método de Marshall 295
Utilidade e demanda 297
O passado como preâmbulo 15-1
Economia do comportamento: somos racionais? **300**
Oferta 305
Preço de equilíbrio e quantidade 307
Distribuição de renda 310
Aumento e redução de custos nas indústrias 314
O passado como preâmbulo 15-2
Por que as empresas existem? **315**

Capítulo 16 - A escola neoclássica - economia monetária 323
John Gustav Knut Wicksell 324
Irving Fisher 330
Ralph George Hawtrey 337
O passado como preâmbulo 16-1
Política monetária e a Grande Recessão **340**

Capítulo 17 - A escola neoclássica - afastamento da concorrência perfeita 345
Piero Sraffa 347
Edward Hastings Chamberlin 349
Joan Robinson 353
O passado como preâmbulo 17-1
Principais, agentes e a ineficiência de *X* **354**
O passado como preâmbulo 17-2
Robinson, monopsônio e política pública **361**

Capítulo 18 - Economia matemática 367
Tipos de economia matemática 368

		O passado como preâmbulo 18-1 Avanços em econometria	**374**
		Léon Walras	376
		Wassily Leontief	379
		John von Neumann e Oskar Morgenstern	381
		O passado como preâmbulo 18-2 John Nash: descoberta, desespero e o Prêmio Nobel	**384**
		John R. Hicks	386
		Programação linear	390
Capítulo 19	-	A escola institucionalista	395
		Visão geral da escola institucionalista	395
		Thorstein Bunde Veblen	400
		O passado como preâmbulo 19-1 Os bens de Veblen e as curvas da demanda ascendentes	**402**
		Wesley Clair Mitchell	411
		John Kenneth Galbraith	416
		O passado como preâmbulo 19-2 Douglass North e o novo institucionalismo	**421**
Capítulo 20	-	A economia do bem-estar	425
		Vilfredo Pareto	426
		Arthur Cecil Pigou	429
		O passado como preâmbulo 20-1 As externalidades segundo Pigou e Coase	**433**
		Ludwig von Mises	436
		Oscar Lange	438
		Kenneth Arrow	439
		James M. Buchanan	442
		Amartya Sen	446
Capítulo 21	-	A escola keynesiana – John Maynard Keynes	455
		Visão geral da escola keynesiana	455
		John Maynard Keynes	460
		O passado como preâmbulo 21-1 Keynes e a escola de Estocolmo	**470**
Capítulo 22	-	A escola keynesiana – desenvolvimentos após Keynes	477
		Alvin H. Hansen	477
		O passado como preâmbulo 22-1 Contribuição Mundell-Fleming para o *IS-LM*	**483**
		Paul A. Samuelson	485

		O passado como preâmbulo 22-2	
		Abba Lerner e o "volante keynesiano"	**486**
		Os pós-keynesianos	493
		Os novos keynesianos	496
		O passado como preâmbulo 22-3	
		Teorias conflitantes sobre a Grande Recessão	**499**
Capítulo 23	-	Teorias do crescimento e desenvolvimento econômico	505
		Sir Roy F. Harrod e Evsey Domar	506
		Robert M. Solow	508
		Joseph Alois Schumpeter	511
		O passado como preâmbulo 23-1	
		Schumpeter, a destruição criativa e a política antitruste	**515**
		Ragnar Nurkse	517
		W. Arthur Lewis	520
		O passado como preâmbulo 23-2	
		Yunus, microcrédito e o Prêmio Nobel da Paz	**521**
		O passado como preâmbulo 23-3	
		As críticas de Todaro a Lewis e Schultz	**525**
Capítulo 24	-	A escola de Chicago – o novo classicismo	529
		Visão geral da escola de Chicago	530
		Milton Friedman	534
		O passado como preâmbulo 24-1	
		De Stigler a "abacaxis"	**541**
		Robert E. Lucas, Jr.	542
		Gary S. Becker	545
		O passado como preâmbulo 24-2	
		Formação do capital humano? Ou selecionar e sinalizar?	**549**
Capítulo 25	-	Pensamentos de conclusão	557
		O passado como preâmbulo 25-1	
		Os laureados com o Nobel de Economia	**558**
Anexo 1	-	O estruturalismo e a teoria econômica latino-americana	567
Anexo 2	-	Panorama das ideias econômicas no Brasil	575
		Índice onomástico	585
		Índice remissivo	589

PREFÁCIO

A OITAVA EDIÇÃO

O principal objetivo deste livro é apresentar a evolução da história da economia de uma maneira clara, didática, equilibrada e interessante. Afinal, é uma história de grande importância, que aprimora o nosso entendimento da economia contemporânea e fornece uma perspectiva única, não encontrada em outros campos da disciplina.

O estudo da história do pensamento econômico continua a se ampliar à medida que a disciplina da economia se desenvolve. Novas ideias, novas evidências, novos problemas e novos valores pedem uma reconsideração das disputas básicas e das principais contribuições do passado.

NOVOS ECONOMISTAS

Contribuições dos seguintes economistas nesta edição:

- Eli Heckscher e Bertil Ohlin (Capítulo 7)
- Paul Krugman (Capítulo 7)
- Joseph Bertrand (Capítulo 12)
- Heinrich von Stackelberg (Capítulo 12)
- Charles Cobb e Paul Douglas (Capítulo 14)
- Friedrich A. Hayek (Capítulo 22)
- Hyman Minsky (Capítulo 22)
- Muhammad Yunus (Capítulo 23)
- Edmund Phelps (Capítulo 24)

NOVAS SEÇÕES "O PASSADO COMO PREÂMBULO"

Esta obra contém seis novas ou significativamente revisadas seções "O passado como preâmbulo". Esses quadros conectam ideias anteriores, algumas vezes abordadas apenas resumidamente, a contribuições ou questões econômicas contemporâneas ou subsequentes. Em alguns casos, o vínculo específico de ideias abrange muitas décadas e, em outros, somente alguns anos. Algumas vezes, as seções apontam em direção ao futuro, outras vezes remetem ao passado, mas em todos os exemplos envolvem ideias originais e seu impacto na teoria econômica, nas questões econômicas ou nos eventos econômicos subsequentes.

As seções "O passado como preâmbulo" deverão ajudar os alunos a reconhecer as conexões lógicas e históricas entre ideias. Depois de ler essas seções, os alunos começarão a vincular as ideias históricas a outras áreas de seu estudo. Além disso, essas seções servem algumas vezes como um veículo para a introdução de ideias ou questões importantes de alguma maneira tangenciais para o fluxo principal do texto e, portanto, são mais bem tratadas separadamente.

Os novos títulos de "O passado como preâmbulo" são:

- Malthus, Carlyle e a ciência lúgubre (Capítulo 6)
- Teoria do comércio depois de Ricardo (Capítulo 7)
- Extensões da teoria de duopólio de Cournot (Capítulo 12)
- Política monetária e a Grande Recessão (Capítulo 16)
- Teorias conflitantes sobre a Grande Recessão (Capítulo 22)
- Yunus, microcrédito e o Prêmio Nobel da Paz (Capítulo 23)

O sumário possui a lista completa das seções "O passado como preâmbulo". Para que esses quadros não interrompam a lógica do capítulo, existe uma indicação na margem para alertar o leitor quando ler cada seção.

ELEMENTOS DE FIM DE CAPÍTULO

A seção de "Perguntas para estudo e discussão" ao final dos capítulos foi ampliada, com perguntas tanto sobre o conteúdo antigo quanto o novo. As listas da seção de "Leituras selecionadas" foram expandidas e ampliadas onde necessário.

MATERIAL DE APOIO ON-LINE

O material de apoio on-line do livro inclui, para professores e alunos:

- **Capítulos sobre o pensamento econômico antes de 1500.** Os capítulos sobre filosofia grega e as contribuições judaico-cristãs da Bíblia durante a Reforma Protestante esclarecem sobre os primeiros conceitos de economia, alguns dos quais existem até hoje.
- **Novo capítulo sobre o antigo pensamento econômico norte-americano.** Embora sejam mais conhecidos por suas ações e teoria política, estadistas como Ben Franklin, Thomas Paine e Alexander Hamilton articulavam ideias econômicas emergentes e interagiam com teóricos econômicos reconhecidos na época.
- **Outros economistas.** Alguns capítulos receberam biografias e contribuições de outros economistas.

Esses materiais de apoio on-line estão disponíveis para download, na página deste livro, no site da Cengage Learning.

DIFERENCIAÇÃO DO PRODUTO

As características distintas deste livro incluem:

- **Cinco perguntas principais**. À medida que cada escola importante de pensamento econômico é apresentada, cinco perguntas principais são consideradas: Qual era o cenário histórico da escola? Quais eram os principais dogmas da escola? Quem a escola beneficiou ou procurou beneficiar? Como a escola foi válida, útil ou correta em sua época? Quais dogmas da escola se tornaram contribuições duradouras?
  As respostas a essas perguntas fornecem um breve resumo de cada escola. A discussão se concentra, então, nos principais pensadores dentro de cada escola, definida em termos gerais. Essa abordagem não é apenas intelectualmente sólida, mas também faz sentido do ponto de vista educacional, apresentando a história do pensamento econômico de uma maneira que ajuda os alunos a reter mais o conhecimento.
- **Clareza de exposição**. Este livro enfatiza a clareza na exposição. *História do pensamento econômico* foi criada para ser compreensível e acessível não somente para aqueles que fizeram vários cursos em economia, mas também para os estudantes de graduação que fizeram apenas alguns cursos de conteúdo superficial sobre os princípios da economia.
- **Linha do tempo das ideias econômicas**. Este livro contém uma linha do tempo das ideias econômicas. Cada retângulo na linha do tempo representa uma escola ou abordagem importante, e os nomes dentro de cada retângulo são os dos economistas mais importantes ou representativos para o desenvolvimento daquela escola ou daquele conjunto de ideias. O tipo específico de seta (branca ou preta) que liga duas escolas indica a natureza do relacionamento que existiu entre elas. Embora instrutivas, as setas não permitem identificar com perfeição as nuances dos relacionamentos entre as escolas de pensamento. A profusão de assuntos permite afirmar que cada escola de pensamento possui pontos ao mesmo tempo em comum e em controvérsia em relação às outras.
- **Apêndice sobre as fontes de informações**. O Capítulo 1 contém um apêndice que resume as principais fontes de informações do campo, incluindo as encontradas na Internet.
- **Perguntas para estudo**. As perguntas para estudo e discussão são encontradas no final de cada capítulo. Elas revisam o conteúdo do capítulo e estimulam os alunos a "ampliar" seu entendimento.
- **Figuras com legendas**. Uma legenda explicativa, cuidadosamente escrita, acompanha cada figura.

AGRADECIMENTOS

As pessoas que adotarem este livro reconhecerão nele o legado de Jacob Oser. Embora o professor Oser já não estivesse vivo para participar das cinco últimas edições norte-americanas, o livro conserva as características, o estilo e, em muitos lugares, as palavras textuais das primeiras edições. Tem sido uma honra, para nós, dar continuidade ao trabalho do professor Oser.

Ao revisar este livro, nós nos beneficiamos muito da ajuda fornecida pelos revisores e gostaríamos de agradecer-lhes publicamente. São eles Syad Ahman (McMaster University); Ernest Ankrim (Frank Russell Company); Benjamin Balak (Rollins College); Richard Ballman (Augustana College em Illinois); Les Carson (Augustana College em

South Dakota); Karl W. Einolf (Mount Saint Mary's University em Maryland); Maxwell O. Eseonu (Virginia State University); Tawni Hunt Ferrarini (Northern Michigan University); Peter Garlick (SUNY-New Paltz); David E. R. Gay (Universidade de Arkansas); Geoffrey Gilbert (Hobart College e William Smith College); Ching-Yao Hsieh (George Washington University); Robert Jensen (Pacific Lutheran University); John Larrivee (Mount Saint Mary's University em Maryland); Charles G. Leathers (Universidade do Alabama em Tuscaloosa); Mary H. Lesser (Iona College); Andrea Maneschi (Universidade de Vanderbilt); John A. Miller (Wheaton College em Massachusetts); Tracy Miller (Universidade de Baylor); Clair E. Morris (Academia Naval dos Estados-Unidos); Laurence Moss (Babson College); Norris Peterson (Pacific Lutheran University); Michael Reed (Universidade de Nevada em Reno); Thomas Reinwald (Universidade de Shippensburg); Teresa M. Riley (Universidade Youngstown State); Robert P. Rogers (Universidade de Ashland); e Neil T. Skaggs (Universidade do Estado de Illinois). Diversos alunos de cursos de História do Pensamento Econômico, ao longo dos anos, vêm identificando erros e enviando sugestões muito úteis para o aprimoramento do material. Agradecemos em especial ao bacharel de economia Kyle Abeln, do Linfield College, por sua assistência exemplar na pesquisa.

Nossos agradecimentos também aos talentosos membros da equipe da Thomson/South-Western and Interactive Composition Corporation por sua revisão profissional, desde a concepção até o produto final: Steven Scoble, editor de aquisições; Theodore Knight, editor de desenvolvimento; Michelle Kunkler, diretora sênior de arte; Amber Hosea, gerente de direitos de fotografia; Kevin Kluck, responsável pelo planejamento de produção.

E, finalmente, dedicamos nossos esforços a Terri, Craig, Susie, Alex e Kara. Somos muito gratos por seu incentivo e apoio incondicional.

LINHA DO TEMPO DAS IDEIAS ECONÔMICAS

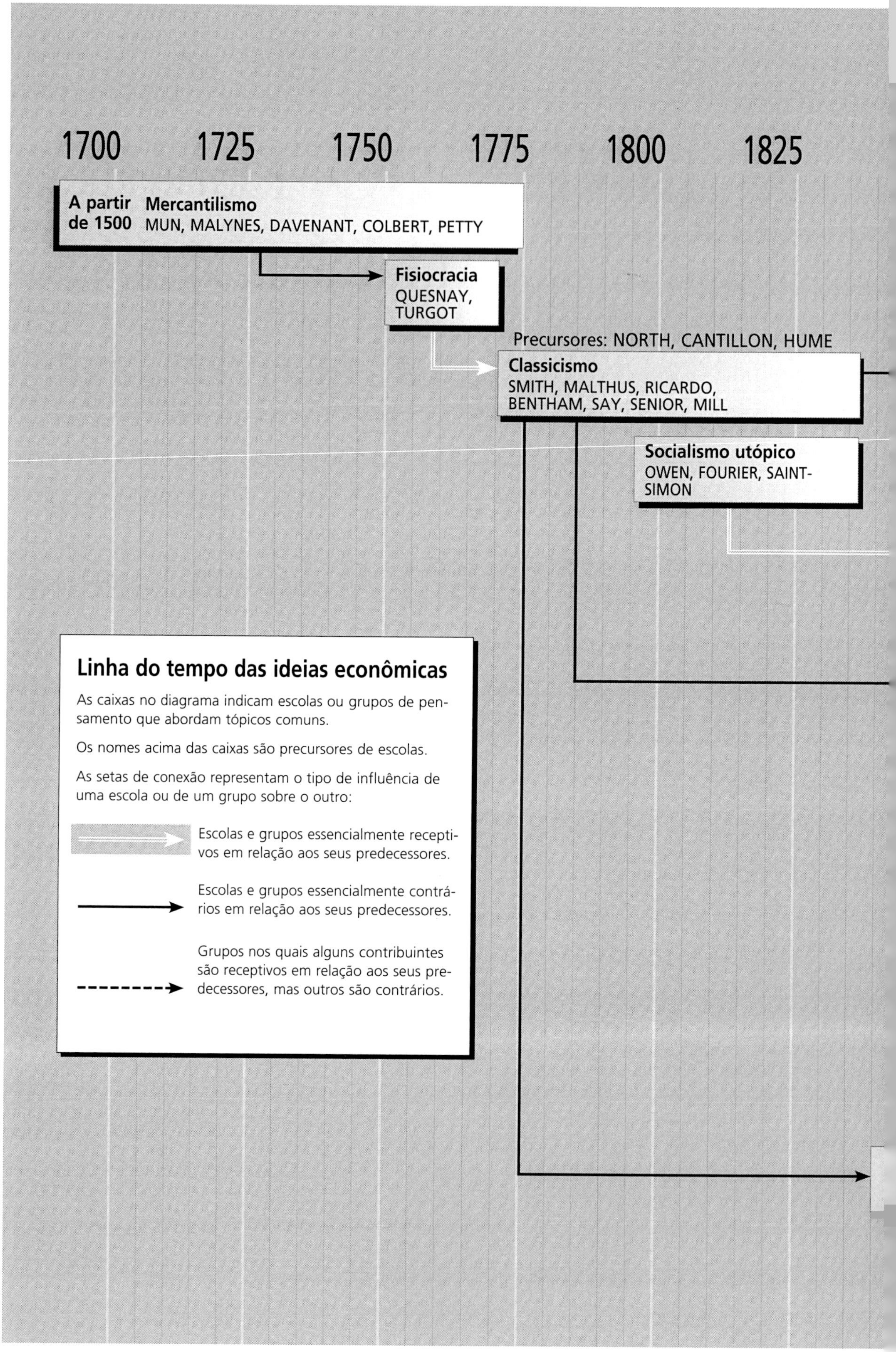
1700
1725
1750
1775
1800
1825
A partir de 1500
Mercantilismo
MUN, MALYNES, DAVENANT, COLBERT, PETTY
Fisiocracia
QUESNAY, TURGOT
Precursores: NORTH, CANTILLON, HUME
Classicismo
SMITH, MALTHUS, RICARDO, BENTHAM, SAY, SENIOR, MILL
Socialismo utópico
OWEN, FOURIER, SAINT-SIMON
Linha do tempo das ideias econômicas
As caixas no diagrama indicam escolas ou grupos de pensamento que abordam tópicos comuns.
Os nomes acima das caixas são precursores de escolas.
As setas de conexão representam o tipo de influência de uma escola ou de um grupo sobre o outro:
Escolas e grupos essencialmente receptivos em relação aos seus predecessores.
Escolas e grupos essencialmente contrários em relação aos seus predecessores.
Grupos nos quais alguns contribuintes são receptivos em relação aos seus predecessores, mas outros são contrários.

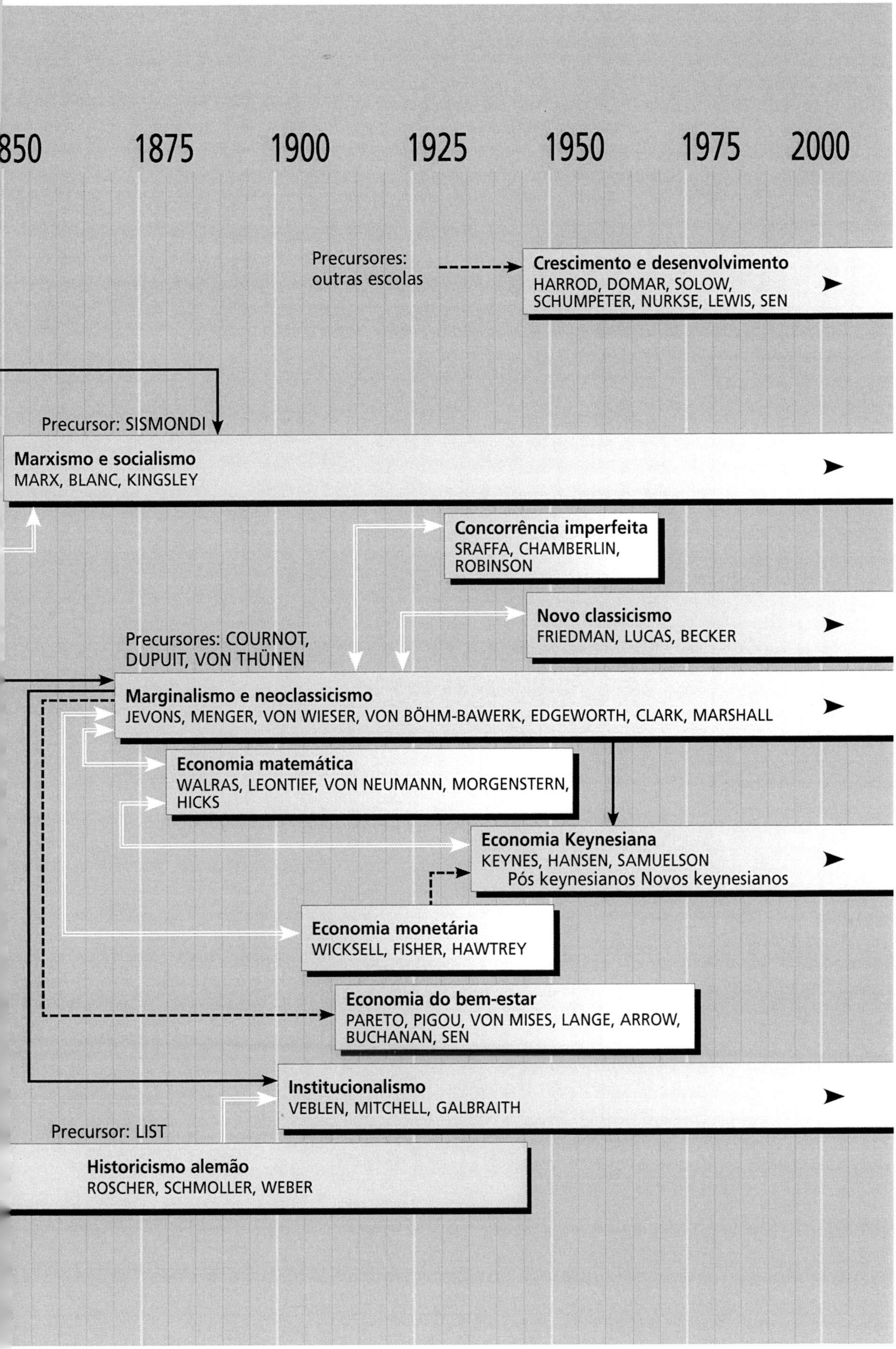

850
1875
1900
1925
1950
1975
2000
Precursores: outras escolas
Crescimento e desenvolvimento
HARROD, DOMAR, SOLOW, SCHUMPETER, NURKSE, LEWIS, SEN
Precursor: SISMONDI
Marxismo e socialismo
MARX, BLANC, KINGSLEY
Concorrência imperfeita
SRAFFA, CHAMBERLIN, ROBINSON
Novo classicismo
FRIEDMAN, LUCAS, BECKER
Precursores: COURNOT, DUPUIT, VON THÜNEN
Marginalismo e neoclassicismo
JEVONS, MENGER, VON WIESER, VON BÖHM-BAWERK, EDGEWORTH, CLARK, MARSHALL
Economia matemática
WALRAS, LEONTIEF, VON NEUMANN, MORGENSTERN, HICKS
Economia Keynesiana
KEYNES, HANSEN, SAMUELSON
Pós keynesianos Novos keynesianos
Economia monetária
WICKSELL, FISHER, HAWTREY
Economia do bem-estar
PARETO, PIGOU, VON MISES, LANGE, ARROW, BUCHANAN, SEN
Institucionalismo
VEBLEN, MITCHELL, GALBRAITH
Precursor: LIST
Historicismo alemão
ROSCHER, SCHMOLLER, WEBER

1

INTRODUÇÃO E VISÃO GERAL

As primeiras tendências de pensamento econômico podem ser vinculadas à Antiguidade. Por exemplo, a palavra *economia* remonta à Grécia Antiga, onde *oeconomicus* significava "gerenciamento das questões domésticas". Aristóteles (384-322 a.C.) engajou-se no pensamento econômico distinguindo entre as "artes naturais e não naturais de aquisição". A aquisição natural, segundo ele, inclui atividades como agricultura, pesca e caça, que produzem bens para as necessidades básicas da vida. A aquisição não natural, que ele desaprovava, envolve adquirir bens além da necessidade. Platão (427-347 a.C.) escreveu sobre os benefícios da especialização humana dentro da cidade-estado ideal. Essa especialização foi um prenúncio das ideias posteriores de Adam Smith acerca da divisão do trabalho. A Bíblia contém vários pensamentos sobre economia, incluindo aqueles contrários ao empréstimo com cobrança de juros. Na Idade Média, São Tomás de Aquino (1225-1274) promoveu a ideia de um preço justo: um preço em que nem o comprador nem o vendedor levam vantagem sobre o outro.[1]

O período anterior a 1500 d.C. representou uma época muito diferente do período de 1500 até hoje. Havia pouco comércio antes de 1500, e a maioria dos bens era produzida para o consumo na comunidade que os produzia, sem serem enviados primeiro para o mercado. O dinheiro e o crédito não eram, portanto, amplamente utilizados, embora já existissem naquela época. Estados nacionais soberanos e economias nacio-

1 N.R.T. A preocupação era determinar o que era justo. O pensamento econômico estava a serviço da moral. Obra: *Summa Theologica*.

nais integradas ainda não tinham se desenvolvido completamente, nem tinha sido formada nenhuma escola de pensamento econômico.

Em contraste, os mercados e o comércio expandiram-se rapidamente depois de 1500, com as grandes explorações geográficas como resultado desse processo e como seu acelerador. A economia monetária substituiu a economia natural ou autossuficiente. Os Estados nacionais com economias unificadas tornaram-se forças dominantes. As escolas econômicas surgiram, representando organizações sistemáticas de formação de pensamento e de política.

Nos anos 1500, a "era da economia política" começou a substituir a "era da filosofia moral". O foco na economia política gerou uma organização mais coerente do pensamento econômico, transformando fragmentos de ideias econômicas em teoria sistemática. Reconhecemos a natureza embrionária desses fragmentos antigos e por isso, no material de apoio deste livro, incluímos capítulos sobre a Grécia Antiga e a influência de ideias religiosas da época bíblica presente na Reforma Protestante. Embora ocasionalmente voltemos a nos referir a ideias anteriores, começaremos nossa história da evolução do pensamento econômico no século XVI, com o mercantilismo.

UMA LINHA DO TEMPO DAS IDEIAS ECONÔMICAS

O pensamento econômico tem exibido um significativo grau de continuidade durante os séculos. Os fundadores de uma nova teoria podem recorrer às ideias de seus predecessores e desenvolvê-las ainda mais ou podem reagir em oposição a ideias anteriores que estimulam seu próprio pensamento em novas direções. Essas relações entre diferentes escolas de pensamento são descritas na linha do tempo das ideias econômicas, mostrada no começo deste livro. Ao visualizar essa linha do tempo, lembre-se de que qualquer esquema de organização que mapeie influências e ligue escolas requer algumas decisões arbitrárias sobre onde se encaixa o quê.

Cada retângulo na linha do tempo representa uma importante escola ou metodologia. Os nomes no retângulo são dos economistas mais importantes ou mais típicos no desenvolvimento dessa escola ou abordagem. Os nomes imediatamente acima de cada retângulo são os precursores da escola. Uma seta branca ligando dois retângulos mostra que o último grupo geralmente foi receptivo ao grupo do qual veio ou ao qual substituiu. Uma seta preta mostra que o último grupo foi contrário ou fez oposição ao grupo anterior. Uma seta pontilhada indica grupos em que alguns colaboradores foram receptivos aos predecessores, mas outros foram contrários.

Assim, verifica-se, por exemplo, que os fisiocratas foram totalmente contrários às doutrinas dos mercantilistas (seta preta), enquanto Adam Smith e a escola clássica foram receptivos aos fisiocratas (seta branca). Os marginalistas mostraram uma ruptura com a escola clássica da qual vieram, enquanto John Maynard Keynes, por sua vez, rejeitou as ideias macroeconômicas do marginalismo. Portanto, as setas pretas aparecem nessas sequências, embora se possa discutir que as semelhanças nos dois casos eram maiores que as diferenças. No entanto, certamente os marginalistas tinham relações próximas e amigáveis com os economistas monetários (seta branca). De maneira alternativa, alguns economistas do bem-estar promoveram ideias marginalistas, enquanto outros as desafiaram. Portanto, a seta da escola marginalista para os economistas do bem-estar é pontilhada.

Várias ideias modernas apresentam alguma semelhança com conceitos de épocas passadas nunca adotados ou repudiados há muito tempo. Por exemplo, alguns economistas favoráveis à demanda, que escreveram nos Estados Unidos nos anos 1980, defendiam um retorno ao padrão do ouro doméstico, uma ideia promovida pelos economistas e adotada pelas nações nos anos 1800, mas que acabou sendo esquecida com a depressão dos anos 1930. A ideia do capital humano declarada por Adam Smith e John Stuart Mill permaneceu dormente até que foi revitalizada e expandida por Theodore Schultz e Gary Becker no período pós-1960. Os pronunciamentos sombrios de Thomas Robert Malthus, em 1798, foram proferidos de uma forma modificada por alguns economistas nos anos 1970, que previram que a escassez de recursos logo provocaria um colapso na economia mundial. O surgimento da nova macroeconomia clássica nos anos 1980 e 1990 como um desafio às visões keynesianas prevalecentes reembalou um pouco do classicismo antigo do século anterior.

Isso não deve sugerir que a história se move em círculos e que voltamos para o momento em que estávamos em períodos anteriores. Em vez disso, a história do pensamento econômico parece se mover em espirais. As teorias e políticas econômicas geralmente retornam, sim, para teorias e políticas semelhantes de eras anteriores, mas estão em diferentes planos, em condições muito diferentes. As diferenças são tão significativas quanto as semelhanças, e vale a pena examinar as duas com atenção. Fazemos isso à medida que avançamos na linha do tempo.

Você deveria consultar a linha do tempo com frequência, conforme avança no livro, pois ela o ajudará a identificar em que momento os economistas e as ideias estudadas se encaixam dentro do fluxo histórico maior de doutrinas.

Finalmente, você encontrará muitas seções "O passado como preâmbulo" neste livro. Essas seções numeradas demonstram que as ideias do passado, algumas vezes de forma fragmentária, são precursoras de ideias ou políticas econômicas posteriores, mais desenvolvidas e formalizadas. Um número (exemplo: 2-1..., 3-2...) indicará o melhor momento para parar e ler essas seções.

AS CINCO PERGUNTAS PRINCIPAIS

À medida que cada importante escola de pensamento econômico é apresentada, serão consideradas cinco perguntas principais sobre ela. Esse método fornecerá uma perspectiva sobre a escola e o cenário social que a produziu. Esse resumo no início o ajudará a esclarecer os pontos essenciais, conforme estudamos as ideias dos principais economistas. O estudo dos economistas ilustrará as características das escolas às quais eles estavam vinculados, e as citações de seus trabalhos indicarão a qualidade de seu pensamento.

Qual era o cenário histórico da escola?

Examinaremos aqui o cenário histórico para determinar se ele pode ter gerado um sistema de pensamento específico. A teoria econômica geralmente se desenvolve em resposta a alterações no ambiente que chamam a atenção para novos problemas. Um pouco de conhecimento sobre a época é essencial para entender por que as pessoas pensavam e agiam daquela maneira. É verdade, claro, que muitos sistemas de pensamento existem ao mesmo tempo na mente de muitos indivíduos. Os intelectos tendem a desenvolver ampla multiplicidade de ideias, que variam da mais racional à mais fantástica. Ideias irrelevantes para a sociedade no momento em que são apresentadas tendem a esmaecer e morrer, enquanto as que são úteis e eficazes para responder a pelo menos algumas perguntas e resolver alguns problemas são disseminadas e popularizadas, contribuindo, portanto, para a valorização de seus autores. Adam Smith contribuiu bastante para o pensamento econômico; no entanto, alguém consegue duvidar de que se ele não tivesse vivido, as mesmas ideias teriam vindo de alguma maneira mais tarde? Talvez elas não fossem expressas tão bem ou tão claramente. Portanto, os acadêmicos teriam andado às cegas um pouco mais, antes de se encontrarem no caminho intelectual que ele tão nitidamente apontou.

Smith deu uma grande contribuição precisamente porque suas ideias responderam às necessidades de seu tempo. Se, por exemplo, a teoria de David Ricardo sobre a vantagem comparativa no comércio internacional tivesse sido desenvolvida na época feudal, não teria tido nenhuma significação mais importante em um mundo de autossuficiência local com um mínimo de comércio. A disputa com relação às leis do milho na Inglaterra, no início da década de 1800, trouxe à tona a teoria da renda da terra. Se Keynes tivesse publicado *The general theory of employment, interest and money* em 1926, em vez de em 1936, poderia ter atraído muito menos atenção do que atraiu. Claramente, o cenário social em que as ideias crescem é importante.

Na realidade, alguns economistas atribuem importância primária ao ambiente político, social e econômico para moldar a natureza das perguntas que os economistas fazem e, portanto, o conteúdo das teorias econômicas que surgem durante um período específico. Por exemplo, de acordo com John Kenneth Galbraith,

> As ideias são inerentemente conservadoras. Elas não recuam diante do ataque de outras ideias, mas, sim, diante do ataque maciço de circunstâncias contra as quais não conseguem lutar.[2]

Redefinidas, as novas ideias suplantam teorias econômicas amplamente aceitas somente quando eventos atuais consideram as teorias antigas claramente inadequadas. Por exemplo, algumas pessoas argumentariam que a noção existente há muito tempo de que uma economia de mercado automaticamente produz pleno emprego não recuou diante da lógica da *Teoria geral* de Keynes, mas diante da depressão e desemprego maciço dos anos 1930.

Um ponto semelhante foi apresentado por Wesley C. Mitchell, que escreveu:

> Os economistas tendem a pensar em seu trabalho como o resultado de um jogo de livre inteligência com relação a problemas formulados de maneira lógica. Eles podem reconhecer que suas ideias foram influenciadas por sua leitura e pelas aulas que sabiamente escolheram, mas raramente percebem que sua livre inteligência tem sido

2 GALBRAITH, John Kenneth. *The affluent society*. Boston: Houghton Mifflin, 1958, p. 20.

> moldada pelas circunstâncias em que nasceram, que suas mentes são produtos sociais e que eles não podem transcender, de maneira séria, seu ambiente.
>
> Perceber tudo isso sobre si mesmos é importante, para que os alunos se tornem adequadamente autocríticos, ou seja, para que percebam os limites aos quais sua visão está sujeita. Mas é excessivamente difícil para uma mente que foi moldada por um determinado ambiente não tomar esse ambiente como um problema de curso ou ver que ele é, em si mesmo, o produto de condições transitórias e, portanto, sujeito a uma variedade de limitações.[3]

Outros economistas, no entanto, discordariam - ou pelo menos qualificariam muito bem - da ideia de que as forças ambientais são as principais formadoras da teoria econômica. Eles argumentam que os fatores internos dentro de uma disciplina, como a descoberta e a explicação de paradoxos não resolvidos, são responsáveis pela maioria dos avanços teóricos. George J. Stigler pode falar por eles:

> Cada desenvolvimento importante na teoria econômica dos últimos cem anos, eu acredito, poderia ter vindo muito mais cedo, se condições ambientais adequadas fossem tudo o que é necessário. Mesmo a *Teoria geral* de Keynes poderia ter encontrado uma base empírica evidente no período pós-Napoleão ou na década de 1870 ou de 1890. Isso talvez signifique somente dizer, o que é certamente verdadeiro e quase tautológico, que os elementos de um sistema econômico que os economistas acreditam ser básicos têm estado presentes há muito tempo. A natureza dos sistemas econômicos mudou relativamente pouco desde a época de Smith.
>
> Assim, atribuo, ao ambiente contemporâneo, um papel pequeno, até mesmo acidental, no desenvolvimento da teoria econômica desde que ela se tornou uma disciplina profissional. Mesmo onde o estímulo ambiental original a um desenvolvimento analítico é relativamente claro, como na teoria da renda de Ricardo, a profissão logo se apropria do problema e o reformula, de maneira que ele se torna cada vez mais distante dos eventos atuais, até que finalmente sua origem não tem nenhum relacionamento reconhecível com sua natureza ou seus usos.[4]

Qual dessas duas perspectivas alternativas é a correta? Ambas contêm elementos válidos. Algumas teorias se manifestam como consequência direta de questões diárias, enquanto outros avanços de economia surgem da busca incessante de conhecimento, algo independente de eventos atuais.

Quais eram os principais dogmas da escola?

Amplas generalizações sobre as ideias de escolas econômicas sucessivas serão fornecidas sob esse título. A vantagem desse procedimento é que ele permite uma apresentação concisa da essência da escola. A desvantagem é que sempre haverá exceções à generalização que não poderão ser examinadas em detalhes até mais adiante. Um resumo apresenta padrões de uniformidade em ideias de grupos de economistas, mas as exceções podem conter as sementes de ideias que eventualmente triunfarão. Assim, vamos generalizar que os mercantilistas favoreciam o acúmulo de ouro e prata, embora tenha

3 MITCHELL, Wesley C. *Types of economic theory*. Ed. Joseph Dorfman, v. 1. Nova York: A. M. Kelley, 1967, p. 36-37.
4 STIGLER, George J. *Essays in the history of economics*. Chicago: University of Chicago Press, 1965, p. 23.

havido alguns entre eles que tomaram uma posição antibulionista.[5] Essas pessoas acabaram sendo subjugadas e mal foram ouvidas no início, mas suas ideias foram, em última análise, desagravadas. De maneira semelhante, a escola clássica acreditava no livre comércio entre as nações, embora Malthus, um economista clássico, fosse a favor de tarifas sobre bens importados.

Quem a escola beneficiou ou procurou beneficiar?

Os tipos de perguntas econômicas dominantes nos pensamentos de um grupo podem ser insignificantes para outro. Os teólogos da Idade Média, por exemplo, preocupavam-se muito com a moralidade da cobrança de juros sobre o dinheiro emprestado. Com o passar do tempo, esse problema parecia menos importante. Um grupo de pensadores e profissionais liberais chamados mercantilistas perguntava: "Qual a melhor forma de um país acumular ouro e prata?" A preocupação dos economistas clássicos era: "Como podemos aumentar a produção?" Os socialistas buscavam maneiras de melhorar as condições hostis impostas pela revolução industrial. Keynes perguntava como uma economia baseada no mercado poderia evitar depressões e um alto desemprego. Os monetaristas ponderavam as causas da inflação. Para ganhar popularidade, um sistema de ideias deve se ajustar às necessidades de toda a sociedade ou, pelo menos, se aceitável, a um elemento da sociedade que o defenda, amplie e aplique.

A maioria dos teóricos da economia supõe que os interesses individuais são dominantes e guiam o processo econômico. Ainda assim, os interesses individuais não resultam em condições caóticas de indivíduos que traçam seu próprio caminho em oposição ao resto da sociedade. Os indivíduos são guiados por forças do mercado, sociais, políticas e éticas para cooperar com os outros na organização de um relacionamento de trabalho razoável com a sociedade. Além disso, eles se juntam em grupos por causa de pressões sociais, interesses e ideias comuns e um gregarismo natural. Assim, existem grupos políticos, estéticos, sociais e econômicos, cada um deles representando um ponto de vista e um programa unificado em sua esfera de interesse especial. Estamos preocupados, aqui, com grupos de pessoas que desenvolvem ideias comuns baseadas, em parte, no interesse próprio e, em parte, nas considerações do outro que ajudam a formar seu conceito de como a economia deveria ser organizada e em que direção ela deveria se mover. Tentaremos identificar os grupos que apoiaram cada escola de pensamento e os grupos aos quais cada escola pediu apoio, com êxito ou não.

Como a escola foi válida, útil ou correta em sua época?

Aqui, um caminho deverá ser encontrado entre dois riscos que se opõem. Um é a ideia errônea de que pensadores do passado eram errados, inocentes, ignorantes ou tolos e que nós, sendo mais sábios, descobrimos a verdade final. Assim, J. B. Say, que escreveu há mais de 200 anos, perguntou:

> Qual finalidade útil pode ser obtida desse estudo de doutrinas e opiniões absurdas que foram e mereciam mesmo ter sido dizimadas há muito tempo? É mero pedan-

5 N.R.T. Bulionismo = metalismo = concepção mercantilista que confundia moeda com riqueza.

tismo inútil tentar revivê-las. Quanto mais perfeita se torna a ciência, mais curta torna-se a história.[6]

Esse ponto de vista se aplica mais às ciências físicas do que às ciências sociais. Como o universo físico não se alterou perceptivelmente nos séculos recentes, as leis sob as quais ele opera também não se alteraram muito. Como nosso conhecimento científico cresceu, aproximamo-nos da verdade. Mesmo assim, a história da ciência física é significativa. Mas a sociedade se alterou e, portanto, não surpreende que novas teorias tenham surgido para explicar os novos desenvolvimentos. Teorias ou políticas plausíveis no século XVII podem ser de pouca relevância 400 anos depois.

O outro extremo é achar toda ideia dominante do passado certa, justa e boa em sua época. A possível validade das teorias econômicas deve, evidentemente, estar relacionada ao seu tempo e local, mas elas podem ter sido incorretas ou deficientes, mesmo quando apresentadas pela primeira vez. Assim, por exemplo, a teoria do valor trabalho de Karl Marx deve ser avaliada não apenas em relação às teorias de Smith e Ricardo, mas também pelos padrões da teoria do valor contemporânea. Essa abordagem crítica, claro, deve ser aplicada também ao pensamento crítico. Conceitos amplamente aceitos hoje são geralmente inaplicáveis a épocas anteriores e poderão tornar-se inadequados no futuro.

Quais dogmas da escola se tornaram contribuições duradouras?

Esta seção identificará as ideias apresentadas por uma escola que têm tido importância duradoura e, portanto, ainda podem ser encontradas em livros didáticos de economia atuais. Aqui, essas contribuições que "passaram no teste do tempo" serão separadas daquelas que, talvez válidas em sua época, não têm mais utilidade diante do surgimento de novas evidências ou de mudanças das condições sociais.

A IMPORTÂNCIA DE ESTUDAR A ECONOMIA E SUA HISTÓRIA

Os alunos que enfrentarão o difícil terreno intelectual deste livro poderão perguntar-se: "Valerá o esforço? Por que estudar a teoria econômica? Por que estudar sua história?"

Muitas respostas vêm à mente. Dois motivos principais, que não são as vantagens pessoais que podem ser obtidas, justificam o estudo da teoria econômica. Primeiro, tal estudo nos permite obter um entendimento de como a economia funciona, ou seja, o que a faz ser um todo coerente e funcionar. Segundo, a teoria econômica ajuda a sociedade a atingir as metas econômicas que selecionou para si mesma. A sociedade pode alcançar metas econômicas mais rapidamente por meio do conhecimento da economia.

Mas por que estudar a história do pensamento econômico? Primeiro, tal estudo aprimora o entendimento do pensamento econômico contemporâneo. Apenas como um exemplo, traçaremos o desenvolvimento histórico dos numerosos e complexos conceitos subjacentes à análise da oferta e da demanda moderna. Mais especificamente, veremos

6 GIDE, Charles; RIST, Charles. *A history of economic doctrines from the time of the physiocrata to the present day*. University of California: D. C. Heath, 1948, p. 10.

como essas ideias, como retornos decrescentes e retornos de escala, pavimentaram o caminho para a análise da demanda moderna de longo e curto prazos e como os modelos de utilidade marginal e da curva de indiferença levaram ao surgimento da teoria da demanda moderna. Você descobrirá que, conforme declarou Mark Blaug,

> a teoria contemporânea tem as cicatrizes dos problemas do passado agora resolvidos, os erros do passado agora corrigidos e não poderá ser completamente entendida, exceto como um legado do passado.[7]

Segundo, as vastas quantidades de análises e evidências que os economistas geraram durante décadas podem fornecer uma verificação mais próxima sobre as generalizações irresponsáveis. Isso deveria fazer que cometêssemos menos erros que no passado ao tomarmos decisões pessoais e ao formularmos políticas econômicas nacionais e locais. Ainda assim, vários problemas não resolvidos e perguntas não respondidas permanecem na economia. Nosso entendimento dos sucessos, erros e perguntas sem resposta do passado será útil para resolver esses problemas e para responder a essas perguntas.

Finalmente, e acima de tudo, o estudo da história do pensamento econômico fornece perspectiva e entendimento do nosso passado, de ideias e problemas em mutação, além da nossa direção de movimento. Ele nos ajuda a apreciar o fato de nenhum grupo ter monopólio sobre a verdade e de que muitos grupos e indivíduos contribuíram para a riqueza e a diversidade de nossa herança intelectual, cultural e material. Um estudo da evolução do pensamento econômico e o cenário social em mutação associado a ele podem iluminar as mudanças em outras áreas de nosso interesse, como a política, a arte, a literatura, a música, a filosofia e a ciência. Naturalmente, existe aqui um relacionamento recíproco – um melhor entendimento dessas áreas do conhecimento pode ajudar a explicar as ideias econômicas em mutação.

Infelizmente, o acúmulo de conhecimento e o entendimento não necessariamente levam a um mundo melhor. Mesmo que todas as pessoas fossem perfeitamente bem-informadas sobre as questões econômicas, as diferenças e os conflitos continuariam, por causa de diferentes ideias sobre o que é bom e o que é ruim, quais metas deveriam ser adotadas e quais rejeitadas e qual deveria ser a prioridade de cada meta. Mesmo que concordemos com as metas para a economia, discordaremos sobre sua importância relativa. Mas a análise econômica nos ajuda a criar sistemas por meio dos quais o bem comum possa ser definido individual e socialmente e as pessoas possam ir atrás de seus próprios interesses, enquanto, ao mesmo tempo, aprimoram o bem-estar de outros.

Em certas combinações de circunstâncias, as qualidades desalentadoramente más das pessoas vêm à tona. Espera-se que, à medida que o nosso entendimento da economia cresce, que o nosso conhecimento sobre os problemas sociais aumenta, que o nosso bem-estar material se eleva, que a nossa apreciação das facetas cultural, estética e intelectual da vida se amplia, tornemo-nos mais civilizados, mais humanos e mais sensíveis aos outros. Se o estudo das teorias e dos problemas econômicos do passado e do presente contribuir para a obtenção dessas metas, o esforço terá sido válido.

7 BLAUG, Mark. *Economic theory in retrospect*. 4. ed. Londres: Cambridge University Press, 1985, p. vii.

Perguntas para estudo e discussão

1. Segundo os autores, como as contribuições para o pensamento econômico feitas antes de 1500 d.C. se diferenciam daquelas que surgiram desde então?
2. Explique o significado das setas brancas e pretas que ligam as escolas de pensamento econômico na linha do tempo. Como os precursores de uma escola se distinguem, no diagrama, dos membros efetivos da escola? Especule por que é difícil, algumas vezes, colocar um economista específico em determinada escola de pensamento econômico.
3. Liste as cinco principais perguntas utilizadas neste livro para organizar a discussão de escolas de pensamento econômico. Explique, brevemente, por que cada pergunta é importante para o entendimento e a avaliação das principais escolas.
4. Liste cinco questões ou problemas econômicos contemporâneos que tenham sido recentemente relatados ou discutidos na mídia. À medida que você avança no livro, observe os exemplos em que os economistas desenvolveram ideias que estão relacionadas a essas questões.
5. Qual é a importância de saber alguma coisa sobre o cenário político, social e econômico em que um economista específico viveu e escreveu?
6. Avalie a seguinte citação: "O perigo da arrogância com relação aos escritores do passado certamente é real, mas também o é a adoração a ancestrais" (Mark Blaug).
7. Quais são os benefícios de estudar a economia e sua história?
8. História econômica é o estudo dos eventos históricos pelas lentes da economia (incluindo as ferramentas teóricas da economia). Como isso se diferencia do objetivo deste livro, que é estudar a história das ideias econômicas?

Leituras selecionadas

Livros

BLAUG, Mark. *The methodology of economics, or how economists explain.* Londres: Cambridge University Press, 1980.

____________. (ed.). *The historiography of economics.* Brookfield, VT: Edward Elgar, 1991.

COLANDER, David; COATS, A. W. (eds.). *The spread of economic ideas.* Nova York: Cambridge University Press, 1989.

MACKIE, Christopher D. *Canonizing economic theory:* how theories and ideas are selected in economics. Armonk, Nova York: M. E. Sharpe, 1998.

MEEKS, Ronald L. *Economics and ideology and other essays:* studies in the development of economic thought. Londres: Chapman and Hall, 1967.

MITCHELL, Wesley C. *Types of economic theory.* Introdução de Joseph Dorfman. Nova York: Kelley, 1967, 1969. 2 v.

ROGIN, Leo. *The meaning and validity of economic theory.* Nova York: Harper, 1956.

STIGLER, George J. *Essays in the history of economics.* Chicago: University of Chicago Press, 1965.

Artigos de revistas especializadas

CESARANO, Filippo. On the role of history of economic analysis. *History of Political Economy,* n. 15, p. 63-82, primavera de 1983.

DILLARD, Dudley. Revolutions in economic theory. *Southern Economic Journal,* n. 44, p. 705-724, abril de 1978.

EKELUND, R. B.; AULT, R. W. The problems of unnecessary originality in economics. *Southern Economic Journal,* n. 53, p. 650-661, janeiro de 1987.

STIGLER, George J. The influence of events and policies on economic theory. *American Economic Review,* n. 50, p. 36-45, maio de 1960.

APÊNDICE

A história do pensamento econômico: fontes de informações

A finalidade deste apêndice é fornecer um resumo dos tipos de fontes disponíveis para obter informações sobre a história do pensamento econômico. Os alunos que fazem trabalhos de fim de curso ou que desejam explorar os tópicos em maior profundidade se beneficiarão com o exame da ampla e cada vez maior literatura desse campo.

Fontes principais

As fontes principais consistem em escritos completos de economistas discutidos no texto. Esses escritos são citados na seção "Leituras selecionadas" no final de cada capítulo.

Livros de referência

Além de trabalhos completos, existem vários livros excelentes de leituras que contêm trechos selecionados de fontes originais. Os exemplos incluem:

ABBOTT, Leonard Dalton (ed.). *Masterworks of economics.* Nova York: McGraw-Hill, 1973. 3 v.
NEEDY, Charles W. (ed.). *Classics of economics.* Oak Park, IL: Moore Publishing Company, 1980.
NEWMAN, Philip C.; GAYER, Arthur D.; SPENCER, Milton H. (eds.) *Source readings in economic thought.* Nova York: W. W. Norton, 1954.

Tratados sobre a história do pensamento econômico

Vale a pena listar vários tratados significativos sobre a história dos métodos e da teoria econômica. Esses volumes normalmente não são utilizados como livros didáticos no nível de graduação, por serem muito longos, muito detalhados ou por terem conteúdo rigoroso. No entanto, são boas fontes para ampliar e intensificar o conhecimento. Quatro exemplos de livros desse gênero são:
BLAUG, Mark. *Economic theory in retrospect.* 5. ed. Londres: Cambridge University Press, 1997.
PRIBRAM, Karl. *A history of economic reasoning.* Baltimore: Johns Hopkins University Press, 1983.
SCHUMPETER, Joseph A. *History of economic analysis.* Nova York: Oxford University Press, 1954.
SPIEGEL, Henry W. *The growth of economic thought.* 3. ed. Durham, NC: Duke University Press, 1991.

Teses de mudança científica

Ao desenvolver teorias amplas dos fatores que produzem mudança científica, as teses a seguir fornecem bases úteis para estudar a história da economia:

KUHN, Thomas. *Structure of scientific revolutions.* 3. ed. Chicago: University of Chicago Press, 1996.
LAKATOS, Imre. *The methodology of scientific research programmes.* Londres: Cambridge University Press, 1978.
POPPER, Karl. *The logic of scientific discovery.* 2. ed. Londres: Hutchinson and Co., 1968.

Livros sobre economistas individuais

Várias biografias examinam a vida e a época dos grandes economistas, e vários trabalhos monumentais examinam as contribuições de economistas específicos. A maioria dos livros de grande significação é listada como "Leituras selecionadas" no final dos capítulos adequados. Lembre-se de que essas listagens não são exaustivas. Novos volumes aparecem frequentemente. O sistema de referência em uma biblioteca acadêmica é o local para começar a procurar por esses livros.

Artigos de jornais

As publicações acadêmicas sobre economia são o canal utilizado pelos economistas para promover novos conhecimentos sobre a história do pensamento econômico. Vários artigos de revistas especializadas são citados em notas de rodapé e no final de cada capítulo, mas essas referências são somente uma pequena parte dos diversos artigos escritos sobre os vários aspectos dos tópicos discutidos no capítulo. As revistas especializadas são de dois tipos: (1) publicações gerais, que contêm artigos que abrangem o amplo espectro dos subcampos dentro da economia, e (2) publicações especializadas, que são específicas de uma área da economia, como finanças públicas, economia do trabalho ou história do pensamento econômico.

Publicações gerais. Os artigos sobre a história do pensamento econômico aparecem, ocasionalmente, em publicações gerais de economia, como *American Economic Review, Oxford Economic Papers, Journal of Political Economy, Southern Economic Journal, Economica* e assemelhados. Os dois importantes índices a seguir são instrumentais na busca por artigos de interesse:

American Economic Association. *Index of Economic Articles.* Homewood, IL: Richard D. Irwin, Inc. Essa série é atualizada por meio de novos volumes periódicos e contém citações de artigos de mais de 250 publicações de economia. Cada volume abrange um período específico. Os volumes, no entanto, não são atuais e, portanto, artigos publicados recentemente precisarão ser encontrados empregando-se a fonte que se segue.

American Economic Association. *Journal of Economic Literature* (JEL). Semestral. Essa publicação lista os artigos mais recentes da área, indexados por tópicos e sumários de artigos selecionados, também categorizados por tópicos. As categorias B1, B2 e B3 (anteriormente 030) no sistema de classificação definem tópicos da história do pensamento econômico. As listagens do JEL também estão disponíveis via EconLit (www.aeaweb.org/econlit/subject.php). O EconLit, um índice completo de trabalhos acadêmicos de economia, utiliza os códigos de classificação JEL com adição de um zero (0).

Deve ser feita também uma menção especial ao *Scandinavian Journal of Economics,* que anualmente inclui biografias intelectuais de vencedores do Prêmio Nobel de Economia.

Publicações específicas. Cinco jornais renomados se dedicam exclusivamente à história do pensamento econômico: *History of Political Economy, Journal of the History of Economic Thought, History of Economics Review* (publicado na Austrália), *The European Journal of the History of Economic Thought* (publicado na Grã-Bretanha) e *History of Economic Ideas* (publicado em Roma).

Coleções de artigos de publicações

Existem diversas coleções soberbas de artigos reunidos em vários volumes. Aqui estão três coleções recentes organizadas por economistas e escolas de pensamento econômico específicos:

BLAUG, Mark (ed.). *Schools of thought in economics*. Brookfield, VT: Edward Elgar, 1992. 12 v.

______. (ed.). *Pioneers in economics*. Brookfield, VT: Edward Elgar, 1991. 46 v.

WOOD, John C. *Contemporary economists*: critical assessments. Londres: Routledge, 1990. Séries contínuas.

Sites na internet

A internet fornece muitas informações úteis relacionadas à história do pensamento econômico. Alguns websites relevantes para consulta:

Website da história do pensamento econômico

http://homepage.newschool.edu/~het/

Este excelente site na internet contém informações detalhadas sobre colaboradores para a história do pensamento econômico, listados alfabeticamente e agrupados em amplas escolas de pensamento econômico. Também fornece *links* para outros sites de internet relacionados ao desenvolvimento das ideias econômicas, incluindo fontes primárias e secundárias, além de organizações com interesse na evolução do pensamento econômico.

Arquivos de fontes primárias

http://socserv.mcmaster.ca/econ/ugcm/3ll3/

O Arquivo da Universidade McMaster sobre História do Pensamento Econômico [McMaster University Archive for the History of Economic Thought] oferece textos básicos de mais de 200 estudiosos importantes para a evolução das ideias econômicas, e novos materiais são adicionados regularmente. Oferece também *links* para páginas-espelho no Reino Unido e na Austrália.

Publicações de economia na web

http://www.oswego.edu/~economic/journals.htm

Este site contém um índice de locais na internet de várias publicações econômicas. (Cada um desses endereços de internet estava atualizado na época da publicação, mas podem ter mudado. Caso não funcionem, tente buscar pelo website do texto ou pelos buscadores tradicionais como AltaVista, Bing, Excite, Google ou Yahoo!)

2

A ESCOLA MERCANTILISTA

A doutrina econômica conhecida como mercantilismo surgiu entre a Idade Média e o período do triunfo do *laissez-faire*. O mercantilismo pode ser datado, aproximadamente, entre 1500 e 1776. Essas datas variam, no entanto, em diferentes países e regiões.

Neste capítulo, utilizamos, primeiro, as "cinco perguntas principais" para fornecer uma visão geral do mercantilismo e, em seguida, examinamos quatro pensadores que expressaram ideias mercantilistas: Mun, Malynes, Davenant e Colbert. Também discutimos Sir William Petty, um mercantilista que desenvolveu alguns conceitos que precederam a economia clássica.

VISÃO GERAL DO MERCANTILISMO

O cenário histórico da escola mercantilista

A autossuficiência da comunidade feudal lentamente abriu espaço para o novo sistema de capitalismo comercial. As cidades, que tinham crescido gradualmente durante a Idade Média, tornavam-se cada vez mais importantes. O comércio prosperava tanto dentro de cada país como entre países, e o uso da moeda se ampliava. A descoberta de ouro no hemisfério ocidental facilitava o volume crescente de comércio e estimulava a teorização a respeito de metais preciosos. Grandes descobertas geográficas, com base, em parte, no desenvolvimento da navegação, estavam ampliando a esfera do comércio. A produção era em pequena escala, mas cada vez mais o mercador interagia entre o produtor e o consumidor. Embora permanecessem "negociantes desprezíveis" aos olhos da "aristocracia da terra", os capitalistas mercadores estavam se tornando figuras-chave no mundo dos negócios.

Surgiam os Estados nacionais, e os mais poderosos deles estavam conquistando colônias e esferas de influência. As rivalidades econômicas entre as nações eram intensificadas. Não surpreende, então, que um conjunto de doutrinas tenha evoluído e suplantado os conceitos feudais, promovido o nacionalismo, dado nova dignidade e importância ao mercador e justificado uma política de expansão econômica e militar. Esse conjunto de doutrinas tornou-se a escola mercantilista.

Principais dogmas da escola mercantilista

Os principais princípios dessa escola são:

- Ouro e prata como a forma mais desejável de riqueza. Os mercantilistas tendiam a associar a riqueza de uma nação ao montante de ouro e prata que ela possuía. Alguns dos primeiros mercantilistas até mesmo acreditavam que esses metais preciosos eram o único tipo de riqueza que valia a pena almejar. Todos eles valorizavam as barras de ouro e prata como maneira de atingir poder e riqueza. Um excesso de exportação de um país era, portanto, necessário para gerar pagamentos em moeda forte. Mesmo quando em guerra, as nações exportariam bens para o inimigo, desde que os produtos fossem pagos em ouro.
- Nacionalismo. Os países não podiam importar simultaneamente mais do que exportavam. Portanto, cada um deveria promover exportações e acumular riqueza à custa dos vizinhos. Somente uma nação poderosa poderia conquistar e manter colônias, dominar rotas comerciais, vencer guerras contra rivais e competir com êxito no comércio internacional. De acordo com esse conceito estático de vida econômica, havia uma quantidade fixa de recursos econômicos no mundo, ou seja, um país poderia aumentar seus recursos somente à custa do outro. O ensaísta francês Michel de Montaigne escreveu, em 1580: "O lucro de um homem é a desgraça do outro (...) Nenhum lucro, qualquer que seja, pode ser alcançado, a não ser à custa do outro".[1]

  O nacionalismo mercantilista levou, de maneira relativamente natural, ao militarismo. Armadas poderosas e frotas mercantes eram um requisito absoluto. Como os pesqueiros eram "criadouros de marinheiros", ou seja, como eram áreas de treinamento para os marinheiros, os mercantilistas impuseram a "Quaresma política" na Inglaterra em 1549. As pessoas foram proibidas por lei de comer carne em certos dias da semana para garantir um mercado doméstico para o peixe e, portanto, uma demanda derivada para os marinheiros. Essa lei foi rigorosamente mantida por cerca de um século e não desapareceu dos regulamentos até o século XIX.
- Importação isenta de taxas de matérias-primas que não podiam ser produzidas internamente, proteção para bens manufaturados e matérias-primas que podiam ser produzidos internamente e restrição sobre importações de matérias-primas. Essa ênfase nas exportações e uma relutância com relação às importações foram chamadas de "o

1 MONTAIGNE, Michel de. *Essays of Michel Montaigne*. Chapter XXI. Trad. Charles Cotton. Ed. William. C. Hazlitt. Project Gutenberg, EBook #3600, 2006. Ensaio original pub. 1685-6, trad. pub. 1877.

medo dos bens". Os interesses do mercador tinham prioridade sobre os do consumidor doméstico. Os mercadores recebiam fluxos de ouro em retorno por suas exportações, enquanto as restrições sobre as importações reduziam a disponibilidade de bens para o consumo interno. Consequentemente, o ouro e a prata se acumulavam, supostamente, aprimorando a riqueza e o poder do país.

As proibições contra o movimento de saída de matérias-primas ajudavam a manter baixos os preços de exportações de produtos acabados. Por exemplo, uma lei aprovada entre 1565-1566, durante o reinado da rainha Elizabeth, proibia a exportação de ovelhas vivas. As punições por violar essa lei eram o confisco de propriedade, um ano na prisão e o corte da mão esquerda. A pena de morte era aplicada no caso de uma segunda violação. A exportação de lã era proibida, e as mesmas punições eram aplicadas por meio de uma lei aprovada durante o reinado de Charles II (1660-1685).

- Colonização e monopolização do comércio colonial. Os capitalistas mercadores eram a favor da colonização e queriam manter as colônias eternamente dependentes e subservientes ao país colonizador. Quaisquer benefícios que chegassem às colônias em virtude do crescimento e poder militar do país colonizador eram um subproduto acidental da política de exploração.

  Os atos de navegação britânicos de 1651 e 1660 são bons exemplos dessa política. Os bens importados para a Grã-Bretanha e para as colônias tinham de ser transportados em navios ingleses ou coloniais ou em navios do país de onde os bens se originavam. Certos produtos coloniais tinham de ser vendidos somente para a Inglaterra e outros tinham de chegar à Inglaterra antes de serem enviados para países estrangeiros. As importações estrangeiras para as colônias eram restritas ou proibidas. A fabricação colonial era restrita ou ilegal, em alguns casos, de modo que os territórios dependentes permanecessem fornecedores de matérias-primas de baixo custo e importadores de bens manufaturados.
- Oposição a pedágios, impostos e outras restrições internas sobre o transporte de bens. Os escritores e profissionais liberais mercantilistas reconheciam que os pedágios e os impostos poderiam estrangular as empresas e elevar o preço das exportações de um país. Um exemplo extremo disso é a situação no rio Elba, em 1685. Um embarque de 60 tábuas da Saxônia para Hamburgo exigiu o pagamento de 54 tábuas em pedágios ao longo do caminho! Consequentemente, apenas seis tábuas chegaram ao destino.

  É importante apontar, no entanto, que os mercantilistas não eram a favor do livre-comércio interno, no sentido de permitir às pessoas se envolverem em qualquer comércio que desejassem. Pelo contrário, preferiam concessões de monopólio e privilégios comerciais exclusivos, sempre que pudessem obtê-los.
- Forte controle central. Um forte controle governamental central era necessário para promover metas mercantilistas. O governo concedia privilégios de monopólio a empresas envolvidas no comércio exterior e restringia a livre entrada no comércio interno para limitar a concorrência. A agricultura, a mineração e a indústria eram promovidas com subsídios do governo e protegidas contra importações por meio de tarifas. Além disso, o governo regulava, de perto, os processos de produção e a qualidade dos bens, de modo que um país não tivesse má reputação por seus produtos nos mercados externos, dificultando, portanto, as exportações. Em outras

palavras, os mercantilistas depositavam pouca confiança em seus próprios julgamentos e honestidade, acreditando que o interesse comum dos mercadores exigia que o governo proibisse um trabalho ruim e material de má qualidade. O resultado foi um labirinto confuso de regulamentações governando a produção de bens.

Um forte governo nacional era, portanto, necessário para garantir uma regulamentação nacional uniforme. Governos centrais também eram necessários para atingir metas discutidas anteriormente: nacionalismo, protecionismo, colonialismo e comércio interno não prejudicado por pedágios e impostos exorbitantes.

- Importância de uma população numerosa e trabalhadora. Uma população numerosa e laboriosa não só forneceria uma abundância de soldados e marinheiros prontos para lutar pela glória e riqueza da nação, mas também manteria alta a oferta de mão de obra e os salários, portanto, baixos. A vantagem? Esses salários baixos (1) permitiriam preços menores para as exportações, aumentando, portanto, a entrada de ouro, (2) reduziriam a ociosidade e promoveriam maior participação na força de trabalho.

A ociosidade e a mendicância por parte de pessoas capazes de trabalhar eram tratadas sem perdão, e o roubo era punido drasticamente. Durante o reinado de Henrique VIII na Inglaterra (1509-1547), 7.200 ladrões foram enforcados. Em 1536, foi decretado que "vagabundos resolutos" deveriam ter suas orelhas decepadas, e a morte era a pena para o terceiro delito de vagabundagem. Em 1547, os que se recusavam a trabalhar eram condenados a ser escravos de quem os denunciasse. Uma lei aprovada em 1572, durante o reinado da rainha Elizabeth, decretou que mendigos sem licença, de 14 anos ou mais, deveriam ser chicoteados e marcados como gado, a menos que alguém estivesse disposto a empregá-los. Por um segundo delito, deveriam ser executados, a menos que alguém os impelisse a trabalhar. Por um terceiro delito, seriam considerados criminosos e executados sem perdão.

Bernard de Mandeville (1670?-1733), filósofo holandês, humorista e médico radicado em Londres, escreveu:

> Em uma nação livre, em que escravos não são permitidos, a riqueza mais garantida consiste em uma multidão de pobres laboriosos (...) Como se deve evitar que eles morram de fome, não lhes deve ser dado nada que valha a pena poupar (...) É interesse de todas as nações ricas que a maior parte dos pobres quase nunca fique ociosa e, portanto, gaste continuamente o que conseguir (...) O pobre deveria ser mantido unicamente para o trabalho, e é prudente aliviar seus desejos, mas seria uma tolice reabilitá-lo (...) Para deixar a sociedade feliz e as pessoas calmas diante das mais desprezíveis circunstâncias, é vital que várias delas sejam ignorantes, também, além de pobres.[2]

William Temple, em seu *Essay on trade and commerce*, publicado em 1770, apresentou uma reflexão com relação ao emprego em período integral de crianças:

> Quando essas crianças tiverem 4 anos, deverão ser enviadas para o reformatório do país e lá serão ensinadas a ler duas horas por dia e serão empregadas completa-

2 MANDEVILLE, Bernard de. *Fable of the bees*. Ed. F. B. Kay. Londres: Oxford University Press, 1924, p. 193-194, 248, 287-288.

> mente durante o resto de seu tempo em qualquer uma das fábricas do reformatório que melhor se adequarem à sua idade, força e capacidade. Se for argumentado que em tão tenra idade essas crianças não poderão trabalhar, respondo que há empregos vigorosos em que as crianças podem ganhar seu sustento. Mas, além disso, há um uso considerável em elas estarem, de alguma maneira ou de outra, empregadas pelo menos 12 horas por dia, quer elas ganhem seu sustento ou não. Dessa maneira, esperamos que a futura geração esteja tão habituada ao emprego constante que isso se provará, com o tempo, agradável e divertido para elas.[3]

Veja
O passado como preâmbulo 2-1

Quem a escola mercantilista beneficiou ou procurou beneficiar?

Essa doutrina, obviamente, beneficiou os capitalistas mercadores, os reis e os funcionários do governo. Ela beneficiou especialmente aqueles que eram mais poderosos e radicais e tinham os monopólios e privilégios mais favoráveis. Alguns historiadores do pensamento econômico sugerem que o mercantilismo pode ser mais bem-entendido como um exemplo extremo de *comportamento de procura por rendimentos*.[4] Nesse caso, *rendimento econômico* é definido como os lucros além daqueles que seriam necessários para manter os capitalistas mercadores envolvidos em suas atividades atuais, ou seja, aquilo que seria suficiente para compensá-los por seus custos de oportunidade. As atividades de procura por rendimento são simplesmente tentativas de partes privadas de aumentar seus lucros garantindo leis e regulamentações favoráveis do governo.

Nesse caso, essas leis tomaram a forma de concessões de *status* de monopólio, proibições contra importações e regulamentações que dificultaram aos novos produtores e mercadores competir com êxito contra os já estabelecidos. De acordo com essa linha de raciocínio, os funcionários do governo no poder estavam dispostos a fazer essas leis e regulamentações - para distribuir o rendimento econômico - como uma maneira de garantir benefícios para si mesmos e para a realeza, cuja satisfação eles supriam. Na Inglaterra, por exemplo, a importância da lã fez que a importação de algodão estampado, substituto das roupas de lã chamado "chita", fosse proibida. Em 1721, o uso de chitas estampadas foi declarado ilegal, mas a produção e a exportação eram permitidas. No final do século XVII, a lei exigia que os mortos fossem enterrados em mortalhas de lã, muito embora a tradição religiosa exigisse que fossem de linho.

Na França, o mercantilismo tinha um teor feudal mais forte, e os interesses monopolistas radicais tinham um êxito ainda maior em obter a intervenção do governo a seu favor. De 1686 a 1759, a produção, a importação e o uso de chitas estampadas eram proibidos. Em conflitos armados e em execuções que resultaram da aplicação dessas medidas, estima-se que 16 mil pessoas morreram e muitas mais foram enviadas às galeras.

Como outro exemplo, ainda, os regulamentos publicados na França de 1666 a 1730, somente sobre têxteis, exigiram sete volumes enormes. O manual de tingimento, alegadamente o melhor conjunto de instruções sobre técnicas de tintura na época, continha 317 artigos. Essas regulamentações impediam que processos inadequados fossem utili-

3 FURNISS, Edgar S. *The position of the laborer in a system of nationalism*. Boston: Houghton Mifflin, 1920, p. 114-115.
4 BAYSINGER, B.; EKELUND Jr., R. B.; TOLLISON, R. D. Mercantilism as a rent-seeking society. *Towards a theory of the rent-seeking society*. Ed. J. M. Buchanan et al. College Station, TX: Texas A&M University Press, 1980, p. 235-268.

2-1 O passado como preâmbulo

O MERCANTILISMO E A OFERTA DE MÃO DE OBRA

Alguns mercantilistas argumentavam que os salários baixos eram necessários para reduzir a ociosidade e promover a participação da força de trabalho. Eles acreditavam que aumentos no salário, possibilitando que o trabalhador ganhasse mais por hora, permitiriam que ele reduzisse suas horas de trabalho. Alguns trabalhadores menos habilitados, incluindo crianças, poderiam, inclusive, abandonar a força de trabalho se seus pais ganhassem mais por hora.

Na terminologia moderna, os mercantilistas enfatizaram o *efeito renda* de um aumento no salário. Como salários maiores aumentam a renda por hora, os trabalhadores podem "comprar" lazer adicional. Eles compram mais lazer reduzindo o número de horas que trabalham.

Os mercantilistas, porém, não perceberam a potencial compensação de um *efeito substituição* de um aumento de salário. Em um artigo clássico de 1930, o economista britânico Lionel Robbins (1898-1984) explica que um salário mais alto reduz o "valor da renda". Menos tempo de trabalho é necessário para obter o valor de US$ 1 em bens. Por exemplo, o "valor" de US$ 1 de remuneração é metade de uma hora de trabalho quando o salário é de US$ 2 por hora. Mas quando o salário aumenta para US$ 3 por hora, o "valor" de US$ 1 de remuneração cai para um terço de uma hora de trabalho. Como a remuneração é mais acessível em termos de horas de trabalho, os trabalhadores vão adquirir mais remuneração. Eles adquirem essa remuneração trabalhando mais horas e tendo menos lazer.[a]

O efeito substituição de Robbins pode ser explicado de maneira diferente. Um aumento no salário significa que os trabalhadores devem desistir de mais remuneração (bens) para cada hora de lazer consumido, implicando que o valor ou o custo de oportunidade do lazer aumenta. Quando o valor de um bem aumenta, as pessoas adquirem menos desse bem. Aqui, os trabalhadores vão adquirir menos lazer e trabalharão mais horas. Eles vão substituir lazer, agora mais dispendioso, pelo trabalho.

Como os efeitos renda e substituição de um aumento do salário operam em direções opostas, não está claro como os trabalhadores vão reagir. Se o efeito renda dominar o efeito substituição, as horas de trabalho e a participação na força de trabalho cairão. A curva de oferta de mão de obra agregada terá uma inclinação para baixo. Se o efeito substituição dominar o efeito renda, um aumento no salário aumentará as horas de trabalho e a participação. A curva de oferta de mão de obra terá uma inclinação para cima.

Qual evidência tem sido colhida sobre esse assunto? Estudos contemporâneos dos Estados Unidos indicam que os efeitos renda e substituição de certa forma se equilibram. Ainda assim, salários historicamente mais altos *resultaram* em semanas de trabalho mais curtas.[b] Desde a era mercantilista, os efeitos renda nos aumentos de salário excederam os efeitos substituição.

As semanas de trabalho curtas são realmente ruins, como acreditavam os mercantilistas? Os economistas contemporâneos discordariam. A finalidade da economia é maximizar o bem-estar dos participantes, não maximizar o montante de ouro e prata do tesouro do governo. Se a sociedade valoriza uma hora de lazer adicionada mais do que uma hora de renda adicionada (bens), trabalhar menos horas aumenta o bem-estar da sociedade.

a. ROBBINS, Lionel. On the elasticity of demand for income in terms of effort. *Economica*, n. 10, p. 123-129, jun. 1930.
b. Desde 1945, a duração da semana de trabalho nos Estados Unidos tem permanecido relativamente estável.

zados, mas também impossibilitavam significativamente a experimentação e o desenvolvimento de novas técnicas, possivelmente, por produtores que poderiam ter concorrido com empresas existentes.

Um grupo de funcionários do governo, inspetores, juízes e oficiais de justiça também ganhou com as regulamentações mercantilistas. O governo francês (mas não o inglês) recebeu receita significativa proveniente de multas, concessões e privilégios de monopólios vendidos para proveitos empresariais. Os funcionários retinham uma porcentagem das multas aplicadas aos infratores de muitas das regulamentações do governo. Além disso, a entrada de ouro e prata que resultou das políticas mercantilistas aumentou a coleta geral de impostos e melhorou a capacidade do país de obter um ganho econômico por meio de disputas em guerras.

Como a escola mercantilista foi válida, útil ou correta em sua época?

Os argumentos para o acúmulo de ouro e prata, embora exagerados, faziam algum sentido em um período de transição entre a economia predominantemente autossuficiente da Idade Média e a economia do dinheiro e do crédito dos tempos modernos. O rápido crescimento do comércio exigia mais dinheiro em circulação, e os bancos eram insuficientemente desenvolvidos para produzi-lo. As guerras ocorriam na base do "pague à medida que avançar", e o acúmulo fornecia uma reserva que poderia ser utilizada para contratar e manter soldados, construir navios, comprar aliados e subornar inimigos.

O comércio britânico com a região do Báltico e as Índias Orientais necessitava de liquidez internacional mediante metais preciosos. A Grã-Bretanha produzia pouco do que poderia ter sido exportado para essas áreas, e as Índias Orientais não aceitavam libras esterlinas por causa do mercado monetário internacional subdesenvolvido. As colônias britânicas eram, portanto, exploradas em busca de prata e ouro que pudessem ser utilizados em pagamento pelas mercadorias do Báltico e das Índias Orientais. Antes do desenvolvimento das finanças internacionais e do comércio multilateral, o acúmulo de ouro e prata era significativo para fazer pagamentos internacionais.

Os mercantilistas também sabiam que a entrada de metais preciosos facilitava a cobrança de impostos. Eles sabiam que os preços aumentariam ou, pelo menos, não cairiam, se a quantidade de dinheiro aumentasse à medida que o comércio se expandisse.

Não só o volume de mercadoria estava se expandindo, mas também as famílias autossuficientes estavam sendo levadas para a economia de mercado. Portanto, mais dinheiro era necessário para comprar e vender o mesmo volume de mercadoria. Alguns mercantilistas também sabiam que aumentos no montante de ouro e prata em circulação reduziam as taxas de juros e promoviam o comércio.

Quais dogmas da escola mercantilista se tornaram contribuições duradouras?

Os mercantilistas deram uma contribuição duradoura para a economia ao enfatizar a importância do comércio internacional. Nesse contexto, também desenvolveram a noção econômica e de contabilidade do que é hoje denominado balança de pagamentos entre uma nação e o resto do mundo. Mas, além dessas contribuições, os mercantilistas (excluindo Petty e, talvez, Mun) contribuíram pouco para a teoria econômica como a conhecemos hoje. A maioria deles não entendeu que um país poderia tornar-se mais rico não só empobrecendo os vizinhos, mas também descobrindo uma quantidade maior de recursos naturais, produzindo mais bens de capital e utilizando a mão de obra de maneira mais eficiente. Eles também não compreenderam que todas as nações podem enriquecer simultaneamente por meio da especialização e do comércio e que salários mais altos para trabalhadores não levam necessariamente à ociosidade e à participação reduzida na força de trabalho.

Mas embora os mercantilistas tenham dado algumas contribuições *diretas* para a teoria econômica, eles contribuíram *indiretamente* para a economia e o desenvolvimento econômico. Primeiro, influenciaram permanentemente as atitudes em relação ao mercador. A aristocracia medieval havia classificado as pessoas envolvidas em negócios como cidadãos desprezíveis, de segunda categoria, que estavam imersos na sujeira da mercadização e da troca de dinheiro. Os mercantilistas deram respeitabilidade e importância aos mercadores, argumentando que, quando suas atividades eram canalizadas adequadamente pelo governo, os mercadores enriqueciam não só a si mesmos, mas também ao rei e ao reino. Os aristocratas da terra posteriormente começaram a participar em empreendimentos comerciais sem perder seu *status* e dignidade. Por fim, casaram seus filhos com os filhos de famílias de negócios, fundindo, portanto, linhagens aristocráticas com grandes fortunas comerciais.

Em segundo lugar, o mercantilismo teve um impacto indireto na economia, promovendo o nacionalismo, uma força que está bem viva hoje. A regulamentação do governo central é indispensável quando pesos, medidas e cunhagem de moedas e leis uniformes são necessários, quando a produção e o comércio ainda não se desenvolveram suficientemente para gerar confiança na concorrência para fornecer aos consumidores uma ampla opção de bens e quando os riscos financeiros do comércio são tão altos que os privilégios de monopólio são necessários para induzir as pessoas a se arriscarem mais do que ocorreria em caso contrário.

Terceiro, as empresas de comércio privilegiadas, ancestrais da corporação moderna, ajudaram a transformar a organização econômica da Europa trazendo novos produtos, providenciando escoamento para bens manufaturados e fornecendo incentivos para o crescimento do investimento de capital. Finalmente, o mercantilismo deu uma contribuição definitiva para o desenvolvimento econômico, expandindo o mercado interno, promovendo o livre transporte de bens sem ser atrapalhado por pedágios, estabelecendo leis e impostos uniformes e protegendo as pessoas e os bens em trânsito dentro de um país e entre países.

Veja
O passado como preâmbulo 2-2

THOMAS MUN

Thomas Mun (1571-1641), filho de um mercador britânico da área têxtil, alcançou sua riqueza e reputação enquanto era um negociante no comércio italiano e do Oriente Médio. Depois de ser eleito diretor da Companhia das Índias Orientais, Mun se envolveu em uma controvérsia com relação à política dessa empresa de exportação de ouro e publicou um tratado em sua defesa. Em 1621, Mun publicou *A discourse of trade from England unto the East Indies,* em que argumentava que, desde que o total de exportações excedesse o total de importações, a saída de moeda de um país em qualquer área de comércio não importava.

2-2 O passado como preâmbulo

O MERCANTILISMO TARDIO

Algumas das doutrinas do mercantilismo não desapareceram completamente; algumas ideias e políticas presentes nos séculos XX e XXI assemelham-se às ideias de 200 a 300 anos atrás.

Por exemplo, durante a Grande Depressão mundial da década de 1930, as nações impuseram altas tarifas e desvalorizaram suas moedas para restringir as importações e promover as exportações. As tarifas foram criadas para reduzir as importações, de modo que a mão de obra interna ociosa e os recursos de capital pudessem ser empregados para atender à demanda pelos bens anteriormente importados. De maneira ideal, isso expandiria a venda de mercadorias e a renda internas. Também pensou-se que a desvalorização da moeda reduziria as importações da nação, tornando-as mais caras em termos da moeda nacional. Além disso, a desvalorização da moeda de uma nação supostamente aumentaria suas exportações, pois os estrangeiros precisariam de menos unidades de sua própria moeda para comprar bens produzidos no exterior.

Infelizmente, essas políticas mercantilistas não funcionam como desejado se os parceiros comerciais retaliarem com aumentos de tarifas e desvalorizações próprias. Essa retaliação foi exatamente o que aconteceu na Grande Depressão. As nações, uma após outra, impuseram tarifas mais altas e desvalorizaram sua moeda. O resultado geral foram a perda dos ganhos com a especialização e o comércio internacional e o colapso do sistema monetário internacional.

No final dos anos 1980 e início dos anos 1990, muitos norte-americanos demonstraram bastante preocupação com relação ao grande déficit na balança comercial dos Estados Unidos. Esse "medo dos bens" era legítimo, pois os grandes déficits refletiam as condições internas e internacionais que mais cedo ou mais tarde precisariam ser corrigidas. Esse medo, no entanto, produziu propostas para impor tarifas, estabelecer cotas de importação, conceder subsídios a exportadores, exigir "conteúdo doméstico" para alguns produtos importados e permitir isenções antitruste para empresas norte-americanas envolvidas com exportação. Os economistas apontaram que esse conjunto de políticas, se aplicado, constituiria um retorno aos preceitos antigos do mercantilismo.

O Japão também tem sido acusado de adotar uma política de promoção das exportações e restrição das importações. Seu continuado superávit comercial durante as décadas de 1980 e 1990 refletiu parcialmente um "medo dos bens" do exterior. Também refletiu um desejo de "capturar" mercados internacionais lucrativos. Mesmo tendo superávits comerciais tão grandes, os consumidores do Japão eram privados de alguns benefícios potenciais de consumo decorrentes da especialização e do comércio exterior.

Algumas nações subdesenvolvidas ainda promovem o nacionalismo como uma maneira de superar o tribalismo e as lealdades locais que impedem o desenvolvimento econômico. Elas também oferecem frequentemente concessões de monopólio para encorajar novos investimentos e erguer barreiras comerciais para proteger as indústrias internas ainda pequenas.

O mercantilismo tardio estendeu-se até os anos 2000. Nos Estados Unidos, o chamado "*offshoring*", no qual as empresas migram suas operações para nações em que a mão de obra é mais barata, chama bastante atenção. Além do medo dos bens, há também agora o "medo dos serviços". No início, apesar de os serviços de mão de obra da indústria estarem sendo transferidos para o exterior, os trabalhadores norte-americanos ainda se sentiam relativamente seguros. No entanto, devido aos avanços tecnológicos que reduzem significativamente os custos de comunicação global, operações como as de *call center* para serviços financeiros e suporte técnico a computadores acabaram sendo transferidas dos Estados Unidos para a Índia. A perspectiva de redução de empregos devido à prática de *offshoring* levou a medidas de proteção.

Ambiente e padrões de trabalho como fatores de comércio também passaram a ter destaque, e as economias mais avançadas começaram a exigir regras mais definidas das nações em desenvolvimento. Afirmavam que os padrões mais simples desses países lhes conferiam uma vantagem injusta em termos de negócios ao oferecer preços menores à custa do meio ambiente e da exploração dos trabalhadores. Nas negociações mais recentes da Organização Mundial do Comércio (OMC), as nações em desenvolvimento se uniram para resistir à tentativa das economias mais avançadas de impor restrições mais severas.

A estratégia de crescimento da China nos anos 2000 era manter um grande superávit comercial com exportação mais barata e importação mais cara, mantendo baixo o valor da moeda chinesa *yuan* nos mercados de câmbio internacionais. A política mercantilista da China permitiu um forte crescimento econômico, mas também atraiu críticas internacionais e barreiras comerciais para evitar o que o candidato à presidência dos Estados Unidos em 2004, o democrata John Kerry, chamou de "manipulação predatória de câmbio".[a] Traduzindo a opinião de muitos, o senador norte-americano Max Baucus (D-MT) afirmou que

> a China já teve liberdade de atividade de câmbio por tempo demais. Precisamos fazer que tanto a China quanto nossos demais parceiros comerciais se sintam responsáveis por seus atos, bem como reconhecer (e tomar as medidas necessárias para reparar) ações que possam prejudicar a competitividade do comércio e dos trabalhadores norte-americanos.[b]

Da mesma maneira que a Grande Depressão gerou necessidade de protecionismo, a severa recessão de 2007-2009 intensificou nos Estados Unidos a exigência de retaliação contra a China. Diante da fraca recuperação do mercado norte-americano, o senador Charles Schumer (D-NY) comparou a manipulação de câmbio chinesa a um "estrangulamento de nossa recuperação econômica" e acrescentou: "deixamos claro para o governo chinês: caso se recusem a seguir as regras que todos seguem, nós os obrigaremos".[c]

Em resumo, as ideias mercantilistas ainda estão vivas e bem. É importante perceber, no entanto, que ideias e políticas refletem somente determinados aspectos da doutrina geral do mercantilismo. Além disso, as nações estão aplicando essas ideias hoje em diferentes circunstâncias, por diferentes motivos e em um contexto de políticas sociais diferente do da era mercantilista.

a. KERRY, John. Kerry statement on the U.S.-China economic and Security Review Commissions' report 15 jun. 2004. Disponível em: <www.johnkerry.com/pressroom/releases/pr_2004_0615b.html>.

b. Matthew Jaffe, Obama administration does not brand China as currency manipulator *ABC News*, 4 fev. 2011. Disponível em: <www.blogs.abcnews.com/politicalpunch/2011/02/obama-administration-does-not-brand-china-as-currency-manipulator.html>.

c. Ibid.

Por volta de 1630, Mun escreveu sua famosa exposição da doutrina mercantilista em *England's treasure by forraign trade,* publicada postumamente por seu filho em 1664. O título do Capítulo 2, "Os meios de enriquecer o Reino e aumentar nosso tesouro", apresentava um problema-chave. Como o reino poderia ser enriquecido? De acordo com Mun, a resposta não estava nem na produção nem no acúmulo de bens de capital, mas em um excedente de exportações. Naturalmente, deve-se produzir para exportar, mas a produção é subserviente à meta final – o acúmulo de ouro. A primeira página, do capítulo de duas páginas sobre o assunto, diz:

> Embora um reino possa ser enriquecido por presentes recebidos, ou por compras feitas de algumas outras nações, ainda assim essas coisas são incertas e de pequena consideração quando acontecem. A maneira comum, portanto, de aumentar a nossa riqueza e o nosso tesouro é por meio do *comércio exterior*, em que devemos sempre observar esta regra: vender mais para estrangeiros anualmente do que consumimos deles em valor.

> Suponha que, quando este Reino estiver totalmente servido de roupas, chumbo, latas, ferro, peixe e outros produtos nativos, exportamos anualmente o excedente para países estrangeiros no valor de 2,2 milhões de libras. Dessa maneira, podemos comprar e trazer do exterior produtos estrangeiros para nosso uso e consumo no valor de 2 milhões de libras. Se essa ordem for devidamente observada em nosso comércio, podemos estar certos de que o Reino enriquecerá anualmente em 200 mil libras, que devem ser trazidas para nós em tamanho tesouro; porque essa parte de nosso estoque que não nos é devolvida em produtos deve, necessariamente, ser trazida para casa em tesouro.[5]

Mun argumentava que, embora a Inglaterra fosse rica, o país poderia ser ainda mais rico se usasse terras desocupadas para plantar cânhamo, linho, árvores para extração de madeira, tabaco e outras coisas "que agora importamos do exterior, o que nos empobrece". As exportações deveriam ser efetuadas em navios ingleses para ganhar o seguro e os encargos do frete.

Ao defender as exportações de ouro da Companhia das Índias Orientais para pagar os bens, Mun argumentou em favor de um comércio multilateral, em vez de bilateral:

> Em alguns países, vendemos nossas mercadorias e trazemos os produtos deles, ou parte em dinheiro. Em outros países, vendemos nossos bens e trazemos o dinheiro deles, pois eles têm pouco ou nenhum produto que nos interessa. Novamente, em alguns lugares, temos a necessidade de suas mercadorias, mas eles têm pouco uso para as nossas e, então, recebem o nosso dinheiro, que recebemos em outros países e assim, portanto, por um curso de tráfego (que é alterado de acordo com as correntes do tempo), os membros específicos acomodam-se um ao outro e todos realizam todo o conjunto do comércio.[6]

Mun analisou a balança comercial geral, em vez de sua conta separada com cada país estrangeiro. Ele pensava que o aumento nas importações elevaria o estoque de metal precioso da Inglaterra se os produtos fossem exportados para algum outro país com lucro. Mun raciocinou, portanto, que a exportação de ouro deveria ser permitida, para pagar a importação de bens, que, por sua vez, aumentaria o volume total de bens exportados:

> Por que deveríamos duvidar, então, que nosso dinheiro enviado no comércio não deveria necessariamente voltar em tesouro, juntamente com os grandes ganhos que ele pode proporcionar (...) Se observarmos apenas as ações do fazendeiro na época do plantio, quando ele enterra muito milho bom no solo, pensaremos nele como louco e não como um fazendeiro, mas quando consideramos seu trabalho na colheita, que é o fim de seus esforços, descobriremos a validade e o aumento abundante de suas ações.[7]

Mas a ênfase de Mun, no entanto, era na compra e venda com lucro, em vez de no processamento de matérias-primas importadas em bens manufaturados, embora estes tenham sido mencionados no caso dos têxteis.

Essa ênfase na importação de tesouro levou à estranha conclusão de que o comércio interno não enriqueceria um país. Mun escreveu: "Podemos comercializar entre nós mesmos ou com estrangeiros. Se o fizermos entre nós mesmos, a nação não poderá

5 MUN, Thomas. *England's treasure by forraign trade.* Nova York: Macmillan, 1903, p. 7-8.
6 Ibidem, p. 46-47.
7 Ibidem, p. 26-27.

enriquecer, pois o ganho de um indivíduo é a perda de outro. E se comercializarmos com estrangeiros, nossos lucros são o ganho da nação".[8]

Ao examinar o balanço de pagamentos, Mun foi suficientemente astuto para incluir itens invisíveis. Escrevendo mais de três séculos e meio atrás, Mun listou os itens invisíveis que deveriam ser incluídos em um balanço geral, para mostrar se "prosperamos ou decaímos nesse negócio ótimo e influente".[9] Ele incluiu no balanço de pagamentos o valor do frete para o envio de bens; navios perdidos no mar; seguro; dinheiro gasto para apoiar guerras externas; pagamento internacional de propinas e fundos para espionagem, "cujo recebimento é, porém, pura traição";[10] despesas dos viajantes; presentes aos estrangeiros e embaixadores; juro sobre o dinheiro; contrabando para evasão de tarifas e contribuições para ordens religiosas que secretamente enviavam o dinheiro ao exterior. Nesse último ponto, Mun adicionou: "Se esse prejuízo moral não puder ser evitado, ainda assim deve ser estimado e definido como uma perda clara para o Reino".[11]

GERARD MALYNES

Gerard Malynes (1586-1641) nasceu em Antuérpia, na Bélgica, filho de pais ingleses. Retornou à Inglaterra e tornou-se um negociante no comércio exterior. Não obtendo sucesso na profissão, ele passou um tempo curto na prisão de devedores. Também foi encarregado inglês do comércio na Bélgica, conselheiro do governo sobre questões comerciais, mestre da análise de moedas e encarregado de assuntos monetários.

Em *Lex mercatoria: or, the ancient law-merchant,* publicado em 1622 e republicado em 1686, Malynes expressou várias ideias mercantilistas. Por exemplo, ele observou que o comércio havia sido considerado, uma vez, desprezível pela aristocracia. Mas Malynes defendeu os mercadores.

> A manutenção das trocas e do comércio é tão agradável, amável e aceitável para todos os príncipes e potentados que os reis pertenceram e pertencem até hoje à sociedade dos mercadores. E, muitas vezes, independentemente de suas diferenças e contendas particulares, eles concordam com esse curso de comércio, pois a riqueza é a estrela brilhante que o alto comércio utiliza para direcionar-se e, por meio dele, os reinos e as nações florescem, sendo os mercadores o meio e o instrumento para realizá-lo, para a glória, ilustração e benefício de suas monarquias e Estados. Sem dúvida, portanto, a condição de um mercador é de grande dignidade e deve ser respeitada, já que, por meio deles, os países são descobertos, a familiaridade entre as nações é adquirida e a experiência política é obtida.[12]

Malynes também promoveu a ideia de que a regulamentação de bens pelo governo era necessária para garantir exportações de alta qualidade. Ele afirmou:

8 Ibidem, p. 71-72.
9 Ibidem, p. 117.
10 Ibidem, p. 122.
11 Idem, *England's benefit and advantage by foreign trade, plainly demonstrated.* Londres: Impresso por E. F. para Thomas Horne, na Entrada Sul do Royal Exchange em Cornhill, 1698, p. 171.
12 MALYNES, Gerard. *Lex mercatoria:* or, the ancient law-merchant, 1622, a.

> A roupa, sendo corretamente feita, será mais vendável no exterior, onde muitas reclamações de falsificações são feitas, diariamente; (...) a partir daí, o comércio aumentará, para o bem geral do reino, e a roupa da realeza será devidamente paga, de acordo com o estatuto, e todos tenderão à glória de Deus e à honra do rei em toda equidade e justiça a serem observadas em todas as nações bem-governadas.[13]

A noção mercantilista de que mais dinheiro em um país elevaria os preços e estimularia o comércio foi desenvolvida por Malynes como se segue:

> O dinheiro abundante geralmente torna todas as coisas mais caras, e a escassez de dinheiro no mercado geralmente torna as coisas mais baratas. Considere-se que, particularmente, as mercadorias também são caras ou baratas, de acordo com sua escassez ou excesso e seu uso. O dinheiro, então (como o sangue do corpo), restringiu a alma, que dá a vida. Se não houvesse dinheiro, o comércio não seria reduzido, embora as mercadorias fossem abundantes e baratas. E, ao contrário, se o dinheiro fosse abundante, o comércio aumentaria, embora as mercadorias fossem escassas, e o preço seria, portanto, mais alto.[14]

CHARLES DAVENANT

Charles Davenant (1656-1714), filho do poeta e dramaturgo Sir William Davenant, passou boa parte da sua vida em vários postos do governo que lidavam com impostos, importações e exportações. Ele também era um membro do Parlamento.

Davenant tem sido chamado de mercantilista esclarecido, um eclético que tentou misturar o velho e o novo, um homem que previu mais dos argumentos do *laissez-faire* do que qualquer outro mercantilista influente. Ele foi assim. Mas um exame dos seus escritos indica que, em alguns aspectos, Davenant foi um mercantilista ortodoxo. Ele desenvolveu o seguinte argumento bulionista em *An essay on the East-India trade* (1696):

> Eu normalmente me pergunto sobre quais bases o Parlamento continuou com a lei para que as pessoas sejam enterradas com lã. Na realidade, isso ocasiona um consumo de lã, mas esse consumo não produz nenhuma vantagem para o Reino. Não seria melhor se essa lã se transformasse em roupa, fosse exportada, paga e usada pelas pessoas vivas no exterior do que enterrada aqui em casa? E não seria melhor se as pessoas comuns (que formam a massa e são os maiores consumidores) fossem enterradas em um lençol velho, adequado para isso? Há tanta lã nova que é totalmente perdida (...) É do interesse de todas as nações comerciais, quaisquer que sejam, que seu consumo interno seja pequeno, de crescimento barato e externo e que seus próprios produtos manufaturados sejam vendidos nos mercados principais e gastos no exterior, já que, com o que é consumido em casa, um perde apenas o que o outro ganha e a nação em geral não fica mais rica; mas todo consumo externo é um lucro claro e certo.[15]

Em *An essay on the probable means of making the people gainers in the balance of trade* (1699), Davenant argumentou que um reino pode colher os benefícios do valor

13 Ibidem, p. 43.
14 Ibidem, p. 176.
15 DAVENANT, Charles. *An essay on the East-India trade*, 1696, p. 26, 30.

inteiro de um produto exportado, se ele for feito de matérias-primas domésticas. Se as matérias-primas forem importadas e o produto, exportado, o lucro líquido será a diferença entre os dois valores.

Em *Discourses on the publick revenues, and on the trade of England* (1698), Davenant expressou uma preferência por guerras dentro de um país do que por guerras no exterior, citando a economia como motivo subjacente:

> Uma guerra entre países deve esgotar o tesouro de um Reino (...) A França, da época de Charles IX à época de Harry IV, tinha uma guerra civil contínua em suas entranhas e era geralmente devastada por exércitos da Espanha e da Alemanha, mas essa guerra não exportou nenhum tesouro, não empobreceu o Reino.[16]

No mesmo trabalho, Davenant clamava pela regulamentação do negócio pelo governo, porque os mercadores não mereciam confiança:

> Não existe quase nenhuma sociedade de mercadores que não teria pensado em toda a prosperidade do Reino como dependente de seu negócio em particular. Assim, em qualquer momento em que eles forem consultados, suas respostas serão misteriosas e parciais e, quando se reúnem para deliberação, é normalmente com segundas intenções e um olho secreto em sua própria vantagem (...) E está sendo percebido agora que eles, que possuem o dinheiro vivo, quando descobrirem as necessidades das outras pessoas, farão, com toda a probabilidade, estimulados por sua avareza, uso do dinheiro de uma maneira muito destrutiva para seus companheiros e para os negócios do Reino, se não forem impedidos pelo cuidado e sabedoria do Estado.[17]

Davenant *era* suficientemente esclarecido para dizer que a riqueza de um país é o que ele produz, não o ouro ou a prata. O comércio governa o dinheiro, e não o contrário. A riqueza investida em navios, construção, fabricação, mobília, vestuário, e assim por diante, constitui riqueza, tanto quanto moeda, ouro e prata. Davenant era a favor de um excedente de comércio, pois acreditava que, quando a quantidade de dinheiro aumenta, as taxas de juros caem, os valores da terra se elevam e os impostos sobem. Mas muito ouro e muita prata podem ser prejudiciais, como o foi na Espanha, onde a opulência provocou o abandono das artes e da fabricação. Davenant defendia tanto as leis de navegação como o comércio multilateral. Em outras palavras, ele afirmava que, sempre que possível, uma nação deveria aplicar o bilateralismo entre ela e suas colônias, excluindo os estrangeiros do comércio ali, mas esse comércio multilateral é desejável entre iguais.

JEAN BAPTISTE COLBERT

Jean Baptiste Colbert (1619-1683) representa o coração e a alma do mercantilismo, que é chamado de colbertismo na França. Ele foi ministro da Fazenda na França de 1661 a 1683, no reinado de Luís XIV. Apesar de sua origem modesta (ele veio de uma família de mercadores de bens secos), chegou a uma posição de grande poder, geralmente por

16 DAVENANT, Charles. *Discourses on the publick revenues, and on the trade of England*, 1698, p. 12.
17 Ibidem, p. 30, 45-46.

meios inescrupulosos. Para satisfazer a sua ambição desmedida, ele tinha uma capacidade tremenda para o trabalho e atenção aos menores detalhes do seu ofício.

Colbert era um bulionista que acreditava que a força de um Estado depende de suas finanças, que suas finanças estão na coleta de impostos e que as receitas de impostos, por sua vez, são maiores quando o dinheiro é abundante. Ele era a favor da expansão das exportações, da redução de importações e de leis que impedissem a saída de ouro e prata do país.

Como arquinacionalista e militarista, Colbert afirmava que "devem-se restringir as profissões àquelas que podem servir a grandes propósitos: agricultura, comércio, guerras em terra e no mar".[18] Ele acreditava que as colônias eram desejáveis como mercados para bens franceses e como fontes de matéria-prima e que uma grande marinha de guerra e marinha mercante eram essenciais. Colbert sentia que uma nação poderia tornar-se mais rica somente à custa de outra, pois o volume de comércio, o número de navios envolvidos no comércio e a produção de bens manufaturados eram todos relativamente fixos. O comércio era, portanto, uma guerra contínua e amarga entre nações por vantagem econômica.

Colbert empenhou-se em facilitar o comércio interno. Tentou fornecer à França um sistema uniforme de pesos e medidas, mas foi rejeitado pelo provincialismo, pela tradição feudal e pelas vantagens conquistadas pela Igreja e pela nobreza. Opôs-se, sem sucesso, a pedágios para o transporte de mercadorias, a barreiras alfandegárias internas e a impostos locais excessivos. Colbert subsidiou a construção do Canal de Languedoc, que uniu o Atlântico e o Mediterrâneo. Ao aplicar o sistema feudal de trabalho compulsório de camponeses nas estradas (chamado *corveia*), tornou-se odiado, mas 24.140 quilômetros de rodovia surgiram.

A regulamentação governamental do comércio, que tinha um forte teor feudal na França, era uma característica importante das políticas de Colbert. Refletindo o desprezo feudal prevalecente por homens de negócios, Colbert os considerava sem visão, egoístas, gananciosos que sacrificavam os interesses nacionais em busca do próprio lucro. A qualidade dos bens e métodos de produção era, portanto, regulada de perto para garantir uniformidade, proteger o consumidor e conquistar uma boa reputação para os bens franceses nos mercados externos. Os privilégios de monopólio e os subsídios eram oferecidos a novas indústrias, especialmente àquelas de estabelecimento difícil e dispendioso. Mas o sistema poderia sofrer abusos e alguns monopólios foram concedidos para conseguir dinheiro para o Estado ou para agradar aos membros favoritos da corte. Muitas empresas foram declaradas "fabricantes reais", garantindo, assim, as vendas de seus produtos para a corte real.

Apesar de seu desprezo pelos homens de negócios, Colbert aprovou leis que permitiam aos aristocratas participarem do comércio, sem perder seu *status* e privilégios. Um decreto de 1669 declarava: "Desejamos que um homem tenha o direito de participar de uma empresa e ter participação nos navios mercantes, desde que ele não venda no varejo".[19]

18 COLBERT, Jean Baptiste. In: TILLEY, Arthur. *Modern France a companion to French studies*. Cambridge: The University Press, 1922, p. 65.
19 Idem, In: Henri Eugene See, *Modern capitalism: its origin and evolution*. Nova York: Burt Franklin, 1928, p. 195.

Colbert era a favor de uma população grande, trabalhadora e mal paga. Ele dizia que nenhuma criança era jovem demais para ingressar na indústria e que o Estado deveria impor o trabalho infantil. Colbert comentou, em 1665, que "a experiência sempre mostrou que a ociosidade nos primeiros anos da vida de uma criança é a fonte real de todas as desordens na vida mais tarde".[20] Em um decreto de 1668, ele ordenou que todos os habitantes de Auxerre enviassem seus filhos à indústria de rendas aos 6 anos de idade ou eles pagariam uma multa de 30 *sous* por filho.

Colbert considerava monges, freiras, advogados e funcionários públicos ociosos improdutivos e tentou reduzir seus números. Foram feitas tentativas de restringir os sentimentos religiosos e de limitar as instituições religiosas. Ele cancelou 17 feriados santos, deixando somente 24 (além dos domingos) em que o trabalho parava.

Em um decreto de 1666, as pessoas eram isentas de impostos por vários anos se elas se casassem cedo. Cada pai de dez crianças vivas também era isento de impostos. De maneira muito interessante, os filhos homens que morriam nas Forças Armadas eram contados como vivos, mas padres, monges e freiras, não. Essa lei foi revogada em 1683 por causa de fraudes disseminadas.

Restou à Revolução Francesa de 1789 abolir os direitos feudais, os pedágios e as tarifas internas, os privilégios especiais e o poder local. A prática de vender cargos abertamente foi descontinuada, os impostos foram igualados e os pesos e medidas foram padronizados com base no sistema métrico. Esses atos abriram caminho para grandes avanços no comércio, na indústria e na agricultura da França.

SIR WILLIAM PETTY

Sir William Petty (1623-1687) foi um mercantilista que forneceu algumas ideias novas precursoras da economia clássica.

Antes dos 16 anos, Petty dominava o latim, o grego, o francês, a matemática, a astronomia e a navegação. Filho de um pobre comerciante de roupas, ele obteve grande fortuna, fama e honra. Esse é um exemplo da mobilidade ascendente que lentamente foi se tornando possível na Inglaterra do século XVII. Durante sua vida agitada, Petty foi marinheiro, médico, professor de anatomia, inventor, pesquisador, membro do Parlamento, empreendedor do ferro e dos trabalhos em cobre, construtor experimental de navios, escritor, estatístico e grande proprietário de terras.

Discutiremos primeiro as visões mercantilistas de Petty e depois as suas ideias que precederam as de Adam Smith.

As visões mercantilistas de Petty

As visões econômicas de Petty foram expostas em vários trabalhos importantes: *A treatise of taxes and contributions* (1662), *Verbum sapienti* (escrito em 1665 e publicado em 1691 como suplemento do *The political anatomy of Ireland*), *The political anatomy of Ireland* (escrito em 1672 e publicado em 1691) e *Political arithmetick* (escrito de 1672 a 1676 e

20 Idem, In: Eli F. Heckscher, *Mercantilism*. Trad. Mendel Shapiro, Londres: Allen, 1935, v. 2, p. 155.

publicado em 1690). Petty era a favor, mais do que muitos dos mercantilistas, do comércio exterior mais livre, em parte porque acreditava que isso impediria o contrabando disseminado que estava ocorrendo. Ele queria que os bens importados fossem taxados de modo que "ficassem mais caros que as mesmas coisas cultivadas ou produzidas internamente, se isso fosse possível".[21] As importações de matérias-primas deveriam ser "tratadas delicadamente",[22] ou seja, levemente taxadas. Petty opunha-se a leis que proibiam a exportação de dinheiro, mas em *Political arithmetick* ele deplorava o dinheiro pago aos estrangeiros para o transporte de mercadorias por navio, o dinheiro pago aos holandeses por seu comércio da pesca "praticada em nossos mares"[23] e o dinheiro gasto em mercadorias importadas que poderiam ser fabricadas na Inglaterra.

Como outros mercantilistas, Petty era a favor de uma grande população, mas ele baseava sua posição no conceito de retornos cada vez maiores para o governo, o que reduziria os custos unitários de governar uma grande população.

> Pouca gente está na pobreza real, e uma nação com 8 milhões de pessoas é duas vezes mais rica que a mesma extensão de terra com 4 milhões de pessoas, pois os mesmos governadores, que são o maior encargo, podem atender quase tão bem um número maior como um número menor de pessoas.[24]

Em *A treatise of taxes and contributions*, Petty expressou seu entusiasmo pela visão mercantilista de "pleno emprego". Seu argumento por um imposto *per capita* (por pessoa) era sucinto: "Parece ser um incentivo a todos os homens para enviar seus filhos a algum emprego lucrativo assim que se mostrarem capazes, para que cada filho pague seu próprio imposto *per capita*".[25]

Petty também era contra enforcar os ladrões, mas não por motivos humanitários:

> Por que os ladrões insolventes não deveriam ser punidos com a escravidão, em vez de com a morte? Sendo escravos, eles podem ser forçados a fazer muito trabalho por quase nada, até onde sua natureza suportar, e, portanto, se tornarão como dois homens adicionados à nação e não como um retirado dela. Se a *Inglaterra* tivesse pouca gente (a metade, vamos supor), eu digo que o próximo passo, além de trazer de fora muitos outros, é fazer que os que já estão aqui dobrem o trabalho que hoje fazem, ou seja, é fazer alguns escravos.[26]

Petty achava que aqueles que estavam sem trabalho deveriam ser empregados pelo Estado para trabalhar em rodovias, dragar rios, plantar árvores, construir pontes, extrair minérios e fabricar vários bens. Nesse sentido, ele foi um predecessor dos economistas contemporâneos que defendem o emprego no serviço público para reduzir o desemprego estrutural e cíclico. Mas como verdadeiro mercantilista que era, Petty acrescentava que seu emprego deveria ser "sem nenhum ônus para as mercadorias externas e, assim, não importa se a pessoa será empregada para construir uma pirâmide inútil em

21 PETTY, Sir William. *Tracts; chiefly relating to Ireland*. Dublin: impresso para Boulter Grierson, 1769, p. 43.
22 Ibidem, p. 43.
23 Idem, Political arithmetick. *Economic writings*. Ed. Charles H. Hull, v. 1 Cambridge: The University Press, 1899, p. 108.
24 Idem, A treatise of taxes and contributions. *Economic writings*. v. 1, p. 34.
25 Idem, *Tracts*. p. 51.
26 Idem, *Taxes and contributions*. v. 1, p. 69. [Sir William Petty. A treatise of taxes and contributions. *Economic writings*. Ed. Charles H. Hull, v. 1. Cambridge: The University Press, 1899.]

Salisbury Plain, trazer as pedras de Stonehenge para Tower-Hill ou coisa semelhante".[27] Assim, Petty foi o precursor da teoria de Keynes de que, tanto nos tempos antigos como nos modernos, a construção de pirâmides, ou equivalente, era um antídoto para o desemprego!

Como esses trabalhos públicos eram financiados? Para Keynes, era imprimindo dinheiro ou emprestando do público, mas para Petty era por meio de impostos. Como as pessoas estavam preocupadas com suas rendas relativas se comparadas com as de seus vizinhos, um imposto proporcional não importaria, desde que o dinheiro fosse gasto dentro do país:

> Nunca deixe que o imposto seja alto demais; se ele for proporcional a tudo, nenhum homem vai sofrer a perda de nenhuma riqueza com esse imposto. Para os homens (que já apontamos anteriormente), se seus bens fossem cortados pela metade ou duplicados, eles permaneceriam, nos dois casos, igualmente ricos. Pois cada homem teria seus bens anteriores, dignidade e título; além disso, se o dinheiro não saísse do país, a nação permaneceria tão rica quanto antes, se comparada com qualquer outra nação.[28]

Petty como um precursor da economia clássica

Petty foi um estatístico pioneiro. No prefácio de *Political arithmetick,* ele declarou:

> Em vez de usar somente palavras comparativas e superlativas e argumentos intelectuais, eu aproveito (...) para me expressar em termos de números, pesos ou medidas, para utilizar somente argumentos de razão e para considerar somente causas que têm fundamentos visíveis da natureza, [deixando] aquelas que dependem de mentes mutáveis, opiniões, apetites e paixões de homens específicos para a consideração de outros.[29]

Muitos desses cálculos eram grosseiros, e alguns se baseavam em suposições frágeis. Por exemplo, Petty concluiu que, por ter sido exportado da Inglaterra, em 1664, um terço a mais de bois, ovelhas, manteiga e carne bovina do que em 1641, também havia um terço a mais de pessoas em 1664! Mas descuidos como esses não diminuem o fato de que Petty foi um dos fundadores da ciência da estatística. Hoje, a análise estatística é um recurso significativo da disciplina da economia.

Petty expôs, em fragmentos, várias outras ideias que os economistas clássicos posteriormente desenvolveram em detalhes. Essas ideias incluíam a noção de velocidade, a divisão do trabalho, o rendimento como o excedente da terra, a importância de bens de capital e a teoria do valor trabalho. Vamos examinar cada uma resumidamente.

- Velocidade. Em *Verbum sapienti,* Petty reconheceu que a velocidade de circulação – o número de vezes em que o dinheiro troca de mãos – pode ser tão importante quanto a quantidade de dinheiro. Se os pagamentos forem feitos semanalmente e não trimestralmente, menos dinheiro fará o mesmo trabalho. Ele até mesmo sugeriu que poderia haver muito dinheiro, como também muito pouco. "O dinheiro não é nada além de gordura do corpo político, onde o excesso, normalmente, impede sua

27 Idem, *Tracts*. p. 16.
28 Idem, *Taxes and contributions*. v. 1, p. 32.
29 Idem, Political arithmetick. p. 244.

agilidade e a escassez o torna doente".[30] Ele recomendou a venda do excedente de ouro ao exterior para impedir o dano interno.

- Divisão de trabalho. Embora não tenha desenvolvido essa ideia em detalhes, Petty reconhecia as economias associadas à especialização do trabalho e à divisão de tarefas. Por exemplo, ele afirmava que "a roupa deve ser mais barata quando um carda, outro fia e um outro tece (...) do que quando todas essas operações são realizadas de maneira desajeitada pela mesma mão".[31] Adam Smith discutiu e desenvolveu essa ideia em detalhes mais tarde.
- Teoria do rendimento. Petty chegou a uma teoria primitiva da renda:

> Suponha que um homem pudesse cultivar, com as próprias mãos, certa quantidade de terra com milho, ou seja, pudesse cavar, arar, aplainar, limpar, colher e transportar, debulhar e soprar o grão com o cuidado que essa terra requer e tivesse também a semente com a qual semeá-la; esse homem retirou a semente da própria colheita, bem como retirou sua comida e o que deu aos outros em troca por roupas e outras necessidades naturais. Assim, o remanescente do milho é a renda natural e verdadeira da terra para aquele ano.[32]

Essa análise de renda como o excedente da terra foi um avanço no pensamento econômico. Mas Petty não separou o retorno para o capital do retorno para a terra, um erro fácil de ser cometido na época de 1600, quando os investimentos de capital em ferramentas e fertilizantes eram insignificantes. Ele também não mostrou que a renda era um retorno diferencial que surge na margem extensiva e intensiva de cultivo. Mas Petty percebia que a terra próxima aos mercados garantia uma renda maior porque o custo de transporte da produção era menor.

- Importância do capital. Em *The political anatomy of Ireland*, publicado em 1691, Petty escreveu:

> Devemos estabelecer uma equivalência e uma equação entre a arte e o trabalho comum; se, por meio de trabalho não especializado, pudesse cavar e preparar para semear 100 acres, em mil dias, suponha, então, que eu passe cem dias estudando uma maneira mais eficiente, conseguindo, inclusive, ferramentas para o mesmo propósito, e em todos esses cem dias eu não cave nada, mas nos 900 dias restantes cave 200 acres. Então eu digo que a arte que gasta cem dias de concepção vale o trabalho de um homem para sempre, pois a nova arte e um homem fizeram o mesmo que dois homens poderiam ter feito sem isso.[33]

Essa ênfase no capital e na produção se tornaria cada vez mais adequada com o surgimento da Revolução Industrial do século XVIII. A atenção de Petty a esses tópicos nada tinha de mercantilista!

- Teoria do valor trabalho. De acordo com Petty, o trabalho é o pai e a terra é a mãe da riqueza. Em *A treatise of taxes and contributions*, ele disse que o valor de um

30 Idem, *Verbum sapienti*. In: *The political anatomy of Ireland with the establishment for that Kingdom and Verbum sapienti*. Shannon, Irlanda: The University Press, 1970. p. 222. [Publicado originalmente em 1691.]
31 Idem, Political arithmetick. p. 260.
32 Idem, *Taxes and contributions*, v. 1, p. 43.
33 Idem, The political anatomy of Ireland. *Economic writings*, v. 1, p. 182.

alqueire de milho será igual ao valor de uma onça de prata se o trabalho necessário para produzir cada um deles for o mesmo.

O interesse de Petty na produção e a sua busca por uma teoria do valor que determina o preço iniciaram novas linhas de raciocínio. Suas ideias seriam ampliadas e melhoradas por economistas que o seguiram.

Perguntas para estudo e discussão

1. Identifique resumidamente e estabeleça a importância de cada um dos seguintes pensadores e obras para a história do pensamento econômico: Thomas Mun e *England's treasure by forraign trade*, Gerard Malynes, Charles Davenant, Jean Baptiste Colbert, Sir William Petty e *Political arithmetick*.
2. Comente a seguinte declaração: O mercantilismo é tanto um conjunto de políticas praticadas como uma doutrina econômica verdadeiramente unificada definida pelos principais acadêmicos.
3. Por que os mercantilistas algumas vezes são chamados de bulionistas? Incorpore cada um dos seguintes aspectos em sua resposta: exportações, importações, colônias, guerra, tarifas, monopólios do governo, colonialismo, grandes populações, livre-comércio interno.
4. Por que os mercantilistas eram a favor de grandes contingentes populacionais e baixos salários? Como os mercantilistas se posicionam nessa questão relacionada aos efeitos renda e substituição de um aumento de salário? Quais vantagens Petty atribuiu a populações numerosas?
5. O que o termo *medo dos bens* significa quando relacionado ao comércio internacional? Ele é consistente o suficiente para favorecer o livre-comércio de bens dentro de uma nação e também para apoiar restrições comerciais sobre produtos importados? Quem se beneficia e quem perde com essas restrições?
6. Compare os argumentos modernos para o protecionismo (O passado como preâmbulo 2-2) com os da era mercantilista.
7. Os mercantilistas perceberam que (a) um excedente de exportações pode provocar o ingresso de ouro e prata vindos de outros países e (b) aumentos no estoque de dinheiro podem elevar os preços de uma nação. Esses resultados são compatíveis um com o outro a longo prazo?
8. Baseado em qual princípio o mercantilista Thomas Mun defendeu a prática do envio de um pouco de ouro para o exterior?
9. Ligue os pensadores a seguir com suas ideias ou contribuições. Explique cada correspondência.

______ Malynes	a. Guerras internas são melhores que guerras entre países.
______ Davenant	b. Trabalho compulsório nas rodovias
______ Petty	c. Forte defesa dos mercadores
______ Colbert	d. *Political arithmetick*

10. Sob quais aspectos a análise econômica de Petty se expandiu além das visões mercantilistas típicas?

Leituras selecionadas

Livros

BLAUG, Mark (ed.). *The early mercantilists*. Brookfield, VT: Edward Elgar, 1991.

COLE, Charles W. *Colbert and a century of French mercantilism*. Nova York: Columbia University Press, 1939. 2 v.

DAVENANT, Charles. *Discourses on the publick revenues, and on the trade in England*. Londres: Impresso para James Knapton, 1698.

FURNISS, Edgar S. *The position of labor in a system of nationalism*. Boston: Houghton Mifflin, 1920.

HECKSCHER, Eli F. *Mercantilism*. 2. ed. Londres: Allen and Unwin, 1955. 2 v.

JOHNSON, E. A. J. *Predecessors of Adam Smith*. Nova York: Prentice-Hall, 1937.

MAGNUSSON, Lars. *Mercantilism:* the shaping of an economic language. Londres: Routledge, 1994.

MALYNES, Gerard. *Lex mercatoria:* or, the ancient law-merchant. 1686 [Escrito em 1622].

MUN, Thomas. *England's treasure by forraign trade*. Nova York: Macmillan, 1903 [Escrito em 1630].

PETTY, William. *Economic writings*. Editado por Charles H. Hull. Cambridge: The University Press, 1899. 2 v.

RONCAGLIA, Alessandro. *Petty:* the origin of political economy. Armonk, NY: M. E. Sharpe, 1985.

VINER, Jacob. *Studies in the theory of international trade*. Nova York: Harper, 1937.

Artigos de revistas especializadas

ALLEN, W. R. Modern defenders of mercantilist theory. *History of Political Economy*, n. 2, p. 381-397, outono de 1970.

ASPROMOURGOS, Tony. The life of William Petty in relation to his economics: a tercentenary interpretation. *History of Political Economy*, n. 20, p. 337-356, outono de 1988.

EKELUND, R. B., Jr.; TOLLISON, R. D. Economic regulation in mercantile England: Heckscher revisited. *Economic Inquiry*, n. 18, p. 567-599, out. 1980.

OFFICER, Lawrence H. The purchasing-power parity theory of Gerard de Malynes. *History of Political Economy*, n. 14, p. 256-259, verão de 1982.

3

A ESCOLA FISIOCRÁTICA

Os fisiocratas surgiram na França próximo ao final da época mercantilista. O início dessa escola pode ser datado em 1756, quando Quesnay publicou seu primeiro artigo sobre economia na *Grande Encyclopédie.* A escola terminou em 1776, quando Turgot perdeu seu alto posto no governo francês e Smith publicou seu *A riqueza das nações.* Mas a influência dos fisiocratas durou muito mais do que as duas décadas durante as quais eles lideraram o mundo do pensamento econômico. Depois de apresentar uma visão geral da escola, examinaremos as contribuições econômicas dos dois fisiocratas mais proeminentes – Quesnay e Turgot.

VISÃO GERAL DOS FISIOCRATAS

O cenário histórico da escola fisiocrática

A fisiocracia foi uma reação ao mercantilismo e às características feudais do antigo regime na França e, ainda assim, não conseguiu fugir completamente dos conceitos medievais que impregnavam a sociedade francesa.

A minuciosa regulamentação da produção pelo governo, chegando a especificar o número de fios necessários por metro de tecido, pode ter impulsionado a alta qualidade, mas certamente encarcerava a produção em uma camisa de força que não permitia experimentos, melhoria dos métodos de produção ou alteração das preferências do consumidor. Um governo corrupto e extravagante tornou impossível a imposição equitativa dessas regras, e o crescimento do comércio e a concorrência cada vez maior tornaram essas regras desnecessárias.

A indústria francesa foi retardada em seu desenvolvimento pelas autoridades locais que impunham pedágios, impostos e tarifas internas, impedindo, portanto, a movimentação de bens. A agricultura francesa foi onerada pelas condições impostas pela nobreza dona das terras. Os camponeses eram submetidos a impostos sobre a terra e os lucros da lavoura, enquanto a nobreza e o clero tinham isenção desses impostos. Os impostos variavam de ano a ano, dependendo da vontade do coletor de impostos e da riqueza do camponês. Na realidade, franquias foram vendidas a "consignatários de impostos", permitindo que eles coletassem para si mesmos a mesma quantia em impostos que podiam extorquir dos habitantes de uma determinada área. Os consignatários de impostos pagavam uma taxa fixa anual ao governo no início de cada ano fiscal e retinham tudo o que coletavam além disso. Os incentivos para que o indivíduo acumulasse riqueza e expandisse investimentos eram, então, seriamente prejudicados. Os camponeses tinham de pagar débitos ao seu senhor quando herdavam uma propriedade ou quando a transferiam por venda. Eles tinham de fazer negócios e pagar altos encargos para os moleiros, os padeiros e os prensadores de vinhos do senhor. Os nobres tinham o direito de praticar a caça esportiva nos campos cultivados de seus camponeses, e as leis do jogo proibiam a retirada de ervas daninhas e a capina, se isso perturbasse as perdizes. A odiada corveia, revivida por Colbert e perpetuada depois dele, forçava os camponeses e seus animais de carga a trabalhar sem pagamento nas rodovias públicas, em grande parte para o benefício dos outros.

Por séculos, o governo francês e as autoridades das cidades tinham submetido o comércio de grãos a uma incrível teia de regulamentações. Até a reduzida liberdade permitida a outros tipos de comércio era negada ao comércio de grãos. A exportação de grãos da França era proibida. As autoridades estavam mais preocupadas em manter o fornecimento equilibrado do que em promover os interesses da agricultura. Mas exceções foram concedidas nos anos de fartura. Permissões especiais a particulares podiam ser emitidas, indicando a quantidade e o tipo de grãos a serem exportados e, normalmente, o seu destino. Dentro do reino, o grão e a farinha não podiam ser transferidos de uma província a outra sem permissão. Para receber licença para vender grãos entre as províncias, um mercador tinha de submeter todos os detalhes do empreendimento a um inspetor e, depois que o grão tivesse realmente sido transportado, um certificado tinha de ser emitido, mostrando que o consignatário tinha realmente atingido o destino estabelecido. O grão era sujeito à restrição adicional dentro de cada província. As leis especificavam o preço dos grãos e onde eles deveriam ser vendidos. Em tempos de escassez, a venda era compulsória para impedir o estoque. Os pedágios, bem como as regulamentações, impediam o comércio de grãos, de maneira que, em uma área, os excedentes podiam abarrotar um armazém, enquanto a alguns quilômetros dali as pessoas morriam de fome.

As guildas de mercadores e de artesãos, que surgiram durante o período medieval, persistiram mais tempo na França do que na Inglaterra. As guildas de mercadores controlavam o direito de exercer um comércio em uma cidade. As guildas de artesãos, compostas de aprendizes, viajantes e mestres de um artesanato, ditavam os métodos de produção e de colocação no mercado das oficinas das cidades. O caráter dessas associações mudou, à medida que a autorização e a regulamentação nacional das guildas substituíram a autoridade da cidade ou dos senhores feudais. Mas, até 1789, as guildas impediam a entrada livre de trabalho em certos ofícios, restringiam e regulamentavam a produção, fixavam preços e se opunham à concorrência de outras cidades e do exterior. As contendas e litígios jurisdicionais entre as guildas continuaram por gerações e séculos, com grande dispêndio de tempo e dinheiro. O custo anual de batalhas legais com as guildas de Paris durante metade do século XVIII foi de 800 mil a 1 milhão de livres (unidade de dinheiro francês substituída desde então pelo franco e, mais recentemente, pelo euro). Os vendedores de gansos assados e de frangos cozidos brigaram por meio século, até que os vendedores de frango ficaram, enfim, restritos à venda do frango não cozido. Os vendedores de ganso, bem-sucedidos, voltaram-se então para os cozinheiros, que haviam triunfado sobre os fabricantes de molho. Um litígio de 300 anos entre os vendedores de roupas usadas e os alfaiates em Paris ainda não havia sido resolvido em 1789, quando a revolução destruiu as guildas. Foi por intermédio dessa sociedade corrupta e decadente que as ideias fisiocráticas surgiram como uma brisa fresca.

Principais dogmas da escola fisiocrática

Os conceitos da escola fisiocrática podem ser resumidos como se segue:

- Ordem natural. Os fisiocratas introduziram a ideia de ordem natural ao pensamento econômico. O próprio termo *fisiocrata* significa "regra da natureza". De acordo com essa ideia, as leis da natureza governam as sociedades humanas da mesma maneira que as descobertas de Newton governam o mundo físico. Todas as atividades humanas, portanto, deveriam ser mantidas em harmonia com essas leis naturais. O objeto de todo estudo científico era descobrir as leis às quais todos os fenômenos do universo estavam sujeitos. Na esfera econômica, as leis da natureza conferiam aos indivíduos o direito natural de usufruir dos frutos de seu próprio trabalho, desde que isso fosse consistente com os direitos dos outros.
- *Laissez-faire, laissez-passer.* Essa expressão, creditada a Vincent de Gournay (1712-1759), na realidade, significa "deixe as pessoas fazerem o que quiserem sem a interferência do governo". Os governos nunca deveriam estender sua interferência nos assuntos econômicos além do mínimo absolutamente essencial para proteger a vida e a propriedade e para manter a liberdade de adquirir. Assim, os fisiocratas se opunham a quase todas as restrições feudais, mercantilistas e governamentais, favorecendo a liberdade do comércio interno, bem como o livre-comércio exterior. Gournay era um dos vários altos funcionários do sistema mercantilista cuja experiência o levou a se tornar um partidário da teoria do *laissez-faire.*
- Ênfase na agricultura. Os fisiocratas pensavam que a indústria, o comércio e as profissões eram úteis, mas estéreis, simplesmente reproduzindo o valor consumido na forma de matérias-primas e subsistência para os trabalhadores. Somente a agricultura (e, possivelmente, a mineração) era produtiva, pois ela produzia um excedente, um produto líquido acima do valor dos recursos usados na produção.
- Taxação do proprietário de terra. Os fisiocratas pensavam que, como a agricultura produzia excedente, que o proprietário da terra recebia na forma de rendimento, somente ele deveria ser taxado. Todas as taxas aplicadas a outros seriam impostas ao proprietário da terra de qualquer maneira. Uma taxa direta sobre o proprietário

da terra era preferível a taxas indiretas, que aumentavam à medida que eram impostas a outros.

- Inter-relação da economia. Quesnay, em particular, e os fisiocratas, em geral, analisaram o fluxo circular de bens e dinheiro dentro da economia.

Quem a escola fisiocrática beneficiou ou procurou beneficiar?

Os camponeses poderiam ganhar, em última análise, com as ideias dos fisiocratas, pois as obrigações onerosas aos donos de terras acabariam. Mas se os fisiocratas tivessem conseguido o que queriam, os camponeses teriam se tornado trabalhadores assalariados em grandes fazendas. Os interesses comerciais se resumiam em tirar proveito da prescrição para remover todas as restrições sobre a produção e a movimentação de bens. Ao defender a doutrina do *laissez-faire*, os fisiocratas estavam promovendo a indústria, muito embora essa não fosse a sua intenção. Eles estavam interessados em estimular o comércio interno de grãos mais livre e em incentivar a exportação de produtos agrícolas e a importação de bens manufaturados.

Os fisiocratas eram particularmente a favor de fazendas capitalistas que empregavam o trabalho assalariado e técnicas avançadas. Essas fazendas progressistas podiam ser encontradas principalmente no norte da França. Grandes produtores que tinham excedentes para a venda seriam ajudados pela ênfase fisiocrática na agricultura e no livre-comércio interno de grãos. O imposto sobre o excedente produzido na agricultura teria reduzido os valores da terra e prejudicado a nobreza possuidora de terras, em vez de prejudicar os atuais ou possíveis empresários agrícolas que pagavam o aluguel sobre a terra. A nobreza e o clero eram isentos da multiplicidade de impostos que oneravam os proprietários de terra mais comuns; um único imposto aplicável a toda a terra produtiva teria ajudado a disseminar o ônus dos impostos na sociedade.

Os fisiocratas tentaram acalmar a nobreza defendendo genuinamente seu direito à propriedade da terra e ao recebimento do aluguel correspondente ao arrendamento. Diferentemente do norte-americano Henry George que, nos anos 1880, queria taxar toda a renda resultante do arrendamento, os fisiocratas pensavam que um imposto que tomasse um terço do excedente econômico seria suficiente. Isso, eles acreditavam, não redistribuiria a riqueza do rico para o pobre, pois os donos de terra pagam todos os impostos em qualquer caso. Mas, em vez disso, a conversão dos impostos de uma base indireta para uma base direta reduziria o ônus geral. Nessa visão, a nobreza seria auxiliada se o programa fisiocrata fosse aplicado. Mas essa crença era errônea. Ela era baseada na análise falha de que todos os excedentes taxáveis poderiam vir somente da terra.

Como a escola fisiocrática foi válida, útil ou correta em sua época?

Antes da Revolução Industrial, a indústria era caracterizada por produtividade extremamente baixa. Isso era particularmente verdadeiro com relação à economia artesanal da França durante as últimas décadas do *ancien régime*. A produção de itens de luxo para a nobreza em um país miseravelmente pobre, portanto, poderia facilmente parecer ser “inútil”. A agricultura, por outro lado, algumas vezes produzia colheitas abundantes, apesar dos métodos primitivos de cultivo. A agricultura geralmente fornecia os excedentes que podiam ser poupados e reinvestidos para iniciar um estado progressivo de crescimento econômico e desenvolvimento industrial, não somente na França, mas também nos Estados Unidos, Alemanha, Japão, Rússia e outros países.

Ao promover o *laissez-faire*, os fisiocratas estavam se opondo aos obstáculo do desenvolvimento capitalista da economia. Inconscientemente, eles promoveram a Revolução Francesa de 1789, que varreu os numerosos obstáculos ao progresso. Ao enfatizar a produtividade da agricultura, eles estavam saindo do conceito mais antigo de que somente o comércio produz e aumenta a riqueza. Os fisiocratas enfatizavam a produção, em vez da troca, como uma fonte de riqueza. O apoio deles aos impostos diretos era uma reação válida aos impostos indiretos que permeavam e corroíam a sociedade francesa de sua época. Eles eram a favor do acúmulo de capital por meio da redução do consumo dos mais ricos.

Quais dogmas da escola fisiocrática se tornaram contribuições duradouras?

Várias das ideias defendidas pelos fisiocratas eram incorretas. A escola estava errada em considerar estéreis a indústria e o comércio. Quanto mais a indústria e o comércio se desenvolviam na França, mais manifestamente imprecisa tornava-se a análise fisiocrática. Essa falha levou a outro erro – a crença de que somente os donos de terras deveriam ser taxados porque somente a terra podia produzir excedente. Os industriais ricos podiam sorrir à medida que endossavam a doutrina de que eles não deveriam pagar impostos porque não acrescentavam nada à riqueza. Esse conceito de imposto fisiocrático deixou um grande legado. John Stuart Mill, que escreveu na metade do século XIX, propôs que aumentos futuros no valor do rendimento resultante do arrendamento fossem taxados pelo Estado, de maneira que levassem em conta todos os ganhos de capital advindos de aumentos no preço da terra. Henry George, que formulou alguns enunciados, nos Estados Unidos, mais de cem anos depois dos fisiocratas, criou um movimento de "imposto único", cujo objetivo era confiscar todo o rendimento.

Os fisiocratas exaltaram o fazendeiro capitalista como a principal figura do desenvolvimento econômico francês, mas estavam errados em relação a duas coisas. Primeiro, os industriais e os trabalhadores se tornaram as figuras mais importantes do crescimento econômico do país, enquanto a importância relativa da agricultura caiu. Segundo, foi o pequeno fazendeiro camponês que se tornou típico na França, não o grande fazendeiro empresário. Se a terra tivesse permanecido nas mãos da nobreza, um imposto sobre a propriedade da terra teria restringido o consumo de luxos. Mas quando os pequenos camponeses obtiveram a terra após a revolução, eles teriam se tornado a massa do ônus dos impostos.

Todavia, os fisiocratas deram várias contribuições duradouras para a economia. Primeiro, ao examinar toda a sociedade e analisar as leis que governavam a circulação de riqueza e bens, eles estabeleceram a economia como uma ciência social. Descobriremos que o quadro econômico de Quesnay é um precursor de dois itens encontrados nos textos da economia moderna: o diagrama do fluxo econômico e a contabilidade da renda nacional. Segundo, a lei de retornos decrescentes – em geral creditada a Malthus e a Ricardo – atualmente é atribuída ao fisiocrata Turgot. Terceiro, os fisiocratas originaram a análise da alteração de impostos e incidência que hoje é uma parte importante da microeconomia aplicada. Finalmente, ao defender o *laissez-faire*, os fisiocratas chamaram a atenção dos economistas para a questão do papel adequado do governo na economia.

FRANÇOIS QUESNAY

François Quesnay (1694-1774), filho de um proprietário de terras, foi o fundador e líder da escola fisiocrática. Educado para ser médico, fez fortuna por meio de sua habilidade em medicina e cirurgia. Quesnay foi elevado ao posto de médico da corte de Luís XV e Madame de Pompadour. Em 1750, encontrou Gournay e logo se tornou mais interessado em economia do que em medicina. Quesnay e seus seguidores esperavam transformar o rei em um "déspota esclarecido", como instrumento de reforma pacífica. Em um artigo de enciclopédia em 1757, Quesnay observou que pequenas fazendas eram incapazes de utilizar os métodos mais produtivos. Ele era a favor de grandes fazendas gerenciadas por "empresários", antecipando, portanto, os grandes empreendimentos agrícolas que surgiram em nossa época.

Para Quesnay, a sociedade era semelhante ao organismo físico. A circulação de riqueza e bens na economia era como a circulação de sangue no corpo. Ambos estavam de acordo com a ordem natural e poderiam ser compreendidos por meio de análise cuidadosa.

Quesnay acreditava que as leis feitas pelas pessoas deveriam estar em harmonia com as leis naturais. O príncipe herdeiro da França uma vez reclamou com Quesnay a respeito das dificuldades do cargo de rei (que ele não estava destinado a viver para assumir). "Eu não o vejo", disse Quesnay, "como tão problemático". "O que você faria, então", perguntou o príncipe, "se fosse rei?" Quesnay respondeu: "Nada". Questionado sobre quem governaria, Quesnay respondeu criticamente: "A lei". Ele, claramente, quis dizer a lei natural.[1]

Seu famoso trabalho *Tableau economique,* criado para o rei da França em 1758 e revisado em 1766, mostrou o fluxo circular de bens e dinheiro em uma economia ideal e livremente competitiva. Essa foi a primeira análise sistemática do fluxo de riqueza no que mais tarde passou a ser chamado de base macroeconômica. Economistas como Smith, Marx e Keynes, que também descreviam as atividades econômicas em termos de grandes agregados, fizeram um tributo a Quesnay por dar origem a essa abordagem.

Uma exposição simplificada do *Tableau economique* de Quesnay é apresentada na Figura 3.1. Quesnay assume que a terra é de propriedade do senhor, mas é cultivada por fazendeiros arrendatários, que são, portanto, a única classe realmente produtiva. O produto que os fazendeiros arrendatários criam tem de atender não só às suas próprias necessidades, mas também às necessidades dos proprietários de terras (incluindo o rei, a Igreja, os funcionários públicos e outros que dependem da renda dos proprietários de terras). Além disso, a produção dos fazendeiros atende às necessidades da classe estéril (fabricantes e mercadores). O *Tableau* mostra como o produto líquido circula entre as três classes e como é reproduzido a cada ano.

Suponha que os fazendeiros iniciem com um produto bruto anual de 5 bilhões de livres. Destes, 2 bilhões de livres são imediatamente deduzidos como despesas necessárias de produção para fornecer alimento, sementes e ração aos próprios fazendeiros. Como visto na coluna da esquerda, isso deixa 3 bilhões de livres em alimentos para a venda. Os donos de terras (coluna do meio) começam com 2 bilhões de livres em rendimentos pagos pelos fazendeiros durante o ciclo anterior. Finalmente, os fabricantes e

1 ROSSIGNOL, James Edward Le. *Economics for everyman*: an introduction to social economics. Nova York: H. Holt, 1923, p. 293.

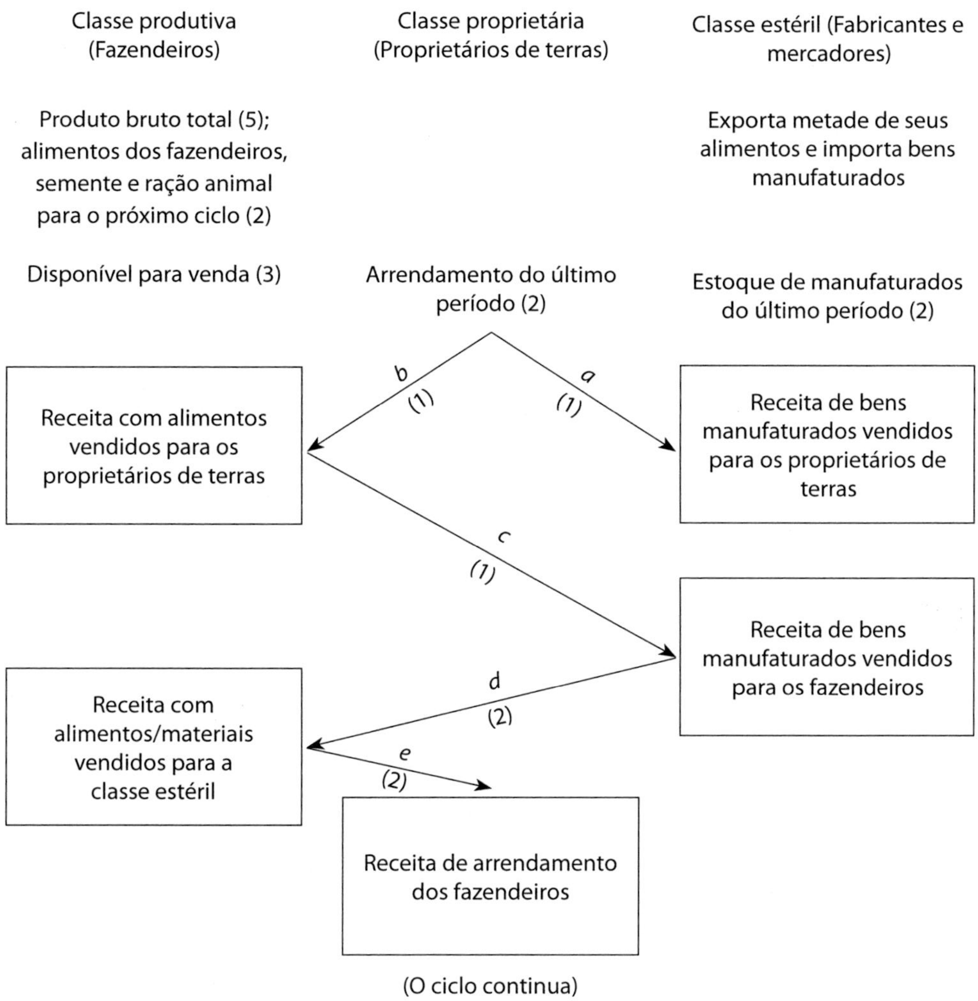

FIGURA 3.1 ■ TABLEAU ECONOMIQUE DE QUESNAY

O quadro de Quesnay traça os gastos e, portanto, a receita recebida pelos fazendeiros, proprietários de terras e fabricantes/mercadores. Os proprietários de terras utilizam o valor do rendimento do período anterior para comprar bens dos fabricantes/mercadores (fluxo *a*) e alimentos dos fazendeiros (fluxo *b*), criando, assim, receita para essas duas classes. A receita para os fazendeiros, por sua vez, permite que eles comprem bens manufaturados dos fabricantes/mercadores (fluxo *c*). Os fabricantes/mercadores utilizam essa receita para comprar alimentos de fazendeiros (fluxo *d*), o que cria receita para eles. Os fazendeiros pagam o aluguel correspondente ao arrendamento com suas receitas da agricultura (fluxo *e*), e o ciclo se repete.

mercadores (coluna da direita) começam com 2 bilhões de livres em bens manufaturados durante o ciclo anterior.

A classe de proprietários de terras utiliza seus 2 bilhões de livres para comprar 1 bilhão em bens manufaturados da classe estéril (seta *a*) e 1 bilhão em alimentos dos fazendeiros (seta *b*). Os fazendeiros, então, utilizam o 1 bilhão em receita de sua venda de alimentos aos proprietários de terras para comprar 1 bilhão de livres em bens manufaturados (seta *c*). Esse gasto pelos fazendeiros representa um montante igual de receita para o fabricante e para os mercadores. A classe estéril agora tem 1 bilhão de livres de receita da venda de bens para os proprietários de terras e outro 1 bilhão da venda para os fazendeiros. A classe estéril, portanto, compra dos fazendeiros alimentos e matéria-prima no valor de 2 bilhões de livres (seta *d*).

Após a transação mostrada pela seta *d*, o ciclo se repete. Nessa etapa, os fazendeiros têm 2 bilhões de livres em alimentos, sementes e ração animal, que eles utilizarão para produzir outros 5 bilhões de livres em produtos agrícolas no próximo ano. Os donos de terras têm alimentos, bens manufaturados e um rendimento de 2 bilhões de livres para receber da próxima colheita dos fazendeiros (seta *e*). A classe estéril tem 2 bilhões de livres em alimentos e matérias-primas, que utilizará para produzir 2 bilhões em bens manufaturados.

Alguns observadores perceberam que o quadro de Quesnay pressupõe que a classe dos produtores é deixada sem bens manufaturados para seu próprio consumo. Ronald L. Meek tem uma solução para esse problema. Ele considera que os escritos fisiocráticos insinuam que o tamanho da classe estéril é somente metade do tamanho da classe produtiva. Portanto, ela não precisa de todos os 2 bilhões de livres de alimentos e matérias-primas que compra dos fazendeiros (seta *d*). Em vez disso, ela exporta um pouco dos alimentos como uma maneira de pagar pelos bens manufaturados.[2]

O *Tableau economique* de Quesnay foi um prenúncio para a análise da renda nacional e foi o fundamento do trabalho estatístico para descrever uma economia. O próprio Quesnay tentou estimar os valores da produção anual e outros agregados. O quadro também passou o conceito do equilíbrio dentro de toda a economia, pois, se uma das variáveis interdependentes fosse alterada, outras também o seriam. Além disso, o quadro de Quesnay é um predecessor da análise insumo-produção (Capítulo 18), que Leontief introduziu nos anos 1930 e que os economistas utilizam amplamente até hoje.

É importante observar que, embora Quesnay tivesse chamado a produção não agrícola de "estéril", ele não questionava o direito dos proprietários de receber o rendimento. A natureza, não o trabalhador, produz o excedente, segundo ele. O proprietário de terras, portanto, tem direito ao produto excedente, que vai com o título[3] da terra. Como sua classe faz o investimento em capital original necessário para tornar a terra produtiva, eles têm o direito ao produto excedente. Assim, Quesnay se considerava um defensor dos direitos dos proprietários de terras. Ainda assim, sua proposta para taxar somente proprietários de terras era vista por eles como um ataque aos seus interesses.

Quesnay argumentava que "um excesso de luxo na decoração pode rapidamente arruinar uma nação grandiosa e opulenta".[4] Ele preferia gastar em matérias-primas. Essa era a linguagem do crescimento econômico em um momento em que a aristocracia era esbanjadora em seu consumo e a indústria era muito menos importante do que a agricultura e a mineração, como meio de acumular riqueza para mais investimento.

Veja O passado como preâmbulo 3-1

O pensamento de Quesnay, no entanto, também tinha um pouco de tom medieval. Isso fica claro em sua glorificação da agricultura e em sua crença – contrária à dos outros fisiocratas – de que o governo deveria fixar a taxa de juros.[5] Quesnay também era favorável à ideia de "preço justo", mas considerava

2 MEEK, Ronald L. *The economics of physiocracy*. Cambridge, MA: Harvard University Press, 1963, p. 282-283.

3 N.R.T. Título (da propriedade).

4 NEWMAN, Philip Charles. *Source readings in economic thought of physiocracy*. Nova York: Norton, 1954, p. 94.

5 Para uma história do antigo pensamento sobre o empréstimo com juros, consulte Barry Gordon. Lending at interest: some Jewish, Greek, and Christian approaches, 800 BC-AD 100. *History of Political Economy*, n. 14, p. 406-426, outono de 1982.

que um mercado livre, em vez de regulamentação por uma autoridade, poderia atingir isso melhor.[6]

ANNE ROBERT JACQUES TURGOT

Anne Robert Jacques Turgot (1727-1781) nasceu em uma família nobre da Normandia que, por várias gerações, tinha suprido o Estado com funcionários administrativos capacitados. Como filho mais novo, ele foi educado para a Igreja, mas, após receber seu diploma em teologia, decidiu entrar no serviço jurídico e administrativo. Turgot subiu de cargo no serviço público até se tornar ministro da Fazenda da França, em 1774. Esse cargo tinha sido de Colbert, cem anos antes. Com menos de dois anos no cargo, Turgot introduziu medidas

3-1 O passado como preâmbulo

QUESNAY E O DIAGRAMA DE FLUXO CIRCULAR

O *Tableau economique* de Quesnay (Figura 3.1) é um antecessor do diagrama de fluxo circular, geralmente encontrado nos primeiros capítulos de livros didáticos sobre princípios contemporâneos da economia. O quadro de Quesnay traça o gasto ou o fluxo de receitas entre três classes: fazendeiros, donos de terras e fabricantes e mercadores. Sua tabela implica, claramente, fluxos contrários de bens reais e serviços. Por exemplo, os fabricantes e mercadores recebem receita, um fluxo monetário, em troca por bens, um fluxo real que está se movendo no sentido contrário.

No entanto, o diagrama de fluxo circular moderno indica suas bases imediatas, segundo o economista Frank Knight, que desenvolveu sua "direção da riqueza" quando lecionava na Universidade de Chicago, no início dos anos 1930.[a]

O diagrama atual (veja a figura a seguir) traça tanto o fluxo monetário como o fluxo real. Além disso, divide a economia em dois setores (doméstico e empresarial), em vez de em três classes (fazendeiros, donos de terras e fabricantes e mercadores). Finalmente, esse diagrama mostra dois mercados: o mercado de recursos e o mercado de produtos. No mercado de recursos, as famílias fornecem os recursos demandados pelas empresas. No mercado de produtos, as famílias demandam produtos e as empresas os fornecem.

Como no quadro de Quesnay, o diagrama de fluxo circular moderno implica uma rede inter-relacionada entre a tomada de decisão econômica e a atividade econômica.

a. Para uma fascinante discussão sobre as origens do diagrama de Knight, consulte Don Patinkin. *Essays on and in the Chicago tradition.* Durham, NC: Duke University Press, 1981, p. 53-72.

6 A noção ética de "preço justo" foi promovida por São Tomás de Aquino nos anos 1200.

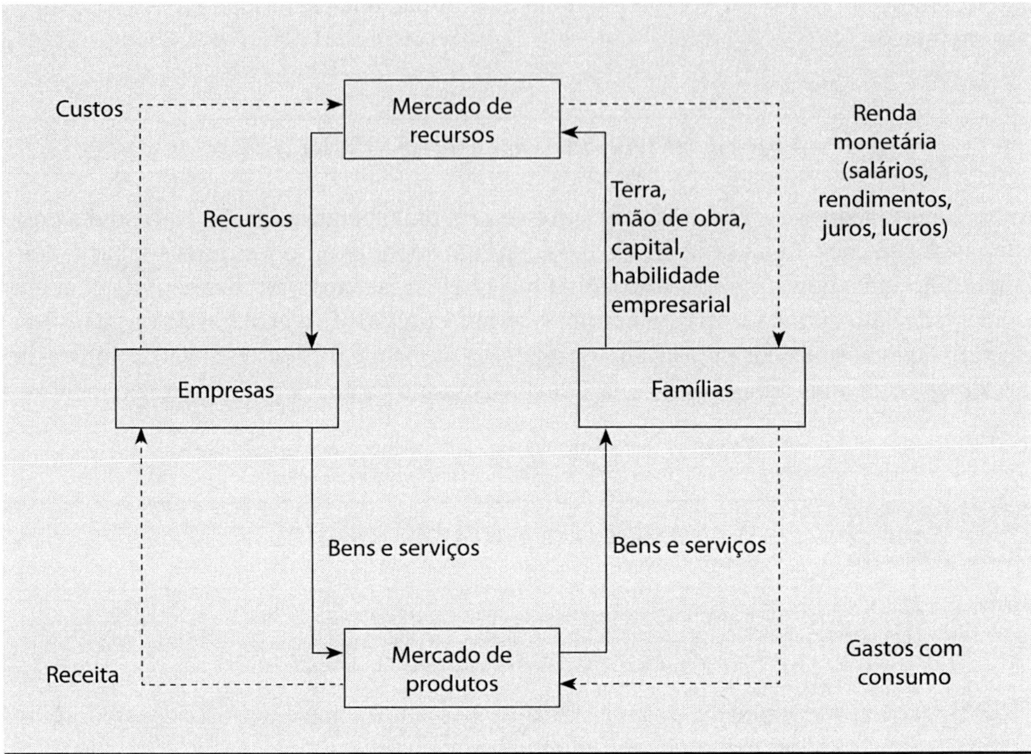

antifeudais e antimercantilistas ao ser partidário das ideias fisiocráticas. A liberdade do comércio interno de grãos foi ordenada, e as guildas e corporações comerciais privilegiadas foram abolidas. Ele terminou com a corveia opressiva, os 12 ou 15 dias de trabalho não pago, obrigatório aos camponeses, anualmente, para manter rodovias, pontes e canais. Em seu lugar, aprovou um imposto que todos os proprietários de terras teriam de pagar. Turgot cortou drasticamente os gastos do governo. O crédito do governo foi de tal forma restabelecido que ele conseguiu o empréstimo de uma enorme soma dos holandeses a uma taxa de juros de 4%, em vez dos anteriores 7% a 12%. Os pagamentos dos juros anuais do governo foram reduzidos em quase dois terços. Turgot defendia um imposto sobre a nobreza, a liberdade de todas as pessoas de escolher sua profissão, a educação universal, a liberdade religiosa e a criação de um banco central, que Napoleão estabeleceria mais tarde, em 1800.

As leis aprovadas por Turgot e seus planos provocaram oposição resoluta de pessoas de todas as classes. A nobreza o odiava porque ele queria aumentar os impostos sobre a terra. O clero não confiava em Turgot não só por ele ser um descrente que quase não ia à missa, mas também porque era a favor da liberdade religiosa. Os financistas se ressentiam de seus empréstimos no exterior a juros mais baixos do que o que eles cobravam. Os membros da corte do rei estavam furiosos por causa da oposição de Turgot à sua extravagância, suas sinecuras e suas aposentadorias. Os consignatários de impostos, que pagavam enormes somas ao governo pelo direito de cobrar a quantidade de impostos que conseguissem, estavam enfurecidos porque ele queria substituí-los por cobradores de impostos do governo. A burguesia rica e radical fazia objeção à sua interferência nos monopólios. Luís XVI demitiu Turgot por causa dos protestos da corte, de Maria Antonieta e de outras pessoas poderosas que estavam perdendo privilégios por causa de suas políticas. Suas reformas foram canceladas de uma vez, para não serem mais reintroduzidas até a Revolução Francesa de 1789. Na realidade, é possível que a queda de Turgot tenha tornado a revolução inevitável. Sua experiência provou que o antigo regime não poderia reformar-se sozinho.

Como outros fisiocratas, Turgot acreditava em um absolutismo esclarecido e fazia que o rei levasse adiante todas as reformas. Ele se opunha à interferência dos parlamentos na legislação. Um plano que ele submeteu ao rei teria permitido que somente os proprietários de terras formassem o eleitorado. O parlamento eleito não teria nenhum poder legislativo, mas teria administrado a taxação, a educação e o socorro aos pobres. Obviamente, Turgot e os outros fisiocratas tinham suas raízes no antigo regime feudal da França. Eles eram reformadores, e não revolucionários. Mas o regime francês reacionário não tolerou suas reformas.

Em *Reflections on the formation and the distribution of riches,* escrito em 1766, Turgot desenvolveu uma teoria sobre salários em que sustentava que a concorrência entre os trabalhadores reduz o salário para um nível mínimo de subsistência. Isso foi quase uma declaração do que posteriormente foi chamado de "a lei de ferro dos salários". Somente os fazendeiros produzem um excedente, que é utilizado para alimentar e fornecer matéria-prima para toda a sociedade.

> Ele [o fazendeiro] é, portanto, a única fonte de riqueza, que, de acordo com sua circulação, anima todos os trabalhos da sociedade, pois ele é o único cujo trabalho produz acima e além dos salários do trabalho.[7]

Turgot disse que os ricos fazendeiros arrendatários capitalistas são os mais capazes de fazer uma agricultura eficiente, pois eles têm o capital para investir no solo. Eles recebem lucros e o retorno de seu investimento com juros. Os empreendedores reinvestem a maior parte de seus lucros e poupança, mas os donos de terras, não.

> É geralmente verdade que, embora os proprietários tenham maior excedente, eles poupam menos porque, à medida que têm mais lazer, têm mais desejos e mais paixões; eles se consideram mais seguros de sua fortuna e pensam mais em desfrutá-la de maneira agradável do que em aumentá-la: o luxo é sua herança.[8]

Em uma carta de 1767 a David Hume, Turgot afirmou que os impostos aplicados a outros grupos eram ignorados pelo proprietário de terras. Um imposto sobre os assalariados seria alterado somente se ele estivesse acima do nível mínimo de subsistência, mas isso era um desvio temporário. Os salários no nível mínimo de subsistência não podiam ser reduzidos por impostos porque os trabalhadores tinham de ganhar o suficiente para sobreviver. Um imposto direto sobre os donos de terras era, portanto, preferível a impostos indiretos, que eram passados adiante a eles. Essa incidência inevitável de impostos

---

7 TURGOT, Anne Robert Jacques. *Reflections on the formation and the distribution of riches.* Nova York: Macmillan, 1898, p. 9.

8 Ibidem, p. 97.

também era melhor para o desenvolvimento econômico, como explicado anteriormente, pois os donos de terras desperdiçavam sua parte da receita.

Turgot era um persistente defensor da economia no governo. Em uma carta anterior a Hume, ele escreveu:

> Você sabe, também, tão bem quanto eu, qual é o grande objetivo de todos os governos na terra: obediência e dinheiro. O objeto é como o ditado que diz que a galinha deve ser morta sem gritar. Agora, são os proprietários [donos de terras] a gritar, e o governo sempre preferiu atacá-los indiretamente, pois assim eles só perceberão o mal depois que a questão tiver se tornado lei.[9]

Em um memorando relacionado às suas tarefas no governo, Turgot apresentou um argumento em favor do livre-comércio:

> Persistir em se opor ao (...) [livre-comércio] a partir de um ponto de vista político muito limitado, que pensa que é possível cultivar tudo internamente, seria agir como os proprietários de Brie que pensavam estar poupando ao beber vinho ruim de suas próprias vinhas, que na realidade lhes custava mais no sacrifício da terra adequada para o bom trigo do que eles teriam pagado pelo melhor vinho da Borgonha, que eles teriam comprado com os lucros da venda do seu trigo.[10]

A maior contribuição de Turgot para a área da teoria econômica foi apresentar corretamente a lei dos retornos decrescentes. Isso apareceu em seu trabalho *Observation sur un mémoire de M. de Saint-Péravy*, provavelmente escrito em 1767. Jamais se pode imaginar, disse ele, que um gasto duas vezes maior na agricultura dobrará o produto.

> A fertilidade da terra assemelha-se a uma mola que está sendo pressionada para baixo pela adição de pesos sucessivos. Se o peso é pequeno e a mola não é muito flexível, as primeiras tentativas não terão nenhum resultado, mas quando o peso é o suficiente para superar a primeira resistência, ela se renderá à pressão. Depois de se render um pouco, novamente a mola começará a resistir à força extra colocada sobre ela, e os pesos que anteriormente teriam provocado uma depressão de uma polegada ou mais quase não moverão a mola. Assim, portanto, o efeito de pesos adicionais será gradualmente reduzido.[11]

Curiosamente, Adam Smith – que viajou para a França, onde encontrou Turgot e se familiarizou com seu trabalho – não aplicou a lei dos retornos decrescentes à agricultura. A doutrina foi utilizada posteriormente na análise da renda por Ricardo, Malthus e Edward West, mas nenhum deles reconhecia, como Turgot, que quando unidades sucessivas de um fator variável de produção são adicionadas à terra (o fator fixo), retornos cada vez maiores podem preceder, inicialmente, os retornos cada vez menores.

---

9 Ibidem, p. 103.

10 Idem, Letter on the Marque des fers. In: Peter Groenewegen. Turgot's place in the history of economic thought: a bicentenary estimate. *History of Political Economy*, n. 15, p. 591, inverno de 1983.

11 Idem. Observation sur un mémoire de M. de Saint-Péravy (1767). In: *Oeuvres de Turgot et documents le concernant*, v. 2, ed. Gustave Schelle. Paris: Librairie Félix Alcan, 1914, p. 644.

Perguntas para estudo e discussão

1. Identifique resumidamente e estabeleça a importância de cada um dos seguintes conceitos, pensadores e obras para a história do pensamento econômico: guildas de mercadores, guildas de artesãos, ordem natural, *laissez-faire*, Quesnay, *Tableau economique*, Turgot e classe estéril.
2. Quando a escola fisiocrática começou? Quando terminou? Por que sobreviveu por tão pouco tempo?
3. Em quais aspectos a escola fisiocrática foi uma reação ao mercantilismo? Por que ela se desenvolveu na França?
4. Resuma os principais elementos do *Tableau economique* de Quesnay. De que maneira esse quadro foi um prenúncio do diagrama de fluxo circular contemporâneo e da contabilidade da renda nacional? Um quadro poderia ser derivado do outro? Explique.
5. O que Colbert (Capítulo 2) e Turgot têm em comum, além de sua reputação como pensadores franceses da economia? Contraponha suas perspectivas econômicas gerais.
6. Qual conceito Turgot tinha em mente em sua analogia de pesos sucessivos aplicados a uma mola? Utilize o que você aprendeu nos cursos anteriores de economia para colocar esse conceito em um gráfico, desenhando a função de produção com um insumo variável. Rotule o eixo vertical como "produção agrícola" e o eixo horizontal como "insumo variável". (Compare o gráfico com o gráfico da parte superior da Figura 14.3.)
7. Qual setor da economia os fisiocratas enfatizaram? Por quê? Quais eram as implicações para a política de impostos?
8. Discuta os principais obstáculos e contribuições do pensamento fisiocrático.
9. Tente resolver o seguinte paradoxo: os fisiocratas falavam da ordem natural e eram a favor do *laissez-faire*, ainda fortemente apoiado pela autoridade absoluta da monarquia.

Leituras selecionadas

Livros

BEER, Max. *An inquiry into physiocracy*. Londres: Allen and Unwin, 1939.
BLAUG, Mark (ed.). *François Quesnay*. Brookfield, VT: Edward Elgar, 1991, 2 v.
GROENEWEGEN, Peter D. *The economics of A. R. J. Turgot*. The Hague: Martinus Nijhoff, 1977.
HIGGS, Henry. *The physiocrats*. Nova York: Langland Press, 1952. [Publicado originalmente em 1897.]
MEEK, Ronald L. *The economics of physiocracy*. Cambridge, MA: Harvard University Press, 1963.
TURGOT, Anne Robert Jacques. *Reflections on the formation and the distribution of riches*. Nova York: Macmillan, 1898. [Publicado originalmente em 1766.]
VAGGI, Gianni. *The economics of François Quesnay*. Durham, NC: Duke University Press, 1987.

Artigos de revistas especializadas

BREWER, Anthony A. Turgot: founder of classical economics. *Economica*, n. 54, p. 417-428, nov. 1987.
GROENEWEGEN, Peter. Turgot's place in the history of economic thought. *History of Political Economy*, n. 15, p. 585-616, inverno de 1983.
PHILLIPS, Almarin. The tableau economique as a simple Leontief model. *Quarterly Journal of Economics*, n. 69, p. 137-144, fev. 1955.

PRESSMAN, Steven. Quesnay's theory of taxation. *Journal of the History of Economic Thought*, n. 16, p. 86-105, primavera de 1994.

WARE, Norman J. The physiocrats: a study in economic rationalization. *American Economic Review*, n. 21, p. 607-619, dez. 1931.

4

A ESCOLA CLÁSSICA – PRECURSORES

A escola clássica começou em 1776, quando Adam Smith publicou seu trabalho *A riqueza das nações,* e terminou em 1871, quando W. Stanley Jevons, Carl Menger e Leon Walras publicaram, independentemente, trabalhos explicando teorias essenciais que acabaram se tornando parte da economia neoclássica. Neste capítulo, inicialmente fornecemos uma visão geral da escola clássica e depois examinamos as contribuições de vários dos precursores da escola. (Seus nomes estão listados diretamente acima da escola clássica na linha do tempo das ideias econômicas.) No Capítulo 5, examinaremos com detalhes as ideias de Adam Smith.

VISÃO GERAL DA ESCOLA CLÁSSICA

O cenário histórico da escola clássica

Duas revoluções, uma relativamente madura e a outra apenas no início, foram especialmente significativas para o pensamento econômico clássico.

A revolução científica. Em 1687, Isaac Newton (1642-1727) promoveu significativamente as leis científicas anteriores de Kepler sobre o movimento planetário e as leis matemáticas de Galileu sobre o movimento dos corpos na terra. Em seu trabalho *Mathematical principles of natural philosophy,* Newton apresentou a lei da gravitação universal: a força atrativa entre dois corpos quaisquer no universo varia proporcionalmente ao produto das massas dos dois e inversamente ao quadrado da distância entre eles. Essa lei explica, entre outras coisas, o movimento dos planetas.

A revolução na ciência associada a Newton e a outros teve três aspectos principais que vale a pena mencionar. Primeiro, esses cientistas confiavam intensamente na evidência experimental. Newton e seus contemporâneos não acreditavam em conhecimento nato derivado somente de raciocínio sem apoio na experiência. Segundo, Newton popularizou a ideia já existente de que o universo é governado por leis naturais. O terceiro aspecto do sistema de Newton foi uma visão estática do universo: espaço, tempo e matéria são independentes um do outro. Nada é alterado com o tempo. O movimento e as relações no universo continuam em repetição indefinida.

O impacto de Newton pode ser percebido nas ideias da escola clássica. De acordo com os clássicos, as instituições feudais remanescentes e os controles restritivos do mercantilismo não eram mais necessários. Para eles, a ciência newtoniana fez surgir uma natureza tão verdadeira quanto a vontade de Deus, anteriormente. Se a vontade divina tivesse criado um mecanismo que funcionasse harmoniosa e automaticamente sem interferência, o *laissez-faire* seria a forma mais alta de sabedoria nas questões sociais. As leis naturais guiariam o sistema econômico e as ações das pessoas.

Essas ideias foram revolucionárias para o seu tempo. As pessoas não aceitariam mais, sem questionar, verdades antigas como a de que o juro é pecaminoso ou de que as pessoas herdavam seu *status* na vida. A sociedade seria mais bem servida se as pessoas fossem livres para seguir a lei natural do interesse próprio. O pensamento newtoniano, na economia clássica, forneceu uma ideologia que justificou as rendas da propriedade. Como uma lei natural é melhor quando deixada desobstruída e como a poupança privada e a moderação contribuem para o bem da sociedade, a renda, o juro e os lucros são apenas recompensas para a propriedade e o uso produtivo da riqueza.

A Revolução Industrial. Em 1776, a Revolução Industrial estava apenas começando, mas se intensificou durante o período em que os economistas clássicos mais recentes escreveram. No século XVII, a Inglaterra acompanhou a Holanda no comércio e ficou atrás da França na produção. Mas, na metade do século XVIII, a Inglaterra ganhou supremacia tanto no comércio como na indústria. Tanto a Revolução Industrial como a economia política clássica se desenvolveram inicialmente na Inglaterra. Smith e seus contemporâneos, que viveram durante os primeiros estágios da Revolução Industrial, não conseguiam identificar adequadamente o significado desse fenômeno e a direção que esse desenvolvimento tomaria. Esse conhecimento é normalmente mostrado por meio de investigação do passado; mas eles estavam cientes do crescimento substancial da manufatura, do comércio e das invenções, além da divisão do trabalho. Esse incremento da indústria levou a uma ênfase maior no aspecto industrial da vida econômica no pensamento atual.

Em 1776, a Inglaterra, como o país mais eficiente e poderoso no mundo, do ponto de vista da indústria, beneficiou-se enormemente do livre-comércio internacional. À medida que os empresários ingleses se tornavam mais fortes, não precisavam mais contar com os subsídios do governo, com privilégios de monopólios e com a proteção tarifária. E com os empresários tornando-se suficientemente numerosos para dificultar a obtenção dos acordos e sua aplicação, a concorrência pôde, cada vez mais, assegurar preços mais moderados e produtos de qualidade. Muitas práticas mercantilistas estavam acabando com o surgimento da atividade comercial que se espalhava em todas as direções.

Surgia uma força de trabalho móvel, mal paga, livre e vigorosa. Antes do triunfo final da economia política clássica, os governos nacionais e locais haviam regulamentado a mão de obra e as condições de trabalho. Algumas vezes, o trabalhador era protegido, porém, mais frequentemente, os empregadores eram favorecidos. Os juízes das províncias haviam regulamentado os salários na Inglaterra durante séculos, normalmente impondo tetos salariais. No entanto, essa prática havia acabado em 1762, pois as condições de oferta e demanda de mão de obra estavam ditando baixos salários, determinados pelo mercado. Leis de cercamento foram aprovadas pelo Parlamento, autorizando o uso de cercas, cercas vivas e paredes para delimitar as terras comuns e os campos abertos sem cercas em que os camponeses anteriormente tinham cultivado a terra, criado gado ou porco e extraído combustível. Essas leis colocavam a terra em um regime rígido de propriedade privada e estimulavam uma agricultura em larga escala e mais intensiva em termos de capital. Isso elevou a produtividade da mão de obra agrícola e da terra, mas também transformou os camponeses em trabalhadores assalariados que procuravam emprego com os donos de terras, mercadores e fabricantes. Além disso, os artesãos tendiam a perder sua vantagem competitiva à medida que o sistema de fábricas se desenvolvia, levando um número cada vez maior deles ao mercado de trabalho como trabalhadores assalariados. A alta taxa de natalidade e a taxa de mortalidade em queda aumentaram a população, e os trabalhadores infantis e os camponeses irlandeses falidos que chegavam à Inglaterra também elevaram a oferta de mão de obra. Os passos do governo para manter os salários baixos não eram mais necessários, facilitando, portanto, que os empresários se tornassem adeptos da nova doutrina do *laissez-faire*. Agora, era a vez de os trabalhadores tentarem, sem sucesso, invocar a regulamentação do governo para estabelecer salários-mínimos.

Principais dogmas da escola clássica

A doutrina clássica é geralmente chamada de liberalismo econômico. Suas bases são liberdade pessoal, propriedade privada, iniciativa individual, empresa privada e interferência mínima do governo. O termo *liberalismo* deve ser considerado em seu contexto histórico: as ideias clássicas eram liberais, em contraste com as restrições feudais e mercantilistas sobre a escolha de profissões, transferências de terra, comércio e assim por diante. É um legado para a mudança histórica que hoje permite chamar de "conservadora" a pessoa que defende o liberalismo econômico.

As principais características desse conjunto de pensamentos serão resumidas como se segue. Esses conceitos são trabalhados com mais detalhes ao longo dos próximos capítulos.

- Envolvimento mínimo do governo. O primeiro princípio da escola clássica era que o melhor governo governa o mínimo. As forças do mercado livre e competitivo guiariam a produção, a troca e a distribuição. A economia era considerada autoajustável e tendendo na direção do pleno emprego sem intervenção do governo. A atividade do governo deveria ser limitada à aplicação dos direitos de propriedade e ao fornecimento da defesa nacional e da educação pública.
- Comportamento econômico de autointeresse. Os economistas clássicos supunham que o comportamento de autointeresse é básico para a natureza humana. Os produtores e os mercadores forneciam bens e serviços com o desejo de fazer lucros.

Os trabalhadores ofereciam seus serviços para obter salários e os consumidores compravam produtos como uma maneira de satisfazer seus desejos.

- Harmonia de interesses. Com exceção importante de Ricardo, os clássicos enfatizavam a harmonia natural de interesses em uma economia de mercado. Ao correr atrás de seus interesses individuais, as pessoas atendiam aos melhores interesses da sociedade.
- Importância de todos os recursos e atividades econômicas. Os clássicos assinalavam que todos os recursos econômicos – terra, mão de obra, capital e habilidade empresarial –, bem como as atividades econômicas – agricultura, comércio, produção e comércio internacional –, contribuíam para a riqueza de uma nação. Os mercantilistas tinham dito que a riqueza derivava do comércio. Os fisiocratas acreditavam que a terra e a agricultura eram as fontes de riqueza.
- Leis econômicas. A escola clássica deu grandes contribuições para a economia ao concentrar a análise em teorias econômicas explícitas ou "leis". Exemplos incluem a lei da vantagem comparativa, a lei de rendimentos decrescentes, a teoria da população de Malthus, a lei dos mercados (lei de Saw), a teoria da renda da terra de Ricardo, a teoria quantitativa da moeda e a teoria do valor trabalho. Os clássicos acreditavam que as leis da economia são universais e imutáveis.

Quem a escola clássica beneficiou ou procurou beneficiar?

No longo prazo, a economia clássica atendeu a toda a sociedade porque a aplicação de suas teorias promovia o acúmulo de capital e o crescimento econômico. Ela dava respeitabilidade aos empresários, em um mundo que anteriormente tinha direcionado as honras e a renda para a nobreza e os abastados. Os mercadores e os industriais obtiveram um novo *status* e dignidade, como promotores da riqueza da nação, e os empresários estavam seguros de que, ao procurar o lucro, estavam atendendo à sociedade. Essas doutrinas, em última análise, levaram a mais benefícios materiais para proprietários e gerentes das empresas, pois as ideias clássicas ajudaram a promover o clima político, social e econômico que estimulou a indústria, o comércio e o lucro.

Mas nem todas as pessoas compartilhavam igualmente os conceitos do classicismo. Havia custos, juntamente com os benefícios da industrialização. Na Grã-Bretanha, os assalariados, em particular, tinham a maior parte dos custos por meio de longas horas de trabalho com baixos salários. Mas, em última análise, o progresso econômico permitia aos trabalhadores melhorar suas próprias posições e, nesse sentido, a economia clássica também os beneficiou. Hoje, os ordenados e os salários geralmente constituem dois terços da renda nacional total nas economias de mercado industriais.

Como a escola clássica foi válida, útil ou correta em sua época?

A economia clássica racionalizava as práticas em que estava envolvida ao transformar as pessoas em empreendedores. Ela justificava a queda das restrições mercantilistas, que não eram mais úteis. A concorrência era um fenômeno crescente, e a confiança nela como a grande reguladora da economia era um ponto de vista sustentável. Os governos eram notoriamente esbanjadores e corruptos e, nas circunstâncias, quanto menos intervenção do governo, melhor. Ao ajudar a remover os restos do sistema feudal, a economia clássica promovia o empreendimento comercial. Por exemplo, quando as leis feudais da terra foram abolidas e a terra pôde servir como garantia para crédito, os proprietários de terras conseguiram obter grandes somas para investimento na agricultura ou na indústria.

Quando a industrialização estava começando, a maior necessidade da sociedade era concentrar recursos na máxima expansão possível da produção. A projeção do setor privado em relação ao setor público serviu a esse objetivo admiravelmente. Como os consumidores eram geralmente pobres e as oportunidades de investimento eram aparentemente ilimitadas, os capitalistas tinham um forte incentivo para reinvestir uma parte substancial de seus lucros. O resultado foi uma rápida expansão da produção. O crescimento continuado do setor público teria requerido aumento da taxação, desviando, portanto, os recursos da formação do capital privado.

A economia clássica e os que a endossavam estendiam o mercado, não somente obtendo um comércio internacional mais livre, mas também promovendo uma força de trabalho urbana. Os fazendeiros de subsistência consumiriam muito de seus próprios produtos ao comprar pouco no mercado. Os trabalhadores urbanos do final do século XVIII, em comparação, compravam seus alimentos no mercado. Assim, a agricultura entrou mais diretamente no setor monetário da economia, e o mercador e o fabricante encontraram um nicho entre o fazendeiro e o consumidor.

Quais dogmas da escola clássica se tornaram contribuições duradouras?

Os economistas clássicos forneceram a melhor análise do mundo econômico até a sua época, ultrapassando, de longe, as análises dos mercantilistas e dos fisiocratas. Eles lançaram a base da economia moderna como uma ciência social, e as gerações que se seguiram se beneficiaram de suas intuições e conquistas. Várias das "leis" clássicas são hoje ensinadas como "princípios" econômicos em livros didáticos de economia básica. Os dogmas que se tornaram contribuições duradouras incluem, mas não se limitam: (1) à lei de rendimentos decrescentes, (2) à lei da vantagem comparativa, (3) à noção de soberania do consumidor, (4) à importância do acúmulo de capital para o crescimento econômico e (5) ao mercado como um mecanismo para reconciliar os interesses dos indivíduos com os interesses da sociedade.

Isso não deve sugerir que a economia clássica não tinha fraquezas e erros. A história e os teóricos subsequentes da economia mostrariam que o *laissez-faire* era inadequado como política pública para lidar, entre outras coisas, com depressões econômicas, monopólios (naturais ou não), poder monopsônico, efeitos externos de ações privadas e provisões de bens cujos benefícios eram indivisíveis (bens públicos). Alguns defensores da economia clássica levavam sua crença do *laissez-faire* a extremos absurdos. Para citar apenas um exemplo, o *Economist* de Londres criticou o "movimento sanitário", que instigava o governo a exigir um fornecimento de água pura e um descarte de resíduos adequado. Mesmo depois que as linhas de esgoto haviam sido construídas, os proprietários de casas não eram obrigados, no início, a usá-las. O *Economist* declarou que a habitação era de má qualidade e havia altas taxas de mortalidade urbana

> vindas de duas causas, as duas agravadas por essas novas leis. A primeira é a pobreza das massas, que, se possível, será aumentada pela taxação imposta pelas novas leis.

> A segunda é que as pessoas nunca tiveram permissão de cuidar de si mesmas. Elas sempre foram tratadas como servos ou crianças e têm, até certo ponto, se tornado, com relação àquilo que o governo passou a fazer por elas, imbecis (...) Há um mal maior do que o tifo ou a cólera ou a água impura, e este é a imbecilidade mental.[1]

Além de sua ênfase excessiva no *laissez-faire,* a economia clássica era ambígua, deficiente ou errada em várias áreas da análise econômica. Por exemplo, descobriremos que a previsão clássica de que a renda da terra aumentaria e os lucros cairiam à medida que a economia avançasse falhou em considerar o papel da mudança tecnológica e o relacionamento entre o aumento da produtividade e os salários. Como um segundo exemplo, a teoria do valor trabalho promovida por alguns dos clássicos falhou em incorporar completamente o papel de utilidade e demanda no estabelecimento do valor do produto. Mas esse não é o lugar para a discussão dessas questões. Vamos, então, concentrar-nos em três precursores da escola clássica.

SIR DUDLEY NORTH

Sir Dudley North (1641-1691), que viveu durante o período áureo do mercantilismo, deu um duro golpe na essência da doutrina mercantilista. Ele era um mercador rico no comércio turco que posteriormente se tornou comissário da alfândega e, em seguida, funcionário do tesouro. North tem sido chamado o primeiro mercador proeminente a favor do livre-comércio.

O breve tratado *Discourses upon trade* foi o único trabalho publicado de North, aparecendo anonimamente em 1691. Esse cuidado era compreensível, em um mercador e alto funcionário do governo cujas opiniões não estavam de acordo com as ideias prevalecentes. Décadas mais tarde, seu irmão sugeriu que a publicação fosse deliberadamente suprimida. Quando Ricardo leu uma edição reimpressa, escreveu: "Eu não tinha ideia de que uma pessoa tivesse opiniões tão corretas como as expressas nesta publicação, e tão prematuramente".[2]

North enfatizou que o comércio não é um benefício unilateral para qualquer país que realize um excedente de exportações, mas um ato de vantagem mútua para os dois lados. Seu objetivo não é acumular espécie, mas trocar excedentes. Uma divisão de trabalho e comércio internacional promoveria a riqueza, mesmo se nenhum ouro ou prata existisse:

> O comércio não é nada mais além de uma permuta de supérfluos. Por exemplo: eu dei o meu, que posso dar, por um pouco do seu, que eu quero e você pode dar (...) Ele, que é mais diligente e conseguiu mais frutos, ou colocou mais manufaturados no mercado, terá em abundância mais do que os outros produzem ou conseguem e, consequentemente, não sofrerá carências e desfrutará da maioria das conveniências, o que é, verdadeiramente, ser rico, embora não houvesse nada como ouro, prata ou coisas semelhantes entre eles.[3]

1 *Economist*. Londres, 13 de julho de 1850.

2 RICARDO, David; SRAFFA, Piero. *The works and correspondence of David Ricardo*: volume 9, letters July 1821-1823. Cambridge: Cambridge University Press for the Royal Economic Society, 1952, p. 483.

3 NORTH, Sir Dudley. *Discourses upon trade* (1691). Ed. Jacob H. Hollander. Baltimore, MD: Johns Hopkins Press, 1907. Edição reimpressa.

North repudiou o conceito de que a riqueza deveria ser medida pelo estoque de metais preciosos de um país. Sua ênfase era no comércio e no acúmulo. Aqui, ele deu um duro golpe na teoria, em vez de na prática dos mercantilistas, mas, compreensivelmente, dessa vez não incluiu a fabricação em sua lista de atividades produtivas. Mesmo tomando seu sentido geral como "fazer à mão", a fabricação era, relativamente, insignificante no século XVII.

> Nenhum homem é mais rico por ter todo o seu patrimônio em dinheiro, prata etc. entesourado, mas ao contrário, ele é, por esse motivo, o mais pobre. O homem mais rico é aquele cujo patrimônio é uma condição crescente, ou em uma propriedade na fazenda, dinheiro a juros, ou em bens no comércio. Se qualquer homem, perturbado, transformasse seu patrimônio em dinheiro e o mantivesse estático, logo perceberia a pobreza avançando sobre ele, enquanto estivesse consumindo rapidamente as reservas.
>
> Mas, para examinar o problema mais de perto, o que essas pessoas querem, quem quer dinheiro? Eu começarei com o mendigo: ele quer e importuna por dinheiro: o que ele faria se o tivesse? Compraria pão etc. Portanto, na realidade, não é dinheiro o que ele quer, mas pão e outras necessidades básicas da vida.[4]

Algumas pessoas não entenderam bem a verdade profunda do último parágrafo até hoje: queremos dinheiro somente para nos desfazer dele, pois o que realmente queremos são bens e serviços. O que, então, é a riqueza de uma nação?

North observou que o comércio entre nações distribui a oferta de dinheiro de acordo com as necessidades do comércio. Ele escreveu:

> Para isso, tem sido observado que, onde não havia Casa da Moeda, o comércio não queria um suprimento completo de dinheiro, pois, se quisesse, a moeda de outros príncipes poderia tornar-se corrente como na *Irlanda* e nos estabelecimentos agrícolas (...) Assim, não vamos permitir que o trato do dinheiro específico nos atormente muito; um povo que é rico pode não o querer e, se eles não têm nenhum, serão supridos com a moeda de outras nações.[5]

North era a favor do *laissez-faire* como a maneira de atingir os ganhos máximos tanto do comércio interno como do comércio internacional. Isso era uma teorização destemida em uma época de nacionalismo excessivo.

> Agora pode parecer estranho ouvir isso narrado, ou seja, que o mundo todo, em relação ao comércio, nada mais é que uma nação ou povo e, portanto, nações são pessoas. Que a perda de comércio com uma nação não é somente considerada de maneira separada, mas muito do comércio do mundo foi anulado ou perdido, pois tudo é combinado junto. Que pode não haver nenhum comércio não lucrativo para o público, pois se algum se provar não lucrativo, os homens o deixarão e sempre que os mercadores prosperarem, o público, do qual eles fazem parte, também prosperará. Que para forçar os homens a lidar com qualquer maneira prescrita, o lucro os servirá, mas o público não ganha nada, porque tira de um sujeito para dar a outro (...) Em resumo, que todo o favor para um comércio ou interesse contra o outro é um abuso e tira muito do lucro do público.[6]

4 Ibidem, p. 11, 12.
5 Ibidem, p. 16, 17.
6 Ibidem, p. B1, B2.

Embora North acreditasse que o livre-comércio ajudaria tanto os mercadores como o país, ele não professava uma harmonia de doutrina de rendimentos como a declarada por último por Smith. Na realidade, North via que muitos "negócios" especiais estavam sendo beneficiados à custa do público, utilizando o poder do governo para adquirir privilégios especiais. Sua ideia de que as autoridades não deveriam, portanto, apoiar interesses privados limitados era muito contrária à doutrina mercantilista. Novamente, ele apresenta uma reflexão que tem relevância para as questões comerciais contemporâneas.

> Sempre que os homens discutem para o bem público, como para o avanço do comércio, aí incluído tudo o relacionado, eles normalmente estimam seus próprios interesses imediatos como sendo uma medida comum de bem e mal. E existem muitos que, para ganhar um pouco em seus próprios comércios, não se importam com o quanto os outros sofrem e com o quanto cada homem luta e que todos ajam subservientemente com relação a seus lucros, mas sob a cobertura do público.
>
> Assim, os vendedores de roupas teriam homens sendo forçados a comprar seu produto manufaturado e eu posso mencionar alguns como os vendedores de lã. Eles forçariam os homens a comprar deles a um alto preço, embora o vendedor de roupas perdesse (...) E, em geral, todos aqueles que são preguiçosos ou não, ou que não são ativos o suficiente e não podem tomar cuidado, para colocar no mercado o produto de seu patrimônio, ou para comercializá-lo eles mesmos, forçariam todos os mercadores por meio de leis a trazer para eles, em casa, remunerações suficientes, quer eles [os mercadores] ganhassem ou perdessem com isso.[7]

Finalmente, North discordava do conceito mercantilista de que a guerra e a conquista enriquecem um país. Ele escreveu: "Dinheiro exportado no comércio significa um aumento na riqueza da nação, mas, se gasto em guerra e pagamentos no exterior, significa empobrecimento".[8] Por "pagamentos no exterior", ele provavelmente queria dizer pagamentos feitos sem receber um retorno equivalente das importações, como no caso de subsídios militares aos aliados. Essa é uma visão antimercantilista das mais fortes, mas que, em si mesma, dá margem a críticas: a riqueza de uma nação consiste no valor dos serviços prestados, além do valor de bens domésticos e importados que estiverem disponíveis.

RICHARD CANTILLON

Richard Cantillon (1680?-1734) nasceu na Irlanda. Ele passou muitos anos em Paris, tornando-se um banqueiro rico e um bem-sucedido especulador em ações e moedas estrangeiras. Em 1734, Cantillon foi roubado e assassinado e sua casa foi queimada, provavelmente por um cozinheiro que ele havia demitido dez dias antes. Seu único livro, *Essai sur la nature du commerce en général,* foi escrito entre 1730 e 1734 e publicado em francês em 1755. O próprio Cantillon pode tê-lo traduzido do seu manuscrito em inglês, que nunca foi encontrado.

Cantillon foi o precursor dos fisiocratas de duas maneiras. Primeiro, ele utilizou o termo *empresário* e enfatizou o papel dessa figura na vida econômica. Os empresários,

7 Ibidem, p. B.
8 Ibidem, p. 14.

Cantillon dizia, comprometem-se com pagamentos definidos, à espera de recebimentos incertos. Esse risco é remunerado pelo lucro, que a concorrência tende a reduzir para o valor normal dos serviços dos empresários. Tendo escrito uma geração antes de Quesnay escrever o *Tableau economique*, Cantillon disse:

> Dinheiro é, portanto, necessário, não somente para pagar o aluguel ao dono da terra, mas também para a mercadoria da cidade consumida no campo (...) A circulação desse dinheiro ocorre quando os donos de terras gastam, em bens na cidade, os rendimentos que os fazendeiros lhes pagaram em grandes somas e quando os empresários das cidades, açougueiros, banqueiros, padeiros, fabricantes de cerveja etc. coletam, pouco a pouco, esse mesmo dinheiro, para comprar dos fazendeiros, em grandes somas, gado, trigo, cevada etc.[9]

Cantillon desenvolveu uma teoria de valor e preço. Sua ênfase no papel da terra e do trabalho, na oferta e na demanda e nas flutuações do preço em torno do valor intrínseco o torna um precursor direto da economia clássica.

> Os aldeões vêm para a cidade em dias de mercado para vender sua produção e comprar as coisas de que precisam. Os preços são fixados pela proporção entre a produção exposta para venda e o dinheiro oferecido por ela (...) Quando o preço tiver sido definido entre alguns, os outros o seguem sem dificuldade e assim o preço do mercado do dia é determinado (...)
>
> O preço ou valor intrínseco de uma coisa é a medida da quantidade de terra e de trabalho que entra em sua produção, tendo relação com a fertilidade ou produção da terra e com a quantidade de trabalho. Mas o que geralmente acontece é que muitas das coisas que têm, na realidade, esse valor intrínseco não são vendidas no mercado de acordo com esse valor. Isso dependerá da integridade e dos caprichos dos homens e de seu consumo (...)
>
> Se os fazendeiros de um Estado semearam mais milho do que o normal, muito mais do que é necessário para o consumo do ano, o valor real e intrínseco do milho corresponderá à terra e ao trabalho que constituírem sua produção, mas como há uma abundância muito grande de trigo e há mais vendedores do que compradores, o preço de mercado do milho necessariamente cairá abaixo do preço ou valor intrínseco. Se, ao contrário, os fazendeiros tiverem semeado menos milho do que o necessário para o consumo, haverá mais compradores do que vendedores e o preço de mercado do milho aumentará além do seu valor intrínseco.
>
> Nunca há uma variação nos valores intrínsecos, mas a impossibilidade de proporcionar a produção de mercadorias e de produtos agrícolas em um Estado ao seu consumo provoca uma variação diária e um eterno fluxo e refluxo nos preços de mercado.[10]

Cantillon antecipou o pensamento da economia clássica de várias outras maneiras. Por exemplo, ele declarou: "Os homens se multiplicam como ratos em um celeiro, se tiverem meios ilimitados de subsistência".[11] O economista clássico Thomas Malthus tinha um ponto de vista semelhante. Além disso, Cantillon analisava o juro como uma recompensa

---

9 CANTILLON, Richard. *Essai sur la nature du commerce en général.* Ed. Henry Higgs. Londres: Macmillan, 1931, p. 125-126.

10 Ibidem, p. 29-30.

11 Ibidem, p. 83.

pelo risco corrido no empréstimo, com base nos lucros que os empresários podem auferir ao emprestar e investir. Os banqueiros, ele enfatizava, criam crédito, pois se 100 mil onças de ouro forem depositadas com eles, um valor de até 90 mil poderá ser emprestado. Esses empréstimos não diminuirão, é claro, a habilidade do depositante de utilizar o depósito da demanda emitida pelo banco para comprar bens de outros. Além disso, Cantillon concentrou-se na produtividade dos recursos de uma nação. Ele lamentava que os nobres e monges não trabalhassem para produzir bens. Mas os nobres são uma grande exaltação para o país, ele apontava, e durante o tempo de guerra, eles utilizarão, pelo menos, seus seguidores e cavalos para a vitória, "enquanto os monges são, como as pessoas dizem, nem úteis e nem engrandecedores, na paz ou na guerra, nesse lado do paraíso".[12] Além disso, Cantillon dizia que nos países católicos há muitos dias santos, "o que reduz o trabalho das pessoas em cerca de uma oitava parte do ano".[13]

Com um pé no campo mercantilista, Cantillon considerava excedente de exportação o bom para o comércio. Mas não acreditava que o ouro e a prata obtidos em casa servissem para o mesmo objetivo. Sua ênfase era na produção de bens e na venda desses bens ao exterior, de modo que as empresas prosperassem. Mas ele acreditava que um excesso de exportação não poderia ser mantido indefinidamente. Eventos subsequentes acabariam com a exportação. A análise de Cantillon das forças que impediam um excedente perpétuo das exportações e sua ênfase na venda de bens em vez do acúmulo de ouro aproximavam-se do pensamento clássico.

Cantillon dizia que a descoberta e a exploração de ricas minas de ouro e prata elevariam os preços, os arrendamentos e os salários internos. Os custos maiores promoveriam, por sua vez, importações, em detrimento dos trabalhadores e fabricantes internos, pois o dinheiro sairia do país: "A grande circulação de dinheiro, geral no início, para; a pobreza e a miséria continuam e o trabalho das minas parece ser somente para a vantagem daqueles empregados nelas e dos estrangeiros que lucram com elas".[14] Foi isso que aconteceu na Espanha, segundo ele.

Mas se o aumento no dinheiro vier de um excedente de exportações de bens, ele enriquecerá os mercadores e os empresários e dará emprego aos trabalhadores. No entanto, à medida que o dinheiro entra no país e o comércio prospera, o consumo e os preços se elevam, o gasto com itens supérfluos importados aumenta e o excedente de exportação diminui. O Estado começa a perder alguns ramos de seu comércio lucrativo, e os trabalhadores deixam o país.

> Isso empobrecerá, gradualmente, o Estado e fará que ele passe do grande poder à grande fraqueza. Quando um Estado tiver chegado ao ponto mais alto de riqueza (eu suponho sempre que a riqueza comparativa dos Estados consista principalmente das respectivas quantidades de dinheiro que eles possuem), ele inevitavelmente cairá na pobreza pelo curso normal das coisas. A abundância muito grande de dinheiro, que enquanto durar forma o poder dos Estados, os joga de volta, imperceptível, mas, naturalmente, à pobreza. Assim, parece que quando um Estado se expande com o comércio

12 Ibidem, p. 41.
13 Ibidem, p. 42.
14 Ibidem, p. 69.

e a abundância de dinheiro eleva o preço da terra e do trabalho, o príncipe ou o legislador deve retirar dinheiro de circulação.[15]

Observe que não há confiança na lei natural ou no restabelecimento automático do equilíbrio aqui! É David Hume que leva essa linha de raciocínio um passo adiante.

DAVID HUME

David Hume (1711-1776) nasceu na Escócia 12 anos antes de seu compatriota e amigo Adam Smith. Ingressou na Universidade de Edimburgo aos 12 anos de idade e saiu aos 15, sem se formar. Mais tarde, como um filósofo eminente, Hume foi recusado duas vezes para uma cadeira de Filosofia em Edimburgo, por causa de seu espírito cético e pensamento não ortodoxo. De fato, Adam Smith, uma vez, quase foi expulso da Universidade de Oxford, porque uma cópia do trabalho de Hume, *A treatise of human nature,* foi encontrada em sua sala.

Hume passou sua vida como tutor de um marquês e como funcionário inferior do governo. Ao se aposentar, voltou à sua terra natal, onde escreveu prolificamente. Sua fama como historiador derivava de seu trabalho nos vários volumes de *History of England,* que teve várias edições. Sua reputação como economista foi estabelecida por seus ensaios econômicos em *Political discourses,* publicado em 1752. De todos os precursores da economia clássica, Hume foi o que mais se aproximou das ideias de Smith. Se tivesse escrito um tratado completo e sistemático sobre economia, teria chegado próximo ao topo, como um dos fundadores da ciência.

A maior contribuição de Hume como economista foi apresentar o que tem sido chamado, desde então, de *mecanismo de preço-fluxo de moeda.* Os mercantilistas queriam promover um excedente de exportações para acumular moeda. Na visão sombria de Cantillon, essa tática era contraproducente, pois se mais moeda estivesse disponível, os preços subiriam e as importações aumentariam. Mas para pagar pelas importações, o dinheiro seria enviado ao exterior, provocando pobreza e falência atrás de si. Assim, portanto, o governo deveria impedir o excesso de dinheiro. Os fisiocratas estavam basicamente despreocupados com o comércio exterior, exceto que eles desejavam permitir o livre fluxo de grãos no exterior. Mas Hume, que, como Cantillon, aceitava a teoria da quantidade da moeda de John Locke (o nível do preço é determinado pela quantidade de dinheiro disponível, dadas a velocidade e a quantidade da produção), analisou o mecanismo do equilíbrio internacional que operaria sem intervenção do governo. O *laissez-faire* poderia prevalecer com resultados felizes. No ensaio *Of the balance of trade* (1752), Hume escreveu:

> Suponhamos que quatro quintos de todo o dinheiro da GRÃ-BRETANHA sejam destruídos em uma noite e que a nação seja reduzida à mesma condição, com relação à espécie, como nos reinados dos HARRY e dos EDWARD; qual seria a consequência? O preço de todo o trabalho e produtos não deveria baixar, proporcionalmente, e tudo ser vendido tão barato quanto era naquela época? Qual nação poderia, então, disputar conosco em qualquer mercado externo ou fingir navegar ou vender manufaturas pelo

15 Ibidem, p. 185.

mesmo preço, que para nós daria lucro suficiente? Em quanto tempo, portanto, isso deve trazer de volta o dinheiro que perdemos e nos elevar ao nível de todas as nações vizinhas? Onde, depois de termos chegado, perderemos imediatamente a vantagem da mão de obra e dos produtos baratos e a entrada maior de dinheiro é interrompida por nossa completude e plenitude.

Novamente, suponhamos que todo o dinheiro da GRÃ-BRETANHA fosse multiplicado em cinco vezes em uma noite; não deveria ocorrer o efeito contrário? Toda a mão de obra e todos os produtos não devem ser elevados para um preço exorbitante, que nenhuma nação vizinha poderia comprar de nós, enquanto seus produtos, por outro lado, se tornariam comparativamente tão baratos que, apesar de todas as leis que poderiam ser formadas, eles seriam impostos a nós e o nosso dinheiro sairia, até cairmos ao nível dos estrangeiros e perdermos essa grande superioridade de riqueza, que nos tinha deixado em tão grande desvantagem?[16]

Hume não acreditava que esses ajustes de nível de preço (para cima ou para baixo) ocorreriam instantaneamente. Em *Of money* e em *Of interest*, ele afirmou que as alterações no nível do preço inicialmente seriam inferiores às alterações no dinheiro. Por um tempo, um aumento no dinheiro elevaria os gastos, a produção e o emprego. Mas, finalmente, o fluxo de dinheiro seria completamente absorvido como um aumento no nível do preço. Do mesmo modo, uma redução na oferta de dinheiro, inicialmente, reduziria os gastos, a produção e o emprego, antes de baixar o nível do preço.[17]

O mecanismo de preço-fluxo de moeda de Hume é o pensamento da lei natural. Esse pensamento provinha da suposição de um equilíbrio. Depois que a economia se move para fora do equilíbrio, automaticamente ocorrem eventos para restaurá-la a seu equilíbrio. O mecanismo de Hume, claro, não funciona mais adequadamente na economia internacional. Como o padrão completo do ouro foi abandonado em todos os lugares, a quantidade de dinheiro em uma economia específica não depende mais do fluxo de ouro. Os bancos centrais controlam a oferta de dinheiro em suas economias, de maneira muito independente da balança comercial. Nem os preços e salários são tão flexíveis para baixo como Hume supôs. Mas Hume também sabia de um segundo fator que promoveria o equilíbrio no comércio internacional – um fator que precede as alterações de preço e os movimentos do ouro. Quando as taxas de câmbio entre as moedas das nações são livres para flutuar, o desequilíbrio no comércio tende a se corrigir. Em uma nota de rodapé em *Of the balance of trade*, Hume escreveu:

Existe uma outra causa, embora mais limitada em sua operação, que corrige a balança comercial desequilibrada, para cada nação específica com a qual o reino comercializa. Quando importamos mais bens do que exportamos, a troca se volta contra nós e isso se torna um novo estímulo para a exportação.[18]

Reformulando, se uma nação, vamos supor, a Inglaterra, importa mais do que exporta, acabará por experimentar um declínio no valor de sua moeda em relação às outras nações. Por que isso acontece? O motivo para a desvalorização da libra em relação

16 HUME, David. *Writings on economics*. Ed. Eugene Rotwein. Surrey, Inglaterra: Thomas Nelson and Sons, 1970, p. 62, 63.
17 Ibidem, p. 37-38.
18 Ibidem, p. 64.

às moedas de outras nações é que a Inglaterra precisa de mais moeda estrangeira para financiar suas importações do que ela está ganhando com suas vendas ao exterior. Essa falta de moedas estrangeiras elevará os preços, ou seja, o preço em libras das moedas estrangeiras aumentará. Isso significa que a libra se desvaloriza, enquanto outras moedas do mundo se valorizam. Os bens ingleses, portanto, são mais baratos do que os de outras nações e, consequentemente, as exportações da Inglaterra aumentam. E como os bens estrangeiros são mais caros agora (uma libra comprará menos deles), a Inglaterra reduz suas importações. O excedente líquido de importações inicial na Inglaterra acaba.

Em *Of the jealousy of trade* (1758), Hume discutiu o conceito mercantilista de que os Estados comerciantes são rivais, com um ganhando apenas à custa do outro:

> Em oposição a essa opinião limitada e maligna, eu me aventurarei a afirmar que o aumento da riqueza e do comércio em qualquer nação, em vez de danificar, promove, comumente, a riqueza e o comércio de todos os seus vizinhos e que um Estado raramente pode levar seu comércio e sua indústria muito longe, onde todos os Estados vizinhos estão enterrados na ignorância, na preguiça e no barbarismo.[19]

Na linguagem da teoria do jogo moderna (Capítulo 18), Hume está dizendo que o comércio internacional é um jogo de soma positiva, em que os pagamentos se somam para obter um número positivo. Isso deve ser contrastado com a soma zero dos mercantilistas, onde o ganho de uma das partes é exatamente contrabalançado pela perda da outra.

Mas o comércio internacional não perpetuará simplesmente as vantagens que as nações ricas desfrutam em relação às nações pobres? Afinal, as nações ricas têm amplo comércio, grande capital, indústrias desenvolvidas, mão de obra qualificada e assim por diante. Em uma carta a Lorde Kames em 1758, Hume respondeu: “Não”. As provisões e a mão de obra tornam-se mais caras nas nações ricas, ele argumentou. Os países mais pobres podem, assim, concorrer com êxito nas fabricações mais grosseiras e, posteriormente, nas mais elaboradas.

Mais de 200 anos de história indicam que o otimismo de Hume era justificado em alguns casos e não justificado em outros. As nações ricas atraem capital e talento, o que os países mais pobres nem sempre podem fazer com êxito. A riqueza leva a melhorias da saúde e da educação, a maior capital social geral, a maiores mercados e a outros benefícios que, por sua vez, resultam na maior expansão de riqueza e de renda. A pobreza, em comparação, geralmente leva a condições que perpetuam a pobreza. Em muitos casos, portanto, a lacuna entre as nações ricas e as pobres aumentou, mas em outros casos a previsão de Hume se provou precisa. Coreia do Sul, Taiwan, Cingapura e Japão são alguns dos exemplos de nações cuja confiança no comércio internacional permitiu que melhorassem seu padrão de vida em relação à Inglaterra, à Holanda e à França, desde a época de Hume. Mas a ideia de um equilíbrio internacional em que todas as nações acabam se tornando igualmente ricas parece, até agora, muito otimista. Hume claramente exagerou a harmonia internacional de interesses, mas esse era um antídoto saudável para a suspeita e a guerra econômica entre os países durante o século XVIII.

Hume tratou de vários outros tópicos de interesse. Por exemplo, mostrou-se conhecedor do conceito de elasticidade de demanda, que não foi formalmente incorporado na

19 Ibidem, p. 78.

análise econômica até muito tempo depois. Você pode lembrar que essa ideia está relacionada à resposta dos compradores de um produto a alterações no preço. Hume disse que, se os impostos sobre o vinho fossem reduzidos, o governo coletaria *mais* receita, aparentemente supondo que o aumento na receita com maior venda no exterior excederia a perda de receita do menor preço por unidade. Mas ele não ampliou esse conceito para o equilíbrio internacional. Ele argumentava que um aumento nas importações estimularia as exportações, mas não percebeu que, com uma demanda inelástica (menor alteração na quantidade em porcentagem do que a alteração no preço em porcentagem) para os produtos de um país no exterior, um excedente de importações que causasse uma queda no preço em casa não estimularia as exportações o suficiente para produzir o equilíbrio.

Em uma carta a Turgot, em 1766, Hume se opôs à ideia fisiocrática de que os impostos aplicados aos trabalhadores são transferidos para o proprietário de terras na forma de maiores salários e arrendamento reduzido. A mão de obra, ele apontou, é mais cara na Suíça, onde não existem impostos, do que na França, onde existem muitos impostos. Não existe quase nenhum imposto nas colônias inglesas, ainda que a mão de obra seja três vezes mais cara lá do que em qualquer país europeu. Os salários da mão de obra dependem, ele disse, da oferta e da demanda pela mão de obra, não dos impostos. Quando um imposto é aplicado aos produtos que os trabalhadores consomem, a consequência imediata é que essas pessoas consomem menos ou trabalham mais e, portanto, o imposto, simplesmente, não é repassado ao proprietário de terras.

Veja O passado como preâmbulo 4-1

Hume e Adam Smith eram bons amigos. Quando Smith publicou *The theory of moral sentiments*, Hume, utilizando um humor sardônico, escreveu uma carta elogiando-o:

> Vou lhe dar a melancólica notícia de que seu livro foi muito infeliz, pois o público parece disposto a aplaudi-lo extremamente. Ele foi procurado pelas pessoas tolas com alguma impaciência, e a multidão de literatos já começa a tornar-se muito audível em seus elogios (...) Millar [o editor] exulta e alardeia que dois terços da edição já foram vendidos e que ele é, agora, certamente, um sucesso. Veja você o que é uma canalhice: valorizar os livros somente pelo lucro que eles podem trazer. Sob esse ponto de vista, eu acredito, ele pode provar-se um bom livro.[20]

Hume apresentou uma reflexão sobre a teoria da renda de Ricardo em uma carta a Smith. Em 1º de abril de 1776, tendo lido *A riqueza das nações*, de Smith, Hume escreveu:

> Estou muito feliz com seu desempenho (...) Se você estivesse aqui ao meu lado, eu discutiria a respeito de alguns dos seus princípios. Não consigo pensar que o aluguel das fazendas faz parte do preço da produção, mas que o preço é determinado, no geral, pela quantidade e pela demanda (...) Mas esses e centenas de outros pontos devem ser discutidos somente em conversas que, até que você me diga o contrário, ainda terei o prazer de ter logo. Espero que seja logo, pois estou muito mal de saúde e não poderia suportar uma grande demora.[21]

Menos de cinco meses depois, Hume estava morto, mas Smith o tinha visitado durante os últimos dias de sua doença.

20 RAE, John. *Life of Adam Smith*. Londres: Macmillan, 1895, p. 143-144.
21 Hume, op. cit., p. 216-217.

4-1 O passado como preâmbulo

HUME E A COOPERAÇÃO

A análise de "jogos de repetição" na teoria dos jogos tem sido de grande interesse para os economistas. O que é a teoria dos jogos e o que são jogos repetidos? E como David Hume se encaixa nesse quadro?

Em 1994, John von Neumann e Oskar Morgenstern publicaram sua *Theory of games and economic behavior,* uma contribuição discutida no Capítulo 18. A teoria dos jogos é aplicável em situações em que as empresas, ao tomar suas próprias decisões de preço, produção, publicidade e outras relacionadas, avaliam as ações contrárias de seus rivais. A suposição tradicional tem sido a de que a melhor estratégia nesses jogos é obter a vantagem das oportunidades de lucro apresentadas pelos "movimentos" dos rivais.

Um cenário bem conhecido é chamado de dilema do jogo do prisioneiro, que supõe que duas pessoas – Adams e Benson – cometeram um crime e estão sendo detidas como suspeitas. Os suspeitos não sabem que a evidência conhecida da sua culpa é fraca. A polícia coloca os suspeitos em salas separadas e oferece a cada um deles um acordo: confessar o crime e obter uma sentença reduzida. Assim, cada suspeito enfrenta um dilema: se Adams não confessa, mas Benson confessa, Adams será considerado culpado e receberá uma sentença longa. A mesma situação existe para Benson. O que acontece? Os dois prisioneiros confessam, muito embora tivesse sido muito melhor para eles se ambos tivessem permanecido calados. Cada uma das partes se preocupa se a outra vai confessar primeiro!

O conceito do dilema do prisioneiro tem sido aplicado à tendência dos duopolistas (as empresas em um setor de duas empresas) de trapacear em um acordo de fixação de preços. Ao consumar esse acordo, cada empresa teme que a outra tire proveito do preço elevado, fornecendo, secretamente, concessões de corte no preço para compradores. Isso vai permitir que aquele que está trapaceando aumente seus lucros e participação no mercado à custa do outro conspirador. Temendo que a outra empresa trapaceie, cada uma decide trapacear, e o acordo de fixação de preço se desgastará.

Mas o dilema do prisioneiro e o comportamento duopolista podem não ser comparáveis. É improvável que os prisioneiros pretendam trabalhar juntos durante o resto de suas vidas. Em comparação, os duopolistas podem concorrer um com o outro perpetuamente. O dilema do prisioneiro, portanto, é um "jogo de uma única vez", enquanto a situação de duopólio é um "jogo de repetição".

Em 1984, o cientista político Robert Axelrod demonstrou que a estratégia ideal para jogos de repetição é cooperar, desde que o outro lado seja recíproco.[a] Se a Ajax tem vantagem sobre a Acme hoje, a Acme terá vantagem sobre a Ajax em um "jogo" futuro, em que haverá um conjunto diferente de circunstâncias. Se a Ajax cooperar com a Acme agora, ela pode esperar que a Acme coopere posteriormente.

A contribuição de Axelrod para a teoria dos jogos promoveu muitas teorias e pesquisas novas sobre a cooperação como estratégia ideal. Mas quão nova é essa ideia? Escrevendo em 1740 em *A treatise on human nature*, David Hume declarou:

> Podemos satisfazer melhor nossos apetites de uma maneira oblíqua e artificial e não por sua noção precipitada e impetuosa. Eu aprendo a fazer um serviço para outra pessoa, sem ser muito simpático a ela, pois prevejo que ela retribuirá meu serviço, esperando que eu faça um outro do mesmo tipo e para manter a mesma correspondência de boa vizinhança comigo e com os outros. E, de acordo com isso, depois de ter-lhe servido e ela estar em posição de vantagem advinda da minha ação, ela é induzida a realizar sua parte, como prevendo as consequências de sua recusa.[b]

Em resumo, Hume reconhecia que uma estratégia de cooperação pode ser ideal em situações em que interações futuras entre duas partes são prováveis. A implicação econômica dessa ideia é que alguns acordos de fixação de preços podem ser mais duráveis do que poderíamos supor.

a. AXELROD, Robert. *The evolution of cooperation*. Nova York: Basic Books, 1984.
b. HUME, David. In: FRIEDMAN, James W. *Game theory with applications to economics*. 2. ed. Nova York: Oxford University Press, 1990, p. 110.

Perguntas para estudo e discussão

1. Identifique resumidamente e estabeleça a importância de cada um dos seguintes pensadores e conceitos para a história do pensamento econômico: liberalismo econômico, leis de cercamento, Newton, Revolução Industrial, North, Cantillon, valor intrínseco, empresário, Hume e mecanismo de preço-fluxo de moeda.
2. Qual relação, se houver, você observa entre a revolução científica associada a Newton e outros e a contribuição mais significativa de Hume para a economia? Explique.
3. Compare a lista dos principais dogmas da escola clássica com aqueles da escola fisiocrática (Capítulo 3). Quais são semelhantes? Quais são diferentes? Com base nessa comparação, podem-se definir os fisiocratas como precursores da escola clássica? Explique.
4. Por que, de acordo com North, as pessoas desejam o dinheiro?
5. Relacione a seguinte declaração de North para as questões de comércio interno contemporâneo: "Sempre que os homens conferenciam em busca de bens públicos (...) eles normalmente cuidam de seus próprios interesses imediatos para serem a medida comum de Deus e do mal".
6. O que, de acordo com Cantillon, determina o valor intrínseco de um bem? Por que o preço do mercado poderia diferir de seu preço intrínseco?
7. Elabore a respeito da seguinte declaração: um aumento no preço do dólar norte-americano em libras britânicas necessariamente implica a queda no preço das libras em dólar. Qual moeda foi valorizada? Qual foi desvalorizada? Quais fatores de comércio, de acordo com Hume, pode-

riam provocar essa alteração no valor relativo das duas moedas? Como a mudança na taxa de câmbio eventualmente corrigiria essa situação?

8. Utilize a seguinte identidade matemática (a equação de troca) para explicar o mecanismo de preço-fluxo de moeda de Hume: $MV = PT$, em que M = estoque de dinheiro, V = velocidade, P = nível de preço e T = quantidade de bens transacionados. Suponha que V e T sejam constantes.
9. Discuta: os economistas clássicos consideravam as leis econômicas imutáveis, não podendo ser corrompidas ou obstruídas. Eles e seus seguidores não conseguiam entender que as leis econômicas, que são generalizações sobre tendências, podem ser restringidas, superadas ou redirecionadas - que as pessoas podem controlar a vida econômica.
10. Discuta: os economistas clássicos acreditavam que o comportamento individualista é natural do ser humano. Contudo, aparentemente o comportamento altruísta é, na verdade, individualista.

Leituras selecionadas

Livros

BLAUG, Mark (ed.). *Richard Cantillon and Jacques Turgot*. Brookfield, VT: Edward Elgar, 1991.

BREWER, Anthony. *Richard Cantillon:* pioneer of economic theory. Londres: Routledge, 1992.

CANTILLON, Richard. *Essai sur la nature du commerce en général*. Editado por Henry Higgs e impresso em francês e em inglês. Londres: Macmillan, 1931. [Originalmente publicado em 1775.]

IRWIN, Douglas A. *Against the tide:* an intellectual history of free trade. Princeton, NJ: Princeton University Press, 1996. Capítulo 3.

MURPHY, Antoin E. *Richard Cantillon:* entrepreneur and economist. Oxford: Clarendon Press, 1986.

NORTH, Dudley. *Discourses upon trade*. Editado por Jacob H. Hollander. Baltimore: Johns Hopkins Press, 1907. [Originalmente publicado em 1691.]

ROTWEIN, Eugene. *David Hume:* writings on economics. Madison, WI: University of Wisconsin Press, 1970.

Artigos de revistas especializadas

ASPROMOURGOS, Tony. The theory of production and distribution in Cantillon's essay. *Oxford Economic Papers*, n. 41, p. 356-373, abr. 1989.

BREMS, H. Cantillon versus Marx: the land theory and the labor theory of value. *History of Political Economy*, n. 10, p. 669-678, inverno de 1978.

DUKE, M. I. David Hume and monetary adjustment. *History of Political Economy*, n. 11, p. 572-587, inverno de 1979.

HEBÉRT, Robert F. Richard Cantillon's early contribution to spatial economics. *Economica*, n. 48, p. 71-77, fev. 1981.

PERLMAN, Morris. Of a controversial passage in Hume. *Journal of Political Economy*, n. 95, p. 274-289, abr. 1987.

SCHABAS, Margaret; WENNERLIND, Carl. Retrospectives: Hume on money, commerce, and the science of economics. *Journal of Economic Perspectives*, n. 25, p. 217-230, verão de 2011.

SPENGLER, J. J. Richard Cantillon: first of the moderns. *Journal of Political Economy*, n. 62, p. 281-295, 406-424, ago. e out. de 1954.

5

A ESCOLA CLÁSSICA – ADAM SMITH

Neste capítulo, apresentaremos as contribuições econômicas de Adam Smith, que foi não só o fundador da escola clássica, mas também seu membro mais famoso. Nos próximos capítulos, discutiremos outros economistas clássicos importantes.

Na discussão de Smith, inicialmente, olharemos para alguns detalhes de sua vida e conheceremos várias influências importantes que recebeu. Posteriormente, analisaremos seu primeiro livro, *The theory of moral sentiments,* para explorar a relação entre seu pensamento sobre a filosofia moral e sobre a economia política. Por fim, examinaremos com detalhes seu monumental *A riqueza das nações,* destacando suas opiniões sobre (1) o *laissez-faire* e a harmonia dos interesses, (2) a divisão do trabalho e (3) as leis econômicas de uma economia competitiva.

DETALHES BIOGRÁFICOS

Adam Smith (1723-1790), o brilhante e amável fundador da escola clássica, nasceu na cidade industrial e portuária de Kirkcaldy, Escócia. Seu pai, fiscal de alfândega, morreu antes de seu nascimento. Adam Smith morou com a mãe, Margaret Douglas Smith, até ela falecer, em 1784, aos 90 anos.

Smith frequentou a Glasgow College muito jovem, aos 14 anos. Posteriormente, estudou ciência moral e política e línguas na Balliol College de Oxford. Retornou à casa de sua mãe para continuar um estudo independente por dois anos. Depois se mudou para

Edimburgo, onde fez palestras sobre retórica e literatura. Foi selecionado como professor de lógica da Glasgow College em 1751 e, no ano seguinte, recebeu a cadeira de filosofia moral, que ocupou por 12 anos. Em 1759, publicou a obra *The theory of moral sentiments* e, em seguida, suas palestras se concentraram mais na jurisprudência e na economia política do que nas doutrinas éticas.

Smith renunciou à sua carreira no magistério para ser o tutor do enteado de Charles Townsend, ministro das finanças, que, posteriormente, se tornou uma figura de destaque nos EUA, na questão do imposto do chá colonial. Smith passou mais de dois anos no cargo, na França, onde estabeleceu laços de amizade com os fisiocratas, incluindo Quesnay e Turgot. Após retornar à Escócia, Smith aposentou-se com uma pensão anual de 300 libras, que a tutoria lhe rendeu para o resto de sua vida.

Em 1776, Smith publicou sua obra *An inquiry into the nature and causes of the wealth of nations* (*A riqueza das nações*), que tinha iniciado, na França, dez anos antes. O sucesso do livro foi imediato e isso estabeleceu definitivamente o prestígio de Smith.

Após a publicação de seu livro, Smith passou dois anos em Londres, onde se uniu aos intelectuais de renome daquela época. Depois, ao ser designado encarregado da alfândega na Escócia, foi morar em Edimburgo com sua mãe. Acredita-se que muito de sua renda foi gasto secretamente em caridade. Smith tinha sempre prazer em receber os amigos em seus jantares, até mesmo quando não os convidava formalmente, e esses jantares, aos domingos, foram celebrados durante muito tempo em Edimburgo. Entre as honras que recebeu, estava sua eleição como reitor da Glasgow College. Pouco antes de sua morte, em 1790, muitos de seus manuscritos não publicados foram destruídos, de acordo com seu desejo e sem explicação.

INFLUÊNCIAS IMPORTANTES

O pensamento de Smith recebeu várias influências importantes. A primeira, e talvez a principal, foi o clima intelectual geral de sua época. Este foi o período conhecido como iluminismo. Esse movimento intelectual se ergueu sobre dois pilares: a habilidade de raciocínio das pessoas e o conceito da ordem natural. Conforme apontado no Capítulo 4, a revolução científica associada a Newton estabeleceu que a ordem e a harmonia caracterizam o universo físico. Por meio do raciocínio sistemático, as pessoas poderiam descobrir não apenas essas leis físicas, mas também aquelas que governavam a sociedade. Os pensadores iluministas foram, portanto, otimistas; eles, geralmente, acreditavam que o pensamento e a energia humanos poderiam produzir um progresso quase ilimitado.

A segunda influência que Smith recebeu foi dos fisiocratas, especialmente de Quesnay e Turgot. Ele elogiou o sistema fisiocrático "com toda a sua imperfeição" como "talvez o mais próximo da verdade que já tivesse sido publicado sobre o assunto da economia política".[1] O ataque dos fisiocratas ao mercantilismo e suas propostas para remover as barreiras comerciais ganharam sua admiração. Com base nesses pensadores, ele descreveu o tema da riqueza como "os bens de consumo reproduzidos anualmente pelo trabalho da sociedade", a desejável interferência mínima do governo na economia e o conceito

1 SMITH, Adam. *An inquiry into the nature and causes of the wealth of nations*. Londres: T. Nelson and Sons, 1868, p. 282 [publicado originalmente em 1776].

do processo circular de produção e de distribuição. Ele tinha planejado dedicar sua obra *A riqueza das nações* a Quesnay, se este tivesse vivido até o livro ter sido concluído.

Francis Hutcheson, instrutor de Smith na Glasgow College, foi a terceira influência significativa que Smith recebeu. Hutcheson acreditava que as próprias pessoas poderiam descobrir o que era eticamente bom, a vontade de Deus, ao descobrir as ações que servem para o bem da humanidade.

Finalmente, Smith foi influenciado por seu amigo David Hume, que, por meio de cartas e conversas particulares, contribuiu para o desenvolvimento intelectual e as ideias econômicas de Smith.

A TEORIA DOS SENTIMENTOS MORAIS

The theory of moral sentiments foi publicado 17 anos antes de *A riqueza das nações*. Por ter sido publicado em seis edições durante a vida de Smith, a última delas no último ano de sua vida, não se pode dizer que *The theory of moral sentiments* representava suas ideias introdutórias, e *A riqueza das nações,* suas ideias mais recentes. Os livros situam-se lado a lado, mostrando-se diferentes, mas com facetas complementares de seus pensamentos. Enquanto *Moral sentiments* discutia as forças morais que restringiam o egoísmo e uniam as pessoas em uma sociedade factível, *A riqueza das nações* supunha a existência de uma sociedade justa e mostrava como o indivíduo é guiado e limitado pelas forças econômicas.

Moral sentiments começa com o capítulo "Of sympathy" (Da solidariedade). A solidariedade, afirmou Smith, supera até mesmo o egoísmo. A solidariedade (ou empatia ou sentimento de companheirismo) desperta nosso interesse pelo sucesso dos outros e faz a felicidade deles necessária para nós. Isso é verdade, apesar de não recebermos nada da felicidade dos outros, exceto o prazer de vê-la. O sofrimento e a alegria nos outros estimulam emoções similares em nós mesmos. Se nos colocarmos no lugar do outro, nossa imaginação pode evocar a simpatia por uma situação da qual a outra pessoa está inconsciente. As pessoas que enlouquecem podem rir e cantar e estar inteiramente insensíveis a qualquer sofrimento. Assim, a angústia que sentimos ao observar tais pessoas não vem do seu sofrimento, mas da nossa consciência de sua situação por meio do nosso poder de razão e de julgamento. Isso é a solidariedade. Sentimos solidariedade até mesmo diante dos mortos, porque imaginamos nossa alma vivendo nos corpos inanimados e, então, entendemos como nossas emoções ficariam diante dessa situação. O medo da morte envenena nossa felicidade, mas restringe a injustiça da humanidade. Esse medo aflige e atormenta o indivíduo, mas vigia e protege a sociedade.

De acordo com Smith, há paixões não sociais e sociais. Por exemplo, o ódio e o ressentimento são não sociais. Com relação a essas paixões, dividimos nossa compaixão entre a pessoa que as sente e aquela que é objeto delas, pois os interesses desses dois indivíduos são contraditórios. As paixões sociais são a generosidade, a bondade, o carinho, a misericórdia e a mútua relação de amizade e de estima. Essas paixões agradam aos espectadores indiferentes em quase todas as ocasiões, porque sua simpatia pela pessoa que sente essas paixões coincide exatamente com sua preocupação pela pessoa que é objeto delas. Sempre temos muita simpatia pelas paixões benevolentes, pois elas nos parecem agradáveis, em todos os sentidos.

Como as pessoas estão dispostas a se identificar mais com nossa alegria do que com nossa tristeza, exibimos nossas riquezas e escondemos nossa penúria. Muito do trabalho árduo e da agitação deste mundo é responsável não por suprir nossas necessidades, mas por satisfazer nossa vaidade. Queremos ser observados, estar presentes, ser notados com simpatia e aprovação. Os ricos glorificam-se em suas riquezas porque chamam a atenção do mundo por meio delas. Os pobres ficam envergonhados de sua pobreza, que os deixa no anonimato. Smith declarou:

> Essa disposição em admirar e quase adorar os ricos e os poderosos e em menosprezar ou, pelo menos, desdenhar as pessoas mais pobres, embora ambos sejam necessários para estabelecer e manter a distinção de classes e a ordem da sociedade, é ao mesmo tempo a maior e a mais universal causa da corrupção dos nossos sentimentos morais (...)
>
> Frequentemente, vemos as atenções respeitosas do mundo vigorosamente direcionadas à riqueza e ao poder e não ao sábio e ao virtuoso. Vemos, frequentemente, os vícios e a estupidez dos poderosos serem menosprezados mais facilmente do que a pobreza e a fraqueza de um inocente. Merecer, adquirir e desfrutar o respeito e a admiração da humanidade são os maiores objetos de ambição e de rivalidade. Duas diferentes trajetórias são igualmente apresentadas a nós, levando à obtenção desse tão desejado objeto. A primeira, pelo estudo da ciência e pela prática da virtude, e a outra, pela aquisição da riqueza e da grandeza (...)
>
> Para alcançar essa situação invejada, frequentemente os candidatos à fortuna também abandonam os caminhos da virtude, pois, infelizmente, a primeira e a segunda trajetórias se encontram algumas vezes em direções opostas. Mas o homem ambicioso elogia tanto a si mesmo que, na situação esplêndida para a qual ele avança, terá muitos meios de direcionar o respeito e a admiração da humanidade e será capaz de agir com graça e propriedade superior, e o lustre de sua conduta futura cobrirá inteiramente ou apagará a sujeira dos passos pelos quais ele chegou àquela honraria.[2]

As pessoas, dizia Smith, podem existir apenas na sociedade. Elas estão expostas às injúrias mútuas e precisam da ajuda de alguém. Quando a ajuda necessária é reciprocamente oferecida por amor, gratidão, amizade e estima, a sociedade se desenvolve e fica feliz. Até mesmo se a afeição e o amor mútuos estiverem ausentes, de qualquer maneira a sociedade pode continuar a existir por causa de sua utilidade, apesar de ficar menos feliz e agradável. Mas isso não pode existir entre aqueles que estão a toda hora prontos a prejudicar e ofender o outro. Assim, o sistema de justiça é requerido.

> Caridade, então, é menos essencial para a existência da sociedade do que a justiça. A sociedade pode subsistir, apesar de não ser o estado mais confortável, sem caridade; mas a prevalência da injustiça deve destruí-la totalmente.[3]

Smith, então, considerou o problema inquietante de seu próprio egoísmo e como isso podia ser restringido e controlado.

> Para as paixões originais e egoístas da natureza humana, a perda ou o ganho de uma vantagem muito pequena, que para nós parece ser de muita importância, estimula

2 SMITH, Adam. *The theory of moral sentiments*. 10. ed. Londres: Strahan and Preston, 1804, p. 119-122, 126-127 [publicado originalmente em 1759].

3 Ibidem, p. 175.

muito mais uma alegria ou pesar, um desejo ou aversão muito mais ardente do que a grande preocupação com o outro com quem não temos ligação direta. O interesse de um indivíduo, desde que observado do seu próprio ponto de vista, nunca deve ser comparado com os nossos próprios, não deve nos impedir de fazer o que quer que queiramos, independentemente de quão ruinoso seja para ele (...).

Vamos supor que o grande império da China, com seu grande número de habitantes, fosse, de repente, engolido por um terremoto e vamos considerar como um homem da humanidade na Europa, que não tivesse nenhum contato com aquela parte do mundo, seria afetado ao receber a informação dessa calamidade medonha. Inicialmente, ele expressaria muita tristeza pela desgraça daquelas pessoas infelizes, faria várias reflexões melancólicas sobre a precariedade da vida humana e a vaidade de todos os trabalhos do homem, os quais poderiam, então, ser aniquilados no momento. Talvez, se fosse um homem de negócios, ele também se preocupasse com os efeitos que esse desastre poderia produzir no comércio da Europa e no comércio do mundo em geral. E quando toda essa boa filosofia terminasse, quando todos esses sentimentos humanos tivessem sido moderadamente expressos uma vez, ele perseguiria seus negócios e seus prazeres, teria todo o seu sono ou sua distração de volta com a mesma facilidade e tranquilidade de antes. O desastre mais frívolo que poderia acontecer com ele ocasionaria uma maior turbulência real. Se ele fosse perder seu dedo mindinho amanhã, não dormiria hoje à noite; mas como ele nunca os conheceu, ressonará com a mais profunda segurança sobre a desgraça dos milhões de semelhantes, e a destruição daquela imensa multidão parece ser um objeto menos interessante do que sua própria insignificante desgraça. (...) O que provoca a generosidade em todas as ocasiões e o mal em muitas para sacrificar o interesse próprio em nome dos maiores interesses dos outros quando estamos frequentemente muito mais abalados com nossa própria preocupação, do que com a dos outros, qualquer que seja? Não é o poder brando da humanidade, não é aquela faísca fraca de benevolência que a Natureza acendeu no coração humano que é capaz de neutralizar os impulsos mais fortes do amor-próprio. É um poder mais forte, um motivo mais vigoroso, que exerce a si mesmo sobre tais situações. É a razão, o princípio, o habitante do coração, o homem em seus limites, o grande juiz e árbitro de nossa conduta. (...)

Quando a felicidade ou a tristeza dos outros depende em todos os sentidos de nossa conduta, não ousamos, como o amor-próprio nos poderia sugerir, preferir o interesse de um indivíduo ao de muitos. O homem dentro de nós nos alerta imediatamente de que nos valorizamos muito e valorizamos muito pouco as outras pessoas e, ao fazer isso, tornamo-nos os próprios objetos do desprezo e da indignação.[4]

Smith está dizendo que as nossas faculdades morais impõem regras de conduta que restringem nossas ações de egoísmo. Essas regras podem ser consideradas domínios e leis da divindade. Se violássemos as leis de Deus, seríamos punidos pelos tormentos da vergonha interior e pela autocondenação. Se obedecermos aos desejos de Deus, seremos recompensados com a consciência tranquila, contentamento e autossatisfação. Assim, Deus promove a felicidade do ser humano.

Na passagem que parece ser a mais famosa no livro *A riqueza das nações*, Smith declara que os ricos tendem a economizar e a reinvestir, portanto consomem menos do que os trabalhadores. Os ricos, inadvertidamente, compartilham o produto de todos os

4 Ibidem, p. 274-280.

seus melhoramentos com os trabalhadores mais pobres, "embora eles estejam preocupados somente com sua própria conveniência, embora o único fim que eles proponham dos trabalhos de todos os milhares que empregam seja a gratificação de sua própria vaidade e dos seus desejos insaciáveis". Ele continuou essa ideia da seguinte forma:

> [Os negociantes] (...) são levados por uma mão invisível a fazer quase a mesma distribuição das necessidades da vida que teria sido feita se a terra tivesse sido dividida em partes iguais entre todos os seus habitantes; e assim, sem pretender, sem saber, promove o interesse da sociedade e fornece os meios para a multiplicação das espécies.[5]

Tanto *Moral sentiments* quanto *A riqueza das nações* reconciliam o indivíduo com o interesse social por meio do princípio da mão invisível ou da harmonia natural e do princípio da liberdade natural do indivíduo ou do direito por justiça. Em *Moral sentiments,* a compaixão e a benevolência impedem o egoísmo; em *A riqueza das nações,* a competitividade direciona o próprio interesse econômico ao bem social.

A RIQUEZA DAS NAÇÕES

O tratado econômico de 900 páginas de Smith, *An inquiry into the nature and causes of the wealth of nations,* surgiu em 1776, o ano da Revolução Norte-Americana. Foi o livro que o consagrou como um dos principais pensadores na história do pensamento econômico. Por isso, as reflexões contidas em *A riqueza das nações* exigem um exame cuidadoso.

A divisão do trabalho

O primeiro capítulo do livro *A riqueza das nações* é intitulado "Of the division of labour" (Da divisão do trabalho), uma frase pouco conhecida na época de Smith. A primeira passagem é a seguinte:

> O maior aperfeiçoamento nos poderes produtivos do trabalho e a maior parte da técnica, habilidade e julgamento com os quais estejam direcionados ou aplicados em qualquer lugar parecem ter sido os efeitos da divisão do trabalho.[6]

Reconhecendo sua importância para seu tema geral, Smith aplicou esse conceito em uma detalhada descrição de uma fábrica de alfinetes:

> Tomemos como exemplo, portanto, uma insignificante fabricação, mas em que a divisão do trabalho tem sido notada frequentemente, a fabricação de alfinetes; um trabalhador não instruído para esse negócio (para o qual a divisão do trabalho tem trazido uma ocupação diferente), nem familiarizado com o uso do maquinário empregado nele (cuja invenção provavelmente ocorreu devido a essa mesma divisão do trabalho), dificilmente poderia, com seu máximo empenho, fazer um alfinete por dia e certamente não poderia fazer 20. Mas no caminho em que esse negócio está agora, não só todo o

5 Ibidem, p. 386.
6 Idem, *Wealth of nations*, p. 2.

> trabalho é específico, mas está dividido em um número de partes, das quais a maioria são igualmente tarefas específicas. Um homem desenrola o arame, outro o estica, o terceiro o corta, o quarto o aponta, o quinto afia a ponta para colocar a cabeça, para fazê-la é preciso mais duas ou três operações, para revesti-la é uma operação específica, para calvejar os alfinetes é outra, e é até mesmo uma função específica para colocá-los em um papel, e o negócio mais importante de fazer alfinetes está, desse modo, dividido em 18 operações distintas que, em algumas fábricas, são todas feitas por diferentes mãos, embora, em outras, o mesmo trabalhador fará duas ou três delas. Vi uma pequena manufatura desse tipo onde apenas dez homens trabalhavam e onde alguns deles, consequentemente, realizavam duas ou três operações. Mas, embora eles não fossem muito hábeis e, portanto, familiarizados com o maquinário, eles poderiam, se se esforçassem, fazer juntos 12 libras de alfinetes por dia. Há, em uma libra, mais de quatro mil alfinetes de tamanho médio. Aquelas dez pessoas, portanto, poderiam fazer juntas acima de 48 mil alfinetes por dia. Portanto, cada pessoa, ao fazer a décima parte dos 48 mil alfinetes, poderia ser considerada produtora de 4.800 alfinetes por dia. Mas se elas tivessem trabalhado separada e independentemente, e sem nenhuma delas ter sido treinada para essa operação em particular, certamente cada uma delas não poderia fazer 20 alfinetes, talvez nem um por dia.[7]

A divisão do trabalho, disse Smith, aumenta a quantidade de produção por três razões. Primeiro, cada trabalhador desenvolve uma habilidade maior na realização de uma simples tarefa repetitivamente. Segundo, economiza-se tempo se o trabalhador precisa ir de um tipo de trabalho a outro. Terceiro, o maquinário pode ser desenvolvido para aumentar a produtividade, uma vez que as tarefas tenham sido simplificadas e feitas habitualmente por meio da divisão do trabalho. Aqui, percebe-se a ênfase na produção manufaturada e na produtividade do trabalho. Lembre-se de que os mercantilistas estavam preocupados, principalmente, em como a troca de bens, uma vez produzida, poderia contribuir para o bem-estar da nação. Os fisiocratas, por outro lado, concentravam-se na produção agrícola. Ao começar seu livro com a discussão sobre como o mesmo número de trabalhadores poderia produzir, substancialmente, mais produtos, ao dividir seu trabalho, Smith imediatamente esclareceu que *A riqueza das nações* era uma quebra das principais noções de economia então existentes.[8]

A harmonia dos interesses e o governo limitado

Smith ressaltou que os participantes da economia tendem a ir atrás de seus interesses pessoais. O negociante busca o lucro: "Não é da benevolência do açougueiro, do cervejeiro ou do padeiro que nós esperamos nosso jantar, mas da sua consideração de seu próprio interesse".[9] O consumidor procura encontrar o preço mais baixo por um bem, de acordo com sua qualidade. O trabalhador tenta encontrar o salário mais alto, de acordo com seu trabalho. Mas, escondida no aparente caos da atividade econômica, está a ordem natural.

---

7 Ibidem, p. 3.

8 É importante notar que a produtividade na fabricação de alfinetes tem crescido desde a época de Smith, um fato que não o surpreenderia. Em 1980, a produção diária de alfinetes na Inglaterra era de 800 mil por trabalhador, um aumento de 167 vezes sobre os 4.800 por trabalhador estimados por Smith para sua época. Muito desse aumento pode ser atribuído ao equipamento de capital melhorado. Veja Clifford F. Pratten. The manufacture of pins. *Journal of Economic Literature*, n. 18, p. 93-96, mar. 1980.

9 SMITH, *Wealth of nations*, p. 6-7.

Há uma mão invisível que direciona o comportamento do interesse próprio para um tal caminho que o bem social emerge. Preste atenção em Smith:

> Cada indivíduo, necessariamente, trabalha para fazer a receita anual da sociedade tão grande quanto ele possa. De fato, ele geralmente não pretende promover o interesse público nem saber quanto está provendo para a sociedade. Ao preferir apoiar a indústria nacional à indústria estrangeira, ele deseja apenas sua própria segurança e, ao dirigir aquela indústria de maneira que sua produção possa ser de maior valor, almeja apenas seu próprio lucro e nisso, como em outros casos, é guiado pela mão invisível para promover um final que não faz parte de sua intenção. Nem sempre é o pior para a sociedade não fazer parte dela. Ao perseguir seu próprio interesse, o indivíduo, frequentemente, promove mais eficazmente aquela sociedade do que quando realmente pretende promovê-la. Nunca vi muito benefício realizado por aqueles que simulavam comercializar para o bem público. É uma simulação, de fato, não muito comum entre os mercadores, e bem poucas palavras podem ser empregadas para dissuadi-los.[10]

A chave para o entendimento da mão invisível de Smith é o conceito de competitividade. A ação de cada produtor ou mercador que está tentando obter lucro é contida por outros produtores ou mercadores que estão, provavelmente, tentando ganhar dinheiro. A competitividade reduz o preço dos bens e, consequentemente, o lucro de cada vendedor. Em situações em que há, inicialmente, apenas um único vendedor, o lucro extraordinário atrai novos concorrentes que aumentam a oferta e eliminam os lucros excessivos. Em um caminho análogo, os empregadores disputam os melhores trabalhadores, empregados disputam os melhores empregos e consumidores disputam pelo direito de consumir os produtos. Dito em termos da economia contemporânea, o resultado é que os recursos são alocados para suas aplicações mais valiosas; a eficiência econômica prevalece. Além disso, devido às economias e aos investimentos dos empresários – novamente, afora seus próprios interesses –, o capital acumula e a economia cresce. A busca do próprio interesse, restrita pela competitividade, tende, assim, a produzir o bem social de Smith, a produção máxima e o crescimento da economia.

Essa harmonia de interesses significa que a intromissão do governo na economia é desnecessária e indesejável. De acordo com Smith, os governos são esbanjadores, corruptos, ineficientes e concessores de privilégios de monopólio em detrimento de toda a sociedade.

> É evidente que todo indivíduo pode, em sua posição particular, julgar seu próprio interesse econômico muito melhor do que qualquer estadista ou legislador pode fazer por ele. O estadista, que deveria tentar direcionar as pessoas na forma como elas deveriam empregar seus capitais, não só se sobrecarregaria com a mais desnecessária atenção, mas também assumiria uma autoridade que seguramente não seria confiável, não só por um indivíduo, mas por nenhum conselho ou assembleia, qualquer que seja, e que em nenhum lugar seria tão perigosa como nas mãos de um homem que fosse insensato e imprudente o suficiente para desejar que ele próprio exercesse essa posição.[11]

---

10 Idem, *Wealth of nations*, p. 184.
11 Ibidem, p. 184-185.

A desconfiança do governo, por parte de Smith, está mais refletida em suas referências ao seu próprio governo, um regime que a maioria dos historiadores julga ser um dos mais honestos e eficientes no mundo naquela época.

> Mas, embora a exuberância do governo deva, sem dúvida, ter retardado o progresso da Inglaterra em direção à riqueza e ao desenvolvimento, ela não era capaz de parar o país. A produção anual de sua terra e trabalho é, sem dúvida, muito maior atualmente do que era na restauração ou na revolução. Portanto, o capital empregado anualmente no cultivo da terra e na manutenção desse trabalho deve ser provavelmente muito maior. No meio de todas as extorsões do governo, esse capital tem sido silenciosa e gradualmente acumulado pelo comedimento e boa conduta dos indivíduos e pelo esforço geral, contínuo e ininterrupto para melhorar sua própria condição. É esse esforço, protegido pela lei e permitido pela liberdade de exercê-lo de maneira mais vantajosa, que tem mantido o progresso da Inglaterra em direção à opulência e ao desenvolvimento em quase todas as épocas anteriores e que se espera que continue no futuro. A Inglaterra, no entanto, nunca foi abençoada com um governo muito parcimonioso e, portanto, a parcimônia não tem sido a virtude característica de seus habitantes. A maior impertinência e imprudência estão, portanto, nos reis e nos ministros, por fingirem zelar pela economia das pessoas e por impedirem a despesa delas, ou pelas pomposas leis ou por proibir a importação dos luxos estrangeiros. Eles mesmos são sempre e, sem exceção, os maiores esbanjadores na sociedade. Deixe-os cuidar bem de sua própria despesa, e eles podem, seguramente, deixar as pessoas privadas cuidarem das suas. Se sua própria extravagância não arruina o Estado, a de seus súditos nunca o arruinará.[12]

Smith propagou sua crença na harmonia dos interesses e no *laissez-faire* para o comércio internacional:

> A riqueza de uma nação vizinha, de qualquer forma, embora perigosa na guerra e na política, é certamente vantajosa no comércio. Em um estado de hostilidade, ela pode permitir aos nossos inimigos manter frotas e exércitos superiores aos nossos; mas em um estado de paz e comércio, ela deve igualmente permitir que eles troquem conosco a um valor maior e que disponham de um mercado melhor, ou pela produção imediata de nossa própria indústria, ou pelo que quer que esteja ligado com aquela produção. Da mesma forma que um homem rico é, provavelmente, um melhor consumidor para os industriais em sua vizinhança do que um pobre, o mesmo acontece com uma nação rica.[13]

Em um ataque direto ao mercantilismo, Smith argumentou que o governo não deveria interferir no comércio internacional. As nações, como os indivíduos e as famílias, deveriam especializar-se na produção de bens para os quais elas têm uma vantagem e negociá-los por bens para os quais outras nações têm uma vantagem.

> Dar o monopólio do mercado interno para a produção da indústria nacional, em qualquer arte específica ou fabricação, é de certa forma dirigir as pessoas na maneira como elas deveriam empregar seus capitais e deve, em quase todos os casos, ser um regulamento inútil ou prejudicial. Se a produção da indústria nacional pode ser vendida aqui

12 Idem, *The wealth of nations*, p. 142.
13 Idem, *Moral sentiments*, p. 386.

tão barata quanto aquela da indústria estrangeira, o regulamento é evidentemente inútil. Se não, ela deve ser geralmente prejudicial. É a máxima de cada chefe de família prudente nunca tentar fazer em casa o que custará mais caro do que se for comprado. O alfaiate não tenta fazer seus próprios sapatos, mas os compra de um sapateiro. O sapateiro não tenta fazer suas próprias roupas, mas contrata um alfaiate. O fazendeiro não tenta fazer nem um nem outro, mas contrata aqueles artesãos. Todos eles descobrem o que é de seu interesse para usar toda a indústria de um modo pelo qual eles tenham alguma vantagem sobre os seus vizinhos e comprar com uma parte de sua produção ou, o que é a mesma coisa, com o preço de uma parte dela, o que quer que eles queiram.

O que é prudente na conduta de cada família, em particular, pode ser apenas loucura naquele grande reino. Se um país estrangeiro pode nos fornecer uma mercadoria mais barata do que nós podemos fazer, melhor comprá-la dele com alguma parte da produção de nossa própria indústria, empregada de uma maneira pela qual possamos tirar alguma vantagem.[14]

Em outro trecho, Smith fala sobre como o mercado internacional pode promover maior divisão de trabalho por superar a limitação do comércio nacional. As exportações também podem transferir os produtos excedentes pelos quais não há demanda no mercado interno e trazer de volta os produtos pelos quais há uma demanda nacional. Ele também condenou os prêmios (subsídios) de exportação:

Qualquer que seja o aumento do mercado externo que pode ser ocasionado pelo subsídio, deve, em cada ano específico, ser, em geral, à custa do mercado interno; como cada alqueire de milho que é exportado em razão do subsídio – e que não teria sido exportado sem ele – teria permanecido no mercado interno para aumentar o consumo e para baixar o preço daquela mercadoria. O subsídio de milho, deve-se notar, assim como qualquer outro subsídio à exportação, impõe dois diferentes impostos sobre as pessoas. Primeiro, o imposto que elas são obrigadas a pagar para manter o subsídio. Segundo, o imposto que surge do alto preço da mercadoria no mercado interno e que a totalidade das pessoas compradoras de milho deve pagar. Portanto, nesta mercadoria em particular, esse segundo imposto é o mais alto.[15]

É tentador rotular Smith como um defensor do *laissez-faire*. Temos visto sua aversão ao envolvimento do governo na economia. Mas, ao contrário de algumas das mais extremadas defesas desse ponto de vista, Smith viu um significativo, mas limitado, papel para o Estado. Especificamente, ele notou três funções principais do governo: (1) proteger a sociedade do ataque estrangeiro, (2) estabelecer a administração da justiça e (3) elevar e manter os trabalhos e as instituições públicas a fim de que os empresários privados não possam tentar obter lucros excessivos.

Nas opiniões difundidas em seu livro, Smith defende uma variedade de intervenções do Estado que se enquadram nas três categorias anteriores ou que aumentam a liberdade de ação aceitável do governo. Ele achou que a lei deveria fazer cumprir a execução dos contratos. O controle sobre a emissão do papel-moeda feita pelos banqueiros é necessário mesmo que pudesse ser considerado uma violação da liberdade natural. O controle legal sobre as taxas de juros é aceitável. Entretanto, a taxa deveria estar, de certo modo, mas

14 Idem, *The wealth of nations*, p. 185.
15 Ibidem, p. 207.

não muito, acima das taxas mais baixas do mercado para promover projetos mais benéficos do que projetos frívolos, esbanjadores e especulativos, que a alta taxa de imposto poderia permitir. As leis que garantem a segurança do locatário agrícola são boas porque promovem melhoramentos e investimentos para a terra.

Smith aprovou as patentes e os direitos autorais de duração limitada. Ele até mesmo favoreceu dois tipos de tarifas protecionistas: (1) aquelas que protegem uma indústria nacional essencial para a defesa da nação e (2) aquelas que igualam a carga tributária sobre uma indústria nacional específica ao impor uma tarifa na importação daquele bem. Além disso, o comércio livre está organizado. Mas se o comércio livre deve ser introduzido depois de um longo período de protecionismo, declarou Smith, isso deveria ser feito gradualmente para evitar o desemprego e a falência dos empresários. Entre os trabalhos públicos que o governo deveria oferecer estão aqueles que estimulam o comércio e a educação, incluindo canais, rodovias, portos, correios, cunhagem, escolas e igrejas. A educação pública gratuita para as pessoas comuns é essencial como uma maneira, entre várias outras, de neutralizar os efeitos negativos da divisão do trabalho.

> O homem cuja vida toda é gasta na realização de algumas tarefas simples, das quais os efeitos também são, talvez, sempre os mesmos ou muito próximos de ser os mesmos, não tem oportunidade de manifestar seu conhecimento ou de exercitar sua imaginação nas descobertas de recursos para eliminar as dificuldades que nunca ocorrem. Ele, naturalmente, perde, portanto, o costume de tal esforço e, geralmente, torna-se tão idiota e ignorante como é possível para uma criatura humana se tornar (...) Sua habilidade no seu próprio negócio parece, dessa maneira, ser desenvolvida à custa de suas virtudes intelectuais, sociais e conjugais. Mas, em cada sociedade desenvolvida e civilizada, esse é o estado em que o pobre trabalhador, ou seja, o grande grupo de pessoas, deve necessariamente cair, a menos que o governo interfira a fim de impedi-lo.[16]

Para financiar essas atividades governamentais, Smith recomendou a tributação. Suas quatro máximas para os impostos sobre bens são as que se seguem. Primeiro, os impostos deveriam ser proporcionais à receita obtida sob a proteção do Estado. Isso foi uma drástica ruptura com os impostos regressivos predominantes naquela época. Segundo, os impostos deveriam ser previsíveis e uniformes para a época do pagamento, para a forma de pagamento e para a quantia a ser paga. Terceiro, os impostos deveriam ser cobrados no momento e de maneira conveniente para o contribuinte. Finalmente, os impostos deveriam ser recolhidos com um custo mínimo para o governo.

AS LEIS ECONÔMICAS DE UMA ECONOMIA COMPETITIVA

Ao analisar a economia do mercado, Smith desenvolveu várias ideias que, mais tarde, os economistas classificaram como as leis econômicas. Já discutimos três dessas ideias: a divisão do trabalho, a lei do comportamento autointeressado e a lei da vantagem absoluta no comércio internacional. Outras leis incluem aquelas transações com o valor e o preço; os salários, os lucros e os rendimentos; a função da moeda e da dívida e o desenvolvimento da economia.

16 Ibidem, p. 327.

Valor

Em uma afirmação em que apresenta o "paradoxo água-diamante", Smith observou que há dois tipos de valor.

> A palavra VALOR, como pode ser observado, tem dois significados diferentes; algumas vezes, expressa a utilidade de um objeto específico e, algumas vezes, o poder de compra de outros bens que a posse desse objeto confere. Um deles pode ser chamado "valor de uso"; o outro, "valor de troca". As coisas que têm grande valor de uso, geralmente, têm pouco ou nenhum valor de troca. Já aqueles que têm grande valor de troca às vezes têm pouco ou nenhum valor de uso. Nada é mais útil do que a água, mas ela raramente poderá comprar alguma coisa; raramente qualquer coisa pode ser obtida na troca por ela. Um diamante, ao contrário, tem pouco valor de uso; mas uma quantidade enorme de outros bens, geralmente, pode ser obtida na troca por ele.[17]

Smith não solucionou o problema do paradoxo de valor. Isso teve de esperar os economistas posteriores que perceberam claramente a diferença entre uma utilidade total do bem e sua utilidade marginal. Smith direcionou sua atenção para o valor de troca, o poder que a posse de um bem fornece para a compra de outros bens – seu preço "natural". A questão do que determina o valor de troca de um bem, ou, simplesmente, seu preço relativo, tem sido um dos focos centrais dos economistas desde que a economia de mercado se desenvolveu. Posteriormente, os economistas fizeram a seguinte pergunta: "As pérolas têm valor porque as pessoas mergulham para achá-las ou as pessoas mergulham para achá-las porque elas têm valor?"

Smith respondeu, basicamente, que as pérolas (bens) têm valor porque as pessoas precisam mergulhar para consegui-las, ou seja, o custo da produção determina um valor de troca do bem ou o preço relativo. Smith analisou primeiro o valor de troca em uma economia em estado "recente e primário", que ele define como algo em que o trabalho é o único recurso escasso (o capital e a terra são inexistentes ou são bens livres). Logo depois, ele desenvolveu uma teoria de valor para uma economia desenvolvida, em que o capital tinha acumulado e, ambos, capital e terra, levaram a um preço positivo.

Teoria do valor do trabalho na sociedade primária. Smith argumentou que, na sociedade em que o trabalho era o único recurso, o valor relativo de um bem seria determinado pela quantidade de trabalho necessária para produzi-lo. Essa é uma elaboração da "teoria do valor do custo do trabalho" apresentada inicialmente por Petty (Capítulo 2). Smith escreveu:

> Naquele estágio inicial e primário da sociedade que precede a acumulação de estoque (de capital) e a apropriação da terra, a proporção entre a quantidade de trabalho necessária para adquirir objetos diferentes parece ser a única circunstância capaz de ditar qualquer regra de troca entre elas. Se em uma nação de caçadores, por exemplo, custa normalmente duas vezes o trabalho para abater um castor do que para abater um veado, um castor deveria, naturalmente, ser trocado por dois veados.[18]

---

17 Ibidem, p. 12.
18 Ibidem, p. 20.

Isso pode ser visto de outra maneira de acordo com Smith. O valor de qualquer mercadoria para uma pessoa que a possui, *se ela desejar trocá-la por outras mercadorias*, "é igual à quantidade de trabalho que ela exige de si para comprar ou dominar. O trabalho, portanto, é a medida real do valor de troca de todas as mercadorias"[19]. Essa versão da teoria do valor de Smith, algumas vezes, é classificada como sua "teoria do valor controlado pelo trabalho". Utilizando o exemplo de Smith do veado e do castor, suponha que sejam necessárias duas horas para fazer a armadilha e uma hora para caçar e matar um veado. Qual é o valor de troca de um castor? Resposta: dois veados ou duas horas de trabalho. Ou seja, uma pessoa poderia trocar o castor por dois veados (porque cada veado exige apenas uma hora de trabalho para o abate) ou poderia usar o castor para ter o domínio de duas horas de trabalho. Em uma economia primária, de acordo com Smith, o trabalho é o recurso (teoria do custo do trabalho) e a medida (teoria do valor controlado pelo trabalho) de valor de troca.

Teoria do valor em uma economia desenvolvida. Smith percebeu que o crescimento de capital invalidaria uma simples teoria do valor do custo do trabalho. Para entender o porquê, imagine duas mercadorias produzidas com as mesmas técnicas de trabalho. Suponha que somaríamos todo o tempo exigido para obter cada mercadoria, incluindo o trabalho necessário para produzir a matéria-prima e o exigido para produzir os bens de capital usados na produção. Vamos supor que cada mercadoria leve duas horas para ser produzida. Mas a mercadoria *A* - digamos, o cultivo da batata onde há terra fértil em abundância - não requer virtualmente nenhum capital para ser produzida. A mercadoria *B* - o fio de algodão -, por outro lado, requer um maquinário complexo e caro no processo de produção. Se uma libra de fio de algodão e 10 libras de batata, cada uma exigindo duas horas de trabalho, poderiam ser trocadas uma pela outra no mercado, qual as pessoas produziriam? As batatas, é claro, porque elas evitariam altos investimentos de capital e poderiam resultar no mesmo lucro pelo seu trabalho. Esse dilema surgirá quando discutirmos as teorias do valor trabalho apresentadas por Ricardo e Marx.

Em uma sociedade na qual os investimentos de capital e os recursos da terra se tornam importantes, disse Smith, os bens serão normalmente trocados por outros bens, por dinheiro ou por trabalho a um preço suficientemente alto para cobrir os salários, os aluguéis e os lucros. Além disso, os lucros dependerão do valor total do capital adiantado pelo empreendedor. O valor real das mercadorias não pode mais ser medido pelo trabalho contido nelas. Entretanto, elas também podem ser avaliadas pela "quantidade de trabalho que podem, cada uma delas, comprar ou dominar"[20]. A quantidade de trabalho que uma mercadoria pode comprar excede a quantidade de trabalho incorporada na sua produção pelo total de lucros e de rendimentos.

A demanda, de acordo com Smith, não influencia o valor das mercadorias. O custo de produção, os salários, o rendimento e os lucros não são os únicos determinantes do valor no longo prazo. Essa é uma proposição razoável se nós a basearmos na hipótese implícita de Smith de que a produção expandirá ou diminuirá o custo fixo de produtos por unidade. A competitividade reduzirá os custos, incluindo o lucro normal. Qualquer aumento na demanda não elevará o valor porque os custos de produção de cada unidade de mercadoria continuam inalterados. Entretanto, se assumirmos o crescimento

19 Ibidem, p. 78.
20 Ibidem, p. 21.

ou a diminuição dos custos, o princípio de Smith torna-se insustentável. Se a demanda pelo produto crescer e se, consequentemente, a indústria expandir, ela produzirá o bem com um custo maior, então o preço (valor) no longo prazo de um item aumentará. Se o aumento de produtos resultar na queda dos custos por unidade, então um aumento na demanda levará à queda do preço do bem no longo prazo.

Preço de mercado

Como Cantillon, Smith fez a distinção entre o preço intrínseco ou natural de um bem e seu preço de mercado no curto prazo. De acordo com Smith, há valores comuns ou proporcionais de salários, aluguel e lucro em cada sociedade ou na vizinhança. Ele os denominou valores naturais de cada um deles. Quando uma mercadoria é vendida por seu preço natural, haverá uma receita suficiente para pagar esses valores naturais de salários, rendimento da terra e lucro. O *preço natural* é o preço no longo prazo abaixo do qual os empresários não continuariam a vender seus bens. Em uma situação desesperada, eles venderiam os bens mais baratos, mas isso não teria continuidade. Eles poderiam abandonar os negócios ou ingressar em outra linha de produção.

O preço atual em que cada mercadoria é vendida é denominado *preço de mercado*. Ele pode estar acima, abaixo ou exatamente igual ao seu preço natural. O preço de mercado depende dos desvios da oferta e da demanda e tenderá a flutuar em torno do preço natural. Se o preço natural estiver acima, mais bens chegarão ao mercado, depreciando os preços. Se o preço natural estiver abaixo, alguns fatores produtivos serão retirados, a quantidade fornecida cairá e o preço de mercado aumentará em direção ao preço natural. Em outras palavras, a oferta e a demanda são determinantes fundamentais dos preços (valores cambiáveis), embora simplesmente provoquem flutuações nos preços de mercado em torno dos preços naturais ou dos valores das mercadorias.

Smith também distinguiu o preço real de um produto do seu valor monetário ou do preço nominal. Aqui, ele simplesmente repetiu Hume e outros ao apontar que os aumentos no estoque de moeda da sociedade podem elevar o valor monetário dos produtos e dos recursos. Smith faz o leitor pensar que o preço real de uma mercadoria está no seu controle sobre o trabalho e não no seu controle sobre a moeda. A duplicação dos preços não aumentará o controle de uma mercadoria sobre o trabalho se os salários também duplicarem.

Salários

Smith discutiu três facetas de salários: o nível global de salários, o crescimento de salários no tempo e na estrutura de salário. A respeito das duas primeiras, ele empregou a teoria da reserva dos salários.

> Raramente uma pessoa que cultive a terra tem recursos para se manter até a época da colheita. Sua manutenção é geralmente antecipada pelo estoque de um senhor, o fazendeiro que a empregou e que não teria nenhum interesse em empregá-la, a menos que ela estivesse disposta a dividir o produto de seu trabalho ou a menos que seu estoque fosse substituído por ele com um lucro.[21]

21 Ibidem, p. 27.

A ideia do fundo de salários significa que há um estoque de capital de giro fora do qual os salários atuais são pagos. Essa reserva consiste das economias dos capitalistas e é dependente da receita da produção e das vendas anteriores. Consequentemente, essa reserva é determinada no curto período, mas pode ser aumentada de um ano para o outro. Conforme a Equação 5.1, a média do salário anual depende do tamanho da reserva de salários em relação ao número de trabalhadores.

$$\text{Média do salário anual} = \frac{\text{Reserva de salários}}{\text{Número de trabalhadores}} \tag{5.1}$$

O valor mínimo dos salários deve ser aquele que permitirá ao trabalhador com uma família sobreviver e perpetuar a oferta de trabalho. Mas quando a demanda pelo trabalho aumentar, os salários ficarão acima desse mínimo. O valor de crescimento da riqueza nacional determina a demanda pelo trabalho e pelo salário por influenciar o tamanho da reserva de salários. Se a riqueza de um país fosse grande, mas fixa, a população e, portanto, a oferta de trabalho eventualmente se multiplicariam além das oportunidades de emprego e os salários diminuiriam. Isso explica a ênfase dada por Smith sobre o acúmulo de capital e o crescimento econômico. Smith aprovou o aumento dos salários que acompanhou o crescimento da economia, portanto se opôs à doutrina do baixo salário do mercantilismo.

> Essa melhoria nas condições econômicas das classes sociais mais pobres deve ser considerada uma vantagem ou uma inconveniência para a sociedade? A resposta parece, à primeira vista, muito simples. Funcionários, trabalhadores e operários de diferentes tipos formam a maior parte de toda a grande sociedade política. Mas o que melhora a condição econômica de grande parte dessa população nunca pode ser considerado uma inconveniência para o todo. Certamente, nenhuma sociedade que tenha grande parte de seus habitantes pobres e miseráveis pode ser próspera e feliz. Não é nada mais além da equidade. Além disso, aqueles que alimentam, vestem e abrigam todo o grupo de pessoas deveriam ter uma cota da produção dos seus próprios trabalhos para serem eles mesmos bem alimentados, vestidos e abrigados.[22]

Veja O passado como preâmbulo 5-1

Além disso, Smith disse que os altos salários aumentam a saúde e a força dos trabalhadores e os estimulam a fazer seu trabalho melhor porque dão esperanças de uma vida melhor. Nos termos contemporâneos, esse conceito ficou conhecido como *economias dos altos salários* ou *salários de eficiência.*

Smith também reconheceu que a barganha tem uma função no processo por meio do qual os salários são determinados:

> Os salários comuns do trabalho dependem, normalmente, de cada contrato, celebrado entre [os trabalhadores e os empregadores] cujos interesses não são os mesmos. Os trabalhadores desejam ganhar cada vez mais e os patrões pagar o menos possível. Os primeiros estão dispostos a negociar para conseguir um aumento, enquanto os patrões querem diminuir os salários dos trabalhadores.[23]

22 Ibidem, p. 33.
23 Idem. *An inquiry into the nature and cause of the wealth of nations*. Nova York: G. P. Putnam's Son, 1877, p. 19 [publicado originalmente em 1776].

5-1 O passado como preâmbulo

ADAM SMITH E OS SALÁRIOS DE EFICIÊNCIA

Em *A riqueza das nações,* Adam Smith vinculou os salários pagos aos trabalhadores à produtividade do trabalhador. Ele declarou:

> À medida que a recompensa generosa pelo trabalho encoraja a reprodução, aumenta a atividade das pessoas comuns. Os salários dos trabalhadores são o estímulo da diligência que, como qualquer outra qualidade humana, melhora em proporção ao estímulo que recebe. Meios de subsistência abundantes aumentam a resistência corporal do trabalhador, e a esperança confortante de melhorar sua posição e de ter um fim de vida fácil e com bastante recursos o anima a usar essa resistência para fazer o melhor. Onde os salários são altos, portanto, vamos encontrar os trabalhadores mais ativos, aplicados e eficientes do que onde os salários são baixos.[a]

Posteriormente, Smith apontou que os ourives e os joalheiros recebem altos pagamentos "por conta dos metais preciosos que lhes são confiados".[b] Smith quer dizer que o pagamento deles deve ser suficiente para dissuadi-los de fugir com o ouro e as joias!

A associação de Smith entre o pagamento e o desempenho do trabalho tem encontrado sua moderna expressão em um grupo das contemporâneas *teorias dos salários de eficiência.*[c] Um grupo dessas teorias sugere que alguns empregadores pagam mais do que os salários de mercado – salários de eficiência – para reduzir as faltas dos empregados e a rotatividade de trabalhadores, as quais diminuem a produtividade e a rentabilidade das empresas. Os trabalhadores evitam o descuido e a evasão do trabalho para garantir seus empregos de altos salários. Essa redução das faltas aumenta a produtividade de cada trabalhador. Da mesma forma, ao receber o salário de eficiência, os trabalhadores estão menos propensos a abandonar seu emprego para arrumar outro. A redução da rotatividade aumenta a média da produtividade da mão de obra das empresas por causa da baixa proporção de novos treinamentos.

A teoria do salário de eficiência aparentemente ajuda a explicar o desemprego friccional e cíclico. Os salários de eficiência atraem mais candidatos aos empregos do que os empregadores querem contratar. Mas, em vez de arrumar empregos diferentes, esses candidatos preferem continuar desempregados até que os empregos que pagam os salários de eficiência se tornem disponíveis por meio do desgaste normal. Portanto, o *desemprego esperado* acontece e o desemprego friccional aumenta.

O salário de eficiência também pode contribuir para abaixar a inflexibilidade do salário. Quando a demanda por seus produtos cai, empresas que pagam salários de eficiência relutam em reduzir o pagamento – esses cortes salariais podem não só encorajar as faltas, mas também poderiam aumentar o número de demissões.

Nessa rotatividade de pessoal estão incluídos os funcionários mais qualificados, nos quais as empresas têm investido grande número de treinamentos de trabalho. O aumento das faltas e da rotatividade induzido pelos cortes salariais fragiliza a produtividade.

Os salários de eficiência, portanto, podem ajudar a direcionar o declínio das demandas em geral para os declínios nas produções reais. Isto é, tais salários podem ajudar a explicar melhor o porquê do emprego e da produção do que a queda dos preços, tipicamente, durante as recessões. Ao deparar com a baixa demanda, as empresas preferem cortar a produção e demitir os empregados menos qualificados e pouco instruídos a reduzir os salários de eficiência dos trabalhadores que ainda são seus empregados. Assim, as principais quedas na demanda agregada podem produzir recessões e um alto índice de desemprego. Ironicamente, as ideias incompletas de Smith sobre os salários de eficiência têm sido propagadas de maneiras que questionam a ideia geral de Smith da economia autorreguladora e plenamente empregada.

a. SMITH, Adam. *The theory of moral sentiments.* 10. ed. Londres: Strahan and Preston, 1804, p. 119-122, 126-127 [publicado originalmente em 1759].
b. Idem, *Wealth of nations*, p. 43.
c. George A. Akerlof e Janet L. Yellen (eds.) resumem essas teorias em *Efficiency wage models of the labor market.* Cambridge: Cambridge University Press, 1986.

Smith assumiu a existência de uma sociedade com liberdade perfeita, uma sociedade em que todos eram livres para escolher e trocar seu emprego. Consequentemente, ele argumentou que as vantagens e desvantagens de cada tipo de emprego seriam iguais ou tendiam em direção à igualdade. De acordo com essa teoria da "equalização das diferenças", ou o que os economistas contemporâneos chamam de *diferenciais de salário de compensação,* o valor real dos salários para diferentes empregos - a estrutura do salário - variaria de acordo com cinco fatores.[24]

- Agradabilidade do trabalho. Smith argumentou que, quanto mais árduo, mais sujo, mais desagradável e mais perigoso o trabalho, maiores os salários pagos, sendo todos equivalentes.
- Custo da aquisição do conhecimento e das técnicas necessárias. Smith apontou que uma máquina cara tem de produzir um retorno que cubra o seu custo inicial e os lucros sobre o investimento. De maneira similar, ele disse, os ganhos das pessoas devem pagar pelo custo de sua educação e de seu treinamento e ainda fornecer uma taxa de retorno sobre o investimento. Aqueles empregos que exigem mais educação e treinamento pagarão salários mais altos do que os empregos que não exigem

24 Greg J. Duncan e Bertil Holmlund oferecem uma interessante discussão sobre as diferenças de equalização de salário em seu artigo: Was Adam Smith right after all? Another test of the theory of compensating wage differentials. *Journal of Labor Economics*, n. 1, p. 366-379, out. 1983. Veja também R. F. Elliot e R. Sandy. Adam Smith may have been right after all: a new approach to the analysis of compensating differentials. *Economic Letters*, n. 59, p. 127-131, abr. 1998.

educação e treinamento. Essa embrionária *teoria do capital humano* é ainda outra contribuição de Smith para o pensamento econômico contemporâneo.[25]

- Regularidade do emprego. Smith afirmou que, quanto menos regular o trabalho, maior é o salário. Em razão de a maioria dos trabalhadores preferir o trabalho regular ao irregular, os empregadores devem pagar um bônus, na forma de salário de compensação, aos trabalhadores que enfrentam o desemprego real e o risco de perder seu emprego.
- Grau de confiabilidade e responsabilidade. Aqueles indivíduos, como os ourives, os joalheiros, os médicos e os advogados, em quem muita confiança é depositada, receberão salários mais altos do que as pessoas que têm trabalhos que exigem menos responsabilidade e confiabilidade.
- Probabilidade ou improbabilidade de sucesso. Aqueles que são bem-sucedidos nos trabalhos em que há um grande risco de fracasso receberão salários mais altos do que as pessoas que são empregadas em trabalhos caracterizados pela baixa probabilidade de fracasso.

Lucro

Devido à exposição ao risco da perda de cada investimento, disse Smith, a taxa mais baixa de lucro deve ser alta o suficiente para compensar tais perdas e ainda deixar um excedente aos empresários. O lucro bruto inclui a compensação por qualquer perda *e* um excedente. O lucro líquido ou limpo é o excedente exclusivo ou, em outras palavras, a receita líquida do negócio.

Nos países que estão avançando rapidamente na riqueza, a competitividade entre os negócios diminui o valor do lucro.

> Quando os estoques de muitos mercadores ricos estão direcionados para o mesmo negócio, a competitividade mútua naturalmente tende a diminuir seu lucro, e quando há um aumento no estoque em todos os diferentes negócios de uma mesma sociedade, a mesma competitividade deve produzir o mesmo efeito em todos.[26]

A baixa taxa de lucro em economias em rápido desenvolvimento deve compensar os altos salários. Os países desenvolvidos, portanto, devem vender os bens tão barato quanto seus vizinhos mais pobres, que devem ter valores mais baixos de salário.

Os economistas clássicos, geralmente, não consideraram o juro como uma divisão distributiva separada; ele era considerado simplesmente uma dedução do lucro. As taxas mais baixas de juros devem ser um pouco maiores do que as perdas que, algumas vezes, ocorrem por meio de empréstimos. Os juros que o tomador pode suportar pagar são apenas proporcionais ao lucro líquido ou limpo, e o valor deve ser, geralmente, mais baixo do que o valor do lucro para induzir o tomador. À medida que os lucros aumentam, os tomadores procuram por mais dinheiro e a taxa de juros aumenta, e à medida que os lucros diminuem, as taxas de juros também diminuem.

---

25 Para uma elaboração dessa ideia, veja Joseph J. Spengler. Adam Smith on human capital. *American Economic Review*, n. 67, p. 32-36, fev. 1977.

26 SMITH, Adam. *An inquiry into the nature and causes of the wealth of nations*. Nova York: G.P. Putnam's Sons, 1877, p. 19 [publicado originalmente em 1776].

Renda

Smith apresenta várias teorias de renda, das quais nenhuma está concluída ou totalmente precisa. Lembre-se de que David Hume tinha criticado a afirmação de Smith de que o aluguel da terra estabelece o preço dos bens produzidos pela terra. Mas, nessa discussão, Smith estava examinando os componentes dos preços das mercadorias em geral. Quando as mercadorias são vendidas, a receita deve cobrir os salários, o aluguel e o lucro. De onde mais a renda poderia vir?

Mas, em outras partes de seu livro, Smith aderiu à perspectiva de Petty (e Hume) de que os preços da produção agrícola determinam o aluguel que o locador pode cobrar. A renda, disse Smith, "é o preço pago pelo uso da terra". É o preço mais alto que o locatário consegue pagar depois da dedução dos salários, do uso e do desgaste do capital, dos lucros médios e outros gastos de produção. A renda, portanto, é um excedente ou um residual. Os altos preços de produto rendem altas rendas, e os baixos preços rendem baixas rendas. Nessas afirmações, Smith segue a mesma linha analítica que Ricardo, mais tarde, utilizou para desenvolver sua teoria da renda diferencial. Mas a teoria de Ricardo se apoiou na lei dos rendimentos decrescentes que Smith não aplicou à agricultura. Isso é surpreendente, pois Petty e Turgot tinham declarado o conceito anteriormente e o próprio Smith evidenciou um entendimento rudimentar disso na discussão do preço do peixe. Mas Smith seguiu outras linhas na tentativa de explicar a renda, inclusive vendo-a como um retorno do monopólio e como um custo de oportunidade do uso da terra para um propósito do que para outro. Nenhuma dessas tentativas produziu uma teoria de renda completa, precisa e especial que se parecesse com a que Ricardo ofereceu posteriormente.

Juntas, as opiniões de Smith sobre os salários, os lucros e as rendas constituem uma tentativa de formular uma teoria da distribuição funcional de renda (divisão de fator). Embora incompleta, a análise de Smith certamente foi superior às teorias de distribuição apresentadas pelos fisiocratas.

A função da moeda e da dívida

Smith estabeleceu a tradição clássica de enfatizar a importância da moeda. Certamente, a moeda é vital como um meio de pagamento, pois sem ela os negócios seriam algemados a um sistema de mercado de trocas. Mas a própria moeda nada acrescenta aos produtos ou à riqueza de uma sociedade. Ela facilita a circulação dos bens, mas é a produção deles que constitui a riqueza. Embora as moedas de ouro e de prata que circulam sejam uma parte valiosa do capital do país, elas são estoques mortos, não produzindo nada. Essa última visão é a mais recente contribuição. Os economistas modernos excluem a moeda de sua lista de recursos econômicos porque, como tal, ela não é produtiva.

Os pontos de vista de Smith sobre a moeda são claramente opostos aos dos mercantilistas. Se a função da moeda é servir como um meio de troca, então o papel-moeda geraria o mesmo resultado que o ouro e a prata, exigindo menos esforço para produzir. O ouro e a prata, disse Smith, são como uma estrada que, sem ser produtiva, permite que os bens sejam trazidos para o mercado. As transações bancárias economizariam o trabalho de produção do ouro ao fornecer o papel-moeda como um transporte que, por meio aéreo, economizaria a terra que poderia ser usada para outras coisas. Desde que o papel-moeda fosse resgatável em ouro, uma pequena reserva de metal seria suficiente.

Os mercantilistas argumentam que as mercadorias de consumo são logo destruídas, enquanto o ouro e a prata são mais duráveis. Smith perguntou se poderíamos considerar desvantajosa a troca de utensílios ingleses por vinhos franceses: poderíamos aumentar nossa oferta de potes e panelas em uma proporção considerável, mas precisamos apenas de uma oferta limitada de utensílios. Então, assim é com a moeda. Precisaríamos apenas de certa quantidade para circular as mercadorias, e um excesso é desnecessário e vamos preferir exportá-las a deixá-las ociosas em casa. A contestação de Smith à ênfase exagerada que o mercantilismo dá à moeda, entretanto, ignorou as qualidades especiais desse metal. Por ser um meio universal de troca aceitável, a moeda, ao contrário dos potes e das panelas, pode ser gasta para inúmeros propósitos.

Smith condenou o crescimento da dívida pública e os valores exigidos para pagar os juros sobre ela. A opinião dos muitos economistas contemporâneos de que uma dívida mantida internamente é de pouca consequência econômica, porque devemos a nós mesmos, foi defendida na época de Smith. Ele respondeu da seguinte maneira:

> No pagamento dos juros da dívida pública, tem sido dito que é a mão direita que paga a esquerda. O dinheiro não sai do país. É apenas uma parte da receita de um grupo de habitantes que é transferida para outro, e a nação não fica nem um pouquinho mais pobre. Essa apologia é, de um modo geral, constatada no sofisma do sistema mercantil.[27]

Smith temia que as altas taxas necessárias para pagar os juros sobre a dívida induzissem os mercadores e os fabricantes a investir seu capital fora do país em detrimento do país natal. Como escreveu antes do desenvolvimento dos ciclos econômicos recorrentes, ele não previu a prática contemporânea dos gastos com o déficit como uma alternativa para neutralizar as recessões. Assumindo o pleno emprego, Smith percebeu que a dívida do governo e os valores dos juros representavam recursos que poderiam ter sido usados produtivamente pela iniciativa privada se o governo não os tivesse desviado para seu próprio uso. Com os governos militaristas, corruptos e esbanjadores muito distantes das pessoas e parciais aos interesses particulares, o desvio de recursos não era útil à sociedade.

Smith, melancolicamente, previu que o crescimento das dívidas provavelmente arruinaria, no longo prazo, todas as grandes nações da Europa. A dívida britânica que tanto o preocupou era de 129 milhões de libras britânicas, cada libra hoje valendo aproximadamente um dólar e 50 centavos.

O desenvolvimento econômico

Smith viu a economia como um crescimento e um desenvolvimento econômico global e acentuado. A Figura 5.1 resume os vários elementos constituintes da teoria do crescimento econômico de Smith.

27 Ibidem, p. 19.

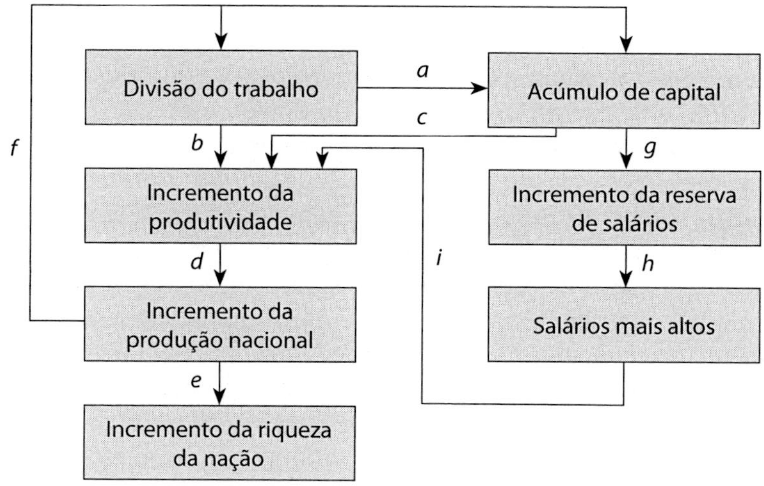

FIGURA 5.1 ■ A TEORIA DO DESENVOLVIMENTO ECONÔMICO DE SMITH

Smith afirmou que a divisão do trabalho estimula o acúmulo de capital (seta *a*) e que os dois trabalham juntos para aumentar a produtividade do trabalho (setas *b* e *c*). O crescimento na produtividade do trabalho aumenta a produção nacional (seta *d*), que amplia o mercado e justifica a distância entre a divisão do trabalho e o acúmulo de capital (seta *f*). Como um resultado do acúmulo de capital, as reservas de salários crescem (seta *g*) e os salários aumentam (seta *h*). Os salários mais altos motivam o crescimento ainda maior da produtividade (seta *i*). O crescimento da produção nacional aumenta o número de bens disponíveis para o consumo, o que, para Smith, constitui a riqueza de uma nação (seta *e*).

Como indicado pelos dois retângulos superiores no diagrama, Smith via a divisão do trabalho e o acúmulo de capital como fatores primários que promovem o crescimento de estoque da riqueza de uma nação. Nessa perspectiva, note a seta *a* que liga esses dois retângulos. Smith descobriu que a divisão do trabalho possibilita a introdução de maquinário para aumentar a produtividade das pessoas. Quando um trabalhador individual fazia sozinho um par de sapatos completo, não havia nenhuma máquina para fazer o trabalho, porque era muito complicado. Mas quando a produção de sapatos foi dividida em uma série de operações mais simples, as ferramentas e as máquinas puderam ser inventadas para substituir o serviço braçal. A seta *a* aponta apenas em uma direção porque Smith não reconheceu que a nova tecnologia frequentemente cria novas ferramentas e equipamentos *que provocam* a divisão do trabalho. Smith via a entrada de capital como, principalmente, um *resultado* da divisão do trabalho.

O crescimento da especialização do trabalho age em conjunto com um aumento do estoque de capital para elevar a produtividade (setas *b* e *c*), que, por sua vez, aumenta a produção nacional (seta *d*). A grande produção nacional permite um grau de consumo mais alto em uma sociedade, e este, de acordo com Smith, constitui o crescimento da verdadeira riqueza da nação (seta *e*).

Como indicado pela seta *f*, o crescimento da produção nacional expande ou amplia o mercado, permitindo mais especialização do trabalho. É por essa razão, não pela razão dada pelos mercantilistas, que o mercado internacional é importante, disse Smith. O grau mais alto da produção nacional também permite um maior acúmulo de capital, pois nem toda produção consiste de bens de consumo. Nota-se, então, que o ciclo de eventos que promovem o crescimento econômico se repete.

E como uma pessoa comum pode ter êxito nesse processo? As setas *g* e *h* do lado direito da Figura 5.1 nos dão a resposta de Smith. Como observamos anteriormente na mesma figura, o acúmulo de capital amplia as reservas de salários pelas quais a mão de obra é paga. Se esse crescimento nas reservas de salários excede o crescimento no número de trabalhadores, a média dos salários aumenta. Além disso, os salários mais altos podem melhorar a saúde e a vitalidade dos trabalhadores e aumentar sua produtividade (seta *i*). Posteriormente, os economistas clássicos presumiram que os trabalhadores tendem a receber o mínimo de subsistência e, portanto, não têm nada a ganhar com o desenvolvimento da economia. Esse não era, certamente, o ponto de vista de Smith!

Smith falou de um fator adicional que poderia dar um incremento ao aumento da produtividade e ao crescimento. Aquela era "uma distribuição mais correta de emprego". Aqui, Smith fez uma distinção entre o trabalho produtivo, que acrescenta valor ao produto, e o trabalho improdutivo, que não o faz. O emprego produtivo acumula trabalho em um bem tangível que tem valor de mercado. O trabalho improdutivo é aquele investido em serviços oferecidos que não resultam em bens tangíveis disponíveis no mercado. De acordo com Smith, trabalhadores improdutivos incluem reis, soldados, sacerdotes, advogados, doutores, escritores, jogadores, palhaços, músicos, cantores de ópera, dançarinos, e assim por diante. Entre os trabalhadores produtivos estão "os artesãos, os fabricantes e os mercadores".

Para os economistas contemporâneos, parece estranho que Smith dissesse que a pessoa que faz um recital de piano público fosse improdutiva e aquela que imprime os ingressos fosse produtiva. Para Smith, teria parecido estranho que nós, em nossa conta da renda nacional, disséssemos que os pagamentos aos empregados, aos militares, aos anunciantes e aos médicos são acréscimos à renda nacional. Mas, para entender Smith, deveríamos olhar para o problema mediante o seu enfoque no acúmulo de capital e no crescimento econômico. Para ele, os bens materiais podem ser acumulados e, portanto, são meios potenciais do aumento da riqueza. Hoje, até mesmo os bens de consumo podem ser usados para apoiar os trabalhadores no futuro, permitindo, desse modo, que eles trabalhem e produzam os bens. Mas os serviços são apenas momentâneos. Eles desaparecem nos atos simultâneos de produção e de consumo e não podem ser acumulados. Desse ponto de vista, eles são improdutivos, embora sejam, de fato, úteis. Contudo, no sentido moderno do termo *produtivo*, Smith, evidentemente, cometeu um erro. Esse erro de pensamento ainda é comum nos dias de hoje. Alguns observadores da época contemporânea, por exemplo, parecem lamentar o declínio secular no emprego nas fábricas em relação ao emprego nas indústrias de serviços. Frequentemente implícita na sua preocupação está a ideia de que os prestadores de serviços não são produtivos, enquanto aqueles que produzem os bens o são. Os dois grupos de trabalhadores são produtivos e estão ajudando a produzir alguma coisa de valor. O aumento na proporção de serviço da produção interna simplesmente reflete um aumento relativamente maior na demanda da sociedade pelos serviços do que pelos bens fabricados.

Entretanto, a confusão de Smith entre o trabalho produtivo e o improdutivo não tira o brilho de sua contribuição para um entendimento dos fatores que levam à grande riqueza das nações. Escrevendo em um tempo em que o investimento e a produção estavam se desenvolvendo, Smith imaginou um cenário otimista para o crescimento econômico e o progresso humano. Os ciclos econômicos, a superprodução, o desemprego e o capital excedente ainda ficarão no futuro. A harmonia dos interesses dominou com um mercado livre e competitivo, forçando cada indivíduo a servir a sociedade enquanto serve a si mesmo. Smith foi, claramente, mais otimista sobre o futuro do que Thomas Malthus, tema de nosso próximo capítulo.

Perguntas para estudo e discussão

1. Identifique brevemente e estabeleça a importância de cada um dos seguintes conceitos e obras para a história do pensamento econômico: iluminismo, *The theory of moral sentiments*, *A riqueza das nações*, mão invisível, divisão do trabalho, lei da vantagem absoluta no mercado internacional, paradoxo água – diamante, teoria do valor do custo do trabalho, teoria do valor controlado pelo trabalho, doutrina do fundo de salários, diferenças de equalização de salário, ampliação do mercado e acúmulo de capital.
2. Como as ideias de Smith ecoaram aquelas dos fisiocratas? De quais formas Smith expandiu a teoria para além daquelas ideias?
3. Qual o tema geral de *Theory of moral sentiments*, de Smith? Como está relacionado com *A riqueza das nações?*
4. Como o título do tratado de Smith sobre as economias se relaciona com sua crítica ao mercantilismo? Como Smith define a riqueza das nações? Quais fatores interagem para ocasionar aumentos na riqueza da nação?
5. Explique o principal apontamento que Smith estava tentando fazer por meio de sua descrição da fábrica de alfinetes. Como essa descrição está relacionada ao seu pedido por escolas públicas?
6. Em quais circunstâncias Smith poderia ser chamado de um defensor do *laissez-faire?* Sobre quais bases alguém poderia contestar esse rótulo?
7. Como, de acordo com Smith, o bem social pode resultar da busca do interesse próprio do indivíduo? Relate essa noção para os modelos gráficos no longo e curto prazos de um mercado de produtos perfeitamente competitivo. (Se necessário, releia um texto de princípios econômicos.)
8. De acordo com Smith, o que determina o valor de troca em uma economia primária? O que determina o valor de troca em uma economia desenvolvida? Por que Smith preferiu utilizar "controlado pelo trabalho" a "controlado pela moeda" como uma medida do valor de um bem?
9. O preço natural definido por Smith é controlado pela oferta, pela demanda ou por ambas? Explique detalhadamente.
10. Por que a divisão do trabalho ocasiona o aumento do acúmulo de capital (seta *a* da Figura 5.1), de acordo com Smith? Os economistas atuais incluiriam também uma seta oposta do controle do acúmulo de capital para a divisão do trabalho. Explique e inclua exemplos atuais.
11. O que é um salário de eficiência? Qual a função desses salários na teoria de desenvolvimento econômico de Smith? Como os salários de eficiência poderiam contribuir para elevar as taxas de desemprego friccional e para as recessões, de acordo com as teorias modernas sobre os salários de eficiência?
12. Discuta a seguinte afirmação: Adam Smith agrada a diversos economistas contemporâneos precisamente porque, assim como ele, tais economistas têm uma concepção demasiado estreita da natureza humana.
13. Responda ao seguinte comentário: na economia dinâmica de hoje, em que os processos de produção e as habilidades relevantes de trabalho evoluem rapidamente, as ideias de Smith sobre especialização são antiquadas e inapropriadas para a mão de obra.

Leituras selecionadas

Livros

BLAUG, Mark (ed). *Adam Smith.* Brookfield, VT: Edward Elgar, 1991.

CAMPBELL, R. H.; SKINNER, A. S. *Adam Smith.* Nova York: St Martin's, 1982.

FRY, Michael (ed.). *Adam Smith's legacy.* Londres: Routledge, 1992.

HOLLANDER, Samuel. *The economics of Adam Smith.* Toronto: University of Toronto Press, 1973.

RAE, John. *Life of Adam Smith.* Londres: Macmillan, 1895.

RAPHAEL, David D. *Adam Smith.* Londres: Oxford University Press, 1985.

SMITH, Adam. *An inquiry into the nature and causes of the wealth of nations.* Londres: T. Nelson and Sons, 1868 [publicado originalmente em 1776].

__________. *The theory of moral sentiments.* Editado por D. D. Raphael e A. L. Macfie. Oxford: Clarendon Press, 1976 [publicado originalmente em 1759].

Artigos de revistas especializadas

ANSPACH, Ralph. The implications of the *Theory of moral sentiments* for Adam Smith's economic thought. *History of Political Economy,* n. 4, p. 176-206, primavera de 1972.

EVENSKY, Jerry. The evolution of Adam Smith's views on political economy. *History of Political Economy,* n. 21, p. 123-145, primavera de 1989.

GHERITY, James A. Adam Smith and the Glasgow merchants. *History of Political Economy,* n. 24, p. 357-368, set. 1992.

LEVY, David. Adam Smith's case for usury laws. *History of Political Economy,* n. 19, p. 387-400, outono de 1987.

RECKTENWALD, H. C. An Adam Smith renaissance *anno* 1976? The bicentenary output - A reappraisal of his scholarship. *Journal of Economic Literature,* n. 16, p. 56-83, mar. 1978.

STIGLER, George G. The successes and failures of professor Smith. *Journal of Political Economy,* n. 84, p. 1199-1214, dez. 1976.

WEST, E. G. The burdens of monopoly: classical versus neo-classical. *Southern Economic Journal,* n. 44, p. 829-845, abr. 1978.

WILLIS, Kirk. The role in Parliament of the economic ideas of Adam Smith, 1776-1800. *History of Political Economy,* n. 11, p. 505-544, inverno de 1979.

6

A ESCOLA CLÁSSICA – THOMAS MALTHUS

Thomas Robert Malthus (1766-1834) é uma figura importante, embora controversa, no pensamento da economia clássica. Ele abordava tópicos como o crescimento da população, a metodologia de contabilidade do PIB, a teoria do valor, os retornos decrescentes, a renda da terra e a demanda agregada. Vamos descobrir, no entanto, que várias de suas conclusões apresentavam divergências com relação às de outros membros da escola clássica.

Malthus era filho de Daniel Malthus, um distinto cavalheiro do reino e amigo próximo de intelectuais proeminentes, como Jean-Jacques Rousseau e David Hume. O jovem Malthus formou-se na Jesus College, Cambridge, em 1788, e foi ordenado sacerdote da Igreja da Inglaterra. Seu *An essay on the principle of population* apareceu em 1798, e uma versão ampliada foi publicada em 1803. Esse trabalho estabeleceu a fama duradoura de Malthus, tendo seis edições em 28 anos. Seu outro livro mais significativo foi *Principles of political economy,* publicado em 1820.

Nossa discussão sobre o sacerdote Malthus ocorrerá da seguinte maneira: primeiro, olharemos para o cenário histórico e intelectual que influenciou seu pensamento; em seguida, examinaremos as principais teorias econômicas de Malthus, direcionando os holofotes para sua lei da população e sua teoria da superprodução; e, finalmente, avaliaremos de forma crítica suas contribuições à economia.

CENÁRIOS HISTÓRICO E INTELECTUAL

Cenário histórico

Duas grandes controvérsias na Inglaterra atraíram a atenção de Malthus durante o período em que ele escreveu. A primeira foi um aumento na pobreza e a controvérsia sobre o que fazer com isso. Em 1798, alguns dos efeitos negativos da Revolução Industrial, bem como a urbanização crescente, estavam começando a aparecer. Desemprego e pobreza eram problemas cada vez mais evidentes, gerando necessidade de soluções. A última de uma série de "leis dos pobres" – a lei Speenhamland, de 1795 – liberalizou a lei anterior, determinando que o pobre deveria ter uma renda mínima, independentemente de seus ganhos. A lei vinculava a renda da família ao preço do pão e, se os ganhos ficassem abaixo do nível prescrito, uma pensão seria concedida para completar a renda. Esse sistema, que prevaleceu na maior parte das áreas rurais e em alguns distritos manufatureiros, acabou levando a um debate acalorado. Muito embora o fermento da Revolução Francesa estivesse se espalhando para fora, para as classes pobres de outros países, a classe proprietária inglesa negava qualquer responsabilidade pela pobreza e se opunha ativamente a leis que favoreciam a distribuição de renda.

A segunda controvérsia digna de nota era sobre as leis dos cereais. Essas leis impunham tarifas aos grãos importados e estabeleciam, efetivamente, um preço mínimo aos grãos importados do exterior para a Inglaterra. Os donos de terras eram a favor dessas tarifas, mas eram atacados por pessoas que, como Smith adorava parafrasear, amavam colher onde não haviam plantado. Seu poder político estava sendo desafiado pelas classes que estavam surgindo, como os mercadores, os capitalistas industriais e os seguidores de cada grupo. A população em crescimento, de acordo com o censo de 1801, estava exercendo pressão sobre a oferta de alimentos da Inglaterra. Já em 1790, a Inglaterra tinha percebido a necessidade de importar alimentos, mas as guerras napoleônicas haviam mantido essas importações relativamente baixas, e os resultados eram preços internos dos grãos e da renda da terra extremamente altos. Quando Napoleão foi capturado, em 1813, os donos de terras ingleses, que dominavam o Parlamento, ficaram extremamente preocupados, imaginando que um novo surto de grãos importados desvalorizaria o preço dos bens agrícolas e reduziria enormemente a renda com aluguéis da terra. Assim, eles determinaram que os preços mínimos vigentes de grãos importados fossem aumentados. Os interesses comerciais, no entanto, falavam contra tarifas mais altas sobre os grãos e eram a favor da anulação total das leis dos cereais.

Cenário intelectual

O pai de Malthus, Daniel, apoiava a crença otimista da suscetibilidade de aperfeiçoamento das pessoas na sociedade. Essa fé no progresso era baseada, em parte, nos trabalhos de Godwin e Condorcet. Em certo sentido, esses pensadores eram influências importantes ao jovem Malthus, uma vez que ele propositadamente começou a desafiar suas teorias. Portanto, uma discussão um pouco minuciosa das ideias desses pensadores será útil.

William Godwin (1756-1836), sogro do poeta Shelley, era um sacerdote, romancista e filósofo político que se tornou anarquista e ateu e cujas doutrinas se assemelhavam às dos revolucionários franceses. Em 1793, publicou seu influente livro *An enquiry concerning political justice and its influence on general virtue and happiness.* Esse trabalho estava entre os primeiros a exprimir a filosofia do anarquismo. Godwin era um individualista extremo que se opunha não só a toda ação conservadora do Estado, mas também à ação coletiva dos cidadãos. Ele confiava inteiramente na boa vontade voluntária e no senso de justiça do indivíduo, guiado pela regra final do raciocínio. De acordo com Godwin, a raça humana era passível de aperfeiçoamento por meio de um avanço contínuo em relação a uma racionalidade maior e ao aumento do bem-estar. Como o caráter de uma pessoa depende do ambiente social, não é imutável e determinado pela hereditariedade, uma sociedade perfeita produzirá pessoas perfeitas. Godwin dizia que os principais obstáculos ao progresso eram a propriedade privada, a desigualdade econômica e política e o Estado coercivo. O crescimento da população, ele acreditava, não seria um problema. Quando o limite da população for atingido, a humanidade se recusará a crescer ainda mais. Posteriormente, Godwin lamentou que esse otimismo tivesse ajudado a evocar o que ele pensou ser o gênio mau do pessimismo malthusiano sobre o excesso de população e a desesperança da condição humana.

O Marquês de Condorcet (1743-1794), um eminente matemático francês de uma família aristocrática, foi eleito para a Academia de Ciências aos 26 anos e para a Academia Francesa aos 39 anos. Ele era cético com relação à religião, democrata na política, fisiocrata na economia e pacifista. Entre seus amigos estavam Turgot, Voltaire, Thomas Paine, Thomas Jefferson, Benjamin Franklin e Adam Smith. Após o início da Revolução Francesa, que Condorcet via com entusiasmo, ele e Paine fundaram a revista *Le Républicain*.

Condorcet era a favor do sufrágio universal para homens e mulheres. Ele se opunha vigorosamente às medidas da Constituição francesa de 1791, que estabeleciam requisitos de propriedade para votar e eleição para cargos públicos. A parte violenta da revolução o deixou isolado, e sua prisão foi ordenada em 1793. Os amigos o esconderam por nove meses e, depois disso, ele deliberadamente deixou seu refúgio para não mais colocar em risco a mulher que o abrigou. Após vários dias vagando disfarçado, foi preso como suspeito e levado à prisão. Na manhã seguinte à sua prisão, ele foi encontrado morto, possivelmente por exposição a substâncias tóxicas ou suicídio por envenenamento.

Enquanto se escondia, Condorcet escreveu seu trabalho mais importante, *Sketch of the intellectual progress of mankind.* Apesar de ter sido perseguido pela revolução que ele havia recebido tão bem, seu tema era a ideia do progresso social baseado em três princípios fundamentais: (1) a igualdade entre as nações, (2) a igualdade dos indivíduos dentro das nações e (3) a possibilidade de aperfeiçoamento da humanidade. Em última análise, a igualdade das nações, ele escreveu, aboliria a guerra "como a maior das pragas e o maior dos crimes".[1] Uma liga permanente de nações manteria a paz e a independência de cada nação. A igualdade dos indivíduos seria obtida quando diferenças na riqueza, na herança e na educação fossem eliminadas. Condorcet era a favor da ampla distribuição de propriedade, de segurança social e de educação universalmente gratuita para mulheres e homens. Ele acreditava que a ordem natural tendia em direção à igualdade econômica, mas as leis e instituições existentes estimulavam as desigualdades. A igualdade superaria os males sociais da atualidade e levaria à perfeição. As únicas desigualdades que deveriam ser permitidas, ele pensava, eram as que se originavam de habilidades naturais. A população aumentaria como resultado dessas reformas beneficentes, mas a oferta de

1 SCHAPIRO, J. Salwyn. *Condorcet and the rise of liberalism*. Nova York: Octagan Books, 1963, p. 256.

alimentos aumentaria ainda mais rapidamente. Se o problema de subsistência, eventualmente, não pudesse mais ser resolvido dessa maneira, Condorcet era a favor do controle de natalidade para limitar a população.

Essas eram as ideias contra as quais o jovem Malthus se rebelou. Os vícios e a miséria que infestam a sociedade ocorrem, ele disse, não por causa das más instituições humanas, mas devido à capacidade de proliferação da raça humana. A abolição da guerra, com a qual Condorcet sonhou, simplesmente removeria um dos controles essenciais da superpopulação. Os programas de bem-estar do pensador francês apenas contra-atacariam um segundo fator limitante da população – a fome. A sociedade igualitária e comunista de Godwin significaria mais alimento para as massas e, portanto, um crescimento mais rápido da população. Godwin e Condorcet pareciam a favor de todos os excessos da Revolução Francesa, enquanto a voz de Malthus era a favor dos conservadores como uma defesa sã e hábil do *status quo.*

TEORIA DA POPULAÇÃO DE MALTHUS

Na primeira edição de *An essay on the principle of population,* Malthus decidiu "demonstrar a causa de muito daquela pobreza e miséria observável entre as classes mais baixas de cada nação". Malthus apresentou sua lei da população: quando não controlada, a população aumenta geometricamente; os meios de subsistência aumentam, na melhor das hipóteses, apenas aritmeticamente. Ou seja, a população tende a aumentar à taxa de 1, 2, 4, 8, 16, 32 e assim por diante, enquanto a taxa de aumento dos meios de subsistência é, na melhor das hipóteses, somente 1, 2, 3, 4, 5, 6.[2] Ele apontou para o rápido crescimento da população na América (a Índia de sua época) para provar suas proposições.

Alguns observadores têm argumentado que, em 1798, Malthus era um jovem arrojado, excessivamente entusiástico e exagerado demais ao querer apresentar sua teoria. Em seu trabalho mais desenvolvido, ele, supostamente, abandonou a ideia das proporções matemáticas. Vamos examinar, portanto, *A summary view of the principle of population,* publicado em 1830. Esse trabalho estava disponível mesmo depois da última edição de *An essay on the principle of population.* Em *A summary view,* publicado 32 anos após a primeira edição do *Essay* e quatro anos antes de sua morte, Malthus escreveu:

> Pode-se dizer com segurança, portanto, que a população, quando não controlada, aumenta em uma progressão geométrica de tal natureza que ela dobra a cada 25 anos (...) Se, partindo de um país com uma população tolerável, como Inglaterra, França, Itália ou Alemanha, nós fôssemos supor que, dando grande atenção à agricultura, sua produção poderia ser permanentemente aumentada, a cada 25 anos, por uma quantidade igual à que ela produz atualmente, isso seria admitir uma taxa de aumento decididamente além de qualquer probabilidade de realização (...) Ainda assim, isso seria uma progressão aritmética e seria pouco, além de toda a comparação, com relação ao aumento natural da população em uma progressão geométrica.[3]

2 Essas progressões geométricas avançam em uma velocidade incrível. O leitor interessado pode utilizar uma calculadora ou um computador para confirmar isso. Começando com o número 1, 40 progressões produzem, aproximadamente, o número de um trilhão!

3 MALTHUS, Thomas. A summary view of the principle of population. *Introduction to Malthus*. Ed. D. V. Glass. Londres: Watts, 1953, p. 119. A "Summary view" apareceu pela primeira vez como um artigo escrito para a edição de 1830 da *Enciclopédia Britânica*.

Malthus identificou dois tipos de controle do crescimento da população: os que ele chamava de "controles preventivos" e os que ele chamava de "controles positivos".

Controles preventivos da população

Os controles preventivos do crescimento da população são aqueles que reduzem a taxa de *natalidade*. O controle preventivo que Malthus aprovava era denominado *restrição moral*. As pessoas que não pudessem sustentar filhos deveriam adiar o casamento ou nunca casar. A conduta perante o casamento deveria ser estritamente moral. O controle preventivo que Malthus não aprovava era chamado por ele de vício. Isso incluía a prostituição e o controle de natalidade, e os dois reduziam a taxa de natalidade. Durante a vida de Malthus, o reformador inglês Francis Place e outros estavam popularizando o controle de natalidade mecânico. Em 1817, no apêndice da quinta edição de seu *Essay*, Malthus escreveu:

> Na realidade, particularmente, sempre reprovo qualquer modo artificial e não natural de controlar a população, tanto por causa de sua imoralidade, como por causa de sua tendência em remover um estímulo necessário à indústria. Se fosse possível para cada casal casado limitar por desejo o número de filhos, certamente haveria motivo para temer que a indolência [preguiça] da raça humana seria enormemente aumentada e que nem a população de determinados países nem a população do mundo todo atingiriam sua extensão natural e adequada.[4]

Essa referência à preguiça da raça humana levou alguns acadêmicos a se perguntarem se Malthus estava mais interessado em manter uma população grande, trabalhadora e malpaga do que em estabelecer medidas realmente eficazes para limitar a reprodução humana.

Controles positivos da população

Malthus também reconhecia certos controles positivos da população – aqueles que aumentam a taxa de *mortalidade*. Eles eram a fome, a miséria, a praga e a guerra. Malthus elevou esses controles à posição de fenômenos ou leis naturais. Eles eram males necessários para limitar a população. Esses controles positivos representavam punições para as pessoas que não tinham praticado restrição moral. Se os controles positivos pudessem, de alguma maneira, ser superados, as pessoas enfrentariam a fome, pois uma população em rápido crescimento faria pressão sobre a oferta de alimentos que, na melhor das hipóteses, cresceria lentamente. Na sexta edição de *Essay*, Malthus retratou os controles positivos da população, como se segue:

> É uma verdade evidente que, qualquer que seja o aumento nos meios de subsistência, o aumento na população deverá ser limitado por ele, pelo menos depois que o alimento tiver sido dividido nas menores porções possíveis para fornecer sustento. Todas as crianças nascidas além do que seria preciso para manter a população nesse nível devem, necessariamente, morrer, a menos que seja aberto espaço para elas pelas

4 Idem. *An essay on the principle of population*. 5. ed. Londres, 1817. Apêndice.

> mortes de adultos (...) Para agir de maneira consistente, portanto, deveremos facilitar, em vez de tentar, de maneira tola e em vão, impedir as operações da natureza para produzir essa mortalidade. E, se tememos a visita muito frequente da forma horrenda da fome, devemos estimular seriamente as outras formas de destruição, que forçaremos a natureza a utilizar. Em vez de recomendar o asseio dos pobres, deveríamos estimular hábitos contrários. Nas nossas cidades, deveríamos fazer as ruas mais estreitas, colocar mais pessoas nas casas e cortejar o retorno da praga. No campo, deveríamos construir nossas vilas mais próximas a charcos estagnados e, particularmente, estimular a colonização em locais pantanosos e inabitáveis. Mas, acima de tudo, deveremos reprovar remédios específicos para doenças avassaladoras e aqueles homens benevolentes, mas muito enganados, que achavam que estavam fazendo um serviço para a humanidade projetando esquemas para a total extirpação de determinadas doenças. Se, por esses e outros meios semelhantes, a mortalidade anual fosse aumentada (...) provavelmente poderíamos, cada um de nós, casar na idade da puberdade e, ainda assim, alguns morreriam de fome.[5]

Implicações políticas: as leis dos pobres

De acordo com Malthus, então, a pobreza e a miséria são o castigo natural para o fracasso das "classes inferiores" na tentativa de restringir sua reprodução. Desse ponto de vista seguiu-se uma conclusão política altamente significativa: não deve haver ajuda do governo para o pobre. Fornecer ajuda a eles poderia fazer que mais crianças sobrevivessem, piorando, em última análise, o problema da fome. Esta foi a maneira como ele colocou a questão na segunda edição de *Essay*, em 1803:

> Um homem que nasceu em um mundo já ocupado, se não puder obter subsistência com seus pais, com quem ele tem uma demanda justa, e se a sociedade não quiser seu trabalho, não terá *direito* à menor porção de alimento e, na realidade, não tem de estar onde está. No banquete vigoroso da natureza, não há abrigo livre para ele. Ela lhe diz para ir embora e executará rapidamente suas próprias ordens, se ele não contar com a compaixão de alguns de seus convidados. Se esses convidados levantarem e abrirem espaço para ele, outros intrusos imediatamente aparecerão, exigindo o mesmo favor (...) A ordem e a harmonia do banquete serão perturbadas, e a fartura que antes reinava será transformada em escassez.[6]

Malthus retirou essa dura declaração das edições posteriores de *Essay*, mas ofereceu uma proposta específica com relação às leis dos pobres na sexta edição:

> Refleti muito sobre o assunto das leis dos pobres e espero, portanto, ser perdoado por sugerir um modo para sua abolição gradual (...) Somos obrigados, por justiça e honra, a renunciar formalmente ao *direito* do pobre ao sustento.
>
> Para esse fim, devo propor que uma regulamentação seja feita, declarando que nenhuma criança nascida de nenhum casamento que ocorra depois de um ano da aprovação da lei, e nenhuma criança ilegítima nascida dois anos depois da aprovação dessa lei, deverá ter direito a assistência paroquial (...)

---

5 Idem. *An essay*, 6. ed., p. 465-466 [publicado originalmente em 1826].
6 Idem. *An essay*, 2. ed., p. 532.

> Com relação a filhos ilegítimos, depois de um aviso adequado ter sido dado, eles não deverão ter permissão de nenhum direito à assistência paroquial, mas deverão ser deixados inteiramente para o sustento da caridade privada. Se os pais abandonarem seus filhos, deverão responder pelo crime. O recém-nascido é, comparativamente falando, de pouco valor para a sociedade, já que outros suprirão imediatamente o seu lugar.[7]

Algumas das ideias de Malthus foram adotadas na dura *Poor Law Amendment* de 1834. A lei aboliu todo o auxílio para pessoas fisicamente capazes fora de abrigos. Um homem que se candidatasse a receber ajuda tinha de penhorar todos os seus bens e, em seguida, entrar em um abrigo, antes de receber o auxílio. Sua mulher e filhos ou entrariam em um abrigo ou seriam enviados para trabalhar nas fábricas de algodão. Em qualquer um dos casos, a família era dividida e tratada duramente para desestimulá-la de se tornar um ônus público. O abrigo tinha um estigma social, e entrar nele implicava altos custos psicológicos. A lei visava tornar o auxílio público tão intolerável que a maioria das pessoas preferia silenciosamente morrer de fome a se submeter às suas indignidades. Esse sistema deveria ser a base da política da lei dos pobres da Inglaterra até o início do século XX. Malthus, que morreu quatro meses após a aprovação da *Poor Law Amendment*, deve tê-la considerado uma justiça, com relação à sua ideia de que não há espaço suficiente no banquete da natureza para todos.

Veja O passado como preâmbulo 6-1

Malthus desfrutava de uma amizade calorosa e íntima com David Ricardo (Capítulo 7), apesar de discordarem sobre quase todos os aspectos da economia política, com exceção da análise de Malthus da população.[8] Mesmo sobre esse tópico, Ricardo tendia a ser muito menos dogmático. A esse respeito, Ricardo escreveu em *On the principles of political economy and taxation:*

> Foi calculado que, sob circunstâncias favoráveis, a população pode dobrar a cada 25 anos, mas, sob as mesmas circunstâncias favoráveis, o capital total de um país poderia, possivelmente, ser dobrado em um período mais curto. Nesse caso, os salários durante todo o período teriam uma tendência de aumentar, pois a demanda pela mão de obra aumentaria ainda mais rápido que a oferta.[9]

Mais brando, Ricardo escreveu o seguinte em uma carta:

> Agora que sou avô, eu deveria ficar confuso, mesmo com o auxílio do senhor Malthus (...) ao calcular a taxa acelerada em que minha prole está aumentando. Tenho certeza de que não é nem aritmética nem geométrica. Tenho alguma noção de consultas com o senhor Owen [Capítulo 9] sobre o melhor plano para estabelecer uma de suas vilas para mim e para meus descendentes, admitindo, em adição, somente um número suficiente de famílias para evitar a necessidade de celibato.[10]

---

7 Idem. *An essay*. 6. ed., p. 485, 486, 487.

8 Robert Dorfman fala sobre esse relacionamento em: Thomas Malthus and David Ricardo. *Journal of Economic Perspectives* 3, p. 153-164, verão de 1989.

9 RICARDO, David. *The works and correspondence of David Ricardo*. Ed. Piero Sraffa. Cambridge: University Press, 1962, v. 1, p. 98. 10 v. Reimpresso com permissão da editora.

10 Ibidem, v. 7, p. 177.

6-1 O passado como preâmbulo

MALTHUS, CARLYLE E A CIÊNCIA LÚGUBRE

Críticos da economia há tempos se referem à disciplina como "a ciência lúgubre", um apelido pejorativo criado pelo historiador e ensaísta escocês Thomas Carlyle em meados de 1800. Ouve-se com frequência que Carlyle criou esse apelido para a economia após ler a teoria nada otimista de Malthus sobre população. Embora Carlyle se referisse às previsões de Malthus como "lúgubres", a expressão surgiu como resposta a outro clássico economista, John Stuart Mill (Capítulo 8), e relacionada a um assunto completamente diferente.

Carlyle, na verdade, tinha pouco a dizer sobre Malthus, mas, em 1839, escreveu: "As polêmicas sobre Malthus e o 'princípio da população', 'medidas contraceptivas' e as demais, que encheram os ouvidos do público por muito tempo, já são bastante pesarosas. Algo frio, sombrio, lúgubre e sem nenhuma esperança para este mundo ou para o outro, é disso que tratam as medidas contraceptivas e a negação das medidas contraceptivas."[a] Embora Carlyle considerasse "lúgubre" a questão de Malthus com relação à população, seus textos não fazem menção à "ciência lúgubre" ao citá-lo.

Sua primeira menção à ciência lúgubre estava relacionada à questão da emancipação dos escravos. No artigo que escreveu em dezembro de 1849 para a revista *Fraser's*, "Discurso ocasional sobre a questão do negro", Carlyle discorre sobre as condições do mercado com o fim da escravidão nas Antilhas. Defende a escravidão por causa da necessidade de trabalhadores nas plantações e da relutância dos negros em trabalhar sob as condições e os salários que eram oferecidos. Os economistas da época, especialmente John Stuart Mill, defendiam que a liberdade natural deveria estender-se a todos os indivíduos, independentemente de raça, e que as diferenças em termos de sucesso econômico eram resultado das instituições e não das diferenças inerentes a cada um. Mill defendia que todas as pessoas deveriam ter direito a comprar e vender produtos conforme desejassem e também a aceitar ou recusar compensações por seu trabalho, e não serem coagidos a trabalhar. Em resposta aos que, como Mill, defendiam o direito de todas as pessoas interagirem livremente no mercado, Carlyle escreveu "a Ciência Social (...) que estuda o segredo desse Universo de oferta e procura e reduz as obrigações do governo a deixar os homens livres (...) [é] uma ciência sombria, triste e até mesmo ignóbil e penosa, a que podemos chamar (...) ciência lúgubre".[b]

A visão econômica clássica de que todos os seres humanos possuem a mesma natureza básica ia realmente contra a crença de Carlyle, segundo a qual alguns grupos raciais eram inferiores, chegando ao ponto de classificá-los como sub-humanos. Carlyle se opôs à visão clássica porque ela enfraquecia seus argumentos para o restabelecimento da instituição da escravatura. Classificou a economia como "ciência lúgubre" não por seu aspecto pessimista, mas porque ela favorecia uma situação que ameaçava a posição econômica da elite. Ironicamente, apesar da reputação de ciência lúgubre da economia, a profissão ganhou esse título por defender o que hoje é considerado um conjunto básico de direitos humanos.

a. CARLYLE, Thomas. *Chartism*. 2 ed. Chapman and Hall, 1842, p. 109 [primeira edição originalmente publicada em 1839].
b. Idem; Occasional discourse on the negro question. *Fraser's Magazine*, n. 40, p. 670-679, dez. 1849. Reimpresso em *Collected works of Thomas Carlyle*, v. 11. Londres: Chapman and Hall, 1858, p. 177.

Malthus, que se casou aos 38 anos, teve três filhos, mas nenhum neto. Ricardo se casou aos 21 anos e teve oito filhos e 25 netos. Se essa projeção continuasse, a Inglaterra estaria superlotada de Ricardos!

A TEORIA DA SUPERPRODUÇÃO

No Livro II de *Principles of political economy,* Malthus desenvolveu sua teoria da insuficiência potencial da demanda efetiva. Ele supôs que os trabalhadores recebem um salário de subsistência. Os empregadores contratam esses trabalhadores porque eles produzem um valor maior do que o que recebem como salário, ou seja, o empregador tem lucro. Como os trabalhadores não podem comprar de volta a produção total, outros devem fazê-lo. O lucro não pode ser devolvido para os trabalhadores na forma de salários mais altos, pois o desaparecimento dos lucros faz que a produção e o emprego sejam interrompidos. Assim, quem comprará a produção extra? Os capitalistas comprarão um pouco na forma de bens de capital. O gasto com bens de capital estimula a produção e o emprego, como o gasto com bens de consumo. Mas, disse Malthus, o consumo pelos trabalhadores empregados no trabalho produtivo nunca pode isoladamente fornecer um motivo suficiente para o acúmulo continuado e o emprego do capital. Em última análise, o investimento é feito somente para fornecer o consumo, e se os produtos finais não puderem ser vendidos, nenhum investimento virá. Para certificar-se, os capitalistas têm o poder de consumir o seu lucro, mas não é seu hábito fazê-lo. O objeto central de suas vidas é acumular fortuna, e eles estão tão ocupados em acumulá-la que não a consomem:

> Deve haver, portanto, uma quantidade considerável de pessoas que têm tanto a vontade como o poder de consumir mais riqueza material do que produzem, ou as classes mercantis não poderiam continuar produzindo lucrativamente muito mais do que consomem. Nessa categoria, os proprietários de terras, sem dúvida, são proeminentes, mas se não fossem auxiliados pela grande massa de indivíduos envolvidos em serviços pessoais, que eles mantinham, seu próprio consumo seria, por si só, insuficiente para manter e aumentar o valor da produção e permitir que o aumento de sua quantidade

mais do que contrabalance a queda de seu preço. Como consequência, nem o capitalista, nesse caso, continuaria com os mesmos hábitos de poupança.[11]

A necessidade de consumo não produtivo

O gasto pelos proprietários de terras é essencial para evitar um excesso de bens no mercado, o qual, por sua vez, produziria estagnação econômica.[12] A renda, disse Malthus, é um excedente baseado na diferença entre o preço da produção agrícola e os custos da produção (salários, juros e lucros). Seus gastos, portanto, adicionam à demanda efetiva sem adicionar ao custo da população. As outras formas de renda, como salários, juros e lucros, aumentam o poder de compra, mas também os custos da produção, e estes devem ser mantidos baixos se uma nação quiser manter sua posição competitiva nos mercados mundiais.

Implicações políticas

Essa teoria da superprodução e a necessidade de consumo não produtivo tiveram várias implicações políticas. A mais importante, de acordo com Malthus, foi a de que as leis dos cereais deviam ser retidas. Essas tarifas sobre o grão importado enriquecem os proprietários de terras e, consequentemente, promovem o consumo não produtivo. Este último é necessário para evitar a estagnação econômica.

Embora Malthus fosse a favor do consumo não produtivo pelos proprietários de terras, incluindo a contratação de grande número de servos domésticos, ele se opunha ao consumo não produtivo excessivo financiado pelo governo. Os funcionários do governo, soldados, marinheiros e aqueles que vivem dos interesses sobre a dívida nacional necessitam de impostos mais altos, que podem impedir o aumento da riqueza. A sociedade deveria considerar a propriedade privada sagrada e não permitir a redistribuição de riqueza por meio de taxação excessiva. Nem uma dívida crescente do governo é desejável, pois a inflação que ela promove afetará negativamente aqueles que vivem de renda fixa.

Em seu *Principles of political economy*, Malthus pressupôs que a guerra oferecia outro estímulo que poderia eliminar a superprodução:

> A Inglaterra e a América (...) sofreram muito pouco com as [guerras napoleônicas], ou, na realidade, foram enriquecidas por [elas] e estão, agora, sofrendo muito por causa da paz. Certamente, é uma circunstância muito infeliz que devesse ter ocorrido em um período em que a paz parece ter estado, de uma maneira tão marcante, conectada com o sofrimento.[13]

Para épocas de sofrimento econômico agudo, Malthus recomendava que o governo gastasse em obras públicas.

11 MALTHUS, Thomas. *Principles of political economy*. 2. ed. 1951 reimpressão, Nova York: A. M. Kelley, 1986, p. 400 [segunda edição publicada, originalmente, em 1836. Primeira edição publicada em 1820]. Reimpresso com permissão da editora.

12 Mesmo assim, disse Malthus, um excedente geral pode ocorrer se os desejos dos consumidores forem saciados. Consulte Salim Rashid. Malthus' model of general gluts. *History of Political Economy*, n. 9, p. 55-79, outono de 1977.

13 Malthus, *Political economy*. 2. ed, p. 422.

> Também é de importância saber que, nas nossas tentativas de auxiliar as classes trabalhadoras em um período como o atual, é desejável empregá-las nesse tipo de trabalho, cujos resultados não vêm da venda para o mercado, como rodovias e obras públicas. A objeção em empregar uma grande soma dessa maneira, elevada pelos impostos, não seria sua tendência a diminuir o capital empregado na mão de obra produtiva, pois isso é, até certo ponto, exatamente o que é desejado, mas poderia, talvez, ter o efeito de ocultar demais a falha da demanda nacional por trabalho e impedir a população de acomodar-se, gradualmente, à demanda reduzida. Isso, no entanto, poderia ser, em um grau considerável, corrigido pelos [baixos] salários pagos.[14]

Descobriremos, no Capítulo 7, que Ricardo negou a possibilidade de desemprego a longo prazo, respondendo a Malthus como se segue:

> Um conjunto de trabalhadores não produtivos é necessário e útil apenas com uma visão na produção futura, como um incêndio, que deveria consumir, no armazém dos fabricantes, os bens que esses trabalhadores consumiram de uma outra maneira (...) De que maneira um homem que consome a minha produção, sem me dar nenhum retorno, pode me permitir fazer uma fortuna? Eu deveria pensar que minha fortuna teria mais probabilidade de ser feita se o consumidor da minha produção me retornasse um valor equivalente.[15]

AVALIAÇÃO DAS CONTRIBUIÇÕES DE MALTHUS

As teorias de Malthus foram bem recebidas pelos proprietários de terras abastados, um grupo que havia sido dominante durante muito tempo, mas estava, rapidamente, perdendo seu poder político e prestígio social. Sua teoria da população absolvia os ricos de qualquer responsabilidade pela pobreza. Os pobres eram os únicos culpados por sua posição. Ele se opunha às leis dos pobres, que, se abolidas, teriam reduzido, de maneira eficaz, os impostos sobre propriedade em uma época em que esta estava concentrada entre relativamente poucas pessoas. Sua defesa das leis dos cereais e do consumo não produtivo servia, da mesma maneira, aos interesses dos proprietários de terras. Foi com um pouco de espanto que ele escreveu em *Principles of political economy:* "É, de alguma maneira, singular que o senhor Ricardo, que recebe muitos rendimentos, subestimasse tanto a importância nacional desses rendimentos, eu, por outro lado, que nunca recebi, nem espero receber nenhum, seria provavelmente acusado de superestimar sua importância."[16]

Veja O passado como preâmbulo 6-2

Malthus, na realidade, superestimou realmente o significado das rendas e dos gastos dos proprietários de terras. Sua distinção entre o consumo produtivo e o não produtivo é imprecisa. Os gastos de todos os grupos da economia são produtivos no sentido de que criam uma demanda por bens e serviços e, portanto, fazem que eles sejam produzidos. No entanto, a teoria da superprodução mostrou um conhecimento do problema potencial

14 Idem. *Political economy*. 2. ed, p. 429-430.
15 RICARDO, David. *The works and correspondence of David Ricardo*. Ed. Piero Sraffa. (Cambridge: University Press, 1962, v. 2, p. 421-422. 10 v. Direitos autorais e reimpressão com a permissão da editora.
16 MALTHUS, Thomas. *Political economy*. 2. ed. p. 216-217n.

6-2 O passado como preâmbulo

MALTHUS E A FOME NOS DIAS ATUAIS

Em julho de 2011, a fome atingiu a região do Chifre da África, afetando milhões de pessoas em Djibuti, Etiópia, Quênia, Somália e Uganda. Centenas morreram e as Nações Unidas divulgaram que mais de 12 milhões necessitariam de ajuda com alimentos. Foi uma situação semelhante à dos anos 1980 e início dos anos 1990, quando o mundo ficou chocado ao ver pela televisão e pelos jornais imagens de crianças esquálidas e famintas nas nações africanas da Etiópia, Sudão e Somália. Estima-se que um milhão de pessoas morreram de fome na África na metade dos anos 1980. Antes de a ajuda de alimentos ter chegado à Somália, no final de 1992, uma fome aguda causava cerca de 2 mil mortes por dia. A estimativa é de que 300 mil crianças somalianas, com menos de 5 anos, tenham morrido.

O crescimento da população, em média de 3% ao ano, contribuiu para a fome em algumas regiões da África. Em alguns lugares, às vezes a oferta de alimento simplesmente não crescia rápido o suficiente para acomodar a população em crescimento. Isso era particularmente verdade nos anos 1980 na África subsaariana, quando a renda *per capita* se reduziu em 25%.

O crescimento da população também provocou degradação ecológica em regiões da África. As florestas que anteriormente tinham servido como barreiras para a invasão do deserto têm sido devastadas para expandir a produção agrícola. Os ventos do deserto, por sua vez, levaram consigo a frágil camada superior do solo, reduzindo a capacidade da terra para produzir colheitas, absorver a chuva e reter a umidade. Por causa da escassez de madeira provocada pelo desflorestamento, os fazendeiros têm sido forçados a utilizar cada vez mais estrume animal como combustível, em vez de como fertilizante. Todos esses fatores impediram o crescimento da produtividade agrícola.

No entanto, a fome na África tem causas muito mais complexas do que simplesmente o crescimento da população. A seca e a guerra são contribuintes ainda maiores para a fome. A quantidade de chuvas foi drasticamente reduzida nas nações subsaarianas em 2011 e nos anos 1980, e os resultados historicamente deficientes da agricultura se tornaram ainda mais deficientes. A seca é particularmente catastrófica na África por causa da falta de instalações disponíveis para o armazenamento da colheita. O excedente de grãos dos anos "úmidos" é geralmente perdido para os ratos, os insetos e a deterioração e, portanto, não está disponível durante os períodos de seca.

A guerra também provocou fome na África. Rebeliões regionais e guerras civis prolongadas devastaram várias nações africanas. A fome somaliana de 1992 resultou, principalmente, de uma violenta guerra civil que destruiu as instalações de energia e as principais cidades da nação. Mais de um milhão de somalianos fugiram do país para campos de refugiados nas nações vizinhas, mas igualmente empobrecidas. Batalhas devastadoras entre rebeldes e tropas nigerianas deslocaram milhares de pessoas de suas casas em Serra Leoa, em 1999, provocando uma fome disseminada. Conflitos armados na África destruíram infraestrutura, desviaram recursos do povo para uso do exército e impediram iniciativas de ajuda. Os governos têm, frequentemente, negado auxílio em alimentos para áreas controladas por forças antigovernamentais. Além disso, geralmente o exército desvia, secretamente ou não, os alimentos e os suprimentos médicos doados.

Assim, o fantasma de Malthus ainda assombra partes da África. Em anos relativamente recentes, os acidentes da natureza e as realidades da guerra somaram-se ao crescimento da população para ameaçar a sobrevivência de muitos de seus habitantes.

Amartya Sen (Capítulo 20) reconhecia essas causas malthusianas da fome e oferecia explicações adicionais, incluindo a noção de que o próprio Malthus seria cúmplice involuntário na promoção da fome e da inanição. Segundo Sen, a teoria de Malthus sobre população simplificava em demasia o problema, concentrando toda a atenção na produção de alimentos *per capita*, erro comumente repetido por estrategistas e analistas econômicos modernos. Enquanto a produção de alimentos *per capita* se eleva ou se mantém constante, não se observa ameaça iminente de fome ("otimismo malthusiano"), então as medidas emergenciais acabam chegando muito tarde. O que Malthus deixou de abordar em seu *Essay*[a] é aquilo a que Sen se refere como "problema de aquisição", processo pelo qual as pessoas obtêm alimentos e demais gêneros de primeira necessidade. Alimentos podem ser adquiridos diretamente dos produtores (fazendeiros) ou indiretamente por meio da produção de renda, que pode ser convertida em alimentos pela troca (trabalhadores assalariados). Se um segmento da população não dispõe de renda suficiente para adquirir alimentos, o resultado será a fome, mesmo que haja alimentos disponíveis.

Sen separa os que passam fome em duas grandes categorias: os famintos em oscilação e os famintos em declínio. No caso daqueles em oscilação (os famintos de Bengala, de 1943), um grande segmento da população deixa de se beneficiar de um crescimento econômico rápido, mas irregular. Sofre um declínio em termos de renda (em razão da queda de salários ou inflação), e sua posição instável e relativa os impede de competir com sucesso pelos alimentos disponíveis. Já os famintos em declínio resultam de um período de retração econômica, não necessariamente da retração na produção de alimentos.

Segundo Sen, a prevenção da fome e as medidas de socorro geralmente falham em decorrência da confiança equivocada no sinal de alerta malthusiano de produção *per capita* de alimentos. Ao negligenciarem os processos pelos quais os indivíduos adquirem alimentos, a fome acaba ocorrendo em locais em que eles existem, se não em abundância, ao menos em quantidades adequadas para manter a população.[b]

a. De acordo com Sen, Malthus aborda a questão da aquisição, porém em um de seus trabalhos menos conhecidos, *An investigation of the cause of the present high price of provisions* (1800).

b. Amartya Sen. Food, economics, and entitlements. *The political economy of hunger*. eds. Jean Dreze, Amartya Sen e Athar Hussain. Oxford: Oxford University Press, 1995, p. 50–68; veja também Amartya Sen. *Poverty and famines*. Oxford: The University Press, 1981.

do emprego que resulta de uma falta de demanda agregada. Nesse aspecto, ela foi um *insight* significativo no que a história tem mostrado como sendo um problema ocasional de uma economia capitalista. Esse *insight* foi confirmado e enormemente expandido por Keynes nos anos 1930.

Malthus superestimou não só o significado das rendas, mas também a taxa de crescimento da população em relação à da subsistência. A pobreza amplamente disseminada de sua época exigia uma explicação, e Malthus desenvolveu o que pareceu ser uma teoria plausível. Mas a evidência subsequente não confirmou as previsões da teoria. Embora a população mundial tenha aumentado drasticamente – de cerca de um bilhão em 1800, para 3 bilhões em 1960, para 6 bilhões em 2000 –, isso ocorreu em uma progressão muito menor do que a progressão geométrica de 25 anos. E, de maneira mais importante, a produção mundial aumentou ainda mais rápido. O resultado foi o crescimento da produção e da renda *per capita* mundial.

Malthus desenvolveu uma teoria de rendimentos decrescentes na agricultura, com base em uma visão de que as melhorias feitas em uma quantidade fixa de terra forneceriam aumentos cada vez menores nos resultados:

> Quando foram agregados acre com acre, até que toda a terra fértil estivesse ocupada, o aumento anual dos alimentos deveria depender da melhoria da terra já possuída. Essa é uma reserva que, da natureza de todos os solos, em vez de aumentar, deve ser gradualmente reduzida.[17]

Mas Malthus subestimou as possibilidades de aumentar a produção agrícola. Hoje, como resultado da inovação tecnológica e do acúmulo de capital, menos trabalhadores da agricultura produzem mais alimentos do que nunca. Em vez de serem direcionados para uma subsistência biológica, os salários nas economias industriais aumentaram bastante desde o período em que Malthus escreveu.

Quanto ao crescimento populacional, a tendência de Malthus era afirmar e moralizar, em vez de analisar. Não levou em consideração que os conceitos de moralidade são passíveis de modificação. (Por exemplo: emprestar dinheiro a juros já foi considerado pecado.) Malthus considerava o controle da natalidade uma forma de perversão e, como resultado, suas previsões sobre população não se encaixavam na realidade do uso difundido da contracepção. Na realidade, os aumentos na produção nacional podem *reduzir* a taxa de natalidade nessas sociedades em que os métodos para o controle de natalidade estão amplamente disponíveis. Os custos de oportunidade de ter filhos aumentam quando o salário por hora real aumenta e muitas pessoas respondem limitando o tamanho de suas famílias.[18]

Ao reconhecer essas críticas, no entanto, devemos também enfatizar que a teoria da população de Malthus ainda tem relevância considerável no mundo atual. Prevê-se que a população de aproximadamente 7 bilhões em 2011 chegue a 9 bilhões até 2045. Setenta por cento dos habitantes do mundo vivem em nações em desenvolvimento, e entre 2000 e 2010 nove em cada dez pessoas da população mundial viverão nesses países. Aproximadamente 20% da população do mundo vive com menos de US$ 1,25 por dia e 40%

---

17 Malthus, *An essay*. 6. ed. p. 4.

18 A teoria subjacente a essa tendência pode ser encontrada em Gary Becker. *The economic approach to human behavior*. Chicago: University of Chicago Press, 1976. Parte 6.

vive com menos de US$ 2 por dia. O aumento substancial no preço da cesta básica em 2008 iniciou o que foi oficialmente declarado como crise alimentar global. Para alguns dos habitantes mais pobres, as previsões de Malthus sobre fome, má nutrição e doença são muito reais. Mas hoje vemos essa realidade como um problema de produção e distribuição, que exige solução, em vez de resultados e leis naturais inevitáveis.

Finalmente, deve ser reconhecido que a população e a superprodução nada significaram além de dois dos vários tópicos da economia política do juro para Malthus. Sua formulação da teoria de valor é particularmente digna de nota. Embora fragmentária, foi baseada tanto na oferta como na demanda, em vez de, simplesmente, nos custos da produção. Em uma carta a Ricardo, Malthus escreveu:

> Quando você rejeita a consideração da demanda e da oferta no preço das mercadorias e se refere somente aos meios de oferta, parece-me que você está olhando apenas para metade do seu assunto. Nenhuma riqueza pode existir, a menos que a demanda ou a estimativa em que a mercadoria está sendo estocada exceda o custo da produção: e com relação à vasta massa de mercadorias que não demandam, mas, na realidade, determinam o custo? Como o preço dos cereais e a qualidade da última terra cultivada são determinados se não pelo estado da população e a demanda? Como o preço do metal é determinado?[19]

Ricardo contra-argumentou que tinha reconhecido o papel da demanda em determinar o valor de bens não reprodutíveis (na linguagem atual, bens para os quais a oferta é perfeitamente inelástica). Para bens reprodutíveis, disse Ricardo, o custo da produção no longo prazo determinará o valor da mercadoria. Malthus, no entanto, estava "no caminho de uma teoria não totalmente expressa até o fim do século: a teoria neoclássica de valor".[20]

Perguntas para estudo e discussão

1. Identifique brevemente e estabeleça a importância de cada um dos autores, obras e conceitos a seguir para a história do pensamento econômico: Malthus, *An essay on the principle of population*, lei Speenhamland, Godwin, Condorcet, controles preventivos da população, controles positivos da população, as leis dos pobres, teoria da superprodução, consumo não produtivo e leis dos cereais.
2. Compare e contraponha as implicações para os salários da teoria da população apresentada por Thomas Malthus com a teoria do salário fornecida por Adam Smith (Capítulo 5).
3. Resuma a teoria da população de Malthus e relacione-a à sua posição nas leis dos pobres. Como essa teoria se relaciona com a noção dos rendimentos decrescentes associados a "melhorias" no solo?
4. Como a economia ficou conhecida como "ciência lúgubre"? Por que se acredita que o termo foi erroneamente associado aos textos de Malthus?
5. Como a teoria de Malthus sobre a população ajuda a explicar a escassez de recursos? Em que sentido ela falha ou mesmo distorce a compreensão de modo que contribui para a escassez de recursos no mundo moderno?

---

19 RICARDO, David. *Works and correspondence*, v. 8, p. 286.
20 BURTT JR., Everett J. *Social perspectives in history of economics theory*. Nova York: St. Martin's, 1972, p. 87.

6. De acordo com Malthus, o que é superprodução? Como e por que ela aparece? Como ela pode ser evitada? Qual é o significado das leis dos cereais para tudo isso?
7. Explique o seguinte: embora a teoria malthusiana da superprodução fosse, inicialmente, uma tentativa para explicar o desemprego, não era uma teoria de ciclos empresariais.
8. Utilizando um gráfico contemporâneo de oferta e demanda, ilustre o seguinte: o salário de subsistência implicado na teoria da população de Malthus. Aumentos na demanda por mão de obra seriam completamente contrabalançados por aumentos eventuais na oferta de mão de obra. Explique.
9. Contraponha os motivos de Malthus para ser a favor de tarifas sobre o grão importado com os motivos citados anteriormente pelos mercantilistas.
10. Debata o seguinte: a maneira de melhorar o padrão de vida nos países pobres não é reduzir o crescimento da população, mas promover o crescimento da produção. Depois que a produção e os salários reais começarem a aumentar, a taxa de crescimento da população cairá.
11. Relacione a seguinte declaração de Mark Blaug com a teoria da população de Malthus: "Se recebermos uma previsão que não pode ser refutada dentro de um período específico de tempo, nunca poderemos refutar a teoria, pois a cada momento nos dirão para 'esperar e ver'".

Leituras selecionadas

Livros

BLAUG, Mark (ed.). *Robert Malthus and John Stuart Mill.* Brookfield, VT: Edward Elgar, 1991.

GODWIN, William. *An enquiry concerning political justice and its influence on general virtue and happiness.* Nova York: Knopf, 1926. 2 v [publicado originalmente em 1793].

HOLLANDER, Samuel. *Economics of Thomas Robert Malthus.* Toronto: Toronto University Press, 1997.

MALTHUS, Thomas R. *An essay on the principle of population.* Washington, DC.: Roger Chew Wrightman, 1809 [edição original publicada em Londres, em 1798].

__________. *An inquiry into the nature and progress of rent.* Editado por Jacob H. Hollander. Baltimore, MD: Johns Hopkins Press, 1903 [publicado originalmente em 1815].

__________. *Principles of political economy.* 2. ed. Nova York: Kelley, 1951 [segunda edição publicada originalmente em 1836; primeira edição publicada em 1820].

OSER, Jacob. *Must men starve?* The Malthusian controversy. Londres: Cape, 1956; Nova York: Abelard-Schuman, 1957.

SCHAPIRO, J. Salwyn. *Condorcet and the rise of liberalism.* Nova York: Harcourt, Brace & World, 1934.

SMITH, Kenneth. *The Malthusian controversy.* Londres: Routledge and Kegan Paul, 1951.

WINCH, Donald. *Malthus.* Nova York: Oxford University Press, 1987.

Artigos de revistas especializadas

BONAR, James; FAY, C. R.; KEYNES, J. M. A commemoration of Thomas Robert Malthus. *Economic Journal,* n. 45, p. 221-234, jun. 1935.

DORFMAN, Robert. Thomas Malthus and David Ricardo. *Journal of Economic Perspectives,* n. 3, p. 153-164, verão de 1989.

GILBERT, G. N. Economic growth and the poor in Malthus' Essay on population. *History of Political Economy,* n. 12, p. 83-96, primavera de 1980.

HOLLANDER, Samuel. Malthus' vision of the population problem in the Essay on population. *Journal of History of Economic Thought,* n. 12, p. 1-26, primavera de 1990.

LEVY, David. Some normative aspects of the Malthusian controversy. *History of Political Economy*, n. 10, p. 271-285, verão de 1978.

MINISYMPOSIUM: Malthus at 200 (artigos e comentários de Neil de Marchi, A. M. C. Waterman, Samuel Hollander, John Pullen e Donald Winch). *History of Political Economy*, n. 30, p. 289-364, verão de 1998.

PULLEN, J. M. Malthus on agricultural protection: an alternative view. *History of Political Economy*, n. 27, p. 517-530, outono de 1995.

RASHID, Salim. Malthus' model of general gluts. *History of Political Economy*, n. 9, p. 366-383, outono de 1977.

________. Malthus' Principles and British economic thought, 1820-35. *History of Political Economy*, n. 13, p. 55-79, primavera de 1981.

7

A ESCOLA CLÁSSICA – DAVID RICARDO

Embora Smith tenha sido o fundador da escola clássica e tenha lhe dado sua forma dominante, David Ricardo (1772-1823), um contemporâneo de Malthus, foi a figura principal na promoção do maior desenvolvimento das ideias da escola. Ricardo demonstrou as possibilidades de utilizar o método abstrato de raciocínio para formular as teorias econômicas. Ele ampliou o escopo da investigação econômica para a distribuição de renda. À sua volta, reuniu-se um grupo de estudiosos que, com entusiasmo, disseminou suas ideias. Esses seguidores aperfeiçoaram e estenderam suas ideias, direcionando-as para as ideias neoclássicas.

Após apresentarmos detalhes importantes da vida de Ricardo, discutiremos seu ponto de vista sobre a questão da moeda na Inglaterra. Posteriormente, desenvolveremos sua teoria da renda da terra e a teoria relacionada aos rendimentos decrescentes. Essas duas teorias são relevantes para os dois importantes tópicos a seguir: o primeiro, a teoria do valor de troca; e o segundo, a teoria da distribuição de renda da terra. O capítulo prossegue com artigos sobre a lei da vantagem comparativa de Ricardo, com seus pontos de vista sobre a possibilidade do desemprego e com uma breve avaliação de toda a sua contribuição.

DETALHES BIOGRÁFICOS

Ricardo foi o terceiro de 17 filhos de imigrantes judeus que se mudaram da Holanda para a Inglaterra. Ele foi educado para os negócios de corretagem de ações de seu pai, em que ingressou aos 14 anos de idade. Aos 21 anos, casou-se com uma mulher quacre e abandonou as crenças judaicas para se tornar um unitário. Como resultado dessa ação, seu pai o renegou, embora eles tenham se reconciliado mais tarde. Aproveitando-se dos empréstimos conseguidos por meio de banqueiros que o conheciam e que confiavam nele, Ricardo, muito jovem, ingressou no mercado de ações por conta própria. Em poucos anos, tinha acumulado mais riqueza do que seu pai e, aos 43 anos, aposentou-se dos negócios. Todavia, continuou cuidando de seus negócios até morrer, aos 51 anos, de uma infecção de ouvido, deixando uma grande fortuna, dois terços dela em propriedades de terras e hipotecas.

Os princípios de Ricardo para ganhar dinheiro na bolsa de valores podem ser para muitos tão interessantes quanto o desenvolvimento de sua teoria da economia abstrata. Ele disse que havia conseguido todo o seu dinheiro por observar que as pessoas, geralmente, exageravam a importância de determinadas ocorrências. Se havia uma razão para um pequeno avanço nos valores das ações, ele comprava por ter certeza de que um avanço irracional ocorreria. Quando as ações estavam em queda, ele vendia, na convicção de que o alarme e o pânico produziriam um declínio não justificado pelas circunstâncias.

Ricardo também creditou seu sucesso financeiro ao fato de se satisfazer com os pequenos lucros, nunca retendo mercadorias ou títulos por muito tempo quando pequenos lucros poderiam ser auferidos rapidamente. Ricardo tinha seus olhos voltados para cada nova rodovia, banco ou outras empresas de capital aberto, e quando considerava a perspectiva de sucesso justa, comprava as ações. Ele dizia que as ações de novas empresas subiam acima de seu preço real durante a fase de lançamento e as vendia, rapidamente, para investir em outro lugar. Sua grande reputação como um sábio especulador levou outros a comprarem quando ele comprava. Ele costumava dizer:

> Do jeito que as coisas estão, é preciso dizer que eu talvez tenha criado aquela mesma demanda que me permitiu dispor do artigo adquirido, com um pequeno lucro, muito pouco tempo depois.[1]

Como uma pessoa de firme convicção e de grandes princípios, Ricardo frequentemente defendia as políticas que entravam em conflito com seu próprio interesse pessoal. Ele argumentou contra os gastos excessivos do Banco da Inglaterra, embora fosse um acionista daquela instituição. Defendeu a causa dos investidores nos contratos do governo britânico quando tinha deixado de investir. Até mesmo depois de se tornar um grande proprietário de terras, Ricardo propôs teorias que, de acordo com seus críticos, arruinariam os proprietários de terras. A reforma parlamentar, que ele apoiou com entusiasmo, teria lhe desprovido da cadeira que havia comprado para representar o eleitorado irlandês, apesar de nunca ter morado na Irlanda nem visitado aquele país. Ele defendeu um imposto sobre o capital para liquidar a dívida nacional, embora fosse uma das pessoas mais ricas na Inglaterra. Outras reformas das quais ele era a favor incluíam o voto secreto, a legalização de direitos para discutir, livremente, as opiniões religiosas, a redução do número de criminosos que tinham como punição a pena de morte, a abolição do açoite como punição da corte e o fim das leis discriminatórias contra os católicos romanos.

---

1 HUNT, Freeman. *Merchant's magazine and commercial review*. v. 2. Nova York: 142 Fulton-Street, 1840. p. 118.

Somente após a morte de Ricardo foi aprovada uma lei (em 1829) dando aos católicos o direito de ter assento no Parlamento e de controlar alguns serviços.

Sem nenhuma educação formal após os 14 anos, Ricardo dedicou-se ao estudo sistemático da economia política por muito tempo. Durante seu tempo livre na juventude, trabalhou com afinco em física e matemática. Quando completou 27 anos, conheceu o livro *A riqueza das nações* de Smith, e foi esse feliz acontecimento que voltou sua atenção para a economia. Seu primeiro "trabalho publicado" - uma carta a um jornal sobre os problemas da moeda - só apareceu dez anos mais tarde. Na década seguinte, ele havia concluído seus principais trabalhos, incluindo sua obra *Principles of political economy and taxation*, de 1817. Escrever era difícil e penoso para Ricardo, apesar de sua perspicaz mente analítica. "Ah, eu era capaz de escrever um livro!", ele escreveu a seu amigo James Mill. Mill encorajou Ricardo ao escrever: "Por você já ser o melhor pensador da economia política, estou certo de que será o melhor escritor". Mill lia e criticava as obras de Ricardo, sempre estimulando-o a produzir quando sentia que escrever era algo impossível.

Ricardo foi um exemplo excepcional de um pensador dedutivo. Ele começou com premissas básicas e, então, utilizou a lógica para deduzir as generalizações. Ricardo chamou suas amplas leis econômicas de generalizações e considerou sua ação tão válida quanto as leis da física nas ciências naturais. Houve, por exemplo, as leis que controlaram a distribuição de metais preciosos em todo o mundo, as leis que regulamentaram a troca internacional de bens, as leis que controlaram a distribuição de renda, e assim por diante. Embora estivesse muito bem informado sobre os fatos que envolviam os negócios e a economia por meio de sua experiência pessoal, Ricardo não utilizou o método indutivo de raciocínio. Ou seja, não reuniu dados históricos ou experimentais nem partiu da parte para o todo, do particular para o geral, dos fatos para as teorias. Em vez disso, formulou as leis gerais e, então, algumas vezes, discorreu sobre os fatos para exemplificar sua ação. Sua tendência em utilizar hipóteses restritivas para sustentar seus argumentos foi apontada por Schumpeter (Capítulo 23) como "vício ricardiano". Já as questões teóricas que interessaram Ricardo tiveram uma influência significativa sobre os problemas práticos de sua época e das épocas posteriores.

A QUESTÃO DA MOEDA

Em 1797, mais de duas décadas depois da guerra entre a Inglaterra e a França, um pânico e uma corrida ao ouro esgotaram perigosamente as reservas no Banco da Inglaterra. Quando o governo suspendeu o pagamento em dinheiro, a Inglaterra encontrou-se em uma situação irreversível no que diz respeito ao papel-moeda. Em outras palavras, as pessoas que acumulavam o papel-moeda não poderiam trocá-lo por ouro. O preço do ouro subiu gradualmente da paridade de preço de aproximadamente 3,17 libras esterlinas por onça para um preço de mercado de 5,10, em 1813. Isso foi acompanhado por uma inflação geral de preços. Em vez de o ouro ser trazido para a casa da moeda, onde apenas 3,17 libras esterlinas por onça podiam ser recebidas, era vendido secretamente no mercado nacional ou internacional. Os cidadãos preocupados se perguntavam por que o preço de mercado do ouro estava aumentando e como poderia ser brecado.

Por ter transações com o Banco da Inglaterra envolvendo grande soma de dinheiro, Ricardo começou a refletir e a escrever sobre esse assunto. Sua conclusão sobre a assim chamada "questão da moeda" reafirmou a teoria quantitativa da moeda apontada anteriormente por Locke, Hume e Smith. O banco, disse Ricardo, estava exagerando na emissão de papel-moeda porque não era mais controlado pela exigência de convertê-lo em ouro. As notas bancárias impressas e emprestadas eram uma operação rentável que ajudava os gastos do tesouro do governo, mas dificilmente eram conduzidas aos preços estáveis pelo ouro ou pelas mercadorias. Isso era análogo à prática feudal de juntar moedas, pela qual, como uma maneira de financiar os gastos excessivos, os príncipes economizavam raspando parte do ouro das moedas que vinham por meio do tesouro. Ao aumentar o fornecimento de moedas, o Banco da Inglaterra elevou os preços das mercadorias, reduzindo desse modo o seu valor.

O problema, de acordo com Ricardo, não era o alto preço do ouro, mas particularmente o baixo valor da libra esterlina. Agora era necessário, simplesmente, oferecer mais libras para comprar uma onça de ouro. A solução que Ricardo propôs foi um retorno ao padrão ouro. Então, se o preço do ouro no mercado aumentasse, a moeda seria compensada pelo ouro estocado no banco a um alto preço. Cada excesso no lançamento de notas bancárias seria automaticamente cancelado pelo fluxo do papel para o banco. A restauração do padrão ouro conteria a inflação.

Os diretores do Banco da Inglaterra e seus amigos argumentaram que o preço de mercado do ouro havia aumentado por causa de sua grande escassez; o ouro, não o papel, havia mudado de valor. Se o padrão ouro fosse restaurado, cada guinéu de ouro seria retirado do banco e vendido no exterior.

Ricardo contestou que havia evidências de que fora o papel, e não o ouro, que tinha mudado de valor. Uma onça de ouro compraria tantas mercadorias como anteriormente. Entretanto, o papel a que o ouro correspondia, em razão da paridade, compraria muito menos, porque a inflação dos preços se dava em termos de moeda. Quanto ao ouro que deixava o país, isso já estava acontecendo, exceto com aquele que era mantido nos cofres do banco. O padrão ouro poderia ser restaurado seguramente se o banco reduzisse sua circulação de papel-moeda primeiro. Para eliminar o custo da cunhagem e economizar sobre o ouro que, por outro lado, circularia como moeda, Ricardo propôs o padrão em barras de ouro. O banco deveria comprar e vender as barras de ouro, em vez de cunhar a moeda em demanda, com no mínimo 20 onças como uma transação mínima.

O plano de Ricardo foi adotado em 1819 pelo Parlamento; o Banco da Inglaterra foi obrigado a reiniciar os pagamentos de ouro em lingotes de 60 onças. Em 1821, foi promulgada uma lei exigindo o pagamento em ouro. O padrão ouro foi utilizado por mais de um século desde então, exceto durante as guerras mais prolongadas e as crises financeiras.

A TEORIA DOS RENDIMENTOS DECRESCENTES E DA RENDA DA TERRA

A lei dos rendimentos decrescentes e a teoria da renda da terra se desenvolveram em resposta ao debate sobre as leis dos cereais (Capítulo 6). Lembre-se de que o conceito dos rendimentos decrescentes na agricultura remonta a Turgot, funcionário do governo francês e fisiocrata.[2] Mas, em 1815, Ricardo, Malthus, West e Torrens reformularam o princípio e

2 A ideia foi novamente expressa em 1777 pelo economista escocês James Anderson.

o aplicaram ao aluguel da terra. Ricardo modestamente creditou a descoberta a Malthus e West. Entretanto, foi Ricardo que desenvolveu a noção de forma mais clara e completa. Ao utilizar esse conceito para desenvolver sua teoria da renda da terra, Ricardo tornou-se o primeiro economista a formular um princípio marginal na análise econômica. Sua teoria da renda da terra, portanto, é produtiva para a posterior promoção da escola marginalista.

"Renda da terra", disse Ricardo, "é aquela porção da produção da terra que é paga aos seus proprietários pelo uso dos poderes originais e indestrutíveis do solo"[3]. Ele modificou essa definição ao incluir como renda da terra os investimentos de capital no longo prazo que foram vinculados à terra e sua produtividade. De acordo com Ricardo, a renda da terra surge das margens intensiva e extensiva de cultivo.

Renda da terra na margem extensiva de cultivo

Ninguém paga a renda da terra em um país recentemente colonizado em que o solo fértil é abundante. Mas:

> Quando, no progresso da sociedade, a terra do segundo tipo de fertilidade é cultivada, a renda imediatamente começa sobre aquela de primeiro tipo, e o valor dessa renda dependerá da diferença na qualidade dessas duas porções de terra.
>
> Quando a terra de terceiro tipo é cultivada, a renda da terra imediatamente começa sobre o segundo tipo e ela é regulada como antes, pela diferença nos seus poderes produtivos. Ao mesmo tempo, a renda do primeiro tipo aumentará, para isso a renda do segundo tipo deve sempre estar acima, pela diferença entre a produção que elas têm com uma determinada quantidade de capital e mão de obra. A renda sobre todas as terras mais férteis aumentará, pois com o progresso da população um país será obrigado a ter o recurso para a terra de pior qualidade, para permitir que ela aumente sua oferta de alimentos.[4]

A produção da terra marginal trará uma receita suficiente para cobrir todas as despesas da produção mais a taxa média de lucros sobre o investimento na mão de obra e no capital. O valor da produção da fazenda depende da mão de obra exigida por unidade de produção sobre a terra menos produtiva em uso. As melhores terras produzem um excedente que é tomado pelos proprietários de terra como renda.

A Tabela 7.1 ilustra a teoria da renda da terra de Ricardo ao mostrar como a renda é medida da margem *extensiva* de cultivo. A tabela mostra cinco tipos de terra (do melhor *A* ao pior *E*). Investir US$ 10 por acre nos dá o maior rendimento de *A*, 20 alqueires por acre, porque ela é a melhor terra; enquanto a pior terra, *E*, rende apenas 4 alqueires por acre. A coluna esquerda mostra os vários preços do trigo. Se o preço do trigo fosse menor do que US$ 0,50, nada seria produzido, porque até mesmo a produção sobre a terra de melhor qualidade seria insuficiente para justificar o valor de US$ 10 de despesas. Em US$ 0,50 por alqueire pagam-se os US$ 10 por acre sobre a terra *A* para investir, porque a produção de 20 alqueires fornece US$ 10 (20 × US$ 0,50) de receita, e isso é suficiente para cobrir os custos da mão de obra e do capital, incluindo a taxa média de lucro. Mas

3 RICARDO, David. *On the principles of political economy and taxation*. 3. ed. Londres: John Murray, Albemarle-Street. 1821. p. 53.

4 Idem, *The works and correspondence of David Ricardo*. Ed. Piero Sraffa. Cambridge: University Press, 1962. v. 1, p. 185-186. Direitos autorais adquiridos e impresso novamente com a permissão do editor.

note que a renda da terra aqui é zero; as receitas apenas se comparam aos custos das despesas. Se o preço do trigo aumenta para US\$ $0,66^{2/3}$, paga-se US\$ 10 por acre sobre as terras *A* e *B* para investir. Em US\$ $0,66^{2/3}$ por alqueire, a terra *B* faz entrar US\$ 10 (15 × US\$ $0,66^{2/3}$) de receita, enquanto a terra *A* produz US\$ 13,33 (20 × US\$ $0,66^{2/3}$).

TABELA 7.1 Renda da terra medida da margem extensiva de cultivo

Preço do trigo por alqueire		Renda da terra derivada de cada tipo de terra				
		A	**B**	**C**	**D**	**E**
	Despesas	US\$ 10	US\$ 10	US\$ 10	US\$ 10	US\$ 10
	Resultado (alqueire/acre)	20	15	10	5	4
US\$ 0,50		0*				
$0,66^{2/3}$		US\$ 3,33	0*			
1,00		10,00	US\$ 5,00	0*		
2,00		30,00	20,00	US\$ 10,00	0*	
2,50		40,00	27,50	15,00	US\$ 2,50	0*

*Preço em que US\$ 10 de despesas foram feitos.

Então, qual será a renda da terra *B*? E da terra *A*? As respostas são mostradas nas respectivas colunas da tabela. A terra *B* arrecada uma renda de zero (US\$ 10 – US\$ 10), enquanto o uso da *B* leva em conta a renda de US\$ 3,33 (US\$ 13,33 – US\$ 10) sobre *A*. A renda da terra *A* ocorre porque um rendimento de US\$ 10 é suficiente para o arrendatário cobrir os gastos de mão de obra e de capital, incluindo um lucro médio. A competitividade entre os arrendatários os leva a oferecer US\$ 3,33 por acre pelo direito de arrendar a terra *A*, e os proprietários de terras recebem esse montante na forma de renda. Se o preço de trigo aumentar para US\$ 1 por alqueire, a terra *C* se tornará a terra marginal de zero-renda, a *B* produzirá a renda de US\$ 5 por acre e *A* produzirá US\$ 10. Se o preço do trigo aumentar para US\$ 2, a terra *D* será levada para a produção e a renda de *A*, *B* e *C* aumentará para US\$ 30, US\$ 20 e US\$ 10. O leitor pode confirmar esses números utilizando o método previamente mencionado para derivá-los.

A renda da terra na margem intensiva de cultivo

Devido à lei dos rendimentos decrescentes, a renda da terra também surge do cultivo *intensivo* da terra. Se as unidades sucessivas de mão de obra e capital são acrescentadas a um pedaço de terra enquanto a tecnologia permanece constante, cada unidade de investimento acrescentada agregará menos ao resultado do que as unidades anteriores. Se isso não fosse assim, o alimento para o mundo todo poderia ser cultivado em um vaso de flor! A última unidade de mão de obra e capital deve se pagar e fornecer também uma taxa média de lucro. As unidades iniciais produzem o retorno do excedente, que é a renda da terra.

A Tabela 7.2 mostra um dado hipotético para três acres de terra de distintos tipos inferiores e analisa a renda da terra na margem intensiva. Aqui, como antes, a receita recebida do resultado marginal deve ser comparada ao custo de mão de obra e capital de produção desse resultado extra. O princípio dos rendimentos decrescentes está refletido nas colunas classificadas como "Resultado marginal" na tabela. Nossa hipótese, novamente, é a de que acrescentamos as despesas em incrementos de US$ 10. Note que, quanto mais US$ 10 de acréscimos são adicionados, ou seja, à medida que percorremos as colunas das despesas para baixo para cada tipo de terra, o resultado aumenta em uma taxa decrescente. Assim, o resultado marginal ou extra cai.

TABELA 7.2 Renda da terra medida da margem intensiva de cultivo

	Terra de tipo A			
Preço do trigo por alqueire	**Despesas**	**Resultado**	**Resultado marginal**	**Renda**
US$ 0,50	US$ 10	20	0	0
0,66$^{2/3}$	20	35	15	US$ 3,33
1,00	30	45	10	15,00
2,00	40	50	5	60,00
2,50	50	54	4	85,00

	Terra de tipo B				Terra de tipo C			
	Despesas	**Resultado**	**Resultado marginal**	**Renda**	**Despesas**	**Resultado**	**Resultado marginal**	**Renda**
0,66$^{2/3}$	US$ 10	15		0				
1,00	20	25	10	US$ 5,00	US$ 10	10		0
2,00	30	30	5	30,00	20	15	5	US$ 10,00
2,50	40	34	4	45,00	30	19	4	17,50

Nossa próxima tarefa é determinar a renda da terra. Inicialmente, concentraremos nossa atenção exclusivamente na terra de melhor tipo, *A*. A um preço de US$ 0,50 por alqueire, um gasto de US$ 10 é sugerido e a renda é zero (resultado de 20 × US$ 0,50 = US$ 10 de receita, que cobre os custos da mão de obra e do capital, incluindo um lucro médio). O que acontece se o preço por alqueire aumentar, digamos, para US$ 1? Olhando, novamente, apenas para o acre de terra de tipo *A*, veremos que a renda é, agora, US$ 15. Os 45 alqueires de produção são vendidos por US$ 1 cada, fornecendo US$ 45 de receita. Mas os custos de mão de obra e de capital (coluna das despesas) são apenas de US$ 30. O proprietário da terra aponta a diferença de US$ 15 como renda da terra. Da mesma maneira, se o preço do trigo aumenta para US$ 2,50 por alqueire, a renda sobe para US$ 85 sobre o acre da terra *A*. Note que os preços mais altos justificam o uso de mais despesas, mesmo que as despesas acrescentadas não aumentem o total dos resultados tanto quanto os acréscimos anteriores aumentaram.

É uma questão relativamente fácil estender a análise para mais de um tipo de terra. Em US$ 2,50 por alqueire de trigo, não se pagaria para investir US$ 50 sobre a terra de tipo *A*, mas também seria rentável empregar US$ 40 de despesas sobre a terra *B* e US$ 30 sobre a *C*. Os custos totais da mão de obra e do capital seriam US$ 120 (US$ 50 + US$ 40 + US$ 30), enquanto a produção total seria de 107 alqueires (54 + 34 + 19). A receita total seria US$ 267,50 (107 × US$ 2,50), produzindo uma renda total de US$ 147,50 (US$ 267,50 - US$ 120) sobre três acres de terra.[5] É óbvio que cada aumento no preço do trigo, seja por meio de tarifas sobre os grãos importados ou do crescimento da população, aumentará a renda da terra. Cada queda no preço do grão, seja por meio das tarifas mais baixas ou dos melhoramentos tecnológicos ou da população reduzida, baixará a renda da terra. Note também que a renda da terra é um rendimento diferencial e um excedente acima dos custos da mão de obra e do capital. A renda da terra é determinada pelo preço, mas não é determinante de preço. Isto é, as rendas da terra altas são explicadas pelos preços altos dos grãos; os preços altos não podem ser explicados pelas rendas da terra altas. Esses pontos importantes precisam ser mantidos em mente enquanto examinamos as teorias do valor de troca e da distribuição de Ricardo.

A TEORIA DO VALOR DE TROCA E OS PREÇOS RELATIVOS

Valor de troca

Ricardo estava preocupado com os valores relativos, não com o valor absoluto. Ele quis descobrir a base para a relação de troca entre as mercadorias. Isso permitiria que ele determinasse as causas das trocas nesses valores relativos sobre o tempo.

Em *Principles of political economy and taxation* (1817), Ricardo escreveu que, para uma mercadoria ter valor de troca, ela deveria ter o valor de uso. A utilidade (satisfação subjetiva de uma necessidade) não é a medida de valor de permuta, embora seja essencial para ela. Possuindo utilidade, ou valor de uso, as mercadorias derivam seu valor de troca de duas origens: (1) sua escassez e (2) a quantidade de trabalho exigida para obtê-las. O valor das mercadorias *não reprodutíveis*, tais como os trabalhos de arte raros, os livros clássicos e as velhas moedas, é determinado unicamente por sua escassez. Para esses itens, a oferta é fixa e, portanto, a demanda será o fator principal na determinação do valor de troca:

5 Ricardo também estava ciente de que a renda da terra pode se originar por meio das diferenças na locação. Se as terras de igual fertilidade são determinadas nas distâncias mutantes do mercado, a terra desenvolvida mais distante deve pagar os retornos normais para a mão de obra e o capital. A terra localizada mais favoravelmente produzirá retornos extras por causa dos custos menores de transporte, e o proprietário conseguirá esses retornos como renda da terra.

> Seu valor é totalmente independente da quantidade de trabalho originalmente necessária para a sua produção e varia em razão da riqueza e das tendências mutantes daqueles que estão ansiosos para possuí-las.[6]

Mas a maioria das mercadorias é reprodutível, e Ricardo assumiu que elas são produzidas sem restrição sob as condições da competitividade. Foi para esses bens que Ricardo adotou sua teoria do valor trabalho.

Lembre-se de que Smith expôs uma teoria do valor trabalho para uma sociedade primária em que nem o capital nem os recursos da terra foram utilizados (ou onde sua relativa abundância foi tão grande que eles puderam ser obtidos livremente). Smith, então, abandonou esse enfoque quando analisou uma economia desenvolvida em vez de desenvolver uma teoria do valor "controlado pelo trabalho". Diferentemente de Smith, Ricardo aplicou sua teoria do valor trabalho a uma economia desenvolvida. De fato, ele percebeu que a distinção de Smith dos dois tipos de economias era artificial. Ao se referir ao exemplo do veado-castor de Smith, Ricardo apontou que

> sem nenhuma arma, nem o castor nem o veado poderiam ser abatidos, e, portanto, seu valor seria ajustado não apenas pelo tempo e pelo trabalho necessário para seu abate, mas também pelo tempo e pelo trabalho necessário para fornecer o capital do caçador, a arma que ajudou no abate dos animais.[7]

De acordo com Ricardo, o valor de troca de uma mercadoria depende do tempo de trabalho necessário para produzi-la. O tempo de trabalho inclui não apenas o esforço empreendido na fabricação da própria mercadoria, mas também o trabalho incluído na matéria-prima e nos bens de capital consumidos no processo de produção. A vantagem desse enfoque, disse Ricardo, é que ele poderia ser usado para determinar as causas das alterações no valor de troca sobre o tempo. Se, por exemplo, a relação de troca de um castor por dois veados subisse, ao longo do tempo, para cinco castores por dois veados, poderíamos determinar se isso aconteceu porque se exige menos tempo de trabalho para apanhar um castor, mais tempo de trabalho para caçar um veado ou alguma combinação dos dois.

O problema com essa simples teoria de valor é que, entre outras coisas, ela aparentemente não se responsabiliza por fatores como as diferenças nas relações capital-trabalho entre as indústrias, as diferenças na combinação de trabalhadores eficientes e ineficientes entre as várias indústrias e a variação dos salários, das taxas de lucros e da renda entre os produtores. Ricardo reconheceu todas essas complicações potenciais e tentou analisar cada uma delas.

Razão diferencial capital-trabalho. Lembre-se de que Smith tinha notado que as diferentes relações capital-trabalho entre as indústrias significam que, se todas as mercadorias fossem vendidas no seu valor conforme medidas pelo trabalho, as taxas de retorno para o capital variariam por meio das indústrias. Isso, é claro, poderia não acontecer em uma economia competitiva porque o capital seria atraído em direção às indústrias de

---

6 Ricardo. *Principles*, p. 2.
7 Ibidem, p.16.

alto rendimento e ficaria longe daquelas de baixo rendimento até os lucros se igualarem. Como provado pela explanação a seguir, parafraseada da terceira edição de sua obra *Principles,* Ricardo também notou essa complicação.

Suponha que um fazendeiro empregue 100 trabalhadores por um ano para cultivar grãos e que um fabricante de algodão empregue 100 trabalhadores para fazer uma máquina para produzir fio. A máquina terá o mesmo valor em relação aos grãos. Agora, suponha que durante o segundo ano o fazendeiro empregue novamente 100 trabalhadores e o fabricante de algodão utilize 100 trabalhadores para operar a máquina para produzir o fio. Desconsiderando o desgaste da máquina, vemos que 100 trabalhadores cultivando grãos durante o segundo ano produzirão mercadorias de menor valor do que os 100 trabalhadores tecendo o fio, pois o último utilizou o capital, enquanto o primeiro, não. Se os valores dos salários fossem US$ 50 por ano por trabalhador e os lucros fossem de 10%, o valor dos grãos produzidos por ano e o valor da máquina seriam de US$ 5.500 [(100 × US$ 50) + (US$ 5.000 × 0,10)] cada. O fio produzido durante o segundo ano valeria US$ 6.050 [US$ 5.500 + (US$ 5.500 × 0,10)], porque 10% teriam sido ganhos sobre o investimento na máquina. Caso contrário, tal investimento de capital não ocorreria. Aqui, então, estão dois capitalistas empregando a mesma quantidade de mão de obra na produção de suas mercadorias e, apesar disso, os bens que eles produzem diferem no valor por causa das diferentes quantidades de capital fixo utilizadas por cada um.

Como Ricardo lidou com esse problema? Ele simplesmente declarou que essa causa de variação no valor das mercadorias é muito pequena em seu efeito. Uma mercadoria será vendida por um valor maior do que de seu tempo de trabalho se mais do que o capital médio for investido na sua produção. Inversamente, uma mercadoria será vendida por um valor menor do que seu valor de tempo de trabalho se menos do que o capital médio for investido na sua produção. Muito mais importante na determinação do valor de uma mercadoria é o tempo de trabalho exigido para produzi-la.

Diferenças na qualidade da mão de obra. Ricardo reconheceu que nem toda mão de obra é de igual qualidade. Trabalhadores altamente eficientes podem, obviamente, produzir mais em uma hora de trabalho do que trabalhadores pouco eficientes. Diferentes mercadorias são produzidas com grandes variações nas combinações de tipos de mão de obra empregada. Então, como pode o valor relativo de dois bens ser determinado pelo respectivo tempo de trabalho necessário para produzir cada um? A resposta de Ricardo foi que a mão de obra do tipo *A* é duas vezes mais produtiva do que a mão de obra do tipo *B,* então podemos simplesmente pensar sobre uma hora de trabalho de *A* como duas vezes o tempo de trabalho de *B.* As diferenças na combinação de tipos de mão de obra entre as indústrias, portanto, não atingirão os valores de troca. Colocado diferentemente, a substituição de um trabalhador do tipo *A* por dois trabalhadores do tipo *B* não deixará atingir o tempo total de trabalho exigido para a fabricação do produto. Então, o valor relativo de troca também permanecerá o mesmo.

Salários, lucros e rendas. O valor de troca não depende dos salários, depende da quantidade de mão de obra. Os trabalhadores eficientes naturalmente receberão salários maiores do que os ineficientes. Mas isso não traz consequência para o valor de troca, disse Ricardo, porque o trabalhador eficiente, de fato, representa mais trabalho do que o ineficiente. Além disso, os salários e os lucros variam inversamente (por razões que exploraremos mais tarde). Um aumento nos salários pagos por um tipo específico de trabalho reduzirá os lucros em uma quantia igual. Portanto, uma mudança no valor do salário atingirá apenas a proporção dos lucros aos salários, não o valor de troca de um bem.

Nem as variações de lucro apresentam um problema insuperável. Apesar de os lucros aumentarem ou diminuírem, não influenciam os valores relativos dos bens. Se um par de sapatos, em que houve cinco horas de trabalho, for trocado por um vestido também feito em cinco horas, um aumento nos salários e um declínio no lucro, ou vice-versa, não atingirão a proporção de troca um por um.[8] Aqui há um ponto importante: a mão de obra não tem de receber o produto total simplesmente porque a quantidade de trabalho é a medida e a origem de valor. Não há indícios de exploração na análise de Ricardo; na verdade, ele defendeu a instituição da propriedade privada. Foi Marx que mais tarde modificou e descreveu as implicações revolucionárias da teoria do valor trabalho de Ricardo.

Finalmente, Ricardo apontou que a renda não figurava no valor de troca de uma mercadoria. Lembre-se, conforme nossa discussão anterior, de que, no sistema ricardiano, os pagamentos da renda da terra não influenciavam o preço dos bens. Pelo contrário, os preços dos bens (que tendiam a refletir seu valor) são um dos elementos que determinam a renda da terra.

Preços relativos

Embora o trabalho seja a base do valor das mercadorias, os preços de mercado desviam do valor ou do preço natural por causa das flutuações acidentais ou temporárias da oferta e da demanda. Se o preço de mercado sobe acima do preço natural, os lucros aumentam e mais capital é utilizado para produzir a mercadoria. Se o preço de mercado cai, o capital sai da indústria. As ações dos indivíduos que procuram a máxima vantagem tendem a igualar as taxas de lucro e a manter os preços de mercado proporcionais aos valores. Preços no curto prazo dependem da oferta e da demanda, mas os valores no longo prazo dependem dos custos reais de produção, e os custos relativos reais de produção de duas mercadorias são quase proporcionais à quantidade total de trabalho exigida para o processo inteiro de produção.

> Por mais abundante que seja a demanda, ela não pode elevar permanentemente o preço de uma mercadoria acima das despesas de sua produção, incluindo nessas despesas os lucros dos produtores. Parece natural, então, procurar pela causa da variação do preço permanente na despesa da produção. Reduzindo as despesas, os preços da mercadoria devem finalmente cair, mas aumentando-as eles certamente devem ser elevados. O que isso tem a ver com a demanda?[9]

Veja O passado como preâmbulo 7-1

Isso é um contraste interessante para a teoria de valor introduzida, mais tarde, pelos economistas marginalistas, tais como Jevons e Menger. Mas não vamos nos adiantar em nossa história.

8 Ricardo reconheceu que as taxas de lucros estarão em uma maior proporção do preço do produto nas indústrias de capital intensivo do que naquelas de trabalho intensivo, porém concluiu que a influência dessas diferenças era quantitativamente insignificante.

9 Ricardo. *Works and correspondence*, v. 7. p. 250-251.

A DISTRIBUIÇÃO DE RENDA

Em uma carta a Malthus, em 1820, Ricardo declarou:

> Você acha que a economia política é uma investigação sobre a natureza e as causas da riqueza. Eu acho que ela deveria especialmente ser chamada de uma investigação sobre as leis que determinam a divisão de produção da indústria entre as classes que contribuem para sua formação. Nenhuma lei pode ser imposta relativamente à quantidade, mas uma toleravelmente correta pode ser imposta relativamente às proporções.[10]

7-1 O passado como preâmbulo

O TEOREMA RICARDIANO DA EQUIVALÊNCIA

A teoria convencional da macroeconomia sugere que um aumento nas despesas do governo terá um efeito expansionista maior sobre o produto interno bruto (PIB) quando financiado pelo empréstimo do que por um aumento do imposto. Diferentemente do empréstimo, um aumento do imposto reduzirá as despesas de consumo, compensando parcialmente o aumento nas despesas do governo.

Alguns dos proeminentes economistas contemporâneos têm desafiado essa concepção, declarando que o financiamento da dívida tem o mesmo efeito limitado sobre o PIB.[a] Como David Ricardo foi o primeiro a levantar a possibilidade da equivalência do financiamento da dívida e o financiamento do tributo, essa ideia é conhecida como o teorema ricardiano da equivalência. Em 1820, Ricardo declarou:

> Suponha que um país esteja livre da dívida e uma guerra aconteça, envolvendo uma despesa adicional anual de 20 milhões. Há [duas] formas pelas quais essa despesa pode ser provida; primeiro, os impostos podem ser aumentados para a quantia de 20 milhões por ano, dos quais o país seria totalmente liberado no retorno da paz; ou, segundo, o dinheiro poderia ser anualmente emprestado e financiado; no caso, se o juro consentido fosse de 5%, um débito contínuo de taxas de um milhão por ano seria contraído para o primeiro ano de despesa, do qual não haveria nenhum rendimento durante a paz ou em qualquer guerra futura; de um adicional de um milhão para o segundo ano de despesa, e assim por diante para cada ano que a guerra poderia durar. No final de 20 anos, se a guerra durasse tanto, o país estaria perpetuamente endividado com taxas de 20 milhões por ano (...).
>
> Na perspectiva da economia, não há diferença real entre as duas modalidades, pois 20 milhões em um único pagamento [e] um milhão por ano para sempre são precisamente o mesmo valor (...).[b]

10 Idem, *Works and correspondence*, v. 8, p. 278.

A versão moderna do teorema ricardiano da equivalência parte da hipótese de que o financiamento da dívida das novas despesas do governo é compensado por um aumento igual na poupança. De acordo com essa perspectiva, as pessoas concluem que a despesa atual com o déficit exigirá, no futuro, impostos mais altos para pagar a despesa adicionada aos juros. Na expectativa desses impostos, as pessoas aumentarão suas economias atuais ao reduzir seu consumo. Um aumento da dívida financiada na despesa do governo, portanto, não aumentará os gastos agregados e o PIB pelas quantias previstas pela teoria macroeconômica padrão. A política fiscal é suposta ou completamente ineficaz ou severamente debilitada.

O próprio Ricardo questionou se as pessoas, de fato, observariam a dívida e o financiamento de imposto equivalente.[c] A maioria dos economistas contemporâneos também é cética com relação a essa afirmação. Eles alertam ser improvável que as pessoas economizem mais hoje como uma maneira de ajudar seus filhos, netos e bisnetos a pagar os juros sobre a crescente dívida pública. Os críticos também notam que, pela maioria das avaliações, o valor da poupança nacional nos Estados Unidos *declinou* nos anos 1980, um período durante o qual o governo federal contraiu o mais alto déficit.

a. BARRO, Robert. Are government bonds net wealth? *Journal of Political Economy*, n. 82, p. 1095-1117, dez. 1974.
b. RICARDO, David. Funding system. *Works and correspondence*. v. 4, p. 185-186.
c. O'DRISCOLL, Gerald. The Ricardian nonequivalence theorem. *Journal of Political Economy*, n. 85, p. 207-210, fev. de 1977.

A referência de Ricardo é para as divisões de fatores ou o que hoje chamamos de *distribuição funcional de renda*. Sua preocupação era entender as forças que determinam as divisões do acúmulo de renda nacional, como os salários, os lucros e as rendas (os juros eram misturados com os lucros). Examinaremos primeiro seu pensamento sobre cada divisão, então resumiremos sua análise por meio de uma simples representação gráfica e, finalmente, discutiremos as implicações políticas que ele descreveu a partir de sua análise.

Salários

O trabalho, disse Ricardo, como todas as outras coisas que são compradas e vendidas, tem seu preço natural e seu preço de mercado. O preço *natural* do trabalho é aquele que, dados os hábitos e os costumes das pessoas, permite que trabalhadores subsistam e perpetuem a si mesmos sem uma mudança em seus números. O preço natural do trabalho depende do preço das necessidades de vida exigidas pelos trabalhadores e suas famílias. Se o custo das necessidades aumentar, os salários nominais aumentarão para que os trabalhadores possam manter seus salários reais e continuar a comprar o suficiente para perpetuar a força de trabalho. Se o preço das mercadorias cair, os salários nominais diminuirão. O preço de *mercado* da mão de obra depende da oferta e da demanda, mas, com relação às mercadorias, o preço de mercado flutua em torno do preço natural.

No longo prazo, o preço natural do trabalho e os salários nominais tendem a aumentar, disse Ricardo, por causa do aumento da dificuldade e do custo da produção de alimentos para o crescente número de pessoas. Os melhoramentos na agricultura e a importação de alimentos neutralizam essa tendência ao diminuir o custo de vida, mas as forças que aumentam o custo de vida permanecem predominantes. Por fim, portanto, os salários nominais devem aumentar para fazer frente ao aumento dos custos dos alimentos.

A ideia de Ricardo, de que no longo prazo o trabalhador consegue apenas um salário mínimo, ficou conhecida como "a lei de ferro dos salários". Quando o preço de mercado do trabalho sobe acima do preço natural, um trabalhador pode educar uma grande e saudável família. À medida que a população cresce, os salários caem para o preço natural ou até mesmo abaixo. Quando o preço de mercado do trabalho é inferior ao preço natural, a miséria reduz a população trabalhadora e os salários aumentam. Portanto, a tendência no longo prazo é que os trabalhadores recebam o mínimo para a subsistência. Essa análise pessimista foi modificada de duas maneiras. Primeiro, em uma sociedade industrializada com o capital aumentando, as reservas de salários (Capítulo 5) podem crescer mais rápido do que a população e, portanto, os salários podem permanecer acima do salário de subsistência por um período indeterminado. Segundo, Ricardo aparentemente não entendia, como Malthus, o salário natural como se fosse necessariamente um salário *biologicamente* de subsistência. Até certo ponto, esse salário dependia dos hábitos e costumes das pessoas e do que elas consideram ser uma subsistência mínima aceitável.

Lucros

Temos observado que Ricardo percebeu que as taxas de lucro em diferentes áreas de negócios, em um país, tendem a se igualar. Os empresários procuram por uma taxa máxima de lucro, depois de levar em conta as vantagens e desvantagens que um negócio oferece comparado a outro. Os movimentos de preço influenciam as taxas de lucro que, por sua vez, controlam o fluxo do capital. A classe abastada, em particular, pode rapidamente transferir as reservas para a maioria dos negócios rentáveis. O mercado livre e competitivo e as ações dos indivíduos tendem a produzir taxas de lucro que são iguais ou igualmente vantajosas, na balança, para todos os tipos de negócios. Na verdade, Ricardo sugeriu que a taxa de lucro sobre a terra marginal (onde a renda é zero) domina a taxa de lucro na economia total. Se a taxa de lucro for maior na indústria do que na terra marginal, o capital fluirá da agricultura para a indústria, e uma terra de melhor qualidade se tornará a nova terra marginal. Se a agricultura for mais lucrativa do que a indústria, o capital migrará em direção à agricultura, e a próxima terra de tipo inferior se tornará a terra marginal cultivada.

Lembre-se de que Ricardo enfatizou que os lucros e os salários variam inversamente. Um aumenta à custa do outro. Por que os maiores salários devem resultar dos lucros em vez de serem passados para os preços mais altos? A resposta está na equação de troca e na balança internacional de pagamentos. Se os preços aumentarem, mais dinheiro será necessário para vender uma determinada quantidade de bens. De onde virá o dinheiro? Em vez de o ouro vir de fora do país, ele deixará o país, porque os preços dos países estrangeiros seriam menores do que os nacionais. Com uma reduzida oferta de dinheiro, os preços não podem subir. Portanto, os próprios empregadores devem suportar os custos mais altos de produção; o aumento de salários simplesmente reduz os lucros. Inversamente, se os salários diminuírem, os preços não cairão. Se eles diminuírem, o ouro circulará no país e os preços aumentarão novamente.

E qual será a tendência no longo prazo para a taxa de lucro e a divisão de lucro da renda nacional? Lembre-se de que Adam Smith achava que a taxa de lucro cairia por causa do crescimento da competitividade entre os empresários, e ele recebia bem essa evolução. Ricardo pensava que a taxa de lucro cairia por causa do aumento da dificuldade do cultivo dos alimentos para uma população crescente e isso o preocupava. Ele achava que a queda das taxas de lucro conteria o acúmulo e o investimento de capital e, por último, produziria um estado estacionário. Esse estado seria alcançado quando o novo investimento cessasse, quando a população não pudesse crescer mais porque os limites da produção de alimentos tinham sido atingidos e quando cada excedente disponível tivesse sido apropriado como renda. Para Ricardo, porém, esse estado estacionário era visto como um resultado teórico de sua teoria e não como uma realidade mais próxima.

Rendas

Como foi afirmado na seção anterior, Ricardo percebia um conflito entre os interesses dos trabalhadores e dos capitalistas. Um conflito até mais básico existe, disse ele, entre os proprietários de terras e o resto da sociedade. À medida que a população cresce, o aumento da demanda por alimentos elevará seu preço. Sabemos, de nossas discussões anteriores, que isso trará as terras mais pobres para o cultivo e fará que as melhores terras sejam cultivadas mais intensamente. As rendas, portanto, aumentarão. Os salários nominais, como observamos, também aumentarão para manter o salário natural ou de subsistência.

A representação contemporânea

Os economistas contemporâneos resumem as mais simples características da distribuição de Ricardo por meio de uma representação gráfica.[11] Na Figura 7.1, medimos o tamanho da força de trabalho horizontalmente, enquanto medimos o nível da produção total, da renda da terra, do lucro e dos salários verticalmente. À medida que a população e a força de trabalho aumentam, os rendimentos marginais decrescentes na agricultura mostram que a produção total aumenta em uma taxa decrescente. A curva "Produto total menos renda da terra" aplana até mais rapidamente do que a curva do "Produto total", produzindo um crescimento de distância vertical entre as duas curvas. Assim, a renda total recebida pelos proprietários de terras cresce com a população. A linha reta *OS* mede o total de salários (medidos sobre o eixo vertical). Sua constante inclinação reflete um valor de salário real constante que fica no nível de subsistência à medida que a força de trabalho cresce. Isto é, embora os salários totais *realmente* cresçam, os salários de subsistência permanecem constantes.

11 BAUMOL, William J. *Economic dynamics*. 3. ed. Nova York: Macmillan, 1970. Capítulo 2. Thomas M. Humphrey tem demonstrado muito bem essa análise utilizando o produto médio e as linhas de curvas do produto marginal. Veja sua obra Algebraic production functions and their uses before Cobb-Douglas. *Economic Quarterly*. Federal Reserve Bank of Richmond, n. 83, p. 60, inverno de 1997.

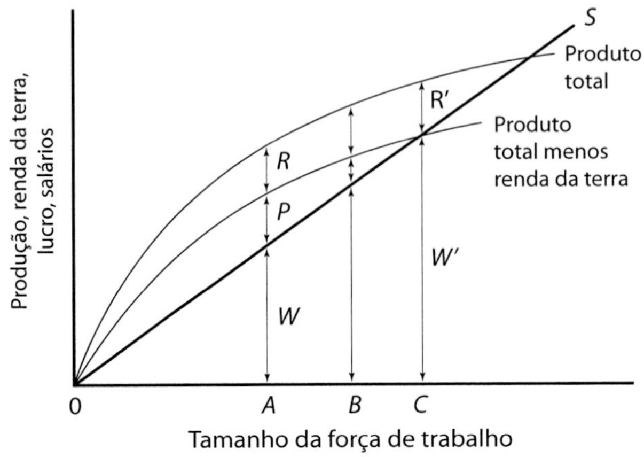

Figura 7.1 ■ Uma representação moderna da teoria de distribuição de renda da terra de Ricardo

De acordo com Ricardo, os aumentos no tamanho da força de trabalho interagem com a terra fixa e com os rendimentos decrescentes na agricultura para elevar o produto total em uma taxa decrescente. Um aumento no tamanho da força de trabalho de *A* a *C* aumenta os salários totais de *W* a *W'*, reduz os lucros de *P* a zero e aumenta as rendas de *R* a *R'*. No tamanho da força de trabalho *C*, a economia atinge um estado fixo, em que nenhum acúmulo de capital adicional ocorre. Como os salários reais, medidos pela inclinação de *S*, são mantidos em um nível de subsistência e os lucros são eliminados, os proprietários de terras são os únicos beneficiários do processo de crescimento no longo prazo.

Suponha, inicialmente, que o tamanho da força de trabalho seja *A*. Ali, os salários totais, os lucros totais e as rendas da terra totais são mostrados como distâncias verticais *W*, *P* e *R*, respectivamente. Os lucros relativamente altos aumentam o tamanho das reservas de salários, deixando um aumento temporário (não mostrado) do salário real. Esse salário real maior permite o crescimento da população e aumenta a força de trabalho para, digamos, *B*, que leva o salário real de volta para seu nível de subsistência. Mas, no tamanho da força de trabalho *B*, a divisão de lucro é menor do que em *A*, enquanto a divisão de renda é maior.

O processo se repete, pois, embora menores, os lucros ainda são positivos no tamanho da força de trabalho *B*. A população e o tamanho da força de trabalho crescem uma vez mais. Finalmente, a economia atinge o tamanho da força de trabalho *C*, em que os lucros são eliminados e nenhum investimento adicional de capital está disponível. O crescimento da população e da força de trabalho termina, enquanto a economia atinge um estado estacionário. Especificamente, o estado fixo ocorre no tamanho da força de trabalho *C*, em que os salários totais são *W'*, os lucros são zero e a renda da terra é *R'*. Como os salários permanecem no nível de subsistência enquanto os lucros são espremidos, os proprietários de terras são os únicos beneficiários no processo de expansão no longo prazo. Seus números ficam constantes e suas rendas da terra crescem. As grandes rendas da terra continuam até mesmo quando a economia atinge o estado estacionário.

IMPLICAÇÕES POLÍTICAS

Ricardo descreveu diversas conclusões importantes de sua análise dos componentes da renda da terra nacional. Primeiro, ele percebeu que os salários não deveriam ser regulados nem ser uma esmola dada ao pobre:

> Como todos os outros contratos, os salários deveriam ser deixados para a justa e livre concorrência do mercado e nunca ser controlados pela interferência da legislação.
>
> A tendência nítida e direta das leis dos pobres está em direção oposta àqueles princípios óbvios: não é, como pretendia benevolentemente a legislação, para corrigir a condição dos pobres, mas para deteriorar a condição dos pobres e dos ricos; em vez de transformar os pobres em ricos, elas são calculadas para transformar os ricos em pobres.[12]

Posteriormente, Ricardo concluiu (como tinham concluído os fisiocratas) que uma taxa sobre a renda da terra atingiria apenas a renda. Como tal, uma taxa cairia totalmente sobre os proprietários de terras e não poderia ser transferida para ninguém mais. Os proprietários de terras não poderiam aumentar as rendas para pagar pela taxa, porque a terra marginal não pagaria nenhuma renda e, portanto, nenhuma taxa. A taxa sobre a renda da terra deixaria sem interferência a diferença na produtividade entre a terra marginal e a terra melhor. A taxa não elevaria o preço da produção da lavoura nem desencorajaria o cultivo da terra. Nos Estados Unidos, essa foi a análise que levou à ideia de Henry George de uma taxa única, uma taxa que abrangesse toda a renda da terra. Essa não era a ideia de justiça de Ricardo.

Finalmente, discordando de Malthus, Ricardo se opôs fortemente às leis dos cereais. Pelo cancelamento das tarifas e de outras restrições sobre a importação de grãos, o interesse da sociedade seria promovido à custa dos proprietários de terras. Por quê? A resposta, é claro, vem da sua teoria de distribuição. Os preços mais baixos dos grãos reduzirão a renda da terra e aumentarão os lucros, aumentando assim o acúmulo de capital, sustentando as reservas de salários e retardando a chegada ao estado estacionário.

Ricardo se opôs às leis dos cereais por uma segunda razão: elas reduziam os ganhos do mercado internacional. É para esse assunto que vamos nos dirigir agora.

A teoria dos custos comparativos

Ricardo criou um forte argumento para o mercado livre baseado nos ganhos de eficiência que ele confere:

> Em um sistema de comércio perfeitamente livre, cada país naturalmente dedica seu capital e seu trabalho às atividades que lhe são mais benéficas. Essa busca de vantagem individual está admiravelmente conectada com o bem universal de todos. Estimulando a indústria, premiando a criatividade e utilizando de modo mais eficaz os poderes peculiares concedidos pela natureza, distribui-se o trabalho mais eficiente e economicamente: enquanto, aumentando a quantidade geral de produção, difunde-se o benefício geral e une-se, por um laço comum de interesse e de intercâmbio, a sociedade universal das nações do mundo civilizado. Esse é o princípio que determina que o vinho será feito na França e em Portugal, que o milho será cultivado na América e na Polônia e que as ferramentas e outros bens serão fabricados na Inglaterra.[13]

Smith defendia o mercado externo sem barreiras para ampliar os mercados e remover os excedentes. O mercado estava baseado nas diferenças nos custos absolutos. Ricardo

12 Ricardo. *Works and correspondence*, v. 1, p. 105-106.
13 Ibidem, p. 133-134.

deu uma contribuição brilhante e duradoura para o pensamento econômico ao mostrar que, até mesmo quando um país é mais eficiente do que o outro na produção de todas as mercadorias, o comércio entre os dois, contudo, pode ser de vantagem mútua. Sua teoria dos custos relativos é conhecida hoje como a *teoria das vantagens comparativas*.

Ricardo *explicitamente* assumia, em sua prova teórica dos ganhos de mercado, que o capital e o trabalho não circulavam entre os países. Ele *implicitamente* assumia que os custos ficavam constantes à medida que os produtos aumentavam. Contudo, a especialização não seria efetuada em toda a sua extensão. Todos os custos foram calculados no período das horas de trabalho, uma aproximação consistente com a teoria de valor do trabalho.

Ricardo baseou sua explicação da lei dos custos comparativos no número de unidades de trabalho necessárias para produzir uma quantidade específica de tecido e de vinho em dois países: Inglaterra e Portugal. Afirmar que leva certa soma de trabalho para produzir cada unidade de tecido ou vinho também é afirmar que certa quantidade de vinho ou tecido pode ser produzida com cada unidade de trabalho. Isto é, se são necessárias duas unidades de trabalho para produzir cada unidade de produto, então, obviamente, cada unidade de trabalho pode produzir ½ unidade de produto. Empregaremos mais tarde essa terminologia para ilustrar a lei das vantagens comparativas de Ricardo.

A Tabela 7.3 mostra que Portugal tem uma vantagem absoluta de custo sobre a Inglaterra na produção de vinho e de tecido. Portugal pode produzir três unidades de vinho com cada unidade de trabalho. A Inglaterra pode produzir apenas uma unidade de vinho. Da mesma maneira, Portugal pode produzir mais unidades de tecido (6) com uma unidade de trabalho do que a Inglaterra (5). Portugal estaria em melhor situação do que a Inglaterra nesses mercados? Ricardo respondeu com um enfático "Não". Cada nação deveria produzir o produto para o qual tem uma vantagem relativa, isto é, o produto para o qual ela tem o custo de oportunidade nacional mais baixo. O custo de oportunidade de Portugal para a produção de uma unidade de vinho é duas unidades de tecido (6/3). O custo de oportunidade da Inglaterra para a produção de uma unidade de vinho é cinco unidades de tecido (5/1). É relativamente menos custoso para Portugal se especializar na produção de vinho. Por sua vez, o custo de oportunidade de produção de uma unidade de tecido para Portugal é 1/2 unidade de vinho (3/6); o da Inglaterra é 1/5 unidade de vinho. A Inglaterra, portanto, deveria especializar-se na produção de tecido, pois tem um custo de oportunidade menor do que Portugal.

TABELA 7.3 Ilustração das vantagens comparativas (Saídas hipotéticas por unidade de trabalho utilizada)

	Vinho	Tecido
Portugal	3	6
Inglaterra	1	5
Total	4	11

Agora, suponha que Portugal transfira uma unidade de trabalho da fabricação de tecido para a produção de vinho. Como resumido na Tabela 7.4, a produção de vinho em

Portugal aumenta por três unidades (1 × 3), e a produção de tecido cai por seis unidades (1 × 6). Por enquanto, suponha que a Inglaterra transfira duas unidades de trabalho (uma não é suficiente para mostrar os ganhos) da produção de vinho para a fabricação de tecido. O resultado? A produção de tecido aumenta por 10 unidades (2 × 5), e a produção de vinho cai por duas unidades (2 × 1). A especialização aumenta a produção de vinho e de tecido! Ricardo enfatizou que as leis dos cereais reduziam ganhos de eficiência como esses.

TABELA 7.4 Os ganhos da especialização e do mercado (Produção hipotética por unidade de trabalho utilizada)

	Vinho	**Tecido**
Portugal	+ 3	−6
Inglaterra	−2	+ 10
Total	+ 1	+ 4

Ricardo também questionou o impacto que uma fabricação inglesa aperfeiçoada de vinho poderia ter sobre o equilíbrio de mercado entre a Inglaterra e Portugal. Suponha, disse ele, que esse aperfeiçoamento não desse muito lucro para Portugal enviar o vinho para a Inglaterra, mas que pagasse para Portugal importar tecido da Inglaterra. O importador português não teria mais as libras esterlinas britânicas recebidas como pagamento pelo vinho e teria de usar o ouro e a prata para adquiri-las. Isso elevaria o preço da libra esterlina e poderia até mesmo interromper a importação de tecido totalmente. Mas se o prêmio sobre a moeda britânica fosse menor do que o lucro da importação de tecido, o ouro ou a prata iriam para a Inglaterra no pagamento pela moeda britânica necessária para comprar o tecido. O declínio da oferta do dinheiro em Portugal provocaria a queda dos preços lá, e o crescimento da oferta de dinheiro na Inglaterra provocaria a queda de preços naquele país. Isso ocasionaria um novo equilíbrio no comércio externo. Aqui está o mecanismo de preço-fluxo de moeda de Hume mais uma vez.

Ricardo não especificou claramente como os ganhos mostrados na Tabela 7.4 seriam divididos entre Inglaterra e Portugal. Embora sua teoria defina os limites em que as proporções de troca entre as mercadorias internacionalmente comercializadas poderiam flutuar, não tenta explicar o que determina as proporções. John Stuart Mill (Capítulo 8) apresentou mais tarde uma teoria da demanda mútua que abordou essa questão.

Veja O passado como preâmbulo 7-2

O DESEMPREGO SEGUNDO RICARDO

Lembre-se de que Malthus argumentou que os capitalistas satisfazem seus desejos e, portanto, economizam grandes montantes. A menos que ocorra o contrário, devido aos gastos dos proprietários de terras, a demanda efetiva será insuficiente para comprar toda a produção. O excesso de oferta resultante forçará os produtores a reduzir sua produção e

7-2 O passado como preâmbulo

TEORIA DO COMÉRCIO DEPOIS DE RICARDO

Ricardo procurou explicar por que as nações negociam e como o comércio beneficia a todas as nações que dele participam. Muitos economistas depois de Ricardo expandiram essas teorias de vantagem comparativa, oferecendo explicações complementares para o comércio internacional.

Por exemplo: os economistas suecos Eli Heckscher e Bertil Ohlin[a] ofereceram uma explicação alternativa para a fonte das diferenças de custo relacionadas à vantagem competitiva. Para Ricardo, os custos comparativos surgiram em decorrência das diferenças na produtividade de mão de obra resultantes das tecnologias alternativas utilizadas. Já Heckscher e Ohlin mantinham a questão da produtividade e da tecnologia constantes e observavam a relativa abundância dos fatores de produção. O modelo *Heckscher-Ohlin* (ou simplesmente *H-O*) defendia que, em nações com abundância de trabalho (com relação a outros tipos de insumo e outras nações) e, consequentemente, com preços mais baixos para obter trabalho, os custos de produção de mercadoria dependente de mão de obra são relativamente menores. E custos menores oferecem à nação uma vantagem comparativa em termos dessas mercadorias. Da mesma forma, nações com relativa abundância de capital se especializam e exportam bens de capital intensivo, e o princípio se aplica a todos os insumos. Em termos de produção de vinho e vestuário em Portugal e na Inglaterra, o modelo H-O diria que Portugal apresenta uma vantagem comparativa quanto ao vinho em razão da relativa abundância de terras adequadas para o cultivo de videiras, enquanto a Inglaterra possui vantagem em termos de vestuário por causa da abundância de mão de obra, quando comparada a Portugal.

Tanto a teoria de Ricardo quanto a de H-O deixam uma questão em aberto: Por que as nações negociam os mesmos produtos entre si – fenômeno conhecido como comércio internacional intraindustrial? Por exemplo: por que os Estados Unidos tanto exportam quanto importam carros da Alemanha? A resposta tradicional se baseava no aumento dos custos de oportunidade. Quando uma nação se especializa cada vez mais na produção de determinado item, passa a ter um aumento de custos de oportunidade (os valores da melhor alternativa de produto). Em determinado momento, os custos de oportunidade se tornam tão altos que a vantagem comparativa da nação se extingue. Qualquer demanda do produto no exterior não satisfeita é coberta por um produto similar fabricado internamente.

Em 1979, Paul Krugman apresentou uma explicação alternativa para o comércio internacional intraindustrial e recebeu por seu trabalho o Prêmio Nobel de 2008.[b] Sua explicação se baseava em dois conceitos: (1) as pessoas gostam de ter variedade de consumo, e (2) economias de escala podem ser realizadas na produção de diversos produtos. Pelo fato de as pessoas gostarem de variedade, é comum vermos produtos de diversos países nas mesmas prateleiras que os de produção doméstica. Vinhos da França e da Austrália competem diretamente com os produzidos no Oregon e na Califórnia, feitos com a mesma variedade de uvas. Apesar de se tratar do mesmo tipo de insumo, os compradores observam diferenças no sabor e na qualidade que justificam a preferência por múltiplas opções.

Quanto ao fator produção, a habilidade de alcançar economias de escala com uma vasta gama de produtos permite aos fabricantes de uma nação se estender além dos mercados locais. Então, em vez de produzir somente carros para o mercado japonês, a Honda obtém as vantagens de custo da produção expandida, além de satisfazer a demanda global de variedade de automóveis.

a. O modelo foi publicado inicialmente no trabalho de Ohlin de 1933, *Interregional and international trade*. Cambridge, MA: Harvard University Press. Ohlin atribuía a Heckscher a contribuição no desenvolvimento da teoria, baseado tanto no trabalho preliminar que ele realizou quanto em sua supervisão da dissertação de Ohlin sobre o mesmo assunto. Ohlin recebeu o Prêmio Nobel em 1977.
b. KRUGMAN, Paul. Increasing returns, monopolistic competition, and international trade, *Journal of International Economics*, n. 9, p. 469-479, nov. 1979. Este foi o artigo introdutório de Krugman na área. Outros vieram depois para aprimorar suas teorias.

a dispensar trabalhadores. Ricardo concordou que um excesso de oferta temporário poderia ocorrer, mas argumentou que a produção total e o emprego geralmente prevalecem. Ele apelou para a lei que hoje é conhecida como a lei dos mercados de Say para defender sua posição.[14] Essa lei diz que "a oferta cria sua própria demanda". De acordo com essa perspectiva, o processo de produção de bens gera o salário de eficiência, o lucro e a renda de arrendamentos para comprar os bens. Além disso, a *vontade* de comprar os bens de consumo ou de capital se une à *habilidade* para fazê-los. A superprodução de uma mercadoria específica poderia ocorrer devido à má previsão, mas tal circunstância automaticamente se corrigiria. O produto seria vendido com perda e os recursos seriam transferidos para a produção de outras mercadorias para as quais agora haveria, evidentemente, uma maior demanda. Além disso, as economias dos capitalistas provocam um aumento nos gastos de investimento que criam a demanda para os fatores de produção e, portanto, a renda para os fornecedores desses recursos. Consequentemente, a demanda efetiva estaria sempre presente em um nível suficiente para comprar a produção.

Na terceira edição de *Principles of political economy and taxation*, Ricardo incluiu um novo capítulo intitulado "On machinery" em que criou a possibilidade do desemprego tecnológico. Ricardo declarou que havia se enganado em sustentar a concepção de que a introdução do maquinário ajudaria todas as três classes principais de receptores de renda. Suas rendas monetárias, pensou, seriam as mesmas, enquanto suas rendas reais aumentariam, pois os bens poderiam ser produzidos com menor custo com o maquinário. Até mesmo os trabalhadores ganhariam, porque o mesmo trabalho seria exigido como antes da mecanização e, portanto, os salários nominais não diminuiriam.

14 Veremos, no Capítulo 8, que sua lei realmente tinha origem em Smith e foi desenvolvida pelo amigo de Ricardo, James Mill. J. M. Keynes a creditou a J. B. Say – que também expressou a ideia – e consequentemente ela ficou conhecida como a lei de Say.

Mesmo que o número de trabalhadores em uma indústria se tornasse excessivo, o capital migraria para alguma outra indústria e aumentaria lá o emprego. A única inconveniência seria a inadaptação temporária que ocorre quando o capital e o trabalho se transferem de uma aplicação para outra.

O argumento revisto de Ricardo foi o de que a introdução do maquinário beneficiaria o proprietário e o capitalista, como ele tinha acreditado no passado, mas seria frequentemente muito prejudicial ao trabalho. Se mais capital fosse investido em maquinário (capital fixo), menos capital de giro estaria disponível para as reservas de salários fora das quais os salários são pagos. Em outras palavras, o capital é escasso, e a parte que é desviada para o maquinário representa uma dedução daquele destinado aos salários:

> A opinião estudada pela classe trabalhadora, de que o emprego do maquinário é frequentemente prejudicial aos seus interesses, não é fundada sobre o preconceito e o erro, mas é adaptável aos princípios corretos da economia política.[15]

Ricardo pensava que, no longo prazo, o efeito da introdução do maquinário poderia ser mais favorável do que o efeito no curto prazo. Mesmo que o lucro do capitalista se mantenha o mesmo depois do investimento elevado no maquinário, mais pode ser economizado porque o custo dos bens de consumo produzidos cai. Assim, o capitalista pode investir mais, empregando no final, novamente, a população excedente. Portanto, provavelmente o desemprego tecnológico deve ser apenas um problema no curto prazo para os trabalhadores, mas um problema muito real.

Em qualquer caso, disse Ricardo, o governo nunca deveria desencorajar a utilização do maquinário. O capitalista que não estiver autorizado a receber o maior lucro possível da utilização do maquinário em seu país investirá o capital fora dele. A demanda por trabalho será reduzida se o maquinário for introduzido no país, mas desaparecerá totalmente se o capital for investido fora. Além disso, como o novo maquinário reduz o custo dos bens produzidos, ele permite que um país mantenha a competitividade com os países estrangeiros que estão desenvolvendo máquinas novas e melhores para serem utilizadas.

AVALIAÇÃO

Ricardo deu várias contribuições duradouras para a análise econômica. De especial importância foram suas contribuições para a utilização do raciocínio abstrato, sua teoria da vantagem comparativa, seu emprego da análise marginal, sua apresentação da lei dos rendimentos decrescentes na agricultura e sua ampliação do escopo da análise econômica para incluir a distribuição de renda da terra.

Por outro lado, sua análise foi fraca e imprecisa em vários aspectos. Como Malthus, ele tendeu a dar muita ênfase à lei dos rendimentos decrescentes na agricultura. O avanço tecnológico e o acúmulo de capital, historicamente, têm aumentado a produção por unidade de trabalho nas nações desenvolvidas. Na Figura 7.1, isso pode ser mostrado pelos movimentos verticais das curvas do "Produto total" e do "Produto total menos renda da terra". Ricardo também não estava correto ao enfatizar que os proprietários de terras, como um todo, não tinham nenhum interesse na produtividade elevada na agricultura.

15 Ricardo. *Works and correspondence*, v. 1. p. 392.

A terra que não puder sustentar as pessoas que nela trabalham não será cultivada. Os melhoramentos feitos pelos proprietários de terras permitem que a terra mais pobre seja cultivada, aumentando o excedente disponível para a renda da terra mais produtiva. A renda da terra cairá apenas se os melhoramentos na agricultura forem desacompanhados da demanda elevada pelos produtos da lavoura. Ricardo também pode ser condenado pela suposição irreal de que a terra tem uma utilização simples. Isso permitiu que ele concluísse que a renda da terra não é um custo de produção. Na verdade, há utilizações concorrentes para a maioria dos terrenos, assim como há utilizações concorrentes para o trabalho e o capital. Um lote de terra será utilizado na parte em que é mais fértil e, portanto, precisará de um pagamento para cobrir seu custo de oportunidade (produto que precede a próxima melhor utilização). Nesse aspecto, a renda é um custo de produção e não simplesmente um resíduo disponível depois de os salários e os lucros serem deduzidos da receita.

O pensamento de Ricardo a respeito do impacto dos adicionais do novo maquinário sobre o emprego também foi equivocado. A introdução do novo capital pode tanto aumentar a demanda pelo trabalho como diminuí-la. O capital e o trabalho são frequentemente recursos complementares.

Finalmente, a maioria dos estudiosos de Ricardo afirma que sua teoria de valor não deu ênfase suficiente ao papel da demanda. Nesse aspecto, argumenta-se que sua teoria de valor representou um retorno da linha de raciocínio que consequentemente produziu a teoria de valor contemporânea. Mas, nos anos 1980, um ou dois importantes estudiosos desafiaram esse conhecimento convencional. Sua reinterpretação da análise do valor de troca de Ricardo o colocou diretamente na tradição da teoria de valor associada a Alfred Marshall e outros economistas neoclássicos.[16] Embora o debate resultante sobre o próprio "ajuste" de Ricardo na história do pensamento econômico tenha sido reforçado, todos os acadêmicos concordam que ele é uma figura extremamente importante no desenvolvimento da análise econômica.

Perguntas para estudo e discussão

1. Identifique brevemente e estabeleça a importância dos seguintes conceitos para a história do pensamento econômico: questão da moeda, lei dos rendimentos decrescentes, margem extensiva de cultivo, margem intensiva de cultivo, mercadorias não reprodutíveis, mercadorias reprodutíveis, distribuição funcional de renda da terra, estado estacionário, teoria das vantagens comparativas, modelo Heckscher-Ohlin, comércio internacional intraindustrial, Krugman.
2. Relate o posicionamento de Ricardo sobre as leis dos cereais para sua (a) teoria de distribuição e (b) teoria das vantagens comparativas.
3. Compare e contraponha os pontos de vista de Ricardo e Malthus sobre cada um dos seguintes tópicos: (a) leis dos cereais, (b) salário de subsistência e (c) superprodução.

16 Samuel Hollander ilustrou esse último caso em *The economics of David Ricardo*. Toronto: University of Toronto Press, 1979. Esse livro tem provocado controvérsia. Por exemplo, veja D. O'Brien. Ricardian economics and the economics of David Ricardo. *Oxford Economic Papers*, n. 33, p. 352-326, nov. 1981; S. Hollander. The economics of David Ricardo: a response to professor O'Brien. *Oxford Economic Papers*, n. 34, p. 224-246, mar. 1982; e A. Roncaglia. Hollander's economics. *Journal of Post-Keynesian Economics*, n. 4, p. 339-359, primavera de 1982.

4. Use os dados a seguir para determinar qual nação deveria especializar-se na produção de sapatos e qual deveria especializar-se na produção de trigo. Suponha que a nação *A* transfira cinco unidades de trabalho em direção à mercadoria para a qual tem uma vantagem comparativa, enquanto a nação *B* transfere uma unidade de trabalho para a mercadoria para a qual tem uma vantagem comparativa. Em quantas unidades o total de produção de trigo aumentará? Em quantas unidades o total de produção de sapatos aumentará? Explique suas conclusões.

	Trigo	Sapatos
	(por unidade de trabalho)	
Nação A	1	1
Nação B	4	8

5. Suponha que os preços na coluna denominada "Preço do trigo por alqueire" na Tabela 7.2 (terra de tipo *A)* fossem duas vezes aqueles mostrados. Derive os novos valores para a renda. Qual é a implicação desses aumentos de preços para a renda da terra medida na margem *extensiva* de cultivo?
6. Como a teoria do trabalho de Ricardo para uma economia desenvolvida difere da de Smith? Utilize um gráfico contemporâneo da oferta e da demanda para demonstrar a ideia de Ricardo de que um aumento na demanda do produto não aumentará o valor (preço) dos bens reprodutíveis que são produzidos em custo médio constante. Dica: lembre-se, dos desenvolvimentos anteriores, de que uma curva na oferta do produto é uma curva do custo marginal.
7. Discuta a afirmação: Adam Smith olhou para a economia e viu um grande concerto; Ricardo olhou para ela e viu algo bastante diferente.
8. Qual impacto um melhoramento na tecnologia agrícola teria sobre as curvas do "Produto total" e do "Produto total menos renda da terra" apontadas na Figura 7.1? Mostre isso sobre o diagrama e declare a implicação com relação à chegada do estado fixo.
9. Utilize o mecanismo de preço-fluxo de moeda de Hume para explicar por que Ricardo achava que aumentos nos salários nominais pagos aos trabalhadores reduziriam os lucros das firmas.
10. Segundo a teoria de Ricardo sobre custos comparativos, nações com a mesma tecnologia teriam base para comércio internacional? E o mesmo se poderia dizer sobre o modelo H-O? Explique.
11. O que é comércio internacional intraindustrial? Por que a teoria de Ricardo sobre custos comparativos e o modelo H-O não explicam por que ocorre o comércio internacional intraindustrial?

Leituras selecionadas

Livros

BLAUG, Mark. *Ricardian economics.* New Haven, CT: Yale University Press, 1958.

________ (ed.). *David Ricardo.* Brookfield, VT: Edward Elgar, 1991.

DOBB, Maurice. Ricardo and Adam Smith. *Essays on Adam Smith.* Editado por A. S. Skinner e Thomas Wilson. Londres: Clarendon Press, 1975.

HOLLANDER, Samuel. *The economics of David Ricardo.* Toronto: University of Toronto Press, 1979.

PEACH, Terry. *Interpreting Ricardo.* Cambridge: Cambridge University Press, 1993.

RICARDO, David. *Works and correspondence.* Editado por Piero Sraffa. Cambridge: The University Press, 1951-1955. 10 v.

________. *On the Principles of political economy and taxation.* 3. ed. Londres: John Murray, 1821 [publicado originalmente em 1817].

Artigos de revistas especializadas

BARKAI, Haim. Ricardo's volte-face on machinery. *Journal of Political Economy,* n. 94, p. 595-613, jun. 1986.

FETTER, Frank W. The rise and decline of Ricardian economics. *History of Political Economy,* n. 1, p. 370-387, primavera de 1969.

HOLLANDER, Samuel. The reception of Ricardian economics. *Oxford Economic Papers,* n. 29, p. 221-257, jul. 1977.

PEACH, Terry. Samuel Hollander's Ricardian growth theory: a critique. *Oxford Economic Papers,* n. 42, p. 751-764, out. 1990.

RONCAGLIA, Alessandro. Hollander's Ricardo. *Journal of Post-Keynesian Economics,* n. 4, p. 339-359, primavera de 1982.

STIGLER, George J. Ricardo and the 93% labor theory of value. *American Economic Review,* n. 48, p. 357-367, jun. 1958.

__________. Ricardo or Hollander? *Oxford Economic Papers,* n. 42, p. 765-768, out. 1990.

8

A ESCOLA CLÁSSICA – BENTHAM, SAY, SENIOR E MILL

Vários pensadores importantes, além de Smith, Malthus e Ricardo, contribuíram para a análise da economia clássica. Examinaremos quatro deles neste capítulo. Desse grupo, há um consenso de que o último, John Stuart Mill, fez as contribuições mais significativas para a economia.

JEREMY BENTHAM

Jeremy Bentham (1748-1832) viveu o suficiente para acompanhar a publicação dos ensaios econômicos de David Hume, de *A riqueza das nações* de Adam Smith, dos trabalhos de David Ricardo e de Thomas Malthus e dos primeiros manuscritos de John Stuart Mill. Bentham não foi apenas um adepto entusiasta da escola clássica, mas também deu algumas contribuições válidas para sua filosofia e economia. Ele se gabou: "Eu fui o pai espiritual de [James] Mill, e Mill foi o pai espiritual de Ricardo: então, Ricardo era meu neto espiritual".

Bentham, uma criança precoce, leu história e estudou latim aos 4 anos de idade. Matriculou-se no Queen's College, em Oxford, aos 12 anos e formou-se aos 15. Depois, estudou direito como seu pai desejava. Logo abandonou a advocacia para iniciar sua vida acadêmica, dependendo de seu generoso e adorado pai para sustentá-lo. Bentham reuniu à sua volta um círculo agradável de amigos e discípulos entusiastas que promoveram suas ideias; entretanto, a maioria de seus manuscritos prolíferos não foi publicada até bem depois de um século da sua morte.

Como era seu desejo, o corpo de Bentham foi dissecado em benefício da ciência. Ele deixou todos os seus bens para a College University, em Londres, com a condição de que seu cadáver estivesse presente em todas as reuniões do conselho. Seu esqueleto, empalhado e vestido, está em exposição pública em uma redoma de vidro. Está sentado em uma cadeira, com uma bengala e luvas nas mãos. A cabeça do corpo é de cera, mas a cabeça real de Bentham, preservada à maneira dos caçadores de cabeças da América do Sul, permaneceu durante muitos anos em uma bandeja entre seus pés. Após muitas brincadeiras de estudantes e roubo, a cabeça foi levada para um local mais seguro.

Utilitarismo

O tema central do pensamento de Bentham é chamado utilitarismo ou princípio da felicidade maior. Sua filosofia básica, o hedonismo,[1] remonta aos gregos da Antiguidade. Essa ideia é a de que as pessoas perseguem as coisas que dão prazer e evitam as que provocam o sofrimento; todos os indivíduos procuram alcançar seu prazer total. O utilitarismo se sobrepôs ao hedonismo, a doutrina ética que dizia que a conduta deveria ser direcionada para promover a maior felicidade do maior número de pessoas. Assim, ao reconhecer uma função positiva para a sociedade, o utilitarismo moderou a perspectiva extremamente individualista do hedonismo. Se um indivíduo persegue apenas o prazer pessoal, sua ação promoverá uma felicidade geral? Não necessariamente, pensou Bentham. A sociedade, porém, tem seus próprios métodos de obrigar os indivíduos a promover a felicidade geral. O domínio da lei estabelece sanções para punir os indivíduos que, na busca de seu próprio prazer, prejudicam os outros excessivamente. As sanções morais ou sociais também existem, das quais o ostracismo é um exemplo. Até mesmo as sanções teológicas, como o medo da punição no futuro, ajudariam a reconciliar o interesse próprio individualista do hedonismo com o princípio utilitário da maior felicidade para o maior número de pessoas.

Ao utilizar o utilitarismo como base, Bentham desenvolveu uma série sistemática de doutrinas filosóficas e econômicas apontando para a reforma. Vejamos o que diz Bentham sobre o princípio da utilidade, como o fez no primeiro capítulo de *An introduction to the principles of morals and legislation*, impresso pela primeira vez em 1780:

> A natureza tem colocado a humanidade sob o controle de dois poderosos senhores, o *sofrimento* e o *prazer*. Isoladamente, eles deveriam indicar o que devemos fazer e, também, determinar o que vamos fazer. De um lado, o padrão do certo e do errado, do outro, a corrente das causas e efeitos, são amarrados ao seu trono. Eles nos governam em tudo o que fazemos, em tudo o que dizemos, em tudo o que pensamos: cada esforço que fazemos para nos livrar de nossa sujeição servirá apenas para demonstrá-la e confirmá-la. Em outras palavras, um homem pode pretender ir contra seu império: mas, na realidade, ficará sujeito a ele todo o tempo. O princípio da utilidade reconhece essa sujeição e a assume para a base desse sistema, cujo objeto é levantar a estrutura da felicidade pelas mãos da razão e da lei (...)

1 Por exemplo, S. Todd Lowry mostra que a teoria do valor quantitativo subjetivo foi detalhada em *Protagoras* de Platão. Veja Lowry. The roots of hedonism: an ancient analysis of quantity and time. *History of Political Economy*, n. 13, p. 812-823, inverno de 1981.

> Pelo *princípio da utilidade*, entende-se o princípio que aprova ou desaprova cada ação, seja ela qual for, de acordo com a direção que ela parece seguir para aumentar ou diminuir a felicidade de uma parte cujo interesse está em questão: ou, em outras palavras, para promover ou se opor àquela felicidade. Refiro-me a cada ação, seja ela qual for; e, portanto, não apenas a cada ação de um indivíduo em particular, mas a cada medida do governo.
>
> Pela utilidade, entende-se a propriedade de qualquer objeto, pelo qual se tende a produzir o benefício, a vantagem, o prazer, o bem ou a felicidade (...) ou (...) a impedir o acontecimento do prejuízo, do sofrimento, do mal ou da infelicidade para uma parte cujo interesse é considerado: se aquela parte é a comunidade em geral, então, para a felicidade da comunidade; se é um indivíduo específico, então, para a felicidade desse indivíduo.
>
> A comunidade é um corpo fictício, composto de indivíduos considerados tão integrantes quanto eram seus membros. O interesse da comunidade, então, é o quê? A soma de interesses dos vários membros que a compõem.
>
> É inútil falar do interesse da comunidade sem entender qual é o interesse do indivíduo. Diz-se que uma coisa promove o interesse (...) de um indivíduo quando tende a acrescentar algo ao total de seus prazeres; ou, o que vem a ser a mesma coisa, a diminuir o total de seus sofrimentos.
>
> É possível dizer, então, que uma ação pode ser adaptável ao princípio da utilidade (...) quando a tendência que tem para aumentar a felicidade da comunidade é maior do que qualquer uma para diminuir.
>
> Uma medida do governo (...) pode-se dizer adaptável ou ditada pelo princípio da utilidade, quando, da mesma maneira, a tendência que tem para aumentar a felicidade da comunidade é maior do que qualquer tendência que tenha para diminuí-la.[2]

A utilidade marginal decrescente

Em *The philosophy of economic science*, Bentham argumentou que a riqueza é uma medida de felicidade, mas tem uma utilidade marginal decrescente à medida que aumenta:

> De duas pessoas que têm fortunas desiguais, aquela que tem a maior riqueza deve, por um legislador, ser considerada como tendo a maior felicidade. Mas a quantidade de felicidade não continuará aumentando, em qualquer coisa, quase na mesma proporção que a quantidade de riqueza: dez mil vezes a quantidade de riqueza não trará com ela dez mil vezes a quantidade de felicidade. Será até mesmo assunto de dúvida, se dez mil vezes a riqueza em geral trará com ela duas vezes a felicidade. O efeito da riqueza na produção de felicidade continua diminuindo, enquanto a quantidade pela qual a riqueza de um homem excede à daquele outro continua a aumentar: em outras palavras, a quantidade de felicidade produzida por uma pequena parte da riqueza (cada parte sendo da mesma magnitude) será menor em cada parte. O segundo produzirá menos do que o primeiro, o terceiro menos do que o segundo, e assim por diante.[3]

Aqui Bentham introduziu a ideia da utilidade marginal do dinheiro, da mesma forma que Ricardo introduziu a ideia da produtividade marginal em sua teoria da renda da terra.

2 BENTHAM, Jeremy. *An introduction to the principles of morals and legislation*. Nova York: Hafner, 1948. p. 1-3 [publicado originalmente em 1780].

3 STARK, W. *Jeremy Bentham's economic writings*. v. 1. Nova York: Franklin, 1952. p. 113. 3 v.

As implicações das ideias de Bentham

Em seu tempo, as ideias de Bentham promoveram, mais amplamente, o progresso, a reforma, a democracia e a melhoria das condições sociais indesejáveis. Bentham viveu e escreveu durante um período em que as pessoas simples, os "pobres trabalhadores", não podiam se expressar nem votar na administração de assuntos políticos e sociais. Esperava-se que eles fossem servis, dóceis e trabalhadores. Seu trabalho e seus sacrifícios aumentavam o poder da nação, a glória de seus governadores, a riqueza dos industriais e dos mercadores e a negligência ociosa dos aristocratas. Ainda houve um filósofo que disse que as pessoas são pessoas, apesar de sua condição social. Assim, se alguma coisa se acrescenta ao prazer dos plebeus mais do que diminui o prazer de um aristocrata, ela é recomendável. Se a intervenção do governo aumenta a felicidade de uma comunidade mais do que a diminui, está justificada.

Bentham enfatizou que os legisladores devem aumentar a felicidade total da comunidade de maneira eficiente. Em vez de as pessoas servirem ao Estado, o Estado deveria servir às pessoas. Os próprios indivíduos, não o governo, são geralmente os melhores juízes daquilo que eficientemente promove seu próprio bem-estar. Ele concluiu que o controle e os regulamentos do Estado existentes eram prejudiciais, e seu *slogan* para o governo era "Fique quieto". Entretanto, ele não cultuou o *laissez-faire* como um princípio a ser aceito cegamente. Bentham defendeu a filosofia de que, se existem razões especiais, o governo deve intervir. Por exemplo, ele acreditou que o Estado deveria monopolizar a questão do papel-moeda, economizando assim os juros sobre seu empréstimo. Ele também deveria fazer funcionar o seguro de vida e de anualidade e a taxa sobre a herança e os monopólios, e assim por diante. Onde os interesses das pessoas não são naturalmente harmoniosos, o Estado deveria estabelecer uma harmonia artificial de interesses que promovesse a maior felicidade de um grande número de pessoas.

Os filósofos utilitaristas desejavam fazer da moral uma ciência exata. Na sua opinião, se apenas o prazer e o sofrimento pudessem ser medidos quantitativamente e comparados entre os diferentes indivíduos, cada lei e ato poderiam ser julgados ao equilibrar o prazer total produzido contra o sofrimento total. Bentham concluiu que o dinheiro é um instrumento que mede a quantidade de prazer ou de sofrimento. "Aqueles que não estão satisfeitos com a precisão desse instrumento devem descobrir algum outro que será mais preciso ou dizer adeus às políticas e às morais."[4]

A ideia de Bentham da utilidade marginal decrescente do dinheiro sustentou um argumento para a redistribuição de renda. Se o governo toma parte da renda de alguém que tenha uma renda anual de US$ 10.000 e entrega a alguém que recebe apenas US$ 1.000, mais felicidade será conquistada pelas pessoas pobres do que perdida pelos ricos. Mas Bentham não sugeriu que essa teoria fosse colocada em prática. Ao preparar contra-argumentos sobre a redistribuição de renda, ele pôde rejeitar as conclusões de sua própria teoria. A equalização de rendas, ele pensou, destruiria a felicidade por alarmar os ricos e desprovê-los do sentimento de segurança, por tirar seu prazer dos frutos do seu trabalho e por destruir o incentivo ao trabalho. Quando a segurança e a igualdade estão em oposição, disse Bentham, a igualdade deveria abrir caminho.

---

4 Ibidem, p. 117.

A devoção de Bentham ao grande bem para a maioria das pessoas o levou a estudar e a defender muitas reformas democráticas. Ele apoiou o sufrágio universal (masculino), os distritos eleitorais iguais, os parlamentos anuais e o voto secreto. Ele se opôs à monarquia e à Câmara dos Lordes, argumentando que apenas em uma democracia se mostra que os interesses dos governadores e dos governados são idênticos. Em uma época em que havia um pequeno entusiasmo pela educação, Bentham encorajou um sistema de educação nacional, até mesmo para as crianças pobres. Sugeriu que os bancos fossem organizados para estimular os pobres a economizar. As obras públicas deveriam oferecer emprego aos desempregados durante os períodos de baixas. Ele endossou os empréstimos a juros, o comércio livre, a competitividade e as reformas legais. Também elaborou um projeto de uma prisão-modelo que recuperaria os criminosos em vez de puni-los. Não é de estranhar que Bentham e seu círculo de intelectos (incluindo James Mill, John Stuart Mill e Ricardo) tenham sido chamados de "radicais filosóficos".

Veja O passado como preâmbulo 8-1

Críticas

Entretanto, apesar dos seus aspectos positivos, a filosofia e a economia de Bentham foram muito criticadas quanto aos seus fundamentos econômicos, filosóficos e éticos.

Críticas econômicas. Bentham reconheceu que as estimativas de prazer e de sofrimento são subjetivas. Elas variam de pessoa para pessoa. Entretanto, seu objetivo de promover a maior felicidade para o maior número de pessoas exigiu a criação das comparações

8-1 O passado como preâmbulo

A USURA SEGUNDO AQUINO, BENTHAM E FISHER

Embora o empréstimo de dinheiro a juros seja agora uma rotina, ele foi chamado uma vez de "usura" e acreditava-se que era pecaminoso.[a] O teólogo medieval São Tomás de Aquino (1225-1274) chegou a essa conclusão com base na *Bíblia*, citando Lucas 6:35, em que Jesus diz: "Empreste livremente, sem esperar nada em troca". Para os cristãos, disse Aquino, o empréstimo deveria ser uma caridade, não exploração. A cobrança de juros sobre os empréstimos é pecaminosa, pois reflete avareza: a cobiça por coisas terrestres. Também de acordo com Aquino, a usura aumenta a diferença de renda. Aqueles que pedem emprestado são pobres, e aqueles que emprestam são ricos; então, os juros transferem a renda dos pobres para os ricos.

A proibição estrita, legal, do empréstimo a juros tornou-se comum na Europa durante a Idade Média (aproximadamente 500-1500). Gradualmente, entretanto, essa proibição absoluta foi substituída pelas leis da usura, estabelecendo as taxas máximas de juros sobre os empréstimos. Essas leis tinham apoio disseminado, até mesmo com Adam Smith aprovando a existência da lei da usura britânica que limitava as taxas de juros em 5%.

Jeremy Bentham, ao contrário, opôs-se fortemente a algumas restrições governamentais sobre as taxas de juros. Em *Defense of usury*, de 1778, ele apoiou a "liberdade de impor as próprias condições em barganhas monetárias".

> Em uma palavra, a proposição que estou acostumado a estabelecer, para mim mesmo, sobre essa sujeição é a seguinte: *nenhum homem maduro e de mente sã, agindo livremente e com os olhos bem abertos, deveria ser impedido, visando ao seu benefício, de fazer tal barganha, para obter dinheiro de forma que ele julgue adequada, nem* (o que é uma consequência necessária) *nenhuma pessoa ser impedida de supri-lo, sob qualquer termo que ele julgue apropriado aceitar.*
>
> Essa proposição, se fosse para ser recebida, se igualaria, veja você, a um ataque. Todas as barreiras que a lei, estatutária ou pública, tem em sua limitada concepção se estabelecem (...) contra o pecado notório da Usura.[b]

Bentham argumentou que nenhum legislador poderia julgar o valor do dinheiro para um indivíduo nem poderia julgar o próprio indivíduo. Além disso, ele apontou que "as leis contra a usura podem fazer mal" ao impedir muitos dos empréstimos em geral conseguidos, ao expor os mutuantes à desgraça indigna e ao encorajar a ingratidão entre os mutuários.

Embora Bentham defenda a usura, foi deixado para os economistas subsequentes analisarem a verdadeira natureza dos juros. Um desses economistas foi Irving Fisher (1867-1947), cuja teoria de juros é discutida no Capítulo 16. A seguinte história contada por Fisher apresenta uma prévia daquela discussão.

Durante uma massagem, um massagista contou a Fisher que era um socialista e que acreditava que "o juro é a base do capitalismo e é uma usurpação". Após a massagem, Fisher perguntou: "Quanto devo a você?"

O massagista respondeu: "Trinta dólares".

"Muito bem", disse Fisher. "Eu darei a você uma nota amortizável daqui a cem anos. Suponho que você não faça nenhuma objeção a pegar essa nota sem juros. No final desse período, você, ou talvez seus netos, poderão compensá-la."

"Mas eu não posso esperar tudo isso", disse o massagista.

"Eu pensei que você tivesse dito que o juro é usurpação. Se o juro é usurpação, você deve estar disposto a esperar indefinidamente pelo dinheiro. Se estivesse disposto a esperar dez anos, quanto exigiria?"

"Bem, eu teria de cobrar mais do que 30 dólares."

Com um brilho em seus olhos, Fisher respondeu: "Isso é juro".[c]

a. Atualmente *a usura* implica o empréstimo de dinheiro a juros *excessivos*, mas como utilizado inicialmente, significava simplesmente empréstimo de dinheiro a qualquer taxa de juros.
b. Stark. *Jeremy Bentham's economic writings*, v. 1, p. 129.
c. FISHER, Irving. In: ______. *My father Irving Fisher*. Nova York: Comet, 1956, p. 77.

de utilidade interpessoal. Tais comparações necessitam de uma medida precisa de utilidade em termos cardinais. Isto é, a utilidade pode ser medida em unidades que podem ser adicionadas, subtraídas, multiplicadas e divididas, assim como os números cardinais de 1 a 10.

Bentham escolheu o dinheiro como sua unidade de medida cardinal. Mas como se pode determinar o valor monetário das coisas prazerosas? Com certeza, muitas coisas são trocadas no mercado, e os preços pagos por elas oferecem informações sobre seu valor subjetivo. Quando um comprador paga US$ 10 por um objeto, podemos sensatamente assumir que a pessoa espera que esse objeto ofereça US$ 10 de prazer. Mas, como Dupuit e Marshall mostraram posteriormente, muitas compras no preço de mercado são feitas por pessoas que preferem pagar mais do que aquelas quantias a se absterem do produto. Elas recebem o que os economistas chamam de um *excedente consumidor* - a utilidade no excesso de preço. Como se mede esse excedente? Da mesma maneira, qual procedimento deveria ser utilizado para medir o valor monetário da utilidade derivada dos bens públicos (como, por exemplo, a proteção nacional), cujos benefícios são recebidos independentemente do pagamento por eles? Conclusão: as pessoas têm diferentes avaliações subjetivas do valor das coisas. É extremamente difícil, talvez impossível, medir e comparar essas avaliações de uma maneira significativa.

Críticas filosóficas e éticas. Muitas críticas sobre o utilitarismo afirmam que ele é deficiente como filosofia. Negando todos os julgamentos de valor sobre a quantidade de prazer, Bentham afirmou que "quando a quantidade de prazer é igual, o jogo infantil é tão bom quanto a poesia".[5] Ele descreveu de maneira jocosa a diferença entre a prosa e a poesia: "A prosa é onde todas as linhas menos a última vão até a margem, a poesia é onde algumas delas não chegam até lá".[6] Se, em uma década recente, um jogador de um time profissional de futebol desse mais alegria para mais pessoas do que os dramas de Shakespeare, Bentham diria que a contribuição do jogador para a humanidade, durante aquele período, foi maior. Apesar disso, os críticos apontam que os aspectos qualitativos de felicidade em um longo período podem ser mais significativos do que os quantitativos. Certamente, as pessoas argumentam que os *insights* de Shakespeare sobre a condição humana e sua capacidade de inspirar gerações após gerações têm mais significado no plano humano das coisas do que o prazer coletivo resultante dos passes de gol do jogador.

De acordo com essa perspectiva, nossos julgamentos de valor em estética e nossa filosofia de vida boa apontam mais do que a pequena definição da felicidade. Como John Stuart Mill disse: "É melhor ser um ser humano insatisfeito do que um porco satisfeito. É melhor ser Sócrates insatisfeito do que um palhaço satisfeito". Ou como George Bernard Shaw disse: "A felicidade não é o objetivo da vida; a vida não tem objetivo: é um fim em si mesma; e a coragem consiste na prontidão em sacrificar a felicidade por uma qualidade intensa de vida".

Aqueles que são contrários ao utilitarismo também sinalizaram para explicações alternativas do comportamento humano que discutiam a concepção do hedonismo de

5 BENTHAM, Jeremy. The rationale of reward. In *The works of Jeremy Bentham*, ed. John Bowring. Nova York: Russell and Russell, 1962, v. 2, p. 253.

6 BENTHAM, Jeremy; BOWRING, John. *The works of Jeremy Bentham*. Edimburgo: William Tait, 1843. v. 10, p. 442.

que as pessoas são motivadas somente pelo desejo de maximizar o prazer e minimizar o sofrimento. Por exemplo, os behavioristas, na psicologia, falavam dos reflexos condicionados. A psiquiatria freudiana afirma que a força impulsionadora fundamental que governa o comportamento humano é o profundo conflito entre forças opostas na personalidade. Os estudantes de antropologia cultural ressaltam que, de uma maneira ou de outra, a sociedade impõe sobre o indivíduo seu sistema de ideias, os padrões de comportamento e o estilo de vida. Essas ideias todas contestam o princípio prazer-sofrimento como a força-guia do comportamento humano.

Finalmente, vários sistemas éticos rivais também têm contestado o utilitarismo de Bentham. Muitas pessoas negam a ideia de que cada sociedade e cada governo deveriam promover a maior felicidade para um grande número de pessoas. Platão ensinou que o prazer está subordinado, no valor, ao conhecimento e que deveria ser um subproduto de realização eficaz. Os estoicos preferiram disciplinar os apetites sensuais do corpo, pois consideravam a paixão e o desejo mórbidos condições da alma. Vários religiosos pregaram a resignação ao sofrimento inevitável desse mundo como a chave para a vida digna e boa, a mortificação e a abnegação como os meios de superar os impulsos para o pecado ou o desempenho das obrigações como o caminho para a salvação. Thomas Hobbes (1588-1679) pensou que os seres humanos têm uma natureza fundamentalmente corrompida que os leva à guerra, ao conflito e à apropriação egoísta de tudo aquilo em que eles podem colocar as mãos. Portanto, é preciso um governo rígido e absoluto para controlá-los. John Locke (1632-1704), que não acreditava que cada bem fosse um bem moral, encontrou nas pessoas uma tendência social e um sentimento de obrigação que as prenderiam onde nenhuma restrição de lei existisse. Os fascistas modernistas adoravam o governo rígido como um bem supremo, e os comunistas colocavam o progresso dos interesses das classes acima da busca individual pela felicidade. Todos os sistemas de pensamento e crença afirmam que eles, também, perseguiam a maior felicidade do maior número de pessoas. A diferença, é claro, é que esses outros sistemas aproximariam esse objetivo indiretamente, neste mundo ou no próximo, no presente ou em algum lugar incerto no futuro.

O legado de Bentham para a economia

O conceito de Bentham da natureza humana, embora não seja seu utilitarismo, tornou-se a base para os sistemas econômicos de Ricardo, de John Stuart Mill e dos primeiros marginalistas, especialmente William Stanley Jevons. Os conceitos da maximização da utilidade, que assumiam que cada pessoa compararia a intensidade das satisfações recebidas de uma grande variedade de bens, e a utilidade marginal decrescente estão no coração da teoria marginalista da demanda. Assume-se que as pessoas sejam perfeitamente racionais e cuidadosamente engenhosas. Acredita-se que o trabalho seja "penoso" e, portanto, exija "recompensa". Para alcançar a felicidade máxima, as pessoas trabalhariam o número de horas em que a utilidade marginal de seus salários se igualasse à não utilidade marginal de seu trabalho. Os empresários, ao determinar o volume de produtos, tentariam maximizar seus lucros (utilidade) ao comparar as receitas e os custos.

Prosseguindo a história da economia, descobriremos que a análise da economia contemporânea não depende do pequeno "cálculo da felicidade" de Bentham (cálculo sofrimento-prazer) como uma base filosófica. Atualmente, a teoria econômica considera outros motivos e outros padrões de comportamento. A maioria dos economistas modernos também rejeita as comparações de utilidade interpessoal. Apesar disso, poucos observadores negariam que uma grande parte do pensamento econômico contemporâneo, com sua ênfase sobre a escolha racional feita pela comparação dos custos e dos benefícios, tenha suas raízes firmemente plantadas no conceito do comportamento humano desenvolvido por Jeremy Bentham. De qualquer modo, a maioria dos economistas modernos vê o comportamento humano como uma atividade intencional. O campo da economia comportamental refinou ainda mais a nossa compreensão das ações humanas, ajudando tanto as empresas quanto o governo a desenvolverem sistemas que avaliam e estudam tais ações. Hoje é prática comum na disciplina investigar e analisar a racionalidade de áreas incomuns como discriminação, casamento, crime e vício. Bentham estava correto ao afirmar: "Plantei a árvore da utilidade. Plantei fundo e espalhei completamente".

JEAN-BAPTISTE SAY

Jean-Baptiste Say (1767-1832), um francês que popularizou as ideias de Adam Smith no continente, teve como principal trabalho *A treatise on political economy*, publicado em 1803. A carreira de Say foi temporariamente interrompida, pois Napoleão se irritou com suas opiniões exageradas sobre o *laissez-faire*. Depois de algum tempo da derrota de Napoleão em Waterloo, Say tornou-se professor de economia política, após ter ficado vários anos envolvido nos negócios.

A teoria de valor, os custos do monopólio e o empreendedorismo

Say se opôs à teoria do valor trabalho da escola clássica, substituindo-a pela oferta e demanda que, por sua vez, são reguladas pelos custos da produção e da utilidade. Assim, em alguns aspectos, sua análise foi mais moderna do que a de Ricardo. A discussão de Say sobre a oferta e a demanda, porém, não incluiu o desenvolvimento dos planejamentos mostrando as relações preço-quantidade, como fez Marshall. Em vez disso, os termos *oferta* e *demanda* foram utilizados de forma imprecisa.

Say contribuiu para a teoria moderna dos custos do monopólio ao apontar que os monopolistas não apenas criaram o que atualmente chamamos de *perdas de eficiência* (ou *perdas de peso morto)*, mas também usaram os recursos escassos na sua concorrência para obter e proteger suas posições de monopólio.

Veja
O passado como preâmbulo 8-2

Finalmente, Say contribuiu para o pensamento econômico ao enfatizar o empreendedorismo como o quarto fator da produção, junto com os fatores mais tradicionais: terra, trabalho e capital. Lembre-se de que Cantillon foi o primeiro a utilizar o termo *empreendedor*.

8-2 O passado como preâmbulo

SAY E A BUSCA DE RENDIMENTO[a]

Ricardo definiu a renda da terra como "aquela parte da produção da terra que é paga aos proprietários de terras pelo uso dos poderes originais e indestrutíveis do solo".[b] Como a quantidade de terra é fixa (sua curva de oferta é perfeitamente inelástica), aumenta-se a demanda pelo uso da terra. Os rendimentos, portanto, aumentarão. Embora sirvam para o uso da terra, esses rendimentos mais altos não têm nenhuma função de incentivo. Eles não trazem mais terra. Assim, os rendimentos são pagamentos que não são necessários para garantir a disponibilidade da terra para toda a economia.

Desde o tempo de Ricardo, os economistas têm propagado a definição da renda econômica para incluir os pagamentos acima daquelas reservas necessárias para manter *qualquer* recurso em sua atual atividade. Por exemplo, fala-se que as empresas que recebem lucros econômicos (aqueles que estão acima do lucro normal) estão recebendo rendimentos econômicos.

James Buchanan (Capítulo 20), Gordon Tullock e outros economistas contemporâneos têm ressaltado que o governo é frequentemente o maior distribuidor da renda econômica. Para serem reeleitos, os políticos ganham atenção ao oferecer alguma coisa de valor aos seus eleitores. Os bens e os serviços públicos são um conjunto de itens. Outro conjunto são as leis, as regras e os regulamentos que permitem que as pessoas ou as empresas obtenham ou mantenham a renda econômica. O comportamento daqueles produtores (ou consumidores ou trabalhadores) competindo para conseguir tais favores governamentais é chamado de "busca do rendimento". Esse comportamento pode ser particularmente recompensador, mas é socialmente não produtivo.

A formalização da ideia da busca da renda é relativamente nova, mas está clara a partir das quatro seguintes propostas que J.-B. Say deduziu dessa ideia.[c] Escrevendo em 1803, ele afirmou:

> [Os participantes na atividade de exigir e conceder os privilégios de monopólio do Estado são] aqueles engajados em algum ramo particular de comércio que estão muito ansiosos para se tornarem, eles mesmos, sujeitos do regulamento; e as autoridades públicas estão geralmente, ao seu turno, muito prontas a ceder a eles qualquer coisa que ofereça uma justa oportunidade de aumentar uma receita.[d]
>
> Se um indivíduo, ou uma classe, puder pedir a ajuda da autoridade para evitar os efeitos da competitividade, isso implica uma vantagem sobre o prejuízo e um custo para toda a comunidade. Ele pode, então, ter certeza dos lucros não totalmente devido aos serviços produtivos arrendados, mas composto em parte por uma taxa efetiva sobre os consumidores para seu lucro particular; que exige que ele geralmente compartilhe com a autoridade que, dessa forma, injustamente empresta seu apoio.[e]

> Quando os morins estampados [importados do exterior] entraram na moda pela primeira vez, todas as salas de comércio estavam apropriadamente equipadas. Os encontros, as discussões tomaram conta em todo lugar. O memorial e as comitivas saíam de cada região, e grandes somas foram gastas em contrapartida.[f]
>
> Quem são, então, as classes tão importunas para a proibição dos grandes impostos da importação? Os produtores de uma mercadoria específica, que solicita a proteção da competitividade estrangeira, não os consumidores daquela mercadoria (...) Qualquer que seja o lucro, exige-se dessa maneira que muito seja tirado dos bolsos de um vizinho e de um cidadão amigo, e se o excesso de cobrança lançada aos consumidores pudesse ser corretamente computado, seria percebido que a perda do consumidor excede o ganho do monopolista.[g]

Claramente, Say via, no custo das concessões do governo ou no monopólio protegido pelo governo, dois componentes: a tradicional perda de eficiência mais o custo de oportunidades da atividade da busca da renda da sociedade.

a. Baseado em Patricia J. Euzent e Thomas L. Martin. Classical roots in the emerging theory of rent seeking: the contribution of Jean-Baptiste Say. *History of Political Economy,* p. 255-262, verão de 1984.
b. RICARDO, David; McCULLOCH, John Ramsay. *The works of David Ricardo*. Londres: John Murray, 1846. p. 34. N.R.T. Lembrando que Ricardo denominou *renda* ao *rendimento* (aluguel) auferido com a terra.
c. Adam Smith também se referiu a essa ideia. Veja E. G. West. The burdens of monopoly: classical versus neoclassical. *Southern Economic Journal*, p. 829-845, abr. 1978.
d. J.-B. Say. *A treatise on political economy*. Filadélfia: Claxton, Remsen & Haffelfinger, 1880. p. 176-177 [publicado originalmente em 1803].
e. Ibidem, p. 161-162.
f. Ibidem, p. 147.
g. Ibidem, p. 161-162.

A lei dos mercados de Say

Mas o que deu fama a Say foi a sua teoria de que a superprodução em geral é impossível. Como mostrado no capítulo anterior, isso veio a ser conhecido como a lei dos mercados de Say.

Os principais relatos dessa ideia podem ser encontrados em manuscritos do orientador de Smith, Francis Hutcheson. Smith mesmo lembrou de tal lei e afirmou especificamente: "Um determinado mercador, com uma abundância de bens em sua loja, pode algumas vezes ser arruinado por não ser capaz de vendê-los a tempo, [mas] uma nação não deve estar sujeita ao mesmo desastre". A ideia foi proposta mais sucintamente por James Mill em 1808: "Se o poder de compra de uma nação é medido exatamente pela sua produção anual (...) quanto mais você aumenta a produção anual, mais amplia o mercado nacional, o poder de compra e as compras atuais da nação por meio daquele ato natural." Mas Say também expressou essa ideia, e Keynes a atribuiu a ele mais tarde.

Como resultado, ela tornou-se a lei de Say, na medida em que se opôs à lei de Smith-Mill.[7] Vamos ver o que diz Say:

> Um homem de negócios deveria dizer: "Eu realmente não quero outros produtos por meus tecidos de lã, quero dinheiro", (...) pode-se dizer a ele (...) "Você diz que quer apenas dinheiro; eu digo que você quer outras mercadorias e não dinheiro. Para que, de fato, você quer dinheiro? Não é para a compra de matéria-prima ou de estoques para seu comércio ou de mantimentos para seu sustento? Portanto, são os produtos que você quer e não o dinheiro".[8]

Além disso, Say acrescentou uma nota de rodapé jocosa:

> Até mesmo quando o dinheiro é conseguido com uma perspectiva de ser acumulado ou entesourado, o último objetivo é sempre empregá-lo na compra de alguma coisa. O herdeiro venturoso julga dessa maneira, embora o avarento, não: para o dinheiro, como dinheiro, não há outro uso do que comprar com ele.[9]

E também atentou para este ponto:

> Vale a pena notar que, quando um produto é criado, ele não se coloca no mercado imediatamente; ele depende de um mercado de outros produtos para a total extensão de seu próprio valor. Quando o produtor tinha acabado seu produto, ele ficava mais ansioso para vendê-lo imediatamente, para que seu valor não se depreciasse. Ele nem estava tão ansioso para dispor do dinheiro que poderia ganhar pelo produto; pelo valor do dinheiro ser também depreciável. Mas a única maneira de se livrar do dinheiro é comprar algum produto. Assim, a mera circunstância da criação de um produto imediatamente abre caminho para outros produtos.[10]

Embora contestada por Malthus, Sismondi e Marx, a lei de Say continuou a dominar o pensamento econômico até Keynes mostrar sua fragilidade, em 1936. Uma aceitação não crítica dessa lei dos mercados parece ter retardado o estudo dos ciclos econômicos por muitas décadas. Mas, embora Smith, James Mill e Say estivessem errados ao assumir que a economia sempre tende em direção ao pleno emprego, há uma certa validade, a longo prazo, nessa doutrina. As economias subdesenvolvidas são caracterizadas pela baixa produção e pagamentos de baixa renda correspondentes às pessoas. À medida que uma economia cresce, ela simultaneamente gera uma oferta de bens elevada e pagamentos altos para os fatores de produção, o que, por sua vez, gera uma demanda elevada pelos bens. Da mesma maneira, em um comércio internacional, à medida que um país produz mais, ele pode exportar mais e pode, portanto, importar mais. Nos comércios nacional e internacional, "a oferta cria sua própria demanda" no longo prazo. Porém, esse princípio não se sustenta verdadeiramente no curto prazo nas economias baseadas no mercado. Mesmo que os pagamentos para os fatores de produção fossem suficientes

---

7 THWEATT, William O. Early formulators of Say's Law. *Quarterly Review of Economics and Business*, n. 19, p. 79-96, inverno de 1978.

8 SAY, J. B. *A treatise on political economy*. Filadélfia: Claxton, Remsen & Haffelfinger, 1880. p. 133 [publicado originalmente em 1803].

9 Ibidem, p. 133.

10 Ibidem, p. 134-135.

para comprar todos os bens produzidos, não há nenhuma garantia de que os recebedores desses pagamentos de renda os gastariam nos produtos existentes.

NASSAU WILLIAM SENIOR

Nassau William Senior (1790-1864) era o mais velho dos dez filhos de um sacerdote rural. Em 1825, tornou-se o primeiro mestre de economia política em Oxford. O governo o nomeou membro de várias comissões reais que investigavam importantes problemas sociais. Em seu pensamento econômico, desligou-se de forma significativa da economia clássica e direcionou-se para a posição neoclássica que triunfou após 1870.

Economia positiva

Senior quis separar a ciência da economia política de todos os julgamentos de valor, de todos os pronunciamentos políticos e de todos os esforços para promover o bem-estar. Atualmente, referimo-nos a esse tipo de análise sugerido como *economia positiva,* em contraste à *economia normativa,* que se preocupa com o "deve ser" e utiliza a economia para proteger as políticas públicas. De acordo com Senior, os economistas deveriam preocupar-se com a análise da produção e da distribuição da riqueza, não com a promoção da felicidade. Senior declarou:

> Mas as conclusões [do economista], quaisquer que sejam sua generalidade e sua verdade, não o autorizam a acrescentar uma simples sílaba de conselho. Esse privilégio pertence ao escritor e ao estadista que têm considerado todas as causas que podem promover ou impedir o bem-estar geral daqueles a quem ele se refere, não ao teórico que considerou apenas uma, embora a mais importante, daquelas causas. A tarefa de um economista político não é recomendar nem dissuadir, mas declarar o princípio geral.[11]

Os quatro postulados de Senior

Senior declarou quatro princípios da economia que ele percebeu serem empiricamente verificáveis e dos quais uma teoria integrada de economia poderia ser deduzida.

> (1) Que o homem deseja obter uma riqueza adicional com o menor sacrifício possível. [*Princípio da renda ou maximização da utilidade*].
>
> (2) Que a população do mundo, em outras palavras, o número de pessoas que o habitam, está limitada pelos males morais ou físicos ou pelo medo de uma falta daqueles artigos de riqueza que os hábitos de cada grupo de seus habitantes o levam a exigir. [*Princípio da população*].
>
> (3) Que os poderes do trabalho (mão de obra) e dos outros instrumentos que produzem a riqueza podem ser aumentados indefinidamente ao usar seus produtos como meios para produzir mais ainda. [*Princípio do acúmulo de capital*].

11 SENIOR, Nassau William. *An outline of the science of political economy*. Nova York: Kelley, 1951. p. 3 [publicado originalmente em 1836].

> (4) Que sendo mantida a técnica agrícola, um trabalho adicional empregado sobre a terra de determinado distrito produz, em geral, um rendimento menos proporcional; em outras palavras, embora, a cada aumento do trabalho, o rendimento agregado seja maior, esse aumento não é proporcional ao aumento do trabalho. [*Princípio dos rendimentos decrescentes*]. [12]

Abstinência

O valor de troca dos bens, de acordo com Senior, depende da demanda e da oferta. A demanda básica é o conceito da utilidade marginal decrescente dos bens à medida que mais unidades são requeridas. Esse é um importante *insight* que posteriormente foi expandido pelos marginalistas. A oferta depende dos custos de produção. Mas o custo, disse Senior, é *subjetivo* – a soma de sacrifícios exigida para o uso dos agentes da natureza para produzir bens úteis. Os custos de produção são o trabalho dos trabalhadores e a abstinência dos capitalistas. A *abstinência* foi um novo termo que Senior acrescentou ao léxico da economia política, como segue:

> Mas embora o trabalho humano e a ação da natureza, independentemente daquela do homem, sejam os poderes produtivos primários, eles exigem a cooperação de um terceiro princípio produtivo para lhes oferecer uma eficiência completa (...) Para o terceiro princípio, ou instrumento de produção, sem o qual os outros dois são ineficientes, vamos dar o nome de *abstinência:* um termo pelo qual expressamos a conduta de uma pessoa que se priva do uso não produtivo daquilo que ela pode controlar ou que prefere propositalmente a produção futura àquela de resultados imediatos (...) *Pela palavra* abstinência, *desejamos expressar aquele agente, diferente do trabalho e da ação da natureza, cuja cooperação é necessária para a existência do capital e que está na mesma relação para com o lucro quanto o trabalho para os salários.*[13]

A utilização de Senior do termo *abstinência* implica um julgamento de valor sobre os sacrifícios assumidos pelo capitalista no adiamento (ou na renúncia definitiva) do consumo da riqueza. Marx e o socialista alemão Ferdinand Lassalle fizeram uma grande zombaria desse conceito. Mais tarde, escreveram com desdém sobre a abstinência de um barão Rothschild e sobre o desperdício libertino do trabalhador inglês que gastou sua renda de poucos xelins em uma semana de consumo. Posteriormente, Alfred Marshall chama de *espera* a função da poupança, isto é, o adiamento do consumo. Esse termo era menos colorido e menos controverso do que *abstinência*. Ele não implicava nenhum sofrimento ou sacrifício dos ricos enquanto acumulavam riqueza.

Os críticos socialistas que ridicularizaram o conceito do ato custoso do economizado não perceberam um ponto crucial: o sacrifício não é uma soma *total* de poupanças, mas, de certa maneira, o sacrifício *na margem* – o ponto de troca em que as decisões são tomadas. É que provavelmente um milionário poderia poupar US$ 10.000 com menos sacrifício por dólar do que um homem pobre ao poupar US$ 100. Vamos considerar, porém, a parte da poupança feita na fronteira da incerteza, o ponto em que ele decide se economiza uma quantia extra ou a gasta no consumo. Nessas margens – de US$ 10.000 e de US$ 100 –, os sacrifícios do adiamento do consumo podem ser iguais. Eles também podem ser suficientemente grandes para exigir uma remuneração na forma de juros.

12 Ibidem, p. 26.
13 Ibidem, p. 58-59.

Uma interessante implicação há muito associada à economia clássica deriva dessa definição de economia. A economia é a atividade que produz nova despesa com investimento. Quando a recompensa - a taxa de juros (i) - paga por abster-se do consumo aumenta, então mais economia (S) ocorre. Afirmado matematicamente, $S = f(i)$. Por outro lado, a despesa com investimento (I) - a compra de bens de capital - varia negativamente com o custo de oportunidade de investir, a taxa de juros (i). Isto é, $I = g(i)$. Assim, surge uma extensão da lei de Say: como a poupança é uma função positiva da taxa de juros e o investimento uma função negativa da taxa de juros, a taxa se ajustará a um nível em que todas as poupanças serão investidas. Se, por alguma razão, o conjunto de poupança aumentar (o consumo cai), o equilíbrio da taxa de juros cairá, o que, por sua vez, aumentará os empréstimos e as compras dos bens de capital. O declínio na despesa sobre os bens de consumo será exatamente compensado pelo aumento da despesa sobre os bens de capital. Assim, de acordo com essa perspectiva clássica, nenhuma deficiência da demanda total ocorrerá. A lei de Say não é invalidada pelo ato de economizar.

Mão de obra produtiva

Senior discordou de Smith, que pensava que os produtores de serviços são todos não produtivos. Os advogados, os doutores e os professores, Senior disse, são produtivos, pois promovem o aumento da riqueza. Onde um soldado deve proteger os fazendeiros, ambos são produtivos. Suponha que mil pessoas sejam empregadas para forjar as barras de ferro e as trancas para manter distantes os ladrões. Se, em vez disso, cem deles podem atingir o mesmo propósito, ao se tornarem seguranças, a riqueza é diminuída por essa conversão de trabalhadores "produtivos" em "não produtivos"? Para Senior, a distinção apropriada não estava entre o trabalho produtivo e o não produtivo, mas entre o consumo produtivo e o não produtivo. Essa última categoria inclui o consumo do cadarço, do ornamento, da joia, do tabaco, do gim e da cerveja, todos os que diminuíam a quantidade das mercadorias sem acrescentar a capacidade dos trabalhadores para produzir.

As posições políticas

Senior não prestou atenção em sua própria prescrição de que os economistas jamais deveriam oferecer uma simples sílaba de conselho. Em sua longa carreira na vida pública, ele fez numerosos pronunciamentos sobre as questões políticas, nunca explicando se suas recomendações eram oferecidas com todo o peso de suas teorias econômicas ou não.

As leis do pobre. Senior participou da Comissão da Lei da Pobreza decretada em 1832. Ele escreveu o relatório que resultou na dura Emenda da Lei da Pobreza de 1834, que procurava desencorajar a solicitação para o alívio das pessoas fisicamente capazes de trabalhar. O ato estabeleceu o princípio de que as condições de vida daqueles que recebiam o auxílio-desemprego deveriam ser piores do que as dos trabalhadores que recebiam menos. Essas leis dos pobres vigoraram por 70 anos.

As ligas de comércio. Como um defensor apaixonado do governo limitado, da liberdade econômica (como ele a via) e da mobilidade do trabalho, Senior foi inequivocamente contrário ao movimento das ligas de comércio. Entre suas propostas estavam a proibição de todas as conspirações e restrições do comércio pelo trabalho, a severa punição por todas as solicitações para formação de ligas, a proibição e a punição severas por todos os piquetes, o confisco das reservas possuídas pelas ligas e a compensação das reservas públicas para pessoas que eram prejudicadas por resistir às ligas.

Os atos de fábrica. Em 1837, Senior publicou um panfleto opondo-se aos atos de fábrica ingleses, que na época limitavam a jornada de trabalho a 12 horas em fábricas em que as crianças eram empregadas. Embora endossasse o princípio do trabalho infantil regulado, ele se opunha às leis que limitavam a jornada de trabalho dos adultos. Ao calcular o efeito econômico de uma jornada de trabalho menor, ele não fez nenhuma concessão aos gastos reduzidos de matéria-prima, aquecimento, iluminação, depreciação, e assim por diante. Também ignorou a probabilidade de aumentar a produção por hora, que poderia resultar de uma jornada de trabalho menor. Seu raciocínio confuso e errôneo o levou a conclusões de que todo o lucro é derivado da última hora de trabalho. Se um dia de trabalho fosse reduzido por mais uma hora, os capitalistas não teriam lucros e a Inglaterra seria prejudicada na concorrência com os produtores estrangeiros. Sua maior preocupação foi atacar o movimento crescente pelas dez horas de jornada de trabalho.

JOHN STUART MILL

A vida e as influências

John Stuart Mill (1806-1873) foi o último grande economista da escola clássica, sem dúvida o maior desde a morte de Ricardo, em 1823. Mill fez algumas importantes e legítimas contribuições e sistematizou e popularizou o pensamento econômico de seus predecessores como um todo. A escola clássica já estava em declínio durante a maturidade de Mill, e ele partiu de alguns dos conceitos-chave construídos na estrutura clássica por Smith e Ricardo. Antes de sua morte, a economia neoclássica tinha entrado em cena, finalmente, para mostrar seus ascendentes neoclássicos. A grande obra de Mill, *Principles of political economy,* publicada pela primeira vez em 1848 e reimpressa nos Estados Unidos em 1920, foi o principal compêndio na área, pelo menos até a publicação de *Principles of economics,* de Alfred Marshall, em 1890.

Mill relatou sua incrível educação em sua *Autobiography,* publicada imediatamente após sua morte. Seu pai, James Mill, foi o homem que encorajou Ricardo a escrever, publicar e ocupar uma cadeira no Parlamento. James popularizou as ideias de Bentham e o ajudou na fundação do grupo conhecido como radicais filosóficos, que impulsionou as reformas políticas na Grã-Bretanha. James Mill também expressou a primeira declaração nítida da lei dos mercados de Say. Disciplinador rígido, ele mesmo supervisionou a educação de John, o mais velho dos nove filhos. O velho Mill foi fortemente submetido à ideia de que todas as pessoas nascem iguais, com uma variação muito pequena ou insignificante em seu potencial genético inato para o aprendizado. Qualquer criança poderia ser moldada no que erroneamente parece ser um gênio. Portanto, John devia ser criado para continuar com os grandes trabalhos de seus predecessores na economia e política utilitaristas. O garoto começou a aprender grego aos 3 anos, mas, como escreveu de forma apologética, "não aprendi latim até meus 8 anos".[14] Até então, ele estava lendo os filósofos gregos no original, mas nem sempre os entendia. Aos 11 anos, leu as provas da obra de seu pai *History of India* e ficou muito impressionado. Ele dominava a álgebra e a geometria elementar e começou a estudar o cálculo diferencial aos 12 anos. Ele havia escrito, nessa época, uma história do governo romano, que não foi publicada. John, então, começou a estudar lógica e, aos 13 anos, passou a estudar economia política. Entre os 15 e 18 anos, Mill editou e publicou cinco volumes dos manuscritos de Bentham. Aos 19 anos, estava publicando artigos originais eruditos e, aos 20, teve um bem-merecido esgotamento nervoso.

Veja
O passado como preâmbulo 8-3

8-3 O passado como preâmbulo

MILL, TAYLOR E OS DIREITOS DAS MULHERES

John Stuart Mill conheceu Harriet Taylor (1807-1858) quando tinha 24 anos de idade. Uma ingênua relação de amizade e companheirismo surgiu entre eles. Eles até mesmo passavam as férias juntos no continente e no campo inglês. Vinte anos mais tarde, após a morte do pai dela, John e Harriet se casaram. Mill atribuiu à sua esposa seu humanitarismo, a esperança e fé no progresso humano, o amor à liberdade e a defesa apaixonada dos direitos das mulheres.

As opiniões de Harriet e John Stuart Mill sobre os direitos econômicos das mulheres são interessantes, especialmente na perspectiva do interesse intenso nesse assunto atualmente. Em seu ensaio "Enfranchisement of women", publicado pela primeira vez em 1851, os Mill deploraram a exclusão das mulheres de certas áreas consideradas "não femininas". Repudiaram a ideia de que "a área apropriada" das mulheres não era a política ou a vida pública, mas a vida doméstica e particular. Negaram o direito de qualquer pessoa decidir pelos outros o que é ou não sua "área apropriada".

> Deixe cada profissão ser aberta a todos, sem o favorecimento ou o preconceito de ninguém, e os empregos cairão nas mãos daqueles homens e mulheres julgados pela experiência de ser, com mérito, os mais capazes de exercê-los. Não se deve ter medo de que as mulheres tirem das mãos dos homens qualquer profissão que eles realizam melhor do que elas. Cada indivíduo provará sua capacidade, da maneira como a capacidade pode ser provada, pela experiência. E o mundo será beneficiado pelas melhores capacidades de seus habitantes. Mas interferir antecipadamente, por um limite arbitrário, e declarar que, qualquer que seja o gênio, talento, energia ou força da mente de um indivíduo de um certo sexo ou classe, essas capacidades não devem ser exercidas, ou devem ser exercidas apenas em algumas poucas das muitas formas em que se permitem

14 MILL, John Stuart. *Autobiography*. Nova York: Columbia University Press, 1924. 4 [publicado originalmente em 1873].

que outros as utilizem, não apenas é uma injustiça para o indivíduo e um prejuízo para sociedade, que perde o que não tem de sobra, mas é também a forma mais eficaz de exigir que, no sexo ou na classe assim restringido, as qualidades que não se permitem ser exercidas não existam.[a]

Em "The subjection of women", publicado em 1869, Mill perseguiu a ideia de que os direitos iguais para as mulheres também beneficiariam os homens. Pense no que significa para um garoto, ele disse, crescer acreditando que, sem nenhum mérito ou esforço próprio, embora ele possa ser vazio e ignorante, o mero fato de nascer homem o torna superior a qualquer mulher sobre a terra. Seu sentimento é similar ao de um rei hereditário. A relação entre um homem e uma mulher é comparada àquela entre um senhor e um vassalo. "Entretanto, o caráter do vassalo pode ter sido transformado, para melhor ou para pior, por sua subordinação. Quem consegue perceber que o caráter do senhor foi totalmente transformado para o pior?"[b]

Embora os direitos das mulheres e seu papel na força de trabalho tenham se expandido muito desde meados de 1800, os estudos contemporâneos continuam a encontrar discriminação de gênero no pagamento.[c] As mulheres também estão muito representadas em áreas mal-remuneradas, como no ensino, na enfermagem, na assistência às crianças e nos trabalhos de escritório e de secretaria. Esse modelo reflete liberdade de escolha ou sexismo e discriminação? As empresas que realmente têm mulheres gerentes têm também "telhados de vidro" impedindo as mulheres de alcançar os gabinetes executivos? Os requisitos do governo de que as empresas tenham ações afirmativas para contratar mulheres são mais eficientes e justos? Essas questões contemporâneas certamente seriam de grande interesse para os Mill.

a. John Stuart Mill. Enfranchisement of women. *Dissertations and discussions.* Londres,1859, v. 2, p. 423. 2 v.
b. John Stuart Mill e Harriet Taylor Mill. *Essays on sex equality.* Ed. Alice S. Rossi. Chicago: University of Chicago Press, 1970. p. 219.
c. Para um resumo dessa teoria, veja Francine D. Blau e Marianne A. Ferber. Discrimination: Empirical evidence from United States. *American Economic Review,* n. 77, p. 316-320, maio 1987, e Glen G. Cain. The economics of discrimination: a survey. *Handbook of Labor Economics.* Eds. Orley Ashenfelter e Richard Layard. Amsterdã: North Holland Press, 1986. p. 693-785.

John Stuart Mill escreveu em sua *Autobiography* que seu pai o fez ler e prestar contas das importâncias gastas com livros das quais ele não recebia juros. Mill tinha poucos brinquedos e livros infantis e era proibido de tirar férias ou fazer muitos amigos, a fim de não interromper seu hábito de trabalho e não tomar gosto pela ociosidade. "Mas, meu pai, em todos os seus ensinamentos, exigia de mim não só minha capacidade máxima, mas muito do que eu não podia fazer."[15] Não é de estranhar que John Mill tenha escrito de seu pai que "o elemento que estava particularmente deficiente em sua relação de moral com seus filhos era aquele da ternura".[16]

15 Mill. *Autobiography*, p. 5.
16 Ibidem, p. 43.

Embora criado na tradição de Bentham, Mill rejeitou seu limitado e dogmático utilitarismo, pois considerava também limitado o ponto de vista de Bentham de que os seres humanos são motivados, em sua conduta, por nada mais do que o amor-próprio e o desejo pela própria recompensa. Ele agrediu Bentham ao desprezar a busca do ser humano pela perfeição, honra e outros fins inteiramente por seus próprios objetivos. Mill não abandonou as ideias utilitaristas, mas preferiu modificá-las. Estava preocupado, por exemplo, com a qualidade do prazer tanto quanto com a quantidade.

Principles of political economy, de Mill, está dividido em cinco livros: "Production", "Distribution", "Exchange", "Influence of the progress of society on production and distribution" e "Of the influence of government". Esses tópicos proporcionarão a estrutura para o restante do capítulo.

A produção

No primeiro livro, Mill analisou três fatores produtivos: a terra, o trabalho e o capital. A riqueza é definida como todas as coisas úteis que possuem valor de troca. Apenas os objetos materiais estão incluídos, pois só eles podem ser acumulados. O trabalho produtivo inclui apenas aqueles tipos de esforços que produzem as utilidades incorporadas nos objetos materiais. Mas o trabalho que produz um produto material apenas indiretamente é também organizado para ser produtivo. Assim, os educadores e os funcionários do governo são produtivos, pois seus serviços criam as condições exigidas para a produção dos bens materiais. O trabalho não produtivo é aquele que não termina na criação da riqueza material. Por exemplo, o trabalho que termina onde começa o divertimento, sem nenhum aumento do estoque acumulado ou dos meios permanentes do divertimento, é não produtivo. A proteção da vida de um amigo é não produtiva, a menos que o amigo seja um trabalhador produtivo de maior produção do que de consumo. Os missionários ou os sacerdotes são não produtivos, a menos que ensinem as artes da civilização, além das doutrinas religiosas. O trabalho não produtivo pode, entretanto, ser útil.

O capital, o resultado da economia, é o estoque acumulado da produção do trabalho, e sua soma agregada limita a extensão da indústria. Cada aumento de capital é capaz de fornecer um emprego adicional ao trabalho sem limites. Essa tendência elimina a necessidade do gasto não produtivo dos ricos para dar emprego aos pobres. Mill assumiu que tudo o que fosse economizado por meio da abstinência do capitalista seria investido. Se o capitalista gastasse menos no consumo de luxo e mais no investimento, as reservas de salários e a demanda por trabalho aumentariam. Se a população crescesse, a demanda crescente pelas necessidades dos assalariados compensaria a demanda decrescente pelos luxos dos capitalistas. Se a população não crescesse em proporção ao crescimento do capital, os salários aumentariam, e o consumo de luxo pelos trabalhadores suplantaria o consumo de luxo por seus empregadores. Esse é um mundo otimista de muito emprego. "Assim, o limite da riqueza nunca é a falta de consumidores, mas de produtores e poder produtivo. Cada acréscimo ao capital dá ao proletariado um emprego adicional ou uma remuneração adicional e enriquece o país ou a classe trabalhadora."[17]

---

17 Idem. *Principles of political economy*. 7. ed. Londres: Longmans, Green, 1896 [publicado originalmente em 1848].

Quais são os obstáculos para o aumento da produção? A falta de trabalho não é um deles, disse Mill, pois a população poderia crescer geometricamente. Isso não se deve aos impulsos superiores ou a meros instintos animais. As pessoas não se multiplicam como suínos, mas são contidas pela prudência da multiplicação além dos meios de subsistência. A população é limitada mais pelo *medo do desejo* do que pelo *próprio desejo*.

O aumento do capital depende de duas coisas: (1) o produto excedente depois de as necessidades serem supridas a todos os engajados na produção e (2) a disposição para economizar. Quanto maior o lucro que pode ser obtido do capital, mais forte é a razão para seu acúmulo. A tendência para economizar também varia de pessoa para pessoa e de país para país.

A pouca extensão de terra e sua limitada produtividade são as reais barreiras para o aumento da produção. Mill reconheceu os rendimentos *crescentes* para aumentar a produção. Isto é, em certos limites, quanto maior o empreendimento, mais eficiente ele se torna. Ele pensava que a agricultura exibe os rendimentos *decrescentes* para crescer. A fazenda maior não é comparada ao aumento comensurável na produção da fazenda. Ele aplicou a lei dos rendimentos decrescentes no curto prazo apenas na agricultura. Isto é, se a oferta de terra é constante, o trabalho acrescentado não adicionará ao produto na mesma proporção. Mill não se preocupou se a mesma proposição continuaria verdadeira na indústria se o capital ficasse constante. As razões para sua diferenciação entre as duas ofertas era sua suposição de que a oferta de capital pode ser aumentada facilmente, enquanto a oferta de terra, não. A distinção implícita de Mill entre a lei de rendimentos decrescentes, no curto prazo, e o conceito de retorno de escala, no longo prazo, foi um importante *insight* sobre o qual os teóricos neoclássicos construíram a teoria da firma posteriormente.

A distribuição

No segundo livro, "Distribution", Mill inicia seu famoso pronunciamento e que atinge a muitos:

> As leis e as condições da produção da riqueza compartilham do caráter das verdades físicas. Não há nada opcional ou arbitrário nelas (...) Não estão ligadas à distribuição da riqueza. É apenas uma questão das instituições humanas. As coisas, uma vez feitas, a humanidade, individual ou coletivamente, pode fazer com elas o que quiser.[18]

Mill falhou ao reconhecer que a produção e a distribuição estão inter-relacionadas e que a interferência de uma envolve a interferência da outra. As "coisas" não estão ali como uma grande quantidade de bens já produzidos. Elas aparecem como um fluxo contínuo que é produzido por meio de incentivos proporcionados pelos pagamentos aos agentes de produção. O fluxo pode ser reduzido ou completamente interrompido se a distribuição de renda for desfavorável à manutenção da produção. Embora suas duas proposições no trecho sejam exageros, elas permitiram que Mill aumentasse a possibilidade de uma função maior para o processo político ao determinar a distribuição de renda apropriada. Pode-se dizer, para a honra de Mill, que ele abandonou a ideia de Ricardo das inexorá-

---

18 Ibidem, p. 123.

veis "leis da distribuição", sob cujas regras a humanidade está indefesa. Mill lançou um desafio às crenças da escola clássica na universalidade e permanência da lei natural. Isso racionalizou sua defesa das limitações sobre a herança para os parentes distantes e seu apoio para outros meios que promoveriam uma difusão mais ampla da posse da riqueza. Embora estivesse basicamente comprometido com o empreendimento particular, a economia direcionada para o lucro, ele recebeu com prazer a "divisão de lucros" e as "cooperativas dos produtores" como métodos pelos quais os trabalhadores poderiam aumentar sua riqueza.

As reservas de salários segundo Mill

Assim como Senior, Ricardo, James Mill e Smith, Mill aceitou a ideia das reservas de salários. Os salários, ele disse, dependem principalmente da demanda e oferta de trabalho. A demanda pelo trabalho depende daquela parte de capital reservada para os pagamentos de salários. A oferta de trabalho depende do número de pessoas procurando por trabalho. Sob a regra da competitividade, os salários não podem ser afetados por qualquer coisa, exceto pelas somas relativas de capital e de população. Os valores do salário não podem aumentar, exceto por um aumento das reservas agregadas empregadas na contratação de trabalhadores ou por uma diminuição no número de trabalhadores empregados. Os salários não podem nem cair, exceto por um declínio das reservas dedicadas ao pagamento pelo trabalho ou por um aumento no número de trabalhadores a serem pagos. Essa teoria, portanto, pressupõe uma flexibilidade *unitária* da demanda pelo trabalho. Não importa qual o valor do salário, a mesma quantia é gasta para o trabalho.

Segue-se, então, de acordo com Mill, que o governo não pode aumentar o total dos pagamentos do salário ao fixar um salário-mínimo acima do nível do equilíbrio. Determinada uma reserva de salários de um tamanho fixo, a renda salarial mais alta que alguns trabalhadores receberiam seria compensada inteiramente pela renda salarial perdida daqueles que ficaram desempregados. Para corrigir essa condição, o governo pode aumentar a reserva de salários ao instituir a economia forçada por meio da taxação, usando os rendimentos para superar o desemprego criado pelas leis do salário-mínimo. Mill reconheceu que isso teria o efeito colateral de remover a influência restrita sobre a procriação dos pobres. "Mas ninguém tem o direito de trazer os seres à vida para serem sustentados por outras pessoas".[19]

A doutrina da reserva de salários forneceu uma base para a oposição ao sindicalismo, embora Mill não a tenha utilizado com esse propósito. Os trabalhadores não podem aumentar suas rendas por meio da ação coletiva. Se um grupo aumentar seu valor de salário, os salários devem cair em outro lugar. Totalmente devoto da liberdade, Mill argumentou que os trabalhadores deveriam ter o direito de se unirem para aumentar os salários, embora ele considerasse os sindicatos raramente eficazes e, quando eficazes, raramente desejáveis.

O conceito da reserva de salários era errôneo, pois não há uma porcentagem de capital predeterminada que deva seguir para o trabalho. A ideia de uma reserva apareceu porque a colheita de uma época foi usada para fornecer subsistência ao trabalho para o próximo ano. Mas, uma vez estabelecido um negócio, os salários não são pagos da

19 Ibidem, p. 446.

reserva adiantada do capital de giro, mas, especialmente, do fluxo atual da receita derivada da venda do produto. Posteriormente, os economistas apontaram que a decisão para contratar um trabalhador não está baseada na disponibilidade da receita *passada*, mas, especialmente, na receita *prevista* que a empresa receberá por vender o produto que o trabalhador ajudou a produzir.

Mill supostamente rejeitou a ideia da reserva de salários em 1869, em um resumo de um livro que ele publicou na obra *Fortnightly Review*. Dizemos "supostamente" porque há uma discussão considerável sobre esse ponto. Alguns historiadores do pensamento econômico declaram que ele, de fato, tentou rejeitar a ideia, mas, na verdade, fracassou ao fazer o que pensou que tivesse acabado.[20] Outros afirmam que o que ele começou a rejeitar não era o conceito da reserva, mas especialmente a ideia de que, determinada a reserva, os sindicatos são incapazes de aumentar os salários.[21] Os sindicatos *poderiam* aumentar o nível geral dos salários, disse Mill. Seus próprios salários mais altos poderiam reforçar os níveis dos trabalhadores moralmente mais adequados que tinham poucos filhos, e o desemprego resultante poderia aumentar a mortalidade da classe de trabalhadores que tenderiam a ter grandes famílias. Se fosse o caso, a população diminuiria com relação ao tamanho da reserva de salário, e o nível geral dos salários aumentaria. Em qualquer caso, Mill chegara à conclusão de que o limite real para os aumentos nos salários atingira um ponto em que o empregador seria arruinado financeiramente ou levado a abandonar os negócios se os salários fossem aumentados ainda mais.

Duas ideias adicionais apresentadas por Mill merecem ser mencionadas, antes de concluir nossa discussão de seu livro sobre a distribuição. O lucro, ele disse, é separado em três partes: os juros, a garantia e os salários de direção. Essas são as recompensas pela abstinência, pelo risco e pelo esforço implicado no emprego de capital. Levando em conta as diferenças no risco, na atração de diferentes empregos e nos monopólios naturais ou artificiais, a taxa de lucro em todas as áreas do emprego do capital tende em direção à igualdade.

Segundo, como Smith anteriormente, Mill notou que os gastos com formação e treinamento representavam, em parte, investimentos presentes justificados por retornos salariais posteriores. Atualmente, referimo-nos a esses gastos como os investimentos em capital humano. Mill declarou:

> Se um artesão deve trabalhar muitos anos no aprendizado de seu negócio antes de poder ganhar alguma coisa e muitos anos mais antes de se tornar suficientemente hábil para suas operações mais refinadas, ele deve ter uma perspectiva de ganhar, finalmente, o suficiente para pagar os salários de toda a sua mão de obra passada, com compensação pela demora do pagamento e uma indenização pelas despesas de sua educação. Seus salários, consequentemente, devem render, além da quantia normal, uma

---

20 EKELUND JR., R. B. A short-run classical model of capital and wages: Mill's recantation of the wages fund. *Oxford Economic Papers*, n. 28, p. 22-37, mar. 1976.

21 WEST, E. G.; MILL, R. W. Hafer. J. S. unions and the wages fund recantation: a reinterpretation. *The Quarterly Journal of Economics*, n. 92, p. 603-619, nov. 1978. Essa ideia é contestada em R. B. Ekelund Jr. e William F. Kordsmeier. J. S. Mill, unions, and the wages fund recantation: a reinterpretation – Comment. *Quarterly Journal of Economics*, n. 96, p. 532-541, ago. 1981.

anuidade suficiente para reembolsar essas quantias, com a taxa comum de lucro, no número de anos que ele espera viver e estar na condição ativa.[22]

A troca

Na parte de *Principles* intitulada "Exchange", Mill confiantemente declarou o seguinte:

> Felizmente, não há nada nas leis de valor que fique para o escritor atual ou futuro esclarecer. A teoria do assunto está concluída: a única dificuldade a superar é aquela de declarar e, ao mesmo tempo, resolver por antecipação as perplexidades principais que ocorrem em aplicá-la.[23]

O preço expressa o valor de uma coisa em relação ao dinheiro. O valor de uma mercadoria é medido pelo seu poder geral para comprar outras mercadorias. Pode haver um aumento dos preços, mas não um aumento geral dos valores, pois em períodos relativos todas as coisas não podem aumentar no valor simultaneamente.

O valor de uma mercadoria não pode aumentar mais do que seu valor de uso estimado para o comprador. A demanda eficaz – o desejo mais a capacidade de compra – é, portanto, um determinante do valor. Mas as quantidades diferentes são demandadas em valores diferentes. Se a demanda depende parcialmente do valor, e o valor depende da demanda, não será isso uma contradição?, perguntou Mill. Ele resolveu a questão ao introduzir o conceito de *relação* da demanda (uma relação entre o preço e a quantidade demandada), fazendo assim uma teoria de valor muito desenvolvida. A quantidade demandada é a que varia de acordo com o valor (ou preço). O valor de mercado é determinado por meio da interação da oferta e da demanda e, uma vez que esse valor está estabelecido, a quantidade demandada está determinada.

Mill tinha uma compreensão clara dos planejamentos da oferta e da demanda, da flexibilidade da oferta e da demanda e sua influência sobre os preços. Esses foram importantes conceitos sobre os quais Alfred Marshall fez sua elaboração ainda maior dos princípios marginalistas. Considerando a elasticidade da oferta, Mill classificou os bens em três categorias. A primeira é "das coisas absolutamente limitadas na quantidade, tais como as esculturas ou pinturas antigas".[24] Chamaríamos a isso de uma oferta perfeitamente inelástica. As mudanças de preço não resultam nas mudanças na quantidade oferecida. A demanda e a oferta, disse Mill, regulam o valor de tais bens, e a demanda é a mais significativa. A segunda categoria de bens é aquela pela qual a oferta é perfeitamente elástica, e Mill disse que a maioria de todas as coisas compradas e vendidas se enquadra nessa categoria. A produção pode ser expandida sem o limite no custo constante por unidade do produto, e os valores de tais bens dependem da oferta ou custos de produção. A terceira categoria de bens é aquela com uma oferta relativamente elástica – aqueles que se situam entre os dois extremos. Como Mill colocou: "Apenas uma quantidade limitada pode ser produzida a um determinado custo. Se for necessário mais, deve ser produzido a um custo maior".[25] Esse é especialmente o caso dos produtos agrícolas e

22 Mill. *Principles*, p. 236-237.
23 Ibidem, p. 265.
24 Ibidem, p. 548.
25 Ibidem, p. 547.

minerais, que têm os custos de produção elevados. Seu valor depende dos "custos necessários para produzir e trazer ao mercado a parte mais custosa da oferta exigida"[26] ou, como diríamos, o custo marginal.

A análise anterior, é claro, refere-se às mercadorias no longo prazo. A curto prazo, os preços flutuam em torno dos valores de acordo com a relação da oferta e da demanda. Os preços aumentam à medida que a demanda aumenta, e os preços caem à medida que a oferta aumenta.

Mill declarou seu conceito do equilíbrio do preço e da elasticidade da seguinte maneira:

> Vamos supor que a demanda em um determinado tempo exceda a oferta, isto é, há pessoas dispostas a comprar, no valor de mercado, uma grande quantidade do que está à venda. A disputa ocorre no lado dos compradores e o valor aumenta: mas quanto? Na proporção (alguns podem supor) da falta: se a demanda excede a oferta em um terço, o valor aumenta em um terço. De forma alguma: quando o valor aumenta um terço, a demanda pode ainda exceder a oferta. Pode haver, até mesmo naquele valor maior, uma maior quantidade necessária do que deveria haver. E a disputa dos compradores pode ainda continuar. Se um artigo é uma necessidade de vida, pelo qual, em vez de renunciar, as pessoas estão dispostas a pagar qualquer preço, uma falta de um terço pode elevar o preço ao dobro, triplo ou quádruplo. Ou, pelo contrário, a competitividade pode cessar antes de o valor ter aumentado até a proporção da falta. Um aumento, uma redução de um terço, pode colocar o artigo para além dos meios, ou além das inclinações, dos compradores para a oferta total. Em qual ponto, então, o aumento será proibido? Naquele ponto, qualquer que seja, que iguale a demanda e a oferta.[27]

A lei do valor internacional

Mill endossou a defesa de Ricardo do mercado internacional livre baseado na lei dos custos comparativos. Mas, para essa lei, Mill acrescentou uma lei de valores internacionais, uma de suas importantes e legítimas contribuições para a análise da economia. Aqui, a elasticidade da demanda pelos bens entrou mais uma vez em sua teoria.

Lembre-se de que a teoria de mercado internacional de Ricardo estava incompleta. Ele fracassou ao demonstrar como o lucro do comércio é dividido entre os países negociantes. Mill mostrou que os termos de troca atuais de mercado dependem não apenas dos custos internos, mas também do modelo da demanda. Mais especificamente, os termos da troca internacional dependem da resistência e da elasticidade da demanda por cada produto no país estrangeiro.

Embora as implicações da teoria de Mill sejam complexas, a ideia geral é relativamente clara.[28] Ele iniciou apontando que o valor de um bem importado é o valor da mercadoria exportada para pagar por ele. As coisas que uma nação tem disponíveis para vender no exterior constituem os meios para comprar os bens de outras nações. Assim, a oferta

26 Ibidem, p. 589.
27 Ibidem, p. 277.
28 Edgeworth e Marshall descreveram posteriormente a teoria de Mill da demanda mútua graficamente. Uma apresentação concisa de sua representação pode ser encontrada em Robert B. Ekelund Jr. e Robert F. Hébert. *A history of economic theory and method*. 4. ed. Nova York: McGraw-Hill, 1997. p. 178-182.

das mercadorias produzidas disponíveis para exportação poderia ser lembrada como a demanda para a importação. Mill se referiu a essa ideia como "a demanda mútua".

Mill explicitamente assumiu que, sob quaisquer condições tecnológicas, o produto pode ser trocado sem alterar os custos de unidade de produção. Suponha que 10 jardas de tecido feito de lã, na Inglaterra, custe tanto quanto 15 jardas de linho, mas até 20 jardas de linho na Alemanha. Se não houvesse custo de transporte, os limites dos termos de mercado entre os dois países seriam 10 jardas de tecido por 15 a 20 jardas de linho.

Agora, suponha que a Alemanha aumente a eficiência da produção de linho em 50%, para que ela produza 30 jardas com o mesmo esforço com que anteriormente produzia 20. Como esses lucros serão divididos entre os dois países? Se 10 jardas de tecido anteriormente eram trocadas por 17 jardas de linho, elas seriam trocadas, agora, por 25,5 jardas (também uma troca de 50%)? Isso aconteceria apenas se a elasticidade da demanda pelo linho na Inglaterra fosse unitária, de forma que ela gastaria a mesma proporção de sua renda com o linho como antes. Mas se a demanda pelo linho na Inglaterra fosse *elástica* (um coeficiente maior do que 1), o aumento nas compras da Inglaterra iria exaurir o produto maior sobre o linho antes que seu preço diminuísse para refletir a quantia total de seus custos reduzidos de produção. A proporção de troca poderia ser determinada em 10 jardas de tecido por 21 de linho, e a Alemanha conseguiria a maioria dos benefícios de sua grande eficiência em produzir linho. Se, entretanto, a demanda inglesa por linho fosse *inelástica,* o preço teria de cair consideravelmente para induzir a Inglaterra a comprar o produto adicionado que a Alemanha poderia produzir com o mesmo esforço. A Alemanha teria de oferecer mais do que 25,5 jardas de linho por 10 jardas de tecido, e a maioria dos lucros se acumularia para a Inglaterra.

Dinâmicas da economia

Os três primeiros livros de *Principles,* disse Mill, cobrem as leis da economia de uma sociedade fixa e imutável em equilíbrio, que ele chamou de "Estática". Nos dois livros finais, ele acrescentou a teoria do movimento, das mudanças progressivas e das últimas tendências, que ele chamou de "Dinâmica". No quarto livro, *Influence of the progress of society on production and distribution,* Mill previu o aumento da produção e da população, a continuação do crescimento do domínio da sociedade sobre a natureza, o aumento da proteção das pessoas e da propriedade e um crescimento do papel das corporações. Os melhoramentos na produção industrial poderiam ser compensados pelos rendimentos decrescentes na agricultura e na mineração à medida que a população continuasse a crescer.

Como Smith e Ricardo, Mill pensava que a taxa de lucro continuaria a cair. Ele concordava com Ricardo que a queda da taxa de lucro era inevitável por causa dos custos elevados da produção de alimentos devido ao crescimento populacional.

> O progresso econômico de uma sociedade constituída de proprietários de terras, de capitalistas e de trabalhadores tende ao enriquecimento progressivo da classe dos proprietários de terras, enquanto o custo da subsistência dos trabalhadores tende, no todo, a aumentar, e os lucros a cair. Os melhoramentos agrícolas são uma força neutralizante aos dois últimos efeitos; mas o primeiro, embora seja um caso concebível em que seria temporariamente ativado, está finalmente em um nível mais alto promovido por

> aqueles melhoramentos; e o aumento da população tende a transferir todos os benefícios derivados dos melhoramentos agrícolas apenas para os proprietários de terras.[29]

Mas Mill era mais otimista do que Ricardo ao mostrar por que uma queda na taxa do lucro seria aceitável, apontando, desse modo, para um futuro mais promissor.

> Há em cada período e lugar alguma taxa específica de lucro, que é a mais baixa que induzirá as pessoas daquele país e época a acumular economias e a empregar essas economias produtivamente. A taxa mínima de lucro varia de acordo com as circunstâncias. Ela depende de dois elementos. Um é a força do desejo efetivo de acúmulo; a estimativa comparativa feita pelas pessoas daquele lugar e época dos interesses futuros quando pesados contra o presente. Esse elemento afeta principalmente a tendência para economizar. O outro elemento, que afeta não tanto a vontade de economizar quanto a disposição de aplicar as economias produtivamente, é o grau de segurança do capital empregado nas operações industriais.[30]

Mill escreveu que o progresso da sociedade tenderia a diminuir a taxa mínima de lucro aceitável. Mais segurança, menos destruição pela guerra, violência pública e privada reduzidas, melhoramentos na educação e justiça – tudo isso reduziria o risco de investimento e desse modo diminuiria a taxa mínima de lucro necessária. Além disso, as pessoas tenderiam a demonstrar mais previdência e autocontrole para sacrificar os prazeres atuais por objetivos futuros. Isso aumentaria o conjunto das economias, as porcentagens de juros menores e promoveria o acúmulo de capital, mesmo que a taxa de lucro fosse pequena.

O crescimento de capital não causaria um excesso de oferta no mercado, de acordo com a Lei de Say, manteria a operação da economia em total emprego. Mas a taxa de lucro declinaria. Essa tendência seria contrabalançada, entretanto, pelo desperdício e destruição dos valores do capital durante as crises, os melhoramentos na produção, o fluxo das mercadorias estrangeiras baratas e o escoamento de capital nas colônias e nos países estrangeiros.

O resultado final do progresso, Mill pensou, seria um estado estacionário. Mas ele se questionou, por que devemos ter uma velocidade rápida do progresso? Por que não nos contentamos com uma maior produtividade e uma distribuição de riqueza mais justa?

> Não posso, portanto, considerar o estado estacionário de capital e riqueza com a impassível aversão tão largamente manifestada em relação a ele pelos economistas políticos da velha escola. Tendo a acreditar que ele seria, sobre o todo, um melhoramento muito considerável sobre nossa condição presente. Confesso que estou encantado com a ideia de vida tida por aqueles que pensam que o estado normal dos seres humanos é o de luta para progredir; que o atropelamento, o esmagamento, o acotovelamento e a pisada sobre cada calcanhar do outro, que formam o modelo existente da vida social, são os mais desejáveis de muito do progresso industrial (...) Está apenas nos países atrasados do mundo onde a produção elevada ainda é um importante objeto: naqueles mais desenvolvidos, o que é economicamente necessário é a melhor distribuição, da qual um meio indispensável é uma moderação mais rígida sobre a população.[31]

29 Ibidem, p. 439.
30 Ibidem, p. 441.
31 Ibidem, p. 453.

À medida que a classe trabalhadora aumentasse sua informação, educação e amor à independência, seu bom senso cresceria correspondentemente. Seus hábitos de conduta, então, liderariam uma população que diminuiria em relação ao capital e emprego. A divisão dos lucros nas empresas e cooperativas, operando em ambientes competitivos, melhorariam ainda mais as condições. Isso é preferível, argumentou Mill, a um socialismo totalmente explosivo que, ao menosprezar a competitividade, promoveria o monopólio.

Sobre o governo

No livro final, "On the influence of government", Mill defendeu o conceito do governo limitado.

> Em todas as comunidades mais desenvolvidas, a grande maioria das coisas é feita de maneira pior pela intervenção do governo do que os indivíduos mais interessados na questão as fariam, ou seriam induzidos a fazê-las, se deixadas para eles mesmos. As bases dessa verdade são expressas com tolerável precisão na avaliação popular de que as pessoas entendem seus próprios negócios e seus próprios interesses melhor e cuidam mais deles do que o governo faz ou se poderia esperar que fizesse.[32]

Mill introduziu exceções suficientes para reprimir o conceito. Ele apontou que os indivíduos que operam em uma economia de mercado não são necessariamente os melhores juízes de quanta educação a sociedade deveria oferecer. O trabalho infantil deveria ser regulado. As autoridades municipais deveriam operar os monopólios naturais, assim como as companhias de gás e água ou seus valores deveriam ser regulados pelo Estado. Enquanto os indivíduos são bons juízes de seu próprio interesse, o governo pode atuar para dar efeito ao julgamento. Por exemplo, se os trabalhadores ganhassem com a redução da jornada de trabalho de dez horas para nove, a ação do governo poderia ser exigida para alcançar essa concessão. Se as pessoas precisarem receber auxílio, é desejável que ele venha das autoridades, em vez da caridade privada incerta. Os legisladores deveriam supervisionar e regulamentar os planos de colonização.[33] O governo deveria também fazer aquelas coisas que sirvam aos interesses em geral de todas as pessoas, mas que não são rentáveis aos indivíduos, tais como a responsabilidade da exploração geográfica ou científica. Finalmente,

> (...) em circunstâncias específicas de um determinado período ou nação, dificilmente há alguma coisa, realmente importante para o interesse geral, que pode não ser desejável, ou até mesmo necessária, que o governo deveria avocar não porque os indivíduos não podem realizá-la eficazmente, mas porque não realizarão. Em alguns lugares e épocas, não haverá estradas, docas, portos, mecanismos de irrigação, hospitais, escolas, faculdades, gráficas, a menos que o governo os estabeleça.[34]

---

32 Ibidem, p. 571.
33 Um tanto ironicamente, Mill foi empregado toda sua vida na Companhia das Índias Orientais, que controlou o comércio britânico e a colonização na Índia de 1600 a 1858.
34 Mill. *Principles*, p. 590.

Últimas observações sobre Mill

John Stuart Mill deve ter lugar proeminente em qualquer história intelectual. Sua importância não ficou limitada por ter sido o último grande economista da escola clássica, o maior dos economistas ortodoxos durante as duas gerações entre Ricardo e Marshall. Seu primeiro livro importante, *System of logic* (1843), estabeleceu-o como um lógico de primeira grandeza. Os ensaios que publicou, incluindo "On liberty" (1859), "Considerations on representative government" (1861) e "The subjection of women" (1869), mostraram-no como um excelente cientista político, filósofo social e defensor do estilo de vida democrático. Mill aproxima-se muito de ser um homem de coragem e honestidade em suas críticas violentas ao *status quo,* seu apoio às reformas radicais para sua época e suas contribuições concretas à disciplina da economia. Os cínicos podem desprezar sua crença no progresso por meio do desenvolvimento de nossas capacidades morais e intelectuais, mas não se pode negar que ele tinha uma visão correta da perfectibilidade da humanidade. O entusiasmo de Mill, seu humanitarismo e sua empatia pelos pobres e humildes não eram comuns para um teórico importante em uma ciência que tinha se tornado conhecida por sua racionalidade fria e suas predições algumas vezes lúgubres.

Vamos deixar John Stuart Mill para nos voltarmos aos socialistas, que estavam menos comprometidos com suas ideias.

Perguntas para estudo e discussão

1. Identifique brevemente e estabeleça a importância de cada um dos seguintes pensadores e conceitos para a história do pensamento econômico: Bentham, hedonismo, utilitarismo, Say, lei dos mercados, Senior, economia positiva, abstinência, James Mill, John Stuart Mill, oferta e demanda como planejamentos, reservas de salários, lei dos valores internacionais, demanda mútua e estado estacionário de Mill.
2. Empregue o princípio da utilidade de Bentham (o cálculo prazer-sofrimento) para explicar cada um dos seguintes itens: (a) as linhas em um restaurante *fast food* específico tendem a ser de igual extensão; (b) sendo todas iguais, as profissões caracterizadas pelo alto risco de lesão ou morte no emprego fornecem um salário anual maior do que os empregos mais garantidos; (c) alguns estudantes de faculdade "eliminam" um dos seus cursos mais do que os outros cursos; e (d) quando dois produtos são de igual qualidade, os consumidores tendem a optar pelo produto de preço menor.
3. Você concorda com Bentham que os interesses da comunidade são simplesmente a soma dos interesses dos diversos membros que a compõem? Em caso afirmativo, seria correto dizer, então, que, quando alguém aumenta seu prazer líquido, o interesse da comunidade aumenta nessa quantidade?
4. Bentham usava o dinheiro como medida de utilidade. O que podemos entender dessa frase? Em que medida o dinheiro deixa de funcionar quando se trata de medir o prazer e a dor? Como isso se relaciona à alegação de muitos economistas modernos de que não se pode fazer comparações de utilidade interpessoal?
5. O que é a lei dos mercados? Identifique quais das seguintes pessoas apoiaram a ideia e quais a rejeitaram: Smith, James Mill, Say, Malthus, Ricardo, Senior e John Stuart Mill.
6. Explique a seguinte afirmação: os nomes Colbert, Turgot e Say refletem o modelo de mudança do pensamento econômico na França entre 1650 e 1825.

7. Qual é a diferença entre economia positiva e economia normativa? Os dois conceitos são mutuamente exclusivos ou há maneiras em que podem se relacionar?
8. Discorra sobre a afirmação de Senior de que "a função do economista político não é recomendar ou dissuadir, mas sim formular um princípio geral". Há circunstâncias em que os economistas devem tentar persuadir?
9. Desenhe um gráfico da oferta e da demanda contemporâneas que incorpore as seguintes informações: o eixo vertical mede a taxa de juros *(i);* o eixo horizontal mede a quantidade de poupanças *(S)* e o investimento (I); a poupança é uma função positiva da taxa de juros, e o investimento é uma função negativa da taxa de juros. Utilize o gráfico para explicar: (a) por que a economia igualará o investimento e (b) por que um aumento na poupança (o movimento à direita da curva) não reduzirá o gasto total na economia. Relacione isso com a lei de Say.
10. Como Senior e John Stuart Mill modificaram a teoria da população de Malthus?
11. Em que aspectos a visão de Mill sobre distribuição difere de sua visão sobre produção? Em que aspectos a visão de Mill sobre distribuição difere da visão de Ricardo?
12. Tomando como referência a Tabela 7.3 do capítulo anterior, determine os limites dos termos de mercado do vinho para o tecido. De acordo com Mill, o que determinará os termos de mercado atuais nesses limites?
13. Compare Mill e Smith; Mill e Malthus; Mill e Ricardo.
14. Os defensores da proposição de um governo limitado muitas vezes buscam respaldo intelectual na escola clássica. Sob quais aspectos a escola clássica serve de suporte aos seus conceitos? Sob quais aspectos isso requer mais envolvimento do governo do que gostariam os defensores de um governo limitado?

Leituras selecionadas

Livros

BENTHAM, Jeremy. *The collective works of Jeremy Bentham.* Editado por J. H. Burns. v. 1 e 2. *The correspondence of Jeremy Bentham.* Londres: University of London, The Athlone Press, 1968.

_________. *An introduction to the principles of morals and legislation.* Nova York: Hafner, 1948 [publicado originalmente em 1780].

BLAUG, Mark (ed.). *Ramsey McCulloch, Nassau Senior and Robert Torrens.* Brookfield, VT: Edward Elgar, 1992.

_________. (ed.) *Jean-Baptiste Say.* Brookfield, VT: Edward Elgar, 1991.

_________. (ed.) *Robert Malthus and John Stuart Mill.* Brookfield, VT: Edward Elgar, 1991.

BOWLEY, Marion. *Nassau Senior and classical political economy.* Nova York: Kelley, 1949.

HOLLANDER, Samuel. *The economics of John Stuart Mill.* Toronto: University of Toronto Press, 1985. 2 v.

MILL, John Stuart. *Autobiography.* Nova York: Columbia University Press, 1924 [publicado originalmente em 1873].

_________. *Dissertations and discussions.* Londres: 1871. 2 v [publicado originalmente em 1848].

_________. *Essays on some unsettled questions of political economy.* Londres: The London School of Economics and Political Science, 1948 [publicado originalmente em 1844].

_________. *Principles of political economy.* 7. ed. Londres: Longmans, Green, and Co., 1896 [publicado originalmente em 1848].

_________. *Utilitarianism.* Londres: 1861.

SAY, Jean-Baptiste. *A treatise on political economy.* Trad. C. R. Prinsep. Filadélfia, PA: Claxton, Remsen & Haffelfinger, 1880 [publicado originalmente em 1803].

SENIOR, Nassau W. *Industrial efficiency and social economy.* Editado por S. Leon Levy. Nova York: Holt, 1928. 2 v. [escrito em 1847-1852].

_________. *An outline of the science of political economy.* Nova York: Kelley, 1951 [publicado originalmente em 1836].

STARK, W. *Jeremy Bentham's economic writings.* Nova York: Franklin, 1952-1954. 3 v.

Artigos de revistas especializadas

BAUMOL, W. J. Say's (at least) eight laws, or what Say and James Mill may really have meant. *Economica,* n. 44, p. 145-162, maio 1977.

BRADLEY, Michael E. John Stuart Mill's demand curves. *History of Political Economy,* n. 21, p. 43-56, primavera de 1989.

DE MARCHI, Neil. The success of Mill's principles. *History of Political Economy,* n. 6, p. 119-157, verão de 1974.

HOLLANDER, Samuel. The wage path in classical growth models: Ricardo, Malthus, and Mill. *Oxford Economic Papers,* n. 36, p. 200-212, jun. 1984.

THWEATT, William O. Early formulators of Say's law. *Quarterly Review of Economics and Business,* n. 19, p. 79-96, inverno de 1979.

WEST, E. G.; HAFER, R. W. J. S. Mill, unions, and the wages fund recantation: a reinterpretation. *The Quarterly Journal of Economics,* n. 92, p. 603-619, ago. 1981.

9

A ASCENSÃO DO PENSAMENTO SOCIALISTA

Os dogmas e os pronunciamentos políticos da economia política clássica atraíram a crítica de vários grupos diferentes de pensadores. Concentraremo-nos nas ideias desses grupos nos capítulos 9, 10 e 11. Este capítulo proporciona uma visão geral do socialismo e analisa os pontos de vista de alguns dos primeiros críticos socialistas do capitalismo. O Capítulo 10 analisará a "lei do movimento" da sociedade capitalista de Marx. No Capítulo 11, discutiremos a reação da escola histórica alemã às ideias da escola clássica.

UMA VISÃO GERAL DO SOCIALISMO

O cenário histórico do socialismo

Com o advento de grandes fábricas, a Revolução Industrial acabou com a segurança da velha economia artesã dos vilarejos agrícolas. Em volta dessas fábricas surgiram favelas com multidões, em que o vício, o crime, a doença, a fome e a miséria constituíam um estilo de vida. Quando ocorriam acidentes nas indústrias, as famílias das vítimas recebiam pouca ou nenhuma compensação. Os direitos políticos para os assalariados não existiam, e os sindicatos eram ilegais. Cada vento desfavorável, que reduzia a produção e o emprego, compunha a miséria dos trabalhadores, e cada êxito da industrialização – embora em último caso criasse mais empregos do que os destruísse – colocava dezenas de milhares de artesãos no mercado de trabalho. A pobreza dos povos parecia que aumentava constantemente à medida que as grandes fortunas se multiplicavam. Como George Crabbe escreveu em *The village*, em 1783:

> Onde a Abundância sorri, ah! ela sorri para poucos.
> E aqueles que não a experimentam, ainda assim a contemplam.
> Como os escravos que cavam por ouro.
> A riqueza ao seu redor os faz pobres duas vezes.

Não é de estranhar que, um século após o início da Revolução Industrial na Inglaterra, John Stuart Mill acreditasse que "até agora é questionável se todas as invenções mecânicas já feitas têm aliviado os dias de trabalho de qualquer ser humano. Elas têm permitido que a maioria da população tenha a mesma vida de escravidão e aprisionamento e que um número elevado de fabricantes e outros façam fortunas".[1]

Esse cenário pedia por uma reforma econômica. Entretanto, a maioria dos proprietários de capital – frequentemente citando declarações de Smith e outros clássicos – sustentava, com teimosia, o conceito de que o melhor governo é aquele que interfere o mínimo na economia. Alguns historiadores concluem que o fracasso do sistema anterior ofereceu uma força adicional à ascensão do socialismo marxista, e mais socialistas moderados persuadiriam os industriais a se unir aos movimentos humanitários.

Tipos de socialismo

Aqueles que defendiam o socialismo com frequência discordavam, veementemente, do tipo de socialismo a ser buscado. É necessário, portanto, delinear os diversos tipos de socialismo antes de tentar a tarefa mais difícil de selecionar as ideias comuns. Os principais tipos de socialismo incluem os seguintes:

Socialismo utópico. Este data de aproximadamente 1800, com Henri Comte de Saint-Simon, Charles Fourier e Robert Owen como figuras principais. Eles desenvolveram suas ideias na época em que os trabalhadores industriais ainda eram fracos e desorganizados, desmoralizados pelas rápidas mudanças da Revolução Industrial, desprovidos de privilégios e ainda não cientes de seu poder latente. Os socialistas utópicos consideravam a economia de mercado competitiva, injusta e irracional. Eles organizaram os conceitos das organizações sociais perfeitas e, então, conclamaram o resto do mundo a adotá-los. Pregaram mais a união universal do que a luta de classes e confiaram nos capitalistas para cooperar com eles e até mesmo financiar seus projetos. As imaginárias comunidades cooperativas modelo foram elaboradas, e algumas foram, de fato, testadas, geralmente sem sucesso.

Socialismo de Estado. Este envolve a posse do governo e a operação de todos os setores ou de setores específicos da economia com propósitos de alcançar mais os objetivos sociais gerais do que o lucro. A antiga União Soviética é um exemplo de nação em que todos os setores principais eram, até recentemente, propriedades do Estado e administra-

1 MILL, John Stuart. *Principles of political economy:* with some of their applications to social philosophy. Nova York: D. Appleton and Company, v. 2, p. 340.

dos por ele. Mas o socialismo de Estado também pode ocorrer em um sistema capitalista. Os exemplos nos Estados Unidos são o sistema federal de previdência social, a Tennessee Valley Authority[2] e o serviço postal. Historicamente, os socialistas de Estado consideravam o Estado um poder imparcial que poderia ser influenciado em favor da classe trabalhista se o voto fosse difundido e os trabalhadores fossem instruídos e organizados. Então, o Estado poderia ter o comando das empresas e tornar-se o empregador ou poderia estimular e subsidiar as cooperativas (os trabalhadores e os consumidores como proprietários). Louis Blanc foi o primeiro e o principal teórico do socialismo de Estado.

Socialismo cristão. Essa versão de socialismo se desenvolveu na Inglaterra e na Alemanha após 1848, com Charles Kingsley como seu principal defensor na Inglaterra. Esse socialismo surgiu após o fracasso dos movimentos radicais nesses dois países. O consolo da religião era oferecido aos trabalhadores para aliviar seu sofrimento e proporcionar esperanças. A Bíblia servia para compor o manual do líder do governo, do empregador e do trabalhador. A ordem de Deus eram o amor e o companheirismo mútuos. A propriedade dos ricos era administrada em benefício de todos. Esse movimento, que repudiava a violência e a luta de classes, defendeu a reforma sanitária, a educação, a legislação da fábrica e as cooperativas.

Anarquismo. Com Pierre-Joseph Proudhon (1809-1865) como um dos primeiros teóricos, o anarquismo declarava que todas as reformas do governo são coercivas e que deveriam ser abolidas. De acordo com Proudhon:

> A experiência mostra, na verdade, que em qualquer lugar e sempre, o Governo, como quer que tenha sido para as pessoas em sua origem, ficou ao lado da classe mais rica e instruída contra a classe mais numerosa e pobre; tem pouco a pouco se tornado limitado e exclusivo; e, em vez de manter a liberdade e a igualdade entre todos, trabalha persistentemente para destruí-las, pela virtude da tendência natural para o privilégio (...) Podemos concluir sem medo que a fórmula revolucionária não pode ser o *Governo imediato*, nem o *Governo simplificado*, [mas de preferência] é o nenhum Governo (...) Governar as pessoas sempre será enganá-las. O homem está sempre dando ordens ao homem, a ficção que cria um final de liberdade.[3]

Os anarquistas não acreditavam que a sociedade não tinha ordem, mas sim que a ordem da sociedade surgia dos grupos do governo autônomo por meio do esforço voluntário ou aliado. A natureza humana, eles afirmavam, é essencialmente boa se não for corrompida pelo Estado e suas instituições. A propriedade privada deveria ser substituída pela posse coletiva de capital pelos grupos cooperativos. Os anarquistas previam as comunidades se empregando na produção e comercializando com outras comunidades, com as associações de produtores controlando as produções agrícola, industrial e até mesmo intelectual e artística. Esperava-se que as associações dos consumidores coordenassem a habitação, a iluminação, a saúde, a comida e o saneamento. A compreensão mútua, a cooperação e a

---

2 N.R.T. Órgão federal norte-americano criado na década de 1930 para desenvolver o potencial hidrelétrico do rio Tennessee e que acabou construindo 26 barragens no rio e em seus afluentes.

3 PROUDHON, Pierre-Joseph. *General idea of the revolution of the nineteenth century.* Trad. John B. Robinson. Londres: Freedom Press, 1923. p. 108, 126. [publicado originalmente em 1851].

liberdade total caracterizariam a sociedade anarquista. A iniciativa individual seria encorajada, e cada tendência para a autoridade uniforme e centralizada seria eficientemente controlada. Embora os métodos para alcançar seus objetivos sejam diferentes, a comunidade ideal dos anarquistas se parece com a dos socialistas utópicos.

Socialismo marxista. Como discutiremos no Capítulo 10, o socialismo marxista, ou "científico", baseia-se em uma teoria valor trabalho e uma teoria de exploração dos assalariados pelos capitalistas. Embora Marx e Engels desprezassem o capitalismo com entusiasmo, eles respeitavam o grande aumento na produtividade e a produção resultantes dele. Entretanto, o capitalismo deparou-se com as lutas de classes e as contradições que inevitavelmente liderariam a queda de seu governo e o substituiriam pelo socialismo. O Estado capitalista oprime os trabalhadores. A classe trabalhadora, ao derrubar o Estado burguês, estabelecerá sua própria ditadura do proletariado para destruir a classe burguesa. Com o socialismo resultante, a propriedade privada dos bens de consumo é permitida, com exceção da terra e do capital, em geral possuídos pelo governo central. A produção é planejada, assim como a taxa de investimento, sendo o objetivo do lucro e o livre mercado eliminados como as principais forças da economia.

Comunismo. De acordo com Marx, o comunismo é o estado da sociedade que finalmente substitui o socialismo. Sob o socialismo, o *slogan* é "De cada um de acordo com sua habilidade, para cada um de acordo com seu trabalho". Sob o comunismo, o *slogan* torna-se "De cada um de acordo com sua habilidade, para cada um de acordo com sua necessidade". Isso pressupõe uma superabundância de bens em relação aos desejos, a eliminação dos pagamentos em dinheiro com base no trabalho realizado e uma devoção à sociedade tão abnegada quanto a lealdade de uma pessoa à sua família. O Estado se enfraquecerá quando as classes antagônicas desaparecerem, e o controle sobre as pessoas será substituído pela administração sobre as coisas, tais como os amplos sistemas das vias férreas e os complexos de maquinário, de carvão e ferro.

Atualmente, os chamados países comunistas têm estabelecido, na verdade, o socialismo de Estado ou estão no processo de estabelecê-lo. O comunismo não existe em nenhum lugar, exceto em pequenas comunidades cooperativas, geralmente motivadas por uma religião comum ou outras campanhas ou fervores. Aqui, as pessoas trabalham juntas, juntam seus lucros e extraem as coisas de que precisam de um fundo comum.

Revisionismo. Na Alemanha, o revisionismo era defendido por Eduard Bernstein (1850-1932). Na Inglaterra, os socialistas fabianos,[4] liderados por Sidney e Beatrice Webb (1859-1947; 1858-1943), eram revisionistas, mas, diferentemente do movimento de esquerda alemão, eles nunca aderiram ao marxismo para qualquer iniciativa significativa. O revisionismo abjurava a luta de classes; negava que o Estado fosse necessariamente um instrumento da classe rica e fixava suas esperanças na educação, nas propagandas eleitorais e no ganho de controle do governo por meio do voto secreto. O governo devia regulamentar os monopólios, controlar as condições de trabalho nas fábricas, comandar alguns serviços públicos e, gradualmente, aumentar sua posse de capital. O revisionismo tem

4 N.R.T. O socialismo fabiano (nome dado em homenagem ao general romano Fabius Maximus Concator, que venceu pacientemente Aníbal) tinha por lema: "Evolução, em vez de revolução".

sido chamado algumas vezes de "socialismo de gás e água", pois os revisionistas, especialmente o grupo fabiano, favoreceram a posse municipal dos serviços públicos.

Sindicalismo. Georges Sorel (1847-1922) promoveu e popularizou esse tipo de socialismo nos círculos de trabalho nos países latinos da Europa. Os sindicalistas eram contra o parlamentar e o militarista. Eles acreditavam que o socialismo deteriora as crenças burguesas quando empregado na atividade política e parlamentar. Se representado no parlamento, o movimento degeneraria em oportunismo para ganhar influência política. O que os trabalhadores exigem é um grande sindicato[5] que não represente os jogos da burguesia de procurar uma reforma social e o melhoramento das condições. O sindicato não deve se interessar por greves e fundos de garantia, acordos do sindicato, fundos do sindicato ou reforma fragmentária. As greves devem ser feitas para provocar a consciência revolucionária e o combate dos trabalhadores; a sabotagem deve, frequentemente, ser utilizada como arma na luta de classes. Finalmente, a greve geral de um grande sindicato terminará com o capitalismo. Cada indústria, então, será organizada como uma unidade autônoma administrada pelos trabalhadores, e essas unidades serão unificadas em uma federação que se tornará o centro administrativo. Os sindicalistas esperavam que o governo coercivo desaparecesse.

O sindicalismo se diferenciou do anarquismo, pois acreditava exclusivamente no unionismo[6] revolucionário e na greve geral para derrubar o governo. Mas ambos favoreciam a abolição da propriedade privada e a extinção do governo político. Os trabalhadores industriais do mundo (apelidados de *"wobblies")*, que se estabeleceram nos Estados Unidos em 1905, foram um exemplo de união sindicalista.

Socialismo da guilda. G. D. H. Cole (1889-1959), professor de economia da Oxford University, foi o principal defensor desse tipo de socialismo. Era, inicialmente, um movimento britânico, de gradualismo e de reforma, e atingiu seu apogeu aproximadamente na época da Primeira Guerra Mundial. Os socialistas da guilda aceitaram o Estado como uma instituição necessária para expressar os interesses gerais dos cidadãos enquanto consumidores. A supervisão real das indústrias deveria ser confiada mais aos empregados (os produtores), organizados em suas guildas industriais, do que ao governo. Entretanto, o governo deveria desenvolver a política econômica geral para toda a comunidade, não meramente para os trabalhadores. Cada trabalhador seria um sócio na empresa para a qual trabalhava. Essa era a essência da "democracia industrial" que os socialistas da guilda favoreciam. A nação não seria mais dividida entre campos opostos de capital e mão de obra. Em vez disso, seria dividida entre produtores e consumidores, cada um com sua associação nacional - a guilda e o governo. Assim, os produtores e os consumidores formariam uma sociedade igualitária.

As associações do socialismo

Os vários tipos de socialismo tinham muitas características em comum. Primeiro, todos eles repudiavam a ideia clássica da harmonia dos interesses. Em vez disso, eles viam a

5 N.R.T. Em termos modernos, uma central sindical.
6 N.R.T. Movimento referente às uniões de trabalho (sindicatos), organizadas após o advento da Revolução Industrial.

sociedade como sendo composta de classes distintas, cujos interesses eram frequentemente opostos uns aos outros. Segundo, e acompanhando o primeiro, todos os socialistas eram contra o conceito de *laissez-faire*. À exceção dos anarquistas, os socialistas viam o governo como sendo potencialmente um representante progressivo dos interesses da classe trabalhadora. Terceiro, essas pessoas rejeitavam a lei de mercados de Say, afirmando que, em vez disso, o capitalismo é caracterizado por crises econômicas periódicas ou estagnação geral. Quarto, os socialistas negavam o conceito de humanidade sobre o qual o pensamento clássico era fundamentado, em vez de acreditarem na perfectibilidade das pessoas. O capitalismo produzia o comportamento do interesse próprio por meio de sua ênfase sobre os lucros obtidos e a riqueza acumulada. Com o ambiente apropriado, as virtudes humanas mais nobres, como a colaboração com os outros, surgiriam. Quinto, cada uma das várias ideologias socialistas defendia a ação coletiva e a posse pública das empresas para melhorar as condições do povo. Essa posse poderia ser feita pelo governo central, pelos governos locais ou pelas empresas cooperativas.

A quem o socialismo beneficiou ou tentou beneficiar?

Muitos grupos moderados (socialistas utópicos, cristãos e da guilda) afirmaram representar os interesses de todos, com ênfase primordial sobre as necessidades e os interesses dos trabalhadores. Eles serviram aos trabalhadores ao estimular a consciência da sociedade e ao inspirar os reformadores da classe média, promovendo, desse modo, a reforma da legislação. Na medida em que desviaram os trabalhadores das uniões organizadas e dos partidos políticos para promover seus próprios interesses, eles também serviram aos empregadores e aos proprietários de terras. O socialismo cristão surgiu em uma época em que as doutrinas socialistas estavam ganhando espaço entre os trabalhadores. Seus adeptos perceberam que o movimento radical deveria ser cristianizado, senão o cristianismo perderia sua atração.

Muitos grupos socialistas radicais (marxista, anarquista e sindicalista) declararam a luta de classes contra os ricos. Seu único objetivo era promover os interesses da classe trabalhadora. Por meio da atividade variada dos sindicatos, da pressão parlamentar ou da ameaça de revoltas, sua agitação e organização ajudaram no ganho de concessões dos capitalistas.

Como o socialismo era válido, útil ou correto em seu tempo?

Os trabalhadores tinham reclamações legítimas contra o capitalismo do *laissez-faire* à medida que ele se desenvolvia em suas primeiras décadas. Em meados de 1800, o socialismo utópico expressou a consciência conturbada da humanidade. O socialismo marxista ofereceu uma dissecação teórica complexa da sociedade contemporânea que expôs e exagerou seus supostos males. Mas, como outras críticas socialistas, ele teve certa validade em sua época. Aqueles que representavam o *status quo* não tinham enfrentado diretamente os problemas da pobreza e da estagnação econômica da sucessão de negócios. Assim, os socialistas prestavam um serviço ao concentrar sua atenção nesses problemas não resolvidos. O socialismo representou um papel historicamente útil ao promover os atos de fábrica, a reforma sanitária, as associações cooperativas, as leis de compensação dos trabalhadores, os sindicatos, as pensões, e assim por diante.

Quais doutrinas do socialismo se tornaram contribuições permanentes?

Muitas das doutrinas do socialismo não resistiram à ação do tempo. Por exemplo, descobriremos em nossa avaliação de Marx (Capítulo 10) que sua previsão central - o empobrecimento da classe trabalhadora - não ocorreu. Nem a reorganização da sociedade junto com as linhas socialistas ocasionou a esperança para a nova expansão da liberdade, o crescimento da atividade coletiva para o bem comum, os melhores padrões de moralidade e justiça, a maior segurança para o indivíduo e o subsequente renascimento cultural.

As doutrinas socialistas têm mostrado problemas terríveis decorrentes de sua implementação. Como uma sociedade cria uma distribuição de renda equitativa sem prejudicar os incentivos que conduzem à produção de mercadorias (e, portanto, à própria renda)? Se os pagamentos da renda se tornam arbitrários, o que impede o governo de usá-los para recompensar os legalistas e punir as pessoas que têm ideias diferentes? Como você planeja e coordena a distribuição dos recursos produtivos em uma economia grande e industrializada? Quanto deveria ir para o consumo de bens? E para os bens de capital? Quais bens de consumo deveriam ser produzidos, e quanto de cada um? Quais são as alternativas se o único fornecedor de certo bem oferecer mercadorias de má qualidade? Como os consumidores podem fazer para que os planejadores do governo principal que tomam decisões que afetam vitalmente os indivíduos mais humildes nos lugares mais longínquos do território saibam de suas necessidades? Pode haver liberdade política na ausência de liberdade econômica? Por exemplo, pode haver imprensa livre quando o governo possui as gráficas? Se os objetivos da produção no planejamento são determinados em termos de *quantidade*, como a *qualidade* do produto pode ser assegurada? Quais forças estimularão a busca por nova tecnologia e novos produtos na ausência dos empresários?

A validade e a utilidade das teorias econômicas devem ser julgadas finalmente não pelo grau de entusiasmo que geram, mas pelo escrutínio intelectual e pela evidência acumulada. Nem a evidência nem o escrutínio intelectual têm sido bons para o marxismo totalitário, em particular. Nos primeiros anos da década de 1990, essa forma de socialismo desmoronou dramaticamente na Europa Oriental e na antiga União Soviética. Os regimes marxistas que continuaram estão acossados pelos grandes problemas que ameaçam sua continuidade.

Isso não sugere que os primeiros socialistas fracassaram em dar contribuições permanentes ao desenvolvimento do pensamento econômico. Na realidade, eles contribuíram de várias maneiras. Primeiro, esses pensadores desenvolveram a base do pensamento econômico socialista, que enfatizava a posse dos meios de produção pelo Estado juntamente com o planejamento e a coordenação nacional. Muitas nações, como a Índia e a Suécia, são ainda controladas por aspirações socialistas democráticas. Grandes coligações socialistas deliberativas também continuam em arredores não socialistas, incluindo Japão, Itália e França. Dessas perspectivas, fica claro que as ideias socialistas não tiveram, de fato, uma influência permanente.

Segundo, muitas das propostas políticas feitas pelos socialistas estão, agora, instituídas nas nações capitalistas. Muitos dos programas sociais de hoje - por exemplo, a previdência social, o salário dos trabalhadores, o salário-desemprego, as leis do salário-mínimo e do pagamento pelas horas extras, as leis de segurança e saúde no trabalho - eram defendidos, de alguma forma, pelos socialistas, enquanto os principais defensores da economia clássica se opunham fortemente a eles. Por várias razões, a sociedade incorporou as propostas políticas, dos socialistas, suavizando assim as delimitações do capitalismo. À medida que os trabalhadores se fortaleciam como um grupo, muitos capitalistas decidiram que era melhor dar um pouco do que ter tirado muito. Para a surpresa da maioria dos socialistas, o crescimento econômico também aumentou substancialmente os salários dos trabalhadores. Os trabalhadores, principalmente, poderiam trocar uma parte de seus salários diretos por alguns benefícios (horas de trabalho reduzidas, aposentadoria, seguro de saúde) proporcionados por seus empregadores. Eles também poderiam pagar taxas por meio das quais o governo poderia financiar parcialmente a previdência social, os programas de reciclagem profissional, e assim por diante. Além disso, as reformas da classe média, que estavam mais na linha de John Stuart Mill do que de Smith e Say, patrocinaram com sucesso a melhoria das condições injustas, enquanto rejeitaram as exigências socialistas pela eliminação da propriedade privada.

Uma terceira contribuição permanente dos socialistas foi sua ênfase e análise sobre o crescimento do poder do monopólio, o problema da distribuição de renda e a realidade dos ciclos econômicos. Essa ênfase e essa análise forçaram uma reavaliação das concepções básicas e fizeram que as teorias fossem incorporadas na profissão econômica.

Com essas ideias em mente, vamos examinar os trabalhos dos seis primeiros socialistas mais importantes: Saint-Simon, Fourier, Sismondi, Owen, Blanc e Kingsley. Esses personagens, como seus homólogos ortodoxos, perguntaram e tentaram responder às três questões fundamentais da economia: o que deveria ser produzido? Como deveria ser produzido? Para quem? As respostas que eles deram foram significativamente diferentes das dos clássicos! Nisso consiste o valor da investigação mais próxima de seu pensamento.

HENRI COMTE DE SAINT-SIMON

Henri Comte de Saint-Simon (1760-1825) pertencia a uma decadente família da nobreza francesa. Ele lutou no lado colonial na Revolução Norte-Americana como oficial regular, distinguindo-se na Batalha de Yorktown. Durante os primeiros estágios da Revolução Francesa, ele renunciou a seu título. No auge da revolução, tornou-se um grande especulador das terras confiscadas da Igreja e dos *emigrantes,* comprando a crédito e mais tarde pagando em *assignats*[7] de rápida depreciação. Saint-Simon permaneceu um tempo na prisão, mas foi solto mais tarde, após a queda de Robespierre. Posteriormente, abandonou a função de financista para se tornar filósofo e profeta. Com uma extravagância excessiva, recepcionou e financiou os jovens e promissores cientistas, artistas e estudiosos, mas essa prodigalidade logo o deixou pobre e, por isso, ele morou por muitos anos na casa dos antigos criados. Com a morte de sua mãe, Saint-Simon trocou sua herança por uma pequena pensão de sua família. Em 1823, devido a uma situação financeira desesperadora, ele disparou sete balas de pistola em sua cabeça, mas milagrosamente sobreviveu, perdendo apenas um olho.

Saint-Simon, um socialista utópico, desenvolveu suas ideias antes de o movimento político da classe trabalhadora na França se formar. Ele, portanto, não fez nenhum apelo

7 N.R.T. Letras do tesouro emitidas em 1789. Durante a Revolução Francesa, chegaram a 1/3 de seu valor de face. Por volta de 1796, atingiram menos de 1% de seu valor original.

aos trabalhadores para lutarem contra seus empregadores. Considerando a ociosidade um pecado, criou uma religião do trabalho e da indústria. Saint-Simon alarmou os ricos, pois fez da produção, e não da propriedade, a base de sua sociedade proposta. O plano que ele traçou separou os produtores dos não produtores.

Ele escreveu que um parlamento industrial deveria consistir em três câmaras: a invenção, a revisão e a execução. A primeira câmara, composta de artistas e engenheiros, projetaria as obras públicas. A segunda, administrada pelos cientistas, examinaria os projetos e controlaria a educação. A terceira, constituída dos chefes da indústria, realizaria os projetos e controlaria o orçamento. Essa era uma das primeiras propostas para o planejamento central feito pela elite instruída.

Saint-Simon rejeitou a concepção fundamental dos economistas clássicos de que os interesses de um indivíduo coincidem com o interesse geral. Ele insistia que uma nova ética era necessária para conter o egoísmo antissocial dos ricos e impedir uma revolta anárquica dos pobres. A preocupação humanitária com a classe trabalhadora foi um assunto dominante em seus manuscritos posteriores.

O ataque de Saint-Simon contra os ociosos levou seus seguidores a se oporem às leis da herança e a exigir a posse coletiva da propriedade. Após sua morte, seus discípulos organizaram uma escola que se tornou quase uma religião. O entusiasmo de Saint-Simon pela indústria de grande escala ajudou a inspirar os grandes bancos, as ferrovias, as estradas, o Canal de Suez e os enormes empreendimentos industriais.

Alguns pequenos trechos dos trabalhos de Saint-Simon ilustrarão suas ideias:

> Um único objetivo de nossos pensamentos e de nosso empenho deve ser o tipo de organização mais favorável à indústria – a indústria entendida em um sentido mais amplo, incluindo cada tipo de atividade útil; teórica tão bem quanto prática, intelectual tão bem quanto manual. (...) Nosso desejo é que os homens façam, de agora em diante, conscientemente, e com melhor direção e esforço mais útil, o que eles até agora faziam com indecisão, inconsciência, devagar e também sem eficiência (...)
>
> Suponha que a França de repente perca 50 de seus melhores físicos, químicos, fisiologistas, matemáticos, poetas, pintores, (...) engenheiros, (...) banqueiros, (...) empresários, (...) fazendeiros, (...) mineradores, (...) latoeiros (...); incluindo-se nesses três mil os principais cientistas, artistas e artesãos na França.
>
> Esses homens são os produtores franceses mais essenciais, aqueles que fabricam os produtos mais importantes, aqueles que direcionam os empresários mais úteis para a nação, aqueles que contribuem para o sucesso da nação nas ciências, belas-artes e profissões. São, no sentido mais verdadeiro, a fina flor da sociedade francesa; são, acima de todos, os franceses, os mais úteis para seu país, contribuem muito para sua glória, aumentando sua população e prosperidade. A nação se tornaria um cadáver assim que os perdesse (...) Seria necessária, no mínimo, uma geração para a França reparar essa desgraça (...)
>
> Vamos passar para outra suposição. Suponha que a França preserve todos os homens de talento que possui nas ciências, belas-artes e profissões, mas tenha a desgraça de perder no mesmo dia *Monsieur*, o irmão do rei [e outros membros da família real] (...) Suponha que a França perca, ao mesmo tempo, todos os oficiais importantes da família real, todos os ministros (com ou sem pasta), todos os conselheiros do Estado, todos os magistrados importantes, marechais, cardeais, arcebispos, bispos, vigários em

geral e cônegos, todos os prefeitos e subprefeitos, todos os empregados civis e juízes e, além disso, dez mil dos proprietários mais ricos que vivem no estilo dos nobres.

Essa desgraça certamente afligiria os franceses, pois eles são bondosos e não poderiam ver com indiferença o desaparecimento repentino do grande número de seus compatriotas. Mas essa perda de 30 mil indivíduos, considerada a mais importante no Estado, pesaria neles apenas por razões puramente sentimentais e não resultaria em nenhum mal político para o Estado.

Em primeiro lugar, seria fácil preencher as vagas que estariam disponíveis. Há muitos franceses que poderiam ocupar a função do irmão do rei tão bem quanto o Monsieur (...) As antessalas do palácio estariam cheias de cortesãos prontos a ocupar o lugar dos importantes oficiais da família (...) Quanto aos dez mil aristocratas proprietários de terra, seus herdeiros poderiam não precisar de nenhuma aprendizagem para fazer as honras de suas salas de visita tão bem quanto eles.

A prosperidade da França só pode existir por meio dos efeitos do progresso das ciências, das belas-artes e das profissões. Os príncipes, os principais oficiais da família, os bispos, os marechais da França e os proprietários de terras ociosos não contribuem diretamente em nada para o progresso das ciências, das belas-artes e das profissões. Longe de contribuir, eles apenas atrapalham, uma vez que tentam prolongar a supremacia existente até esta data de ideias conjeturais sobre a ciência positiva. Eles inevitavelmente prejudicam a prosperidade da nação ao desproverem, como fazem, os cientistas, os artistas e os artesãos da alta estima que eles apropriadamente detêm. Eles são prejudiciais, pois gastam sua riqueza de um modo que não tem utilidade direta para as ciências, as belas-artes e as profissões: eles são prejudiciais, pois representam um peso para a taxação nacional, em cerca de 300 ou 400 milhões a título de compromissos, pensões, presentes, salários, para a manutenção de suas atividades que são inúteis para a nação (...) A sociedade é um mundo de cabeça para baixo. A nação sustenta como princípio fundamental que os pobres deveriam ser generosos com os ricos e que, portanto, as classes mais pobres deveriam diariamente se privar de bens para aumentar o luxo supérfluo dos ricos.[8]

Em 1819, Saint-Simon foi preso e julgado por heresia por expressar essas ideias controvertidas, mas foi inocentado. De fato, as ideias de Saint-Simon tinham implicações revolucionárias. Ele declarou:

Os homens mais ricos e mais poderosos têm interesse no crescimento da igualdade, já que os meios para a satisfação de seus desejos aumentam na mesma proporção da igualdade dos indivíduos que constituem a comunidade (...) Os cientistas, artistas, industriais e chefes da indústria são os homens que possuem a habilidade eminente, variada e positivamente útil, para a direção das mentes dos homens na época atual (...) Eles (...) são os homens aos quais deveria ser confiado o poder administrativo (...)

A comunidade tem sido comparada frequentemente a uma pirâmide. Admito que a nação deveria ser composta como uma pirâmide; estou profundamente convencido de que a pirâmide nacional deveria ser coroada pelo monarca, mas insisto que, da base da pirâmide para seu pico, as camadas devem ser compostas de mais e mais materiais preciosos. Se considerarmos a pirâmide atual, parece que a base é feita de granito, que, até certa altura, as camadas são compostas de materiais valiosos, mas a parte mais

8 MARKHAM, F. M. H. (ed.). *Henri Comte de Saint-Simon, selected writings*. Oxford: Basil Blackwell, 1952. p. 70-74.

> alta, apoiando um diamante magnífico, é composta de nada, exceto gesso e cobertura de ouro.
>
> A base da atual pirâmide nacional consiste em trabalhadores nas suas ocupações de rotina; a primeira camada acima dessa base são os chefes das empresas industriais, os cientistas que aperfeiçoam os métodos de fabricação e aumentam sua aplicação, os artistas que estampam com bom gosto todos os seus produtos. As camadas mais altas, que afirmo serem compostas de nada, exceto gesso, que são facilmente reconhecíveis apesar da cobertura de ouro, são os cortesãos, a massa dos nobres da velha geração ou da criação recente, os ricos ociosos, a classe governante do primeiro-ministro ao clérigo mais humilde. O monarca é o diamante magnífico que coroa a pirâmide.[9]

Apesar dessas afirmações extremas, Saint-Simon não foi socialista em apenas um aspecto: não defendeu a apropriação da propriedade privada, embora alguns de seus discípulos a tenham defendido.

CHARLES FOURIER

Charles Fourier (1772-1837) foi um socialista utópico excêntrico que lentamente conquistou um vasto e devoto grupo de seguidores em vida e postumamente. Ele não foi, de forma alguma, um revolucionário, e seus ataques eram dirigidos, geralmente, aos ricos ou ao rei. Filho de uma família de mercadores de classe média que perdeu a maioria de seus bens durante a Revolução Francesa, foi um balconista em várias casas de tecidos e de outros comércios. Trabalhador pobre durante toda a sua vida, teve de estudar durante as horas livres nas salas de leitura da biblioteca. Os títulos de seus livros transmitem a natureza extraordinária de seu pensamento: *Theory of the four movements and the general destinies* (1808), *The theory of universal unity* (1829) e *The new industrial and social world* (1829).

Fourier foi um crítico do capitalismo. Diferentemente de Saint-Simon, não gostava da produção de grande escala, da mecanização e da centralização. Ele considerava que a concorrência multiplica os desperdícios nas vendas e que os empresários seguram ou destroem as mercadorias para elevar os preços. O comércio, para ele, era pernicioso e corrupto, retratando a pobreza moral do mundo burguês. Ele denunciou uma sociedade que "concede sua grande proteção aos agentes da fome e da epidemia". Criticou o "progresso do financiamento, os sistemas de extorsão, a falência indireta, as antecipações da receita, [e] a arte de destruir o futuro", tudo o que via no capitalismo. Sob a terminologia "o progresso de espírito mercantil", ele incluía "a consideração de acordo com o roubo e a desonestidade comercial. A comercialização das ações elevada a um poder que ridiculariza a lei invalida todos os frutos da indústria, compartilha a autoridade dos governos e propaga em todos os lugares o frenesi do jogo com os fundos públicos".[10]

A solução de Fourier para os problemas sociais era remover as barreiras artificiais para haver interação harmoniosa das 12 paixões (os cinco sentidos, as quatro paixões do grupo [amizade, amor, ternura familiar e ambição] e as três paixões distributivas [planejamento, mudança e unidade]). Isso poderia ser completado pela organização das

9 Ibidem, p. 77-80.

10 Julia Franklin (Trad.). *Selections from the works of Fourier.* Londres: Swan Sonnenshein, 1901. p. 93-94.

comunidades cooperativas chamadas de *falanstérios ou falanges*.[11] Seu amor pela ordem, simetria e precisão o levou a traçar planos elaborados para essas comunidades. Cada associação uniria 300 famílias, ou 1.800 pessoas, sobre 315 metros quadrados de terra. Todos morariam em uma habitação palaciana de três andares, que ele descreveu minuciosamente. A produção agrícola e o trabalho manual predominariam, e a produção da riqueza aumentaria dez vezes em relação à da caótica indústria privada. Um grande celeiro seria mais econômico de ser construído e mais fácil de ser protegido contra o fogo do que 300 celeiros pequenos. A convivência das pessoas com honra e conforto eliminaria o roubo e a despesa para se proteger contra ele. O trabalho coletivo melhoraria as condições climáticas, e poucas roupas seriam necessárias. As economias de uma cozinha e de apartamentos comuns, em vez de habitações separadas, seriam cuidadosamente calculadas. A falange resolveria o maior problema, que não era a desigualdade da riqueza, mas certamente sua insuficiência.

Quem faria o "trabalho sujo" nessa colônia utópica? As crianças! As crianças amam a sujeira e adoram se organizar em grupos. Em vez de frustrar essas tendências naturais, elas deveriam ser direcionadas para as funções sociais úteis, como fazer o trabalho desagradável. Por enquanto, as crianças deveriam aprender, como os adultos, uma variedade de trabalhos, para não serem extremamente especializadas e limitadas a uma simples tarefa.

Fourier defendia a igualdade total entre os sexos. Ele afirmava que a mulher confinada na economia doméstica interfere no próprio desenvolvimento dos talentos naturais.

Após fornecer a cada membro da falange o mínimo de subsistência, independentemente da contribuição do indivíduo para a empresa, o excedente seria dividido da seguinte maneira: $\frac{5}{12}$ ao trabalho, $\frac{4}{12}$ ao capital e $\frac{3}{12}$ ao talento e à técnica. Portanto, um apelo poderia ser feito aos capitalistas para financiar esse tipo de projeto sobre as bases dos ganhos de um retorno satisfatório sobre seus investimentos. Na verdade, Fourier anunciou ao mundo que ele estaria em casa todos os dias ao meio-dia para aguardar um capitalista que subscreveria uma associação. Ele esperou em vão por toda a sua vida, embora seus seguidores iniciassem muitas falanges por todo o mundo.

Nos Estados Unidos, o movimento foi popularizado antes da Guerra Civil por Albert Brisbane, Horace Greeley, George Ripley e outros. Das 40 falanges de Fourier organizadas nos Estados Unidos, as quais fracassaram, as mais conhecidas foram a North American Phalanx, localizada perto de Red Bank, New Jersey, e a Brook Farm, que foi organizada em 1841 perto de Boston. Entre os membros e visitantes interessados da Brook Farm estavam Charles A. Dana, Nathaniel Hawthorne, Ralph Waldo Emerson, Amos Bronson Alcott, Margaret Fuller, Theodore Parker, Orestes Bronson e William Henry Channing. Um terrível incêndio em 1846 acabou com a experiência.

Fourier mostrou muita originalidade, e suas ideias têm sido de grande influência, embora raramente lhe seja atribuído o reconhecimento de uma nova e desconhecida base de argumentação. A vivência cooperativa era central em seu pensamento, como um caminho a fim de transformar o ambiente para gerar um tipo de pessoa inteiramente nova e nobre. As falanges forneceriam durante a vida, ou do nascimento à morte, a previdência social. Para os primeiros estágios de sua sociedade ideal, Fourier defendeu "a segurança"

11 N.R.T. Comunidades baseadas no trabalho cooperativo e na repartição da produção de acordo com o trabalho, a capacidade e o capital de cada membro.

– a garantia de que a cada pessoa seriam dados uma subsistência mínima, segurança e conforto. Fourier se opôs ao excesso de especialização, prevenindo que a rotina se parece com as deformações da linha de trabalho e frustra os indivíduos, embora aumente intensamente a produção. Apesar dos fracassos no final, as falanges de Fourier influenciaram o movimento trabalhista na época e inspiraram muito o pensamento sobre como eliminar os desperdícios da empresa privada e promover um sistema econômico melhor. O movimento cooperativo é, em parte, um monumento de vida a Fourier.

SIMONDE DE SISMONDI

Simonde de Sismondi (1773-1842), suíço de ascendência francesa, foi economista e historiador. Ele e sua família se refugiaram na Inglaterra durante as agitações revolucionárias de 1793-1794. Voltando à Suíça, venderam a maioria de seus bens e compraram uma pequena fazenda na Itália, que eles mesmos cultivaram. Posteriormente, Sismondi retornou a Genebra, onde escreveu muitos trabalhos eruditos, entre eles *History of the Italian republics of the Middle Ages*, em 16 volumes, e *History of the French*, em 29 volumes.

Sismondi estava entre os primeiros a lançar um ataque direto contra a economia clássica, embora tenha sido um seguidor entusiástico de Adam Smith em seus anos iniciais. Ele nunca foi um socialista no sentido moderno, mas ajudou a preparar o terreno para o pensamento socialista. Em 1819, depois de 24 anos afastado da Inglaterra e notando as condições pavorosas daquele país, publicou *New principles of political economy*. Nesse livro, Sismondi afirmou que a irrestrita empresa capitalista, longe de produzir os resultados que Smith e Say esperavam, é obrigada a provocar a grande miséria e o desemprego. Sua crítica à lei de mercados de Say e sua negação de que uma economia de livre comércio tende em direção ao pleno emprego foram afirmadas muito cedo no crescimento da sociedade industrial moderna: "Vamos ter cuidado com essa perigosa teoria do equilíbrio que deve ser automaticamente estabelecida. Um certo tipo de equilíbrio, é claro, é restabelecido a longo prazo, mas o é após uma soma assustadora de sofrimento".[12] Lembre-se de que John Stuart Mill, meio século depois, ainda proclamaria a impossibilidade da satisfação geral.

Exaltando a possibilidade de superprodução e de crises, Sismondi foi um dos primeiros contribuintes para a teoria do ciclo econômico. Ele acreditava que, quando os salários estão no nível da subsistência, mais fundos de capital se tornam disponíveis para o investimento nas máquinas. Os banqueiros, ao conceder os créditos, fazem que os investimentos aumentem. Assim, enquanto há um aumento na produção dos bens manufaturados, a demanda pelo consumo é limitada. As consequências são as crises periódicas, que são necessárias para liquidar o excessivo investimento de capital em indústrias de grande escala, e a superprodução. O grande desemprego, é claro, acompanha essas crises. Além disso, a elevada concentração de riqueza ocasionada pela falência reduz cada vez mais o mercado interno. Portanto, a indústria é forçada a se abrir cada vez mais aos mercados estrangeiros e, dessa forma, necessariamente ocorrem as guerras nacionalistas. Assim, Sismondi foi uma das primeiras pessoas a formular explicitamente a acusação marxista, agora familiar, de que o imperialismo econômico é inerente ao capitalismo.

12 SISMONDI. Simonde de. *New principles of political economy*. 1819, v. 1. p. 20-21.

Apenas a intervenção do Estado asseguraria ao trabalhador um salário-mínimo e uma previdência social mínima. Sismondi negou que a maior produção agregada possível necessariamente coincide com a maior felicidade das pessoas. Uma menor produção, bem distribuída, seria preferível. Para interesse geral, portanto, o Estado deveria decretar leis regulando a distribuição. Como a agricultura da família em pequena escala é oposta à agricultura do arrendatário, promoveria uma distribuição de renda mais justa. Ele também recomendou a produção de pequena escala nas cidades para evitar uma produção maior do que se poderia vender. A agricultura deveria ser promovida à custa da urbanização. Ele era favorável às taxas sobre as heranças, às restrições a novas invenções suspendendo os direitos das patentes para que "o entusiasmo pelas descobertas esfriasse", à obrigação dos empregadores em proporcionar proteção aos seus trabalhadores na velhice, na doença e no desemprego, à cooperação e à solidariedade entre os trabalhadores e à divisão de lucros.

Sismondi afirmou que a energia de cada indivíduo não é de igual potência e que o interesse próprio do indivíduo não precisa coincidir com o interesse social. Os camponeses, ele pensava, tentam aumentar seu produto bruto, enquanto os grandes proprietários de terras estão preocupados apenas com sua receita líquida. Suponha, ele disse, que um pedaço de terra bem cultivado produza um resultado total de 1.000 xelins, dos quais 100 chegam ao proprietário como rendimento. Se a terra fosse deixada como um pasto, ela produziria, digamos, um rendimento de 110 xelins. O proprietário, portanto, dispensaria os arrendatários para lucrar 10 xelins, enquanto a nação perderia a quantia de 890 xelins da produção (1.000 - 110). É claro que o economista contemporâneo rejeitaria esse raciocínio. Se a terra consegue mais rendimento como pasto, sua contribuição para o bem-estar da sociedade deve ser maior nessa utilização do que nos usos alternativos.[13]

Sismondi foi o primeiro a aplicar o termo *proletário* aos trabalhadores assalariados. O termo referia-se originalmente aos homens da república romana que não tinham nada, que não pagavam impostos e que poderiam contribuir apenas com sua descendência – as proles – para o país.

Sismondi ofereceu uma prescrição relativamente moderna para tratar da abundância em uma determinada indústria.

> O governo deve, na verdade, voltar-se para a assistência aos homens e não à indústria; deve salvar seus cidadãos e não os comércios. Longe de promover o progresso do fabricante principal, de encorajá-lo a fabricar para uma perda, o governo deve contribuir principalmente com fundos para tirar os operários de um emprego que aumenta a dificuldade de todos os seus amigos cidadãos. Ele deve empregá-los naquelas obras públicas cujos produtos não se sustentam nos mercados e não aumentam a abundância geral. Os edifícios públicos, a prefeitura, os mercados, as ruas públicas são a riqueza nativa, embora não possam ser comprados ou vendidos (...)
>
> Mas, ao ajudar os trabalhadores em qualquer negócio industrial em decadência pelas obras públicas, o governo deve aderir principalmente às seguintes normas: não competir com um negócio existente e, assim, trazer nova agitação aos mercados; não fazer daqueles trabalhos que ele compra e paga uma ocupação permanente, à qual será vinculada uma nova classe de trabalhadores diários – *proletarii* –, mas fazê-los

13 Isso assume que há mercados competitivos e nenhuma externalidade.

> perceber quanto durará e onde terminará, que eles não possam se casar nesse estado precário (...)
>
> Para qualquer lado que olhamos, encontramos a mesma lição em qualquer lugar, *proteger os pobres* [a classe trabalhadora], e esse deve ser o estudo mais importante do legislador e do governo (...) Proteger os pobres, para que eles possam manter (...) aquela parte da renda da comunidade que seu trabalho pode lhes garantir; proteger os pobres, pois eles precisam de ajuda, para poder ter algum lazer, algum desenvolvimento intelectual para progredir na virtude, pois o maior perigo para a lei, para a paz e a estabilidade públicas é a crença dos pobres de que eles são oprimidos e seu ódio ao governo; proteger os pobres, se você deseja que a indústria cresça, pois os pobres são os consumidores mais importantes.[14]

Sismondi foi menos socialista do que um crítico social e um dissidente da teoria clássica. Seu grande interesse pelo ciclo econômico e seu humanitarismo parecem separá-lo dos economistas ortodoxos de sua época e inspirar os socialistas. Entretanto, ele não fez nenhum ataque fundamental contra a instituição da propriedade privada nem defendeu a existência comunal.

ROBERT OWEN

Robert Owen (1771-1858) foi o mais espetacular e famoso dos socialistas utópicos. Filho de um galês funileiro e seleiro, frequentou a escola por poucos anos. Aos 9 anos, foi trabalhar em um armazém na vizinhança como balconista. Posteriormente, foi empregado em lojas de tecidos em Londres. Aos 18 anos, tomou emprestadas cem libras e fez uma sociedade com um mecânico, que pôde construir um maquinário têxtil recém-inventado. Quando seu sócio o deixou, Owen se estabeleceu, utilizando as máquinas que tinha em mãos. Embora fosse bem-sucedido, uma oportunidade melhor cruzou seu caminho. Antes dos 20 anos, Owen tornou-se gerente de uma das maiores e mais bem-equipadas fábricas de fios em Lancashire. Essa fábrica empregava 500 trabalhadores. Owen foi o primeiro fiandeiro na Grã-Bretanha a utilizar o algodão das Ilhas Marítimas Americanas. Seu empregador lhe ofereceu sociedade, mas, em vez disso, Owen iniciou uma nova companhia para a fabricação de fios. Novamente bem-sucedido, aos 28 anos comprou as fábricas de fios New Lanark, de David Dale, na Escócia. Em seguida, casou-se com a filha de David Dale. As fábricas de fios de Owen tornaram-se as maiores e as mais bem-equipadas da Escócia.

Ao examinar o pensamento de Owen, podemos perceber o que o levou a se tornar um reformador de fábrica, socialista pioneiro, defensor das cooperativas, líder da organização sindical, fundador das comunidades utópicas e teórico no campo da educação. Sua tese central era de que o ambiente molda a natureza humana para melhor ou para pior. Os seres humanos não podem formar seu próprio caráter; seu caráter é, sem exceção, formado para eles. As pessoas não são verdadeiramente responsáveis por suas ações e deveriam ser moldadas para o bem, em vez de serem punidas por se tornarem más, pois o caráter é construído pelas circunstâncias. Todas as teorias, todos os sonhos e programas

14 SISMONDI, Simonde de. *Political economy and the philosophy of government*. Londres: Chapman, 1847. p. 220, 221 e 223 [publicado originalmente em 1826-1837].

de Owen, como os de Fourier, foram baseados na crença de que o oferecimento de melhores condições de trabalho geraria pessoas melhores. As pessoas deveriam tentar servir à comunidade e, assim, alcançar sua própria felicidade. Essa concepção mudou a economia clássica e o pensamento benthamista, que acreditava que o interesse próprio deveria servir à comunidade.

Em um ensaio publicado em 1813, Owen escreveu:

> Qualquer caráter comum, do melhor ao pior, do mais ignorante ao mais esclarecido, deve ser passado a qualquer comunidade, até mesmo para o mundo de forma geral, pela aplicação dos próprios meios; que os meios estejam para uma grande extensão no comando e sob o controle daqueles que têm influência nos assuntos dos homens (...)
>
> A felicidade da própria pessoa, claramente entendida e uniformemente praticada (...) pode ser conquistada apenas pela conduta que deve promover a felicidade da comunidade (...)
>
> Esses planos devem ser desenvolvidos para ensinar às crianças de cada classe, desde a sua infância, a ter bons hábitos (é claro que esses planos as impedirão de mentir e enganar). Elas devem, posteriormente, ser racionalmente educadas, e seu trabalho ser ordenado de forma útil. Tal educação e tais hábitos as impressionarão com um desejo ativo e ardente de promover a felicidade de cada indivíduo e isso sem exceção para o grupo, ou bando, ou país, ou clima. Eles também assegurarão, com a mínima exceção possível, saúde, força e vigor do corpo; a felicidade do homem pode ser construída apenas sobre as bases da saúde do corpo e da paz de espírito.[15]

Owen continuou a transformar as fábricas New Lanark em uma comunidade modelo, uma atração turística visitada por diferentes visitantes de todo o mundo. Quando chegou lá, Owen encontrou 500 crianças pobres morando em uma pensão da fábrica, aprendizes de 7 a 9 anos. Elas começaram a trabalhar aos 6 anos de idade, e sua jornada de trabalho, no verão ou no inverno, era de 12 horas por dia durante seis dias da semana. Havia também uma vila na fábrica para abrigar as famílias dos trabalhadores, que viviam na pobreza, nos crimes, em dívida, na doença e na miséria. Mesmo assim, David Dale, o dono mais antigo, estava muito mais longe do humanitarismo do que a maioria dos empregadores.

Owen introduziu suas reformas em New Lanark para provar que o caráter poderia, desse modo, ser transformado para melhor. Ele suspendeu a utilização das crianças pobres. Aos jovens era permitido trabalhar a partir dos 10 anos, mas Owen não estimulava o trabalho até os 12 anos. A educação gratuita foi oferecida a todos. Ele fundou o Institute for the Formation of Character, a primeira escola infantil ou berçário na Grã-Bretanha. Ali, ele queria que as crianças crescessem felizes, em um ambiente saudável. Casas confortáveis foram construídas para as famílias que trabalhavam em New Lanark. Comida, combustível e vestimentas eram vendidos para os trabalhadores a preço de custo. A jornada de trabalho foi reduzida para 10 horas e meia, e os salários eram relativamente maiores. Ele pagava aos seus empregados durante as épocas de baixa e na enfermidade, dava-lhes proteção na velhice e fornecia recreação. As multas e punições, tão características da época, foram abolidas, embora os trabalhadores fossem dispensados por trabalho ineficiente.

---

15 OWEN, Robert. *A new view of society and other writings*. Londres: Dent, 1927. p. 16, 17, 20 [escrito entre 1813-1821].

Os empregados de Owen trabalhavam muito, e Owen lucrava. Em retrospectiva, as fábricas de fiação New Lanark foram a primeira experiência com os salários de eficiência: o pagamento intencional no mercado para aumentar a produtividade e reduzir a rotatividade. Embora Smith tenha desenvolvido a ideia seminal, Owen foi o primeiro a colocar a ideia na prática. Apesar de as fiações de New Lanark serem rentáveis, seus sócios se opuseram à extravagância de Owen. Por duas vezes ele teve de pagar pela renúncia de seus sócios e procurar outros. Sua terceira e última sociedade, formada em 1814, incluiu Jeremy Bentham. Os sócios concordaram em limitar seus dividendos em 5% sobre o capital investido e em usar a receita excedente em benefícios dos empregados. Owen deixou seus negócios em 1829 por causa do atrito com alguns de seus sócios.

O maior fabricante têxtil chocou o mundo quando denunciou todas as religiões instituídas, pois elas ensinavam que as pessoas são responsáveis por seus males, em vez de atribuir corretamente o mal ao ambiente ruim. Até ele mesmo foi um mero produto das forças sobre as quais não tinha controle:

> As causas, sobre as quais não tenho controle, removeram, nos meus primeiros dias, a faixa que cobria meu *insight* mental. Se pude descobrir essa cegueira com a qual meus companheiros são afligidos, para traçar seus desvios do caminho que eles estão mais ansiosos para encontrar, e ao mesmo tempo perceber que o alívio não lhes poderia ser ministrado pela revelação prematura de seu estado de infelicidade, isso não é mérito meu; nem posso reivindicar qualquer consideração pessoal por manter tais objetos verdadeiramente lamentáveis à minha volta, e testemunhando a miséria que eles de hora em hora experimentam em virtude dos perigos e males que os cercam, nesses caminhos, poderia eu permanecer um espectador ocioso?
>
> Não! As causas que me moldaram no útero, as circunstâncias pelas quais fui cercado desde meu nascimento e sobre as quais não tenho nenhuma influência transformaram-me em grande parte com outras capacidades, hábitos e sentimentos. Estes me deram uma mente que não poderia descansar sem experimentar cada meio possível para aliviar meus companheiros de sua situação miserável, e deram-lhe uma tal estrutura que nenhum obstáculo, por maior que fosse sua natureza, serviria apenas para aumentar minha empolgação e fixar em mim uma determinação estabelecida para superá-los ou morrer na tentativa.[16]

Owen fazia coisas para as pessoas em vez de encorajá-las a usar sua própria iniciativa para conseguir fazer as coisas. Ele pediu para seus companheiros fabricantes seguirem seu exemplo. Ele questionava: por que não cuidar das máquinas vivas tão bem quanto das inanimadas? Owen dizia que, se você ajudar os trabalhadores, aumentará sua própria felicidade e o prazer intelectual. Ele recorreu ao governo para decretar a legislação da fábrica e foi particularmente responsável pelo Ato de Fábrica de 1819, embora o tenha denunciado como sendo bem mais fraco do que desejava. Durante o declínio que se seguiu ao fim das guerras napoleônicas, Owen estimulou o governo a empregar os pobres em "vilas de cooperação", a exemplo de seu próprio estabelecimento em New Lanark. Por ter fracassado ao tentar persuadir outros capitalistas ou o governo a seguir seu exemplo, ele mesmo promoveu a comunidade cooperativa modelo para mostrar o caminho. Em 1825, estabeleceu a colônia New Harmony, com 30 mil acres em Indiana. Comprou

16 Ibidem, p. 108.

a propriedade dos Rappites, uma seita que não tinha muito futuro, pois seus seguidores praticavam o celibato. Owen acreditava que seu tipo de organização terminaria com o capitalismo e o sistema de concorrência. Enquanto Fourier tinha permitido o lucro sobre o capital investido nas colônias utópicas, Owen era favorável apenas a uma taxa de juros fixa até os proprietários do capital voluntariamente abrirem mão dela, como acreditava que eles o fariam. Em três anos, a colônia faliu, e Owen tinha perdido 4/5 de sua fortuna de US$ 250 mil. Outras vilas de cooperação se estabeleceram mais tarde na Grã-Bretanha, mas também faliram.

Owen, então, encontrou-se liderando um exército crescente de discípulos da classe trabalhadora. A modificação das leis britânicas antiunião, em 1825, foi seguida por um crescimento considerável do unionismo comercial. Os trabalhadores também promoveram as cooperativas como as precursoras das "vilas de cooperação" de Owen. Owen assumiu o comando dos dois movimentos. Em 1832, ele fundou a National Equitable Labour Exchange[17] como um mercado no qual os produtos poderiam ser trocados na base de notas representando o tempo de trabalho. Sua expectativa era eliminar os dois males sociais, o dinheiro e o lucro, ao trazer produtores e consumidores para um contato direto uns com os outros. Embora sua experiência fracassasse após dois anos, seus seguidores fundaram a Rochdale Pioneers' Cooperative Society em 1844. Isso foi o início de um grande e bem-sucedido movimento de cooperativas de consumidores (empresas de consumidores-proprietários) na Grã-Bretanha, inspirado por Owen, embora ele tivesse uma grande expectativa de que um forte movimento de cooperativas de produtores (empresas de trabalhadores-proprietários) substituísse o capitalismo.

A decepção com o Ato da Reforma de 1832, que deixou os trabalhadores sem o direito de votar, levou a um crescimento do unionismo e, mais tarde, ao movimento cartista.[18] Owen ingressou na atividade sindical em 1833, ao promover a Grand National Consolidated Trades Union, que logo convocou 500 mil membros. As greves rápidas e os *lockouts* graves se seguiram. Houve uma divergência interna, com Owen opondo-se à ação militante, ao conflito e às greves. Ele ordenou repentinamente a dissolução da união em 1834, depois de seis trabalhadores rurais serem condenados à deportação para a Austrália por sete anos por terem feito pactos secretos ao sindicalizar os trabalhadores rurais em seu distrito. Mas muitos dos constituintes da organização sindicalista na Grand National se reorganizaram como sociedades separadas, tornando-se o núcleo do moderno movimento sindical britânico.

Owen teve uma influência significativa tanto no socialismo quanto nas cooperativas e no unionismo. A palavra *socialismo,* no sentido moderno, foi utilizada inicialmente na *Cooperative Magazine* de Owen em 1827, para designar os seguidores de suas doutrinas de cooperativas. Ela foi formada a partir da palavra *social,* em oposição ao *individual,* aplicada à posse de capital. Suas críticas impetuosas ao capitalismo e seu sonho de ação coletiva para organizar as comunidades cooperativas se basearam na indústria de grande escala que inspirou uma geração inteira de socialistas. Ele manteve sua devoção à reforma social até o fim de sua vida, quando também se voltou para o espiritualismo, que utilizou como arma adicional para promover muitas de suas causas.

---

17 N.R.T. Uma bolsa de trocas que utilizava "bônus de trabalho" e que durou apenas alguns poucos meses.

18 N.R.T. Movimento político britânico originário do People's Charter de 1838, que defendia a democracia parlamentar, acreditando que ela poderia combater a exploração econômica.

LOUIS BLANC

Louis Blanc (1811-1882), frequentemente considerado um fundador do socialismo de Estado, trabalhou pela reforma social francesa, foi jornalista e historiador e veio de uma família monarquista. Seu avô, um mercador de sucesso, foi guilhotinado durante a Revolução Francesa, e a família ficou pobre após a queda de Napoleão. A publicação de *Organisation du travail* em 1839 levou-o à fama e a uma posição de liderança no movimento socialista. Na revolução de 1848, foi eleito para o governo provisório que derrubou a monarquia, o primeiro socialista confesso a ser eleito ao cargo público em qualquer lugar. Sob a pressão de Blanc e de seus seguidores na questão do direito ao emprego, o governo organizou uma fábrica nacional para oferecer trabalho aos desempregados. Esse esquema de criar trabalho, formado principalmente pelo trabalho comum nas obras públicas, foi propositalmente administrado de forma incompetente pelos inimigos políticos de Blanc. Para dispersar as fábricas nacionais, o governo ofereceu aos homens empregados nelas a alternativa de entrar para o exército ou trocar Paris pelas províncias. Os trabalhadores de Paris levantaram barricadas nas revoltas, mas o exército derrubou-as com a artilharia. Em quatro dias de luta, no final de junho de 1848, 16 mil pessoas foram mortas nos dois lados. Blanc teve de fugir para a Inglaterra, mas retornou à França em 1870. Foi eleito para o Congresso Nacional, onde terminou seus dias como um reformador social moderado.

Na opinião de Blanc, o sufrágio universal transformaria o Estado em um instrumento de progresso e bem-estar. Inflexível em seus ataques ao capitalismo e à concorrência, que ele afirmava que arruinariam a classe trabalhadora e a burguesia, mesmo assim era contra a doutrina da luta de classes. Ele condenava até mesmo o unionismo comercial, pois via nas greves a futilidade da ação despreparada e isolada. A solidariedade de toda a comunidade promoveria o planejamento econômico do Estado para o pleno emprego, o desenvolvimento dos serviços de assistência social, do capital do governo para abrir as fábricas nacionais e as cooperativas dos trabalhadores financiadas e promovidas pelo governo. O Estado deveria tornar-se o "banqueiro dos pobres" ao estabelecer um banco público para distribuir créditos para as cooperativas. Os capitalistas poderiam unir-se às associações, recebendo uma taxa de juros fixa sobre seu capital, garantida pelo Estado. Ele acreditava que as associações dos produtores, ajudadas pelo Estado, atrairiam os melhores trabalhadores e tirariam os capitalistas de negócios por meio da eficiência competitiva superior. O capitalismo simplesmente desapareceria.

Blanc expressou sua posição em relação ao Estado sucintamente da seguinte forma:

> P: – Como passaremos da ordem presente das coisas para aquela que você contemplaria?
>
> R: – Pela intervenção do governo.
>
> P: – O que é governo ou Estado?
>
> R: – É um corpo de homens justos e diferenciados, escolhido por seus semelhantes para conduzir todos nós em nosso caminho para a liberdade (...)
>
> P: – A palavra governo ou Estado não implica uma ideia de tirania?
>
> R: – Sim; onde quer que seja, o poder é alguma coisa diferente das pessoas.[19]

19 BLANC, Louis. *A catechism of socialism*. 1849.

Em *Organization of work*, Blanc escreveu:

> Quem será cego o suficiente para não ver que, sob o império da livre concorrência, o declínio contínuo dos salários necessariamente se torna uma lei geral sem nenhuma exceção, seja qual for? (...) A população cresce constantemente; comanda as mães dos pobres para serem estéreis e blasfema contra Deus que as faz férteis; se você não controlar a população, o espaço será pequeno demais para todos os lutadores. Uma máquina é inventada; é preciso quebrá-la e lançar um anátema contra a ciência! Pois, se você não fizer o controle da população, mil trabalhadores, que a nova máquina desloca nas fábricas, baterão à porta de outras e forçarão a reduzir os salários de seus companheiros trabalhadores. Uma redução sistemática dos salários, resultando na eliminação de um certo número de trabalhadores, é o efeito inevitável da livre concorrência (...)
>
> O governo deve ser considerado um regulador supremo da produção e se doar para esse trabalho com grande poder. Essa tarefa consistiria na luta contra a concorrência e finalmente na sua superação. O governo deveria emitir empréstimos e com os lucros construir as *fábricas sociais* nos segmentos mais importantes da indústria nacional (...) Utilizaria a concorrência como arma, não para destruir a indústria privada sem considerações, que seria de seu interesse evitar, mas para conduzi-la imperceptivelmente para o novo sistema. Logo, de fato, os trabalhadores e os capitalistas preencheriam cada setor industrial onde as fábricas sociais forem abertas, por conta dos privilégios que elas oferecem aos seus membros (...) Todo mundo, independente de posição, *status* ou fortuna, está interessado na criação de uma nova ordem social.[20]

CHARLES KINGSLEY

Charles Kingsley (1819-1875) foi sacerdote, poeta, romancista e reformador. Foi capelão da rainha Vitória, professor de história moderna em Cambridge e cônego de Westminster. No início de sua carreira, ele e outros socialistas cristãos tentaram "socializar os cristãos e cristianizar os socialistas". Kingsley passou para o movimento cartista quando foi a Londres durante os períodos turbulentos de 1848. Ele chocou e enfureceu os aristocratas quando anunciou em um encontro público "Eu sou um cartista!", enquanto os trabalhadores gritavam com entusiasmo.

Por que essa declaração veemente foi tão chocante para os respeitáveis e poderosos? Os cartistas tinham seis exigências: a igualdade dos distritos eleitorais, o sufrágio universal para homens e mulheres, o voto secreto, a eleição anual dos parlamentos, nenhuma restrição de bens para os serviços na Câmara dos Comuns e salários aos membros do parlamento. Por volta de 1829, todas essas exigências – com exceção dos parlamentos anuais – haviam sido decretadas leis. Então, o que foi toda a agitação por volta de 1848?

Primeiro, as reformas são perigosas quando arrancadas da classe dominante pela agitação e ação em massa; elas são muito mais seguras quando transmitidas de cima. É improvável que os movimentos revolucionários parem nas reformas que eles originalmente exigem, e pequenas vitórias simplesmente os estimulam. Segundo, um grande número de cartistas estava atacando e provocando motins, fazendo treinamento militar

20 Idem. *Organization of work*. Trad. Maria P. Dickoré. Cincinnati: University of Cincinnati Press, 1911. p. 16, 51-53, 59 [publicado originalmente em 1839].

e preparando-se para uma possível revolução. Terceiro, os cartistas estavam ameaçando eleger um parlamento do povo para se reunir em Birmingham com meio milhão de trabalhadores para protegê-lo. Não é de estranhar que a declaração de Kingsley tenha sido chocante para muitos.

Em 1848, os socialistas cristãos editaram um jornal semanal chamado *Politics for the People*. Kingsley escreveu uma série de "Cartas aos cartistas" com a assinatura de "Parson Lot". Sua segunda carta inclui uma defesa entusiástica dos pobres:

> Meus amigos, se fui severo com muitos de vocês em minha última carta, não é porque não gosto de vocês. Há grandes ajudas por serem feitas para a maioria de vocês. Se vocês têm seguido um "Manual do Reformador" muito diferente do meu, é particularmente culpa de nós, padres: nunca lhes contamos que o verdadeiro Manual do Reformador, o verdadeiro livro do homem pobre, a verdadeira "Voz de Deus contra os tiranos, ociosos e trapaceiros", era a *Bíblia*. Sim, vocês podem escarnecer, mas é assim mesmo; é nossa culpa, nossa grande culpa, que vocês escarneçam - escarnecem das muitas novidades que deveriam ser sua glória e sua força. É nossa culpa. Vocês têm utilizado a *Bíblia* como um mero manual condestável especial - uma dose de ópio para manter os animais de carga pacientes enquanto eram sobrecarregados -, um mero livro para manter os pobres em ordem. Contamos a vocês que os poderes eram ordenados de Deus, sem lhes contar quem ordenou a impotência e a estupidez que, ah, algumas vezes ocorrem! Contamos a vocês que a *Bíblia* lhes pregava paciência, enquanto não contamos que ela lhes prometia liberdade. Contamos que a *Bíblia* pregava os direitos de propriedade e as obrigações do trabalho (Deus sabe!) por uma vez, quando ela realmente pregou dez vezes sobre as *obrigações da propriedade e os direitos do trabalho*. Contribuímos muito para os textos repreenderem os pecados dos pobres e para repreenderem muito pouco os pecados dos ricos. Vocês dizem que não pregamos para vocês; realmente acredito que devemos pregar para vocês muito mais do que sua justa divisão. Para uma nota benéfica que damos aos ricos, temos de dar mil para vocês. Tenho sido tão mau quanto qualquer outro, mas estou cansado disso.[21]

Em sua terceira carta, Kingsley foi mais moderado e um socialista cristão mais típico. Ele escreveu:

> Meus amigos - e quando digo amigos, falo honestamente, e do fundo do meu coração, por vocês e eu, afinal das contas, acredito, desejarmos as mesmas coisas: *ver toda a trapaça, a ociosidade, a injustiça, banidas da Inglaterra;* apenas acho que vocês estão seguindo, se não pelo caminho errado, certamente também não pelo mais curto, o mais seguro, nem pelo mais sábio, para chegar a um bom final.
>
> Meus amigos, tenho de lhes contar que na *Bíblia* vocês encontrarão o que buscam há muito, prometido mais justamente do que qualquer homem nestes dias prometeu a vocês; que nesse livro vocês encontrarão o que querem dizer, dito a vocês; vocês encontrarão tudo que vocês querem que seja feito. Deixe-me tentar, se não posso provar minhas palavras de alguma forma.
>
> Quais são as coisas que vocês exigem mais seriamente? Não será uma delas que nenhum homem receba salário sem trabalhar?

21 KINGSLEY. Charles. apud Charles W. Stubbs. *Charles Kingsley and the Christian social movement*. Chicago: Stone, 1899. p. 118-120.

> A *Bíblia* diz, imediatamente, que "aqueles que não trabalharem não comerão"; e como a *Bíblia* fala aos ricos tanto quanto aos pobres, então esse discurso se refere aos ricos ociosos tanto quanto aos pobres ociosos (...)
>
> Imploro a vocês, suplico-lhes que *confiem na Bíblia,* que confiem em meus exemplos tirados dela, e *que leiam a Bíblia honestamente por si mesmos,* e para verem se não é o verdadeiro *Manual do Reformador Radical* – o testemunho eterno de Deus contra a opressão, a crueldade e a ociosidade.[22]

Em outro lugar, Kingsley escreveu: "Deus apenas reformará a sociedade nas condições da nossa reforma de cada próprio homem – enquanto o mal está pronto a nos ajudar a reformar as leis e o parlamento, a terra e o céu, sem nenhuma vez fazer um pedido impertinente e 'pessoal'."[23]

Kingsley repudiava as reuniões de massa, a violência física, as greves dos sindicatos e o ódio dos ricos pelos pobres. Os ricos são ignorantes, e não hostis. As doutrinas de Kingsley incluíram o amor, a religião, as associações cooperativas, as reformas sanitárias e a educação. Após alguns poucos anos, ele abandonou suas atividades intensas em benefício do socialismo cristão, com exceção de seu contínuo interesse pelo movimento sanitário.

Perguntas para estudo e discussão

1. Identifique brevemente e estabeleça a importância de cada um dos seguintes pensadores e conceitos para a história do pensamento econômico: socialismo utópico, socialismo de Estado, socialismo cristão, anarquismo, Proudhon, revisionismo, sindicalismo, socialismo da guilda, Saint-Simon, Fourier, falanges, cooperativas de produtores, cooperativas de consumidores, Sismondi, proletário, Owen, fábricas New Lanark, Kingsley e movimento cartista.
2. Discuta: as contribuições dos primeiros socialistas para a análise econômica são insuficientes; é questionável se essas pessoas são de suficiente importância para merecer a menção em um compêndio de história do pensamento econômico.
3. Saint-Simon resumiu sua nova filosofia da seguinte forma: "Todas as coisas pela indústria, todas as coisas para a indústria". O que você acha que ele quis dizer com isso?
4. Quais são os contrastes entre o sindicalismo e o anarquismo? Entre o socialismo cristão e o socialismo marxista?
5. Por que, de acordo com Sismondi, a crise econômica e o imperialismo são inerentes ao capitalismo? Qual a função dos banqueiros nisso?
6. Suponha uma concorrência perfeita no mercado de produção de fios e no mercado de recursos em que trabalhadores têxteis igualmente capacitados e produtivos são contratados (sem salários de eficiência). Posteriormente, introduza uma companhia administrada por Robert Owen e explique por que essa empresa de Owen não sobreviveria a longo prazo. Explique como os salários de eficiência poderiam alterar o resultado. Por que o governo poderia ser bem-sucedido na execução do que Owen desejava, embora Owen individualmente não pudesse?

22 Ibidem, p. 121-123.
23 KINGSLEY, Charles; KINGSLEY, Frances Eliza Greenfell. *Charles Kingsley:* his letters and memories of his life. Londres: C. Kegan Paul and Co. 1878, p. 164, vol. 1.

7. Compare a opinião de Blanc sobre a função adequada do Estado com a opinião mantida por Adam Smith. Com qual das duas opiniões Proudhon concordaria?
8. Discuta: economistas clássicos acreditavam que o comportamento egoísta era da natureza humana. Socialistas acreditam na perfeição da pessoa e na habilidade de nutrir nas pessoas a ideia de olhar além de seu egoísmo. Quem está certo e quais são as implicações para uma economia bem-sucedida ser organizada?

Leituras selecionadas

Livros

BEER, Max A. *A history of British socialism.* 2. ed. Londres: Allen and Unwin, 1940.
BLANC, Louis. *A catechism of socialism.* 1849.
________. *Organization of work.* Trad. Maria P. Dickoré. Cincinnati, OH: University of Cincinnati Press, 1911 [publicado originalmente em 1839].
BLAUG, Mark (ed.). *Dissenters:* Charles Fourier, Henri de Simon, Pierre-Joseph Proudhon, John A. Hobson. Brookfield, VT: Eward Elgar, 1922.
COLE, G. D. H. *The case for industrial partnership.* Londres: Macmillan, 1957.
FOURIER, Charles. *Selections from the works of Charles Fourier.* Trad. Julia Franklin. Londres: Swan Sonnenschein, 1901.
HARDACH, Gerd; KARRAS, Dieter. *A short history of socialist economic thought.* Trad. James Wickham. Nova York: St. Martin's, 1978.
JOHNSON, Oakley C. *Robert Owen in the United States.* Nova York: Humanities Press, 1970.
KINGSLEY, Charles. *Works.* Editado pela Sra. Charles Kingsley. *Letters and memories.* Filadélfia: Morris, 1899. v. 7.
LICHTHEIM, George. *The origins of socialism.* Nova York: Praeger, 1969.
OWEN, Robert. *A new view of society and other writings.* Londres: Dent, 1927 [escrito entre 1813-1821].
PROUDHON, Pierre-Joseph. *General idea of the revolution in the nineteenth century.* Trad. John B. Robinson. Londres: Freedom Press, 1923. [Publicado originalmente em 1851.]
________. *What is property?* Trad. Benjamin R. Tucker. Londres: Reeves, sem data [publicado originalmente em 1840].
RAVEN, Charles E. *Christian socialism,* 1848-1854. Londres: Macmillan, 1920.
RIASANOVSKY, Nicholas V. *The teachings of Charles Fourier.* Berkeley, CA: University of California Press, 1969.
SAINT-SIMON, Henri. *Selected writings.* Editado por F. M. H. Markham. Oxford: Blackwell, 1952.
SISMONDI, Simonde de. *New principles of political economy.* 1819. v. 1.
________. *Political economy and philosophy of government.* Londres: Chapman, 1847 [publicado originalmente em 1826-1837].

Artigos de revistas especializadas

HANSEN, Niles. Saint-Simon's industrial society in modern perspective. *Southwestern Social Science Quarterly,* n. 47, p. 253-62, dez. 1966.
SOWELL, Thomas. Sismondi: a neglected pioneer. *History of Political Economy,* n. 4, p. 62-88, primavera de 1972.

10

O SOCIALISMO MARXISTA

Os críticos socialistas da economia clássica pregavam uma reforma drástica: sua objeção ao capitalismo e aos males reais era moral. Karl Heinrich Marx (1818-1883), o líder teórico do "socialismo científico", descartava essa abordagem. Ele procurava mostrar que o capitalismo tinha contradições internas que garantiriam seu possível fim. Marx acreditava que a revolução social era inevitável em países capitalistas desenvolvidos. Juntamente com seu compatriota, Friedrich Engels (1820-1895), defendia a ideia de que os trabalhadores de todo o mundo deveriam unir-se para antecipar esse evento.

Nosso objetivo neste capítulo é desenvolver as ideias de Marx de maneira sistêmica. Após examinar os detalhes biográficos e observar as influências intelectuais, desenvolveremos a teoria da história de Marx. Em seguida, analisaremos atentamente os componentes de sua "lei do movimento" do capitalismo. Para concluir, avaliaremos criticamente seu pensamento.

DETALHES BIOGRÁFICOS E INFLUÊNCIAS INTELECTUAIS

Detalhes biográficos

Marx nasceu na Prússia, em uma família judaica que se converteu ao protestantismo durante sua infância. Estudou direito, história e filosofia nas Universidades de Bonn, Berlim e Jena e, aos 23 anos, recebeu o grau de doutor em filosofia. Dois anos depois, casou-se com Jenny von Westphalen, filha de um barão que ocupava um alto cargo no governo. Ela foi a companheira devota de Marx durante todas as vicissitudes de sua carreira.

Os cargos universitários sempre estiveram fechados a Marx devido ao seu radicalismo. Assim, ele se tornou jornalista, exilou-se da Alemanha e foi para Paris, onde estudou socialismo francês e economia política inglesa. Durante seu exílio em Paris, conheceu Engels, que estava no país para uma breve visita. Engels tornou-se amigo íntimo, colaborador e protetor financeiro de Marx. Juntos, Engels e Marx escreveram o *Manifesto of the Communist Party*, em 1848.

Em 1849, Marx foi mandado para o exílio em Londres. Com exceção de pequenas visitas ao continente, ele morou o resto de sua vida na Inglaterra, onde passou dias e anos na sala de leitura do Museu Britânico, explorando "as complexas ramificações da economia política". Atormentado pela doença, pela pobreza extrema e pela morte de três de seus filhos durante a infância, Marx continuou a estudar, a escrever e a se organizar. Escreveu inúmeros artigos para a *Nova York Tribune*, cujos pagamentos o ajudaram em sua subsistência. Ele organizou e liderou a Associação Internacional dos Trabalhadores, a "First International", que durou de 1864 a 1876. Em 1867, publicou o primeiro volume de sua obra mais importante, *Das Kapital* (O capital). Após a morte de Marx, Engels editou seus manuscritos e publicou os volumes 2 e 3 de sua obra. Quando Engels morreu, os manuscritos restantes foram deixados para o líder marxista de então, Karl Kautsky, que publicou outros três volumes dos escritos de Marx, com o título *Theories of surplus value*.

Influências intelectuais

Além de Engels, vários outros intelectuais influenciaram Marx. Os mais significativos foram Ricardo, os primeiros socialistas, Darwin, Hegel e Feuerbach.

A influência ricardiana. Marx estudou as obras de Smith e Ricardo e ficou particularmente intrigado com a teoria do valor trabalho de Ricardo. Ele achava que a teoria de Ricardo tinha diversas falhas e passou a elaborar sua própria teoria – aquela que tinha implicações revolucionárias.

O papel dos socialistas. Marx conhecia bem o discurso de muitos dos socialistas discutidos no capítulo anterior. Ele compartilhava de sua indignação contra o capitalismo contemporâneo, da severa crítica contra a economia política clássica e da visão socialista da sociedade futura. No entanto, Marx sentia que o socialismo não aconteceria até que as condições da classe trabalhadora se deteriorassem a ponto de uma rebelião aberta. Ele tentava mostrar o motivo pelo qual essa deterioração era inevitável no capitalismo.

A conexão darwiniana. Charles Robert Darwin (1809-1882) inspirou-se em Malthus, e seu trabalho magnífico impressionou Marx. Darwin dizia que, enquanto lia a teoria de Malthus sobre a população, ocorreu-lhe que, na luta pela existência, ele observara que, em todos os lugares, as variações favoráveis tendiam a ser preservadas e as desfavoráveis, destruídas. O resultado dessa "seleção natural" foi a evolução das espécies. Darwin formalizou sua teoria em 1859, em sua famosa obra *On the origin of species by means of natural selection*.

Marx leu o livro de Darwin em 1860 e notou semelhanças com seu próprio pensamento acerca da economia política. Em uma carta enviada a Engels, Marx afirmou: "Durante as últimas quatro semanas, estive lendo todos os tipos de coisas, entre elas o livro de Darwin sobre 'seleção natural'. Embora tenha sido escrito em um inglês grosseiro, esse livro contém a base natural-histórica para nossos pontos de vista".[1] Um mês depois, em uma carta a Lassalle, Marx escreveu: "O livro de Darwin é muito significativo, e eu o considero uma base científica-natural para a luta de classes".[2] Para Marx, as relações organizacionais na economia, como os organismos biológicos atuais, eram consequências de mudanças anteriores e antecediam às alterações que ainda estavam por vir. Assim, Darwin influenciou Marx *reforçando* as perspectivas de Marx de que a análise dinâmica, em oposicão à análise estática, é o caminho para o entendimento correto.

A influência hegeliana. O processo dialético desenvolvido por Georg Hegel (1770-1831) foi muito significativo para o pensamento de Marx. De acordo com esse eminente filósofo alemão, o conhecimento e o progresso histórico ocorrem por meio de um processo de conflito de ideias. Uma ideia já existente, ou *tese,* é confrontada por uma ideia contrária, a *antítese.* A luta resultante entre as ideias transforma cada uma delas em uma nova ideia ou *síntese,* que, por sua vez, se torna a nova tese. O processo continua. Marx modificou a noção de Hegel sobre o processo dialético, utilizando-a para formular sua própria teoria sobre o materialismo histórico.

O materialismo de Feuerbach. No uso comum, o termo *materialismo* refere-se à tendência de uma pessoa ou de uma sociedade em superestimar a procura por bens. Mas essa não é a definição do termo no contexto de nossa discussão sobre Marx. Nesse caso, o "materialismo" filosófico refere-se à ênfase à "matéria", às "coisas reais" ou ao "mundo da realidade", em oposição ao "campo das ideias" (idealismo). Embora Marx aceitasse a noção de Hegel sobre um processo dialético na história, ele substituiu o idealismo de Hegel por uma versão modificada do conceito de Ludwig Feuerbach sobre o materialismo filosófico.

Em *Essence of Christianity,* Feuerbach diferenciou o ideal do real. As pessoas projetam os atributos humanos idealizados, como o amor pelas outras pessoas, o conhecimento e o entendimento perfeitos, o poder de fazer mudanças para o bem de todos e assim por diante, como divindades "irreais". Os indivíduos, então, idolatram essas divindades como se elas fossem sobrenaturais ou divinas, embora sejam, na realidade, o produto da imaginação humana. Para Feuerbach, a história consiste no processo por meio do qual as pessoas conhecem e aceitam a realidade utilizando as percepções dos sentidos.

Marx compartilhava de uma ideia similar sobre a religião. Em 1844, ele escreveu: "Ela [a religião] é o *ópio* do povo. É preciso combater a religião como a felicidade *ilusória* das pessoas em nome da felicidade *real*".[3] E mais importante, assim como Feuerbach, Marx enfatizava o materialismo - a importância das realidades materiais - em oposição ao idealismo de Hegel.

---

1 UREÑA, Enrique M. Marx and Darwin. *History of Political Economy*, n. 9, p. 549, inverno de 1977.

2 Ibidem, p. 549.

3 MARX, Karl; ENGELS, F.; LENIN, V. I.; LUXEMBURG, R.; TROTSKY, L. *Marxism, socialism and religion*. Austrália: Resistance Books, 2001. p. 20.

A TEORIA DA HISTÓRIA DE MARX

Para desenvolver sua teoria da história, Marx combinou a dialética de Hegel e o materialismo. Em cada época histórica, os métodos predominantes ou as *forças de produção* produzem um conjunto de *relações de produção* que os suportam. Porém, as forças materiais de produção (tecnologia, tipos de capital, nível de habilidade da mão de obra) são dinâmicas: estão em constante mudança. Essas forças contrastam com as relações materiais de produção (regras, relações sociais entre as pessoas, relações de propriedade), que são estáticas e reforçadas pela superestrutura. Essa superestrutura consiste em arte, filosofia, religião, literatura, música, pensamento político etc. Todos os elementos da superestrutura mantêm o *status quo*. Para Marx, a história é um processo por meio do qual as relações estáticas de produção (a tese) entram em conflito com as forças dinâmicas de produção (a antítese). O resultado? O conflito revoluciona o sistema, de modo que novas relações de produção (síntese e nova tese) possam permitir maior desenvolvimento das forças de produção. O mecanismo de deposição de antigas sociedades é o conflito de classes. Marx explica essa teoria materialista da história da seguinte forma:

> A conclusão geral a que cheguei e que continua a servir como o principal guia em meus estudos pode ser resumida da seguinte maneira: na produção social que exercem, os homens estabelecem relações definitivas que são indispensáveis e independentes de sua vontade. Tais relações de produção correspondem a um estágio definitivo de desenvolvimento da força de produção material. A soma total dessas relações de produção constitui a estrutura econômica da sociedade – a base real sobre a qual surgem as superestruturas legais e políticas e a qual correspondem as formas definitivas de consciência social. O modo de produção na vida material determina o caráter geral dos processos social, político e espiritual da vida. Não é a consciência do homem que determina sua existência, mas, pelo contrário, sua existência social determina sua consciência. Em determinada fase de seu desenvolvimento, as forças materiais de produção na sociedade entram em conflito com as relações de produção existentes ou o que nada mais é do que a expressão para a mesma coisa – com as relações de propriedade com as quais elas trabalhavam antes. De formas de desenvolvimento das forças de produção, essas relações se transformaram em grilhões (cadeias ou limitações). Assim surge o período de revolução social. Com a mudança da base econômica, toda a imensa superestrutura é transformada com maior ou menor rapidez.[4]

Marx via a sociedade envolvida em seis estágios. No estágio inicial, que ele chamou de comunismo primitivo, não havia classes antagônicas, exploração, nem conflito de classes. As pessoas possuíam terras em propriedade comum e cooperavam para obter da natureza seu sustento básico. O nível de eficiência da produção era muito baixo e, portanto, os trabalhadores não podiam produzir além de suas necessidades e a de seus dependentes. Consequentemente, o trabalho escravo e a exploração eram impossíveis, pois precisavam dos trabalhadores para produzir mais do que deveriam consumir para sobreviver. A sociedade de nativos norte-americanos, antes da chegada dos europeus, seria um exemplo de comunismo primitivo.

4 MARX, Karl. *A contribution to the critique of political economy*. Trad. N. I. Stone. 2. ed. Chicago: Charles Kerr, 1913. p. 11-12.

Gradualmente, a eficiência da produção chegou ao nível em que os trabalhadores podiam produzir mais do que o necessário para a própria subsistência. Assim, o trabalho escravo tornou-se lucrativo, e surgiram a exploração e os conflitos de classes. Aqui, Marx refere-se à escravidão na forma em que existiu na Antiguidade, como entre os hebreus, egípcios, gregos e romanos. Ele não se refere à escravidão ocorrida nos Estados Unidos, a qual considerava um anacronismo existente em uma sociedade capitalista. A escravidão permitiu maior desenvolvimento das forças produtivas da sociedade, mas, por fim, tornou-se um obstáculo para promover o progresso. Os escravos não eram os trabalhadores mais motivados, e suas rebeliões chocaram a sociedade e os marginalizaram. Consequentemente, o sistema foi derrubado e substituído pelo feudalismo, um novo conjunto de relações de produção que acomodou as novas forças de produção.

O feudalismo é único, afirmou Marx, porque a exploração dos servos é mais visível. No regime de escravidão, os escravos aparentemente não recebem nada em troca de seu trabalho, embora obtenham o necessário para sua subsistência. No capitalismo, os trabalhadores recebem por todas as horas trabalhadas, embora o capitalista se aproprie de parte das horas de trabalho sem pagamento. No sistema feudal, os servos tinham permissão para trabalhar algumas horas da semana nas terras que lhes foram designadas, mas eram forçados a trabalhar na terra do senhor durante os outros dias. Isso era exploração clara. Os servos tinham mais incentivo para trabalhar bem do que os escravos, e o feudalismo trouxe maior desenvolvimento para as forças produtivas da sociedade. Como consequência, o sistema limitou o progresso e foi substituído pelo capitalismo.

Embora odiasse intensamente o capitalismo, Marx reconhecia o grande aumento na produtividade e na produção desencadeado por ele. Mas o capitalismo também enfrentou contradições internas que produziriam conflito de classes e seu consequente fim. No capitalismo, afirmou Marx, as técnicas de produção tornam-se cada vez mais concentradas e centralizadas, e o sistema de propriedade privada de capital torna-se um obstáculo ao progresso. Tornam-se evidentes o aumento do desemprego e o empobrecimento da classe trabalhadora, provocando a revolta dos trabalhadores. O Estado torna-se um instrumento de força utilizado pelo sistema contra os trabalhadores. Mas a classe trabalhadora leva a melhor, derruba o Estado burguês e estabelece a própria ditadura do proletariado. Nesse socialismo, a propriedade privada das mercadorias é permitida, mas o capital e a terra pertencem ao governo central, às autoridades locais ou a cooperativas promovidas e controladas pelo Estado. A produção é planejada, assim como a taxa de investimento, tendo a força motriz do lucro e o mercado livre eliminados como forças orientadoras da economia. O processo dialético continua até que, finalmente, o Estado se enfraqueça e o comunismo puro prevaleça.

A "LEI DE MOVIMENTO" DA SOCIEDADE CAPITALISTA

Utilizando essa teoria da história como cenário, Marx procurou "expor a lei de movimento econômico da sociedade moderna". Ele não traçou um esboço do socialismo; esse não era o seu objetivo. Pelo contrário, procurou analisar as forças variáveis de produção em uma sociedade capitalista. Em outras palavras, ele quis determinar o processo por meio do qual as forças de produção, no capitalismo, produziriam sua antítese e inevitável queda, assim como aconteceu com a escravidão e o feudalismo no passado.

Marx utilizou seis importantes conceitos inter-relacionados para construir a teoria do capitalismo: a teoria do valor trabalho, a teoria da exploração, o acúmulo de capital e a queda da taxa de lucro, o acúmulo de capital e a crise, a centralização de capital e a concentração de riqueza e o conflito de classes. Cada um deles requer elaboração detalhada.

A teoria do valor trabalho

O ponto de partida de Marx foi a análise de "mercadorias" na sociedade capitalista. Uma mercadoria, disse Marx, é algo produzido para obtenção de lucro e capaz de satisfazer às necessidades humanas, independentemente de as necessidades "surgirem do estômago ou da fantasia". Essa mercadoria pode satisfazer essas necessidades diretamente, como meio de subsistência, ou, indiretamente, como meio de produção. Os valores de uso constituem a essência de toda a riqueza. Marx não tentou medir os valores de uso quantitativamente, nem considerou a diminuição da utilidade com o aumento da quantidade de uma mercadoria. Assim, ele teria afirmado que uma grande colheita de trigo representa maior utilidade e, consequentemente, maior riqueza do que uma pequena colheita de trigo. Isso seria verdadeiro se a demanda fosse inelástica; quanto mais abundante a colheita, menor o valor na troca.

Além do valor de uso ou utilidade, uma mercadoria possui um valor de troca, normalmente denominado simplesmente "valor". O que determina o valor de uma mercadoria? A importante resposta de Marx: *o tempo de trabalho socialmente necessário* embutido na mercadoria, considerando-se as condições normais de produção, a competência média e a intensidade do trabalho no tempo. O tempo de trabalho socialmente necessário inclui o trabalho direto na produção da mercadoria, o trabalho embutido no equipamento e na matéria-prima utilizados durante o processo de produção e o valor transferido à mercadoria durante esse processo.

Suponha que o tempo de trabalho médio contido em um par de sapatos seja de 10 horas. Esse trabalho socialmente necessário determina o valor dos sapatos. Se um trabalhador for incompetente e precisar de 20 horas para produzir um par de sapatos, esse valor ainda será de 10 horas. Imagine que um trabalhador ou um funcionário lidere o campo da tecnologia e eficiência e produza um par de sapatos em cinco horas de trabalho. Seu valor, no entanto, é 10 horas, o custo médio do trabalho para toda a sociedade – isto é, o tempo de trabalho socialmente necessário.

O valor de um produto é medido em unidades simples de trabalho médio. O trabalho especializado é contado como unidades múltiplas de trabalho não especializado. Assim, uma hora do esforço produtivo de um engenheiro pode contribuir tanto para uma mercadoria como cinco horas de trabalho não especializado. O mercado de trabalho nivela o tempo de trabalho de diferentes capacidades a um denominador comum do trabalho não especializado.

O mercado também determina os preços que se baseiam no custo do trabalho básico. Uma mercadoria como o ouro, por exemplo, torna-se o equivalente universal que reflete todos os valores. Um casaco seria trocado por 50 gramas de ouro, porque ambos exigem a mesma quantidade de tempo de trabalho socialmente necessário na sua produção. Se 50 gramas de ouro forem cunhados em duas unidades monetárias, então um casaco será vendido por duas unidades monetárias. As flutuações temporárias de oferta e demanda provocariam o desvio dos preços em relação ao valor real, às vezes elevando o valor, outras vezes reduzindo-o. A oscilação contínua dos preços permite que um compense o outro, reduzindo-os a preços médios que reflitam os valores das mercadorias.

A teoria do valor trabalho de Marx difere da teoria de Ricardo em um ponto importante: para Marx, o tempo de trabalho determina o valor *absoluto* de produtos e serviços; Ricardo acreditava que os valores *relativos* de diferentes mercadorias eram proporcionais ao tempo de trabalho embutido em cada uma delas. Marx acreditava que sua teoria do trabalho descartava a ilusão (aqui está novamente seu materialismo) de que os proprietários de terras e de capital contribuíam para o valor de uma mercadoria. Sua teoria abriu as portas para a teoria da exploração do trabalho.

A teoria da exploração

No volume 1 de *O capital*, Marx assumiu que todas as mercadorias são vendidas por seus respectivos valores. De que forma, então, o capitalista obtém lucro? De acordo com Marx, a resposta é comprando aquela mercadoria que possa criar um valor maior do que o seu próprio valor. Essa mercadoria é a força de trabalho! Aqui devemos diferenciar cuidadosamente os conceitos marxistas de força de trabalho e tempo de trabalho.

Força de trabalho* versus *tempo de trabalho. *Força de trabalho* refere-se à habilidade de um indivíduo em trabalhar e produzir mercadorias; *tempo de trabalho* é o processo e a duração reais do trabalho. A força de trabalho é, por si só, uma *mercadoria* comprada e vendida no mercado; é do que o capitalista precisa para obter lucro. O que determina o valor da força de trabalho? Segundo Marx, a resposta é o tempo de trabalho socialmente necessário para produzir as necessidades culturais de vida consumidas pelos trabalhadores e sua família. Se essas necessidades pudessem ser produzidas em quatro horas por dia, o valor da força de trabalho da mercadoria seria quatro horas de trabalho por dia. Se a produtividade do trabalhador dobrasse, esses artigos de subsistência poderiam ser produzidos em duas horas por dia, e o valor da força de trabalho cairia 50% [(4 - 2)/4]. Dois pontos importantes exigem ênfase aqui. Primeiro, os empregadores pagam aos trabalhadores salários equivalentes à força de trabalho do trabalhador, isto é, eles pagam o salário de mercado vigente. Segundo, esse salário de mercado, porém, é suficiente apenas para comprar a subsistência cultural necessária para a sobrevivência e perpetuação da força de trabalho. Para Marx, o motivo desse salário de subsistência não é o crescimento excessivo da população - ele rejeitou enfaticamente a lei da população de Malthus. Marx achava que o capitalismo produz um grande "exército de desempregados" e que esse excesso de força de trabalho impõe, ao longo do tempo, que o salário médio permaneça próximo ao nível cultural de subsistência.

Mais-valia. A exploração dos trabalhadores - a extração da mais-valia pelos capitalistas - não pode ocorrer quando a produtividade da mão de obra é muito pequena a ponto de os trabalhadores precisarem consumir produtos de valor equivalente à própria produção para poder sobreviver. Se esse fosse o caso, o valor da força de trabalho de um dia seria o tempo de trabalho de um dia. De acordo com Marx, a exploração da mão de obra aumenta somente quando os trabalhadores podem produzir mais em um dia do que eles precisam consumir para sua sobrevivência e a de sua família. Então, os empregadores pagam aos trabalhadores o valor de mercado para sua força de trabalho, mas o pagamento diário equivale apenas à parte do valor que os trabalhadores criam. Com a propriedade do capital, os empregadores possuem o que os trabalhadores precisam para obter a subsistência: trabalhos que pagam salários. Assim, os capitalistas têm o poder de definir a duração do dia de trabalho e de dizer aos trabalhadores: "Trabalhem o número de horas que definimos ou escolhemos ou não trabalhem para nós". A necessidade força os trabalhadores a optar por trabalhar, mas o tempo de trabalho que eles gastam durante o dia de trabalho cria uma soma de valores maior que o valor da própria força de trabalho, os custos da subsistência. Os proprietários dos meios de produção acumulam mais-valia.

Marx ilustrou essas ideias com um exemplo numérico, que resumimos na Figura 10.1. Imagine que seis horas de tempo de trabalho socialmente necessário estejam embutidas nas mercadorias que os trabalhadores comuns e suas famílias precisam consumir diariamente. Dessa forma, metade da mão de obra de um dia de trabalho de 12 horas forma o valor da força de trabalho de um dia. Se metade do tempo de trabalho socialmente necessário médio de um dia for também necessária para produzir o ouro contido em 3 xelins, então 3 xelins representarão o valor da força de trabalho de um dia. Se esse for o valor do salário, os trabalhadores receberão o valor total de uma mercadoria vendida: a força de trabalho.[5]

Os capitalistas empregam os trabalhadores, aos quais fornecem o equipamento e a matéria-prima necessários. Imagine que com um tempo de trabalho de seis horas, cada trabalhador converta 10 libras de algodão em 10 libras de fios. Vamos supor que o algodão consumido em seis horas de trabalho tenha o valor de 20 horas de trabalho ou 10 xelins. Por fim, imagine que o processo de produção dos fusos some quatro horas de trabalho ou 2 xelins durante meio dia de trabalho.[6] Assim, o total de fios produzidos em meio dia é de 30 horas de tempo de trabalho: 6 para a força de trabalho, 20 para o algodão e 4 para o valor consumido dos fusos. Observe que, na barra da esquerda na Figura 10.1, o *dinheiro* total de produção é de 15 xelins: 3 para a força de trabalho, 10 para o algodão e 2 para o valor consumido de fusos. Se não houver lucro com a compra barata e a venda cara e se as mercadorias forem vendidas nos respectivos valores, os fios deverão ser *vendidos* a 15 xelins.

> O nosso capitalista é surpreendido. O valor do produto é exatamente igual ao valor do capital antecipado [capital constante mais o capital variável que inclui a mão de obra] (...) [Ele] exclama: "Oh, mas eu adiantei meu dinheiro com o objetivo definido de ganhar mais dinheiro". O inferno está cheio de boas intenções, e ele tinha intenção de ganhar dinheiro sem produzir nenhum fio. Ele coloca tudo em risco. Ele não será pego de calças curtas novamente. No futuro, comprará a mercadoria no mercado, em vez de fabricá-la. Mas se todos os seus irmãos capitalistas fizessem a mesma

5 Nessa ilustração, o valor atribuído a uma mercadoria por uma hora de trabalho pode também ser representado por meio xelim; isto é, uma hora de trabalho produzirá uma quantidade de ouro que vale 6 xelins em um dia de trabalho de 12 horas.

6 Para entender essa hipótese, imagine que todos os fusos que um trabalhador opera serão tecidos após 10 dias de trabalho. Suponha também que foram necessárias 80 horas para produzir os fusos. Essas 80 horas fazem parte do tempo de trabalho socialmente necessário para fabricar o fio. À medida que os fusos são utilizados, seu valor reaparece no fio. Em meio dia, o trabalhador consome 1/20 do valor dos fusos (0,5 dia/10 dias) e o transfere para o fio, o que significa quatro horas de tempo de trabalho (1/20 × 80 horas). No lado monetário, suponha que os fusos que um operário utiliza custem 40 xelins cada. Como eles durarão 10 dias, 2 xelins serão transferidos para o valor do fio durante cada meio dia de uso (4 xelins por dia/0,5).

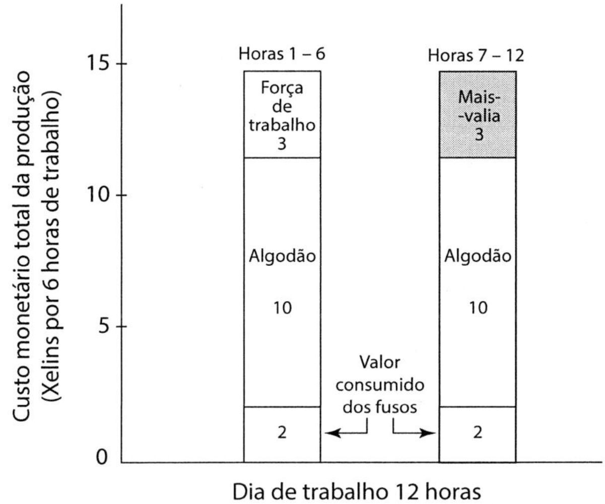

Figura 10.1 ■ Teoria da exploração de Marx

De acordo com Marx, o capitalista paga ao trabalhador o valor de mercado referente à sua força de trabalho, que corresponde a 3 xelins neste exemplo. Mas são necessárias somente seis horas para produzir o suficiente para pagar essa força de trabalho. Com o empregado trabalhando 12 horas, o capitalista garante uma mais-valia de 3 xelins (a área sombreada). Essa mais-valia surge com a exploração da mão de obra. Aqui, a taxa de exploração é 1 (3 xelins de mais-valia divididos por 3 xelins pagos à mão de obra) ou 100%.

> coisa, onde ele encontraria suas mercadorias no mercado? E ele não pode comer seu dinheiro. Ele tenta persuadir. "Pense na minha abstinência; eu poderia ter gastado os 15 xelins, mas em vez disso os consumi de forma produtiva e produzindo os fios." Muito bem, e como forma de recompensa ele possui agora bons fios, em vez de um peso na consciência (...) Nosso amigo, até então orgulhoso com seus investimentos, de repente assume o comportamento modesto de seu funcionário e afirma: "Eu mesmo não trabalhei? Não assumi o controle e inspecionei a máquina de fiar? E todo esse trabalho também não cria valor?" Seu inspetor e seu gerente tentam esconder o sorriso. Ao mesmo tempo, após um amável sorriso, ele assume sua conduta usual. Embora tenha rezado para nós todo o credo dos economistas, na realidade ele afirma que isso não tem o menor significado para ele. Ele deixa isso e todos esses subterfúgios aos professores de economia política, que são pagos para isso. Ele é um homem prático e, embora nem sempre considere o que não se refira a seu negócio, sabe bem o que tudo isso significa.[7]

A resposta ao dilema do capitalismo é aumentar as horas de trabalho para além das seis horas, no exemplo. Como visto na Figura 10.1, se o trabalhador precisar trabalhar outras seis horas todos os dias, serão produzidas 10 libras a mais de fios, que também valerão 15 xelins no mercado, *mas que, na verdade, custam aos capitalistas 12 xelins* (0 para a mão de obra + 10 para o algodão + 2 para o valor consumido dos fusos). Assim, o capitalista obtém 3 xelins de lucro ou mais-valia. Não importa que parte do lucro do capitalista volte ao banqueiro em forma de juros, parte ao senhorio em forma de aluguel

7 MARX, Karl. *Capital*. v. 1. Chicago: Kerr, 1906-1909. p. 212-215 [publicado originalmente em 1867].

e parte ao capitalista negociante em forma de lucros comerciais. *Todo* o rendimento da propriedade surge da exploração inconsciente da mão de obra no processo produtivo. No capitalismo, afirmou Marx, a ideia de que todo o trabalho remunerado é uma ilusão. Os capitalistas não são pessoas más que roubam os trabalhadores: "É um sentimentalismo barato que declara esse método de determinar o valor da força de trabalho, um método prescrito pela natureza do caso, como um método brutal".[8] Em vez disso, eles pagam aos trabalhadores o salário de mercado, mas não conseguem entender a verdade crucial de que a origem de seus lucros é a exploração da mão de obra.

A taxa da mais-valia. Marx considerou a parte do capital investida em equipamento e matéria-prima como capital constante, c. O valor desse capital é transferido ao produto final sem nenhum aumento. O capital destinado aos salários, para a compra da força de trabalho, é o capital variável, v. Ele produz um valor maior que o seu próprio. O valor extra que ele produz, que o capitalista toma sem compensar o trabalhador que o produz, é a mais-valia, s. A taxa da mais-valia, s', ou a taxa de exploração, é fornecida na Equação 10.1.

$$s' = \frac{s}{v} \qquad \textbf{(10.1)}$$

Observe que a taxa da mais-valia é a razão entre a mais-valia e o capital variável. Ela também pode ser considerada como a razão entre o tempo de trabalho não pago e o tempo de trabalho pago. No exemplo utilizado para a Figura 10.1, $s' = 1$ ou 100%, porque $s = 3$ e $v = 3$ (3/3 × 100). Ou, utilizando a segunda definição, é igual a seis horas divididas por seis horas. Se o dia trabalhado fosse estendido para 15 horas, a taxa da mais-valia seria 150% (9/6 × 100). Se fosse reduzido para nove horas, a taxa seria 50% (3/6 × 100).

Qual é a duração adequada para o dia de trabalho? Marx afirmava:

> O capitalista mantém seus direitos como comprador quando tenta tornar o dia de trabalho o mais longo possível e, sempre que possível, tirar dois dias de trabalho de alguém. Por outro lado, a natureza peculiar da mercadoria vendida implica ao comprador um limite ao seu consumo. O trabalhador mantém seu direito como vendedor quando deseja reduzir o dia de trabalho para um que tenha uma duração definida. Portanto, existe aqui uma contradição real: direito contra direito, ambos sustentando a lei de troca. Entre direitos iguais, a força decide. Assim, na história da produção capitalista, a determinação do que é um dia de trabalho é resultado de uma luta, a luta entre o capital coletivo, isto é, a classe de capitalistas, e o trabalho coletivo, isto é, a classe trabalhadora.[9]

Mesmo que o dia de trabalho não fosse estendido, a mais-valia poderia ser aumentada melhorando-se a eficiência da produção e, portanto, reduzindo o valor da força de trabalho do trabalhador. Se as necessidades do trabalhador pudessem ser produzidas em um espaço de tempo menor, uma parcela maior do novo valor iria para o capitalista. Imagine que o dia de trabalho fosse reduzido de 12 para 10 horas, mas, em vez de ser dividido em

8 Ibidem, v. 1, p. 192.
9 Ibidem, v. 3, p. 190.

6 horas de trabalho pagas para o trabalhador e 6 horas para o capitalista, ele fosse dividido em 4 para o trabalhador e 6 para o capitalista. A taxa de exploração aumentaria de 100% (6/6 × 100) para 150% (6/4 × 100).

A taxa de lucro. A taxa de lucro (p') na fórmula de Marx é a razão entre a mais-valia e o total de capital investido ou:

$$p' = \frac{s}{c + v} \qquad \textbf{(10.2)}$$

Novamente, utilizando os dados da Figura 10.1, descobrimos que nesse exemplo a taxa de lucro é 11,1% (US$ 3/US$ 27 × 100).

O problema da transformação. A Equação 10.2 ajuda a esclarecer a "grande contradição" ou "o problema da transformação" de Marx.[10] Considere as seguintes afirmações:

1. No volume 1 de *O capital*, Marx assumiu que todas as mercadorias são vendidas por seus respectivos valores.
2. A mão de obra, v, na Equação 10.2, é a única fonte de valor.
3. Partindo da afirmação 1, as indústrias que utilizam grande quantidade de equipamento e matéria-prima, c, e uma quantidade relativamente pequena de mão de obra, v, terão uma mais-valia, s, e uma taxa de lucro sobre o capital, p', menores do que as indústrias que utilizam uma pequena quantia de capital constante, c, e uma grande quantidade de mão de obra, v. Isso ocorre porque a mão de obra é a única mercadoria que pode ser explorada para obter o lucro.
4. A afirmação 3 contradiz o que Marx conhecia com base em sua própria observação: as indústrias equipadas, que utilizam muito capital e pouca mão de obra, têm uma taxa de lucro tão alta quanto as indústrias que utilizam pouco capital e muita mão de obra. Assim como os economistas clássicos, Marx sabia que as taxas de lucro tendem a ser padronizadas entre as indústrias.
5. Se as taxas de lucro são *uniformes* e a razão entre capital e mão de obra *varia* entre as indústrias, então as mercadorias *não* serão vendidas por seus respectivos valores, conforme assumiu Marx no volume 1. Essa parece ser uma contradição significativa na análise de Marx.

Marx reconheceu esse problema antes mesmo de escrever o volume 1 e tentou lidar com ele no volume 3 de *O capital*. Ele concluiu que os preços de venda de mercadorias produzidas em indústrias de custos constantes e capital intenso ficam *acima* de seus valores, enquanto as mercadorias relacionadas a um grande volume de mão de obra serão vendidas a preços *abaixo* de seus valores. Assim, de acordo com Marx, a teoria do valor do trabalho ainda é mantida, mas somente para o sistema capitalista. As mercadorias individuais serão vendidas a preços acima ou abaixo de seus valores para padronizar as taxas de lucro para toda a economia. Existe ainda muita discussão sobre se Marx conse-

10 Nosso objetivo aqui é resumir a essência do problema da transformação. Uma discussão mais detalhada sobre esse assunto é oferecida por Ronald L. Meek, no Capítulo 5 de *Smith, Marx, and after: ten essays on the history of economic thought*. Londres: Chapman & Hall, 1977.

guiu abordar o problema da transformação com sucesso. Existe também uma discussão sobre as consequências de uma teoria de trabalho falha para toda a sua teoria de desenvolvimento capitalista.[11]

O acúmulo de capital e a queda da taxa de lucro

De acordo com Marx, a taxa de lucro – p' na Equação 10.2 – recebida pelos capitalistas tenderá a cair com o decorrer do tempo. O motivo é a pressão em relação ao aumento da eficiência por meio da mecanização e das invenções, que reduzem o uso da mão de obra. Tal fato provoca o que Marx chama de *composição orgânica do capital*, indicada na Equação 10.3 como Q. Observe que esta é a razão entre o capital constante, c, e o capital total, $c + v$.

$$Q = \frac{c}{c + v} \qquad \textbf{(10.3)}$$

Uma equação alternativa para a taxa de lucro, apresentada na Equação 10.4, pode derivar das equações 10.2 e 10.3.[12]

$$p' = s'(1 - Q) \qquad \textbf{(10.4)}$$

Observe que essa nova equação indica que a taxa de lucro, p', varia diretamente com a taxa da mais-valia, s', e inversamente com a composição orgânica do capital, Q. Portanto, quando os capitalistas investem relativamente mais em equipamento e menos na força de trabalho, Q aumenta e p' cai. Isso é de grande importância para Marx. Lembre-se de que o capitalismo enfrenta contradições internas que aceleram o seu fim. A pressão em torno do uso de mais capital reduz a taxa de lucro; os *trabalhadores* são a fonte de todo o valor, incluindo a mais-valia, e, quando menos trabalhadores são utilizados, a taxa de lucro cai! Mas se o valor e o lucro são produzidos apenas pela mão de obra, os capitalistas não terão um incentivo para utilizar mais mão de obra e menos capital? Para Marx, a resposta era "Não". Ele acreditava que a dinâmica do capitalismo leva inevitavelmente a um aumento da composição orgânica do capital. Há dois motivos. Primeiro, a empresa que se orienta em direção à promoção de uma produção eficiente por meio do uso de mais e melhor capital constante receberá, temporariamente, lucros extras, diminuindo seus custos de produção. Por fim, os preços dos produtos deverão cair para refletir os custos menores, e o empregador que não acompanhar a mecanização em um mercado específico não vai sobreviver. Segundo, quanto maior for a eficiência da produção, menor será o valor da força de trabalho – o número de horas necessárias para produzir a subsistência – e maior o lucro total produzido por dia de trabalho.

A substituição do capital pela mão de obra tem um segundo efeito. O tamanho da reserva industrial de desempregados aumenta. Os trabalhadores são demitidos por causa dos equipamentos ou, conforme os termos atuais, tornam-se tecnologicamente desem-

---

11 Por exemplo, veja Meek, op. cit., capítulos 5-7. Veja também: Paul Samuelson. Understanding the Marxian notion of exploitation: a summary of the so-called transformation problem between Marxian values and competitive prices. *Journal of Economic Literature*, n. 9, p. 399-431, jun. 1971. Consulte Joan Robinson, Martin Bronfenbrenner, William Baumol, Michio Moreshima e Paul Samuelson para obter mais informações sobre esse tópico, nas edições de dezembro de 1973 e março de 1974 desse jornal.

12 Paul M. Sweezy fornece a prova para essa derivação em *The theory of capitalist development*. Nova York: Oxford University Press, 1942, p. 68.

pregados. Além disso, os investimentos de maior capital para cada estabelecimento individual levam a uma "concentração de capital crescente" (acompanhada por um maior número de capitalistas, embora em uma extensão diferente).

Marx observou certas forças equivalentes em relação à queda da taxa de lucro. Primeiro, a intensidade da exploração, s' na Equação 10.4, pode ser aumentada forçando os trabalhadores a aumentar o ritmo de trabalho ou estendendo o dia de trabalho. Segundo, os salários podem ser temporariamente reduzidos abaixo de seu valor. Terceiro, o capital constante pode ser barateado. A razão entre o capital constante e a mão de obra é uma relação de valor e, à medida que os equipamentos e as matérias-primas se tornam mais baratos, o aumento na composição orgânica do capital e a queda na taxa de lucro tornam-se mais lentos. Quarto, o aumento da população em relação a empregos e o desemprego tecnológico cada vez maior contribuem para definir novos mercados que utilizam mais mão de obra e menos capital. As altas taxas de lucro nesses mercados enquadram-se na taxa de lucro média de todo o sistema. Quinto, o comércio exterior aumenta a taxa de lucro barateando os elementos do capital constante e das necessidades da vida. Além disso, o capital investido em colônias produz taxas de lucro mais altas, porque a razão entre o capital constante e o variável é menor e a exploração dos trabalhadores da colônia é mais intensa do que a exploração do assalariado local.[13] Finalmente, a taxa de exploração aumenta com a redução do valor da força de trabalho por meio do aumento da eficiência da produção.

Observe que vários desses fatores que parcialmente equiparam a queda da taxa de lucro *aumentam* a taxa de exploração e "empobrecem" o proletariado. Assim, a consciência de classe intensifica-se, e a probabilidade de revolução cresce.

O acúmulo de capital e a crise

A queda da taxa de lucro, afirmou Marx, é um dos problemas insolúveis do capitalismo. Outro problema é a tendência de crises econômicas cada vez mais sérias.

Marx atacou a lei de Say, afirmando que, na melhor das hipóteses, ela se aplicava somente à produção de mercadorias simples. Pequenos artesãos autônomos, buscando adquirir valores de uso, produzem mercadorias a fim de trocá-las por outras que desejam consumir. O tecelão do linho o vende e usa o dinheiro para comprar alimentos. O processo pode ser representado por $C \rightarrow M \rightarrow C$, em que os *Cs* representam as mercadorias linho e alimentos, respectivamente. Esses bens possuem valor de troca semelhante e valores de uso diferentes. O dinheiro, *M*, nada mais é do que o meio de troca.

Mas mesmo na produção de mercadorias simples, existe a possibilidade de crise:

> Nada pode ser mais infantil do que o dogma, pois cada venda é uma compra, e cada compra é uma venda. Portanto, a circulação de mercadorias necessariamente implica um equilíbrio entre vendas e compras. Se isso significa que o número de vendas reais é igual ao número de compras, isso é mera tautologia (...) Ninguém vende, se não houver outra pessoa que compre. Mas ninguém é obrigado a comprar imediatamente, porque ele acabou de vender. A circulação abre todas as restrições relacionadas a tempo, lugar e indivíduos, impostas por troca direta, e, com isso, afeta, separando na antítese

13 Mais tarde, Lenin enfatizou esse ponto. Os marxistas contemporâneos veem o imperialismo como uma consequência natural do capitalismo.

> de uma venda e uma compra, a identidade direta que na troca não existe entre a própria alienação e a aquisição do produto de outra pessoa. (...) Se o intervalo de tempo entre (...) a venda e a compra se tornar muito grande, a conexão direta entre elas, sua singularidade, manifesta-se produzindo uma crise.[14]

Na produção capitalista de larga escala, o processo de troca torna-se $M \rightarrow C \rightarrow M$, em que as pessoas compram para vender, em vez de vender para comprar. O dinheiro é trocado por mercadorias, como força de trabalho, matéria-prima e equipamentos. Os produtos são vendidos, então, para a obtenção de dinheiro. No entanto, esse processo não faz sentido, se os dois *Ms* são iguais. Assim, a representação correta do processo capitalista é $M \rightarrow C \rightarrow M'$, em que M' é maior que M pelo total da mais-valia obtida com os trabalhadores produtivos. Esse é o processo de investimento expandido. "Acumule, acumule! Essa é a lei de Moisés e dos profetas!"

O investimento rápido em capital e mão de obra aumenta temporariamente a demanda e eleva os salários que os capitalistas devem pagar. Mas esses salários mais altos reduzem as taxas de mais-valia e de lucro, encerrando a expansão e enviando a economia para a direção oposta. A depressão resultante destrói o valor monetário do capital fixo, permitindo que os capitalistas maiores adquiram todas as empresas menores a preço de barganha. Além disso, algumas fábricas fecham, os preços das mercadorias caem, os créditos ficam limitados e os salários são reduzidos. As taxas de mais-valia e de lucro ficam, então, restauradas, e o investimento aumenta novamente. "A estagnação atual da produção teria preparado uma posterior expansão da produção dentro dos limites do capitalismo." Cada um desses ciclos econômicos, de acordo com Marx, tem maior magnitude do que os anteriores, contribuindo para as condições que produzem luta de classes e revolução social.[15]

A centralização de capital e a concentração de riqueza

A dinâmica do acúmulo de capital e a tendência a recorrentes crises econômicas centralizam a propriedade do capital e concentram a riqueza nas mãos de menos pessoas.

> O capital cresce em um determinado lugar para uma grande massa porque em outro lugar ele foi perdido por muitos. (...) A batalha da concorrência é disputada barateando-se as mercadorias. O preço baixo das mercadorias depende, *coeteris paribus*, da produtividade da mão de obra, que novamente depende da escala de produção. Portanto, os maiores capitais batem os menores. Lembremos ainda que, com o desenvolvimento do modo de produção capitalista, há um aumento no total mínimo de capital individual necessário para que a comercialização e a negociação ocorram em condições normais. Os capitalistas menores, portanto, insistem em esferas de produção que a indústria moderna dominou apenas esporadicamente ou de forma incompleta. Essa competição torna-se acirrada na proporção direta com o número e na proporção inversa com a magnitude dos capitalistas antagônicos. Ela sempre termina com a decadência de muitos pequenos capitalistas, cuja parte dos capitais passa para as mãos de seus

14 MARX. *Capital*, v. 1, p. 127-128.

15 A teoria apresentada nesse parágrafo representa apenas uma das diversas teorias do ciclo comercial traçadas por Marx em várias partes de seus escritos.

conquistadores e parte desaparece. Fora isso, com a produção capitalista, uma nova força conjunta entra em cena - o sistema de crédito.

No início, o sistema de crédito aparece como um modesto ajudante do acúmulo e retira, em montantes invisíveis, os recursos monetários espalhados pela superfície da sociedade nas mãos de capitalistas individuais ou reunidos em associações. Mas logo ele se torna uma nova e formidável arma na luta da concorrência e, finalmente, se transforma em um imenso mecanismo social para a centralização de capital.[16]

O conflito de classes

A concentração de riqueza nas mãos de cada vez menos capitalistas e o empobrecimento absoluto e relativo dos trabalhadores definem o estágio para o conflito de classes. Os crescentes estados de "miséria, opressão, escravidão, degradação, exploração" dos trabalhadores aumentam seu senso de solidariedade e disposição para se revoltar. "O alarme soa na propriedade privada dos capitalistas. Os expropriadores são desapropriados." As relações de produção no capitalismo entram em conflito com as forças de produção, e as primeiras são "rapidamente transformadas". Os trabalhadores derrubam os capitalistas e estabelecem uma ditadura do proletariado. A propriedade estatal dos meios de produção substitui a propriedade particular, a taxa de expansão de capital fica estabilizada e a exploração dos trabalhadores é eliminada. Os trabalhadores, de certo modo, tornam-se proprietários do capital.

A LEI DE MOVIMENTO DO CAPITALISMO: UM RESUMO

A Figura 10.2 resume a lei de movimento do desenvolvimento capitalista de Marx. Conforme indicamos, sua teoria do valor trabalho é o ponto de partida para toda a teoria. Os trabalhadores são a fonte de todo o valor, mas, como mostra a seta *a*, a mão de obra não recebe todo o valor. Em vez disso, o capitalista paga à mão de obra o valor de sua força de trabalho. Esse total é menor que o valor da produção, e a diferença representa a mais-valia desapropriada pelo capitalista na forma de rendimentos de propriedade. Conforme mostra a seta *b*, a mais-valia é a origem do acúmulo de capital. As setas *c*, *d* e *e* indicam, respectivamente, que o acúmulo de capital produz queda da taxa de lucro, agravamento das crises econômicas e desemprego tecnológico. Todos os três sustentam o tamanho da reserva industrial de desemprego e, direta ou indiretamente, contribuem para o empobrecimento do proletariado (setas *h*, *i* e *j*). A queda da taxa de lucro e o agravamento das crises comerciais também causam centralização de capital e concentração de riqueza (setas *f* e *g*). As setas *k* e *l* mostram que o resultado do processo é o conflito de classes.

Essa teoria do desenvolvimento capitalista confronta-se com a teoria apresentada por Adam Smith. Compare as figuras 10.2 e 5.1 para confirmar esse fato.

16 Marx. *Capital*, v. 1, p. 686-687.

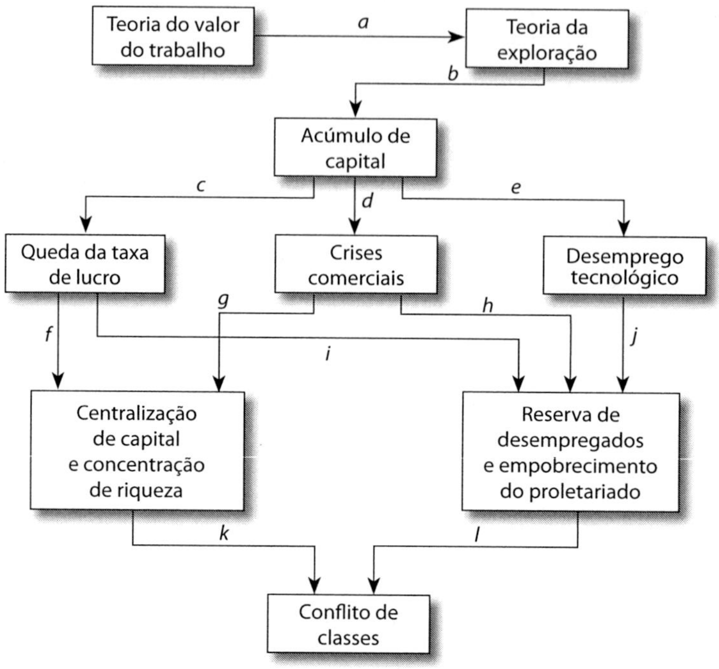

FIGURA 10.2 ■ "LEI DE MOVIMENTO" DO CAPITALISMO DE MARX

De acordo com Marx, como a mão de obra é a origem de todo o valor, a mais-valia e os lucros aumentam com a exploração dos trabalhadores (seta *a*). A concorrência entre os capitalistas resulta em acúmulo de capital (seta *b*), que causa queda da taxa de lucro, crises comerciais e desemprego tecnológico (setas *c*, *d* e *e*). Tais consequências produzem centralização de capital e concentração de riqueza (setas *f* e *g*), assim como aumento no nível de desemprego e da pobreza (setas *h*, *i* e *j*). A polarização dos capitalistas e dos trabalhadores leva ao conflito de classes (setas *k* e *l*) e à queda do capitalismo.

AVALIAÇÃO DA ECONOMIA DE MARX

Marx contribuiu para o desenvolvimento do pensamento econômico de diversas maneiras. Sua análise, no entanto, também apresentou falhas em relação a diferentes questões.

Contribuições

Alguns socialistas consideram Marx o escritor mais importante da história do pensamento econômico. A maioria dos economistas, obviamente, não compartilha desse ponto de vista. Mas mesmo os economistas que criticam Marx concordam que ele contribuiu para a análise econômica de diversas maneiras. Primeiro, Marx teve uma participação importante na luta para estabelecer uma teoria adequada sobre o valor na economia. Os problemas associados à teoria do trabalho proporcionaram um incentivo para os economistas explorarem outros caminhos, a fim de entender os valores de troca.

Segundo, Marx foi um dos primeiros economistas a observar que os ciclos econômicos são um fato comum na economia capitalista. Lembre-se de que Malthus havia descrito a possibilidade de superprodução geral, mas não desenvolveu a ideia de ciclos econômicos. Marx, assim como Sismondi anteriormente, tratou dos impulsos e das quedas cíclicas do mercado. Essas flutuações ocasionalmente dificultam as economias capitalistas modernas e mantêm o foco da intensa análise dos economistas em todo o mundo.

Terceiro, Marx previu, com precisão, o crescimento em larga escala da força das empresas e dos monopólios. Quando essas formas de empresa surgiram, os economistas tiveram de desenvolver novas teorias de comportamento comercial, alocação de recursos e distribuição de renda. Os economistas não podiam mais assumir um mundo das empresas competitivas de Smith analisando os mercados e as políticas públicas do mundo real.

Quarto, Marx destacou o efeito da substituição quando aplicado ao capital da economia da mão de obra. De fato, em algumas circunstâncias, o capital novo pode substituir a mão de obra. Ele também discutiu a ideia da inovação da economia da mão de obra com mais detalhes do que seus antecessores. Finalmente, Marx contribuiu para a economia ao enfatizar a análise dinâmica em vez da estática. A abordagem dinâmica foi reforçada mais tarde por economistas institucionais, teóricos do crescimento e economistas austríacos.

Falhas analíticas

A análise de Marx sobre a "lei do movimento" do capitalismo possui diversas deficiências. Nossa discussão sobre elas está organizada em torno das principais ideias sobre a teoria de Marx, resumidas na Figura 10.2.

Falhas na teoria do valor do trabalho. Existem vários problemas com a teoria do valor trabalho de Marx. Os economistas contemporâneos contestam que os trabalhadores sejam a origem de todo o valor de troca. A terra e os recursos de capital também são produtivos, independentemente e além do valor da mão de obra necessária, preparando-a para a produção. Portanto, os proprietários de terras e de recursos de mão de obra merecem um rendimento que seja suficiente para manter esses recursos empregados na produção de uma mercadoria específica. É verdade que o capital é, em parte, produzido por mão de obra anterior, mas essa mão de obra é paga de acordo com sua contribuição à produção do capital. O capital, então, torna-se um recurso independente que pode ser comprado e vendido. Dessa forma, ele pode gerar valor além do valor da mão de obra utilizada para produzi-lo.

Uma crítica mais técnica é o "problema da transformação" mencionado anteriormente e associado à teoria do trabalho de Marx. Outros problemas técnicos supostamente existem. Por exemplo, no volume 1 de *O capital*, Marx assumiu uma taxa uniforme de mais-valia para todas as indústrias, a fim de sustentar que a mão de obra é a origem de todo o valor. Conforme apontado por Edwin West:

> Mas se a taxa de exploração é a mesma em todos os lugares, as horas de trabalho também devem ser uniformes. Marx insistia que isso era verdadeiro e citava algumas evidências como apoio. Uma verificação mais detalhada de suas fontes (relatórios de inspetores de fábrica do século XIX) não confirma, contudo, esse prognóstico. Ao contrário, os dados eram mais consistentes com a hipótese neoclássica concorrente, que

teve origem com Jevons, de que as horas de trabalho variam porque a mão de obra do trabalhador e as preferências de lazer variam.[17]

Problemas com a teoria da exploração de Marx. De acordo com Marx, os salários pagos aos trabalhadores destinam-se à subsistência cultural, devido à presença de uma grande reserva de desempregados. O trabalhador é forçado a trabalhar por um período que seja suficiente para criar mais-valia para o capitalista. Mas nenhuma dessas reservas se desenvolveu. As pessoas geralmente entram e saem do desemprego; aquelas que se encontram na "rede" de desempregados estão ali temporariamente. Grandes períodos de desemprego em massa têm sido uma exceção e não a regra, nas nações capitalistas. Em condições de um índice relativamente alto de emprego, os empregadores precisam competir entre si para atrair trabalhadores qualificados, da mesma forma que os trabalhadores competem entre si para obter as melhores posições. A competição entre empregadores eleva os salários, força as empresas a melhorar as condições de trabalho, faz que os patrões diminuam as horas de trabalho ou produzam qualquer combinação desses três fatos. Historicamente, os salários reais aumentaram significativamente desde as publicações de Marx, e a parcela de mão de obra da renda nacional aumentou ou manteve-se relativamente constante na maioria dos países industriais.

Falhas na análise de Marx sobre o acúmulo de capital. Uma rápida análise na Figura 10.2 nos faz lembrar que Marx acreditava que o acúmulo de capital gera a queda da taxa de lucro, agravando as crises econômicas e o desemprego tecnológico. Os economistas modernos dizem que, embora cada uma dessas consequências seja possível na teoria, outros resultados também são teoricamente possíveis e, na verdade, geralmente já foram produzidos. É verdade que o fortalecimento do capital – o crescimento do capital a uma taxa mais rápida que a da mão de obra – reduz o retorno do capital. Porém, outras forças também são exercidas. Especificamente, novas tecnologias aumentaram a produtividade do capital, reforçando a tendência da queda da taxa de lucro. Historicamente, a taxa de retorno de capital e a taxa de lucro têm oscilado dentro do ciclo econômico, mas não apresentam tendência de queda.

E sobre o acúmulo de capital e o agravamento das crises econômicas? Novamente, é verdade que a rápida expansão do capital pode levar à excesso de capacidade produtiva, seguida por excesso de inovações, queda da produção e aumento da taxa de desemprego. Como já indicamos, as contribuições de Marx aqui são importantes. Mas o crescimento súbito dos investimentos não é a regra. Durante muitos períodos, o investimento cresce a um ritmo consistente com um crescimento econômico regular, em vez de com crises econômicas ameaçadoras.

O acúmulo de capital causa desemprego, conforme argumentava Marx? A resposta pode ser "Sim", se o capital for simplesmente um substituto para a mão de obra na produção. Mas mesmo onde isso ocorre, os custos menores de produção resultantes podem aumentar suficientemente o tamanho de uma indústria para fazer que o nível de emprego total permaneça constante ou cresça. Além disso, muitas formas de capital representam

17 WEST, Edwin G. Marx's hypotheses on the length of the working day. *Journal of Political Economy*, n. 91, p. 266, abr. 1983.

complementos à mão de obra na produção. Por exemplo, uma nova fábrica requer novos empregados, isto é, resulta em um aumento na demanda pela mão de obra e no número de vagas disponíveis. A questão é que o acúmulo de capital constante não precisa necessariamente causar desemprego. Durante o século após a publicação de *O capital*, o acúmulo de capital foi acompanhado por um rápido aumento no nível de emprego total, embora a relação entre os títulos de capital e o crescimento da taxa de emprego varie consideravelmente na indústria.

Problemas com a ideia de conflito de classes. O prognóstico de Marx sobre a inevitabilidade do conflito de classes baseia-se em suas teorias sobre a exploração e o acúmulo de capital, que causa uma queda na taxa de lucro, agravamento de crises e desemprego tecnológico. Afirmamos que essas teorias possuem falhas graves. A história sugere que uma polarização dos trabalhadores e dos capitalistas em duas classes opostas não ocorreu. Em vez disso, uma classe média forte desenvolveu-se na maioria dos países capitalistas. Os membros dessa classe incluem proprietários de pequenas empresas, profissionais autônomos, cientistas, engenheiros, professores, vendedores, publicitários, administradores e outros assalariados. Marx com certeza teria se surpreendido ao verificar que, graças em parte ao capitalismo, os salários coletivos dos trabalhadores são a principal fonte em que se baseia o crescimento da economia dos países. Ele também ficaria surpreso ao descobrir que muitos assalariados possuem rendimentos anuais que os inserem nas "classes" média ou média alta da sociedade.

Marx percebeu que o Estado, atuando como um comitê executivo de toda a burguesia, garantiria essas condições que produziriam um proletariado oprimido. Marx não conseguiu perceber que o Estado poderia contribuir para a melhoria das condições econômicas. Ele não previu os serviços sociais, a regulamentação de empresas públicas, as leis que estabelecem o direito de organização dos sindicatos e de greve, as políticas monetária e fiscal etc.[18] Ele também não percebeu que os interesses de toda a classe capitalista não coincidem necessariamente com os interesses de cada indivíduo pertencente a ela. Por exemplo, um único capitalista pode apresentar grande resistência quanto à concessão de pensão. Mas quando todos os empregadores precisam conceder pensão sob termos idênticos, a responsabilidade não é tão grande como quando apenas um indivíduo precisa sacrificar uma posição competitiva assumindo tal custo.

Veja O passado como preâmbulo 10-1

De uma maneira um tanto irônica, a bem-sucedida revolução de Marx não ocorreu em países capitalistas desenvolvidos (como Inglaterra, França e Alemanha), onde Marx esperava. Os países em que ela ocorreu (Rússia, China) tiveram uma angustiante falta de acúmulo de capital na época da revolução. Além disso, o colapso dramático do marxismo na Europa Oriental e na União Soviética evidenciou uma repulsa ao marxismo, pelo menos na forma como ele se manifestou historicamente, mesmo entre o chamado proletariado. A evidência histórica simplesmente não sustenta a teoria de conflito de classes desenvolvida por Marx.

18 Obviamente, Marx não foi o único a não prever essas mudanças, mas é o alvo da crítica, pois sua teoria falava do avanço *inevitável* do capitalismo para sua queda.

10-1 O passado como preâmbulo

O COLAPSO DO MARXISMO

Marx previu que o capitalismo entraria em decadência com base nas contradições internas e seria substituído pelo socialismo. Ironicamente, no final dos anos 1980 e no começo dos anos 1990, ocorreu exatamente o oposto. As dificuldades internas nos países da Europa Oriental e na União Soviética provocaram a queda do socialismo marxista e originaram o capitalismo. Esse colapso do marxismo é um dos eventos verdadeiramente extraordinários do século XX.

Por que o socialismo marxista falhou? Embora as razões sejam muitas e complexas, uma é fundamental: os regimes marxistas foram construídos sobre uma teoria econômica falha. Desde o começo, os economistas ocidentais descartaram a teoria do valor de Marx e sua "lei de movimento" do capitalismo. Consequentemente, até mesmo os economistas dos países comunistas levantaram importantes dúvidas sobre essas teorias. Embora Marx pouco tenha se pronunciado sobre a maneira como o proletariado organizaria a produção, os seguidores de Marx insistiam que a economia socialista centralmente planejada era a sucessora lógica e necessária do capitalismo. Essa premissa não poderia contrariar tal evidência. Enquanto a Alemanha Ocidental prosperava, a Alemanha Oriental socialista enfraquecia. Enquanto a Coreia do Sul capitalista crescia rapidamente, a Coreia do Norte comunista permanecia como um país do Terceiro Mundo. Enquanto a privatização, os mercados e a reforma monetária na China expandiam consideravelmente a produção de alimentos, o sistema de fazendas coletivas na União Soviética aumentava sua dependência em relação aos alimentos importados.

Ao se deparar com a realidade da queda da economia soviética, o presidente Mikhail Gorbachev introduziu a *perestroika*, em 1986. Essa "reestruturação da economia" envolveu seis elementos relacionados entre si: (1) a modernização da indústria; (2) a descentralização da tomada de decisão; (3) a permissão de um setor empresarial privado limitado; (4) melhores incentivos aos trabalhadores; (5) um sistema de preços baseado mais no custo e (6) um papel mais importante na economia internacional.

Junto com a *perestroika*, veio a campanha pela *glasnost*, uma maior abertura para discussão e debate sobre questões econômicas e políticas. Embora a *perestroika* de Gorbachev não tenha obtido muito êxito, a *glasnost* proporcionou um canal de crítica sobre o sistema político e econômico existente e gerou propostas econômicas ainda mais audaciosas. Na Europa Oriental e na União Soviética, a *glasnost* revelou claramente que a grande maioria das pessoas se opunha ao sistema comunista de governo e economia. Isso se tornou evidente ao mundo em 1989, quando os alemães orientais derrubaram o Muro de Berlim, construído pelos líderes alemães em décadas passadas para evitar que os alemães orientais fugissem para o Ocidente. A destruição do muro e a comemoração que se seguiu colocaram um fim a qualquer fachada restante de que as ideias do marxismo eram compartilhadas pelo povo que vivia sob esse regime.

O mau presságio do marxismo soviético ressoou em 1991, quando o presidente russo Boris Yeltsin enviou um tanque às ruas de Moscou em oposição a um golpe contra Gorbachev. O golpe foi rapidamente dissolvido quando seus líderes não conseguiram convencer os militares a agirem a seu favor. O Partido Comunista e a teoria marxista sobre os quais o golpe se baseava desintegraram-se diante dos olhos do mundo. O governo de Yeltsin, então, começou a árdua tarefa de desmantelar o socialismo centralmente planejado e instalar as instituições capitalistas, como os mercados livres e a propriedade privada.

A transição do socialismo marxista para o capitalismo teve resultados diferentes. Reformas capitalistas nos antigos países comunistas como a Polônia, Hungria, Alemanha Oriental e República Tcheca foram bem-sucedidas, mas a privatização da indústria russa tem sido devagar na melhora da prosperidade geral. O crescimento tem sido forte nos últimos anos, em parte, graças à exportação de ganhos dos preços do óleo e gás. Entretanto, problemas de corrupção, instituições de mercado desenvolvidas de maneira pobre e o potencial controle crescente do Estado sobre a economia impedem todo desenvolvimento capitalista na Rússia. Ainda não se sabe de que forma a transição russa para o capitalismo vai acabar.

Perguntas para estudo e discussão

1. Identifique brevemente e estabeleça a importância de cada um dos seguintes conceitos, pensadores e obras para a história do pensamento econômico: Engels, *Manifesto of the Communist Party* (1848), O *capital* (1867), Darwin, Hegel, Feuerbach, materialismo, forças de produção, relações de produção, capital constante, capital variável, tempo de trabalho socialmente necessário, força de trabalho, mais-valia, taxa de exploração, problema de transformação, composição orgânica do capital, reserva industrial e proletariado.
2. Explique a teoria da história de Marx, relacionando-a com as ideias anteriores de Hegel e Feuerbach.
3. Explique cada uma destas equações marxistas, relacionando-as à sua análise sobre a "lei de movimento" do capitalismo:
   a) Valor $= c + v + s$
   b) $s' = s/v$
   c) $Q = c/(c + v)$
   d) $p' = s'(1 - Q)$
4. De que forma a teoria da história de Marx e sua análise sobre o capitalismo estão relacionadas à noção de evolução de Darwin?
5. Se os trabalhadores recebem o valor da sua força de trabalho, como defendia Marx, de que forma eles são explorados?
6. Imagine que três horas de tempo de trabalho socialmente necessários estejam embutidas nas mercadorias que os trabalhadores comuns e suas famílias precisam consumir diariamente. Suponha também que os capitalistas empregam esses trabalhadores por 12 horas ao dia. Qual é a taxa de mais-valia? E a taxa de lucro?
7. O que é o problema de transformação em relação a Marx e de que forma Marx tentou lidar com ele?

8. Discuta a falha na argumentação de Marx de que a introdução de novos equipamentos e novas técnicas de produção causaria um crescimento na reserva de desempregados tecnológicos.
9. Qual é o papel desempenhado pela crise econômica na teoria geral de Marx sobre o desenvolvimento capitalista?
10. O argumento "queria que fosse assim" ocorre quando alguém espera um resultado específico para influenciar sua análise. Crie um caso em que Marx se sentiria vítima desse argumento.
11. Discuta: uma economia deve primeiro ter a experiência de uma fase capitalista se for para mudar para o socialismo e comunismo marxista com sucesso.

Leituras selecionadas

Livros

BARAN, Paul A.; SWEEZY, Paul M. *Monopoly capital.* Nova York: Monthly Review Press, 1966.

BLAUG, Mark (ed.). *Karl Marx.* Brookfield, VT: Edward Elgar, 1991.

FOLEY, Duncan K. *Understanding capital:* Marx's economic theory. Cambridge, MA: Harvard University Press, 1986.

KING, J. E. (ed.). *Marxian economics.* Brookfield, VT: Edward Elgar, 1990.3 v.

MANDELL, Ernest. *Marxian economic theory.* Traduzido por Brian Pearce. Nova York: Monthly, Review Press, 1970. 2 v.

MARX, Karl. *Capital.* Traduzido por Samuel Moore, Edward Aveling e Ernest Untermann. Chicago: Kerr, 1906-1909. 3 v [publicado originalmente em 1887-1895].

________. *A contribution to the critique of political economy.* Traduzido por N. I. Stone. 2. ed. Chicago: Charles Kerr, 1913 [escrito em 1859].

________. *The economic and philosophic manuscripts of 1844.* Traduzido por Martin Milligan e editado por Dirk J. Struik. Nova York: International Publishers, 1964.

________. *Theories of surplus value.* Traduzido por G. A. Bonner e Emily Burns. Londres: Lawrence and Wishart, 1951 [publicado originalmente em 1905-1910; escrito em 1862-1863].

MARX, Karl; ENGELS, Friedrich. *Manifesto of the Communist Party.* Nova York: International Publishers, 1948 [escrito em 1848].

MEEK, Ronald L. *Smith, Marx, and after:* ten essays in the development of economic thought. Londres: Chapman & Hall, 1977.

ROBINSON, Joan. *Essay on Marxian economics.* Nova York: St. Martin's, 1967.

SOWELL, Thomas. *Marxism:* philosophy and economics. Nova York: William Morrow, 1985.

SWEEZY, Paul M. *The theory of capitalist development.* Nova York: Oxford University Press, 1942.

TUCKER, Robert C. (ed.). *The Marx-Engels reader.* 2. ed. Nova York: W. W. Norton, 1978.

Artigos de revistas especializadas

BRUE, Stanley L.; MacPHEE, Craig. From Marx to markets: reform of the university economic curriculum in Russia. *Journal of Economic Education,* n. 26, p. 182-194, primavera de 1995.

DILLARD, Dudley. Keynes and Marx: a centennial appraisal. *Journal of Post-Keynesian Economics,* n. 6, p. 421-432, primavera de 1984.

HUTCHISON, T. W. Friedrich Engels and Marxian economic theory. *Journal of Political Economy,* n. 86, p. 303-320, abr. 1978.

MINISYMPOSIUM: Locating Marx after the fall (ensaios e comentários de E. Roy Weintraub, Anthony Brewer, John E. Elliot, Duncan K. Foley, Samuel Hollander, M. C. Howard, J. E. King, Takashi Negishi, Alessandro Roncaglia, Margaret Schabas, Ian Steedman). *History of Political Economy,* n. 27, p. 109-206, primavera de 1995.

UREÑA, E. M. Marx and Darwin. *History of Political Economy,* n. 9, p. 548-559, inverno de 1977.

WEST, Edwin G. Marx's hypotheses on the length of the working day. *Journal of Political Economy,* n. 91, p. 266-281, abril de 1983.

WOLFSON, Murray. Three stages in Marx's thought. *History of Political Economy,* n. 11, p. 117-146, primavera de 1979.

11

A ESCOLA HISTÓRICA ALEMÃ

Neste capítulo, tratamos da escola histórica alemã, que surgiu na década de 1840 com as publicações de Friedrich List e Wilhelm Roscher e terminou em 1917 com a morte de Gustav Schmoller.[1] Nessa época, os economistas em geral haviam absorvido algumas das ideias da escola, e esta não mais existia como uma entidade distinta. Assim como os socialistas, os economistas históricos alemães eram normalmente alvo de críticas dos economistas clássicos. Seguindo uma visão geral da escola, desenvolvemos as ideias de seus principais pensadores: List, Roscher, Schmoller e Weber.

VISÃO GERAL DA ESCOLA HISTÓRICA ALEMÃ

O cenário histórico da escola

O tratado de paz que se seguiu às guerras napoleônicas deixou a Alemanha dividida em 39 estados separados, a maioria deles monárquicos, quase todos antidemocráticos. As grandes potências europeias vitoriosas manipularam a Alemanha de modo que se promovessem seus objetivos mais profundos. A Áustria queria manter a Alemanha enfraquecida e dividida; a Grã-Bretanha desejava ver uma Prússia forte, a fim de impedir um

1 Este capítulo teve a significativa colaboração da tese de doutorado não publicada de Jack C. Myles na Universidade de Princeton, *German historicism and American economics*, 1956.

futuro ressurgimento da França; a Rússia queria para si as partes da Polônia que ainda não haviam sido tomadas pela Alemanha ou pela Áustria.

A luta da Alemanha contra Napoleão ressuscitara sentimentos patriotas e nacionalistas. Muitos alemães exigiam unificação e reformas constitucionais, mas a busca pela unidade nacional permaneceu frustrada por meio século. As aspirações relacionadas à democracia não foram cumpridas por mais de um século e foram obtidas somente por um breve período sob as mais adversas condições – sob o estigma da derrota na Primeira Guerra Mundial.

Em 1815, a Santa Aliança da Prússia, Áustria e Rússia foi organizada para defender a revolução, onde quer que ela pudesse ser ameaçada. Alguns poucos revolucionários rebelaram-se na Alemanha entre 1830 e 1832 e foram reprimidos, e os grandes levantes de 1848 foram esmagados pelas tropas da Prússia e da Áustria.

A Prússia, o maior, mais rico, mais militarizado e mais poderoso estado da Alemanha, dominou o território. Países europeus cortejavam a Prússia como um poderoso aliado. Conservadores locais e estrangeiros viam nela um baluarte contra a democracia e o socialismo. Nacionalistas nativos confiavam na Prússia para forjar uma Alemanha unificada. A Prússia dominou o governo alemão e armou sua defesa. Uma série de guerras bem-sucedidas fortaleceu ainda mais o nacionalismo na hegemonia prussiana. Uma legislação social moderna, representada por Bismarck, expressava o paternalismo da monarquia e despertava a lealdade e o patriotismo entre os trabalhadores alemães. Bismarck orgulhava-se do fato de que, na Alemanha, os reis faziam as revoluções.

Como certas instituições econômicas importantes da Alemanha do século XIX se diferenciavam substancialmente das instituições britânicas, não é de surpreender que uma ideologia econômica diferente tenha surgido. As leis mercantilistas persistiram na Alemanha pelo menos até a formação do império, em 1871, muito tempo depois de terem desaparecido do cenário britânico. A concorrência e a liberdade comercial, admitidas pelos clássicos em suas análises econômicas, ficaram rigorosamente limitadas na Alemanha. Devido à grande burocracia que controlava e regulava as principais fases da vida econômica alemã, a ciência da administração pública desenvolveu-se consideravelmente. As teorias britânicas tornaram-se, obviamente, inaplicáveis à situação da Alemanha. A escola histórica defendia e organizava o estilo de vida alemão, questionando a importância histórica das doutrinas clássicas econômicas da Grã-Bretanha.

A Alemanha que deu origem à escola histórica ficou dividida, fraca e basicamente agrícola. O nacionalismo, o patriotismo, o militarismo, o paternalismo, a devoção às obrigações e ao trabalho pesado e a intervenção em massa do governo, tudo combinou para alterar o padrão e promover o crescimento industrial. Como a Alemanha da metade do século XIX se encontrava numa posição muito inferior à da Inglaterra no desenvolvimento da indústria, seus economistas argumentavam que era necessária a ajuda do governo para sua superação.

Principais dogmas da escola histórica

Quatro princípios foram primordiais no pensamento dos economistas históricos alemães.

- Abordagem desenvolvimentista para a economia. A escola histórica aplicou uma perspectiva desenvolvimentista dinâmica em seu estudo sobre a sociedade. Ela se concentrou no desenvolvimento e no crescimento cumulativos. Certa analogia foi feita com o evolucionismo de Darwin na biologia: o organismo social nasce, desenvolve-se e cresce e, finalmente, enfraquece e morre. A sociedade está em constante mudança. Portanto, o que é uma doutrina econômica relevante para um país em determinado período pode ser irrelevante para outro país ou em outra época. Essa abordagem relativista foi particularmente útil para atacar a economia clássica como inadequada para a Alemanha.

- Ênfase no papel positivo do governo. A escola histórica era nacionalista, enquanto a economia clássica era individualista e cosmopolita. Se o organismo social é o centro do estudo, se é a força para o movimento dinâmico, a sociedade e o Estado, e não o indivíduo, ocupam o centro do palco. Na Alemanha, era o Estado quem alimentava a indústria, o transporte e o crescimento econômico. No processo de defesa de uma economia unificada, foi fácil desenvolver uma glorificação nacionalista do Estado. A escola histórica ressaltou a necessidade da intervenção do Estado em assuntos econômicos e enfatizou que a comunidade possui interesses próprios, bem distintos dos interesses individuais.
- Abordagem indutiva/histórica. Os economistas da escola histórica enfatizaram a importância de estudar historicamente a economia como parte de um conjunto integrado. Como o fenômeno econômico e outros fenômenos sociais são interdependentes, a economia política não pode ser tratada de forma adequada se não estiver combinada com outros ramos da ciência social. A escola histórica criticava as qualidades abstratas, dedutivas, estáticas, irreais e não históricas da metodologia clássica e marginalista. Essa escola empreendeu consideráveis estudos indutivos, utilizando material de fontes primárias e estudando as instituições sociais em mudança. A escola reivindicava que seu método histórico permitia-lhe estudar *todas* as forças de um fenômeno econômico, *todas* as facetas do comportamento econômico e não meramente sua lógica econômica. Alguns dos economistas históricos opunham-se a quase todas as formas de teorias. Eles negavam que pudesse haver leis econômicas válidas, com uma exceção: acreditavam que padrões de desenvolvimento são perceptíveis na história e podem ser generalizados como "leis de desenvolvimento".
- Defesa da reforma conservadora. A economia política, diziam os economistas históricos, não deve apenas analisar os motivos que incitam a atividade econômica, mas deve pesar e comparar o mérito moral dessas ações e suas consequências. Deve determinar um padrão para a produção adequada e a distribuição de riqueza, a fim de que as exigências de justiça e moral sejam satisfeitas. Os economistas históricos achavam que o Estado alemão deveria encarregar-se do processo de melhoria das condições do "homem comum". Isso fortaleceria a lealdade para com o Estado, enquanto protegia a saúde, o bem-estar e a eficiência dos operários de fábrica. Eles esperavam que as reformas também afastassem a classe trabalhadora da ideologia socialista. Defensores de mudanças sociais moderadas foram chamados de "socialistas de cadeira", uma referência às posições acadêmicas que possuíam.

A quem a escola histórica beneficiou ou procurou beneficiar?

Primeiro, os membros da escola histórica alemã beneficiaram a si próprios. Eles desfrutavam de relações íntimas e amigáveis com oficiais do governo e atingiram cargos significativos na vida acadêmica. De fato, o governo alemão controlava a maioria das universidades, e Schmoller, conhecido como o "fabricante de professores", dominava a maioria das reuniões acadêmicas na Alemanha por meio de sua influência no Ministério da Educação da Prússia. Seus estudantes e seguidores eram colocados em cargos acadêmicos, enquanto os adeptos alemães da escola marginalista da Áustria eram excluídos das posições universitárias. A escola histórica também beneficiou o governo imperial da Alemanha, defendendo seu papel em um estado nacionalista.

Segundo, os economistas históricos serviram a grupos comerciais, financeiros e de donos de terras proeminentes promovendo reformas moderadas que frustraram o esforço para uma democratização mais radical da sociedade. Em vez de lutarem pobre e modestamente e vencerem suas próprias batalhas por melhorias, eles receberam concessões do governo paternalista. Como resultado, a servidão, o nacionalismo e a lealdade ao regime foram mais difundidos na Alemanha do que em qualquer outro lugar.

Como a escola histórica foi válida, útil ou correta em sua época?

A abordagem desenvolvimentista da sociedade e do pensamento econômico proporcionou um antídoto útil contra o pensamento abstrato das escolas clássica e marginalista. Quem mais poderia tentar explicar a adesão da Grã-Bretanha ao *laissez-faire* no século XIX e seu considerável afastamento no século XX? E a escola histórica foi correta ao prever que os economistas precisavam familiarizar-se com as mudanças históricas e ambientais, com a evolução econômica e social, a fim de entender o mundo moderno. Para essa tarefa, foram necessários estudos indutivos efetivos. Novas teorias e novas ideias tiveram de ser elaboradas para entender novas situações, e essas novas teorias e ideias exigiram provas cuidadosas durante o uso de dados empíricos.

Quais dogmas da escola histórica se tornaram contribuições duradouras?

A tarefa da escola histórica alemã concluiu-se quando economistas de diferentes crenças concordaram que eram necessários estudos empíricos históricos para explicar o presente, testar antigas teorias e desenvolver outras novas. Hoje, o método indutivo histórico tornou-se amplamente aceito como complemento ao método dedutivo abstrato: períodos de mudança e controvérsias metodológicas forçaram ambos a uma união desconfortável, mas toleravelmente tranquila. Por exemplo, as análises econométricas contemporâneas normalmente incorporam tanto a teoria abstrata quanto as provas empíricas. Os dados relacionados à maioria das provas empíricas são históricos e não resultados diretos de experimentos. No entanto, hoje os economistas geralmente pesquisam a maioria dos dados históricos *recentes* disponíveis para testar suas teorias, em vez de escrutinar dados coletados de um passado distante. Se a sociedade está em constante mudança e se novas situações requerem novas análises, as experiências do passado possuem apenas uma limitada relevância. John Neville Keynes (pai de John Maynard Keynes) apontou esse fato no início de 1890:

> Mais importante ainda é observar que, exatamente devido à evolução dos sistemas industriais e ao caráter inconstante das condições econômicas em que a escola histórica

> da economia tanto insiste, o estudo do passado proporciona a solução menos útil para os problemas dos dias de hoje. Para muitos desses problemas, pouca solução é apresentada pela história econômica que se relaciona a um período anterior ao século XIX. De que forma as generalizações baseadas em um conjunto de circunstâncias podem, de fato, ser aplicadas com segurança a um outro conjunto de circunstâncias? Os problemas que exigem uma solução podem ser novos em suas características, mas também podem surgir novas classes industriais. Com quais classes do século XIV, por exemplo, vamos comparar o empregado de fábrica moderno e o capitalista moderno? Portanto, devido apenas ao fato de que as instituições, os hábitos e as condições mudam, um outro método de investigação diferente do histórico deve ser essencial para muitos aspectos do nosso trabalho econômico. A economia política nunca poderá tornar-se uma ciência especificamente histórica.[2]

Outra contribuição duradoura da escola foi seu ataque ao *laissez-faire*. Esse tema foi a tendência do futuro. Os membros da escola histórica reconheceram que a iniciativa comercial livre sem limitações não produz necessariamente os melhores resultados possíveis para toda a sociedade. E eles estavam certos em sua crença de que a reforma pode substituir os piores levantes erguidos pelas marcantes diferenças entre as classes.

Último raciocínio: o nacionalismo alemão defendido pelos economistas históricos falhou ao tentar fazer mais do que o possível, ao se envolver em um militarismo frenético. Durante o período que terminou em 1914, havia uma esperança cada vez maior de que o mundo pudesse alcançar paz, cooperação internacional e harmonia universal. Os economistas históricos alemães fizeram soar uma nota de nacionalismo que tornou estridentes esses sentimentos internacionalistas de benevolência. Suas ideias, talvez involuntariamente, contribuíram para o clima na Alemanha que levou às duas grandes guerras mundiais. Com relação a esse assunto, algumas das ideias apresentadas pelos economistas históricos foram prejudiciais ao progresso da sociedade.

FRIEDRICH LIST

Vida e época

Friedrich List (1789-1846), o precursor da escola histórica, não tinha inclinação nem para o estudo formal na escola nem para a ocupação de curtidor, como seu pai. Ele se tornou um funcionário do governo e, por volta de 1816, já tinha sido promovido ao posto de vice-secretário ministerial. Um ano depois, aceitou uma cadeira de administração e política na Universidade de Tübingen, mas suas visões políticas dissidentes provocaram sua demissão em 1819. Então, ele se tornou ativo na promoção de uma união política e comercial forte dos estados alemães. Em 1819, List apresentou uma petição para um sindicato dos aduaneiros à Assembleia Federal como representante de uma associação de comerciantes e fabricantes organizada por ele.

> Trinta e oito barreiras alfandegárias enfraquecem o comércio doméstico e têm os mesmos efeitos que ataduras, que evitam a livre circulação do sangue. O comércio mercante

2 KEYNES, John Neville. *The scope and method of political economy.* 4. ed. Londres: Macmillan, 1917. p. 327 [publicado originalmente em 1890].

> entre Hamburgo e Áustria ou Berlim e Suíça deve atravessar dez estados, tomar conhecimento de dez tarifas alfandegárias, pagar dez direitos aduaneiros sucessivos. Qualquer pessoa que more na fronteira entre três ou quatro estados perde o dia entre coletores de impostos e oficiais alfandegários hostis; é um homem sem pátria.[3]

Eleito para governar seu estado em 1820, List defendeu outras reformas administrativas e financeiras consideradas muito radicais para sua época. Ele concedeu benefícios abolindo pedágios nas estradas, dízimos, propriedade estatal das indústrias, impostos das propriedades feudais e limitações sobre uso produtivo da terra e impostos sobre consumo. Defendeu o julgamento por júri, a redução no número de funcionários públicos civis e um único imposto direto para cobrir as despesas do governo. O governo considerou a expressão dessas ideias como traição e condenou List a passar oito meses na prisão, após os quais foi deportado. De 1825 a 1832, ele viveu nos Estados Unidos, onde se tornou fazendeiro, jornalista e promotor de vendas, ganhando e perdendo fortunas em minas de carvão. Suas ideias protecionistas ganharam muito mais popularidade nos Estados Unidos do que na Alemanha.

Após sua volta à Alemanha, List tornou-se um ferrenho defensor de uma rede ferroviária alemã. As linhas da estrada de ferro, construídas mais tarde na Alemanha, serviram para testemunhar o que ele havia escrito em um panfleto publicado em 1833. Seus esforços para criar um sindicato alfandegário alemão foram compensados com o estabelecimento do *Zollverein*, em 1834. Os planos que ele apresentou para um sistema postal alemão e uma lei de patentes nacional foram concretizados mais de 20 anos após sua morte. Doenças, dificuldades financeiras e desespero diante da demora para a unificação da Alemanha tornaram seus dias melancólicos e, em 1846, ele se suicidou.

Pensamentos sobre desenvolvimento econômico

Na introdução de sua obra mais famosa, *National system of political economy*, List referia-se a si próprio na terceira pessoa:

> O autor começará, uma vez que a teoria não começa, questionando a História e deduzindo dela seus princípios fundamentais (...) Para obter maior clareza, oferecemos aqui uma visão superficial dos principais resultados de suas pesquisas e meditações: a associação de indivíduos para a obtenção de objetivo comum é a maneira mais eficiente de garantir a felicidade dos indivíduos. Sozinho e separado de seus companheiros, o homem fica fragilizado e desamparado. Quanto maior o número de pessoas unidas, mais perfeita é a associação, e maior e mais perfeito o resultado, que é o bem-estar moral e material de indivíduos. A maior associação de indivíduos hoje é a do Estado, da nação; a mais imaginável é a de toda a raça humana (...)
>
> Uma nação pode, por meio da guerra, ser privada de sua independência, sua riqueza, sua liberdade, sua constituição, suas leis, seus próprios recursos, do grau de bem-estar cultural e nacional que ela pode ter atingido; pode ser totalmente escravizada. As nações são, portanto, vítimas umas das outras, e a política egoísta está permanentemente perturbando e retardando o desenvolvimento econômico das nações. Para

3 Friedrich List, conforme citação em Margaret E. Hirst, *Life of Friedrich List and selections from his writings*. Londres: Smith, Elder, 1909. p. 139.

preservar, desenvolver e melhorar a si mesma, uma nação, consequentemente, deve ser no momento o principal objetivo dos seus esforços (...)

No desenvolvimento econômico das nações, é necessário distinguir as seguintes fases: o estado selvagem, o estado pastoral, o estado agrícola, o estado agrícola e industrial e, finalmente, o estado agrícola, industrial e comercial. (...) Uma nação que valoriza muito sua independência e sua segurança deve fazer um vigoroso esforço a fim de passar o mais rápido possível de um estado de civilização inferior para um estado superior, unindo e aperfeiçoando, o mais rápido possível, suas próprias atividades agrícolas, industriais, comerciais e de navegação. (...) A elevação rápida de um povo agrícola à condição de país agrícola, industrial e comercial só pode ser alcançada sob a lei de livre mercado, quando várias nações engajadas no momento no mercado industrial estarão no mesmo grau de progresso e civilização: quando não colocarão nenhum obstáculo no caminho do desenvolvimento econômico de cada uma delas, sem impedir o respectivo progresso com a guerra ou com uma legislação comercial adversa.

Mas algumas delas, favorecidas pelas circunstâncias, tendo deixado para trás outras nações na indústria, no comércio e na navegação e tendo percebido que esse estado avançado era o mais seguro de se adquirir e mantendo a supremacia política, adotaram e ainda mantêm uma política bem adaptada para fornecer-lhes o monopólio dos fabricantes, da indústria e do comércio e para impedir o progresso das nações menos desenvolvidas ou daquelas que se encontram em um grau inferior de cultura. (...) O progresso anterior de certas nações, a legislação comercial estrangeira e a guerra obrigaram países menos desenvolvidos a buscar meios especiais de efetuar sua transição da fase agrícola para a industrial e, por um sistema de obrigações, a manter seu comércio com nações mais desenvolvidas, tendo como objetivo o monopólio industrial. (...)

A experiência nos ensina, é verdade, que o vento leva consigo as sementes de um país para outro e que os locais desertos transformaram-se em florestas densas. Mas seria sensato que os proprietários de terras improdutivas esperassem que o vento executasse sua tarefa de plantação e transformação com o passar dos séculos? Seria tolice que eles forçassem a natureza plantando em suas terras não cultivadas, sendo que poderiam atingir seu objetivo em alguns anos?

A doutrina de Adam Smith em relação ao comércio exterior nada mais é do que a continuação da doutrina dos fisiocratas. Ela desconsidera a nacionalidade, exclui quase toda a política e o governo, pressupõe a existência de paz permanente e associação universal, desvaloriza as vantagens da indústria manufatureira nacional e também os meios de conquistá-la: exige livre comércio absoluto.[4]

List defendia o livre comércio na Alemanha ao mesmo tempo que advogava favor de uma tarifa elevada contra a importação de bens manufaturados para proteger as indústrias domésticas recém-emergentes. Essa posição é agora comumente chamada de defesa de tarifas para as "indústrias em desenvolvimento". Ele se opunha a favorecer a agricultura, pois esse era um mercado antigo e completamente desenvolvido e porque a industrialização exigia alimento barato para a mão de obra e matérias-primas baratas. Além disso, o desenvolvimento das indústrias de larga escala decorrente da proteção expandiria o mercado local da agricultura. List censurava gravemente Adam Smith e os economistas clássicos por exigirem universalidade para suas doutrinas, que eram adequadas para a

4 LIST, Friedrich. *National system of political economy.* Trad. G. A. Matile. Filadélfia: Lippincott, 1856. p. 70-73, 181, 420 [publicado originalmente em 1841].

Inglaterra, mas impróprias para os países subdesenvolvidos. Foi dada uma forte ênfase ao que a história nos ensina e à importância do Estado. List popularizou a ideia de fases de crescimento econômico e instigou o governo a auxiliar ativamente um povo que desejava passar de uma fase inferior para uma fase superior, mesmo contra a concorrência de nações mais desenvolvidas. Somente depois que um país atingisse sua maturidade industrial é que ele poderia mudar para o livre comércio.

Veja O passado como preâmbulo 11-1

List não reconheceu a noção de Smith sobre a harmonia entre os interesses do indivíduo e da sociedade, argumentando que os interesses particulares imediatos de certos membros da sociedade não levam necessariamente à prosperidade de todos. Um país pode sofrer, por exemplo, de falta de uma indústria manufatureira, mas algumas pessoas podem prosperar com a venda de produtos estrangeiros a consumidores locais. Uma pessoa pode enriquecer com extrema parcimônia, mas se toda a nação seguir o exemplo dessa pessoa, não haverá consumo nem suporte à indústria. A unidade nacional, que é resultado do desenvolvimento obtido no passado, é necessária ao indivíduo, cujos interesses deveriam estar subordinados à preservação dessa unidade.

List imaginava que a industrialização se desenvolveria somente na zona temperada, pois apenas esse clima promoveria os esforços intelectual e físico necessários. Os trópicos deveriam permanecer em uma base de livre comércio e continuar a fornecer produtos tropicais em troca de produtos manufaturados. Ele via isso como a base real da divisão internacional da mão de obra e do comércio mundial. Um país da zona tropical cometeria um erro fatal, ele disse, se tentasse se tornar um país industrializado. A natureza não o convidava a essa vocação. Os países tropicais, portanto, estariam fadados à dependência daqueles de zona temperada. Mas a concorrência entre as nações industrializadas ofereceria bens manufaturados a preços baixos e, também, impediria que qualquer outra nação tirasse vantagem, por meio de sua superioridade, das nações mais fracas da região tropical.

11-1 O passado como preâmbulo

LIST E A TEORIA DO COMÉRCIO ESTRATÉGICO

Com exceção de Thomas Malthus, os economistas clássicos concordavam que o livre comércio internacional poderia ser benéfico a um país. Smith e Ricardo reforçavam que a especialização e a troca permitem que um país reduza seu custo de oportunidade de obter os bens desejados.

Escrevendo em 1841, Friedrich List contestou esse auxílio ao livre-comércio da forma como ele se relaciona à industrialização, afirmando:

> É verdade que, inicialmente, as tarifas protecionistas aumentam o preço dos bens manufaturados, mas também é verdade (...) que, com o passar do tempo, estando o país preparado para estabelecer uma força industrial completamente desenvolvida, esses bens são produzidos a preços mais baixos localmente do

> que o preço a que podem ser importados componentes estrangeiros. Se, portanto, o sacrifício do *valor* é resultado de tarifas protecionistas, isso se torna interessante pela obtenção de uma *força de produção*, que garante ao país não só uma quantidade infinitamente maior de bens materiais, mas também a independência industrial em caso de guerra. Com a independência industrial e com a prosperidade interna resultante, o país obtém os meios para realizar o comércio exterior com êxito e ampliar sua marinha mercantil; ele aumenta sua civilização, aperfeiçoa suas instituições internas e fortalece seu poder externo.[a]

List aplicou seu argumento contra o livre comércio a nações *menos desenvolvidas*, como a Alemanha, na década de 1840, quando ela possuía apenas pequenas indústrias. Mas, recentemente, uma variação desse argumento foi ouvida em nações industriais *desenvolvidas*. Defensores das políticas comerciais estratégicas argumentaram que as tarifas e as cotas de importação devem ser utilizadas de forma seletiva para reduzir o risco do desenvolvimento de produtos originados por empresas domésticas de alta tecnologia. Essa proteção comercial no mercado local garantirá que essas empresas cresçam rapidamente ali. O rápido crescimento de vendas locais e a exportação a mercados estrangeiros não protegidos permitirão que essas empresas domésticas alcancem economias de escala (custos médios mais baixos). As empresas domésticas protegidas, portanto, podem consequentemente recusar os altos custos dos produtores estrangeiros e dominar os mercados mundiais.

A dominação dos mercados mundiais vai permitir, assim, que as empresas locais protegidas tenham grandes lucros lá fora. Supostamente, esses grandes lucros vão mais que compensar qualquer sacrifício anterior resultante das tarifas seletivas. Seguindo a terminologia de List, os sacrifícios do *valor* são equilibrados pelos ganhos na *força de produção*. Além disso, a especialização das indústrias de alta tecnologia provavelmente vai se espalhar a outros mercados internos, aumentando, assim, as forças de produção em outras áreas da economia nacional.

Alguns observadores acreditam que o Japão e a Coreia do Sul utilizaram tarifas, cotas de importação e barreiras comerciais sem tarifas com êxito, como parte das políticas comerciais estratégicas nas décadas de 1980 e 1990. Entretanto, as políticas comerciais estratégicas desse tipo apresentam uma falha básica. As nações que se encontram em posição de desvantagem em relação a essas políticas invariavelmente revidam com suas próprias tarifas ou cotas de importação. Por exemplo, no final da década de 1980, os Estados Unidos aprovaram uma lei permitindo tarifas retaliadoras contra os países que utilizavam práticas comerciais injustas.

Assim, com o passar do tempo, as políticas comerciais estratégicas provavelmente terão o efeito contrário ao desejado, porque sacrificam a produção mundial que poderia ter sido obtida pela especialização e comércio. A consequência final dessas políticas pode ser tarifas mundiais ainda mais altas, reduções do comércio mundial e queda da produção mundial.

a. LIST, Friedrich. *National system of political economy.* Nova York: Kelley, 1966. p.145 [publicado originalmente em 1841].

A prontidão militar, as guerras e as dívidas de guerra, afirmou List, podem, em certos casos, aumentar infinitamente as forças produtivas de uma nação. Ele apontou a Inglaterra como um exemplo. A guerra expandiu sua força produtiva de tal modo que os valores elevados recebidos anualmente – isto é, o aumento na produção – excederam em muito o lucro anual sobre suas grandes dívidas de guerra. Além disso, o gasto de dinheiro no abastecimento de suas tropas significou o envio de bens ao cenário da guerra, que arruinou indústrias estrangeiras e garantiu a supremacia industrial da Inglaterra.

WILHELM ROSCHER

Wilhelm Roscher (1817-1894) foi um dos fundadores da "antiga escola histórica". Esse grupo queria completar a teoria clássica, enquanto a escola mais jovem desejava substituí-la por completo com estudos históricos e considerações políticas. Roscher tornou-se professor de economia política em Göttingen e depois em Leipzig. Sua obra *Economic science*, em cinco volumes, levou 40 anos para ser concluída (1854-1894) e foi amplamente utilizada nas escolas alemãs. O primeiro volume atingiu 13 edições em 1878, quando foi traduzido para o inglês como *Principles of political economy*. Embora repudiasse a economia clássica que aprendera em sua juventude, Roscher ainda confiava nessas ideias. Essa foi a base para a condenação dos antigos precursores pelas "escolas históricas mais novas". Schmoller, por exemplo, sustentava que Roscher e seus associados haviam criticado a economia clássica e seus métodos eficazmente, mas quando ocorreu a reconstrução da economia, eles passaram para os métodos que haviam condenado anteriormente.

As ideias de Roscher sobre o papel do Estado e o método histórico são as seguintes:

> Pela ciência da economia política ou nacional, entendemos a ciência que está relacionada às leis do desenvolvimento da economia de uma nação ou à sua vida econômica. (...) A vida nacional, como toda a vida, é um todo, cujos diferentes fenômenos estão intimamente ligados uns aos outros. Assim, para entender cientificamente uma de suas partes, é necessário conhecer todas as outras. Mas, especialmente, é necessário prestar atenção em uma destas sete partes: idioma, religião, arte, ciência, lei, Estado e economia. (...)
>
> Se, pela economia pública de uma nação, entendemos a legislação econômica e as orientações ou tendências governamentais da economia de pessoas físicas, a ciência da economia pública se torna, no que se refere à sua forma, uma ramificação da ciência política, embora seu conteúdo coincida sempre com o da economia política. (...) Igualmente óbvia é a íntima ligação entre política e economia política, no caso da ciência financeira ou da ciência da administração governamental, e não da administração dos negócios públicos. (...) Assim como os fisiologistas não podem entender a ação de um organismo humano sem conhecer sua cabeça, também não poderíamos compreender o conjunto orgânico da economia nacional, se deixássemos de lado o Estado, a maior de todas as economias, aquela que age ininterrupta e irresistivelmente sobre todas as outras (...)
>
> A aplicação completa desse método (histórico) colocará de lado várias controvérsias acerca de importantes questões. Os homens estão longe de ser demônios, bem como de ser anjos. Conhecemos alguns que são guiados somente por motivações idealistas,

> mas conhecemos outros também que ouvem atentamente apenas a voz do egoísmo e que se interessam somente por si próprios. Podemos, então, assumir que nenhum ponto de vista atual sobre determinados interesses tangíveis intimamente relacionados ao homem e que tem sido compartilhado por grandes partidos e até mesmo por povos inteiros por gerações se baseia somente na ignorância ou na adoração perversa ao erro. O erro consiste mais frequentemente em aplicar medidas benéficas e necessárias sob certas circunstâncias a circunstâncias totalmente diferentes. E, aqui, um perfeito *insight* sobre as condições da medida é suficiente para compor as diferenças entre os dois partidos. Como as leis naturais da economia política são suficientemente conhecidas e reconhecidas, tudo do que se precisa, em qualquer instância, são estatísticas mais exatas e confiáveis sobre o fato envolvido, para reconciliar todas as controvérsias partidárias sobre questões políticas da economia pública, até o momento, pelo menos, uma vez que essas controvérsias surgem de uma diferença entre opiniões. Pode ser que a ciência nunca chegue a esse ponto, em consequência dos novos problemas surgidos e que exigem uma solução. Pode ser, também, que na maioria das controvérsias partidárias, os objetivos opostos dos partidos desempenhem um papel mais importante do que os pontos de vista adversos. Seja como for, em uma época tão agitada quanto a nossa, em que qualquer bom cidadão está compelido a filiar-se a um partido, é necessário que todo homem honesto procure, nesse universo de opiniões efêmeras, uma verdade científica, que seja universalmente reconhecida como verdadeira, assim como o são os princípios da física matemática pelos físicos das mais variadas escolas.[5]

Roscher acrescentou que o conhecimento adquirido pelo uso do método histórico deixa de lado os sentimentos de autossuficiência e que as maiores civilizações não olham com desprezo as civilizações menores. As sociedades evoluem, continuamente, de formas imaturas para desenvolvidas, que podem ser consideradas as mais perfeitas. As sociedades maduras, no entanto, eventualmente entram em decadência e se enfraquecem.

Roscher mostrou sua afinidade com a teoria econômica, incluindo em sua obra *Principles of political economy* uma versão simplificada da teoria clássica inglesa sobre o preço. Em vez de menosprezar a teoria abstrata, ele procurou descobrir sua base histórica. Afirmou que o estudo de fatos e opiniões contemporâneos é um complemento essencial para o método dedutivo clássico.

GUSTAV SCHMOLLER

Gustav Schmoller (1838-1917), a figura líder da "escola histórica mais nova", foi professor de ciência política em Halle, Estrasburgo e Berlim. Ele lecionou a muitas gerações de estudantes e funcionários administrativos e exerceu grande influência nos círculos acadêmicos e governamentais. Além do seu trabalho como professor, Schmoller foi membro ativo da Academia de Ciências e também da Câmara dos Lordes da Dieta Prussiana. Foi um dos fundadores e principal líder da *Verein fiir Sozialpolitik* (Associação de Política Social). Essa organização defendeu a legislação social e ajudou a promover a ideia de maior atividade pública nos assuntos sociais e econômicos.

5 ROSCHER, Wilhelm. *Principles of political economy*. Trad. John J. Labor. Nova York: Holt, 1878. v. 1. p. 87-88, 91-92, 112-113 [publicado originalmente em 1854].

A tarefa de reunir material efetivo histórico e descritivo, segundo Schmoller, deve ter prioridade sobre a teoria dedutiva, além de ser a mais importante. Ele e seus seguidores recriminavam o estudo separado de pequenos segmentos de fenômenos econômicos e a suposição de que tudo o mais permanecia inalterado. Eles sustentavam que a essência dos processos econômicos se perde quando fica isolada e fragmentada. Schmoller queria desenvolver a economia exclusivamente sobre as bases das monografias históricas. De fato, Schmoller era tão adverso aos economistas dedutivos que declarou publicamente que os membros da escola "abstrata" não eram qualificados para lecionar em uma universidade alemã.

O *Methodenstreit*

Schmoller envolveu-se em uma famosa controvérsia com Carl Menger, fundador da escola marginalista abstrata da Áustria, sobre qual análise é mais produtiva: a indutiva ou a dedutiva. Esse debate foi chamado de *Methodenstreit,* ou a "Batalha dos Métodos". Em 1883, quando o método do historicismo estava em seu auge, Menger publicou um livro sobre metodologia que defendia a análise teórica e classificava a escola de Schmoller como meramente secundária em importância. Schmoller criticou o livro desfavoravelmente em seu *Jahrbuch,* e Menger respondeu em um inflamado panfleto intitulado *Errors of historicism,* em que escreveu: "Os historicistas pisaram no território de nossa ciência como conquistadores estrangeiros, a fim de impor seu idioma e seus costumes, sua terminologia e seus métodos e para disputar de forma intolerante cada parte da investigação que não corresponde a seu método especial".[6] Quando recebeu uma cópia do panfleto de Menger para crítica em seu *Jahrbuch,* Schmoller publicou uma nota de que não poderia criticá-lo porque o tinha devolvido ao autor. Schmoller também imprimiu a carta insultuosa a Menger que ele incluiu no panfleto.

Essa controvérsia provocou ressentimentos e resultou em muitas publicações por ambos os lados. Por fim, o *Methodenstreit* pareceu se resolver na crença de que tanto o método indutivo quanto o dedutivo são importantes e que, em geral, um complementa o outro. Reafirmados, a coleta de informações e o estabelecimento de ferramentas analíticas com as quais as informações obtidas devem ser manipuladas são partes instrumentais de uma ciência econômica sólida.

A ênfase de Schmoller na pesquisa histórica repetiu-se em seu livro, *Political economy and its method,* em 1894.

> As ciências históricas oferecem material e dados empíricos que transformam o estudioso de um sujeito simples em um homem rico, no que se refere à realidade. E é esse material histórico que, assim como a boa observação e a descrição, serve para ilustrar e checar as conclusões teóricas, para demonstrar as limitações da validade de certas verdades e, acima de tudo, para obter indutivamente novas verdades. Isso se aplica, particularmente, aos campos mais complexos da economia política, em que é possível progredir apenas na base da investigação histórica. Por exemplo, as deduções puramente abstratas não têm nenhum valor no que se refere aos efeitos dos equipamentos sobre os salários

6 Keynes. *Political economy*, p. 324.

e à influência da produção de metais preciosos sobre o valor do dinheiro. Isso se torna ainda mais verdadeiro em relação à evolução das instituições e teorias econômicas e ao problema do progresso econômico de um modo geral. (...) A tarefa de consultar a história pertence aos métodos mais adequados de Economia Política. O antagonista mais notável da escola clássica, [Carl] Menger, admite que as instituições econômicas mais importantes, como propriedade, moeda e crédito, possuem uma natureza individual e um lado histórico para sua existência; consequentemente, "aquele que conhece a essência desses fenômenos somente em uma fase de sua existência não os conhece por completo". Se isso é verdadeiro em relação à moeda e ao crédito, é ainda mais verdadeiro para a economia familiar, para a divisão do trabalho, para a formação das classes sociais, para diferentes formas de organizações comerciais, para o fenômeno do mercado e outras instituições comerciais, associações, liberdade de comércio local, padrões de vida rural e, enfim, para todos os padrões típicos e organizações específicas conhecidas como instituições econômicas que, depois de consolidadas pelas leis, tendem a dominar o processo econômico permanentemente ou durante séculos.[7]

Reforma social

Schmoller acreditava que os julgamentos de valores éticos devem ser encorajados. A justiça no sistema econômico precisa ser exercida por meio de uma política paternalista de reforma social patrocinada pelo Estado e por todos os grupos sociais. O princípio orientador da reforma social, afirmava, é uma distribuição de renda mais justa. A ciência social deve ser o guia para atingir os objetivos da política social.

O que são as instituições econômicas se não um produto dos sentimentos e pensamentos humanos, das ações humanas, dos costumes e das leis humanas?

Se, na ordem econômica, pudemos reconhecer somente as regras de forças ocultas, de interesses egoístas, das massas naturais e de processos mecânicos, essa seria uma batalha constante, uma caótica anarquia. (...). Nenhuma harmonia existe por si só; impulsos egoístas combatem uns aos outros, as massas naturais tendem a destruir umas às outras, a ação mecânica das forças naturais interfere de uma forma implacável até os dias de hoje; a luta pela existência ainda hoje é a luta pela competição (...). Embora a luta e a rivalidade nunca cessem, não manterão o mesmo caráter durante todo o curso da história. A luta que terminou em aniquilação, em subjugação, torna-se uma disputa pacífica, que é decidida por um árbitro. As formas de dependência tornam-se mais brandas e mais humanas. O governo classista torna-se mais moderado. Todas as lutas violentas, todas as declarações desmedidas de força superior podem ser punidas pela lei. A demanda e o abastecimento, quando se confrontam em sistemas diferentes de costumes e leis, apresentam resultados bem diferentes. (...)

Não existe pior ilusão do que a dos antigos economistas ingleses de que havia várias instituições econômicas simples e naturalmente legais que sempre foram do jeito que são e que sempre permanecerão assim, de que todo o progresso da civilização e da riqueza é meramente um progresso individual ou técnico, de que essa é uma simples questão de aumento de produção ou consumo que será alcançado com base nas mesmas instituições legais. Essa crença na estabilidade das instituições econômicas

7 Contemporary Civilization Staff of Columbia College. *Introduction to contemporary civilization in the West:* a source book. Nova York: Columbia University Press, 1946. v. 2, p. 520-521.

> foi resultado da ingênua e arrogante confiança dos antigos economistas na onipotência do indivíduo e da vida individual. Assim, o socialismo talvez tenha superestimado a importância das instituições sociais. Os economistas históricos e a filosofia moderna da lei concederam-lhes a devida posição, mostrando-nos que a grande era do progresso econômico está ligada principalmente à reforma das instituições sociais.[8]

Schmoller acusou a antiga escola histórica de tentar aplicar as lições da história muito rapidamente. Ele exigia muito mais estudo histórico, a fim de estabelecer uma base empírica para a teoria econômica nacional. Apesar dos inúmeros estudos profundos sobre a história que ele e seus discípulos publicaram, eles também não conseguiram estabelecer uma teoria econômica, e sua principal contribuição está na área da economia histórica.

Protecionismo

No final de sua vida, Schmoller mudou seu ponto de vista sobre o protecionismo. Durante sua juventude, ele fora um ardente defensor do livre comércio. Por volta de 1901, aprovou uma tarifa protecionista para a Alemanha e aclamou Alexander Hamilton e Friedrich List como seus mestres. Negou que a nova era do protecionismo surgira em virtude de os economistas e estadistas serem incapazes de entender os belos argumentos a favor do livre-comércio. Justificou tarifas com base no argumento de "indústrias em desenvolvimento" de List, mas foi mais além. Acreditava que as tarifas são armas internacionais que podem beneficiar um país se utilizadas com habilidade.

MAX WEBER

Max Weber (1864-1920) estabeleceu-se em profissão legal em Berlim. Após publicar diversos trabalhos escolares, tornou-se professor de economia política e sociologia em Freiburg e, posteriormente, em Heidelberg e Munique. Ele se considerava um intelectual descendente de Schmoller.

O protestantismo e a ascensão do capitalismo

Weber levantou uma intensa controvérsia, que persistiu por anos, em relação ao protestantismo e à ascensão do capitalismo. Ele rejeitava a ideia de Marx de que as doutrinas religiosas são meras manifestações ideológicas de condições econômicas materiais particulares. Para Weber, as ideias eram, no mínimo, entidades autônomas com o poder de influenciar mudanças sociais. O capitalismo lhe parecia mais um *resultado* do que uma *causa* da Reforma. Ele acreditava que a teologia calvinista em particular, com sua noção básica de que somente alguns são "eleitos" para a salvação, continha certos elementos excessivamente tendentes à atividade econômica individualista empreendida pelo lucro. Acerca do protestantismo, Weber escreveu:

---

8 SCHMOLLER, Gustav. *Idea of justice in political economy.* Filadélfia: American Academy of Political and Social Science, s. d. p. 22, 26-27, 37.

> A valorização religiosa do trabalho sistemático contínuo e inquieto em uma vocação terrena, como a forma mais elevada de contemplação e, ao mesmo tempo, a prova mais óbvia e evidente do renascimento e da fé genuína, deve ter sido a alavanca mais poderosamente conceptível para a expansão de tal atitude em relação à vida, que chamamos de natureza do capitalismo. Quando a limitação do consumo é combinada com essa liberação de atividade gananciosa, o inevitável resultado prático é óbvio: acúmulo de capital por meio de compulsão contemplativa por economizar. As limitações impostas ao consumo de bens serviram naturalmente para seu aumento, possibilitando o investimento produtivo de capital.[9]

Críticas à tese de Weber

R. H. Tawney e outros contestaram a análise de Weber.[10] A religião, obviamente, influenciou a perspectiva das pessoas sobre a sociedade, mas as mudanças econômicas e sociais também atuaram de forma poderosa sobre a religião. Segundo o argumento de alguns críticos, Weber enfatizou o primeiro ponto, mas referiu-se ao segundo apenas de passagem. Talvez a ascensão das empresas tenha induzido a classe média a deixar de lado o catolicismo, que condenava a usura, suspeitava dos motivos econômicos e não confiava nas riquezas particulares. Além disso, como a maior proprietária de terras feudais, a Igreja Católica procurava perpetuar algumas instituições feudais como o preço justo, a primogenitura, a herança inalienável e os bens alienáveis. Como a Reforma aplicou um duro golpe no autoritarismo, a Igreja Católica perdeu a forte influência da tradição na mente das pessoas. Como questionava ideias que, por muito tempo, foram dominantes, a Reforma fortaleceu a condição do racionalismo. Segundo Tawney, é fato que o calvinismo ofereceu nova santificação às atividades econômicas e ao acúmulo de riqueza, mas as mudanças econômicas, tais como as grandes descobertas geográficas e a expansão do comércio, foram as principais responsáveis pela transformação da ética cristã a partir do século XVI. Tanto o calvinismo quanto a natureza do capitalismo, afirmava ele, foram produzidos pela profunda mudança na organização econômica e na estrutura social.

Diversos fatos históricos parecem sustentar a tese de Tawney. Primeiro, em oposição ao paradigma de Weber, as doutrinas protestantes de Lutero estavam cercadas por uma aura feudal; observe, por exemplo, a oposição de Lutero à usura, ao mesmo tempo que o catolicismo se adaptava ao novo mundo dos empreendimentos. As primeiras manifestações capitalistas foram notadas nas antigas cidades medievais de países católicos como a Itália e a França, antes da Reforma. A ameaça da Reforma aparentemente acelerou a adaptação do catolicismo. Segundo, uma motivação notavelmente poderosa a favor da revolta contra Roma, especialmente entre pessoas que não tinham nenhum interesse em negócios comerciais, era a perspectiva de despojar as organizações da Igreja de sua riqueza. Terceiro, os camponeses com queixas contra seus senhores feudais foram arrastados para o movimento protestante. E, finalmente, a ascensão do espírito nacionalista em muitos países entrou em conflito com o internacionalismo católico centralizado em Roma.

---

9 WEBER, Max. *The Protestant ethic and the spirit of capitalism*. Trad. Talcott Parsons. Londres: Allen and Unwin, 1930. p. 172 [publicado originalmente em 1904-1905].
10 Veja R. H. Tawney. *Religion and the rise of capitalism*. Nova York: Harcourt, Brace & World, 1926.

Nas complexas relações mútuas entre o protestantismo e a ascensão do capitalismo, é difícil distinguir causa e efeito. O protestantismo produziu o capitalismo, como argumentou Weber? Ou a ascensão do capitalismo produziu o protestantismo como um credo mais adequado às suas atividades comerciais, conforme alguns dos oponentes de Weber acreditavam? Ou há alguma verdade em ambas as posições? Ou não existe nenhuma verdade nelas?

UM PÓS-ESCRITO

Embora se possa dizer que a escola histórica alemã tenha terminado com a morte de Schmoller, sua metodologia e suas perspectivas permaneceram para além desse período, particularmente por meio de Werner Sombart (1863-1941). Sombart, um historiador econômico, questionou a tese de Weber de que o puritanismo tenha tido uma grande participação na formação da natureza capitalista dos empresários. Em vez disso, ele afirmava que "essas partes do dogma puritano, aparentemente de real importância para a formação da natureza capitalista, são herdadas das ideias da religião judaica".[11] Sombart afirmou que foi o judeu que deu ao capitalismo suas qualidades impessoais, racionais e materialistas. Mas o puritanismo ajudou a disciplinar os trabalhadores para o novo modo de vida. Para superar as grandes dificuldades de adaptar os trabalhadores às exigências técnicas e disciplinares do capitalismo, os trabalhadores tiveram de se inspirar no desejo de prosperar no mundo por meio das ideias capitalistas. O desejo de ganho, em vez de ser um traço inato da natureza humana, teve de ser deliberadamente inculcado para que o capitalismo pudesse florescer.

Sombart citou a defesa do Estado feita anteriormente por Lassalle:

> Ferdinand Lassalle (...) representou a ideia do Estado em eloquentes palavras ao explicar: "O Estado é essa unidade de indivíduos em um conjunto moral, uma unidade que aumenta mil vezes a força de todos os indivíduos incluídos nessa associação. (...) O objetivo do Estado é, portanto, levar o ser humano a um desenvolvimento positivo e progressivo; em outras palavras, levar a determinação humana, isto é, a cultura da qual a raça humana é capaz, ao ser verdadeiro".[12]

O nacionalismo que os primeiros membros da escola histórica alemã promoveram atingiu seu auge com os escritos de Sombart. Em 1933, Sombart tornara-se um grande defensor da filosofia nazista. Ele acreditava que a Alemanha de Hitler era o novo e dinâmico sistema que superaria a decadência capitalista. Ele exaltou o racismo e o nacionalismo como alternativas bem-vindas à sociedade debilitada que havia sido derrotada. "Para nós, existe apenas um objetivo – a Alemanha. Graças à grandeza, à força e à glória da Alemanha, renunciaremos a cada 'teoria' e a cada 'princípio', quer ele empenhe um selo liberal ou qualquer outro (...)."[13]

11 SOMBART, Werner. *The Jews and modern capitalism*. Glencoe, IL: The Free Press, 1951.
12 Idem. *A new social philosophy*. Trad. Karl F. Geiser. Princeton: Princeton University Press, 1937. p. 160.
13 Ibidem, p. 152.

Perguntas para estudo e discussão

1. Identifique brevemente e estabeleça a importância de cada um dos seguintes pensadores e conceitos para a história do pensamento econômico: a Santa Aliança de 1815, List, o argumento da "indústria em desenvolvimento", Roscher, Schmoller, *Methodenstreit*, Weber, ética protestante, R. H. Tawney, Sombart e socialistas de cadeira.
2. Consulte a lista dos principais dogmas da escola clássica no Capítulo 4 e indique quais desses princípios os economistas históricos rejeitariam. Explique por quê.
3. Do que tratava a maioria das pesquisas empíricas feitas por economistas "históricos" contemporâneos? É esse o tipo de pesquisa que os economistas históricos mais extremistas tinham em mente? Explique.
4. Discuta: "A perda a que uma nação está sujeita (tarifas e cotas de importação) é apenas de *valores*, mas essa nação ganha *forças* com as quais ela se prepara para continuar a produzir quantias de valor permanentemente inestimáveis. Essa perda de valor deveria ser considerada meramente como o preço pago para a educação industrial da nação" (Friedrich List, 1841).
5. Contraponha as ideias de David Hume sobre o desenvolvimento econômico (Capítulo 4) com as expressas por List.
6. Em que sentido as ideias das escolas históricas mais antigas e mais novas diferem entre si em relação aos economistas clássicos?
7. Cite as posições extremas no *Methodenstreit* (Batalha dos Métodos). De que forma os economistas finalmente resolveram esse problema?
8. De acordo com Weber, qual é a ética do protestantismo e de que forma ela se relaciona com o crescimento do capitalismo? Avalie criticamente a teoria de Weber.
9. Cite os principais motivos pelos quais a escola histórica se expandiu principalmente na Alemanha, em oposição a outras áreas da Europa.

Leituras selecionadas

Livros

BLAUG, Mark (ed.). *Gustave Schmoller and Werner Sombart*. Brookfield, VT: Edward Elgar, 1992.

HIRST, Margaret E. *Life of Friedrich List and selections from his writings*. Londres: Smith, Elder, 1909.

KEYNES, John Neville. *The scope and method of political economy*. 4. ed. Londres: Macmillan, 1917. p. 327 [publicado originalmente em 1890].

LESSNOFF, Michael H. *The spirit of capitalism and the Protestant ethic:* an enquiry into the Weber thesis. Aldershot, Inglaterra: Edward Elgar, 1994.

LIST, Friedrich. *National system of political economy*. Trad. de G. A. Matile. Filadélfia: Lippincott, 1856 [publicado originalmente em 1841].

ROSCHER, Wilhelm. *Principles of political economy*. Trad. de John J. Lalor. Nova York: Holt, 1878. 2 v. [publicado originalmente em 1854].

SCHMOLLER, Gustav. *Idea of justice in political economy*. n. 113. Filadélfia: American Academy of Political and Social Science, s.d.

SOMBART, Werner. *A new social philosophy*. Trad. de Karl F. Geiser. Princeton: Princeton University Press, 1937.

TAWNEY, R. H. *Religion and the rise of capitalism*. Nova York: Harcourt, Brace & World, 1926.

WEBER, Max. *The Protestant ethic and the spirit of capitalism*. Trad. de Talcott Parsons. Londres: Allen and Unwin, 1930 [publicado originalmente em 1904-1905].

Artigos de revistas especializadas

BOSTAPH, Sam. The methodological debate between Carl Menger and the German historicists. *Atlantic Economic Journal,* n. 6, p. 3-16, set. 1978.

DORFMAN, Joseph. The role of the German historical school in American economic thought. *American Economic Review,* n. 45, p. 17-18, maio 1955.

TRIBE, Keith. Friedrich List and the critique of "cosmopolitan economy". *Manchester School of Economic and Social Studies,* n. 56, p. 17-36, mar. 1988.

VEBLEN, Thorstein. Gustav Schmoller's economics. *Quarterly Journal of Economics,* n. 16, p. 69-93, nov. 1901.

12

A ESCOLA MARGINALISTA – PRECURSORES

O início da escola marginalista data de 1871, o ano em que Jevons e Menger publicaram seus influentes livros sobre a teoria da utilidade marginal. Vários precursores precederam Jevons e Menger no uso da análise marginal na economia. Você deve se lembrar do economista inglês David Ricardo, que aplicou a abordagem marginal em sua teoria sobre a renda (Capítulo 7). As contribuições subsequentes que se enquadram nessa análise desenvolveram-se em vários países e pelo esforço de inúmeros pensadores trabalhando de forma independente. Entre esses precursores estavam Antoine Cournot e Jules Dupuit, na França, e Johann von Thünen, na Alemanha. Neste capítulo, desenvolveremos uma visão geral da escola marginalista e discutiremos as ideias desses três precursores. Depois, nos capítulos 13 e 14, examinaremos os escritos de pensadores que levaram a escola marginalista à proeminência. Essa escola tornou-se parte da economia neoclássica ou da microeconomia contemporânea.

VISÃO GERAL DA ESCOLA MARGINALISTA

O cenário histórico da escola marginalista

Graves problemas econômicos e sociais permaneceram sem solução até um século após o início da Revolução Industrial. A pobreza espalhava-se, embora a produtividade estivesse aumentando drasticamente. A distribuição extremamente injusta de riqueza e de renda criava muito descontentamento, embora o padrão geral de vida estivesse crescendo.

As flutuações comerciais afetavam muitas pessoas de maneira adversa: os indivíduos não podiam mais depender exclusivamente de suas próprias iniciativas e capacidade de superar condições que lhes eram impostas. Os fazendeiros e os trabalhadores das fazendas tinham suas dificuldades: muitos se mudavam para a cidade, atraídos pelo incentivo de melhores oportunidades e impulsionados pela situação da pobreza rural. Antes da aprovação das leis de indenização aos trabalhadores, os acidentes nas fábricas geralmente traziam muita privação aos funcionários e a suas famílias. Longas horas de trabalho, condições de trabalho perigosas e insalubres, o preponderante poder econômico dos patrões ao negociarem com os trabalhadores, o aumento das empresas monopolistas e a insegurança da velhice estavam entre os muitos problemas que faziam que as pessoas procurassem soluções fora dos estreitos limites do pensamento econômico clássico.

A tendência do século XIX, na Europa, era desenvolver três métodos de ataque, pressionando os problemas sociais, e todos os três ignoravam os preceitos da economia clássica. Esses métodos deveriam promover o socialismo: apoiar o sindicalismo ou exigir do governo uma ação para melhorar as condições controlando a economia, eliminando abusos e redistribuindo renda. Os marginalistas repudiavam todas as três "soluções". Eles teorizavam com uma fenomenal imparcialidade e concluíram que, embora as teorias sobre o valor e a distribuição dos economistas clássicos fossem imprecisas, suas visões políticas eram corretas. Os marginalistas defendiam a alocação e a distribuição de mercado, lamentavam a intervenção do governo, denunciavam o socialismo e procuravam desencorajar o sindicalismo trabalhista como ineficaz ou nocivo.

Para os primeiros marginalistas, as teorias clássicas sobre o valor e a distribuição erraram ao concluir que o rendimento da terra é uma renda diferida e que o valor de troca se baseia no tempo de trabalho envolvido no processo de produção. A primeira ideia foi aproveitada e expandida pelo economista norte-americano Henry George; a segunda, por Karl Marx. Se os economistas clássicos puderam dizer o que seus criadores nunca pretenderam – ou seja, a renda da terra é imoral e a mão de obra cria todo o valor –, então já era tempo de a ciência econômica passar por uma revisão completa.

Principais dogmas da escola marginalista

As ideias básicas da escola marginalista estão listadas a seguir e serão explicadas com mais detalhes na discussão dos precursores e dos principais economistas marginalistas.

- Foco na margem. Essa escola direcionou sua atenção ao ponto de mudança em que as decisões são tomadas; em outras palavras, à margem de lucro. Os marginalistas ampliaram para toda a teoria econômica o princípio marginal desenvolvido por Ricardo em sua teoria da renda.
- Comportamento econômico racional. Os marginalistas supuseram que as pessoas agem racionalmente ao comparar prazeres e trabalho, ao medir a utilidade marginal de diferentes bens e ao equilibrar as necessidades presentes contra as futuras. Eles também supuseram que o comportamento intencional é normal e típico e que as anormalidades aleatórias cancelarão umas às outras. O método empregado pelos marginalistas teve suas raízes em Jeremy Bentham, em que eles assumem que o controle dominante da ação humana é buscar a utilidade e evitar a desutilidade (utilidade negativa).

- Ênfase na microeconomia. A pessoa física e a empresa assumem o centro do palco no drama marginalista. Em vez de considerar a economia agregada ou a macroeconomia, os marginalistas consideravam o processo de tomada de decisões individuais, as condições de mercado para um determinado tipo de bem, o resultado de empresas específicas e assim por diante.
- O uso do método abstrato e dedutivo. Os marginalistas rejeitavam o método histórico (veja o Capítulo 11) em favor do método analítico e abstrato desenvolvido por Ricardo e outros clássicos.
- A ênfase na livre concorrência. Os marginalistas normalmente baseavam suas análises na suposição da livre concorrência.[1] Esse é um mundo de empreendedores pequenos, individualistas e independentes, inúmeros compradores, muitos vendedores, produtos homogêneos, preços uniformes e nenhuma propaganda. Nenhuma pessoa ou empresa possui força econômica suficiente para influenciar os preços de mercado de forma perceptível. Os indivíduos podem adaptar suas ações à demanda, ao abastecimento e ao preço praticado no mercado por meio da interação de milhares de pessoas. Cada pessoa é um operador tão pequeno em relação ao tamanho do mercado que ninguém nota sua presença ou ausência.
- Teoria do preço orientado pela demanda. Para os primeiros marginalistas, a demanda tornou-se a principal força na determinação do preço. O economista clássico enfatizava o custo da produção (oferta) como fator determinante e significativo do valor da troca. Os marginalistas mais antigos passaram para o extremo oposto e enfatizaram a demanda para a virtual rejeição da oferta. No Capítulo 15, veremos que Alfred Marshall resumiu a oferta e a demanda no que podemos chamar de economia neoclássica. Esse tipo de economia é basicamente marginalista, com um reconhecimento criterioso sobre as contribuições da escola clássica.
- Ênfase na utilidade subjetiva. De acordo com os marginalistas, a demanda depende da utilidade marginal, que é um fenômeno subjetivo e psicológico. Os custos de produção incluem os sacrifícios e os aborrecimentos de trabalhar, gerenciar um negócio e economizar dinheiro para formar um fundo de capital.
- Enfoque no equilíbrio. Os marginalistas acreditavam que as forças econômicas geralmente se movem em direção ao equilíbrio - um balanceamento entre forças opostas. Toda vez que os distúrbios causam desarticulação, ocorrem novos movimentos em direção ao equilíbrio.
- Fusão de terra e bens de capital. Os marginalistas juntaram a terra e os recursos capitais em suas análises e referiam-se a juros, renda da terra e lucro como sendo o retorno aos recursos de propriedade. Tudo isso tinha suas vantagens analiticamente e também se opunha à conclusão demonstrada por alguns de que o rendimento da terra é uma renda diferida e um pagamento desnecessário com a finalidade de garantir o uso da terra. Os marginalistas uniram o pagamento ao proprietário de terras à teoria dos juros.
- Mínimo envolvimento do governo. Os marginalistas deram continuidade à defesa pelo envolvimento mínimo do governo na economia, apresentada pela escola clássica, como a política mais desejada. Em muitos casos, nenhuma interferência nas leis econômicas naturais seria prescrita se fossem realizados grandes benefícios sociais.

1 Há algumas exceções aqui. Descobriremos mais tarde, neste capítulo, que Cournot, um precursor da escola marginalista, desenvolveu uma teoria do monopólio e duopólio, por exemplo.

Quem os marginalistas beneficiaram ou procuraram beneficiar?

Os marginalistas procuraram favorecer os interesses de toda a humanidade, promovendo um melhor entendimento de como um sistema de mercado aloca os recursos com eficiência e promove a liberdade econômica. Em grande escala, os marginalistas atingiram seu objetivo com êxito. Mostrando que, em circunstâncias competitivas, o pagamento recebido pelos trabalhadores seria igual à sua contribuição ao valor da produção, os marginalistas ajudaram a rejeitar a chamada marxista para a revolução do proletariado. Mas o marginalismo – a economia do liberalismo ou o conservadorismo político – também beneficiou aqueles cujo interesse era simplesmente a manutenção do *status quo*: isto é, aqueles que resistiam a mudanças. Esse tipo de teoria beneficiou os empregadores (embora, na verdade, a maioria deles não tenha compreendido isso) opondo-se ao sindicalismo e atribuindo o desemprego a salários artificialmente altos, inflexíveis por um ou por ambos os lados. O marginalismo também defendeu os proprietários de terras contra ataques, com base na teoria ricardiana sobre a renda da terra. Também se pode dizer que essa escola beneficiou os ricos, que geralmente se opunham à intervenção do governo, que poderia redistribuir a renda.

Como a escola marginalista foi válida, útil ou correta na sua época?

A escola marginalista desenvolveu novas e poderosas ferramentas de análise, especialmente diagramas geométricos e técnicas matemáticas. Graças a esses pensadores, a economia tornou-se uma ciência social mais exata. As condições de demanda receberam sua devida importância como um conjunto de determinantes para preços tanto dos produtos finais quanto dos fatores de produção. A escola enfatizou as forças que determinam as decisões dos indivíduos; isso era válido em um mundo em que tais decisões eram significativas para determinar o curso das atividades econômicas. Os marginalistas assumiram explicitamente hipóteses fundamentais que priorizavam a análise econômica, em vez de deixá-las em segundo plano, como fizeram muitos dos economistas clássicos. As controvérsias metodológicas levantadas pelos marginalistas resultaram em uma separação dos princípios objetivos e verificáveis, que se baseiam em suposições declaradas desses princípios, que dependem dos julgamentos de valor e do ponto de vista filosófico.

O método da análise do equilíbrio parcial defendido por muitos membros dessa escola foi útil para abstrair-se da complexidade do mundo real. Esse método – permitindo que uma variável por vez mudasse, enquanto se mantinham todas as outras temporariamente constantes – permitiu que os investigadores examinassem minuciosamente os fenômenos complexos, um por vez. Os problemas imensamente complicados da sociedade, com suas incontáveis variáveis, foram, portanto, simplificados e penetrados de uma maneira metódica e sistemática. Quando os marginalistas introduziram sucessivas variáveis, eles consequentemente abordaram situações mais realistas.

Há certa virtude em não negligenciar a unidade econômica individual ou os pequenos setores da economia: a abordagem microeconômica do marginalismo complementa a abordagem macroeconômica, que pode omitir muitos problemas ao ver toda a economia. Como exemplos, citamos o seguinte: (1) certos grupos de pessoas podem se tornar cada vez mais empobrecidos, embora a renda *per capita* real média da nação possa estar aumentando; (2) o ciclo comercial é de suma importância para a lucratividade de uma grande empresa automobilística, mas, para o proprietário de uma loja de conveniência, o ciclo econômico é relativamente menos importante do que a abertura de uma loja concorrente na mesma rua; (3) a análise agregada mostra-nos que os investimentos em algumas formas de capital humano (por exemplo, a educação universitária) pagam maiores retornos do que alguns investimentos no capital físico; ainda, um banqueiro pode ser absolvido por não emprestar dinheiro para um indivíduo ir à universidade se o governo não garante o empréstimo. O método microeconômico do marginalismo possui claramente um importante lugar na teoria econômica.

Quais dogmas da escola marginalista se tornaram contribuições duradouras?

Vários dogmas da escola marginalista foram subsequentemente desafiados e alguns foram rejeitados. Keynes apontava para o alegado engano da combinação associada das teorias do emprego marginalista e neoclássica. Se uma empresa precisasse reduzir os salários, ela poderia expandir seu mercado vendendo mais produtos a preços menores. O declínio no poder de compra entre seus funcionários não a afetaria, porque eles comprariam normalmente, mas somente uma pequena parte de sua produção. No entanto, se todos os empregadores tivessem de reduzir salários, eles poderiam encontrar seus mercados reduzidos em vez de expandidos. Além disso, alguns críticos argumentavam que a ideia de livre concorrência era uma abstração aceitável se olhássemos para antes de 1870, mas era muito restritiva para ser útil quando a concorrência entrou em declínio após a década de 1870. Hoje, a livre concorrência pode ser encontrada em apenas poucos setores da economia. Os economistas institucionalistas defendem que fatores históricos e institucionais dominaram os cálculos individuais racionais ao determinar elementos como a duração do dia de trabalho, o comportamento do consumidor, as taxas salariais, entre outros. A visão marginalista de que o melhor governo é aquele que interfere menos tornou-se desatualizada quando novos eventos surgiram e novas teorias econômicas se desenvolveram. A análise de tais pensadores era, originalmente, estática, infinita e não confirmava as evidências empíricas. Houve algumas tentativas de verificar indutivamente as teorias; de fato, as hipóteses eram, em geral, moldadas de tal maneira que impediam os testes. Os ciclos econômicos eram normalmente ignorados na firme convicção de que a oferta cria sua própria demanda e, portanto, o emprego é a regra. A escola não conseguiu explicar o crescimento econômico, e sua teoria provou-se inadequada para os países de desenvolvimento tardio.

Mas, apesar dessas e de outras críticas, muitas das teorias marginalistas permaneceram relativamente ilesas, como pode comprovar o fato de elas serem encontradas em livros contemporâneos sobre os princípios da economia e da microeconomia. A escola, finalmente, foi absorvida pela grande escola neoclássica que, junto com as variações da macroeconomia keynesiana, domina a análise econômica nos países ocidentais e divide o cenário internacional com o socialismo. Veremos, na discussão a seguir e nos próximos dois capítulos, que esses economistas e seus precursores desenvolveram contribuições duradouras como o tratamento matemático da economia, o modelo de monopólio básico, uma teoria de duopólio, a teoria da utilidade marginal decrescente, a teoria das preferências racionais do consumidor, a lei da demanda, a lei de rendimentos marginais decrescentes da forma como se aplicam às indústrias, o conceito de rendimentos para a análise das preferências, a teoria de produtividade marginal de rendimentos dos fatores e assim por diante. Nas duas últimas décadas, esse método "teórico sobre preferências" introduzido pelos marginalistas experimentou um ressurgimento entre os economistas.

ANTOINE AUGUSTIN COURNOT

Antoine Augustin Cournot (1801-1877) foi um matemático francês que publicou tratados sobre matemática, filosofia e economia. Ele foi o primeiro economista a aplicar a matemática à análise econômica, mas seu primeiro trabalho foi esquecido até depois de sua morte, quando Jevons, Marshall e Fisher continuaram sua obra. Ele foi o primeiro economista a desenvolver modelos matemáticos concisos sobre monopólio, duopólio e livre concorrência. Ao analisar a demanda por cobre e zinco, ambos utilizados para produzir o bronze, Cournot também desenvolveu o primeiro modelo completo daquilo que hoje conhecemos como a demanda derivada por recursos.

Cournot é considerado o precursor da escola marginalista porque muitas das suas análises enfatizaram as taxas de variação do custo total e das funções da receita. Essas taxas de variação – as derivadas matemáticas – representam aquilo que os economistas chamam hoje de *custo marginal* e *receita marginal*. Diferentemente da tendência atual em começar a análise das estruturas do mercado com a livre concorrência e só então introduzir as imperfeições do mercado, Cournot começou sua análise com o monopólio e depois analisou as circunstâncias do mercado em que os concorrentes existiam. Entre suas diversas contribuições à análise econômica, duas em particular merecem elaboração: sua teoria do monopólio e sua teoria do duopólio.

A teoria do monopólio de Cournot

Cournot é reconhecido como o primeiro economista a descrever o agora familiar argumento de que uma empresa pode maximizar seus lucros definindo um preço em que a receita marginal seja equivalente ao custo marginal. Em 1838, ele afirmou:

> Imagine que um homem seja proprietário de uma nascente de água mineral que somente agora se descobriu que possui propriedades saudáveis que não existem em nenhuma outra. Ele poderia, sem dúvida, fixar o preço de *um litro* dessa água em 100 francos, mas logo perceberia, pela escassa demanda [quantidade demandada], que essa não seria a forma de aproveitar ao máximo a sua propriedade. Portanto, ele reduzirá o preço do litro até o ponto em que obtenha o máximo de lucro possível, isto é, se $F(p)$ representa a lei da demanda [quantidade demandada], ele acabará, após várias tentativas, adotando o valor de p[preço] que lhe pague o máximo do $pF(p)$ [rendimento total] do produto.[2]

Aqui Cournot está assumindo que o custo total, e, portanto, o custo marginal, para obter a água mineral é zero. Como esse é o caso, os lucros totais serão maximizados na quantidade de produção em que a receita total (preço × quantidade) é a maior. Utilizando

2 COURNOT, Augustin. *Researches into the mathematical principles of the theory of wealth*. Trad. Nathaniel T. Bacon. Nova York: Macmillan, 1897. p. 56. [publicado originalmente em 1838].

cálculos, Cournot indicou que essa quantidade é onde a derivada da função da receita total (receita marginal) é zero.

A Figura 12.1 mostra graficamente a teoria de Cournot. Observe no primeiro gráfico que o proprietário da água mineral se depara com uma curva de demanda inclinada para baixo, *D.* A curva da receita marginal, *MR,* fica abaixo da curva de demanda porque os preços mais baixos se aplicam a todos os litros de água mineral, não apenas ao litro extra vendido. Isto é, cada unidade adicional vendida acrescentará seu próprio preço à receita total, mas se essa unidade extra não for colocada à venda, o preço recebido sobre outros litros terá de ser maior. A perda dessa receita potencial deve ser subtraída do lucro na receita recebida com a venda do litro extra. Assim, vemos que a receita marginal é menor que o preço total, com exceção da primeira unidade de produção, e que a curva da receita marginal cai mais rapidamente do que a curva da demanda. Observe mais uma vez que os pontos na curva da receita marginal no gráfico (a) representam as taxas de variação da receita total mostrada pela curva *TR* no gráfico (b); a receita marginal é a derivada do produto $P \times Q$.

Vemos na Figura 12.1 (a) que o proprietário da nascente poderia cobrar 100 francos por litro, conforme observado por Cournot. A esse preço elevado, no entanto, ele venderia apenas 65 litros de água mineral. Descendo uma linha vertical dos 65 litros para o gráfico (b), observamos que a receita total do proprietário seria de 6.500 francos. Como o custo é zero, o lucro total também seria 6.500 francos. Mas observe no gráfico (a) que a receita marginal é 80, ao preço de 100 francos. Obviamente, a receita marginal (80) excede o custo marginal (0). Isso é verdadeiro para todas as unidades de água mineral até o 200º litro. Em vez de cobrar 100 francos por litro, o monopolista utilizará tentativa e erro até que o preço se fixe em 60 francos. A 60 francos, os compradores vão adquirir 200 litros e, como mostrado no gráfico (b), a receita total aumentará para 12.000 francos. Essa é a receita total máxima do monopolista. Como os custos totais são presumidos como zero, 12.000 francos são também o lucro máximo. Observe que a receita marginal no gráfico (a) é zero ao preço e produção máximos de 60 francos e 200 litros, respectivamente. Como o custo marginal é também zero, a receita marginal *MR* é igual ao custo marginal *MC;* isto é, a condição de lucro máximo é satisfeita. Vemos no gráfico (b) que *qualquer* preço acima ou abaixo de 60 francos reduzirá a receita total e, no caso de custo zero, o lucro total.

Cournot estendeu sua teoria a circunstâncias em que os custos marginais são positivos. O monopolista que se depara com custos positivos, afirmou Cournot, também maximizará os lucros - receita total menos custo total - ao nível de produção em que $MR = MC$. Essa regra também se aplica a situações em que existem vários concorrentes.

Teoria do duopólio de Cournot

A teoria do duopólio de Cournot, um mercado em que duas empresas são concorrentes, foi a primeira tentativa formal de um economista analisar a conduta e o desempenho de vendedores em uma estrutura de mercado oligopolística.

> Para tornar compreensível a ideia abstrata, imaginamos uma nascente e um proprietário. Vamos agora imaginar dois proprietários e duas nascentes de qualidades idênticas e que, por causa de suas posições semelhantes, abasteçam o mesmo mercado

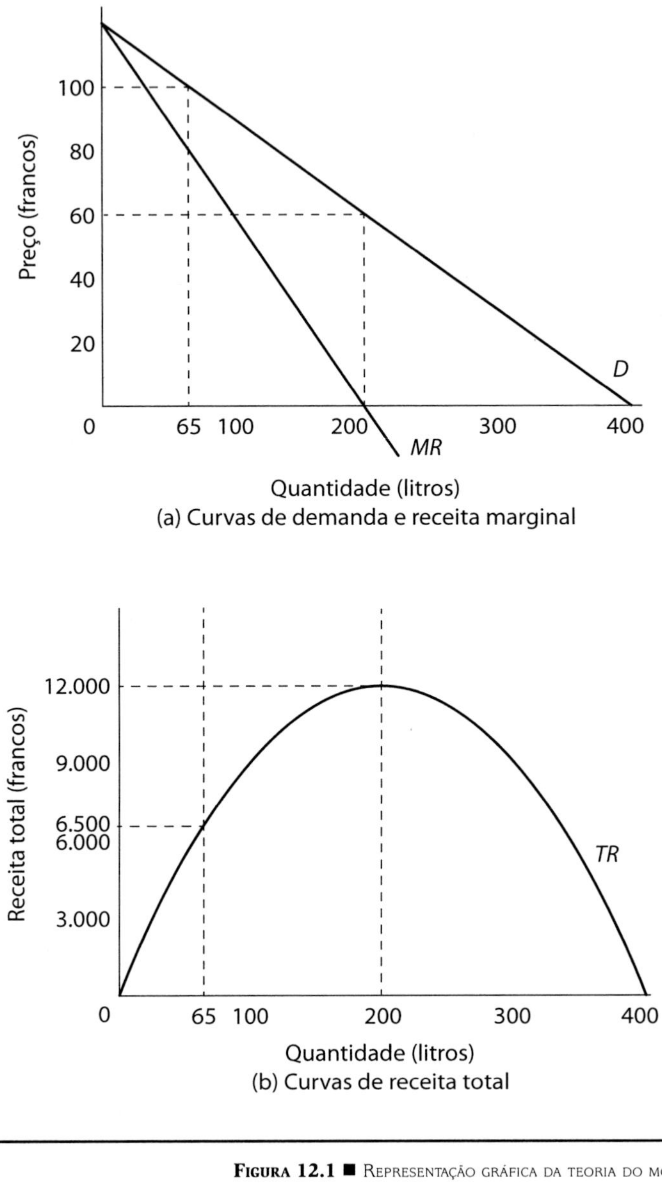

FIGURA 12.1 ■ REPRESENTAÇÃO GRÁFICA DA TEORIA DO MONOPÓLIO DE COURNOT

No gráfico (a), a análise da água mineral de Cournot assume que os custos sejam zero. O vendedor do monopólio maximiza a receita total e, consequentemente, o lucro total, selecionando uma combinação preço-produção em que a receita marginal seja igual a zero. Aqui, essa combinação preço-produção é de 60 francos e 200 litros de água. No gráfico (b), a receita total (lucro total) é maximizada onde a inclinação da curva *TR* (receita marginal) é zero. A preços acima de 60 francos, os consumidores compram menos de 200 litros de água; a preços abaixo de 60 francos, os consumidores compram mais de 200 litros de água. Em ambos os casos, a receita total (lucro total) é menor que 12.000 francos.

em concorrência. Nesse caso, o preço é necessariamente o mesmo para cada proprietário. Se p é esse preço, $D = F(p)$ é o total das vendas, D_1, as vendas obtidas com a nascente (1) e D_2 as vendas da nascente (2), então $D_1 + D_2 = D$. Sendo assim, para começar, omitindo o custo de produção, os rendimentos dos proprietários serão pD_1 e pD_2, respectivamente, e *cada um deles, de forma independente,* procurará aumentar esse rendimento ao máximo possível.

> Dizemos *cada um deles, de forma independente,* e essa restrição é muito importante, como logo poderemos observar, pois se chegarem a um acordo em relação a ambos obterem o maior lucro possível, os resultados seriam totalmente diferentes e não iriam variar, no que se refere aos consumidores, em relação aos obtidos em um monopólio.[3]

Na formulação de sua teoria do duopólio, Cournot assumiu que os compradores especificam o preço e que os dois vendedores ajustam suas vendas a esses preços. Cada duopolista estima a demanda total para o produto e define o próprio volume de produção e de vendas presumindo que o resultado do seu concorrente permaneça fixo. Um equilíbrio estável é obtido com uma adaptação passo a passo dos resultados por produtor, com os duopolistas vendendo basicamente as mesmas quantidades de produtos a um preço que esteja acima do preço concorrente e abaixo do preço do monopólio.

Veja
O passado como preâmbulo 12-1

Cournot elaborou seu caso de duopólio por meio da matemática e da representação geométrica mostrada na Figura 12.2. O eixo horizontal representa as vendas (D_1) do proprietário 1, e o eixo vertical, as vendas (D_2) do proprietário 2. As curvas m_1n_1 e m_2n_2 representam as curvas de lucro máximo dos proprietários 1 e 2, respectivamente. Cournot deduz essas curvas de suas equações matemáticas. A curva m_2n_2 mostra os níveis específicos do resultado do proprietário 2 o qual vai maximizar o lucro 2, dados os vários

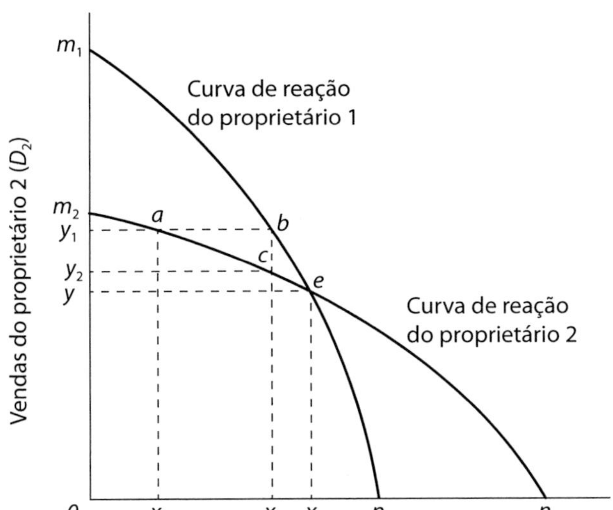

FIGURA 12.2 ■ O MODELO DO DUOPÓLIO DE COURNOT

As funções de reação de Cournot mostram os níveis de resultados que cada um dos proprietários vai selecionar para maximizar o lucro, pressupondo-se que o resultado (vendas) do outro proprietário permanecerá constante. Níveis desiguais de resultados, como aqueles demonstrados pelos pontos *a*, *b* e *c*, não são sustentáveis. Por exemplo, no ponto *a*, o proprietário 2 produzirá o resultado y_1, mas o proprietário 1 reagirá aumentando o resultado de x_1 para x_2 (ponto *b*). O proprietário 2 reagirá, então, contra o resultado de x_2 do proprietário 1 reduzindo o resultado de y_1 para y_2 (ponto *c*). Tais reações vão gerar variações sucessivas nos níveis de venda até que a posição de equilíbrio *e* seja alcançada. Nesse ponto, os dois duopolistas possuem resultados iguais ($x = y$) e não ocorrerá nenhum outro ajuste de resultados.

3 Ibidem, p. 79-80.

níveis de resultado oferecidos pelo proprietário 1. O ponto *a* na curva m_2n_2 é instrutivo. Ele nos diz que, se o proprietário 1 vende x_1 unidades de água mineral, então o proprietário 2 descobrirá que pode maximizar seus lucros vendendo y_1 unidades do produto. Por outro lado, a curva m_1n_1 mostra os níveis de lucro máximo dos resultados do proprietário 1 para os vários níveis de resultados oferecidos pelo proprietário 2. Por exemplo, o ponto *b* dessa curva indica que, se o proprietário 2 oferece y_1 unidades para venda, então o proprietário 1 optará por oferecer o nível de resultado x_2 para maximizar seus lucros. Como essas curvas estabelecem a maneira como cada proprietário vai *reagir* no outro nível de resultado, elas são chamadas de *curvas de reação*.

É simples demonstrar que os níveis de resultado estabelecidos pelo ponto *a* na curva de reação do proprietário 2 e pelo ponto *b* na curva do proprietário 1 não são sustentáveis. Se o proprietário 1 vende x_1 unidades, o proprietário 2 venderá y_1. De que forma o proprietário 1 vai reagir? Ele reagirá vendendo x_2 litros de água mineral (ponto *b*), porque isso lhe dá o lucro máximo quando o resultado do proprietário 2 é y_1. Quando o proprietário 1 oferece x_2 unidades, o proprietário 2 reage oferecendo y_2 unidades (ponto *c* em m_2n_2). Esse processo de tentativa e erro continuará até que um equilíbrio seja estabelecido no ponto *e*. Observe que, nessa interseção das duas curvas de reação, cada um dos duopolistas vende a mesma quantidade do produto ($x = y$) e recebe lucros máximos, a partir dos resultados do outro. Essa posição, afirmava Cournot, "é estável, isto é, se cada um dos produtores, iludido por seu verdadeiro interesse, a deixa temporariamente, ele voltará a ela por uma série de reações, decaindo constantemente em amplitude".[4]

Teorias de Cournot em retrospecto

O modelo de monopólio de Cournot é aquele que aparece nos livros contemporâneos sobre os princípios da economia. Obviamente, os economistas perceberam pequenas falhas nesse modelo. A única coisa que vale a pena notar é que Cournot não reconheceu a possibilidade de diferenciação de preços – a cobrança de preços diferentes para diferentes clientes com base em diferentes elasticidades de demanda. Isso pode ocorrer em circunstâncias em que o mercado pode ser separado e os compradores não podem revender o produto. Por exemplo, se o proprietário da nascente exigisse que os compradores consumissem a água mineral no local, o vendedor poderia cobrar dos compradores isolados preços que eles estivessem dispostos a pagar, em vez de desistir de consumir. Nesse esquema de preços, a receita marginal seria equivalente ao preço para cada comprador, e o proprietário poderia obter ainda mais rendimentos e lucros do que os mostrados na Figura 12.1. Veremos posteriormente que seu contemporâneo francês Jules Dupuit entendeu essa ideia.

A teoria do duopólio de Cournot, por outro lado, foi criticada por criar suposições irreais e por omitir muitas soluções alternativas para o caso do duopólio. Em 1897, por exemplo, Francis Y. Edgeworth, em seu estudo *Pure theory of monopoly* (publicado originalmente em italiano), indicou que um duopolista não pode ter certeza sobre a maneira como seu concorrente vai reagir. Essa incerteza de reações mútuas torna a solução do duopólio indeterminada. Os avanços de Edgeworth nessa área serão discutidos no Capítulo 14. Outras extensões sobre o trabalho de Cournot aparecem no passado como preâmbulo 12-1.

4 Ibidem, p. 81.

12-1 O passado como preâmbulo

EXTENSÕES DA TEORIA DE DUOPÓLIO DE COURNOT

Diversos economistas que vieram após Cournot modificaram seu conceito de que o produto dos concorrentes se manteria constante quando as empresas estabelecessem seu nível de produção. Esses estudiosos desenvolveram padrões alternativos de reação para duopolistas e oligopolistas com base em vendas, custos, qualidade de produto e competição de serviços. Introduziram ainda elementos dinâmicos nos modelos, que abrigam vasta gama de resultados possíveis, dependendo das previsões sobre o comportamento das empresas. Além de Francis Edgeworth (veja abaixo), dois famosos teóricos que expandiram o modelo pioneiro de Cournot foram Joseph Bertrand (1822-1900)[a] e Heinrich von Stackelberg (1905-1946).[b]

Bertrand, um matemático francês, manteve as afirmações de Cournot, segundo as quais (1) bens são homogêneos, (2) empresas competem (em vez de cooperar) e (3) empresas implementam decisões simultaneamente. Mas Bertrand discordava de Cournot ao afirmar que as empresas estabelecem *preços*, não quantidades, para que o mercado determine a quantidade real produzida e vendida. Ele também presumia, implicitamente, que não há limites de capacidade. As empresas podem produzir quaisquer quantidades para atender à demanda. Bertrand concluiu que a existência de apenas duas empresas em um mercado já era suficiente para gerar um preço perfeitamente competitivo. A competição com um rival pode forçar uma empresa a baixar seus preços até o limite de seu custo marginal.

Stackelberg, economista alemão, afirmava que duopolistas podem estabelecer quantidades sequencialmente em vez de simultaneamente. Seu modelo de liderança descreve uma situação em que uma empresa lidera o mercado estabelecendo suas quantidades antes que seu concorrente decida quanto à produção dele. A escolha de quantidade do líder depende de como ele espera que aquele que o segue reaja. O que segue estabelece suas quantidades para maximizar os lucros com base na escolha de produção do líder. As interações entre as empresas líderes e as que as seguem baseiam-se normalmente em preço e são frequentemente observadas em indústrias em que há empresas dominantes. Tal prática de liderança de preços é observada, por exemplo, em indústrias de cervejas, microchips, utensílios de grande porte e cereais matinais.

Há também outras formas de modelo de duopólio. Alguns desses modelos se expandiram para incorporar grande número de empresas. Uma característica comum desses modelos de mercado é que podem ser representados como um jogo, um conjunto interativo de decisões entre duas ou mais empresas. A teoria do jogo se baseia, portanto, no trabalho de Cournot. Veremos alguns dos que mais contribuíram para a teoria moderna do jogo no Capítulo 18.

a. BERTRAND, Joseph. Théorie des richesses (revisão de Théorie mathématique de la richesse sociale, de Léon Walras [capítulo 18], e Recherchés sur les principes mathématiques de la théorie des richesses, de Cournot), *Journal de Savants*, p. 499-508, 1883.

b. STACKELBERG, Heinrich von. *Marktform und Gleichgewicht*. Viena: Julius, primavera de 1934.

JULES DUPUIT

O engenheiro Arséne-Jules-Emile Dupuit (1804-1866) é o segundo importante precursor francês do marginalismo. Dupuit nasceu em Fossano, Piedmont, Itália, que em 1804 era parte do império francês. Ele voltou a Paris com seus pais em 1814 e estudou em Versailles, Louis-le-Grand e Saint Louis. Dupuit graduou-se engenheiro na prestigiosa École des Ponts et Chausées. Seus estudos e projetos sobre estradas, navegação marítima e sistemas de água municipais concederam-lhe grande aclamação na profissão de engenheiro. Em 1843, recebeu o conceituado prêmio French Legion of Honor por seu trabalho. Em 1850, Dupuit tornou-se engenheiro-chefe em Paris e, em 1855, foi promovido ao cargo de inspetor-geral da Corporação Francesa de Engenheiros Civis.

Enquanto deixava sua marca como engenheiro, Dupuit desenvolveu um ardente interesse pela economia teórica e aplicada. Entre 1844 e 1853, ele publicou significativos artigos em revistas especializadas sobre a utilidade marginal decrescente, o excedente dos consumidores e a diferenciação de preços.[5] O princípio básico desses conceitos era o processo de tomada de decisão na "margem". Embora Cournot também utilizasse esse método, não há indicação de que Dupuit e Cournot conhecessem o trabalho um do outro.

Utilidade marginal e demanda

Dupuit afirmava que o valor fixado para um bem (a água do sistema municipal de água) varia de indivíduo para indivíduo. Além disso, o nível de satisfação ou a utilidade que um indivíduo obtém de uma unidade específica de água depende de como essa unidade em particular é usada. Primeiro, uma pessoa utiliza a água para uso altamente importante e, em seguida, à medida que o estoque de água cresce, para usos menos valiosos. A água usada para beber tem prioridade em relação à água usada para a plantação. Por sua vez, a água usada para a plantação tem prioridade sobre a água utilizada para lavagem e assim por diante, culminando com seu uso para fins decorativos, como as fontes de água.

Sabemos que as ideias de utilidade marginal subjetiva e utilidade marginal decrescente não eram novas; lembre-se de que Bentham as discutira 60 anos antes. Mas Dupuit superou Bentham ao ligar diretamente a utilidade marginal decrescente às "curvas de consumo" individual e do mercado. Ele observou que, se o preço de um bem cai, as pessoas compram mais desse bem para satisfazer às necessidades menos urgentes e de menor utilidade marginal.

Dupuit construiu um diagrama semelhante à Figura 12.3. Se o preço da água é 10 francos, disse Dupuit, e se os consumidores comprarem 10 unidades de água, deverão obter um bem de, *no mínimo,* 10 francos para cada uma das 10 unidades. Quando o preço da água cair para 5 francos, os consumidores aumentarão o consumo de água para 18 unidades. Esse consumo extra acabará quando a utilidade marginal da água também cair para 5 francos. A 19ª unidade de água simplesmente não gera utilidade marginal suficiente para justificar o preço de 5 francos.

5 Os mais importantes foram "On the measurement of the utility of public works" (1844), "On tolls and transport charges" (1849) e "On utility and its measure" (1853).

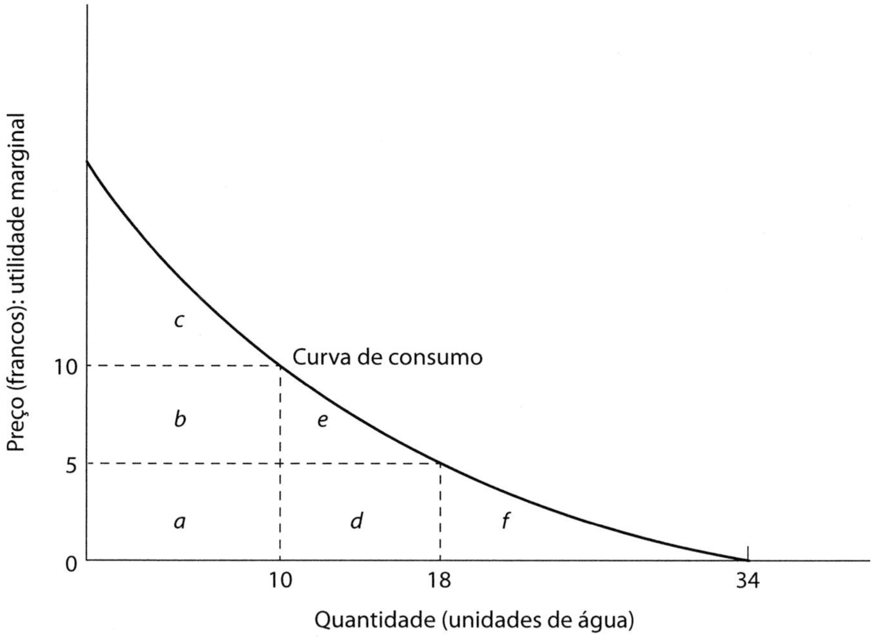

Figura 12.3 ■ Curva de consumo de Dupuit (curva da utilidade marginal e curva de demanda)

A curva de consumo de Dupuit ilustra que a utilidade marginal cai à medida que o consumo aumenta e que existe uma relação inversa entre o preço do produto e a quantidade demandada. Se o custo médio por unidade de água fosse 5 francos, o vendedor do governo poderia cobrar 5 francos e atingir o equilíbrio. Mas o vendedor poderia aumentar a utilidade total com a diferenciação de preços. Especificamente, poderia cobrar 10 francos daqueles que estivessem dispostos a pagar essa quantia e obter 50 francos extras da receita total (5 francos × 10 unidades de venda). Essa receita extra lhe permitiria, então, cobrar menos de 5 francos daquelas pessoas que não estivessem dispostas ou não pudessem pagar 5 francos. A utilidade total aumentaria para um total maior que o mostrado pelas *áreas* $a + b + c + d + e$, porque as compras aumentariam acima de 18 unidades de água.

Resumindo, Dupuit estabeleceu o conceito de curva de demanda: uma relação inversa ou negativa entre o preço de um produto e o valor que as pessoas desejam pagar por ele. Na formulação de Dupuit, uma curva de demanda nada mais é que uma curva de utilidade marginal. O consumo de unidades sucessivas de um bem específico gera satisfação extra cada vez menor. Assim, os consumidores não comprarão unidades extras do bem, a menos que o preço caia.

Economistas que vieram depois de Dupuit, como Walras (Capítulo 18), criticaram-no por não conseguir diferenciar as curvas de utilidade marginal e as curvas de demanda. Todavia, Dupuit é reconhecido como um dos primeiros economistas a esboçar um diagrama que mostra uma relação inversa entre o preço e a quantidade demandada. Também foi um dos primeiros a salientar as bases da demanda sobre a utilidade marginal.

Excedente dos consumidores

A curva de consumo de Dupuit o levou a uma importante observação, reforçada mais tarde por Alfred Marshall (Capítulo 15). Imagine que o preço cobrado pelas autoridades seja 10 francos, como mostra a Figura 12.3. Isso implica que os consumidores estariam dispostos a pagar mais de 10 francos por todas as unidades de água, exceto pela 10ª: a utilidade marginal sobre todas as unidades anteriores excede 10 francos. O preço será igual à utilidade marginal somente na última unidade (a 10ª). Em uma base por unidade, a diferença entre a unidade marginal de cada unidade e seu preço é *utilité relative*, ou utilidade excedente. A soma de todas essas diferenças entre a utilidade marginal e o preço é o excedente total dos consumidores. Ao preço de 10 francos, na Figura 12.3, o excedente dos consumidores é o triângulo *c*. Se o preço fosse 5 francos, o excedente dos consumidores seria a soma das áreas *b*, *c* e *e*.

Diferenciação de preços no monopólio

Muitas das estradas, pontes e sistemas de água projetados por Dupuit eram monopólios do governo. Dupuit quis então saber que preço, se aplicável, o governo deveria cobrar por esses bens ou serviços monopolizados. Se o objetivo fosse maximizar a utilidade total, afirmava Dupuit, então o preço deveria ser zero. Na Figura 12.3, a área em qualquer ponto da curva de utilidade marginal é a utilidade total associada a esse resultado. A utilidade total é, obviamente, maior em um preço igual a zero (a soma das áreas *a*, *b*, *c*, *d*, *e* e *f*).

A um preço acima de zero, duas coisas acontecem. Primeiro, alguma utilidade é transferida do consumidor para o vendedor. A utilidade líquida, no entanto, não cai como resultado dessa transferência. Segundo, alguma utilidade é perdida; na terminologia de hoje há uma perda do peso morto. Por exemplo, se o preço for 10 francos, em vez de zero, a quantidade será 10, não 34 unidades. Comparando os preços de 10 francos e zero franco, vemos que a soma das áreas *a* e *b* representa uma transferência de utilidade dos consumidores para o vendedor. Ao mesmo tempo, a soma das áreas *e*, *d* e *f* delineia uma perda total de utilidade.

Dupuit reconheceu o óbvio: um preço zero não permitirá que o fornecedor cubra os custos de fornecer o bem ou o serviço. Portanto, Dupuit sugeriu que o vendedor do governo deve definir um preço em que os custos do serviço sejam recuperados e a perda da utilidade total seja minimizada. Uma maneira de cobrir os custos do fornecimento do bem ou do serviço é definir um único preço que gere uma receita total *(P* × Q) igual ao custo total. Por exemplo, se o custo por unidade de água fosse 5 francos, então o preço poderia ser definido em 5 francos também. Dezoito unidades de água serão consumidas, e a receita total será de 90 francos (5 × 18), suficiente para cobrir o custo de 90 francos. A utilidade total na Figura 12.3 cairá até a área *f*.

Mas Dupuit queria saber se poderia haver um esquema de preços ainda melhor para cobrir o custo do abastecimento. Ele concluiu que um esquema de preços duplos ou múltiplos reduziria a perda da utilidade total para menos que a área *f*. Dos consumidores cuja utilidade marginal fosse maior que 5 francos, poderiam ser cobrados mais do que os 5 francos por custo de unidade. Com efeito, parte do excedente dos consumidores desses compradores poderia ser estocada para a obtenção de receita extra por parte do vendedor. Esse preço acima do custo para esses compradores *não* resultaria em perda da utilidade total; simplesmente transferiria parte do excedente dos consumidores para o vendedor. E, mais importante, essa receita extra permitiria que o vendedor cobrasse menos daqueles indivíduos cuja utilidade marginal estivesse abaixo dos 5 francos. Na Figura 12.3, um preço abaixo de 5 francos para esses consumidores aumentaria o consumo para mais de

18 unidades. Quando o resultado aumenta acima de 18 unidades, a perda de utilidade relativa ao preço zero fica reduzida a algo menor que a área *f*. O esquema de preços duplos ou múltiplos aumenta, portanto, a utilidade total relativa ao preço único de 5 francos, embora continue a atender à exigência de que a receita total corresponda ao custo total.

Hoje, utilizamos o termo *diferenciação de preços* para descrever o esquema de preços duplos ou múltiplos de Dupuit. Essa ideia foi mais tarde desenvolvida e formalizada por A. C. Pigou (Capítulo 20) e Joan Robinson (Capítulo 17). A diferenciação de preços só pode ocorrer quando é possível dividir os compradores em grupos identificáveis e quando a revenda do produto pelos consumidores é impossível ou proibitivamente cara. Ela transforma o excedente dos consumidores em maiores receitas e, no caso das empresas com fins lucrativos, maiores lucros. Contudo, conforme demonstrado por Dupuit, a diferenciação de preços pode também aumentar o resultado total e a utilidade total. Ela é amplamente praticada por empresas estatais e serviços de utilidade pública, exatamente nas formas de monopólios que Dupuit tinha em mente.

Veja
O passado como preâmbulo 12-2

12-2 O passado como preâmbulo

GOSSEN: UTILIDADE E FAMA TARDIA

As obras de outro precursor do marginalismo, Herman Heindrich Gossen (1810-1858), não foram verdadeiramente apreciadas até depois da sua morte. Contudo, seu pensamento era tão avançado que merece ser mencionado.

Gossen deixou seu emprego como funcionário público da Alemanha para passar quatro anos recluso escrevendo um livro, publicado em 1854. Poucas cópias de *Law of human relations and rules of human action derived therefrom* foram vendidas, talvez porque seu tratamento fosse altamente matemático. Muito desapontado, ele recolheu as cópias impressas restantes e mandou destruí-las.

Depois que William S. Jevons (Capítulo 13) publicou a primeira edição de sua aclamada obra *The theory of political economy,* em 1871, ele descobriu uma cópia do livro de Gossen e ficou espantado ao saber que suas teorias sobre utilidade marginal tinham sido completamente antecipadas por outro. Jevons deu todo o crédito a Gossen nas edições seguintes, e a fama chegou postumamente a esse teórico pioneiro, cujo livro foi reimpresso na Alemanha em 1889.

Duas leis estabelecidas por Gossen, em particular, prenunciaram as contribuições de Jevons e outros marginalistas. A primeira lei de Gossen era sobre rendimentos decrescentes: a utilidade adicional de um bem diminui quanto mais ele é consumido. Entre outras coisas, essa lei explica de que forma a troca voluntária produz ganhos mútuos em utilidade. O fazendeiro que cria animais tem mais animais para abate do que ele pessoalmente deseja consumir: independentemente do dinheiro que pode receber por eles, a utilidade marginal é baixa ou negativa.

Da mesma forma, o padeiro tem tanto pão que, além do que foi consumido, a utilidade marginal de cada pão é baixa ou até mesmo negativa. A troca de pão por carne permite que ambas as partes obtenham mercadorias, fornecendo mais utilidade marginal do que o estoque original.

A segunda lei de Gossen refere-se ao equilíbrio das utilidades marginais por meio do consumo racional para garantir a máxima satisfação. A pessoa racional, afirmava Gossen, deverá alocar o seu dinheiro ou o rendimento deste de modo que a última unidade de dinheiro gasto em cada produto comprado gere a mesma quantidade de utilidade extra (marginal). A utilidade marginal por unidade de dinheiro gasto em um produto é utilidade marginal *(MU)* dividida pelo preço do produto *(P)*. Portanto, simbolicamente, a condição de Gossen para a utilidade maximizada é:

$$\frac{MU_x}{P_x} = \frac{MU_y}{P_y} = \ldots \qquad \textbf{(12.1)}$$

em que MU_x e MU_y são as utilidades marginais respectivas de dois bens independentes, X e Y, e P_x e P_y são seus respectivos preços.

Exploraremos a formulação de Jevons e Carl Menger sobre essa ideia com mais profundidade no próximo capítulo. Veremos que essa lei de comportamento racional do consumidor foi a base da análise de demanda considerada tão importante para a teoria do valor marginalista.

JOHANN HEINRICH VON THÜNEN

Johann Heinrich von Thünen (1783-1850), o terceiro precursor do marginalismo, nasceu em Oldenburg, Alemanha. Estudou por pouco tempo na Universidade de Göttingen e, depois, comprou uma fazenda em Mecklenburg. Lá, cultivou a fazenda e escreveu sua principal obra, *The isolated state*. No volume 1 de seu trabalho, publicado em 1826, ele desenvolveu uma teoria que considerava a localização de várias formas de produção agrícola em relação ao mercado em que o produto é vendido. No volume 2 de *The isolated state*, publicado em 1850, ele expandiu sua análise e, no processo, estabeleceu o rascunho de uma teoria de produtividade marginal sobre salário e capital. Von Thünen foi um precursor do marginalista John Bates Clark (Capítulo 14), em particular.

Teoria da localização de von Thünen

Ao desenvolver sua teoria da localização, von Thünen fez suas primeiras conjeturas:

> Imagine uma cidade muito grande, no centro de uma planície fértil, que não seja cortada por nenhum rio ou canal navegável. Em toda a planície, o solo pode ser cultivado e tem a mesma fertilidade. Distante da cidade, a planície se transforma em uma região

> despovoada e não cultivada, que dificulta qualquer comunicação entre o Estado e o mundo externo.
>
> Não existe nenhuma outra cidade na planície. A cidade central deve, portanto, abastecer as áreas rurais com todos os produtos industrializados e, em retorno, obterá todas as provisões da zona rural adjacente.
>
> As minas que abastecem o Estado com sal e metais ficam próximas à cidade central, que, por ser a única, chamaremos simplesmente de "a Cidade".[6]

Johann von Thünen tratou, então, desta questão central:

> O problema que queremos resolver é o seguinte: que padrão de cultivo vai se formar nessas condições? E como o sistema agrícola de diferentes áreas será afetado com essa distância em relação à Cidade? Assumimos que a agricultura seja realizada de forma absolutamente racional.
>
> É óbvio que, próximo à Cidade, serão cultivados produtos pesados ou volumosos em relação ao seu valor e, portanto, caros para transportar, que os distritos mais distantes são incapazes de fornecer. Aqui também encontraremos os produtos altamente perecíveis, que devem ser utilizados muito rapidamente. Com o distanciamento em relação à Cidade, a terra será destinada cada vez mais a produtos baratos de serem transportados em relação ao valor.
>
> Por esse motivo, vão se formar cinturões concêntricos razoavelmente diferenciados ao redor da Cidade, cada um com seu próprio produto básico.
>
> Em cada cinturão, o produto básico, e com ele todo o sistema agrícola, vai mudar; e nos vários cinturões encontraremos sistemas agrícolas completamente diferentes.[7]

A Figura 12.4 apresenta uma versão levemente modificada da representação de von Thünen sobre sua própria teoria. O círculo interno (I), intitulado "mercado de jardinagem e horticultura", circunda a cidade. Ali, serão cultivados produtos delicados como morangos, alface, couve-flor e similares. Além disso, os fazendeiros criarão gado alimentado em celeiros para produzir leite fresco, pois se trata de "um produto difícil e caro para ser produzido e transportado, além de altamente perecível, especialmente em climas quentes, quando se torna intragável".[8]

O segundo cinturão (II) indica a região em que ocorre intenso cultivo de florestas como uma forma de abastecer a cidade com combustível e materiais de construção. Esses itens precisam ser cultivados próximo à cidade porque são pesados em relação ao valor do mercado e caros para serem transportados. Os fazendeiros plantarão grãos próximo a esses três anéis, que juntos constituem a zona III, chamada de "Plantio de cereais". No cinturão mais interno dessa zona, os proprietários de terras ou seus arrendatários plantarão grãos com intensidade e revezarão a colheita para obter o máximo de rendimento do solo possível. Na zona central do cinturão III, afirmou von Thünen, partes da terra serão plantadas e outras serão usadas como pastagem. O cinturão mais externo da zona III será caracterizado por alguns campos em que são plantados grãos e outros em que a terra é temporariamente deixada sem cultivo.

6 THÜNEN, Johann H. von. *The isolated state*. Trad. Carla M. Wartenberg e edição de Peter Hall. v. 1. Oxford: Pergamon Press, 1966. p. 7-8.
7 Ibidem, p. 8.
8 Ibidem, p. 9.

No quarto cinturão (IV) da Figura 12.4, os fazendeiros criarão gado e porcos. Embora esses animais sejam pesados, presumivelmente eles podem ser enviados à cidade para abate a um custo de transporte relativamente baixo. Finalmente, toda a terra localizada abaixo do cinturão IV será utilizada apenas para caça. Os custos do transporte de qualquer tipo de produto da fazenda até a cidade serão muito grandes em relação ao valor das mercadorias.

Johann von Thünen explicou que, à medida que a intensificação da produção agrícola nos cinturões aumenta, os rendimentos decrescentes fazem que aquilo que chamamos de custos marginais aumente. Isso leva a um aumento nos preços do mercado, que, por sua vez, torna lucrativo o cultivo de novas áreas mais distantes do mercado. Novamente, a intensificação da agricultura estende os quatro principais cinturões da Figura 12.4.

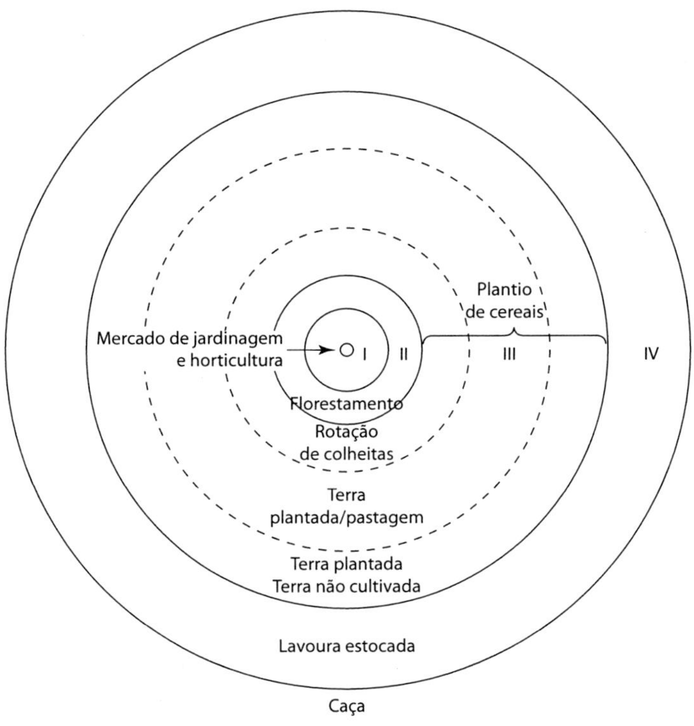

Figura 12.4 ■ Teoria da localização agrícola de Johann von Thünen

No "estado isolado" de von Thünen, vários cinturões concêntricos, cada um dedicado a um tipo específico de uso agrícola, desenvolvem-se ao redor da cidade central. Quanto mais distante o cinturão estiver da cidade, menos intensa será a produção, menos perecível será o produto e maior será a possibilidade de a mercadoria suportar os custos com transporte.

A produtividade marginal segundo Johann von Thünen

O cuidadoso pensamento de Johann von Thünen sobre a localização de vários tipos de agricultura o levou a desenvolver uma teoria de produtividade marginal sobre o emprego. Ele baseou essa teoria no princípio de que unidades extras de mão de obra levam a aumentos sucessivamente menores no produto agrícola total. Lembremo-nos de que Ricardo também utilizara a mesma noção - a lei de rendimentos marginais decrescentes - em sua análise sobre renda. Johann von Thünen mais tarde estendeu a aplicabilidade dessa lei. Ele afirmou que, dado esse princípio, o fazendeiro deve tomar cuidado para não contratar mão de obra além desse ponto, em que o custo da última adição de mão de obra corresponde ao valor do produto agrícola adicionado. Em termos contemporâneos, von Thünen estava sugerindo que o empregador deveria adicionar unidades de mão de obra até que o produto de mão de obra da receita marginal - a receita extra proveniente da maior produção - seja igual à despesa com salários do trabalhador contratado. Além disso, von Thünen entendeu que é o produto marginal do último trabalhador empregado que estabelece o "salário natural" recebido pelos trabalhadores. Esse é o sofisticado raciocínio econômico que prenuncia as futuras contribuições de John Bates Clark e Alfred Marshall. Aguardaremos uma discussão sobre esses economistas para examinar essa teoria com profundidade.

Perguntas para estudo e discussão

1. Identifique brevemente e estabeleça a importância de cada um dos seguintes pensadores e conceitos para a história do pensamento econômico: Cournot, receita total e marginal, duopólio, função de reação, Bertrand, Stackelberg, Dupuit, utilidade marginal decrescente, curva de consumo, excedente dos consumidores, diferenciação de preços, von Thünen, produtividade marginal, Gossen.
2. Reveja a lista dos principais dogmas do marginalismo discutidos neste capítulo e determine quais deles se aplicam aos escritos de Cournot.
3. Recorde, dos tópicos anteriores, as questões relativas à receita total ou do teste de recebimento total para elasticidade de demanda. Consultando os dois gráficos da Figura 12.1, determine se a demanda é elástica ou inelástica nas seguintes faixas de produto: (a) variação de 0 a 200; (b) variação de 200 a 400. Explique suas respostas.
4. Tomando como referência o modelo de monopólio de Cournot (Figura 12.1), explique por que cada uma das seguintes declarações é errônea: (a) "O monopolista cobra o preço mais alto por unidade que pode obter." (b) "O monopolista produz esse nível de produto, que maximiza seu lucro por unidade." (c) "Sem considerar seus custos de produção, um monopolista obtém lucro econômico."
5. Desenhe uma linha pontilhada na Figura 12.2 (modelo do duopólio de Cournot) que esteja um pouco acima do eixo horizontal e se estenda para a direita em direção à função de reação m_2n_2. Qual será o nível inicial de venda do proprietário 2? Justifique. De que forma o proprietário 1 reagirá? Quais serão os níveis de produção resultantes, dados os pressupostos desse modelo? Explique.
6. Por que o modelo de monopólio de Cournot foi mais bem aceito que seu modelo de duopólio? Que extensões foram feitas para aprimorar a teoria de Cournot?
7. Utilize a análise de utilidade de Dupuit para explicar por que o total de produto demandado cai à medida que seu preço aumenta e outros itens ficam iguais.
8. Cite vários produtos que você compra que lhe fornecem a *utilité relative* de Dupuit.
9. Consultando a Figura 12.1(a) (modelo do monopólio de Cournot), identifique a área de excedente dos consumidores quando o preço é 60 francos. Explique de que forma a diferenciação de preços (Dupuit) poderia aumentar a receita total do monopolista acima de 12.000 francos.

Explique de que forma os preços múltiplos, em vez do preço único de 60 francos do monopólio, poderiam melhorar a utilidade marginal (suponha, como Dupuit, que a curva de demanda seja a curva de utilidade marginal).

10. Utilize os princípios da teoria de localização de von Thünen para explicar por que as fábricas de concreto geralmente estão localizadas próximas ou perto de cidades em que o produto é vendido, enquanto as editoras de livros geralmente estão localizadas longe de onde os livros são vendidos.
11. De acordo com von Thünen, de que forma um proprietário de terras determinará o número adequado de trabalhadores a serem contratados?
12. Utilize exemplos separados próprios para explicar cada uma das duas leis de Gossen.
13. A linha de tempo das ideias econômicas que consta na parte interna da capa do livro sugere que as ideias e os economistas marginalistas são basicamente antagônicos com relação a seus predecessores. De que modo isso é válido? Quais áreas do pensamento marginalista são favoráveis à escola clássica?

Leituras selecionadas

Livros

BLACK, R. D. C.; COATS, A. W.; GOODWIN, C. D. W. (eds.). *The marginal revolution, interpretation and evaluation.* Durham, NC: Duke University Press, 1973.

BLAUG, Mark (ed.). *Johann von Thünen, Augustin Cournot and Jules Dupuit.* Brookfield, VT: Edward Elgar, 1992.

COURNOT, Augustin, *Researches into the mathematical principles of the theory of wealth.* Trad. Nathaniel T. Bacon. Nova York: Macmillan, 1897, 1927 [publicado originalmente em 1838].

DUPUIT, Jules. On the measurement of the utility of public works. In: *Readings in welfare economics.* Ed. Kenneth J. Arrow e Tibor Scitovsky. Homewood, Il: Richard D. Irwin, 1969. p. 255-283.

EKELUND, Robert B.; HÉBERT, Robert F. *The secret origins of modern microeconomics:* Dupuit and the engineers. Chicago: University of Chicago Press, 1999.

GOSSEN, Herman H. *The laws of human relations and the rules of human action derived therefrom.* Trad. Rudolph C. Blitz. Cambridge, MA: MIT Press, 1983 [publicado originalmente em 1854].

VON THÜNEN, J. H. *The isolated state.* Trad. Carla Wartenberg e edição de Peter Hall. v. 1. Oxford: Pergamon Press, 1966.

__________. The isolated state. In: *The frontier wage.* Trad. B. W. Dempsey. v. 2. Chicago: Loyola University Press, 1960.

Artigos de revistas especializadas

CLARK, Colin. von Thünen's isolated state. *Oxford Economic Papers,* n. 19, p. 370-377, nov. 1967.

EKELUND, Robert B., Jr. Price discrimination and product differentiation in economic theory: an early analysis. *Quarterly Journal of Economics,* n. 84, p. 268-278, maio 1970.

FISHER, Irving. Cournot and mathematical economics. *Quarterly Journal of Economics,* n. 12, p. 119-138, 238-244, jan. 1898.

LIEGH, Arthur H. von Thünen's theory of distribution and the advent of marginal analysis. *Journal of Political Economy,* n. 54, p. 481-502, dez. 1946.

THEOCHARIS, Reghinos D. A note on the lag in the recognition of Cournot's contribution to economic analysis. *Canadian Journal of Economics,* n. 23, p. 923-933, nov. 1990.

13

A ESCOLA MARGINALISTA – JEVONS, MENGER, VON WIESER E VON BÖHM-BAWERK

Embora Cournot, Dupuit, von Thünen e Gossen tenham proporcionado análises marginais inovadoras, o marginalismo como uma escola mais claramente definida do pensamento econômico originou-se com W. Stanley Jevons, na Inglaterra, Carl Menger, na Áustria, e Léon Walras, em Lausanne, na Suíça. Esse é outro caso interessante de novas ideias surgidas quase simultaneamente em diferentes lugares e de diferentes pessoas, mas que se originam de uma insatisfação comum com as antigas teorias. Aqui, examinaremos as contribuições de Jevons, Menger e de dois austríacos que seguiram as pegadas de Menger. Adiamos a discussão sobre Walras para o Capítulo 18, que enfatiza os colaboradores da economia matemática.

WILLIAM STANLEY JEVONS

William Stanley Jevons (1835-1882) nasceu em Liverpool, na Inglaterra. Passou cinco anos na Austrália como avaliador na Casa da Moeda, onde ganhou o suficiente para voltar à Inglaterra e prosseguir seus estudos. Ficou desapontado e triste quando não ganhou um prêmio de economia política na University College, em Londres, e atribuiu sua derrota ao preconceito de seus professores em relação às novas ideias que estava desenvolvendo. Jevons publicou vários livros sobre lógica e tornou-se professor de lógica, economia política e filosofia, primeiro em Manchester e depois na University College, em Londres. Ele inventou uma máquina lógica, exibida para a Sociedade Real, em 1870, capaz de produzir mecanicamente uma conclusão a partir de qualquer conjunto definido de premissas. Jevons também ficou famoso como historiador de ciência e contribuiu bastante para o desenvolvimento dos números-índices. Jevons era extremamente introvertido e não teve muita influência sobre seus colegas ou estudantes mais imediatos. Aos 47 anos, morreu afogado enquanto nadava.

Teoria do valor de Jevons

Jevons chamava Ricardo de "aquele homem capaz, mas de pensamentos errados" que conduziu o carro da ciência econômica na direção errada. Mill, ele acreditava, levou o carro em direção à confusão. A análise econômica apresentada por Senior estava muito mais ao gosto de Jevons.

Na primeira página de *The theory of political economy*, publicado pela primeira vez em 1871, Jevons afirmou:

> A reflexão e o questionamento contínuos levaram-me à opinião, de certa forma nova, de que o *valor depende totalmente da utilidade*. As opiniões correntes consideram o trabalho, em vez da utilidade, a origem do valor. Por outro lado, existem também aqueles que afirmam que a mão de obra é a *causa* do valor. Diferentemente, eu mostro que temos somente de escrever cuidadosamente as leis naturais da variação da utilidade, como dependendo das quantidades de nossas posses, para chegar a uma teoria de troca satisfatória, das quais as leis comuns de oferta e demanda sejam consequências necessárias. Essa teoria está em harmonia com os fatos e, sempre que houver qualquer motivo aparente para acreditar que a mão de obra seja a causa do valor, obteremos uma explicação sobre a razão. Normalmente, considera-se que o trabalho é que determina o valor, mas somente de forma indireta, variando o grau de utilidade da mercadoria por meio de um aumento ou uma limitação da oferta.[1]

Diferentemente de Ricardo, que talvez dissesse que as pérolas têm valor porque as pessoas precisam mergulhar para obtê-las, Jevons diz que as pérolas têm valor porque os compradores obtêm utilidade com elas e as pessoas mergulham para apanhar pérolas porque elas possuem tal valor. O nível específico de utilidade associada às pérolas depende do número de pérolas que as pessoas possuem no momento.

Para explicar a teoria do valor de Jevons, precisamos, portanto, começar com sua teoria da lei de utilidade marginal decrescente. Então, voltaremos nossa atenção para essas noções de comportamento racional do consumidor, troca individual e comercial e total otimizado do trabalho.

Teoria da utilidade marginal decrescente. A teoria da utilidade marginal decrescente é semelhante às ideias anteriores de Gossen (O passado como preâmbulo 12-2) e de Dupuit. Jevons afirmava que essa utilidade não pode ser medida diretamente, pelo menos com as ferramentas disponíveis. Esse prazer ou satisfação subjetiva pode ser estimado apenas observando-se o comportamento humano e notando-se as preferências humanas.

1 JEVONS, William Stanley. *The theory of political economy*. 3. ed. Londres: Macmillan, 1888. p. 1-2 [publicado originalmente em 1871].

Ele também rejeitava qualquer tentativa de comparar a intensidade dos prazeres e dos esforços entre pessoas diferentes.[2] Mas um único indivíduo *pode* comparar utilidades de sucessivas unidades de um único bem, dizia Jevons, e *pode* comparar as utilidades *marginais* de vários bens. Em relação ao primeiro, Jevons utilizou análise gráfica para ilustrar sua "lei de variação do grau final da utilidade de uma mercadoria". Uma versão contemporânea de sua representação é mostrada na Figura 13.1.

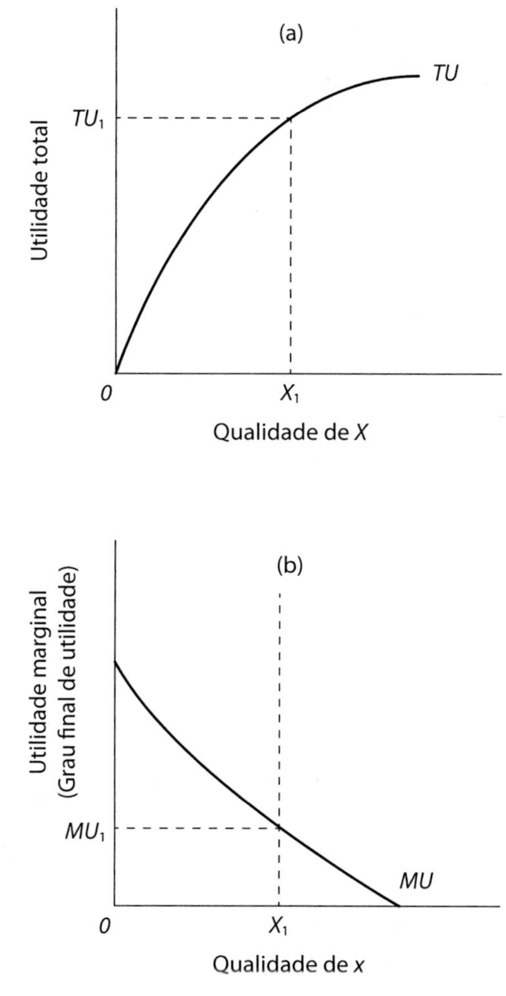

FIGURA 13.1 ■ LEI DA UTILIDADE MARGINAL DECRESCENTE DE JEVONS

A utilidade total que um consumidor recebe de cada quantidade de mercadoria x é mostrada por *TU* no gráfico superior. O gráfico inferior mostra a utilidade marginal *(MU)* ou a variação na utilidade total à medida que cada unidade de mercadoria é adicionada. A utilidade marginal, que é equivalente ao grau final de utilidade de Jevons, cai à medida que mais mercadorias x são consumidas. A utilidade total da quantidade x é TU_1; a utilidade marginal da unidade x_1 é MU_1.

2 Jevons, no entanto, foi inconsistente nesse ponto. Mais tarde, em seu livro, ele comparou utilidades entre diferentes pessoas. Mais especificamente, ele estendeu o princípio da utilidade marginal decrescente ao dinheiro e deu uma justificativa teórica para o argumento de que a redistribuição da renda do rico para o pobre aumenta a felicidade geral.

O gráfico superior da Figura 13.1 mede a utilidade total no eixo vertical e a quantidade de uma mercadoria em particular, por exemplo, o bem *X*, no eixo horizontal. A utilidade total, *TU*, aumenta à medida que mais bens *X* são consumidos. Observe, porém, que à medida que mais *X* são consumidos, a utilidade total diminui a uma *taxa decrescente*. Cada unidade sucessiva de *X* adiciona menos à utilidade total do que adicionava a unidade anterior.

No gráfico inferior da figura, o eixo vertical mede a *variação* na utilidade total, ou utilidade marginal, *MU*. A utilidade marginal, equivalente ao "grau final de utilidade de Jevons, (...) varia de acordo com a quantidade da mercadoria e, consequentemente, diminui à medida que a quantidade aumenta. Não há mais nenhuma medida que continuamos a desejar com a mesma força, seja qual for a quantidade já em uso ou possuída".[3] Se a pessoa que possui a utilidade marginal da curva da Figura 13.1 decide comprar X_1 unidades da mercadoria, disse Jevons, então a utilidade total seria TU_1, e o grau final de utilidade (utilidade marginal) seria MU_1. A utilidade marginal no gráfico inferior é encontrada marcando-se o declínio de *TU* (gráfico superior) em cada um de seus pontos.

> Raramente precisaremos considerar o grau de utilidade, exceto em relação à última adição que foi consumida ou, o que nos leva ao mesmo resultado, à próxima adição que está prestes a ser consumida. Assim, normalmente utilizarei a expressão *grau final de utilidade*, significando o grau de utilidade da última adição ou da próxima adição possível de uma quantidade muito pequena ou infinitamente pequena do estoque existente.[4]

A lei da utilidade marginal decrescente de Jevons resolveu o paradoxo da água e do diamante que confundia alguns dos economistas clássicos. Adam Smith acreditava que a utilidade não tem nada a ver com a grandeza do valor de troca, porque a água é mais útil que o diamante, embora os diamantes sejam mais valiosos do que a água. O princípio da utilidade marginal decrescente revela que, embora a utilidade *total* da água seja maior que a utilidade total dos diamantes, o "grau final de utilidade" ou a utilidade *marginal* do diamante é bem maior que a utilidade marginal da água. Deveríamos preferir ter toda a água do mundo e nenhum diamante, em vez do contrário; contudo, preferimos ter um diamante extra a uma unidade extra de água, uma vez que temos um grande estoque dela.

Escolha racional: a regra equimarginal. Jevons aplicou sua noção de utilidade final (utilidade marginal) para formalizar uma teoria geral da escolha racional.

> Suponhamos que *s* seja o estoque total de alguma mercadoria, que pode ter dois usos distintos ["a cevada pode ser usada tanto para fabricar cerveja, bebida alcoólica, pão ou para alimentar o gado"]. Assim, podemos representar as duas quantidades adequadas a esses usos por x_1 e y_1, tendo como condição que $x_1 + y_1 = s$. A pessoa pode imaginar estar gastando pequenas quantidades da mercadoria, mas a tendência inevitável da natureza humana é escolher aquilo que aparentemente ofereça a maior vantagem no momento. Assim, quando a pessoa permanece satisfeita com a distribuição feita, o que acontece (...) é que um aumento da mercadoria produziria a mesma quantidade

3 Jevons, op. cit., p. 53.
4 Ibidem, p. 51.

> de utilidade tanto em um uso quanto no outro (...) Em outras palavras, devemos ter os *graus finais de utilidade* (utilidades marginais) em dois usos iguais.[5]

Observe que, nesse caso, o preço de duas mercadorias é o mesmo, independentemente do uso. Assim, o exemplo de Jevons é simplesmente um caso especial da segunda lei de Gossen: o consumidor que deseja maximizar a utilidade alocará o dinheiro de tal forma que a utilidade marginal do último dólar gasto em todas as mercadorias seja igual. Simbolicamente, isso seria demonstrado como: $MU_x/P_x = MU_y/P_y ... = MU_n/P_n$. O papel da utilidade marginal decrescente é importante aqui. Se a razão entre a utilidade marginal de X e seu preço for maior que a de outras mercadorias, então o consumidor racional comprará mais de X e menos dos outros bens. Quando mais X forem obtidos, sua utilidade marginal cairá; quando menos unidades de bens como Y e Z forem consumidas, suas utilidades marginais aumentarão. Consequentemente, as razões entre as utilidades marginais e os respectivos preços dos bens ficam equiparadas e a utilidade total do consumidor é maximizada.

Teoria da troca. Jevons também utilizou seu princípio de maximização da utilidade para explicar os ganhos obtidos com as trocas. Imagine, dizia Jevons, que uma parte ("parte comercial") possua apenas milho e a outra possua apenas carne bovina. De que forma essa troca beneficiará cada uma das partes e em que ponto a troca será interrompida? Novamente, a regra equimarginal entra em cena. Como o lado *A* possui apenas carne bovina, a razão entre a utilidade marginal da carne e seu preço será baixa, enquanto a razão entre a utilidade marginal do milho e seu preço será alta. A regra equimarginal sugere, acertadamente, que o lado *A* vai se beneficiar obtendo milho e entregando carne bovina. Uma situação semelhante existe para o lado *B*. A utilidade perdida com a oferta do milho será menor do que o ganho em utilidade com a carne bovina recebida.

Em que ponto a troca será interrompida? A resposta, dizia Jevons, é o ponto em que não há mais possibilidades de ganhos de utilidade com as trocas. Mais especificamente, a troca será interrompida quando, na margem, uma libra de carne bovina tiver a mesma utilidade de, digamos, dez libras de milho e for trocada por dez libras de milho no mercado. Isto é, se o preço de uma libra de carne for dez vezes maior que o preço de uma libra de milho (por exemplo, US$ 10 *versus* US$ 1), cada pessoa consumirá os dois bens até o ponto em que a carne tiver dez vezes a utilidade marginal da libra de milho (por exemplo, 100 *versus* 10 unidades de utilidade marginal). Ou, algebricamente falando, a troca vai acabar quando a razão entre as utilidades marginais dos dois bens, como vista por cada lado comercial, corresponder à razão entre os preços (por exemplo, 100/10 = US$ 10/US$ 1).

O trabalho segundo Jevons. Lembre-se de que Jevons defendia a utilidade como sendo o determinante do valor de troca. Em uma parte de seus *Principles,* ele formulou sua ideia desta maneira:

> O custo de produção determina a oferta.
> A oferta determina o grau final de utilidade.

5 Ibidem, p. 59-60.

> O grau final de utilidade determina o valor.[6]

Por que, então, o custo de produção não determina o valor? Ao refutar a teoria do valor trabalho, Jevons argumentava que a mão de obra não pode ser o regulador do valor porque ela própria possui valores distintos. Ela difere infinitamente em qualidade e em eficiência. "Eu defendo a mão de obra como sendo *essencialmente variável, de modo que seu valor deve ser determinado pelo valor do produto, e não o valor do produto determinado pelo valor da mão de obra.*"[7]

A mão de obra é um custo psicológico subjetivo, um "esforço doloroso". O problema da economia é "satisfazer nossas necessidades com o mínimo possível de mão de obra". Para fazer isso, o trabalhador precisa comparar o esforço do trabalho com o prazer dos ganhos.

Jevons apresentou graficamente sua teoria da quantidade ideal de trabalho, como mostra a Figura 13.2. A linha *OX* representa a quantidade de produto em potencial que o trabalhador pode ganhar em um dia de trabalho, dada uma determinada taxa salarial por hora. A altura dos pontos acima da linha *OX* mede o prazer (utilidade); os pontos abaixo dela medem o esforço (desutilidade). No início do dia, o trabalho é geralmente mais cansativo do que mais tarde, quando o trabalhador se ajusta a ele. Assim, não há prazer nem esforço nos pontos *b* e *c* na curva chamada MDU_w (desutilidade marginal do trabalho), e há prazer real do trabalho – independentemente dos ganhos – entre esses dois pontos. Acima de *c*, no entanto, o esforço (desutilidade marginal) do trabalho adicional aumenta.

A utilidade marginal do produto, ou melhor dizendo, a utilidade marginal dos ganhos, é mostrada por MU_e (utilidade marginal dos ganhos). Sua inclinação para baixo

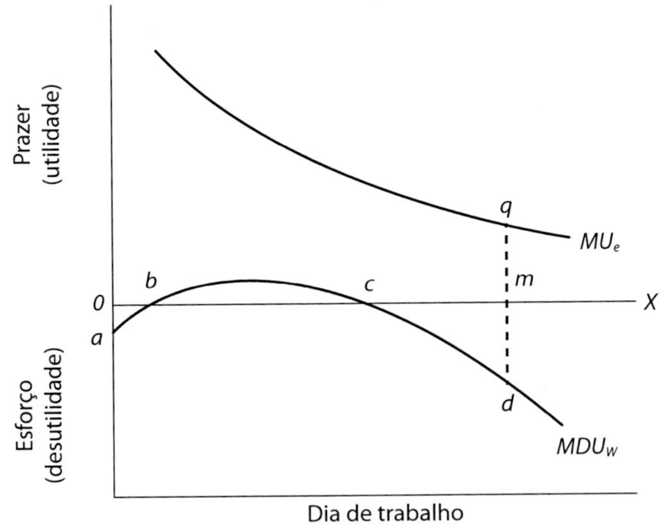

Figura 13.2 ■ Equilíbrio de Jevons entre o esforço do trabalho e o prazer dos ganhos

Jevons teorizou que o trabalhador compara a utilidade marginal dos ganhos do trabalho (MU_e) com a desutilidade marginal do trabalho (MU_w). O total otimizado do trabalho é mostrado por *m*, em que a utilidade marginal dos ganhos, *qm*, é igual à desutilidade marginal do trabalho, *dm*.

6 Ibidem, p. 165.
7 Ibidem, p. 165.

reflete a lei de utilidade marginal decrescente. Em *m*, onde *qm* é igual a *dm*, o prazer obtido com os ganhos associados à última unidade de trabalho é exatamente igual ao esforço de trabalho suportado ($MU_e = MU_w$). O trabalhador optará por trabalhar e ganhar uma quantia representada pelo ponto *m*, pois, como visto pelas duas curvas, as horas de trabalho além de *m* resultarão em maior desutilidade do trabalho do que o lucro obtido na utilidade dos ganhos extras. Você poderá confirmar que *m* é o total de trabalho ideal da pessoa verificando os pontos diferentes de *m* ao longo de *OX*. Isso deve indicar que Jevons não acrescentou realismo à sua discussão apontando que "nem sempre é possível estabelecer a duração do dia de trabalho de acordo com o gosto do trabalhador".

Uma recapitulação do pensamento de Jevons é necessária. Ele acreditava que a utilidade marginal é o determinante do valor de troca. Uma variação no valor de troca pode ser resultante de fatores como, por exemplo, a mudança nas preferências relativas das pessoas por certas mercadorias. Quando o valor de troca varia, o valor da mão de obra utilizada para produzir a mercadoria também varia. Por sua vez, as variações no valor da mão de obra (taxas salariais) provocam variações no total de trabalho ideal, como visto por trabalhadores em diferentes mercados. Portanto, perguntava Jevons, como é que se pode dizer que o tempo de trabalho é a causa, ou até mesmo a medida, do valor de troca? Em vez disso, o valor de uma hora de trabalho é determinado pelo grau final de utilidade do produto.

Outros tópicos tratados por Jevons

Jevons abordou vários outros tópicos que merecem discussão. Primeiro, embora não tenha desenvolvido uma teoria geral sobre a distribuição com base na produtividade marginal, nem tenha explicado adequadamente a lei de rendimentos decrescentes sobre a qual essa teoria de distribuição foi construída, ele entendeu os fundamentos dessas duas ideias. As sucessivas unidades de investimento de capital, dizia ele, são menos produtivas que as anteriores. Dado um número fixo de trabalhadores em uma indústria, o total de capital empregado determinaria o resultado por unidade de capital. Esse resultado por unidade de capital, afirmava Jevons, determinaria o pagamento de juros para o capital. O juro, segundo ele, é um dos três componentes do lucro: os outros dois são os salários da direção e o seguro contra riscos.

Veja O passado como preâmbulo 13-1

Segundo, Jevons contribuiu para a teoria de seguro e de jogos de azar. Conforme detalhado em "O passado como preâmbulo 13-1", ele utilizou sua teoria de utilidade marginal decrescente da moeda para mostrar que apostar em um jogo justo não compensa.

Terceiro, os ciclos econômicos atraíram a atenção de Jevons. Ele teorizou que o ciclo de manchas solares influencia o clima, que afeta o tamanho das colheitas. Grandes colheitas ocorrem quando as manchas solares estão em um nível mínimo, e os preços baixos resultantes de produtos agrícolas estimulam a economia. Os efeitos podem se manifestar internacionalmente; uma grande colheita e comida barata na Índia trarão aos assalariados uma receita excedente, que poderá ser gasta com vestuário, promovendo, assim, a prosperidade para as fábricas de algodão de Manchester. Essa teoria da mancha solar para o ciclo de negócios, obviamente, não sustenta a ideia dos testes empíricos que se seguiram e, geralmente, é citada como um bom exemplo do erro de raciocínio *post hoc, ergo proptor hoc* ("depois disso, portanto por causa disso").

13-1 O passado como preâmbulo

JEVONS: O JOGO É RACIONAL?

O jogo tem fascinado as pessoas desde a Antiguidade. Hoje, milhões de jogadores lotam os cassinos todos os anos em Las Vegas, Reno, Atlantic City e outros paraísos de jogos. Até mesmo o governo envolveu-se com o jogo: as pessoas gastam mais de US$ 50 bilhões por ano em bilhetes de loterias federais nos Estados Unidos.

Em 1871, William S. Jevons utilizou sua teoria de utilidade marginal decrescente para provar que o jogo numa partida justa não é econômico. Uma partida justa é aquela com um valor esperado líquido de zero. Um exemplo é uma partida em que uma aposta de US$ 1 fornece uma chance de 0,00001% de ganhar US$ 100.000. O valor esperado do prêmio de US$ 100.000 é US$ 1, encontrado ao multiplicar o total do prêmio pela probabilidade de ganhá-lo. Isto é, US$ 1 = 0,00001 (US$ 100.000). Esse *mais* US$ 1 do valor esperado do prêmio equivale a *menos* US$ 1 da aposta, tornando o valor esperado líquido da partida igual a zero.

Para fins de análise, Jevons assumiu que as pessoas não atribuem prazer ao jogo, exceto para ganhar, e que o dinheiro está sujeito à lei de utilidade marginal decrescente. Segundo essas suposições, o prêmio potencial de uma partida justa tem um valor de utilidade esperado menor que o total de dinheiro apostado. No nosso exemplo anterior, a utilidade marginal do 99.999º, 99.998º (e assim por diante) dólar ganho é menor que a utilidade do primeiro dólar apostado. Embora essa seja uma partida *monetária* justa, não é uma partida *utilitária* justa. O valor da utilidade esperado do prêmio é um valor menor que o apostado.

Se apostar em uma partida justa é irracional, jogar roleta, vinte-e-um ou caça-níqueis, comprar bilhetes de loteria e apostar em cavalos seriam então menos racionais. Nenhum desses jogos apresenta possibilidades de vencer que os tornem justos, ainda que as pessoas continuem a pagar por eles.

Duas explicações adicionais mantêm a perspectiva do economista de que a maioria dos jogos é um comportamento racional. Primeiro, muitas pessoas obtêm utilidade com o jogo, independentemente de qualquer ganho esperado. Jevons reconhecia que, de fato, diferentemente da teoria, uma partida de jogo proporciona utilidade, assim como assistir a um evento esportivo, um concerto ou um filme. Para essas pessoas, a utilidade de fazer parte da ação aumenta a utilidade marginal positiva, mas decrescente, do dinheiro baseado em ganhos potenciais. Esses jogadores *realmente* agem racionalmente: seus ganhos esperados em utilidade (jogar *mais* ganhos em potencial) ultrapassam a utilidade negativa dos apostadores.

Em um importante artigo de 1948, Milton Friedman (Capítulo 24) e L. J. Savage ofereceram uma segunda explicação para o motivo pelo qual as pessoas jogam.[a] Esses economistas desafiaram a afirmação de Jevons de que a utilidade marginal do dinheiro decresce sobre todas as faixas menores de renda, aumenta sobre as mais elevadas e, depois, consequentemente cai. Para muitas pessoas, o aumento da faixa de utilidade marginal de renda significa que os dólares resultantes dos "grandes ganhos" (que aumentam muito o padrão de vida) possuem mais utilidade marginal do que os dólares apostados. Onde as possibilidades de ganhar são pequenas, uma pequena aposta proporciona a oportunidade de uma grande vitória. As pessoas que experimentam o aumento da utilidade marginal do dinheiro participarão racionalmente de partidas justas. Elas podem também jogar menos em jogos justos, como loterias, se a utilidade marginal do dinheiro estiver crescendo suficientemente rápido para compensar esses jogos mais pobres.

a. Milton Friedman e L. J. Savage. The utility analysis of choices involving risk. *Journal of Political Economy*, n. 41, p. 279-304, ago. 1948.

Quarto, como mencionado anteriormente, Jevons contribuiu muito para o desenvolvimento dos números-índices. Particularmente, ele foi o primeiro a aplicar um método para construir um índice geral de preços que forneceria informações sobre a inflação ou a deflação de um período para o próximo. Então, ele utilizou seu método para construir um índice geral de preços, bem como índices de preços para categorias individuais de mercadorias.

A política pública segundo Jevons

Jevons era a favor da gratuidade de museus, concertos, bibliotecas e educação. Ele acreditava que o trabalho infantil deveria ser restringido por lei e que as condições de saúde e de segurança nas fábricas deveriam ser regularizadas. Aprovava os sindicatos operários como sociedades benéficas e amigáveis, uma vez que as funções de segurança reduzem a necessidade de assistência do governo. Mas os sindicatos deixam a taxa salarial por conta das leis naturais. Se eles obtêm aumentos salariais, é à custa de outros trabalhadores ou da população em geral por meio de preços mais elevados. "O suposto conflito entre a mão de obra e o capital é uma ilusão. O conflito real é entre produtores e consumidores."[8] A divisão de lucros é preferível aos esforços dos sindicatos para aumentar salários, e os trabalhadores devem economizar para melhorar sua parte.

Jevons opunha-se à regulamentação das horas de trabalho para os homens adultos. Ele defendia a exclusão de mães com filhos abaixo da idade escolar das fábricas e das oficinas, em benefício das crianças. Mas ele se lamentava pelos hospitais e pelas instituições médicas gratuitas de todos os tipos, porque eles "alimentam as classes mais pobres com um senso contido de dependência das classes mais ricas em relação às necessidades comuns de vida que lhes deveriam ser fornecidas".[9] Ele se opunha a medidas de segurança governamentais para verificar o desperdício de carvão, porque esses modos

8 Idem. *The state in relation to labour*. Londres: Macmillan, 1882. p. 98.
9 Idem. *Methods of social reform:* and other papers. Londres: Macmillan, 1883. p. 189.

de interferência "rompem os princípios de liberdade industrial, a cujo reconhecimento, desde a época de Adam Smith, atribuímos muito de nosso sucesso".[10]

Jevons defendia uma extensão cuidadosa da legislação para melhorar o saneamento público, mas não tinha certeza se a prisão por motivo de dívida deveria ser abolida. A regulamentação moderada das rodovias pelo governo obteve sua aprovação. Na sua opinião, as taxas de consumo, como a taxa de jogo, são mais desejáveis porque não afetam a indústria de forma negativa. Além disso, todas as pessoas acima do grupo dos realmente pobres devem contribuir com o Estado na proporção de suas rendas. Acreditando que as pessoas são essencialmente idôneas, Jevons defendia o princípio da felicidade geral de Bentham. Nenhuma lei, nenhuma circunstância, nenhum direito de propriedade, segundo ele, são tão sagrados que precisem ser mantidos, se for possível comprovar que interferem na felicidade geral. Mas, ele perguntava, como podemos provar que uma determinada mudança aumentará a felicidade? Sem uma evidência conclusiva, "as organizações sociais atuais têm a seu favor a suposição de que podem, pelo menos, existir e ser toleradas".[11]

CARL MENGER

Carl Menger (1840-1921), nascido na Galícia e filho de um advogado, estudou nas Universidades de Viena e Praga e recebeu seu doutorado na Universidade da Cracóvia. Como professor na Universidade de Viena, Menger publicou sua primeira obra, *Principles of economics*. Esse livro apareceu em 1871, o mesmo ano em que foi publicada a principal obra de Jevons. O objetivo mais amplo de Menger era produzir um trabalho sistêmico sobre economia e um tratado abrangente sobre o caráter e os métodos das ciências sociais em geral. Seus interesses e o escopo de seus projetos continuaram a se expandir e, em 1903, ele pediu demissão do seu cargo de professor a fim de se dedicar exclusivamente à sua obra. Durante as três últimas décadas de sua longa vida, ele publicou muito pouco, porque estava insatisfeito com seus escritos. Ao morrer, deixou valiosos manuscritos fragmentados e desordenados.

O impacto imediato e duradouro de Menger sobre a economia foi substancial. Muitos economistas posteriores, conhecidos coletivamente como a escola austríaca, defenderam e expandiram seus princípios. Friedrich von Wieser e Eugen von Böhm-Bawerk, dois dos mais proeminentes membros dessa escola, serão discutidos mais adiante neste capítulo. Outros membros desse grupo incluem economistas notáveis como Ludwig von Mises, Joseph Schumpeter e Friedrich von Hayek. Duas das mais significativas contribuições de Menger foram suas teorias sobre o valor e sobre a imputação.

A teoria do valor de Menger

Assim como Jevons, Menger baseou sua teoria do valor no conceito de utilidade. No entanto, diferentemente de Jevons, ele deliberadamente não fez uso da matemática ao formular sua teoria e evitou construí-la sobre a base de Bentham. Sua exposição sobre a

10 Idem. *The coal question:* an enquiry concerning the progress of the nation, and the probable exhaustion of our coal-mines. Londres: Macmillan, 1865. p. 338.
11 Idem. *The state in relation to labour*. p. 12.

utilidade marginal decrescente e o equilíbrio das utilidades marginais incluiu um exemplo reproduzido aqui na Tabela 13.1. A tabela mostra os valores hipotéticos da utilidade marginal para vários números de unidades de dez mercadorias ou classes de mercadorias (I até X). Os números sequentes abaixo de cada coluna representam sucessivas adições à satisfação total resultante do aumento de consumo da mercadoria especificada. Por exemplo, observe que o item de consumo mais importante é alimento, e assume-se que a primeira unidade de alimento consumida tenha uma utilidade igual a 10, como mostrado na coluna I. Se uma segunda unidade de alimento fosse consumida no mesmo dia, sua utilidade seria 9. Com 10 unidades de alimento disponíveis, a última unidade daria uma satisfação de 1. Observe na coluna I que uma 11ª unidade de alimento não adicionaria nada à utilidade total dessa pessoa.

O tabaco, uma necessidade menos urgente, é mostrado na coluna V. A primeira unidade consumida dá uma satisfação de apenas 6. Abaixo de seis unidades, os níveis mais elevados de consumo não aumentam a utilidade. Se um indivíduo obtivesse quatro unidades de alimento, a utilidade da pessoa por unidade cairia de 10 para 7. Essa pessoa, então, descobriria que uma quinta unidade de alimento provocaria a mesma satisfação (6) que a primeira unidade de tabaco (também 6). Suponha que essa pessoa desejasse gastar US$ 10 e que todas as unidades de todas as mercadorias custassem US$ 1 por unidade. Como seriam aplicados os US$ 10? Volte à nossa discussão anterior sobre a regra de equimarginalidade para confirmar que a resposta é quatro unidades de I, três unidades de II, duas unidades de III e uma unidade de IV. Nessa combinação, o total de US$ 10 será gasto e as razões utilidade marginal/preço de cada item serão 7/US$ 1.

TABELA 13.1 O conceito de Menger sobre a utilidade marginal decrescente

	Grau de satisfação marginal									
	(Alimento)				(Tabaco)					
Unidade consumida	I	II	III	IV	V	VI	VII	VIII	XI	X
1ª	10	9	8	7	6	5	4	3	2	1
2ª	9	8	7	6	5	4	3	2	1	0
3ª	8	7	6	5	4	3	2	1	0	
4ª	7	6	5	4	3	2	1	0		
5ª	6	5	4	3	2	1	0			
6ª	5	4	3	2	1	0				
7ª	4	3	2	1	0					
8ª	3	2	1	0						
9ª	2	1	0							
10ª	1	0								
11ª	0									

Uma suposição implícita da tabela de Menger é que cada unidade de cada mercadoria representa o mesmo gasto de dinheiro ou de esforço ou sacrifício (US$ 1 em nosso exemplo). Por outro lado, se uma unidade de tabaco pudesse ser obtida com US$ 0,10 ou cinco minutos de trabalho, enquanto uma unidade de alimento precisasse de US$ 1 ou 50 minutos de trabalho, a primeira unidade de tabaco seria mais desejável (6/US$ 0,10) do que a primeira unidade de alimento (10/US$ 1).

Outra suposição implícita da tabela de Menger é que a economia individual é capaz de classificar as satisfações tanto ordinal quanto cardinalmente. A classificação *ordinal* permite que uma pessoa diga que o primeiro dólar gasto com alimento em um dia oferecerá mais satisfação do que o segundo dólar gasto com alimento ou o primeiro gasto com qualquer outro item representado na tabela. Essa é uma afirmação *relativa,* que indica que um item é classificado acima ou abaixo de outros itens em relação ao seu valor. Com valores *cardinais,* pode-se afirmar que o primeiro dólar gasto com alimento dá exatamente o dobro de utilidade que o sexto dólar gasto com alimento ou o segundo dólar gasto com tabaco. A validade dessas comparações precisas é, obviamente, questionável. Veremos que os economistas que se seguiram substituíram a utilidade ordinal pela utilidade cardinal ao desenvolver suas teorias sobre a escolha racional do consumidor.

Menger chegou a uma conclusão interessante com base na sua tabela. Imagine que um indivíduo pudesse suportar apenas sete unidades de alimento. Esse indivíduo satisfaria somente essas necessidades alimentares, que variam de importância entre 10 e 4 unidades de utilidade marginal. As outras necessidades alimentícias, variando entre 3 e 1, ainda não seriam satisfeitas. Qual seria a utilidade das sete unidades de alimento para essa pessoa? Jevons adicionaria as utilidades marginais de cada unidade, da primeira até a sétima, para obter uma resposta de 49 (10 + 9 + 8 + 7 + 6 + 5 + 4). A resposta de Menger, no entanto, seria 28 (4 × 7), a utilidade marginal da última unidade vezes o número de unidades. Por quê? Menger respondeu que todas as unidades são semelhantes; assim, cada uma possui a mesma utilidade que a unidade marginal. Se uma pessoa tivesse somente uma unidade de alimento por dia, seu estado de quase fome atribuiria um alto nível de utilidade a essa unidade. Mas se a pessoa tivesse sete unidades, nenhuma unidade de alimento lhe daria mais satisfação do que a unidade marginal.

Nisso, Menger comparou o valor da troca com a utilidade *total,* diferentemente de Jevons, que comparou o valor da troca com a utilidade marginal. Jevons teria dito que, na coluna I da Tabela 13.1, 10 unidades de alimento têm maior utilidade total que 5 unidades, mas a 10ª unidade possui uma utilidade marginal menor que a 5ª unidade. Da mesma forma, uma grande colheita de trigo oferece mais utilidade total do que uma pequena colheita de trigo, mesmo que a maior delas seja vendida por um valor maior. De acordo com Menger, por outro lado, 5 unidades de alimento oferecem maior satisfação para o indivíduo (6 × 5 = 30) do que 10 unidades (1 × 10 = 10). Assim, Menger diria que uma pequena colheita de milho pode ser mais satisfatória para os consumidores do que uma grande colheita. Seria o caso em que uma colheita menor produz mais dinheiro do que a maior, porque a utilidade marginal da maior colheita é muito baixa. Das duas formulações, os economistas contemporâneos geralmente aceitam a perspectiva de Jevons sobre esse assunto.

Menger afirmava que a medida do valor é inteiramente subjetiva. Portanto, uma mercadoria pode ter maior valor para um indivíduo, menor valor para outro e nenhum valor para um terceiro, dependendo das diferenças entre as preferências dos três indivíduos e o total de receita disponível para cada um deles. Assim, não apenas a natureza do valor é subjetiva, mas também a medida do valor. O valor não tem nada a ver com o custo da produção:

> O valor que um indivíduo poupador atribui a um bem é igual à importância da satisfação específica que depende de seu poder sobre o bem. Não há nenhuma ligação necessária e direta entre o valor de um bem e se, ou em que quantidade, a mão de obra e outros bens de ordem mais elevada são aplicados na sua produção. Um bem não econômico (a quantidade de madeira de lei em uma floresta virgem, por exemplo) não atinge um valor para os homens se grandes quantidades de mão de obra ou outros bens econômicos foram aplicados na sua produção. O fato de um diamante ter sido encontrado acidentalmente ou obtido em uma mina de diamantes empregando-se milhares de dias de trabalho é completamente irrelevante para seu valor. Em geral, nenhuma pessoa na vida prática pergunta a origem de um bem ao estimar seu valor, mas considera apenas os serviços que o bem pode lhe prestar e aos quais ela teria de renunciar se não o tivesse em seu poder. Os bens que necessitaram de muita mão de obra geralmente não têm nenhum valor, enquanto outros, em que pouca ou nenhuma mão de obra foi empregada, possuem um valor muito alto. As quantidades de mão de obra ou de outros meios de produção aplicadas à sua produção não podem, portanto, ser o fator determinante no valor de um bem.[12]

A base do valor da troca, dizia Menger, é a diferença na valorização subjetiva relativa dos mesmos bens por diferentes indivíduos. Ele discordava da opinião de Smith de que o valor da troca se deve à tendência em transportar, negociar ou trocar uma coisa por outra, de que o comércio é um fim em si mesmo porque é prazeroso. Ao contrário, Menger argumentava que o comércio se dedica a aumentar a satisfação compartilhada pelas partes da troca. O comércio aumenta a utilidade total de ambos os lados. "O princípio que leva os homens à permuta é o mesmo que os orienta em suas atividades econômicas como um todo; é o esforço de garantir a mais completa satisfação possível de suas necessidades."[13]

A teoria da imputação

Menger deu origem à ideia de imputação nos fatores de preço da produção. Os marginalistas enfatizaram a importância da demanda do consumidor, especialmente em seus aspectos psicológicos subjetivos, na determinação de preços. Os conceitos de utilidade marginal e total referem-se às carências do consumidor; portanto, aplicam-se somente a bens e serviços do consumidor. O que determina os preços de bens de "ordens superiores" na produção, como equipamentos, matéria-prima, terra e assim por diante? Menger, em sua teoria da imputação, sustentava a ideia de que tais bens também produziam satisfação aos consumidores, embora apenas indiretamente, ajudando a produzir itens que realmente satisfaçam às necessidades do consumidor de forma direta. A utilidade marginal do consumidor para um pedaço de ferro é determinada pela utilidade marginal do produto final que é feito desse ferro – por exemplo, um dedal; o ferro possui utilidade

---

12 MENGER, Carl. *Principles of economics*. Trad. e ed. James Dingwall e Bert F. Hoselitz. Glencoe, Il: Free Press, 1950. p. 146-147 [publicado originalmente em 1871]. (Reimpresso com autorização do Institute for Human Studies e a Nova York University Press.

13 Ibidem, p. 180.

imputada a ele pela utilidade do dedal. O princípio da utilidade marginal é, por isso, estendido a toda a área de produção e distribuição. O aluguel recebido pelos proprietários de terras é determinado pela utilidade dos produtos cultivados nessa terra. Os fatores, ou agentes, de produção recebem valores de uso que determinam seu valor de troca. O valor atual dos meios de produção é igual ao valor esperado (com base na utilidade marginal) dos bens de consumo que serão produzidos, com duas retenções: a margem subtraída "para o valor dos serviços de capital" (juros) e uma recompensa para a atividade de empreendedorismo (lucro).

A doutrina da imputação foi um ataque contra as teorias de mão de obra e de custo real do valor. Menger dizia que é um erro muito básico argumentar que os bens atingem o valor *por* nós porque os bens que possuem valor *para* nós foram aplicados em sua produção. Essa falsa doutrina, dizia ele, não pode explicar o valor dos serviços da terra, o valor dos serviços de mão de obra ou o valor dos serviços de capital. Ao contrário, o valor dos bens utilizados na produção deve, sem exceção, ser determinado pelo valor esperado dos bens de consumo que eles ajudam a produzir. Menger negava que o preço da mão de obra comum fosse determinado pelo custo da subsistência comum para o trabalhador e sua família. Os preços dos serviços de mão de obra, assim como os preços de todos os outros bens, são determinados por seu valor. E seus valores são determinados "pela importância da satisfação que permaneceria insatisfeita se não fôssemos capazes de controlar os serviços de mão de obra".[14]

Conclusões

As contribuições de Menger à teoria da microeconomia são expressivas. Seus escritos estão repletos de diversas contribuições, além daquelas que discutimos aqui. Um exemplo é sua discussão sobre monopólio, que caracteristicamente sugeria inúmeros conceitos importantes, desenvolvidos mais tarde de forma mais completa:

> O monopolista não é completamente irrestrito quanto à influência do curso dos eventos econômicos. Como vimos, se o monopolista deseja vender uma quantidade específica do bem monopolizado, ele não pode fixar o preço de acordo com sua vontade. E, se ele fixar o preço, não poderá determinar, ao mesmo tempo, a quantidade que será vendida ao preço que ele definiu. (...) Mas, o que lhe dá uma posição excepcional na vida econômica é o fato de que possui, em uma determinada instância, a opção de determinar a quantidade de um bem monopolizado a ser comercializada ou seu preço. Ele faz sua escolha sozinho, sem considerar outros indivíduos, levando em conta somente sua vantagem econômica. (...)
>
> Seria totalmente errado assumir que o preço de um bem monopolizado sempre, ou quase sempre, aumenta ou cai em uma proporção exatamente inversa às quantidades comercializadas pelo monopolista ou que exista uma proporção semelhante entre os preços definidos pelo monopolista e a quantidade do bem monopolizado que pode ser vendida. Se, por exemplo, o monopolista trouxer 2 mil em vez de mil unidades de bem monopolizado ao mercado, o preço de uma unidade não cairá necessariamente, por exemplo, de seis para três florins. Pelo

14 Ibidem, p. 171.

> contrário, dependendo da situação econômica, ele pode cair apenas para cinco florins, mas, em outra situação, cair para dois florins.[15]

Essa citação indica que Menger tinha um bom entendimento sobre as ideias de curvas de demanda de mercado decrescentes e elasticidades de demanda diferentes.

Nosso elogio a Menger não pretende sugerir que sua análise econômica esteja livre de graves omissões ou inverdades. Por exemplo, ele não considerou de forma correta o papel dos custos de produção marginais crescentes ao ajudar a estabelecer os valores relativos da mercadoria. Assim como Jevons, ele estava tão concentrado em contestar a teoria da mão de obra que errou de uma maneira muito semelhante à daqueles que criticava. No entanto, não há dúvida de que a sua análise econômica suficientemente desenvolvida lhe garante um lugar de honra duradoura na história do pensamento econômico.

FRIEDRICH VON WIESER

Friedrich von Wieser (1851-1926), o segundo membro do chamado "trio austríaco", nasceu em Viena em uma distinta família aristocrata, cujos filhos, em geral, entraram para o serviço público. Ele estudou direito na Universidade de Viena e, após a graduação, leu o livro de Menger sobre economia. As ideias contidas ali o cativaram e o inspiraram a estudar economia em universidades alemãs. Depois, ele foi indicado, com a ajuda de Menger, para a cadeira de professor de economia na Universidade Alemã de Praga. Mais tarde, lecionou na Universidade de Viena e também assumiu altos postos no governo da Áustria, tendo sido uma vez ministro do Comércio. Foi ele também que introduziu o termo *utilidade marginal* à terminologia econômica, embora Dupuit, Jevons e Menger tenham desenvolvido o conceito antes dele.

Valor de troca *versus* valor natural

Fiel à doutrina marginalista, Friedrich von Wieser dizia que não existe nenhum valor de troca "objetivo", porque "suas raízes estão fixadas nas estimativas subjetivas de indivíduos, agrupadas para determinar o resultado".[16] Poderíamos perguntar se a oferta de preços na margem realmente reflete a utilidade marginal de um bem: um milionário que se alimenta muito bem oferece US$ 20 por um jantar à base de carnes, pelo qual um pedinte faminto não pagará mais de US$ 1. Mas qual das duas pessoas associa a utilidade marginal ao jantar? Friedrich von Wieser era muito consciente desse tipo de problema.

> Entretanto, para apreciar adequadamente o serviço do valor de troca na vida econômica, devemos nos lembrar de que ele não contém exatamente os mesmos elementos que o valor de uso na economia reservada. Este simplesmente depende da utilidade; o primeiro, além disso, depende do poder de compra. (...) O valor de uso mede a utilidade; o valor de troca mede uma combinação de utilidade e poder de compra.[17]

15 Ibidem, p. 211-213.

16 WIESER, Friedrich von. *Social economics*. Londres: Routledge, 2003. p. 235 [publicado originalmente em 1928].

17 Idem. *Natural value*. Trad. Christian A. Mallock. Londres: Macmillan, 1893. p. 57 [publicado originalmente em 1889].

Portanto, dizia von Wieser, os diamantes e o ouro têm preços excepcionalmente altos porque são artigos de luxo, valiosos e pagos de acordo com o poder de compra das classes mais ricas. Gêneros alimentícios mais comuns e o ferro têm preços baixos porque são bens comuns, cujos preços dependem principalmente do poder de compra e da valorização do pobre.

> A produção é determinada não apenas de acordo com a carência simples, mas também com a riqueza. Em vez de itens que teriam maior utilidade, essas coisas são produzidas para obter o máximo do que se pode pagar. Quanto maiores forem as diferenças na riqueza, mais marcantes serão as diferenças na produção. Ela proporcionará luxo para o arrojado e glutão, embora seja insensível às carências do miserável e do pobre. Portanto, é a distribuição da riqueza que decide de que forma a produção deve funcionar e induz o consumo do tipo mais esbanjador.[18]

Depois, von Wieser apresentou o conceito de *valor natural* como a soma das utilidades marginais de todos os bens obtidos.

> No valor natural, os bens são estimados, simplesmente, de acordo com sua utilidade marginal; no valor de troca, de acordo com uma combinação de utilidade marginal e poder de compra. No primeiro, os luxos são estimados a preços muito baixos e os itens necessários, comparativamente, a preços mais altos. O valor de troca, mesmo quando considerado perfeito, é, se assim podemos chamá-lo, uma caricatura do valor natural; ele perturba sua simetria econômica, aumentando o pequeno e reduzindo o grande.[19]

Com base nessa distinção entre valor natural e valor de troca, von Wieser delineou uma conclusão que foi mais tipicamente alemã do que marginalista: há espaço para intervenção limitada do governo na economia sempre que os dois tipos de valor divergem significativamente.

> As pessoas procuram algo melhor do governo. No entanto, isso não significa que a forma de obter lucro seja totalmente rejeitada. Ela pode ser mantida, mas com o empenho de obter o maior retorno comercial, deve estar ligada, de uma forma ou de outra, ao esforço de servir aos interesses públicos. Particularmente, no que se refere a qualquer carência considerável enquanto o poder de pagar é insuficiente, o serviço deve ser garantido a preços limitados – o que equivale dizer que a valorização relativa ao valor de troca deve ser substituída pela valorização relativa ao valor natural. Assim surge a "empresa pública".[20]

Friedrich von Wieser sustentou que a utilidade de cada unidade do mesmo tipo de bem equivale à utilidade marginal da última unidade, porque qualquer unidade pode ser considerada unidade marginal. Em situações em que a carência permanece a mesma e a oferta aumenta, a utilidade marginal deve cair. Essa é a lei da oferta de von Wieser. Sua lei da demanda é mostrada quando a carência aumenta e a oferta permanece a mesma, aumentando assim a utilidade marginal. Friedrich von Wieser concordava com os marginalistas que o valor total de um bem é sua utilidade marginal vezes o número de unidades dispo-

18 Ibidem, p. 58.
19 Ibidem, p. 62.
20 Ibidem, p. 225.

níveis. Isso produz o "paradoxo do valor". Cada quantidade adicional de bem traz consigo uma diminuição do aumento do valor. O valor, e portanto a utilidade, é zero quando não temos nenhum bem ou quando os bens se tornam superabundantes. Em algum ponto, a utilidade marginal vezes as unidades de bens resulta em um valor total decrescente. Embora von Wieser não tenha afirmado tal coisa, isso ocorre quando a demanda se torna inelástica. Encontramos, portanto, uma maior oferta de bens menos úteis do que uma menor oferta em que a demanda é inelástica, porque eles serão vendidos por uma quantia menor de dinheiro? Devemos converter a superfluidade em carência e a carência em maior carência, a fim de criar e aumentar o valor? "Não", respondeu von Wieser. O maior princípio de toda a economia é a utilidade total (valor natural). Quando o valor total entra em conflito com a utilidade total, a utilidade deve vencer. No entanto, ele confiava que as economias humanas se movem totalmente na direção em que o aumento da oferta de bens aumenta tanto o valor total quanto a utilidade total, isto é, as demandas são elásticas. "Na maioria das coisas, estamos tão longe de ter uma superfluidade que quase toda multiplicação de bens mostra um aumento correspondente no valor total"[21] e "o valor é a forma em que a utilidade é calculada"[22]. A livre concorrência evita que os empreendedores restrinjam a produção ao aumento de preços de forma significativa. Se os monopólios restringem a produção a fim de aumentar o preço, o governo deve interferir. E a ordem econômica da sociedade livre precisa apenas ser "complementada pela interferência adequada do governo."[23] Ele continuou com o seguinte:

> As suposições da economia simples estão estruturadas de forma que exijam o domínio do interesse geral. Um paradoxo que surge na oposição entre o poder pessoal e o interesse social é, portanto, excluído. Mesmo na economia simples, ainda existem casos desse tipo em que a semelhança do paradoxo está apta a surgir. Esse mistério é mais facilmente resolvido quando pressupomos o caso extremo em que um método de produção possibilita um aumento no estoque ao ponto de superabundância. Vamos assumir, por exemplo, que a perfuração de um poço artesiano ou de uma grande nascente possibilite abastecer uma cidade com água pura em quantidades superabundantes. Se o princípio de utilidade marginal fosse rigidamente seguido, esse empreendimento nunca seria iniciado; um estoque superabundante de bens livres tem uma utilidade marginal zero. Mas tal consideração impedirá o público de incorrer em despesas para tal empreendimento? Obviamente, não. O empreendimento garante o máximo possível de benefício. O público perceberá esse benefício sem considerar o fato de que a utilidade resultante não pode ser calculada. Poderá perceber também que o cálculo de acordo com a utilidade marginal não simplifica o problema nesse caso, como geralmente ocorre em outros. Pelo contrário, ele tira uma pessoa do seu rumo. Assim, recorremos ao cálculo mais complicado do benefício total.
>
> Esse é precisamente o estado de negócio em que examinamos todos os casos de aparente paradoxo. Sempre que o aumento na oferta, calculado de acordo com a utilidade marginal, leva a uma expressão numérica menor [do valor total], a estimativa pela utilidade marginal não cessa de simplificar, e o plano de produção deve ser refeito com base na utilidade total.

21 Ibidem, p. 31.
22 Ibidem, p. 34.
23 Ibidem, p. 56.

> A utilidade marginal deve ser utilizada como base para os cálculos em que estoques maiores ainda oferecem maior resultado. Não se aplica quando o resultado é menor. Casos do primeiro tipo são todos muito genéricos, os últimos são excepcionais.[24]

Isto é, a empresa privada serve a sociedade somente quando a demanda por cada um de seus produtos é elástica. E a demanda sempre será elástica em condições competitivas.

Custos de oportunidade

Von Wieser é famoso pela doutrina que veio a ser chamada de *princípio dos custos de oportunidade* ou *conceito dos custos alternativos*. Essa ideia transformou o custo de produção em um custo psicológico subjetivo. O empreendedor que produz algo para um mercado abre mão da oportunidade de produzir e vender mercadorias alternativas:

> Sempre que o homem de negócios fala de incidência de custos, ele tem em mente a quantidade de meios produtivos necessários para atingir um determinado fim, mas aparece, também, a ideia associada de um sacrifício que seus esforços exigem. Em que consiste esse sacrifício? Qual é, por exemplo, o custo para o produtor de dedicar certas quantidades de ferro do seu abastecimento à fabricação de um produto específico? O sacrifício consiste na exclusão ou na limitação de possibilidades pelas quais outro produto poderia ter sido produzido, caso o material não tivesse sido destinado a um produto específico. Nossa definição em uma associação anterior deixou claro que os meios de produção de custos são agentes produtivos amplamente espalhados e que têm diversos usos. Como tais, eles prometem uma produção lucrativa em muitas direções. Mas a realização de um deles envolve necessariamente a perda de todos os outros. É esse sacrifício que é tratado no conceito de custos: os custos de produção ou as quantidades de meio de produção de custos necessários para um determinado produto retirados de outros. (...) O homem de negócios, comparando os lucros de um produto com seu custo, compara duas grandezas de utilidade.[25]

Os economistas concordam que o princípio de custos de oportunidade possui ampla aplicabilidade nos assuntos econômicos. A produção de mais automóveis pode significar menos casas. A construção de uma escola pode significar abrir mão de um hospital ou de certos bens de consumo ou de investimento. A compra de um computador pessoal pode significar sacrificar as férias da família. Mais horas de lazer podem significar menos ganhos com o trabalho. Os custos de oportunidade são envolvidos quando um empreendedor considera seu salário implícito, seus interesses e seus custos de arrendamento, porque esses fatores poderiam ser obtidos em outro emprego. Esse princípio, portanto, ajuda a eliminar os problemas econômicos básicos que os indivíduos, as empresas e os países enfrentam. No entanto, não está bem claro que essa ideia explica qualquer *fundamento* sobre o valor de troca. Ela sugere que o valor de uma mercadoria é o valor das mercadorias que foram deixadas de lado. Mas o que determina o valor desses bens alternativos?

Veja
O passado como preâmbulo 13-2

24 Idem. *Social economics*. Trad. A. Ford Hinricks. Nova York: Adelphi, 1927. p. 128 [publicado originalmente em 1914].
25 Idem. *Economics*, op. cit., p. 99-100.

13-2 O passado como preâmbulo

O CUSTO DE OPORTUNIDADE SEGUNDO FRANKLIN E BASTIAT

Credita-se a Friedrich von Wieser a articulação do conceito de *custo de oportunidade*, mas a ideia já havia sido expressa tanto nos trabalhos de Benjamin Franklin (1706-1790) quanto nos de Frédéric Bastiat (1801-1850). Franklin, o conhecido inventor e estadista, identificou custos de oportunidade tanto no uso do tempo quanto do dinheiro.

> Não podemos nos esquecer de que tempo é dinheiro. Aquele que consegue ganhar dez xelins por dia com seu trabalho, mas cruza os braços metade do dia, embora gaste apenas seis *pences* em diversão ou no período sem trabalhar, pode achar que teve apenas essa pequena despesa, quando na verdade gastou, ou melhor, jogou fora cinco xelins.
>
> Não podemos nos esquecer de que crédito é dinheiro. Se um homem deixa seu dinheiro em minhas mãos por mais tempo que o devido, está me dando todos os juros ou tudo que eu puder fazer para que a soma aumente durante esse período. Isso pode me render uma soma considerável se a pessoa tiver crédito e dele fizer bom uso.[a]

Bastiat era um economista e jornalista francês, conhecido por seu estilo genial de escrita. Tinha grande noção de custo de oportunidade, o que é possível observar claramente em seu artigo "That which is seen and that which is not seen", no qual apresenta diversos exemplos de custos (oportunidades) não observados tanto nas atividades econômicas privadas quanto públicas. Talvez seu exemplo mais conhecido seja a Parábola da Janela Quebrada, em que refuta o argumento de que eventos destrutivos possam ser benéficos para a economia por causa do comércio que geram.

> Você soube da fúria do cidadão James Goodfellow quando seu incorrigível filho quebrou uma vidraça? Se presenciou a cena, você percebeu que os espectadores, com certeza mais de 30, dirigiram ao pobre dono da janela o mesmo discurso: – "Era uma janela velha que praticamente nem tinha uso. E todos têm que viver. O que seria dos vidraceiros se ninguém quebrasse janelas?"
>
> Essa fórmula de consolo contém toda uma teoria que seria interessante apresentarmos neste caso: flagrante delito, algo que, infelizmente, ocorre na maior parte de nossas instituições econômicas.
>
> Suponha que o conserto custe 6 francos. E se isso significa que o acidente representa para a indústria relacionada 6 francos de incentivo, eu concordo. Não contesto o fato. O raciocínio está correto. O vidraceiro virá, fará o serviço, receberá 6 francos, ficará contente e abençoará a criança descuidada que lhe rendeu a tarefa. Isso é o que se pode ver abertamente.
>
> Mas se, por dedução, alguém disser que é bom quebrar janelas porque ajuda a circular o dinheiro e incentiva a indústria em geral, terei de dizer: isso eu jamais

farei! A teoria para no ponto em que enxergamos o que acontece. Não leva em consideração aquilo que não se vê.

O fato não visível é que, como nosso cidadão pagou 6 francos em um item, não será capaz de gastar esse dinheiro em outro. Não se vê que, caso ele não tivesse a janela para consertar, poderia ter gastado o dinheiro consertando seus sapatos velhos ou comprando um livro para a biblioteca, por exemplo. Em suma, daria outro uso aos francos, mas não tem mais o dinheiro para isso.[b]

Bastiat desenvolveu estudos semelhantes com relação a taxas, formas de gasto público e comércio livre. Para conhecer os trabalhos sobre economia de Bastiat e Franklin, visite o web site que acompanha este livro.

a. FRANKLIN, Benjamin. Advice to a young tradesman. In *The writings of Benjamin Franklin*. Ed. Albert Henry Smith. Nova York: The Macmillan Company, 1907, p. 370. ["Advice" publicado originalmente em 1748].

b. BASTIAT, Frederic. That which is seen and that which is not seen. In *Selected essays on political economy*. Trad. by Seymour Cain, ed. George Huszar. Princeton: Van Nostrand, 1964, 2–3 [publicado originalmente em 1850].

EUGEN VON BÖHM-BAWERK

Eugen von Böhm-Bawerk (1851-1914) foi o terceiro membro do trio austríaco (junto com Menger e von Wieser). Foi professor de economia política na Universidade de Viena e serviu o governo austríaco como ministro das Finanças. Foi casado com a irmã de von Wieser.

Entre as contribuições de von Böhm-Bawerk para a análise econômica, uma delas se destaca: sua análise do elemento de tempo – não o tempo em relação às alterações sistemáticas na economia ou em relação ao crescimento econômico, mas o tempo como um elemento significativo no curso normal dos assuntos econômicos, influenciando todos os valores, os preços e os lucros.

Teoria dos juros

A incorporação do tempo por Eugen von Böhm-Bawerk na análise econômica pode ser claramente observada em sua famosa e premiada teoria dos juros. O juro surge por três motivos, sendo os dois primeiros subjetivos:

- Orientação atual. Os bens são mais apreciados no presente do que no futuro. "Sistematicamente menosprezamos as necessidades futuras e os bens que devem satisfazê-las." Essa é uma falha de perspectiva, a única irracionalidade que von Böhm-Bawerk introduziu em seu "homem econômico". As pessoas subestimam as necessidades futuras porque têm imaginação falha, porque têm força de vontade limitada e não resistem à extravagância futura mesmo quando têm consciência das necessidades futuras e porque sabem que a vida é curta e incerta e, portanto, preferem aproveitá-la hoje do que se sacrificar para o futuro.

- Expectativa do aumento da riqueza. A segunda base para os juros, também subjetiva, surge da ideia de que somos preparados para nos interessar pelo consumo presente em vez do consumo futuro, porque esperamos ser mais ricos no futuro. Observe que essa base para os juros, assim como a primeira, concentra-se no consumo.
- Produção indireta. A terceira base para os juros envolve a produção. O processo de produção é estendido, ou torna-se mais indireto, quando mais e mais bens de capital são produzidos e usados para a fabricação de produtos finais. Por exemplo, para obter uma pesca melhor, uma pessoa constrói um barco; isso aumenta o processo de produção, e o produto físico final – o número de peixes pegos – é maior do que se todo o tempo fosse gasto pescando em vez de construindo o barco. Até von Böhm-Bawerk, a duração do período de produção era considerada um dado tecnológico e, portanto, constante. Eugen von Böhm-Bawerk o transformou em variável.

Com base nesses três conceitos, seguiu-se a explicação do juro. Ele é um *ágio* ou um prêmio, aplicado sobre o valor e o preço de bens de consumo atuais. Os trabalhadores e os proprietários de terras recebem o valor atual de seus serviços produtivos. Os aumentos no valor, decorrentes dos métodos mais produtivos que se tornam possíveis com o decorrer do tempo, permanecem nas mãos dos empreendedores. Os juros passam do empreendedor para o capitalista (financiador), que disponibiliza fundos para a produção indireta ou utiliza capital. Portanto, os trabalhadores e os proprietários de terras recebem o valor do produto de seus serviços, mas o valor é descontado no presente.

Para resumir: os juros *podem* ser pagos pelo empreendedor, uma vez que, quanto mais indireto for o processo de produção, mais produtivo e eficiente ele se torna. Os juros *precisam* ser pagos, porque as pessoas preferem o consumo atual ao futuro.

Outros pontos de vista

Eugen von Böhm-Bawerk concordava com os outros dois líderes da escola marginalista austríaca que a utilidade total de um bem é sua utilidade marginal vezes o número de unidades. Concordava também com eles que o valor do meio de produção depende do valor do bem final produzido, que, por sua vez, depende da utilidade marginal dos bens finais. O valor do produto final é maior que o valor dos serviços que o produzem, pelo total de juros durante o tempo transcorrido.

Assim como os marginalistas em geral, von Böhm-Bawerk aceitava a análise de Say de que a economia normalmente tende em direção ao pleno emprego. Ele rebateu as críticas sobre sua crença de que, se todos os membros de uma comunidade economizassem, simultaneamente, um quarto de seus rendimentos, a produção permaneceria inalterada:

> Não é difícil observar a falha de raciocínio [da minha crítica]. Ela está relacionada a uma das premissas; aquela que afirma que a redução do "consumo pelo prazer imediato" deve envolver também a redução na produção está errada. A verdade é que a redução do consumo envolve não uma redução genérica da produção, mas somente, por meio da ação da lei da oferta e da demanda, a redução em certas ramificações. (...) Porém, não haverá uma produção menor de bens de uma forma geral, porque a

> produção reduzida de bens prontos para consumo direto pode ser e será desviada por um aumento na produção de bens "intermediários" ou bens de capital.[26]

Então, Eugen von Böhm-Bawerk dirigiu sua crítica dizendo que a produção de bens de capital é solicitada depois e guiada somente pela demanda por bens de consumo; se a demanda por bens de consumo for reduzida em um quarto, por que existirão mais bens de capital em vez do formalmente demandado e produzido? Esta foi a resposta de von Böhm-Bawerk:

> O homem que poupa diminui sua procura por bens de consumo atuais, mas de forma alguma reduz seu desejo por bens que proporcionam prazer. Essa é uma afirmação que, sob um título um pouco diferente, já foi feita e, acredito, decisivamente discutida em nossa ciência, tanto pelos escritores mais antigos quanto pela literatura contemporânea. Os economistas de hoje concordam plenamente que a "abstinência" associada à economia não representa abstinência verdadeira, isto é, não significa a renúncia de bens que proporcionam prazer, mas (...) uma mera "vontade". A pessoa que poupa não está disposta a se desfazer de suas economias sem retorno, mas exige que elas possam ser devolvidas, no futuro, com juros, tanto a si própria como a seus herdeiros. Por meio da economia, nem uma pequena parcela da demanda por bens é extinta por completo, mas, como mostrou J. B. Say de maneira magistral, há mais de cem anos (...), a demanda por bens, o desejo por meios de prazer é, em qualquer circunstância em que se encontram os homens, insaciável. Uma pessoa pode ter o suficiente e até mesmo o bastante de um tipo específico de bem em um determinado período, mas não ter de bens em geral nem todo o tempo. Essa doutrina aplica-se, particularmente, à economia de moeda. Pois o principal motivo dessas pessoas que economizam é garantir seu próprio futuro ou o futuro de seus herdeiros. Isso significa apenas que elas desejam se garantir e certificar de seu controle sobre os meios para a satisfação de suas necessidades futuras, isto é, sobre o consumo de bens no futuro. Em outras palavras, aqueles que economizam reduzem seu interesse por bens de consumo no momento simplesmente para aumentar proporcionalmente a demanda por bens de consumo no futuro.[27]

A ênfase de Eugen von Böhm-Bawerk na produtividade do capital, sua defesa dos juros e seu apoio à Lei dos Mercados de Say foram, em parte, uma reação à crescente influência do marxismo na sua época. Em 1896, ele produziu uma famosa crítica de Marx, que foi traduzida para o inglês como *Karl Marx and the close of his system.*

Perguntas para estudo e discussão

1. Identifique brevemente e estabeleça a importância de cada um dos seguintes pensadores e conceitos para a história do pensamento econômico: Jevons, grau final de utilidade, regra equimarginal, teoria da mancha solar do ciclo comercial, números-índices, Menger, escola austríaca, imputação, von Wieser, princípio dos custos de oportunidade, von Böhm-Bawerk e produção indireta.

---

26 BÖHM-BAWERK, Eugen von. The function of saving. *Annals of the American Academy of political and Social Science*, n. 304, p. 62, maio 1901.

27 Ibidem, p. 62-64.

2. Responda às perguntas de (a) até (d) utilizando os dados fornecidos na tabela a seguir. Suponha que o consumidor tenha US$ 65 para gastar.

	Produto X (PREÇO = US$ 5)		Produto Y (PREÇO = US$ 10)	
Unidades do produto	MU_x	MU_x/P_x	MU_y	MU_y/P_y
1ª	50		120	
2ª	45		110	
3ª	40		100	
4ª	35		90	
5ª	30		80	

a) Assumindo que *X* e *Y* sejam bens independentes, determine a quantidade correspondente de cada um deles que a pessoa representada por esses dados vai comprar para maximizar a utilidade. (Dica: pode ser útil preencher as colunas intituladas MU_x/P_x e MU_y/P_y)
b) Qual seria a utilidade total dessa pessoa, de acordo com Jevons? E de acordo com Menger? Explique a diferença.
c) Suponha que o preço de *X* aumente para US$ 10. De que forma esse consumidor reagirá?
d) Estabeleça a diferença entre a utilidade cardinal e a utilidade ordinal. Qual das duas é considerada nessa tabela?

3. Discuta a afirmação: Jevons e Menger resolveram o paradoxo da água-diamante de Smith em um sentido, mas pode-se dizer que eles não o resolveram por completo, devido à atenção inadequada dada à noção da oferta.
4. Quais dos principais dogmas da escola marginalista (listados no Capítulo 12) se aplicam a Jevons? E a Menger?
5. Qual era a visão de Jevons em relação a jogos de azar? Relate a hipótese de Friedman-Savage (O passado como preâmbulo 13-1) para a análise de Jevons. Friedman e Savage também utilizaram suas análises para explicar por que as pessoas com renda ou próximas ao ponto em que a utilidade marginal decrescente da moeda começa a aumentar optam por jogar e pagar seguros contra grandes perdas de renda. Explique o aparente paradoxo entre jogar e pagar seguro ao mesmo tempo.
6. Explique de que forma a teoria de Menger sobre a imputação de fatores é consistente com a visão austríaca de que a utilidade, e não o custo da imputação, é a origem do valor.
7. De acordo com Frank Knight, escrevendo em 1921, um aumento do pagamento por horas diminuirá a utilidade marginal da renda de uma pessoa em relação a qualquer total de produção (ou total de trabalho). Mostre esse efeito na Figura 13.2. De que forma isso afetará o valor ideal de trabalho? Você consegue imaginar as razões pelas quais um aumento nos salários teria um efeito contrário a este em relação ao total ideal de trabalho de uma pessoa? (Dica: reveja O passado como preâmbulo 2-1.)
8. O que von Wieser queria dizer quando afirmou que "o valor de troca mede uma combinação de utilidade e poder de compra"? De que maneira o valor natural difere do valor de troca? A sociedade deveria estar interessada em maximizar o valor de troca ou a utilidade total?
9. Qual das principais contribuições de von Wieser seria discutida na primeira semana de um curso sobre princípios da economia? De que forma essa ideia está relacionada à definição da própria economia?
10. Como Bastiat responderia à afirmação ouvida com frequência de que "a guerra é boa para a economia"?

11. Em qual das três bases von Böhm-Bawerk construiu sua teoria dos juros? De que maneira sua teoria justifica o juro como um retorno "ganho" ao emprestador?
12. Qual argumento Böhm-Bawerk ofereceu em apoio à conclusão de Say de que economias normalmente tendem em direção à empregabilidade plena?
13. Avalie a seguinte afirmação: a análise de Jevons do dia de trabalho é falha porque as pessoas que amam seus empregos eventualmente param de trabalhar e as pessoas que odeiam seus empregos geralmente trabalham por longas horas.

Leituras selecionadas

Livros

BLAUG, Mark (ed.). *Carl Menger.* Brookfield, VT: Edward Elgar, 1992.

__________. (ed.). *Eugen von Böhm-Bawerk and Friedrich von Wieser.* Brookfield, VT: Edward Elgar, 1992.

CALDWELL, Bruce J. (ed.). *Carl Menger and his legacy in economics.* Durham, NC: Duke University Press, 1990.

HOWEY, Richard S. *The rise of the marginal utility school, 1870-1889.* Nova York: Columbia University Press, 1989.

JEVONS, William Stanley. *The theory of political economy.* 3. ed. Londres: Macmillan, 1888 [originalmente publicado em 1871].

MENGER, Carl. *Principles of economics.* Trad. e ed. de James Dingwall e Bert F. Hoselitz. Glencoe, IL: Free Press, 1950 [publicado originalmente em 1871].

PEART, Sandra J. *The economics of W. S. Jevons.* Londres: Routledge, 1996.

SCHABAS, Margaret. *A world ruled by number:* William Stanley Jevons and the rise of mathematical economics. Princeton, NJ: Princeton University Press, 1990.

STIGLER, George J. *Production and distribution theories.* Nova York: Macmillan, 1941.

VON BÖHM-BAWERK. Eugen. *The positive theory of capital.* Trad. William Smart. Londres: Macmillan, 1891 [publicado originalmente em 1888].

VON WIESER, Friedrich. *Natural value.* Trad. Christian A. Malloch. Londres: Macmillan, 1893. [publicado originalmente em 1889].

Artigos de revistas especializadas

ALTER, Marx. Carl Menger and *Homo Oeconomicus:* Some thoughts on Austrian theory and methodology. *Journal of Economic Issues,* n. 16, p. 149-160, mar. 1982.

BOSTAPH, Samuel; SHIEH, Yeung-Nan. Jevons's demand curve. *History of Political Economy,* n. 19, p. 107-126, primavera de 1987.

HISTORY of Political Economy, n. 4, outono de 1971. Toda essa edição é dedicada a artigos sobre a "revolução marginal" na economia.

JAFFÉ, William. Menger, Jevons, and Walras dehomogenized. *Economic Inquiry,* n. 14, p. 511-524, dez. 1976.

JOLINK, Albert; VAN DAAL, Jan. Gossen's laws. *History of Political Economy,* n. 30, p. 43-50, primavera de 1998.

STIGLER, George. The development of utility theory. I. *Journal of Political Economy,* n. 58, p. 307-327, ago. 1950.

SYMPOSIUM ON JEVONS AND MENGER (Estudo de Sandra J. Peart e comentários de Robert Hébert, F. V. Comim e Philippe Fontaine). *American Journal of Economics and Sociology,* n. 57, p. 307-344, jul. 1998.

WHITE, Michael V. Why are there no supply and demand curve in Jevons? *History of Political Economy,* n. 21, p. 425-456, outono de 1989.

14

A ESCOLA MARGINALISTA – EDGEWORTH E CLARK

Vários marginalistas da segunda geração desenvolveram ideias que se expandiram e promoveram as teorias microeconômicas discutidas nos dois capítulos anteriores. Neste capítulo, voltaremos nossa atenção para dois desses pensadores: Francis Edgeworth e John Bates Clark.

FRANCIS Y. EDGEWORTH

Francis Y. Edgeworth (1845-1926) nasceu na Irlanda, estudou no Trinity College em Dublin e na Universidade de Oxford. Posteriormente, tornou-se o professor titular de política econômica em Oxford, onde fez sua carreira. Ele foi um dos fundadores da Royal Economic Society, foi editor do *Economic Journal* durante 35 anos, serviu um mandato como presidente da Statistical Society e foi membro da British Academy. Suas contribuições para a economia são encontradas em *Mathematical psychics*, escrito em 1881, e em uma coletânea de artigos, de 1925, sob o título de *Papers relating to political economy*.

Edgeworth aceitava a noção de Bentham de que cada pessoa é uma "máquina de prazer". Os consumidores, ele afirmava, procuram maximizar a utilidade que podem obter com sua renda limitada, os trabalhadores procuram maximizar seu ganho líquido com seu trabalho e os empresários procuram maximizar seus lucros combinando recursos, de modo que minimizarão os custos de qualquer nível específico de produção. De acordo com Edgeworth, a ferramenta mais frutífera para analisar esse comportamento econômico é o cálculo diferencial. Ao apoiar a metodologia matemática, Edgeworth contrastou a precisão da economia matemática com as "curvas em ziguezague do caminho florido da literatura".

Em geral, portanto, uma das contribuições de Edgeworth para a economia moderna foi a popularização do uso da matemática dentro da disciplina. Os críticos dessa metodologia – por exemplo, os austríacos e os institucionalistas – contra-argumentavam que "um caminho em ziguezague" que leva a novos conhecimentos sobre fenômenos econômicos ou problemas econômicos é claramente preferível a um "caminho preciso" que leva somente a um refinamento infinito do que já é conhecido. Mas, deixando de lado esse debate metodológico, a importância da matemática na formulação e nos testes de teorias na economia contemporânea praticamente não pode ser questionada, e Edgeworth une-se a Cournot como um dos pioneiros nessa área.

Das várias contribuições de Edgeworth para o conteúdo do pensamento econômico, três se destacam especialmente. Primeiro, ele originou a ideia de uma curva de indiferença, cuja importância se tornará cada vez mais evidente para o leitor à medida que avançamos na história do pensamento econômico. Segundo, ele foi um dos primeiros economistas a mostrar a imprecisão que hoje geralmente associamos ao comportamento de preço dos oligopolistas. Finalmente, elucidou a diferença entre o produto médio e o produto marginal, auxiliando, assim, no desenvolvimento da função de produção moderna de curto prazo e suas várias aplicações.

Curvas de indiferença e troca

Em *Mathematical psychics*, Edgeworth introduziu a noção de "curvas de indiferença", que ele disse mostrar as várias combinações de dois itens que resultarão em um nível igual de utilidade para um indivíduo. Mas, diferentemente da representação moderna que discutiremos em capítulos posteriores, Edgeworth desenhou suas curvas de indiferença essencialmente conforme mostrado na Figura 14.1. Ele utilizou esse gráfico para analisar uma troca isolada entre dois possuidores isolados de produtos, nesse caso Robinson Crusoé e seu braço direito Sexta-feira.[1] Sexta-feira tem trabalho, x_2, enquanto Crusoé tem dinheiro, x_1. Sexta-feira, claro, deseja um pouco do dinheiro de Crusoé, enquanto Crusoé deseja utilizar um pouco do trabalho de Sexta-feira.

Para entender essa representação um tanto quanto incomum de curvas de indiferença, será útil examinar primeiro cada conjunto de curvas de indiferença separadamente. As curvas de indiferença *1*, *2* e *3* no gráfico são linhas que mostram níveis iguais de utilidade *para Sexta-feira*, de maneira muito semelhante à de um mapa mostrando linhas de igual elevação. Por exemplo, todas as combinações de trabalho e dinheiro associadas aos pontos ao longo da curva *1* resultam em níveis idênticos de utilidade para Sexta-feira. A curva *2*, no entanto, resulta em utilidade total maior para Sexta-feira do que a curva *1*, e a curva *3* mais que a *2*. Isso poderia ser demonstrado desenhando-se uma seta horizontal nas curvas e observando que sua intersecção com cada curva sucessiva denota um montante maior do dinheiro de Crusoé para um montante específico de trabalho de Sexta-feira. Se pensarmos em termos de um mapa, podemos dizer que Sexta-feira preferirá estar nas curvas de indiferença mais para *leste*. Embora o gráfico mostre

1 N.R.T. Famosos personagens de Daniel Defoe em *As aventuras de Robinson Crusoé* (1719).

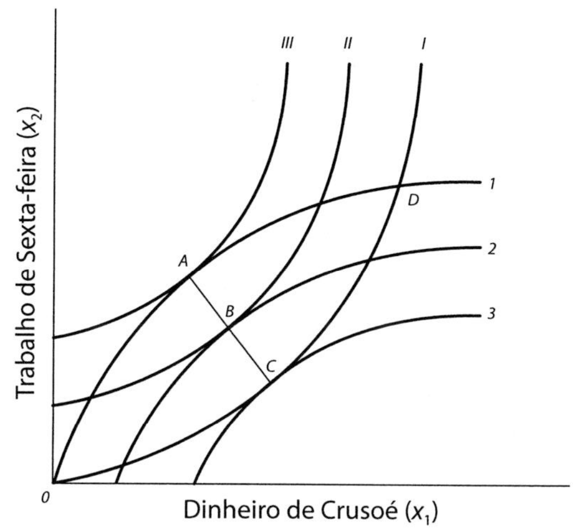

Figura 14.1 ■ Curva de contrato de Edgeworth

Edgeworth sobrepôs o mapa de indiferença de Crusoé (*I*, *II* e *III*) sobre o mapa de Sexta-feira (*1*, *2* e *3*) e observou os pontos de tangência. As condições finais de negócio entre os dois ficarão em algum lugar na curva de contrato *ABC*, que traça os locais desses pontos de tangência. Em todos os pontos fora da curva de contrato (por exemplo, *D*), um dos negociantes pode se mover para uma curva de indiferença mais alta sem empurrar o outro para uma curva mais baixa.

somente três das curvas de indiferença de Sexta-feira, outras dessas curvas poderiam ser desenhadas na superfície de indiferença.

As curvas *I*, *II* e *III* representam o mapa de indiferença de Crusoé. Se desenhássemos uma seta vertical nessas curvas, descobriríamos que aquelas ao *norte* resultam em níveis maiores de utilidade total para Crusoé. Cada curva sucessiva nessa direção implica que Crusoé pode obter um montante maior do trabalho de Sexta-feira com um montante específico do seu dinheiro.

Ao sobrepor o mapa de indiferença de Crusoé sobre o mapa de Sexta-feira, Edgeworth obteve uma *curva de contrato*, que é o local de pontos de tangência dos dois conjuntos de curvas de indiferença.[2] Ele concluiu que o preço do trabalho de Sexta-feira, em termos do dinheiro de Crusoé, é indeterminado, que ele está sujeito à barganha, mas ficará em algum lugar ao longo da linha *ABC*.[3] Por que isso ocorre? A resposta de Edgeworth é que, em todos os pontos diferentes daqueles na linha *ABC*, tanto Sexta-feira quanto Crusoé podem fazer adições à sua utilidade *sem reduzir o ganho da outra parte*. Isso pode ser visto observando-se o ponto *D* na curva de indiferença *I* de Crusoé e a curva de indiferença *1* de Sexta-feira. Crusoé pode obter a curva *III* em vez da *I*, em *A*, enquanto ainda deixa Sexta-feira em sua curva de indiferença *1*. Ou, se olharmos do ponto de vista de Sexta-feira, ele pode atingir a maior utilidade associada com sua curva de indiferença *3* em *C* sem reduzir a utilidade de Crusoé – Crusoé permanece na curva *I*. Assim, o interesse próprio dos dois negociantes vai empurrá-los para a curva de contrato. Sexta-feira, claro, preferiria *C* nessa curva, pois isso o colocaria na curva de indiferença *3*, mas Crusoé preferiria *A*, pois

2 Edgeworth desenhou apenas uma única curva de indiferença para cada indivíduo, mas afirmava que existe uma série completa dessas curvas.

3 Jevons tinha argumentado, erroneamente, que existe uma solução determinada.

isso lhe forneceria mais utilidade do que em qualquer dos pontos *B* ou *C* (curva de indiferença *III*, como oposta a *II* ou *I*). Para repetir: o contrato final entre os dois negociantes nesse caso é indeterminado; qualquer ponto na curva de contrato é um possível ponto de equilíbrio, e o resultado final ocorrerá por meio de barganha.

Essa mesma imprecisão ocorre sob condições de concorrência perfeita? Edgeworth observou corretamente que esse não é o caso. Sob essas condições, todas as partes no negócio devem aceitar os preços dos bens e da mão de obra determinados no mercado. Mas, na situação de monopólio bilateral, uma circunstância em que há vendedores únicos em cada lado de uma transação, o preço é indeterminado.

O economista italiano Vilfredo Pareto (1848-1923), que será discutido no Capítulo 20, reconstruiu as curvas de indiferença de Edgeworth, posicionando-as em sua forma moderna.[4] Ele também procurou obtê-las sem recorrer à suposição implícita de Edgeworth de utilidade mensurável. Pareto supôs que cada um dos dois monopolistas bilaterais ganhava utilidade com os dois bens sendo transacionados – por exemplo, trigo e linho –, cujas quantidades eram mostradas nos dois eixos. Em essência, ele construiu dois gráficos separados, um para cada parceiro comercial, em que as curvas de indiferença para os dois bens eram convexas na origem. Em seguida, ele reposicionou um dos diagramas para sobrepô-lo ao outro para formar uma caixa (uma origem agora em direção ao nordeste). Esse diagrama normalmente pode ser encontrado em livros didáticos de microeconomia e, de maneira muito adequada, é denominado *caixa de Edgeworth*. É simplesmente mais sofisticado do que a versão de Edgeworth na Figura 14.1. Como na representação de Edgeworth, a caixa de Edgeworth representa os ganhos de utilidade com a troca e a curva de contrato para dois únicos negociantes de dois bens.

Descobriremos, no Capítulo 18, na nossa discussão de John Hicks, que a análise da curva de indiferença forma a base para teorias sofisticadas da escolha do consumidor e da demanda do produto. Assim, a contribuição aparentemente menos importante de Edgeworth a esse respeito assumiu uma maior significação à medida que a história do pensamento econômico se desenrolava.

Teoria do duopólio

A ideia de Edgeworth de imprecisão também está presente em sua teoria do duopólio. Lembre-se, conforme nossa discussão anterior, de que Cournot teorizava que, dadas certas suposições restritivas, os duopolistas cobrariam, cada um, na venda de uma água mineral, o mesmo preço e obteriam, cada um, metade das vendas totais. Na teoria de Cournot, o lucro máximo ou as curvas de reação das duas partes produziriam um preço de equilíbrio determinado (veja a Figura 12.2). Edgeworth alterou as suposições de Cournot de duas maneiras. Primeiro, ele supôs que os vendedores de água mineral têm, cada um, uma capacidade limitada para atender à demanda do consumidor. Dito de maneira diferente, a um preço de zero, a quantidade da demanda é maior do que o montante que cada um dos vendedores pode produzir isoladamente. Segundo, Edgeworth supôs que, a curto prazo, os dois vendedores podem cobrar preços diferentes pela água mineral.

4 Uma olhada à frente, na Figura 18.3, pode ser útil neste momento, se você não estiver familiarizado com a representação contemporânea de curvas de indiferença.

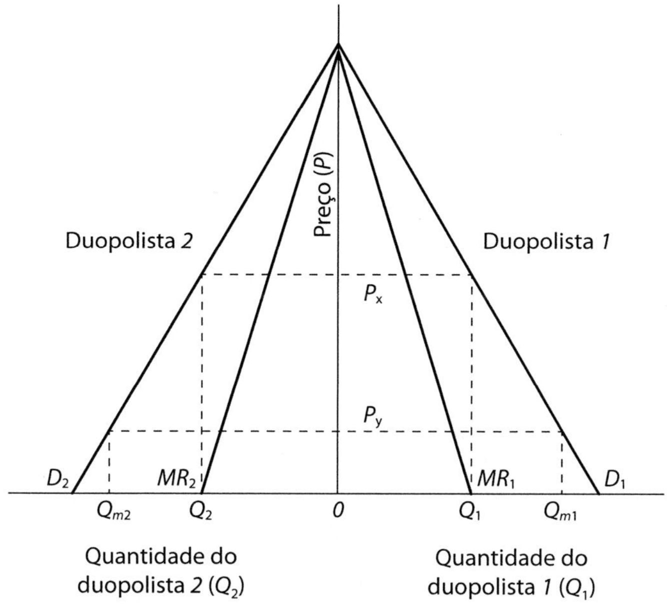

FIGURA 14.2 ■ MODELO DE DUOPÓLIO DE EDGEWORTH

Na teoria do duopólio de Edgeworth, o preço do produto é indeterminado. Ele poderia ficar em qualquer lugar entre P_x, o preço que os duopolistas cobrariam se fossem monopolistas separados, e P_y, o preço que lhes permitiria produzir em níveis máximos de produção (supondo-se que sejam Q_{m1} e Q_{m2}). Além disso, o preço provavelmente giraria entre esses dois preços.

A Figura 14.2 mostra a essência da teoria de Edgeworth.[5] O preço por unidade de água mineral é medido no eixo vertical que é comum aos dois vendedores. A produção do duopolista *1* é medida de *0* para a direita no eixo horizontal, enquanto a produção do duopolista *2* é medida de *0* para a esquerda. As curvas D_1 e D_2 são as curvas de demanda que os duopolistas *1* e *2* enfrentam, respectivamente. A suposição subjacente a essas curvas é a de que, a longo prazo, as duas empresas terão participações iguais no mercado. As curvas de receita marginal mostradas como MR_1 e MR_2 estão posicionadas de acordo com a relação entre preço e receita marginal definidos por Cournot em seu modelo de monopólio (Figura 12.1). Essas curvas são relevantes somente se cada empresa se considerar um monopolista. Descobriremos que, depois que o corte de preços começar, essas empresas virão a se tornar concorrentes que veem sua receita marginal igualando-se ao preço do seu produto. Como no modelo de Cournot, supõe-se que os custos marginais da Figura 14.2 sejam zero. Eles correspondem ao eixo horizontal.

Edgeworth afirma que cada um desses dois vendedores procura maximizar seus lucros variando seu preço (produção), enquanto supõe que o preço da outra parte (produção) permanecerá em seu nível atual.

5 Essa discussão é baseada em Francis Y. Edgeworth. *Papers relating to political economy*. Londres: Macmillan, 1925. v. 1, p. 111-142.

Suponha, inicialmente, que o duopolista *1* entre no mercado como um monopolista e, portanto, defina seu preço como P_x. Observe, na intersecção da curva de receita marginal MR_1 e do eixo horizontal, que nessa combinação de preço e produção (Q_1) a condição para maximização do lucro é atingida: a receita marginal é igual ao custo marginal (0 = 0). Agora, suponha que o duopolista *2* entre no mercado. Como ele responderá? Ele poderia simplesmente igualar seu preço ao do duopolista *1* e experienciar vendas iguais de Q_2. Mas, ao ver que o duopolista *1* está cobrando P_x e supondo que ele manterá esse preço, o duopolista *2* tem um incentivo para cobrar um preço levemente abaixo de P_x, tirando, portanto, o duopolista *1* do negócio. Dito de maneira técnica, o duopolista *2* vê que a receita marginal de suas unidades extras de produção não é mais representada por MR_2, mas é igual ao preço que ele cobra. Esse preço, obviamente, excede o custo marginal zero dessas unidades. Depois que esse preço menor (não mostrado) é definido, no entanto, o duopolista *1*, acreditando que o duopolista *2* manterá seu preço, observa que ele pode aumentar seu lucro cortando ainda mais o preço definido pelo duopolista *2*. O corte de preço continua, em uma tentativa de garantir vendas adicionais e vantagem de lucro, até que os dois duopolistas estejam produzindo em seus níveis máximos (Q_{m1} e Q_{m2}). Eles, portanto, não têm nenhum incentivo para reduzir ainda mais seus preços. Observe que, a esses níveis de capacidade de produção, o preço é P_y, e cada empresa ainda está tendo lucro. O preço excede o custo marginal para cada vendedor, e cada um tem receita total ($P \times Q$) que excede seu custo total (0).

O preço permanecerá, portanto, em P_y? De acordo com Edgeworth, não. Essa conclusão, de alguma maneira surpreendente, pode ser mais bem entendida se nos concentrarmos novamente no comportamento do duopolista *1*. Ele suporá que o duopolista *2* manterá a combinação preço-produção P_y e Q_{m2}. O duopolista *1*, consequentemente, vê uma maneira de aumentar seus lucros, reduzindo a produção abaixo de Q_{m1} e cobrando o preço mais alto correspondente para os clientes que o duopolista *2* não pode suprir. Ou seja, o duopolista *1* vê como seu interesse se comportar como um monopolista na parte do mercado que permanecer. Seu aumento no preço por unidade fará mais do que equilibrar a perda de receita devido à redução das vendas. O duopolista *2*, no entanto, observará o preço mais alto de *1* e o acompanhará, desistindo com prazer de algumas vendas para ganhar mais lucro total. Esse processo continuará até P_x ser atingido, ponto em que uma das partes novamente iniciará uma guerra de preços.

Conclusão? De acordo com Edgeworth, não existe nenhum preço de equilíbrio ou produção em situações em que há duopolistas que não estejam em conluio. Qualquer preço entre P_x e P_y. na Figura 14.2 é possível, e o preço pode oscilar para cima e para baixo.

A teoria do duopólio de Edgeworth, como a de Cournot, foi, posteriormente, muito criticada. Por exemplo, Chamberlin apontou que "para que o preço caia, os mercados individuais [duopolistas] são completamente fundidos em um, cada um levando livremente os clientes do outro por uma leve redução no preço. Mas para que ele aumente de novo, seus mercados são completamente separados [permitindo que cada um tenha uma porção dos compradores isoladamente]".[6] Outros criticaram a suposição não realista de Edgeworth de que os duopolistas falham em não aprender com as reações pas-

6 CHAMBERLIN, Edward H. *The theory of monopolistic competition*. 7. ed. Cambridge: Harvard University Press, 1958. p. 40-41.

sadas de seus rivais e, portanto, não antecipam suas reações. Finalmente, a suposição de capacidade fixa não é realista quando vista a longo prazo. No entanto, a contribuição de Edgeworth é significativa. Ele estabeleceu a imprecisão potencial da determinação de preços, em que a dependência mútua está envolvida, e estimulou o pensamento adicional sobre esse importante tópico.[7]

Produto marginal *versus* produto médio

Uma ideia final significativa adicionada por Edgeworth foi sua distinção entre o produto marginal e o produto médio. O conceito de uma função de produção - a relação entre as várias quantidades de insumos e sua produção correspondente - foi pressuposto por Ricardo em sua teoria da renda. Devemos nos lembrar de que Ricardo supôs que o montante de terra era constante, adicionou capital e mão de obra e observou rendimentos decrescentes. Além disso, von Thünen (Capítulo 12) tinha claramente em mente uma função de produção, quando falou da produtividade marginal da mão de obra relacionada à agricultura. Mas uma expressão clara do conceito tinha de esperar Walras e Edgeworth. Desses dois, foi Edgeworth quem explicitamente distinguiu entre os produtos médio e marginal de uma função de produção caracterizada por proporções variadas de insumos.

Para provar seu ponto, Edgeworth supôs que a terra era o recurso fixo e que a mão de obra, juntamente com as ferramentas, era o recurso variável. Em seguida, ele construiu uma tabela, na qual as duas primeiras colunas relacionavam vários níveis do insumo de mão de obra/ferramentas com os níveis correspondentes de plantações totais (produção total ou produto total).[8] Em uma terceira coluna, ele obteve o produto marginal - a alteração no produto total associada a cada adição do insumo de mão de obra/ferramentas. Na quarta coluna, ele especificou o produto médio, encontrado com a divisão do produto total pelo insumo de mão de obra/ferramentas. Os valores na tabela mostraram as relações entre o produto total, o produto marginal e o produto médio.

Livros didáticos contemporâneos ilustram graficamente as distinções de Edgeworth. A Figura 14.3 mostra a relação entre o produto total, o produto marginal e o produto médio para uma empresa competitiva que opera a curto prazo. A suposição subjacente aqui é a de que o processo de produção engloba apenas dois insumos: o recurso variável mão de obra (*L*) e o recurso fixo capital (*K*). O gráfico (a) no diagrama mostra uma função de produção no curto prazo, e o gráfico (b) mostra os produtos marginais e os produtos médios da mão de obra que correspondem à curva de produto total mostrada no gráfico (a).

O produto marginal (*MP*) é a alteração no produto total associada a uma alteração no insumo da mão de obra. Ele pode ser encontrado utilizando cálculo ou simplesmente desenhando uma linha reta, como *mm'*, tangente à curva *TP* em qualquer ponto e, em seguida, determinando a inclinação da linha. Por exemplo, observe que a inclinação de *mm'* desenhada tangente a *TP* em *Y* é zero, que é o valor do produto marginal mos-

7 Em 1929, Harold Hotelling desenvolveu uma teoria do duopólio que desafiou o ponto de vista de Edgeworth de que a instabilidade dos níveis de preço e de produção é característica do duopólio. É possível descobrir mais em: Stability in competition. *Economic Journal*, n. 39, p. 41-57, 1929.

8 Essa tabela é encontrada em Edgeworth, op. cit., p. 68.

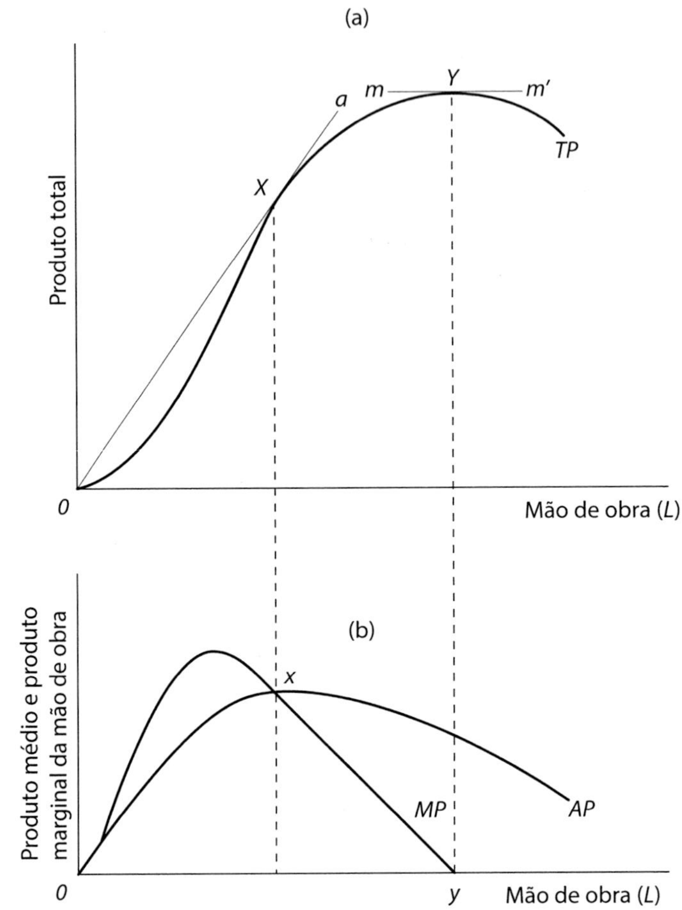

FIGURA 14.3 ■ A RELAÇÃO ENTRE O PRODUTO TOTAL, O PRODUTO MARGINAL E O PRODUTO MÉDIO

Conforme mostrado no gráfico (a), à medida que a mão de obra é adicionada a um montante fixo de capital, o produto total primeiro aumenta a uma taxa crescente e, em seguida, a uma taxa decrescente e, finalmente, declina. Os produtos marginal e médio da mão de obra no gráfico (b), portanto, aumentam por um tempo e, em seguida, caem. Quando o produto marginal excede o produto médio, o produto médio aumenta e quando o produto marginal é menor que o produto médio, o produto médio cai.

trado no ponto *y* em *MP* no gráfico inferior. Os outros pontos em *MP* são encontrados de maneira semelhante. Como, então, a curva do produto médio é obtida? Geometricamente, ela pode ser obtida desenhando-se uma linha reta da origem para qualquer ponto na curva do produto total e, em seguida, encontrando a curva da linha desenhada. A linha O_a é mostrada. Sua curva (*TP/L*) é o produto médio (*x* em *AP*) associado ao insumo de mão de obra e ao produto total, representado por *X* na curva de produto total.

A Figura 14.3 nos ajuda, assim, a visualizar as distinções de Edgeworth entre o produto total, o produto marginal e o produto médio. Observe que, quando o produto total aumenta a uma taxa crescente, o produto marginal aumenta e está acima do produto médio. Como $MP > AP$, o produto médio também aumenta. Sempre que um número maior que a média é adicionado a um total, a média também deve aumentar. Mas, depois que um produto total aumenta a uma taxa decrescente, o produto marginal cai; ou seja, ocorrem rendimentos marginais decrescentes. Finalmente, o produto marginal cai abaixo do produto médio, puxando, portanto, a média para baixo.[9]

Essas relações são de grande importância para a teoria da microeconomia contemporânea. Por exemplo, elas explicam a forma das curvas de custos de curto prazo para empresas típicas, são a base para a teoria da produtividade marginal da demanda por recursos e subjazem à teoria da produtividade marginal de distribuição de renda. Discutimos o primeiro desses tópicos na seção O passado como preâmbulo 14-1, e os outros dois tópicos serão abordados em nossa discussão sobre John Bates Clark.

Veja O passado como preâmbulo 14-1

14-1 O passado como preâmbulo

CURVAS DE CUSTO DE JACOB VINER

Depois que os economistas estabeleceram as relações de produção mostradas na Figura 14.3, eles começaram a explorar as implicações das curvas *TP, MP* e *AP* para as curvas de custos de uma empresa. Em um artigo significativo de 1931, Jacob Viner (1892-1970) ilustrou as curvas de custo, agora familiares, de curto prazo e de longo prazo.[a]

Em mercados de mão de obra competitiva, as empresas podem contratar quantos trabalhadores desejarem a um salário de valor de mercado. No curto prazo, então, o custo marginal de cada unidade adicionada de produção *cai* quando o produto marginal de cada trabalhador adicional *aumenta*. Isso é verdade porque o custo marginal é o pagamento do salário de um trabalhador extra dividido por seu produto marginal. Um produto marginal maior, acompanhado por um pagamento constante de salário, produz um custo de produção marginal menor. Assim, a parte decrescente da curva de custo marginal *(MC)* na Figura 14.4(a) corresponde diretamente à parte crescente da curva de produto marginal *(MP)* mostrada na Figura 14.3.

Mas à medida que os rendimentos decrescentes se estabelecem, o produto marginal cai. Cada trabalhador extra produz menos produção adicionada e ainda assim continua a receber um salário idêntico. O custo marginal da produção *aumenta*, portanto, e continua a aumentar, enquanto o produto marginal de cada trabalhador adicional (igualmente pago) *cai*. Na Figura 14.4(a), a porção crescente da curva de custo marginal corresponde à parte decrescente da curva *MP* na Figura 14.3. O custo marginal aumenta por causa da lei dos rendimentos decrescentes.

9 A curva nomeada TP na Figura 14.3 é chamada de função de produção de curto prazo. Economistas posteriores desenvolveram uma outra função de produção em que todos os insumos são variáveis. Um artigo importante é o de Charles Cobb e Paul Douglas. A theory of production. *American Economic Review*, 18, n. 1, p. 139-165, mar. 1928. Os autores fornecem a base do que é conhecido hoje como função de produção Cobb-Douglas, uma ferramenta importante utilizada tanto em microeconomia como em macroeconomia.

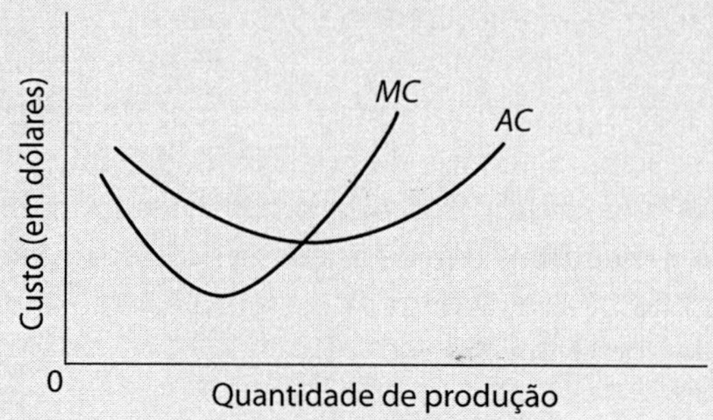

FIGURA 14.4(a)

Viner distinguia entre o custo marginal *(MC)* e o custo total médio *(AC)*. O custo médio é encontrado dividindo-se o custo total pela quantidade de produção. Como na curva *MC*, a curva *AC* tem a forma de U devido à influência de rendimentos crescentes e decrescentes. Os diagramas de Viner ilustraram corretamente que a curva *MC* corta a curva *AC* em seu ponto mínimo. Quando *MC* é menor que o custo médio, *AC* cai e, assim, a curva *AC* inclina-se para baixo. Quando *MC* é maior que o custo médio, *AC* aumenta e, assim, a curva *AC* inclina-se para cima. Somente no ponto mínimo na curva *AC*, *MC* é igual a *AC*.

Viner observou que, a longo prazo, uma empresa pode alterar o tamanho de suas instalações, tornando o capital um insumo variável. A curva do custo médio total a longo prazo de uma empresa reflete o custo médio mínimo em que qualquer produção pode ser obtida depois que a empresa tiver tido tempo de fazer todos os ajustes adequados ao tamanho de suas instalações. Conforme ilustrado na Figura 14.4(b), a curva AC_{LR}, de longo prazo é o "envelope" das curvas de custo médio de curto prazo, o que significa que ela engloba os pontos de tangência do número ilimitado de curvas de custo médio de curto prazo. A forma em U da curva AC_{LR} de longo prazo reflete economias e deseconomias de escala.

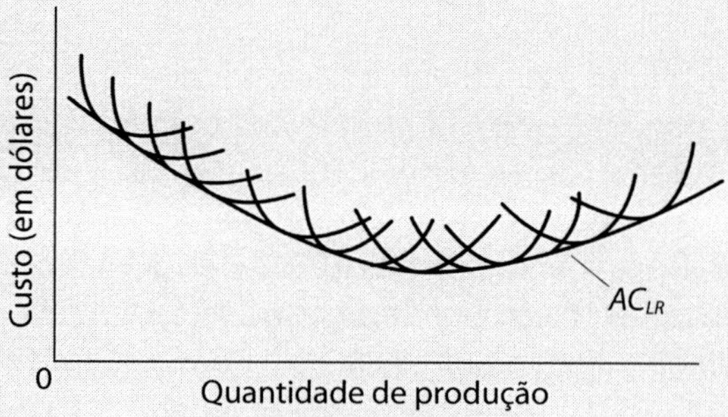

FIGURA 14.4(b)

Em um erro famoso, a curva AC_{LR} de longo prazo de Viner passou pelos pontos *mínimos* de cada curva *AC* de curto prazo, em vez de ter conectado os pontos de *tangência* das curvas de curto prazo. Ao reimprimir seu artigo em sua obra completa, Viner afirmou:

> Mesmo o erro é deixado sem correção, de modo que os professores e os estudantes do futuro possam compartilhar o prazer de muitos de seus antecessores de apontar que se eu tivesse sabido o que era um "envelope", não teria dado ao meu excelente desenhista a tarefa tecnicamente impossível e economicamente inadequada de desenhar uma curva *AC* [de longo prazo] que passaria pelos pontos de custo inferiores de todas as curvas *AC* de curto prazo.[b]

Ironicamente, esse erro de desenho simplesmente trouxe uma maior atenção para o artigo de Viner e maior consciência geral de sua significativa contribuição.

a. Viner foi professor na Universidade de Chicago. Seu artigo de 1931, Cost curves and supply curves, foi reimpresso em seu *The long view and the short*. Glencoe, IL: The Free Press, 1958. p. 50-78.
b. Ibidem, p. 79.

JOHN BATES CLARK

John Bates Clark (1847-1938) ganhou reputação mundial e representou a maior contribuição da América para a economia marginalista. Ele nasceu em Rhode Island, estudou em Amherst e na Alemanha e lecionou em Carleton, Smith, Amherst, Johns Hopkins e Colúmbia. Thorstein Veblen (Capítulo 19) foi um dos estudantes de Clark em Carleton College, e sua fama mais tarde foi uma fonte de grande orgulho para Clark. Ele não se preocupava com o fato de que muito da fama de Veblen estava nas críticas do tipo de teoria econômica que Clark tinha desenvolvido. Em 1947, a American Association Economic começou a premiar com a cobiçada medalha John Bates Clark, fornecida ano sim, ano não para um jovem economista promissor.

Por volta de 1880, Clark, de maneira muito independente, parecia ter pensado no conceito de utilidade marginal e sua influência no valor de troca. Aparentemente, ele não havia lido Jevons.[10] Muito mais significativamente, ele não apenas inventou o termo *produtividade marginal*, mas também apresentou a melhor e mais clara análise até a sua época da teoria da produtividade marginal de distribuição. Descobriremos que sua teoria era baseada na lei de rendimentos decrescentes, que Clark aplicou a todos os fatores de produção.

Teoria da produtividade marginal de distribuição

No parágrafo de abertura do prefácio de seu livro mais importante, *The distribution of wealth*, Clark resumiu sua análise da distribuição e suas conclusões:

10 Nesse ponto, Samuelson comentou: "Aprender *sozinho* uma nova teoria dez anos ou mais depois de ela ter sido amplamente publicada é pedir do júri uma condenação por negligência, em vez de um prêmio por brilhantismo". Citado por James Tobin. Neoclassical theory in America: J. B. Clark and Fisher. *American Economic Review*, 75, n. 6, p. 30, dez. 1985.

> É objetivo deste trabalho mostrar que a distribuição da renda da sociedade é controlada por uma lei natural e que essa lei, se trabalhada sem fricção, forneceria, a cada agente de produção, o montante de riqueza que esse agente cria. Embora os salários possam ser ajustados por barganhas feitas livremente entre as pessoas, as taxas de pagamento que resultam dessas transações tendem, afirmo aqui, a se igualar àquela parte do produto da indústria que leva à própria mão de obra e, embora o juro possa ser ajustado por outra barganha igualmente livre, ele naturalmente tende a se igualar ao produto fracionário que leva, separadamente, ao capital. No ponto do sistema econômico em que os títulos de propriedade são originados – em que a mão de obra e o capital se tornam posse dos montantes que o Estado posteriormente trata como seus –, o procedimento social é leal ao princípio em que o direito de propriedade está firmado. Até agora, como não está obstruído, atribui a cada um o que ele especificamente produziu.[11]

A teoria da distribuição de Clark era baseada na lei de rendimentos marginais decrescentes, que ele apresentou primeiro em artigo e na terceira reunião anual da American Economic Association, em 1888. Sabemos, de nossa discussão passada, que essa lei foi originalmente aplicada apenas à agricultura (a própria tabela de Edgeworth utilizava o exemplo agrícola). Clark generalizou a ideia para todos os fatores de produção. A suposição subjacente é a de que todas as outras coisas, especialmente a tecnologia, permanecem inalteradas, enquanto um fator varia. Assim, se o capital, a terra e o empreendedorismo são mantidos constantes enquanto unidades de trabalho são adicionadas, os produtos marginais e médios do *trabalho* cairão, em última análise, muito embora a produção total possa continuar a aumentar. De maneira semelhante, se o capital for adicionado enquanto outros fatores permanecem constantes, os produtos marginais e médios do *capital* acabarão por cair. É importante perceber que os rendimentos decrescentes *não* acontecem porque a qualidade do trabalho ou os insumos de capital declinam, à medida que mais é adicionado. Todas essas unidades são homogêneas e, portanto, intercambiáveis. Em vez disso, elas ocorrem porque finalmente o fator fixo torna-se usado em demasia em relação ao fator variável. Em outras palavras, em algum ponto, o fator variável torna-se tão abundante em relação ao valor fixo que unidades adicionais do fator variável não podem contribuir muito para a produção. Por exemplo, quando o trabalho é o fator variável, os trabalhadores podem ter de esperar na fila para usar máquinas. Quando o capital é o recurso variável, as máquinas e ferramentas podem ficar inutilizadas, porque os trabalhadores necessários para utilizá-las não estão disponíveis.

Clark citou a lei de rendimentos decrescentes como segue:

> A ferramenta de última geração adiciona menos à eficácia do homem do que as ferramentas mais antigas. Se o capital for utilizado em quantidade crescente por uma força de trabalho fixa, ele estará sujeito a uma lei de produtividade decrescente. (...) A produtividade decrescente da mão de obra, quando utilizada em conexão com um montante fixo de capital, é um fenômeno universal. (...) A ação da lei geral (...) torna-se a base de uma teoria de distribuição.[12]

---

11 CLARK, John Bates. *The distribution of wealth:* a theory of wages, interest and profils. Nova York: Macmillan, 1899.
12 Ibidem, p. 48-50.

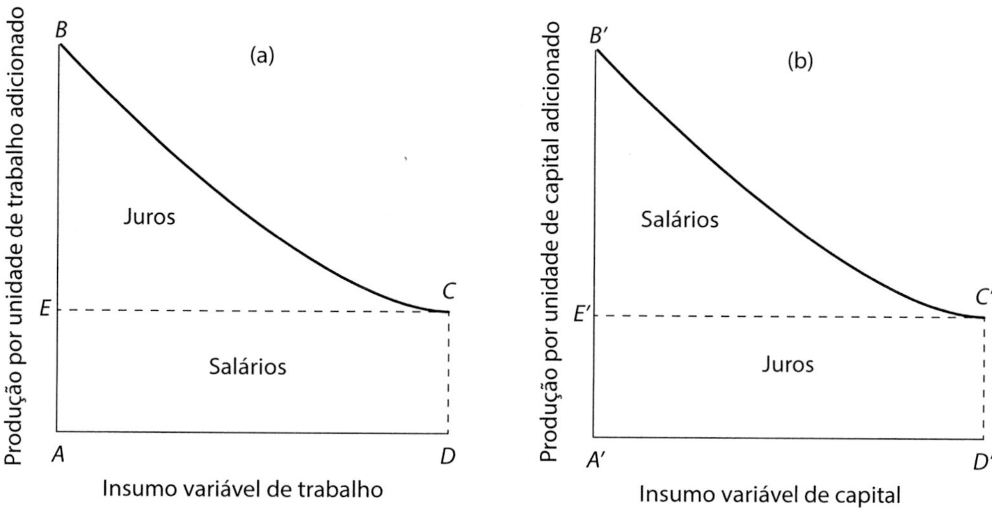

FIGURA 14.5 ■ TEORIA DA PRODUTIVIDADE MARGINAL DE CLARK

No gráfico (a), Clark supôs que o capital é constante e que *BC* representa o produto marginal do trabalho. Se *AD* trabalhadores forem contratados, o salário para cada trabalhador será *AE* ou *DC* e a renda de salário total será *AECD*. O produto remanescente, *EBC*, vai acumular ao capital como juro. No gráfico (b), o trabalho é constante e o capital é variável. A taxa de juros dependerá de quanto capital é usado. Se *A'D'*, a taxa de juros será *A'E'*. O juro total será *A'E'C'D'* e os salários totais *E'B'C'*. Os dois fatores recebem pagamentos iguais às suas contribuições na margem.

A teoria da produtividade marginal de distribuição de Clark sob concorrência perfeita é ilustrada na Figura 14.5. No gráfico (a), o capital é suposto constante e a linha *BC* representa a produtividade marginal de mão de obra. Essa é simplesmente a parte da inclinação para baixo da curva de produto marginal, rotulada *MP* na nossa Figura 14.3 anterior. O primeiro trabalhador, *A*, terá uma produção *AB* ou um produto total. Mas, por causa dos rendimentos decrescentes, os trabalhadores subsequentes adicionarão menos à produção ou ao produto total que o adicionado pelo trabalhador A antes. Se *AD* trabalhadores forem empregados, o último trabalhador terá uma produção de *DC* e isso estabelecerá o salário para todos os outros trabalhadores (cada um dos trabalhadores poderia ser considerado o trabalhador marginal). Vemos, portanto, que a curva *BC* é uma demanda para a curva de trabalho. Ela mostra o número de trabalhadores que serão contratados em cada um dos vários salários diferentes. Por exemplo, se o salário exceder *AE* (ou *DC*), os empregadores contratariam menos que *AD* trabalhadores; alguns dos trabalhadores simplesmente não contribuiriam com um montante de produção suficiente para justificar o salário mais alto. De maneira semelhante, se o salário fosse menor que *DC*, mais do que *AD* trabalhadores seriam contratados. Muito embora o produto marginal dos trabalhadores adicionados estivesse caindo, ele estaria acima do salário novo e inferior. O salário de equilíbrio ocorre quando a produtividade marginal do fator variável – nesse caso, o trabalho – é igual ao custo, ou aos ganhos, do fator.

Clark apontou que, no gráfico (a) da Figura 14.5, os salários totais são mostrados como a área *AECD* (*AE* × *AD*). Como a produção total e toda a área sob a curva, *ABCD*, o excedente de *EBC* é acumulado no capital como juros. Esse é o rendimento legítimo para o fator fixo.

Na Figura 14.5(b) Clark mantém a quantidade de trabalho constante – em *AD*, no gráfico (a) – e varia o montante de capital utilizado na produção. A linha *B'C'* representa a produtividade marginal do capital e é, portanto, uma curva de demanda para o capital. Em equilíbrio, cada unidade de capital obtém como recompensa a produção marginal de capital, que é *D'C'*. O juro total é *A'E'C'D'*, e *E'B'C'* é o resíduo que vai para o trabalho. Se o montante de capital fosse maior, outras coisas sendo iguais, a produtividade marginal do capital e a taxa de juros seriam menores. Se o montante de capital fosse menor, a produtividade marginal do capital e a taxa de juros seriam maiores.

Clark considerava a terra e o capital como um dos fatores de produção e, portanto, fundiu o rendimento, que era pago para a terra, com os juros. Ele reconhecia que sua teoria da distribuição era uma generalização da teoria da renda de Ricardo:

> O rendimento da terra deve ser estudado como os ganhos de um tipo de bens de capital, como simplesmente uma parte dos juros. Podemos, agora, ver que os salários e os juros, embora sejam determinados pela lei de produtividade final, também são capazes de serem medidos exatamente como o rendimento da terra tem sido medido, ou seja, a fórmula ricardiana, que descreve o que é ganho com um pedaço de terra, pode ser utilizada para descrever o que é ganho por todo o fundo de capital social: todo o juro pode ser feito de maneira a tomar a forma de um ganho diferencial ou de um excedente. Novamente, a fórmula ricardiana pode ser empregada para descrever os ganhos de toda a força de trabalho social, pois os salários, em sua totalidade, são um ganho diferencial. É um dos fatos mais impressionantes da economia que a renda de toda mão de obra, por um lado, e o capital, por outro, deveriam ser totalmente vinculados ao rendimento da terra. Eles são os dois rendimentos genéricos, se por esse termo entendermos produtos diferenciais, e os ganhos com a terra constituem uma fração de um deles.[13]

E o lucro? "O lucro não tem lugar nessas condições estatísticas", disse Clark. Em uma economia perfeitamente competitiva, os lucros econômicos – aqueles acima do retorno normal para o capital e o empreendedorismo – tendem a desaparecer nas duas extremidades do processo produtivo. "Ao concorrerem entre si na venda de bens, os empregadores reduzem os preços e, ao concorrerem entre si para contratar trabalho e capital, fazem que os salários e os juros aumentem."[14] Em uma economia não voltada para o lucro, os bens são vendidos ao custo de produção. O homem de negócios recebe salários por qualquer trabalho que realize e juros pelo capital que fornece.

É possível, disse Clark, que os lucros existam temporariamente, à medida que a economia se move na direção do equilíbrio. Os lucros são, portanto, residuais. Na Figura 14.5, se os salários e os juros não exaurirem a produção total, a renda residual é lucro puro reivindicado pelo empresário. No gráfico (b) dessa figura, *A'E'C'D'* são os juros, conforme diretamente determinados, e *E'B'C'* é o saldo deixado nas mãos do empresário para o pagamento de salários. O empresário deve pagar ao trabalhador *AECD* no gráfico (a) da Figura 14.5. Se isso for menos que *E'B'C'* do gráfico (b), existe um resíduo, ou lucro econômico, para o empresário. Se isso tiver ocorrido, no entanto, empresas entrariam no setor, levando para baixo o preço do mercado, o que eliminaria o lucro econômico. Nas palavras de Clark, a concorrência "excluiria esse lucro, tornando essas duas áreas iguais".[15]

13 Ibidem, p. 191.
14 Ibidem, p. 179.
15 Ibidem, p. 203.

Como a teoria da produtividade marginal de Clark está preocupada com a demanda por fatores de produção, ela trata da oferta de fatores. Alfred Marshall enfatizou a oferta, bem como a demanda para insumos produtivos, mostrando, assim, como o equilíbrio nos mercados de fatores resulta em um preço para cada fator de produção. A produtividade marginal de um fator isolado não consegue determinar sua taxa de recompensa, a menos que a quantidade de um fator ofertado seja suposta como fixa. Tomemos o trabalho, por exemplo. Se a oferta de trabalho for grande em relação à demanda por trabalho, o salário e a produtividade marginal da mão de obra serão baixos. Se a oferta for restrita, o salário e a produtividade marginal serão altos. É, portanto, evidente que, embora a teoria de salários de Clark fosse muito superior às estabelecidas anteriormente, ela exigiu melhora considerável pela ação de Alfred Marshall.

Clark reconhecia que sua teoria da distribuição de renda era estática, mais adequada para ser um instrumento puramente analítico. A teoria foi criada para demonstrar os níveis para os quais os preços, os salários e os juros tenderão, se o trabalho e o capital se mantiverem fixos na oferta, se as melhorias nos métodos de produção pararem e se os desejos do consumidor nunca mudarem. Estudamos essas leis estáticas separadamente para entender o que acontece em uma sociedade dinâmica, ele disse. A verdade de que o mundo é dinâmico não invalida as conclusões de uma teoria estática, pois as leis estáticas são, no entanto, leis reais que se reafirmam depois de cada alteração dinâmica na economia. Clark não desenvolveu nenhuma teoria dinâmica abrangente (histórica). Ele confiava quase que exclusivamente no que é hoje conhecido como o método de estática comparativa, pois comparou diferentes equilíbrios fixos.

No mundo real, disse Clark, um monopólio legal pode garantir um lucro econômico permanente para um empresário. Impede-se, portanto, que o trabalho e o capital se movam para o setor favorecido, apesar do empurrão das forças econômicas naturais. Essa condição, no entanto, não é um estado estático verdadeiro. Como um corpo líquido tranquilo, um estado estático tem fluidez perfeita, mas nenhum fluxo, e os fatores de produção têm mobilidade perfeita, mas nenhum movimento. Um monopólio representa uma obstrução que impede o funcionamento das leis econômicas estáticas.

O capital é produtivo e, portanto, existem os juros. "O pagamento de juros é tudo, menos a compra do produto do capital, já que o pagamento de salários está comprando o produto do trabalho."[16] Os juros fornecem um motivo para a abstinência. O motivo para acumular a riqueza produtiva é o desejo por renda permanente. A abstinência leva a novos bens de capital, mas nenhuma abstinência adicional é necessária para manter o estoque de capital existente. O acúmulo, disse Clark, faz parte da dinâmica econômica. No mundo real, o capital aumenta mais rápido do que a oferta de trabalho e, assim, os salários reais aumentam e a taxa do juro real cai.

Os bens de capital são empregados na ordem da sua produtividade, desde que as pessoas julguem a produtividade corretamente. O machado mais bruto aumentará enormemente a capacidade das pessoas de obter lenha, mas ferramentas melhores, desenvolvidas posteriormente, aumentarão a produtividade em uma porcentagem menor:

> À medida que o acúmulo continua, sempre existirão máquinas mais caras, representando mais capital, e o produto que vem do uso delas é uma fração menor de seu custo.

16 Ibidem, p. 135.

> A transformação das curvas de ferrovias em linhas retas é uma das maneiras em que o capital pode encontrar investimento. Isso pode custar tanto quanto a primeira fabricação das próprias partes correspondentes da estrada, mas não libera o número de trabalhadores em proporção aos seus custos, como liberava a construção da antiga e tortuosa estrada. (...) Em todos os lugares, as formas de capital mostram diferenças no poder de renda, e os proprietários escolhem primeiro as formas mais produtivas e, posteriormente, as menos produtivas. A baixa taxa de juros atual é devida a esse fato. Estamos utilizando as oportunidades para investimento que ficam por último na série e estão baixas na escala de produtividade.[17]

Clark, no entanto, era otimista com relação ao resultado da dinâmica econômica. Ele dizia que cinco tendências estavam ajudando a promover o progresso industrial: (1) a população está aumentando, (2) o capital está se acumulando, (3) o processo técnico da indústria está melhorando, (4) os modos de organização do capital e do trabalho estão se tornando mais eficientes e (5) os desejos humanos estão sendo multiplicados e refinados. A população está aumentando menos rapidamente do que o capital e, portanto, a maioria dos benefícios do progresso irá para as classes assalariadas, disse Clark.

Em 1896, Clark parecia despreocupado em relação ao aumento dos monopólios das empresas.[18] Seus altos preços, ele disse, atraem novos concorrentes e seus grandes lucros são reinvestidos, promovendo, assim, o progresso. O pedágio financeiro extraído do público pelos trustes funciona aritmeticamente. O progresso, no entanto, funciona geometricamente por meio do acúmulo e do reinvestimento, o que multiplica para sempre a lucratividade da indústria. À medida que os trustes gigantes invadem os campos uns dos outros, eles são direcionados a serem eficientes, e as grandes empresas são, inerentemente, mais eficientes do que as menores.

Em 1907, no entanto, em *Essentials of economic theory*, lidando com o que ele chamou de dinâmica econômica, Clark tornou-se melancólico em relação ao problema dos trustes. Os trustes são um produto da dinâmica econômica. Uma briga acirrada e cara entre trustes os induz a tomar a decisão final em uma organização, encerrando, assim, a concorrência. Os bens tornam-se mais escassos e mais caros.

> Nenhuma descrição poderia exagerar o mal que está guardado para uma dada sociedade incorrigivelmente entregue a um regime de monopólio privado. Sob esse nome abrangente, não devemos agrupar, simplesmente, as mais importantes das agências que existem, mas viciam positivamente a ação natural da lei econômica. O monopólio verifica o progresso na produção e infunde na distribuição um elemento de roubo. Ele perverte as forças que tendem a garantir aos indivíduos tudo o que eles produzem. Ele torna os preços e os salários anormais e distorce a forma do mecanismo industrial. (...) Os preços não correspondem ao padrão de custo, e os juros não correspondem ao produto marginal do capital. O sistema de relações industriais é colocado fora do equilíbrio pondo-se muita mão de obra e capital em certos pontos e muito pouco em outros. Os lucros tornam-se não totalmente um ágio temporário

17 Ibidem, p. 185-186.

18 Idem. The theory of economic progress. *Economic studies*. American Economic Association, v. 1, p. 11-15, abr. 1896.

> para a melhoria - a recompensa por dar à humanidade um impulso dinâmico -, mas em parte os espólios dos homens cuja influência é hostil ao progresso.[19]

Clark era a favor da regulamentação dos monopólios pelo governo, para preservar a concorrência. Na realidade, ele instigava a que se mergulhasse de cabeça no *laissez-faire* para conseguir o objetivo dessa doutrina, ou seja, alocar recursos para seus usos mais valorizados e para conciliar os fatores de produção com o valor de suas contribuições.

Implicações éticas da teoria da distribuição de Clark

Em 1879, Henry George (1839-1897) publicou *Progress and poverty*. Nesse trabalho, ele argumentava que toda renda da terra é uma renda *não ganha*, que cresce à medida que a sociedade progride e que empobrece todas as outras classes. A solução, de acordo com George, é desonerar de impostos todos esses tipos de rendimentos por meio de um único imposto sobre a terra. Dessa maneira, os efeitos da "anulação dos incentivos" dos impostos sobre o capital seriam removidos. Embora George se opusesse ao socialismo, muitos economistas sugeriam que o resultado dessa proposta de taxação seria nacionalizar a terra sem compensação, com a terra sendo arrendada por quem pagasse mais. Clark sabia muito bem que sua teoria da produtividade marginal falava diretamente às ideias de George. Além disso, como evidenciado na declaração a seguir, Clark conhecia muito bem as teorias de Marx de que o capitalismo é um sistema baseado na exploração do trabalho:

> O indício que paira sobre a sociedade é o da "exploração do trabalho". "Os trabalhadores", ele dizia, "são regularmente roubados do que eles produzem. Isso é feito dentro das formas da lei e pelo funcionamento natural da concorrência". Se essa acusação fosse provada, todo homem de espírito justo deveria tornar-se um socialista, e seu zelo em transformar o sistema industrial mediria e expressaria, portanto, seu senso de justiça. Se formos testar a acusação, no entanto, devemos entrar na esfera da produção. Devemos decompor o produto da indústria social em seus elementos componentes, para ver se o efeito natural da concorrência é dar ou não a cada produtor a quantidade de riqueza que ele especificamente produz.[20]

A conclusão geral de Clark com sua teoria da produtividade marginal foi a de que a divisão da renda social em salários, juros e lucro é, em princípio, justa. A sociedade não tem liberdade para violar as "leis fixas de distribuição". Se todos receberem tudo o que criam, as classes diferentes de pessoas que combinam suas forças na indústria não terão reclamações umas das outras. A propriedade privada será eticamente justificada porque baseada em uma distribuição de renda ética.

Essa visão de justiça econômica não passou incólume. Os críticos apontaram que, no mundo real do monopólio e do monopsônio, os pagamentos de fatores não são iguais à produtividade marginal. Eles também observaram que muita propriedade é herdada, em vez de ser obtida por meio dos esforços produtivos de seus proprietários. Assim, mesmo que o *capital* seja recompensado de acordo com sua contribuição, isso não necessariamente implicará que a distribuição que se acumula para o *indivíduo* seja ética.

19 Idem. *Essentials of economic theory.* Nova York: Macmillan, 1907. p. 375, 377.
20 Idem. *Distribution of wealth*, p. 7.

Dito de maneira simplista, a herança pode tornar a noção de "a cada um, de acordo com sua contribuição" um tanto quanto insignificante. Finalmente, os críticos apontaram que a visão de justiça de Clark envolve um raciocínio circular. A teoria requer a suposição de uma distribuição inicial de renda ética para criar uma hipótese para a justiça da distribuição subsequente. Mais especificamente, o que é produzido – e, portanto, os tipos e os montantes dos fatores de produção demandados – depende do padrão de gasto do consumidor. A distribuição de renda em voga formará esse padrão de gastos e, portanto, formará a distribuição subsequente de renda. Mas podemos ter certeza de que a distribuição inicial é obtida de maneira ética? A consideração filosófica e as complexidades aqui se tornam grandes. Lembramo-nos do diálogo entre duas pessoas em uma disputa de propriedade, ambas reivindicando a propriedade de um pedaço de terra. A primeira disse: "Esta terra é minha!" A segunda, no entanto, contra-argumentou: "Não, não é. Esta terra é da minha família há séculos. Meu bisavô lutou contra os índios por esta terra". A primeira pessoa respondeu: "Ótimo, então eu lutarei contra *você* por ela!"

Veja O passado como preâmbulo 14-2

A maioria dos economistas contemporâneos conclui que a teoria da produtividade marginal ajuda a explicar como a renda é distribuída em uma sociedade capitalista, mas isso é muito inadequado como justificativa ética para a distribuição observada.

14-2

O passado como preâmbulo

CLARK, A PRODUTIVIDADE MARGINAL E OS SALÁRIOS DOS EXECUTIVOS

Os CEOs (*chief executive officers*) de muitas grandes corporações norte-americanas ganham salários em dólares multimilionários. Por exemplo, em 2011, o CEO com o menor salário entre os executivos mais bem-remunerados recebia mais de 36 milhões de dólares por ano de compensação anual (salário, bônus e opções de ações). Esses salários enormes são justificados com base na produtividade marginal de John Bates Clark? Ou seja, eles refletem a contribuição do CEO para a produção da empresa e, portanto, para as suas receitas?

Há muito debate entre os economistas, bem como entre os funcionários públicos, a respeito dessa questão. Os economistas que acreditam que os salários dos CEOs, em geral, são justificados pelas considerações acerca da produtividade marginal têm os seguintes argumentos. Primeiro, eles apontam que as decisões tomadas pelos CEOs de grandes corporações, de uma maneira ou de outra, afetam a produtividade de toda a organização, desde seus subordinados diretos até os trabalhadores recém-empregados. Boas decisões melhoram a produtividade na organização e más decisões fazem o oposto. Somente executivos que tiverem demonstrado uma habilidade misteriosa para tomar, consistentemente, boas decisões de negócios obtêm as principais posições em grandes corporações. Como sua oferta é limitada e sua produtividade marginal é grande, os principais CEOs recebem salários enormes.

Segundo, alguns economistas observam que o pagamento do CEO pode ser como os prêmios que os jogadores profissionais de golfe e de tênis recebem por vencer torneios. O objetivo desses altos prêmios é promover a produtividade de todos aqueles que aspiram a vencer. Nas corporações, os prêmios mais altos vão para os vencedores das "competições" entre os gerentes para obter, pelo menos eventualmente, as posições de CEO. Assim, o alto pagamento do CEO pode não vir unicamente da sua produtividade *direta*, mas pode existir porque o alto pagamento cria incentivos que aumentam a produtividade de centenas de "aspirantes" corporativos. De qualquer maneira, observe que o alto pagamento do CEO permanece vinculado à alta produtividade.

Os críticos do pagamento existente do CEO reconhecem que os CEOs merecem salários mais altos do que os dos trabalhadores ou gerentes comuns, mas eles zombam dos argumentos de que tais salários exorbitantes são justificados economicamente. Eles apontam que o pagamento do CEO em outros países industriais, incluindo o Japão e a Alemanha, é muito menor do que o do CEO nos Estados Unidos. Eles também observam que a proporção de salários de CEOs que são salários médios nas principais empresas norte-americanas é muito maior do que em suas contrapartes estrangeiras, muitas das quais concorrem com certo êxito com corporações norte-americanas.

Assim, por que os salários multimilionários surgiram nos Estados Unidos? A resposta, dizem os críticos, é baseada na separação da propriedade e do controle corporativos. As corporações são de propriedade de seus acionistas, mas controladas por juntas corporativas e executivos profissionais amplamente isolados dos proprietários corporativos. Como muitos membros das juntas são CEOs atuais ou ex-CEOs de outras corporações, eles tendem a exagerar a importância do CEO e, consequentemente, supervalorizam seus próprios CEOs. Em essência, as juntas corporativas convertem uma parte dos lucros da empresa em pagamento mais alto para o CEO – lucros que, por direito, pertencem aos acionistas corporativos. Os acionistas decepcionados em geral simplesmente vendem suas participações em ações de uma corporação específica, em vez de tentar reformar as juntas corporativas ou alterar as escalas de pagamento dos CEOs. Além disso, a compensação excessiva para o CEO em algumas empresas tende a gerar pagamento excessivo em todos os outros lugares, à medida que outras empresas tentam atrair e reter o talento do CEO.

Resumindo, os críticos acreditam que o pagamento multimilionário para os CEOs tem pouca relação com a produtividade e a receita corporativas. Está claro na nossa discussão que esse assunto permanece não resolvido.

O problema da "soma" e dos retornos à escala

A teoria da produtividade marginal de Clark originou-se de um debate teórico do qual surgiu uma ideia econômica importante de retornos à escala. A análise de Clark implicava que pagar a cada fator de produção o seu produto iria normalmente exaurir toda a produção.

Em termos da Figura 14.5(a) e (b), as áreas de salário nos dois gráficos seriam iguais e isso seria verdadeiro também para as áreas de capital. Uma outra maneira de dizer isso é que a soma das áreas de salário e de juros em *cada* gráfico corresponderia apenas à área de produção total.

Philip H. Wicksteed (1844-1927) investigou essa proporção mais detalhadamente. Com sua matemática, ele concluiu que a soma dos pagamentos baseados na produtividade marginal seria "somada" ao produto total somente se houvesse concorrência perfeita e retornos constantes à escala. Esses retornos costumam ocorrer quando todos os recursos utilizados no processo de produção são aumentados proporcionalmente e, como resultado, o produto total aumenta na mesma proporção. Mais concretamente, suponha que o capital e a mão de obra sejam, ambos, aumentados em 100% (o tamanho de uma empresa dobrará). Se a produção total ou o produto total também aumentarem em 100%, a empresa terá, então, experimentado retornos constantes à escala.

Vários economistas proeminentes, entre eles Edgeworth, Pareto e Walras, desafiaram os argumentos de Wicksteed em vários aspectos. Os detalhes de seu debate obscuro sobre a "soma" são de pouca importância atualmente, mas o debate realmente produziu um resultado salutar: uma compreensão clara das leis de retornos à escala. Quando os retornos à escala são constantes, o custo médio de produzir um produto a longo prazo também será constante. Esse resultado ocorre porque a produção total aumenta à mesma taxa que o custo total. Quando todos os insumos são simultaneamente aumentados em uma única proporção e a produção total aumenta em uma proporção maior, diz-se que ocorreram retornos à escala crescentes. Esses retornos resultam em um custo médio de produção menor, pois o custo total aumenta em um montante menor do que a produção total. Finalmente, retornos à escala decrescentes ocorrem quando o aumento proporcional nos insumos dá margem a um aumento menor no produto total. No entanto, tudo o mais sendo constante, o custo médio de produção aumentará.

O economista suíço Knut Wicksell (Capítulo 16), que escreveu no início de 1900, apontou que uma empresa comum provavelmente experimentaria retornos à escala crescentes durante uma faixa precoce de adições a seus insumos e, em seguida, retornos constantes e, finalmente, retornos à escala decrescentes. Quando convertido em termos de custo médio, isso implicou a hoje conhecida curva de custo médio de longo prazo em forma de *U*, mostrada anteriormente na seção O passado como preâmbulo 14-1. À medida que a empresa comum expande de tamanho, ela primeiro experimenta custo médio decrescente e, em seguida, eventualmente, aumento no custo médio. Hoje, chamamos a primeira de *economias de escala* e a última de *deseconomias de escala.*

Perguntas para estudo e discussão

1. Identifique brevemente e estabeleça a importância de cada um dos seguintes pensadores e conceitos para a história do pensamento econômico: Edgeworth, curva de indiferença, curva de contrato, produto marginal *versus* produto médio, John Bates Clark, teoria da produtividade marginal de salários e juros, Wicksteed, retornos à escala constantes, crescentes e decrescentes e Henry George.
2. Discuta a seguinte declaração: no caso da economia, a precisão da matemática é muito superior ao "ziguezague do caminho florido da literatura".

3. Responda às seguintes perguntas consultando a Figura 14.1.
   a) Em que aspecto as curvas de indiferença de Edgeworth implicam utilidade marginal?
   b) Explique por que o interesse próprio dos dois negociadores vai levá-los a pontos na curva de contrato, *ABC*.
4. Compare e contraste as teorias do duopólio de Cournot e de Edgeworth. O que a teoria da troca bilateral de Edgeworth (Figura 14.1) e sua teoria do duopólio têm em comum?
5. Consultando a Figura 14.3, explique por que, em algumas faixas de adição de insumos, o produto médio está aumentando, muito embora o produto marginal esteja caindo.
6. Como as curvas de custo médio e marginal de curto prazo se relacionam às curvas de produto marginal e de produto médio de Edgeworth?
7. Em que aspectos as curvas de produtividade marginal de Clark são, na figura 14.5(a) e (b), curvas de demanda de trabalho e de demanda de capital? Explique. Por que devemos saber alguma coisa sobre a oferta de trabalho e de capital para ter uma teoria completa de salários e de juros?
8. Quais condições teriam de ser atendidas nas figuras 14.5(a) e (b) para que a empresa obtivesse um lucro econômico (consulte áreas específicas dos gráficos)? Por que esse lucro desapareceria a longo prazo, de acordo com Clark?
9. Se lhe pedissem para escrever um trabalho sobre os precursores de John Bates Clark e sua teoria da produtividade marginal, quem você incluiria? Explique por quê.
10. Contraste a teoria da produtividade marginal da distribuição de renda de Clark com a teoria da distribuição formulada por Marx.

Leituras selecionadas

Livros

BLAUG, Mark (ed.). *Alfred Marshall and Francis Edgeworth.* Brookfield, VT: Edward Elgar, 1992.

CLARK, John Bates. *The distribution of wealth:* a theory of wages, interest and profits. Nova York: Macmillan, 1899.

CHAMBERLIN, Edward H. *The theory of monopolistic competition.* 7. ed. Cambridge, MA: Harvard University Press, 1958. p. 40-41.

__________. *Essentials of economic theory.* Nova York: Macmillan, 1907.

EDGEWORTH, Francis Y. *Mathematical psychics.* Londres: Routledge & Kegan Paul, 1881.

__________. *Papers relating to political economy.* Londres: Macmillan, 1925. v. 1.

STIGLER, George J. *Production and distribution theories.* Nova York: Macmillan, 1941.

Artigos de revistas especializadas

BRUE, Stanley L. Retrospectives: the law of diminishing returns. *Journal of Economic Perspectives,* n. 7, p. 185-192, verão de 1993.

COLLIER, C. F. Henry George's system of political economy. *History of Political Economy,* n. 11, p. 64-93, primavera de 1979.

HENRY, John F. John Bates Clark and the marginal product: an historical inquiry into the origins of value-free economic theory. *History of Political Economy,* n. 15, p. 375-389, outono de 1983.

HUMPHREY, Thomas M. The early history of the box diagram. *Economic Quarterly,* n. 82, p. 37-75, Federal Reserve Bank of Richmond, inverno de 1996.

NICHOL, Archibald J. Edgeworth's theory of duopoly price. *Economic Journal,* n. 45, p. 51-66, mar. 1935.

TOBIN, James. Neoclassical theory in America: J. B. Clark and Fisher. *American Economic Review,* 75, n. 6, p. 28-39, dez. 1985.

15

A ESCOLA NEOCLÁSSICA – ALFRED MARSHALL

O pensamento microeconômico dos marginalistas, discutido nos três capítulos anteriores, foi gradualmente transformado no que chamamos hoje de economia neoclássica. Como *neo* significa "novo", *neoclassicismo* implica uma nova forma de classicismo. Os economistas neoclássicos eram "marginalistas", no sentido de que enfatizavam a tomada de decisões e a determinação dos preços na margem. No entanto, podemos perceber três diferenças entre os primeiros marginalistas e os últimos economistas neoclássicos. Primeiro, o pensamento neoclássico salientava a oferta *e* a demanda para determinar os preços de bens, serviços e recursos no mercado, enquanto os primeiros marginalistas tendiam a reforçar somente a demanda. Segundo, muitos dos economistas neoclássicos – por exemplo, Wicksell e Fisher – demonstraram maior interesse no papel da moeda na economia do que os antigos marginalistas. Finalmente, os economistas neoclássicos expandiram a análise marginal para as estruturas do mercado além da livre concorrência, do monopólio e do duopólio.

A primeira dessas diferenças é evidente nas obras de Alfred Marshall (1842-1924), a maior figura da escola neoclássica e o assunto deste capítulo. As duas últimas diferenças serão tratadas nos capítulos 16 e 17.

A VIDA E O MÉTODO DE MARSHALL

Marshall era filho de um caixa do Banco da Inglaterra. Seu pai era um cavalheiro tirânico, autor de um tratado chamado *Man's rights and woman's duties*. Ele sobrecarregava Alfred em seus estudos, o fez prometer que nunca jogaria xadrez, pois isso era uma perda de tempo, e tentou banir a matemática da vida do garoto, pois era irrelevante para o clero, que o pai escolhera para carreira do filho. O jovem Marshall, no entanto, recusou uma bolsa de estudos em Oxford, que o levaria à Igreja, rejeitou o clero e o estudo de "línguas mortas". Em vez disso, estudou em Cambridge, onde se dedicou à matemática, à física e, posteriormente, à economia. Ele foi ajudado por um tio abastado, porque seu pai simplesmente era muito pobre para pagar por seus estudos quando Alfred abandonou a bolsa de estudos em Oxford.[1]

Marshall era hipocondríaco em relação à sua saúde e hipercrítico em relação aos seus escritos. Ele jogou no lixo muito daquilo que escreveu e, na realidade, muitas das suas principais ideias foram desenvolvidas uma década antes de serem publicadas em 1890 em seu *Principles of economics*. Em sucessivas edições desse trabalho, ele introduziu tantas qualificações, exceções e hesitações ao seu sistema que prejudicou a clareza e os princípios em que muitos confiavam. Marshall criticava Jevons por correr à imprensa antes de estar pronto. Marshall manteve parte de seu livro *Industry and trade* (1919) em provas impressas por 15 anos antes da publicação. Como ele demorou para publicar seu trabalho, suas ideias pareciam comuns na época em que foram publicadas. De qualquer forma, ele foi o teórico econômico mais influente de sua época e, sem dúvida alguma, o maior de sua geração. Já no ano de 1888, dizia-se que seus primeiros alunos ocupavam metade dos cargos econômicos do Reino Unido.

Marshall popularizou o método diagramático moderno para a economia – para o desespero dos estudantes iniciantes – que ajudou a elucidar certos princípios fundamentais. Embora fosse um matemático experiente que generosamente colocou a matemática nos rodapés e nos apêndices, era cético em relação ao valor geral da matemática na análise econômica. Em 1906, ele escreveu:

> Nos últimos anos, tive um sentimento cada vez maior em relação ao meu trabalho de que um bom teorema matemático que trata de hipóteses econômicas dificilmente se transformaria em uma boa economia: e fui muito além das regras – (1) Use a matemática como um idioma taquigráfico, em vez de um mecanismo de investigação. (2) Guarde-as até que você termine. (3) Traduza para o inglês. (4) Depois, ilustre com exemplos que sejam importantes para a vida real. (5) Queime a matemática. (6) Se você não conseguir o item (4), queime-o (3). Este último eu fiz com frequência.[2]

Marshall foi o grande sintetizador, procurando combinar o melhor da economia clássica com o pensamento marginalista, produzindo, assim, a economia neoclássica. Muitos de seus rodapés e apêndices ofereciam dicas sobre ideias que ele conhecia, mas que outros executaram com mais informações.

Marshall definia sua matéria da seguinte maneira: "A economia política ou economia é um estudo da humanidade na atividade comum da vida; ela examina a parte da

---

1 De acordo com Ronald Coase, "o pai de Marshall estava convencido de que estava absolutamente correto em relação a seus pontos de vista, mostrava pouco interesse pelos sentimentos e desejos dos outros e achava certo controlar as ações daqueles que estavam sob seu poder por meio de uma 'disciplina extremamente rígida'. Ele era, como Alfred Marshall dizia, 'um mau educador'". Ronald H. Coase. Alfred Marshall's mother and father. *History of Political Economy*, n. 16, p. 519-527, inverno de 1984.

2 MARSHALL, Alfred. *Memorials of Alfred Marshall*. Editado por A. C. Pigou. Londres: Macmillan, 1925. p. 427.

ação individual e social que está mais intimamente ligada aos resultados e ao uso dos requisitos materiais do bem-estar".[3]

Os economistas, afirmava Marshall, assim como outros cientistas, coletam, organizam, interpretam e inferem fatos. Eles buscam o conhecimento da interdependência do fenômeno econômico, das relações de causa e efeito. Cada causa tende a produzir um resultado definido se nada acontece para impedi-lo. A economia não é um corpo de verdade concreta, mas é como um mecanismo para descobrir a verdade concreta.

Procuramos desvendar as leis da economia. Qualquer lei é uma proposição genérica ou uma declaração de tendências, mais ou menos certas, mais ou menos definidas. As leis sociais são declarações de tendências sociais. As leis econômicas, ou declarações de tendências econômicas, são aquelas leis sociais relacionadas à conduta humana em que a força dos principais motivos pode ser medida por uma avaliação financeira. A economia é menos exata que as ciências naturais, mas o progresso é obtido por meio de muita precisão.

As implicações da abordagem e das definições de Marshall são interessantes. As leis econômicas não são leis naturais necessariamente benéficas. Embora seja desejável, não é imperativo que elas sejam trabalhadas sem alguma mão dominadora. As relações entre oferta, demanda e preço tendem a produzir certos resultados quando podem trabalhar sozinhas, mas a sociedade pode influenciar no resultado, se desejar. Como um exemplo, a sociedade pode aumentar o total de educação superior utilizado pela população em geral reduzindo o preço (oferecendo universidades públicas, auxílios para universidades particulares). O pensamento de Marshall criou espaço para uma reforma cautelosa, isto é, para um modesto abandono ao *laissez-faire*.

Marshall tinha pouco a dizer sobre o ciclo econômico, em parte devido à sua metodologia microeconômica. Ele e outros que desenvolveram teorias sobre o comportamento dos indivíduos e a conduta de pequenas empresas representativas acharam fácil ignorar as flutuações. Foi deixada para economistas agregados posteriores a tarefa de lidar com tais problemas.

UTILIDADE E DEMANDA

Utilidade marginal

De acordo com Marshall, a demanda baseia-se na lei de utilidade marginal decrescente. "A utilidade marginal de um produto para uma pessoa diminui a cada aumento no total daquilo que ela já utiliza desse item."[4] Marshall introduziu duas qualificações importantes nesse ponto. Primeiro, ele indicou que se preocupava com um momento no tempo, que um intervalo de tempo é muito curto para considerar qualquer mudança no caráter e nos gostos de uma pessoa em particular. Com o passar do tempo, os gostos de uma pessoa podem mudar, de modo que, por exemplo, quanto mais ela ouvir boas músicas, mais decididas vão se tornar suas preferências. Essa não é uma exceção à lei de utilidade marginal decrescente, pois essas mudanças abrangentes nos gostos são excluídas da análise; em um curto espaço de tempo, mudanças dinâmicas como essas são imperceptíveis.

3 Idem. *Principles of economics*. 8. ed. Londres: Macmillan, 1920. p. 1 [publicado originalmente em 1890].
4 Idem. *Economics*. 3. ed. Londres: Macmillan, 1895. p. 169 [publicado originalmente em 1890].

A segunda qualificação de Marshall sobre a lei de utilidade marginal decrescente refere-se a bens de consumo que são *indivisíveis*. "Uma pequena quantidade de uma mercadoria pode ser insuficiente para atender a uma certa necessidade especial e, portanto, haverá um aumento mais que proporcional do prazer quando o consumidor obtiver o suficiente dessa mercadoria que lhe permita atingir o fim desejado."[5] Marshall citou o caso da colocação de papel de parede em um cômodo. Se são necessárias 12 peças de papel para cobrir as paredes, a obtenção de 12 peças proporcionará muito mais prazer do que obter apenas dez peças e, assim, não conseguir terminar o trabalho. Ou, em termos modernos, obter o quarto pneu de um automóvel gera mais prazer do que obter os outros três juntos.

A abordagem da utilidade do sistema de Marshall lida com prazeres e esforços, desejos, aspirações e incentivos para tomar uma atitude. Como podemos medir a utilidade de tais bens intangíveis? Marshall audaciosamente afirmava: "com dinheiro". Os primeiros marginalistas afirmavam que a força das preferências de uma pessoa determina o total de dinheiro que ela está disposta a gastar para adquirir um produto ou o total de trabalho que está disposta a sacrificar para atingir um determinado objetivo. No entanto, Marshall inverteu a relação para medir as preferências de acordo com a escala financeira de pagamentos. Os primeiros marginalistas diriam que, se os sapatos são duas vezes mais úteis a você do que um chapéu, você se dispõe a pagar o dobro pelos sapatos – por exemplo, US$ 40 *versus* US$ 20. Marshall diria que, como você está disposto a pagar o dobro pelos sapatos em relação ao preço do chapéu, podemos concluir que os sapatos produzem duas vezes mais utilidade para você. A medida exata em dinheiro das preferências ou motivos na vida dos negócios torna a economia a mais exata das ciências sociais. Esse dispositivo de medição da economia, aproximado e imperfeito como é, é o melhor dispositivo que temos para calcular os motivos psicológicos das pessoas, da forma expressa no mercado.

Não podemos comparar diretamente o total de prazer que duas pessoas sentem ao comer um hambúrguer. Nem podemos comparar o nível de prazer que uma pessoa sente ao comer um hambúrguer em dois horários diferentes. Mas se encontrarmos uma pessoa que está em dúvida entre gastar uma certa quantia de dinheiro em um hambúrguer, um refrigerante ou um doce ou utilizar um ônibus em vez de caminhar, poderemos dizer que ela espera prazer igual dessas situações. O dinheiro, dizia Marshall, mede a utilidade na margem, o ponto em que as decisões são tomadas.

> Se desejarmos comparar as gratificações físicas, não devemos fazê-lo de forma direta, mas sim indireta, por meio das motivações que elas produzem para a ação. Se os desejos de realizar um dos prazeres induzem as pessoas que se encontram em circunstâncias similares a fazer uma hora extra ou induzem os homens do mesmo estilo de vida e com os mesmos meios a pagar um xelim por ele, podemos dizer que esses prazeres são iguais em seus propósitos, porque os desejos em relação a eles são motivações igualmente fortes para as pessoas em condições semelhantes.[6]

Duas pessoas com rendimentos iguais não terão, necessariamente, os mesmos benefícios de seu uso. Pegue um dólar de cada uma delas e as intensidades da satisfação talvez não sejam as mesmas. Mas quando muitas pessoas estão envolvidas, a idiossincrasia de indivíduos tende a contrabalançar uma à outra. Assim, podemos dizer que a quantia de dinheiro

5 Idem. *Economics*. 3. ed., p. 169.
6 Idem. *Economics*. 8. ed., p. 15-16.

que as pessoas de rendimentos iguais dão para obter um benefício ou para evitar um dano é uma medida da extensão do benefício ou dano marginal.

Um aumento no dinheiro, como uma unidade adicional de bens, possui uma utilidade marginal maior para uma pessoa pobre do que para uma pessoa rica, porque o pobre tem menos dinheiro inicialmente. Como, então, podemos fazer generalizações sobre o progresso, a felicidade e os efeitos da taxação, se a riqueza e os rendimentos possuem essas diferenças tão grandes em relação à utilidade marginal? Aqui, novamente, a resposta encontra-se em grandes números. Se tomarmos as seções cruzadas inteiras de grupos de renda da sociedade, o dinheiro torna-se uma unidade de medida aceitável da utilidade. Além disso:

> Definitivamente, o grande número dos eventos com os quais a economia lida afeta em proporções quase iguais todas as diferentes classes da sociedade. Assim, se as medidas em dinheiro da felicidade causada por dois eventos são iguais, é razoável considerar o total de felicidade nos dois casos como equivalente. E, além disso, como provavelmente o dinheiro deverá voltar-se para os usos mais importantes da vida em proporções quase iguais, por qualquer um dos dois grandes grupos de pessoas, considerados sem inclinação para qualquer uma das duas partes do mundo ocidental, existe até mesmo uma probabilidade *prima facie* de que os acréscimos equivalentes dos recursos materiais farão adições aproximadamente iguais à plenitude de vida e ao verdadeiro desenvolvimento da raça humana.[7]

Vamos medir a força das preferências ou motivos pelo dinheiro, dizia Marshall. Vamos apurar quanto dinheiro um determinado grupo está disposto a pagar como uma medida da utilidade de algo que ele deseja. Ou, como outra opção, podemos determinar a desutilidade de algo, especificando a quantia de dinheiro que deve ser oferecida para induzir um grupo a dispor de certo esforço ou a abrir mão de algo que não deseja.

Escolha racional do consumidor

Até agora, estabelecemos que Marshall concordava com as noções de utilidade e utilidade marginal decrescente. Sua análise de demanda também utilizou a ideia de escolha racional do consumidor. Em uma economia monetária, dizia Marshall, cada linha de despesa será levada ao ponto em que a utilidade marginal do valor de um bem em xelim (ou dólar) será a mesma em qualquer direção de gasto. Cada pessoa conseguirá esse resultado "observando constantemente para ver se há algo em que está gastando muito que ela ganharia tirando um pouco dessa linha de gasto e colocando em alguma outra linha".[8] Assim, por exemplo, o consumidor que precisa decidir entre comprar roupas novas ou usar o dinheiro para umas férias está medindo as utilidades marginais de dois tipos diferentes de gastos. Lembre-se de que Gossen (sua segunda lei), Jevons e Menger descreveram anteriormente esse processo de escolha racional. Diferentemente desses teóricos, Marshall ligou, com êxito, essa regra equimarginal diretamente à lei contemporânea da demanda.

Veja
O passado como preâmbulo 15-1

7 Idem. *Economics*. 8. ed., p. 20.
8 Idem. *Economics*. 3. ed., p. 20.

15-1 O passado como preâmbulo

ECONOMIA DO COMPORTAMENTO: SOMOS RACIONAIS?

A teoria da comunidade econômica considera que os indivíduos são maximizadores racionais de serviços que possuem boas informações e que, pelo menos na média, as utilizam adequadamente para a satisfação de seus interesses econômicos. Esta visão do comportamento econômico tem raízes na economia clássica, com a referência de Adam Smith ao açougueiro, ao padeiro e, mais tarde, ao cálculo de Bentham para buscar prazer e evitar a dor. Os marginalistas Gossen, Jevons e Menger formalizaram a escolha racional em termos de equacionar as utilidades marginais dos últimos dólares gastos com produtos básicos. Marshall desenvolveu ainda mais a teoria integrando este princípio equimarginal à lei de demanda. Embora essas contribuições teóricas sejam importantes para a teoria econômica, a premissa subjacente de comportamento econômico racional é válida?

As pesquisas do campo crescente de economia comportamental desafiam o conceito de que os indivíduos processam adequadamente as informações e a afirmação de que quaisquer erros nesse processamento tendam a ser neutralizados. Daniel Kahneman (1934–) e Amos Tversky (1937–1996) argumentam que, diante de decisões complexas e resultados incertos, as pessoas empregam "regras empíricas", em vez de se informar melhor antes de agir. Essas regras empíricas normalmente são influenciadas pela inabilidade das pessoas de calcular probabilidades, o que leva a custos e benefícios mal calculados e, portanto, a decisões irracionais.

Kahneman e Tversky realizaram uma série de experiências que deram origem à teoria da perspectiva, segundo a qual as pessoas preferem um ganho garantido a um ganho provável, mesmo que o ganho provável envolva um valor esperado maior. E também preferem se sujeitar à perda incerta do que à perda certa, mesmo que o valor esperado da perda incerta seja maior. Suponha que se peça a uma pessoa para escolher entre receber US$ 500 ou ter a chance de ganhar US$ 1.500 no jogo de cara ou coroa. Com a chance de 50% de ganhar no cara ou coroa, o valor esperado do ganho provável é US$ 750 (0,5% × US$ 1.500), maior que os US$ 500 garantidos. Suponhamos, então, que a pessoa possa escolher entre a perda de US$ 500 ou jogar uma moeda e ter 50% de chance de não ter de pagar e 50% de probabilidade de perder US$ 1.500. Novamente, o valor esperado do resultado provável (perda de US$ 750) é maior que o resultado garantido (perda de US$ 500). Apesar dos valores idênticos das duas situações, os experimentos de Kahneman e Tversky revelaram que as pessoas tendem a escolher o resultado garantido diante da possibilidade de ganhos e o resultado incerto diante da possibilidade de perdas.

A teoria da perspectiva contradiz o princípio economista do comportamento econômico racional? Não necessariamente, mas desafia a ideia de que a ação racional é escolher a alternativa com o maior valor líquido esperado (probabilidade do resultado × o valor do resultado), um critério geralmente utilizado para determinar o comportamento econômico racional.

Há muitos exemplos reais de comportamento aparentemente irracional causado pela dificuldade de processar probabilidades ou devido a problemas mentais ou emocionais de quem toma a decisão. Kahneman e Tversky sugerem que decisões irracionais não são meras ocorrências aleatórias que se podem esperar. Segundo eles, são algo a ser reconhecido e considerado como "irracionalidade" pela ciência da economia.

Se o pressuposto do comportamento racional é inválido, isso invalida o modelo no qual ele se baseia? Em 1953, Milton Friedman (1912-2006) abordou a questão da crítica ao usar pressupostos inválidos. E explicou:

> Os assuntos metodológicos abstratos que temos discutido têm influência direta sobre a perene crítica à teoria econômica "ortodoxa" como sendo "infundada", bem como às tentativas de reformulá-la para que ela seja aceita. A economia é uma ciência "lúgubre" porque considera o homem como um ser egoísta e ávido por dinheiro, "um frio calculista do prazer e da dor, que oscila como uma gota de desejo de felicidade sob o impulso do estímulo que o leva a toda parte, mas o mantém intacto". Trata-se de um conceito de psicologia ultrapassada que precisa ser remodelado para se alinhar com a psicologia atual. Enxerga o homem, ou pelo menos o empresário, como um ser "em contínuo estado de 'alerta', pronto a mudar preços e (...) ou regras de preços de acordo com a intuição (...) detectando mudanças nas condições de oferta e procura". Classifica os mercados como perfeitos, a competição como algo puro e os bens, o trabalho e o capital como algo homogêneo.
>
> Como vimos, críticas desse tipo são carentes de propósito, a não ser que tenham base em evidência de que uma hipótese diferente em um ou mais aspectos da teoria criticada traga melhores previsões para uma gama tão vasta de fenômenos. Ainda assim, tais críticas não têm tanto fundamento. São baseadas quase que totalmente em discrepâncias supostamente identificadas entre "hipóteses" e o "mundo real".[a]

A teoria da perspectiva sugere que as pessoas, ainda que na média, violam muitas vezes o pressuposto do comportamento racional da teoria econômica predominante. Friedman argumenta que isso não importa, desde que as pessoas ajam de maneira a maximizar sua utilidade e o modelo baseado nessa hipótese gere previsões válidas sobre seu comportamento. Se os modelos construídos com base na hipótese da racionalidade continuarem a gerar as previsões mais precisas sobre os resultados econômicos, Friedman defende a continuidade de seu uso.

a. FRIEDMAN, Milton. *Essays in positive economics*. University of Chicago Press, 1953, p. 30-31.

Lei da demanda

A lei da demanda de Marshall é resultante de suas noções de utilidade marginal decrescente e da escolha racional do consumidor. Imagine que as despesas de um consumidor estejam equilibradas de tal modo que o último dólar em cada um de diversos produtos gera utilidade marginal idêntica. Isto é, imagine que $MU_x/P_x = MU_y/P_y \ldots = MU_n/P_n$. De que forma esse consumidor vai reagir se o preço do produto *X* cair enquanto os preços de outros bens permanecerem constantes? Marshall concluiu que o consumidor racional compraria mais do produto *X*. Por que isso? A resposta é que, após a queda do preço de *X*, a razão MU_x/P_x excederia as razões *MU/P* de outros bens. Para recuperar o equilíbrio das despesas, o consumidor substituirá mais de *X* por menos de *Y*, *Z* e assim por diante. Quando essa substituição ocorre, a utilidade marginal de *X* cai e a utilidade marginal de outros bens aumenta. Em algum ponto, a utilidade marginal de *X*, agora mais baixa em relação ao preço mais baixo de *X*, produzirá uma razão igual a MU_y/P_y e MU_z/P_z. Assim, o equilíbrio será recuperado. Portanto, nas palavras de Marshall: "A quantidade demandada aumenta com a queda no preço e diminui com o aumento no preço".[9] Essa é a conhecida lei da demanda decrescente.

Marshall ilustrou a lei da demanda com uma tabela e uma curva da demanda. Ele desenhou essa curva da demanda assumindo que o período de tempo é suficientemente curto para justificar uma suposição *ceteris paribus*. Já observamos que ele considerava os gostos ou as preferências constantes. Outras variáveis que ele considerava constantes eram a riqueza da pessoa, o poder de compra do dinheiro e o preço de mercadorias substituíveis. Hoje, essas "outras coisas iguais" constituem o que chamamos de determinantes da demanda. A longo prazo, esses determinantes podem mudar e, quando isso acontece, toda a curva da demanda se move para a esquerda ou para a direita. Assim, Marshall tinha uma nítida concepção das diferenças entre as alterações na quantidade demandada (medida no eixo horizontal) e as alterações na demanda (mudanças em toda a curva).

Ao formular sua teoria da demanda, Marshall optou por ignorar a inconsistência que ele introduzira, assumindo que o poder de compra do dinheiro é constante. Quando o preço de um produto como *x* cai, dois efeitos ocorrem aumentando a quantidade comprada. Marshall enfatizava o *efeito de substituição* (ou o efeito de preço relativo). Mas quando o preço de *x* cai, ocorre também um *efeito da renda*, isto é, o consumidor experimenta um ganho no poder de compra. Parte desse aumento na renda real provavelmente é gasta em *X*, contribuindo, assim, para o aumento da quantidade demandada de *x*. A clara distinção entre esses dois efeitos só ocorreu mais tarde na história do pensamento econômico.

Excedente do consumidor

Diferentemente dos austríacos, Marshall defendia que a utilidade total de um bem é a soma das utilidades marginais sucessivas de cada unidade adicionada. Portanto, o preço que uma pessoa paga por um bem nunca excede, e raramente iguala, o preço que ela estaria disposta a pagar em vez de sair sem o objeto desejado. Somente na margem, o preço corresponderá ao que uma pessoa está disposta a pagar. Assim, a satisfação total que uma pessoa tem ao comprar sucessivas unidades de um bem excede o sacrifício exigido para pagar o bem. Lembre-se de que Dupuit foi o primeiro a notar esse excesso de utilidade sobre a despesa, em 1844. Marshall, no entanto, tem o crédito de dar nome ao conceito de "excedente do consumidor" e de explorá-lo sistematicamente.

9 Ibidem, p. 175.

Marshall utilizou os dados de preço e de quantidade mostrados na Tabela 15.1 para ilustrar o excedente do consumidor. Observe, na tabela, que a pessoa a quem esses dados se aplicam compraria uma libra de chá, anualmente, se o preço fosse 20 xelins. A 14 xelins, ela compraria duas libras, a 10 xelins, três libras e assim por diante. Imagine, dizia Marshall, que o preço de mercado fosse, na verdade, 2 xelins. Esse consumidor compraria 7 libras de chá por ano, pagaria 2 xelins a cada libra e gastaria 14 xelins. Entretanto, observe que a primeira libra proporciona um valor de utilidade de 20 xelins, a segunda, um valor de utilidade de 14 xelins, e assim por diante. O ganho total em utilidade dessa pessoa com a compra de 7 libras de chá é, portanto, de 59 xelins (20 + 14 + 10 + 6 + 4 + 3 + 2). Como seu gasto é de apenas 14 xelins, ela recebe um excedente de consumidor de 45 xelins (59 - 14). Analisando sob um aspecto um pouco diferente, o excedente do consumidor na primeira libra de chá é de 18 xelins (20 - 2), na segunda, 12 xelins (14 - 2), e assim por diante, para um total acumulado de 45 xelins. Como podemos observar na Figura 15.1, o excedente do consumidor é, portanto, a área abaixo da curva da demanda e acima do preço do mercado. O excedente do consumidor aumenta significativamente em um ambiente social produtivo em que o preço dos bens cai à medida que eles são produzidos de maneira mais eficiente. Quando um indivíduo atinge o equilíbrio a um ponto mais inferior na curva da demanda (porque comprará mais bens quando eles ficarem mais baratos), o excedente desse consumidor cresce. Voltando ao "paradoxo do valor" discutido em detalhes pelos austríacos, Marshall diria que uma grande colheita de milho é mais útil que uma pequena. Se as pessoas pagam menos pela grande colheita, o excedente do consumidor em relação à utilidade é maior. Nesse aspecto, Marshall concordaria com Jevons e discordaria de Menger.

TABELA 15.1 Ideia de Marshall acerca do excedente do consumidor

PREÇO POR LIBRA (XELINS)	QUANTIDADE PROCURADA (LIBRAS)
20	1
14	2
10	3
6	4
4	5
3	6
2	7

Ao preço = 2S: Utilidade total = 59S. Gastos totais = 14S. Excedente do consumidor = 45S.

Marshall selecionou propositadamente o chá como ilustração para evitar um problema mencionado anteriormente. Como a quantia que uma pessoa gasta em chá, em relação às suas despesas totais, é pequena, uma queda no preço do chá torna a renda real do consumidor ou o poder de compra relativamente constante. Mas isso não ocorre a todos os bens em todas as situações. Imagine, em um exemplo moderno, que uma pessoa more em uma área que tenha inverno muito rigoroso e aqueça sua casa com gás natural. Além disso, imagine que os dados da Tabela 15.1 representem a previsão de demanda do gás natural em vez do chá. Finalmente, assuma que o preço unitário do gás natural caia drasticamente, digamos, de 20 para 2 xelins. Como esse consumidor gasta uma grande parte do seu orçamento em gás natural, essa queda no preço aumenta sua renda real (poder de compra da renda monetária). Mas quando sua renda real aumenta, sua utilidade marginal cai. Assim, nem todas as unidades de dinheiro utilizadas para medir o excedente do consumidor possuem o mesmo valor de utilidade. Mais especificamente, a utilidade marginal de xelins é diferente quando esse consumidor está comprando uma unidade de gás natural a 20 xelins e sete unidades a 2 xelins. Portanto, não podemos concluir, nesse caso, que o excedente da *utilidade* para esse consumidor seja equivalente ao total de 45 xelins. Marshall tinha consciência desse problema e, além de escolher um exemplo para minimizá-lo, assumiu explicitamente que a utilidade marginal da renda era constante. Essa afirmação, no entanto, conflitava com suas afirmações anteriores em *Principles* de que a utilidade marginal do dinheiro é menor para aquelas pessoas que têm muita renda do que para aquelas que têm menos.

Um segundo problema associado à medição do excedente do consumidor torna-se evidente quando se trata dos planos e das curvas da demanda de *mercado* em oposição à demanda *individual*. As curvas da demanda de mercado são, em geral, conjunto de milhares ou até mesmo milhões de curvas individuais. A medição do excedente do consumidor exige a inclusão de unidades interpessoais de utilidade. Muitos economistas concordam que a diversidade de preferências individuais e de níveis de renda torna essas comparações e adições impossíveis. De qualquer forma, a noção de excedente do consumidor de Marshall tem provado ser uma ferramenta valiosa para analisar vários fenômenos econômicos como, por exemplo, o "peso morto" ou a perda de eficiência dos impostos, do monopólio e das tarifas.

Elasticidade da demanda

Marshall foi bem superior a seus antecessores ao tratar da elasticidade da demanda, analisando o assunto verbal, matemática e diagramaticamente. A única lei universal que pertence ao desejo de uma pessoa em relação a uma mercadoria, dizia Marshall, é que, com outras coisas sendo iguais, ele diminui a cada aumento em seu fornecimento dessa mercadoria. Segue-se, portanto, que, quanto menor o preço, mais o consumidor vai comprar. Isso ocorre porque a curva da demanda apresenta uma inclinação à direita. A elasticidade da demanda nos diz se a diminuição do desejo (utilidade marginal) é lenta ou rápida conforme a quantidade aumenta. Ela relaciona a queda da porcentagem no preço ao aumento da porcentagem da quantidade demandada, que, obviamente, se baseia na utilidade marginal decrescente do bem. O coeficiente numérico da elasticidade da demanda (E_d) é a alteração da porcentagem na quantidade dividida pela alteração da porcentagem no preço. A demanda é *elástica* quando a alteração da porcentagem na quantidade excede a alteração da porcentagem no preço; a demanda é *inelástica* quando a alteração da porcentagem na quantidade é menor que a alteração da porcentagem no preço, e a demanda é *elástica unitária* quando as alterações de porcentagem são iguais. Em valores absolutos, se $E_d > 1$, a demanda é elástica; se $E_d < 1$, a demanda é inelástica; e se $E_d = 1$, a demanda é elástica unitária.

Marshall também discutiu o que hoje podemos chamar de determinantes da elasticidade da demanda. A elasticidade da demanda do mercado tende a ser maior quando um bem tem um preço alto em relação ao tamanho da renda dos compradores. Marshall dizia que um preço baixo resulta em mais compradores com capacidade de adquirir o produto. Por outro lado, quando o preço de um produto é baixo em relação à renda das pessoas, uma alteração na porcentagem no preço semelhante não resultará em um grande aumento nas compras. A grande quantidade de compradores já está no mercado. Marshall também observou que a demanda por um produto em particular tenderá a ser mais elástica à medida que puder servir mais como um substituto para outros bens. Em termos de um exemplo contemporâneo, uma diminuição no preço do frango provavelmente produzirá um aumento percentual maior nas compras do que a queda da porcentagem no preço, porque os consumidores podem facilmente substituir o frango por outros itens, como, por exemplo, carne bovina ou suína, cujos preços permanecem inalterados.

O princípio da elasticidade da demanda é útil para entender uma grande parte dos problemas e das políticas. Os governos, por exemplo, tributam as mercadorias para as quais há demandas inelásticas (cigarros, álcool) em vez de taxar os produtos com demandas elásticas (frango), uma vez que a receita é maior. Os preços nos monopólios são, provavelmente, definidos em níveis mais altos quando a demanda é geralmente menos elástica (antibióticos) do que quando a demanda é altamente elástica. As restrições da produção agrícola resultam em uma receita bruta maior para os fazendeiros se a demanda do produto for inelástica (trigo) e menor se a demanda for elástica (morangos).

OFERTA

Segundo Marshall, a oferta é controlada pelo custo da produção. Marshall concebeu a ideia da oferta não como uma quantidade simples, mas como uma curva, como mostrada na Figura 15.1, mais adiante neste capítulo. A oferta é uma série inteira de quantidades que apareceria em toda a série de preços.

Para fins de esclarecimento, Marshall dividiu o tempo em três períodos: (1) o presente imediato, (2) o curto prazo e (3) o longo prazo.

Presente imediato

Os preços do mercado referem-se *ao presente*, sem tempo permitido para a adaptação da quantidade fornecida às alterações na demanda. O período de mercado correspondente, que pode ter a duração de um dia, é definido como o período durante o qual a quantidade fornecida não pode crescer como resposta a um repentino aumento da demanda. Nem a quantidade fornecida pode ser diminuída imediatamente em resposta a uma queda na demanda, pois leva um tempo para a produção ser restringida e os estoques, reduzidos. Se os sapatos tivessem uma boa saída em uma cidade, as mensagens para aumento de produção e a remessa das mercadorias seriam enviadas aos distribuidores e aos fabricantes. No entanto, os sapatos não chegariam às lojas de varejo até que tivessem transcorrido talvez um ou dois dias.

Se um bem é perecível e se assumirmos que o vendedor está tentando maximizar os lucros ou minimizar as perdas, a curva da oferta do mercado é perfeitamente inelástica – uma linha vertical reta. A empresa pode preferir vender seus peixes frescos a um pequeno valor do que deixá-los estragar. Se um bem não é perecível, os vendedores possuem preços de reserva, abaixo dos quais não venderão. Alguns vendedores, no entanto, venderão a preços bem abaixo do custo de produção, talvez porque tenham contas urgentes a pagar. A curva da oferta do mercado, portanto, inclina-se para cima e para a direita até incluir a quantidade total do mercado. Então, ela torna-se vertical porque, independentemente do tamanho do mercado, por definição, nenhuma grande quantidade pode ser fornecida durante o período de mercado.

Curto prazo

Para analisar o período que chamou de curto prazo, Marshall dividiu os custos em dois tipos, aos quais denominou *custos suplementares* e *custos principais*. Os custos suplementares são conhecidos hoje como *custos fixos;* os custos principais, como *custos variáveis*. Os custos fixos ou custos gerais, como salários dos altos executivos e depreciação da fábrica, são constantes; não podem ser alterados a curto prazo. De fato, o curto prazo é definido como o período durante o qual os insumos variáveis podem ser aumentados ou diminuídos, mas os custos fixos da fábrica não podem ser alterados.

Os custos variáveis – os custos principais de Marshall – incluem aqueles relacionados ao trabalho e à matéria-prima, que mudam a curto prazo, de acordo com os níveis variáveis da produção. No curto prazo, todos os custos variáveis devem ser cobertos, mas alguns dos custos fixos não precisam. Por exemplo, uma estrada de ferro continuará a operar a curto prazo, mesmo se parte dos investimentos fixos nunca for retornada à receita. Contanto que haja equipamentos e linhas fixas, ela deve continuar a pagar seus custos fixos. Se esses custos excederem as perdas decorrentes da operação, a estrada de ferro continuará em operação. A curto prazo, a curva da oferta da empresa baseia-se em custos variáveis.

A curva da oferta de curto prazo inclina-se para cima e para a direita – quanto mais alto for o preço do produto, maior será a quantidade ofertada. Os economistas modernos veem a curva da oferta a curto prazo como uma curva de custo marginal. Volte ao passado como preâmbulo 14-1 e veja que esses custos aumentam devido aos rendimentos decrescentes dos insumos variáveis. Portanto, os preços mais altos do mercado permitem que as empresas expandam sua produção de forma lucrativa. A explicação de Marshall era menos satisfatória. Ele dizia que, embora o custo da produção seja medido em termos de dinheiro, atrás desses custos financeiros estão dois sacrifícios psicológicos – o aborrecimento de trabalhar e o sacrifício de adiar um consumo pela poupança. Para esse último caso, Marshall utilizou o termo *espera*, em vez de *abstinência*.

O trabalhador considera cansativas as horas adicionais de trabalho de cada dia (lembre-se da opinião de Jevons sobre esse ponto). Portanto, quanto maior o dia de trabalho, outras coisas sendo iguais, maior é a remuneração por hora necessária para induzir os trabalhadores a trabalhar a última hora. E embora as primeiras horas não representem tanto um sacrifício por hora, os trabalhadores recebem o mesmo nível de salário por todas as horas trabalhadas.[10] Obviamente, quanto maior a faixa salarial, mantendo outros itens como a produtividade, maior será o custo marginal da produção. As empresas acham desvantajoso aumentar os dias de trabalho ou empregar trabalhadores menos qualificados para aumentar a produção somente quando o preço que elas recebem pelos produtos se eleva. Em termos atuais, o preço de produção mais elevado significa que a receita marginal, que na livre concorrência equivale ao preço, excede o custo marginal da quantidade antiga e isso induz a empresa a expandir a produção até que a receita marginal e o custo marginal sejam novamente igualados.

Longo prazo

No longo prazo, todos os custos são variáveis e devem ser todos cobertos, se a empresa deseja continuar no negócio. Se o preço aumentar a tal nível que a receita total exceda o custo total de produção, o capital ingressará na indústria, normalmente por meio de novas empresas, e a oferta de mercado aumentará. Toda a curva da oferta se deslocará para a direita. Se o preço cair abaixo do custo médio de produção, o capital recuará, provavelmente com a saída de empresas. Consequentemente, a oferta de mercado cairá (a curva da oferta se deslocará para a esquerda).

PREÇO DE EQUILÍBRIO E QUANTIDADE

O que determina o preço do mercado? Os economistas clássicos diziam "o custo de produção", o que significa o custo objetivo do tempo de trabalho e o sacrifício da abstinência. "A demanda", declaravam os primeiros marginalistas. Marshall, o grande sintetizador, afirmava: "*Ambas*, a oferta *e* a demanda". Atrás da oferta estão os custos financeiros e os custos subjetivos. Atrás da demanda estão a utilidade e a utilidade marginal decrescente:

> Devemos discutir sensatamente se é a lâmina superior ou a inferior de uma tesoura que corta um pedaço de papel, da mesma forma que discutimos se o valor é determinado pela utilidade ou pelo custo da produção. É verdade que, quando um lado da tesoura está parado e o corte é feito movendo o outro, podemos afirmar com cautela que o corte é feito pelo segundo. Mas a afirmação não é estritamente correta e só deve servir de justificativa enquanto for apenas uma demonstração popular, e não estritamente científica, do que acontece.[11]

Marshall ilustrou a ideia do equilíbrio entre o preço do mercado da concorrência e a quantidade com uma tabela e um gráfico. Sua tabela é reproduzida aqui como Tabela 15.2, e a Figura 15.1 mostra graficamente sua análise da oferta e da demanda.

---

10 Marshall salientava que cada trabalhador merece um excedente, ou uma renda econômica, por todas as horas de trabalho, exceto a última.

11 Idem. *Economics*. 8. ed., p. 348.

TABELA 15.2 Determinação do equilíbrio de Marshall

Preço do mercado da concorrência e quantidade

PREÇO (XELINS)	QUANTIDADE QUE OS PROPRIETÁRIOS ESTÃO DISPOSTOS A VENDER (UNIDADES)	QUANTIDADE QUE OS COMPRADORES ESTÃO DISPOSTOS A COMPRAR (UNIDADES)
37	1.000	600
36	700	700
35	600	900

Representação numérica

Considerando um mercado de grãos, como ilustrado na Tabela 15.2, a quantidade que cada fazendeiro ou outro vendedor oferece para a venda a qualquer preço é controlada por sua própria necessidade de dinheiro e estimativa de preços futuros. Assumindo-se uma igualdade entre o poder de barganha de vendedores e compradores, a "pechincha e a barganha" do mercador resultarão em um preço próximo a 36 xelins. O preço pode, portanto, ser chamado de o verdadeiro preço de equilíbrio porque, se fosse fixado no início, equivaleria exatamente às quantidades demandadas e ofertadas (700). Observe que, se o preço fosse fixado a 37 xelins, haveria um excedente de 400 unidades (1.000 – 600) de trigo, o que puxaria o preço para baixo. Por outro lado, se o preço fosse 35 xelins, os

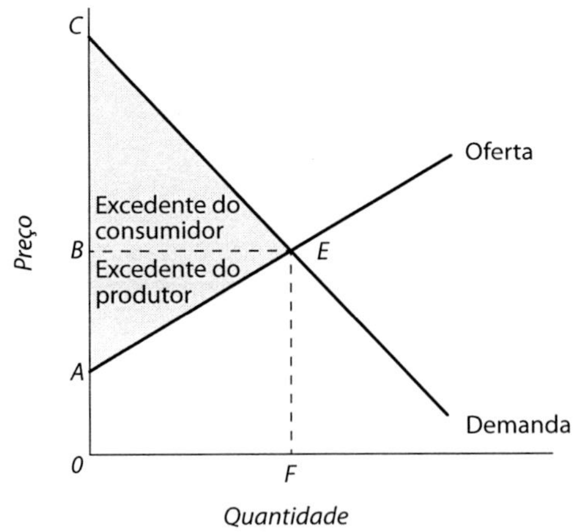

Figura 15.1 ■ Equilíbrio entre preço e quantidade, segundo Marshall

"A pechincha e a barganha" dos vendedores e compradores, afirmava Marshall, resultam em um preço equilibrado (aqui *B*) que se iguala à quantidade ofertada e à quantidade demandada (ambas *F*). Os compradores recebem coletivamente o excedente do consumidor de *BCE;* os vendedores recebem coletivamente o excedente do produtor de *ABE*.

fornecedores estariam dispostos a vender 300 unidades de trigo a menos (600 - 900) do que os compradores desejam. Essa escassez obviamente elevaria o preço.

Representação gráfica

A Figura 15.1 mostra graficamente o equilíbrio entre preço e quantidade segundo Marshall. Marshall colocou a quantidade no eixo horizontal porque a considerava como a *variável independente.* Hoje, os economistas consideram a quantidade como a *variável dependente* [$Q = f(P)$], embora continuem a colocar o preço no eixo vertical e a quantidade no eixo horizontal. Com efeito, eles se curvam à tradição de Marshall, em vez de à convenção matemática.

A Figura 15.1 não apenas mostra o preço de equilíbrio, *B*, e a quantidade de equilíbrio, *F*, mas também ilustra a noção de Marshall sobre o excedente do consumidor, discutida anteriormente. Se desconsiderarmos os problemas de comparação entre as utilidades interpessoais e a utilidade marginal decrescente da renda, poderemos afirmar que a área *BCE* mede o valor do excedente do consumidor. A curva da demanda indica que alguns consumidores estariam dispostos a pagar mais do que o preço de mercado, *B*, para não ficar sem o produto. O preço é estabelecido pela utilidade marginal recebida pela última unidade do bem comprado e, como todas as unidades têm seu preço fixado em *B*, os consumidores recebem, coletivamente, um excedente de utilidade igual a *BCE.*

Marshall também apresentou a ideia de um excedente do produtor, mostrado na figura como *ABE.* Alguns vendedores estariam dispostos a vender seus produtos a um preço menor que o preço de mercado, em vez de mantê-los. No entanto, como esses produtores recebem o preço de mercado *B*, eles recebem um excedente da mesma maneira que os consumidores. Marshall indicava que o excedente do produtor existe tanto para o trabalhador (que recebe um excedente do trabalhador) como para o proprietário do bem acumulado (que recebe o excedente do poupador). Lembre-se de que o esforço da última hora trabalhada em um dia estabelece a faixa salarial para todas as horas; assim, para as primeiras horas, os trabalhadores recebem mais do que os salários menores que eles estariam dispostos a aceitar em vez de não trabalhar essas horas. Da mesma forma, Marshall dizia que adiar um consumo é um sacrifício e que a taxa de juros deve ser suficientemente alta para despertar a procura marginal pela poupança. Como todas as poupanças recebem a mesma taxa de juros, os poupadores estão recebendo mais do que o total do sacrifício da utilidade. Esse é o excedente do poupador.

O tratamento de Marshall ao elemento do tempo na discussão sobre o preço de mercado foi uma de suas contribuições mais importantes ao pensamento econômico. Como regra geral, afirmava ele, quanto menor o período, maior a influência da demanda sobre o valor. O motivo é que a influência do custo de produção demora mais para mostrar seu efeito do que a influência das alterações na demanda. Eventos transitórios influenciam o valor de mercado, mas em longos períodos essas irregularidades neutralizam umas às outras. No longo prazo, no entanto, o custo de produção é o determinante mais importante do preço e do valor. Em um estado constante, sem aberrações monetárias, o custo de produção controlaria o preço e o valor. Em um mundo em mudança, no entanto, com adaptações às mudanças imperfeitas e graduais, tanto a demanda quanto a oferta são importantes.

No curto prazo, um aumento na demanda eleva o preço, porque são utilizados trabalhadores menos qualificados ou porque são necessários dias de trabalho mais longos para aumentar a produção. No longo prazo, entretanto, mais fábricas podem ser construídas e mais trabalhadores podem ser atraídos para a indústria e treinados. A oferta poderá, então, crescer sem aumento no preço ou, talvez, até mesmo com uma diminuição no preço, se houver certa economia de produção de grande escala. Essa última possibilidade será discutida mais adiante, sob o título "Aumento e redução de custos nas indústrias".

Marshall definiu o preço normal a longo prazo como aquele que realmente equilibra a quantidade ofertada e a quantidade demandada e aquele que seria igual ao custo médio de produção a longo prazo. O preço normal altera-se a cada mudança na eficiência da produção. Os preços de mercado tendem a flutuar entre os preços normais, mas apenas acidentalmente é que eles são iguais. Existem movimentos muito graduais ou seculares de preço normal causados pelo crescimento gradual do conhecimento, da população, do capital e pelas condições variáveis da oferta e da demanda de uma geração a outra.

DISTRIBUIÇÃO DE RENDA

A distribuição de renda em uma economia competitiva é determinada pelos preços dos fatores de produção. Marshall afirmava que os empresários devem constantemente comparar a eficiência relativa de cada agente de produção que eles empregam. Devem, também, considerar as possibilidades de substituir um agente por outro. A tração a vapor substituiu a tração manual, e a tração térmica substituiu a tração a vapor. Na margem das indiferenças entre dois fatores de produção que podem ser substituídos, seus preços devem ser proporcionais ao valor monetário que eles agregam ao produto total. A vantagem mais notável da liberdade econômica é manifestada quando um empresário arrisca encontrar as combinações de insumos de fatores que vão produzir os custos mais baixos na produção. Os empreendedores devem estimar quanto uma unidade extra de qualquer fator de produção vai agregar ao valor do produto final. Devem empregar cada agente até a margem em que seu produto líquido não mais exceda o preço que teriam de pagar por ele. Marshall baseou sua análise nos rendimentos decrescentes resultantes do "uso desproporcional de qualquer agente de produção".

Salários

Os salários, dizia Marshall, não são determinados apenas pela produtividade marginal do trabalho. A produtividade marginal é a base para a demanda pelo trabalho, que é uma demanda derivada que depende da demanda dos consumidores pelos produtos finais. Mas os salários, assim como o retorno a qualquer fator de produção, dependem tanto da oferta quanto da demanda. Se a oferta de trabalho aumentar, e outros itens permanecerem constantes, a produtividade marginal do trabalho cairá (a curva da oferta de trabalho cortará a curva da demanda de trabalho mais para baixo). Assim, a taxa salarial de equilíbrio cairá. Se a oferta de trabalho for reduzida, a produtividade marginal do trabalho aumentará (a curva da oferta de trabalho cortará a curva da demanda mais para cima), e o nível salarial se elevará. A produtividade marginal por si só não determina os salários, porque a variação do número de trabalhadores produzirá muitas produtividades marginais possíveis. No entanto, é correto afirmar que os salários medem e são iguais à produtividade marginal com uma determinada oferta de trabalho. Para cada empregador, a taxa salarial é fixada de acordo com o salário de mercado; isto é, a empresa é um "comprador de salários", de modo que ela varia o número de empregados a fim de atingir o nível ideal de emprego. Esse nível ideal ocorre quando o nível salarial (custo de recurso marginal) se iguala à receita extra que a empresa ganha vendendo o produto marginal (produto de receita marginal).

Marshall não apenas identificou corretamente a demanda por trabalho como uma demanda derivada, mas também discutiu os determinantes da elasticidade da demanda de trabalho em relação aos salários. Mais tarde, Pigou resumiu esses itens como as quatro leis da demanda derivada de Marshall. Em termos modernos, essas leis são:

1. Outras coisas mantendo-se inalteradas, quanto maior a capacidade de substituição de outros fatores por trabalho, maior será a elasticidade da demanda pelo trabalho. Por exemplo, em algumas circunstâncias, os equipamentos de robótica podem ser prontamente substituídos por trabalho. Um aumento no nível salarial produzirá, portanto, uma queda desproporcional no emprego.

2. Outras coisas mantendo-se inalteradas, quanto maior a elasticidade do preço da demanda por produtos, maior será a elasticidade da demanda pelo trabalho. Imagine, por exemplo, que a demanda por produtos é elástica (refeições em restaurantes) e que o nível salarial aumenta. Isso vai aumentar os custos de produção e elevar o preço do produto. O preço mais alto vai se deparar com uma queda substancial das compras, exigindo, assim, uma queda igualmente substancial no número de trabalhadores contratados (cozinheiros, caixas, garçons).

3. Outras coisas mantendo-se inalteradas, quanto maior a participação do trabalho nos custos de produção total, maior será a elasticidade da demanda pelo trabalho.[12] Por exemplo, quando os custos do trabalho representam 100% dos custos totais, um aumento de 20% do nível salarial elevará os custos totais em 20%. Mas quando os custos do trabalho são apenas 10% do custo total, o mesmo aumento de 20% no salário resultaria em um aumento de apenas 2% no custo total. O aumento relativamente alto nos custos no primeiro caso poderia, como consequência, provocar um grande aumento no preço da produção, uma queda relativamente grande na produção e nas vendas e, consequentemente, uma grande queda no nível de emprego.

4. Outras coisas mantendo-se inalteradas, quanto maior a elasticidade da oferta de outros insumos, maior será a elasticidade da demanda por trabalho. Para ilustrar, vamos imaginar que o nível salarial em uma determinada indústria aumente e que isso induza a uma tentativa de substituir o trabalho pelo capital. Esse aumento na demanda por capital elevará *seu* preço e retardará o processo de substituição? A resposta será "sim" se a oferta de capital for altamente inelástica, mas "não", se for elástica. A elasticidade salarial da demanda por trabalho será maior quando uma oferta de capital for elástica do que quando essa oferta for inelástica.

---

12 Na década de 1930, John R. Hicks desafiou a terceira lei de Marshall, mostrando que, por motivos altamente técnicos, ela não é válida em todas as situações. Mais precisamente, a regra de Marshall assume que a elasticidade da demanda por produtos é maior que a elasticidade da substituição entre capital e trabalho. HICKS, John R. *The theory of wages*. 2. ed. Nova York: St. Martin's, 1966. p. 241-247.

Juros

Outra parcela distributiva que Marshall considerou foram os juros. Um aumento na taxa de juros diminui o uso de equipamentos, porque o empresário evita o uso de todas as máquinas cujo excedente anual líquido é menor que a taxa de juros. Taxas de juros mais baixas aumentam os investimentos de capital. A demanda pelo empréstimo de capital é o agregado das demandas de todos os indivíduos em todos os negócios. Da mesma forma que com as mercadorias finais, quanto maior o preço, menor o capital demandado; quanto menor o preço, mais capital demandado. Essa relação baseia-se na produtividade marginal decrescente associada a um aumento na quantidade do fator, da mesma forma que a demanda por bens de consumo se baseia na utilidade marginal decrescente de quantidades consumidas sucessivas.

Quanto mais unidades são adquiridas, a produtividade marginal decrescente do capital constitui a demanda por capital, por preços registrados em termos de taxas de juros. A *quantidade de poupança ofertada* depende da taxa de juros, e a taxa de juros depende da *oferta* de economia. A oferta de poupança é toda a série de quantidades que seria oferecida a diferentes taxas de juros, da mesma forma que a demanda é a série de quantidades que seria comprada a diferentes preços. Para economizar, assim como para a oferta de outros itens, o preço (taxa de juros) é estabelecido no ponto de interseção das curvas da oferta e da demanda. Assim, o preço (taxa de juros) determina a quantidade da mercadoria ofertada (poupança).

O principal motivo para a poupança é a disposição das pessoas de adiar o consumo no presente, na esperança de obter uma maior recompensa no futuro:

> Sendo a natureza humana como é, estamos perdoados por falar dos juros sobre o capital como a recompensa do sacrifício envolvido na espera pelo prazer de recursos materiais, porque poucas pessoas economizariam muito sem recompensa; assim como falamos de salário como recompensa pelo trabalho, porque poucas pessoas trabalhariam muito sem recompensa.
>
> O sacrifício do prazer no presente em benefício do futuro foi chamado de *abstinência* pelos economistas. Mas esse termo tem sido mal-interpretado: porque os maiores acumuladores de bens são pessoas muito ricas, algumas das quais vivem no luxo e certamente não praticam abstinência nesse sentido do termo, que se converte em moderação. O que os economistas queriam dizer era que, quando uma pessoa se abstém de consumir algo que tinha o poder de consumir, com o objetivo de aumentar seus recursos no futuro, sua abstinência desse ato específico de consumo aumenta o acúmulo de bens. No entanto, como o termo está sujeito a ser mal-interpretado, podemos evitar seu uso e dizer que o acúmulo de bens é geralmente o resultado de um adiamento do prazer ou de uma *espera* por ele.[13]

Marshall reconheceu que outros motivos para a economia poderiam também ser importantes. Ele mencionou a inclinação familiar, força do hábito, avareza, valor da renda e prudência ao desejar garantir o futuro. Parte da poupança deveria, portanto, ocorrer mesmo que os juros fossem zero ou negativos. Se uma pessoa desejasse certa renda anual pela sua idade já avançada, ela poderia economizar menos a uma taxa mais alta de juros do que a

13 Ibidem, p. 232-233.

uma taxa menor; a taxa alta produziria a mesma soma de dinheiro que uma quantia maior de poupança. Mas esses são casos excepcionais. Uma queda na taxa de juros, em geral, induzirá as pessoas a consumir mais no presente, e um aumento vai induzi-las a consumir menos. Assim, os juros tendem a um nível de equilíbrio que iguale a demanda agregada por capital em um mercado com a oferta agregada aparecendo nessa taxa.

Lucros, renda, quase renda

De acordo com Marshall, os lucros normais incluem juros, os ganhos de gerenciamento e o preço de oferta das organizações comerciais. Os juros já foram discutidos. Os ganhos de gerenciamento são um pagamento para uma forma especializada de trabalho. A parte restante dos lucros normais, o preço de oferta de organização comercial, é uma recompensa ao empreendedor.

Marshall incorporou a teoria ricardiana sobre a renda ao seu sistema:

> O total de (...) renda é controlado pela fertilidade da terra, pelo preço da produção e pela posição da margem: é o excesso do valor dos retornos totais obtidos pelo capital e pelo trabalho aplicados à terra, sobre aqueles que eles teriam obtido em circunstâncias tão desfavoráveis quanto aquelas na margem do cultivo (...) O custo de produção da margem da aplicação lucrativa do capital e do trabalho é aquele ao qual tende o preço da produção total, sob o controle das condições gerais de demanda e oferta: ele não controla o preço, mas alimenta as causas que governam o preço.[14]

Para o produtor individual, dizia Marshall, a terra é meramente a forma particular de capital. Não há muita diferença entre terra e prédios; ambos estão sujeitos a rendimentos decrescentes quando seu proprietário tenta obter um resultado adicional com eles. Para toda a sociedade, no entanto, a oferta de terra é permanente e fixa. Se uma pessoa possui terras, há menos para que outras as possuam. Por outro lado, se uma pessoa fosse investir em melhorias da terra ou em construções, ela não reduziria apreciavelmente as oportunidades de outras pessoas investirem seu capital em melhorias semelhantes.

No curto prazo, Marshall escreveu, a terra e os bens de capital industrializados são semelhantes porque as ofertas de ambos são fixas. Portanto, o retorno para o antigo investimento de capital é algo semelhante ao rendimento; Marshall o chamou de "quase renda". Os juros são os ganhos de capital "livre" ou "flutuante" ou sobre novos investimentos de capital; a quase renda representa os ganhos sobre os investimentos de capital anteriores no curto prazo. Mesmo que parte da renda econômica da terra estivesse livre de impostos, os proprietários de terras continuariam a arrendar a terra, assumindo que eles desejam maximizar seus rendimentos em vez de deixar a terra improdutiva. Da mesma forma, um imposto sobre parte dos ganhos sobre o capital fixo não vai interferir na produção no curto prazo, porque é melhor perder parte dos lucros normais do que perder tudo, exceto o valor do material usado. A análise assume que o capital é especializado e não possui usos alternativos. No longo prazo, obviamente, a quase renda desaparece, porque um rendimento normal para o investimento de capital fixo é essencial se o investimento precisa ser renovado e o negócio, perpetuado.

---

14 Ibidem, p. 427-428.

Essa é outra maneira de dizer que somente os custos variáveis influenciam nos preços a curto prazo. Os preços, por sua vez, determinam os ganhos dos investimentos fixos. No longo prazo, no entanto, tanto os custos variáveis quanto os rendimentos normais sobre o investimento fixo devem ser cobertos, e ambos afetam o preço:

> Para resumir tudo em uma afirmação abrangente: todo agente de produção, terra, equipamento, trabalho qualificado etc., tende a ser aplicado em produção da maneira mais lucrativa possível. Se os empregadores e outros executivos pensam que podem obter um melhor resultado utilizando um pouco mais de qualquer agente, eles farão isso. Eles estimam o produto líquido (isto é, o aumento líquido do valor do dinheiro da sua produção total depois de deduzir as despesas incidentais) que será obtido por um pouco mais de despesa nessa direção ou um pouco mais na outra, e se podem ganhar mudando um pouco de suas despesas de uma direção para outra, eles o farão.
>
> Assim, os usos de cada agente de produção são controlados pelas condições gerais de demanda em relação à oferta: isto é, por um lado, pela urgência de todos os usos aos quais o agente pode ser aplicado, reunidos com os meios no comando daqueles que precisam dele; por outro lado, pelo seu estoque de produção. E a igualdade é mantida entre seus valores para cada uso pela tendência constante de mudar seus usos, em que os serviços são de menor valor para outros em que eles são de maior valor, de acordo com o princípio de substituição.[15]

AUMENTO E REDUÇÃO DE CUSTOS NAS INDÚSTRIAS

Um dispositivo analítico importante para Marshall foi seu conceito de "empresa representativa", que para ele era o modelo de propriedade do século XIX. Essa abstração serviu pelo menos a três propósitos em sua análise. Primeiro, ao falar do custo normal da produção de uma mercadoria, ele se referia às despesas de um produtor representativo, que não é nem o mais eficiente nem o menos eficiente na indústria. Segundo, esse dispositivo analítico mostrava que uma indústria pode estar em um longo período de equilíbrio mesmo que algumas empresas estejam crescendo e outras estejam em decadência; elas podem simplesmente neutralizar umas às outras. Terceiro, mesmo que a empresa representativa não esteja aumentando sua eficiência interna, ela pode experimentar redução dos custos de produção à medida que a indústria cresce.

Veja O passado como preâmbulo 15-2

O ciclo de vida dos empreendimentos de negócios

Marshall tinha um ponto de vista dinâmico sobre o crescimento e a decadência dos empreendimentos de negócios:

> Podemos aprender uma lição com as árvores jovens da floresta quando elas se esforçam para crescer através da penetrante sombra de suas antigas rivais. Muitas sucumbem no caminho e poucas sobrevivem; essas poucas se tornam mais fortes a cada ano, obtêm um pedaço maior de luz e de ar cada vez que aumentam sua altura e, por último, por

15 Ibidem, p. 521-523.

15-2 O passado como preâmbulo

POR QUE AS EMPRESAS EXISTEM?

O foco de Marshall sobre a "empresa representativa" definiu o curso que a análise microeconômica seguiria por muitas décadas. Depois de Marshall, os economistas criaram modelos precisos de empresas representativas operando em condições de livre concorrência, concorrência monopolística, oligopólios e monopólio. Com sua ênfase na empresa, é surpreendente que Marshall e os primeiros economistas neoclássicos não tenham se perguntado por que as empresas representativas ou as empresas do mundo real existem. Se os mercados funcionam de forma eficiente, por que as organizações comerciais hierarquizadas[a] surgiram para planejar e coordenar grandes segmentos da atividade econômica? Por outro lado, se o planejamento e a coordenação nas empresas conferem vantagens econômicas sobre a coordenação do mercado, por que não existe uma única empresa produzindo toda a produção do país? O que limita o tamanho das empresas?

O londrino Ronald H. Coase (1910-) tratou dessas questões de forma precisa em sua primeira publicação. Seu artigo de 1937, "The nature of the firm", finalmente estabeleceu um campo totalmente novo da pesquisa econômica, com base em custos de transação, direitos de propriedade e contratos.[b] Por essa obra e por um notável artigo subsequente, Coase ganhou o Prêmio Nobel de Economia em 1991. Ao receber seu prêmio, Coase afirmou:

> Eu tinha 21 anos [quando escrevi o artigo pela primeira vez, em 1937]. Nunca imaginei que, 60 anos depois, essas ideias iriam tornar-se uma justificativa para um Prêmio Nobel. E é uma estranha experiência ser elogiado aos 80 anos por um trabalho que fiz aos 20.[c]

Coase sugeriu que as empresas existem porque a venda e a compra por indivíduos nos mercados envolvem *custos de transação*. Esses custos incluem os custos da identificação de compradores e vendedores, da determinação ou negociação de preços, do estabelecimento de contratos, do monitoramento do desempenho das partes em qualquer contrato e da execução das conformidades contratuais. Quando os custos de transação são baixos ou moderados, a coordenação de mercado, em vez da coordenação das empresas, pode ser a maneira mais eficiente de realizar a produção e a distribuição. Os fazendeiros podem comprar seus insumos diretamente de fornecedores de recursos e levar seus produtos ao mercado para vender diretamente a empresas ou indivíduos. Uma empresa hierarquizada talvez não seja necessária para minimizar a soma dos custos de transação e de produção.

Mas em casos em que os custos de transação da troca de mercado são suficientemente grandes (por exemplo, fabricação e venda de um automóvel), seria econômico estabelecer uma organização centralizada em que as decisões relacionadas à produção sejam planejadas e coordenadas por controle. As empresas podem aumentar o capital, empregar gerentes e trabalhadores e proteger a matéria-prima. As ações de milhares de projetistas automobilísticos e trabalhadores de fábrica podem ser mais bem planejadas e coordenadas por meio das empresas do que por trocas de mercado individual ou de contratos, quando necessário.

No entanto, os custos internos da empresa para a coordenação de produção e distribuição podem aumentar à medida que a empresa cresce e se torna mais complexa. Os incentivos empresariais se desgastam, a burocracia emerge e os serviços próprios de suporte legal e contabilidade, entre outros, precisam ser criados. Em certo ponto, uma maior expansão do tamanho e do escopo da empresa aumenta os custos de transação de proteger e coordenar os insumos acima dos custos de transação associados à troca de mercado.

De acordo com Coase, a concorrência ditará que as empresas encontrem seu tamanho ideal. As empresas ("pequenas sociedades planejadas") poderão continuar a existir, desde que desempenhem sua função de coordenação a um custo mais baixo do que o do mercado. Se as empresas forem muito grandes, terão custos maiores do que os dos concorrentes menores e, consequentemente, vão extinguir-se".[d]

a. N.R.T. O autor se refere a grandes empresas com grandes estruturas organizacionais.
b. COASE. Ronald H. . The nature of the firm. *Economics*, n. 4, p. 386-405, nov. 1937. Coase emigrou da Inglaterra para os Estados Unidos em 1951, mudando-se para a Universidade de Chicago em 1964.
c. Idem. The institutional structure of production. *American Economic Review*, n. 82, p. 713-719, set. 1992.
d. Outros colaboradores famosos nesse campo de pesquisa incluem Armen Alchian, Harold Demsetz e Oliver E. Williamson. Veja Armen Alchian e Harold Demsetz. Production, information costs, and economic organization. *American Economic Review*, n. 62, p. 777-795, dez. 1972, e Oliver E. Williamson. Hierarchical control and optimum firm size. *Journal of Political Economy*, n. 75, p. 123-138, abr. 1976. Williamson recebeu o Prêmio Nobel de Economia em 2009 por seus trabalhos nessa área.

sua vez, dominam seus vizinhos e dão a impressão de que vão crescer cada vez mais e se tornar cada vez mais fortes à medida que crescem. Mas isso não acontece. Uma árvore viverá com todo vigor e atingirá um tamanho maior que outra; porém, mais cedo ou mais tarde, a idade agirá sobre todas elas. Embora as árvores mais altas tenham melhor acesso à luz e ao ar do que suas rivais, elas gradualmente perdem seu vigor e, uma atrás da outra, acabam dando lugar a outras que, embora com menos força material, têm a seu favor o vigor da juventude.

E, assim como acontece com o crescimento das árvores, aconteceu com o crescimento dos negócios de um modo geral, antes do grande desenvolvimento das grandes companhias abertas, que geralmente ficam estagnadas, mas não morrem facilmente. Agora, essa regra está longe de ser universal, mas ainda é mantida em muitas indústrias e comércios. A natureza ainda pressiona os negócios particulares limitando cada vez mais a parte de suas vidas em que suas faculdades mantêm todo o vigor. E, então, depois de um tempo, a orientação do negócio cai nas mãos de pessoas com menos energia e menos gênio criativo, se não com menos interesse ativo em sua prosperidade. Se ela não se transformou em uma empresa por ações, pode manter as vantagens da divisão do trabalho, de habilidades especializadas e equipamentos; pode até mesmo aumentá-las com um incremento em seu capital e, sob condições favoráveis, pode manter um lugar permanente e proeminente no trabalho da produção. Mas, provavelmente, perdeu tanto de sua elasticidade e força progressiva que as vantagens não estão mais exclusivamente ao seu lado em sua competição com os concorrentes mais jovens e menores.

Quando, portanto, consideramos os amplos resultados que o crescimento da riqueza e a população exercem sobre as economias de produção, o caráter geral de nossas conclusões não é muito afetado pelo fato de que muitas dessas poupanças dependem diretamente do tamanho das instituições individuais comprometidas com a produção e de que, na maioria dos negócios, há um aumento e uma queda constantes das grandes empresas. Em um momento, algumas empresas estão crescendo; em outro, estão decaindo. Pois, em tempos de decadência média de prosperidade de um lado, é certeza de estar mais equilibrado pelo crescimento, de outro.[16]

Economia interna *versus* economia externa

As *economias internas*, afirmava Marshall, são as eficiências ou as economias de custo introduzidas pelo crescimento em tamanho das empresas individuais. Quando a empresa cresce, ela pode dispor de mais especialização e produção em massa, utilizando máquinas melhores e em maior quantidade para diminuir o custo de produção. A compra e a venda também se tornam mais econômicas quando o tamanho da empresa aumenta. Empresas maiores podem manter o crédito a prazos melhores e podem usar a capacidade gerencial de maneira mais eficiente.

Por outro lado, as *economias externas* surgem do lado de fora da empresa; elas dependem do desenvolvimento geral da indústria. Quando a indústria cresce, os fornecedores de materiais constroem fábricas por perto para atender à indústria em crescimento. Essas ofertas se tornam mais baratas porque os custos com transporte são reduzidos e porque são produzidas em massa em empresas que estão crescendo. Além disso, talvez os fornecedores de serviços de transporte apareçam para atender às necessidades especiais da indústria da classe média, reduzindo, assim, o custo de entrega de produtos aos consumidores.

Marshall acreditava que um aumento no volume de produção em uma indústria *geralmente* aumentará o tamanho e, consequentemente, as economias internas dominadas por uma empresa representativa; *sempre* aumentará as economias externas às quais a empresa tem acesso. Assim, dizia ele, o custo de produção em termos de trabalho e sacrifício cairá se o volume da produção aumentar.

As economias externas estão disponíveis em todas as empresas de um ramo da indústria. No entanto, se as poupanças internas crescem com o tamanho da empresa, de que forma a concorrência pode ser mantida? Se, quando a empresa cresce, ela se torna mais eficiente, isso não significará que, consequentemente, haverá apenas uma única empresa no ramo (monopólio natural)? O conceito da empresa representativa de Marshall deu a resposta. A queda e o fim do empresário levarão à queda e ao fim da empresa. As empresas individuais, segundo Marshall, normalmente não duram o suficiente para realizar os benefícios de uma escala de produção ainda em crescimento. Novos empresários

16 Ibidem, p. 315-317.

abrirão os próprios caminhos na arena empresarial e renovarão o processo de aumento do tamanho e da eficiência de suas empresas.

Aumento e redução dos rendimentos de escala

Se todos os fatores de produção utilizados na indústria se expandirem, o custo por unidade de produção aumentará ou cairá? Marshall acreditava que, normalmente, temos rendimentos de escala crescentes na indústria. À medida que o trabalho e o capital aumentam, a organização e a eficiência melhoram. Somente quando confiamos demais na natureza, como na agricultura, é que temos rendimentos decrescentes. Quando as ações das leis de rendimentos de escala decrescentes e crescentes são equilibradas, temos a lei de rendimentos constantes: o aumento na produção é obtido por meio de um crescimento proporcional do trabalho e do sacrifício da espera. Com a ampliação da produção das mantas, por exemplo, o aumento no custo da lã pode ser perfeitamente contrabalançado pelo crescimento da eficiência das mantas industrializadas, e teremos custos constantes. Segundo Marshall, na maioria das indústrias, o custo da matéria-prima conta pouco, e a lei de rendimentos de escala crescentes não tem quase nenhuma resistência.

Com sua análise, Marshall chegou a uma conclusão otimista. Embora um rápido crescimento da população possa trazer certas desvantagens, o resultado final provavelmente será favorável. Pode-se esperar que a eficiência coletiva das pessoas aumente mais do que proporcionalmente em relação aos números crescentes.

Se uma indústria é controlada pela lei de rendimentos constantes, um aumento na demanda por esse produto não afetará o preço a longo prazo. Se for uma indústria com rendimentos decrescentes, um aumento na demanda elevará o preço do produto; mais será produzido, porém não muito mais do que poderia ser se ela fosse caracterizada por rendimentos constantes. Se a indústria segue a lei de rendimentos de escala crescentes, o aumento na demanda fará que o preço caia, e a produção será maior do que se fosse uma indústria de rendimentos constantes.

Efeitos sociais dos impostos e subsídios

A análise de Marshall sobre as indústrias de custo constante, crescente e decrescente levou-o às seguintes conclusões: (1) um imposto ou um subsídio reduzirá a utilidade líquida do consumidor em uma indústria de custo constante; (2) um imposto pode contribuir para a utilidade líquida do consumidor em uma indústria de custo crescente; e (3) um subsídio pode contribuir para a utilidade líquida do consumidor em uma indústria de custo decrescente.

A Figura 15.2 ilustra o pensamento de Marshall em sua maneira mais simples: uma indústria de custo constante. A curva da oferta horizontal *S* na figura diz que essa é uma indústria de custo constante. Outra maneira de afirmar isso é que as alterações na demanda (mudanças na curva) não vão mudar o preço de equilíbrio atual *A*. Agora, imagine que um imposto *AB* seja aplicado em cada unidade desse produto e que, consequentemente, o custo por unidade, incluindo o imposto, aumente para *B(A + AB)*. Quanta receita esse imposto gerará e em quanto o preço mais alto reduzirá o excedente do consumidor? Marshall respondeu que o imposto gerará ao governo uma receita igual a *ABEF* (*AB*, o imposto por unidade, multiplicado por *AF*, a nova quantidade de equilíbrio).

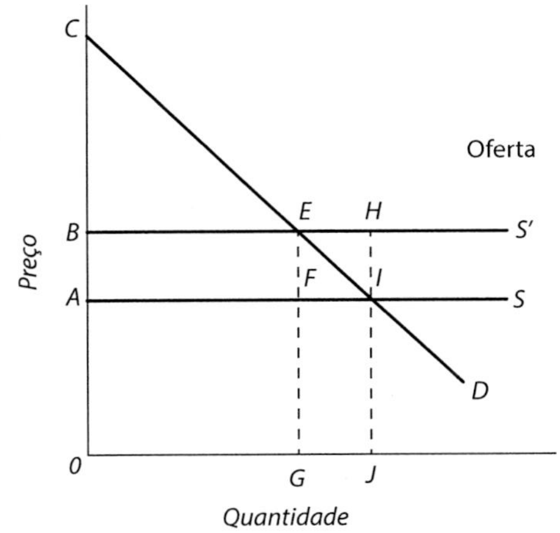

Figura 15.2 ■ O efeito social do imposto por unidade em uma indústria de custo constante

De acordo com Marshall, um imposto por unidade em uma indústria de custo constante reduz a utilidade líquida do consumidor. Uma taxa *IH* transfere a curva de *S* para *S'* e aumenta o preço do produto de *A* para *B*. O governo ganha com o rendimento dos impostos representados por *ABEF*, mas os consumidores perdem o excedente do consumidor da quantia *ABEI*, que é a área *ACI* menos *BCE*.

O excedente do consumidor – originalmente *ACI* – cai para *BCE*. Assim, a perda do excedente do consumidor é *ABEI*. Como a perda no excedente do consumidor excede o ganho na receita do imposto, *ABEF* (que quando gasta presumivelmente vai gerar a quantia de utilidade aos consumidores de bens públicos), a utilidade líquida do consumidor cai. Marshall indicava que o mesmo acontece com um subsídio a um produtor em uma indústria de custo constante; o total do subsídio excede o ganho no excedente do consumidor. Isso pode ser confirmado assumindo-se que a curva da oferta inicial é *S'* na Figura 15.2 e que o governo fornece um subsídio *BA* por unidade aos produtores.

Marshall aplicou o mesmo tipo de análise às indústrias de custo crescente e decrescente. No primeiro caso, sua análise mostrou que um imposto aumentaria a receita com impostos mais do que reduziria o excedente do consumidor. Limitando o resultado das empresas na indústria de custo crescente, os custos unitários realmente caem, com exceção do imposto. A renda obtida deveria, então, ser utilizada para subsidiar as indústrias que estejam enfrentando custos decrescentes. Quando o resultado das indústrias de custo decrescente aumentar, seus custos unitários, com exceção do subsídio, cairão. O ganho no excedente do consumidor excederá o subsídio.

A implicação desse argumento é que os preços competitivos e o *laissez-faire* não necessariamente resultam em maior satisfação para a comunidade. Marshall estava bem consciente disso. Se os produtores são muito mais pobres que os consumidores, dizia ele, a restrição à oferta e o aumento dos preços aumentarão a satisfação geral. Por outro lado, se os consumidores são mais pobres que os produtores, a expansão da produção e a venda de bens com prejuízo (coberto com um subsídio do governo) podem aumentar a utilidade total. Novamente, se um indivíduo gasta sua renda de modo que a demanda pelos serviços do pobre aumente e, consequentemente, sua renda também, algo a mais é acrescentado à utilidade total do que se uma quantia igual fosse acrescentada à renda do rico. Se uma pessoa gasta seu dinheiro em itens produzidos em indústrias de custo crescente, esses itens se tornam mais caros para os vizinhos, diminuindo suas rendas reais.

> Essas conclusões, como será observado, não oferecem um motivo válido para a interferência do governo. Mas mostram, por meio de várias estatísticas sobre demanda e oferta e de uma interpretação científica desses resultados, que ainda resta muita coisa a ser feita a fim de descobrir quais são os limites do trabalho que a sociedade pode realizar transformando as ações econômicas dos indivíduos em canais que acrescentarão a maior parte do total da felicidade.[17]

Quando Marshall morreu em 1924, John Maynard Keynes o proclamou "o maior economista do mundo por cem anos". Embora isso possa ser discutido, poucos discordariam que Marshall foi o teórico econômico mais influente de sua geração. Seu *Principles of economics* apresentou a análise econômica a milhares de economistas que o seguiram. O fato de seu livro ter atingido sua circulação máxima 40 anos após a publicação de sua primeira edição atesta sua importância duradoura. Praticamente todos os economistas contemporâneos incluiriam Marshall com Adam Smith, David Ricardo e John Stuart Mill, como uma das quatro figuras mais importantes das escolas clássica e neoclássica.

Perguntas para estudo e discussão

1. Identifique brevemente e estabeleça a importância de cada um dos seguintes conceitos para a história do pensamento econômico: pensamento neoclássico, lei da demanda, excedente do consumidor, coeficiente de elasticidade, custos suplementares, custos principais, preço de equilíbrio, regras de demanda derivada, quase renda, indústria de custo constante, crescente e decrescente, economias internas e economias externas.
2. O pressuposto do padrão neoclássico de comportamento econômico racional é válido? Como Kahneman e Tversky (O passado como preâmbulo 15-1) responderiam a essa pergunta? Você concorda com a afirmação de Friedman de que não importa se os pressupostos de base de um modelo sejam válidos? Explique.
3. Qual é a lei da demanda de Marshall? De que forma ela se relaciona (a) à regra equimarginal, (b) à lei da utilidade marginal decrescente e (c) ao excedente do consumidor?
4. Imagine de que forma Marshall responderia à seguinte pergunta: as pérolas têm valor porque as pessoas mergulham para obtê-las ou as pessoas mergulham para obter pérolas porque elas têm valor?
5. Compare as distinções de Marshall entre: (a) custos suplementares e custos principais; (b) presente imediato, curto prazo e longo prazo; (c) indústrias de custo crescente e decrescente; (d) economias internas e externas.
6. Explique esta afirmação: a curto prazo, uma empresa lucrativa concentra-se unicamente em seus custos principais (custos variáveis) ao decidir quanto deve produzir. Os custos suplementares (custos fixos) são irrelevantes à sua decisão.
7. Compare a teoria de salários apresentada por John Bates Clark (Capítulo 14) com a apresentada por Marshall.

17 Ibidem, p. 475.

8. Explique, com ilustrações ou exemplos próprios, os determinantes de Marshall para a elasticidade dos salários da demanda derivada. Dados esses determinantes, por que esperaríamos que a elasticidade dos salários da demanda pelo trabalho fosse maior a longo prazo do que a curto prazo?
9. Utilizando o método de análise aplicado na Figura 15.2, explique e mostre graficamente as conclusões de Marshall de que um subsídio a uma indústria de custo decrescente aumentaria o excedente do consumidor por uma quantia maior que o subsídio.
10. Discuta a seguinte citação de Phillip C. Newman: "A contribuição de Marshall para a economia neoclássica serviu para reintroduzir o conceito clássico de custo na economia".

Leituras selecionadas

Livros

BLAUG, Mark (ed.). *Alfred Marshall and Francis Edgeworth.* Brookfield, VT: Edward Elgar, 1992.

MALONEY, John. *Marshall, orthodoxy and the professionalisation of economics.* Londres: Cambridge University Press, 1985.

MARSHALL, Alfred. *Industry and trade.* 4. ed. Nova York: Kelley, 1970 [publicado originalmente em 1919].

__________. *Principles of economics.* 8. ed. Londres: Macmillan, 1920 [publicado originalmente em 1890].

PIGOU, A. C. (ed.). *Memorials of Alfred Marshall.* Nova York: Kelley, 1956 [publicado originalmente em 1925].

REISMAN, David A. *The economics of Alfred Marshall.* Nova York: St. Martin's, 1986.

TULLBERG, Rita M. (ed.). *Alfred Marshall in retrospect.* Brookfield, VT: Edward Elgar, 1990.

Artigos de revistas especializadas

ALDRICH, John. The course of Marshall's theorizing about demand. *History of Political Economy,* n. 28, p. 171-217, verão de 1996.

DOOLEY, Peter C. Consumer's surplus: Marshall and his critics. *Canadian Journal of Economics,* n. 16, p. 26-38, fev. 1983.

The Eastern Economic Journal, n. 8, janeiro/março de 1981. Toda a edição é dedicada aos estudos de Marshall.

FRISH, Ragnar. Alfred Marshall's theory of value. *Quarterly Journal of Economics,* n. 64, p. 494-524, nov. 1950.

HUMPHREY, Thomas M. Marshallian cross diagrams and their uses before Alfred Marshall: the origins of supply and demand geometry. *Economic Review,* n. 78, p. 3-23. Federal Reserve Bank of Richmond, mar./abr. 1992.

KEYNES, John M. Alfred Marshall, 1842-1924. *Economic Journal,* n. 34, p. 311-372, set. 1924.

WHITAKER, John K. Alfred Marshall: the years 1877 to 1885. *History of Political Economy,* n. 4, p. 1-61, primavera de 1972.

__________. Some neglected aspects of Alfred Marshall's economic and social thought. *History of Political Economy,* n. 9, p. 161-197, verão de 1977.

16

A ESCOLA NEOCLÁSSICA – ECONOMIA MONETÁRIA

Não há uma escola separada de economia monetária, embora alguns economistas contemporâneos sejam chamados de "monetaristas" e algumas escolas econômicas enfatizem o fenômeno monetário mais do que outras. Portanto, vemos na linha do tempo das ideias econômicas que uma seta branca parte da escola neoclássica para a economia monetária e, desta, de volta à escola neoclássica.

As escolas clássica e marxista, assim como os primeiros marginalistas, consideravam a moeda simplesmente como um véu que tem de ser colocado de lado para examinar o mundo real. Acreditavam que a moeda e os preços estavam subordinados a fatores econômicos mais básicos. Outros, como Wicksell e Keynes, combinavam a análise monetária com seu estudo de processos econômicos fundamentais. A moeda, na teoria econômica, estava destinada a ter sua importância aumentada durante os anos com o crescimento dos bancos, do crédito e das flutuações econômicas, assim como as políticas monetárias, cada vez mais importantes, dos bancos centrais e dos governos.

Marshall dedicou alguma atenção à análise monetária. Especificamente, estabeleceu uma versão da equação de troca chamada de *Cambridge equation* (equação de Cambridge). Essa versão é $M = kPT$, em que M é o estoque de moeda, k é a fração de renda que as pessoas coletivamente desejam ter na forma de saldos em moeda, P é o nível de preço geral e T é o volume de comércio ou a renda real. O k de Marshall não é nada mais do que a recíproca da velocidade de circulação, V, na equação de troca mais familiar $MV = PT$. Fisher, um dos assuntos deste capítulo, desenvolveu sua versão posterior da equação. Assim, muito embora certos aspectos das teorias apresentadas por Wicksell,

Fisher e Hawtrey estejam mais intrinsecamente associados à macroeconomia do que à microeconomia, esses economistas estão inseridos na tradição neoclássica de Marshall.

Coletivamente, Wicksell, Fisher e Hawtrey deram uma contribuição dupla para a economia. Primeiro, eles exploraram uma área que tinha sido abandonada, mas era de importância cada vez maior e, portanto, exigia ênfase. Segundo, eles ajudaram a integrar a análise monetária na teoria da economia geral. É importante observar, no entanto, que eles podem ter exagerado o papel da moeda. É fácil compensar em demasia por defeitos passados, permitindo que o pêndulo balance muito longe na direção oposta.

Como sugerimos, os economistas monetários da escola neoclássica diferiam consideravelmente dos não monetaristas da mesma escola, pois os teóricos monetários tinham de lidar com análises agregadoras, como demanda total, oferta total de moeda, poupança total e investimento total. Uma separação dentro da tradição neoclássica surgiu. A divisão não monetária olhava para os sacrifícios reais, renda, consumo, poupança e investimento das pessoas físicas e das empresas. A divisão monetária agregava essas categorias para toda a economia, enfatizando os fatores monetários, juntamente com os fatores reais. Restava aos economistas posteriores sintetizar a economia monetária e a não monetária, embora o crédito seja de Wicksell como um importante precursor desses economistas posteriores.

JOHN GUSTAV KNUT WICKSELL

John Gustav Knut Wicksell (1851-1926) nasceu em Estocolmo, Suécia, em uma família de classe média. Estudou matemática, idiomas, literatura e filosofia na Universidade de Uppsala, especializando-se em matemática e física. Foi eleito presidente do corpo discente da universidade e tornou-se cada vez mais ativo nos debates filosóficos, políticos e literários e nas atividades do círculo estudantil. Como palestrante popular e panfletário, explorou questões sociais como o problema da população, o controle da natalidade, a emigração, o alcoolismo e suas causas, a prostituição, o futuro do casamento, o direito ao sufrágio universal e a necessidade de impostos de renda progressivos diretos. Ele era tanto um acadêmico como um reformista social – duas coisas que, em sua época, eram geralmente consideradas incompatíveis.

O interesse de Wicksell pelos problemas e reformas sociais o levou a estudar economia. De 1885 a 1890, estudou em universidades na Inglaterra, na França, na Alemanha e na Áustria. Sua experiência mais memorável no estudo da teoria econômica foi a descoberta, em uma livraria de Berlim, do livro de von Böhm-Bawerk sobre a teoria do capital, logo após sua publicação, em 1888. Esse livro teve uma profunda influência em seu pensamento econômico.

Wicksell obteve um modesto subsídio do governo em 1896 para iniciar seus estudos monetários em Berlim. De outro modo, sua pequena renda irregular dependia do jornalismo e de palestras populares sobre questões sociais, assim como de aulas particulares ocasionais e do ensino em escolas de ensino médio. Recebeu sua primeira pequena tarefa acadêmica em 1896 e uma cadeira de professor em 1901, aos 50 anos. Em 1909, Wicksell passou um breve tempo na prisão por fazer comentários irônicos sobre a doutrina da Igreja.

Wicksell fez várias contribuições importantes para a economia. Por exemplo, você deve se lembrar, do Capítulo 14, que ele foi um dos primeiros economistas a sugerir que a empresa típica primeiro vivenciará rendimentos crescentes e, em seguida, rendimentos constantes e, finalmente, rendimentos decrescentes, à medida que aumenta de tamanho. Como veremos posteriormente neste capítulo, ele antecipou a teoria da concorrência monopolista que foi posteriormente trabalhada por Chamberlin e Robinson nos anos 1930. Mas o principal motivo da fama de Wicksell encontra-se em suas contribuições para a economia monetária. Esses avanços incluem: (1) uma análise do papel das taxas de juros na obtenção de um nível de preço de equilíbrio ou na geração de movimentos cumulativos inflacionários ou deflacionários; (2) o reconhecimento da contribuição potencial do governo e do banco central em retardar ou promover a estabilidade de preços; e (3) uma declaração precoce da abordagem poupança-investimento para o equilíbrio macroeconômico. Essa última contribuição tornou Wicksell o pai da chamada escola de economia de Estocolmo.[1] Além disso, suas palavras tornaram-se uma das origens da economia keynesiana. O próprio Keynes elogiou Wicksell como um importante precursor de suas próprias ideias. O objetivo geral de Wicksell era sintetizar a teoria monetária, a teoria do ciclo econômico, as finanças públicas e a teoria do preço em um único sistema. Embora não fosse totalmente bem-sucedido, promoveu o estado do pensamento econômico nessa área.

Alterações no nível de preço

Para Wicksell, a teoria monetária tornou-se uma questão importante: por que os preços aumentam ou caem coletivamente? Para responder a essa pergunta, ele voltou-se para uma análise das taxas de juros. Aqui ele distinguia entre a taxa de juros nominal ou natural e a taxa bancária.

A taxa de juros *nominal ou natural*, ele dizia, depende da oferta e da demanda do capital real que ainda não foi investido. A oferta de capital flui daqueles que adiam consumir parte de sua renda e, portanto, acumulam riqueza. A demanda por capital depende do lucro que pode ser obtido com seu uso ou com sua produtividade original. A interação da oferta e da demanda determina a taxa de juros natural:

> A taxa de juros em que as demandas por capital de empréstimo e pela oferta de poupança se harmonizam exatamente e que mais ou menos corresponde ao resultado esperado do capital recém-criado será, portanto, a taxa normal ou natural. Ela é essencialmente variável. Se as perspectivas do emprego de capital se tornarem mais promissoras, a demanda vai aumentar e [a quantidade demandada] vai inicialmente exceder a oferta [quantidade ofertada]; as taxas de juros aumentarão e estimularão mais poupança, ao mesmo tempo em que a demanda dos contratos dos empresários, até que um novo equilíbrio seja atingido a uma taxa de juros levemente maior. E, ao mesmo tempo, o equilíbrio deverá, *ipso facto*, ser obtido - amplamente falando e se isso não for prejudicado por outras causas - no mercado de bens e serviços, de modo que os salários e os preços serão mantidos inalterados. A soma dos rendimentos em moeda vai, então, normalmente, exceder o valor em moeda do consumo de bens atualmente produzidos, mas o excesso de renda - ou seja, o que é anualmente poupado e investido em produção - não produzirá nenhuma demanda para bens atuais, mas somente para trabalho e terra para produção futura.[2]

1 Outros membros dessa escola incluíam Erik Lindahl, Gunnar Myrdal e Bertil Ohlin.

2 WICKSELL, Knut. *Lectures on political economy.* Trad. E. Classen. Londres: Routledge & Kegan Paul, 1935. v. 2, p. 193 [publicado originalmente em 1906]. Reimpresso com permissão da editora.

A taxa de juros normal ou natural aplica-se somente ao crédito entre indivíduos. Os bancos, no entanto, complicam as coisas, pois, diferentemente das pessoas, não estão restritos aos seus próprios fundos em seu empréstimo ou aos fundos colocados à sua disposição pelos que poupam. Como os bancos criam crédito, eles podem conceder empréstimos, mesmo a taxas de juros muito baixas. Por outro lado, eles não precisam emprestar todos os fundos colocados à sua disposição pelos que poupam. Portanto, a taxa de juros bancária pode ser menor ou maior que a taxa de juros normal ou natural. Quando qualquer uma dessas duas situações ocorrer, o nível de preço finalmente será alterado. Vamos examinar cada caso.

- Taxa bancária < taxa natural. Se os bancos emprestarem dinheiro a taxas materialmente menores do que a taxa normal ou natural conforme definida na cotação prévia, a poupança será desestimulada e a demanda por bens de consumo e serviços aumentará. Simultaneamente, os empresários buscarão mais investimentos de capital por causa dos lucros líquidos maiores a serem realizados à medida que o custo de tomar dinheiro emprestado cai. À medida que o investimento aumenta, mais renda é acumulada pelos trabalhadores, donos de terras, proprietários de matérias-primas e assim por diante. Os preços dos bens de consumo, portanto, começam a aumentar. Justaposta a essa demanda maior, tanto por bens de consumo como por bens de investimentos, no entanto, está uma oferta de bens inalterada ou até mesmo reduzida, à medida que a poupança é reduzida, supondo que iniciamos em uma posição de emprego total. As antecipações de aumento de preços farão que os preços aumentem ainda mais. O equilíbrio será perturbado, e um movimento de aumento de preços cumulativo será iniciado. A causa fundamental é uma taxa de juros do banco ou do mercado abaixo da taxa normal ou natural que começaria a equilibrar a poupança real e o investimento real a preços constantes. Os preços aumentarão sem limites, desde que a taxa de juros bancária seja menor que a taxa natural.
- Taxa bancária > taxa natural. De maneira oposta, se a taxa de juros bancária estiver acima da taxa natural ou normal, os preços cairão. O motivo? A poupança aumentará, e os gastos com investimentos cairão. O declínio em gastos com investimentos reduzirá a renda nacional, o que, por sua vez, fará que os preços dos bens de consumo caiam. Com os preços tanto do capital como dos bens de consumo caindo, o nível geral de preços obviamente cairá, ou seja, ocorrerá deflação. Esperando mais declínios nos preços, os compradores reduzirão seus gastos atuais ainda mais, agravando, portanto, a deflação.

Implicação para a política pública

A análise das taxas de juros de Wicksell e sua predileção pela reforma o levaram a enfatizar o papel do governo e do banco central em promover estabilidade econômica. Em *Interest and prices*, publicado em 1898, ele tornou-se o primeiro economista a defender a estabilização de preços do atacado controlando os descontos e as taxas de juros.

A principal causa de flutuações cíclicas, ele disse, é o fato de que o progresso tecnológico e comercial não manteve a mesma taxa de avanço que o aumento nas necessidades, especialmente de uma população em expansão. Com a demanda crescendo, as pessoas procuram explorar a situação aumentando o investimento, mas leva tempo para elevar o volume de produção por meio de novos descobrimentos, invenções e outras melhorias. A pressa em converter grandes massas de capital líquido em capital fixo produz um *boom*. Se, no entanto, as melhorias técnicas já estiverem em operação e nenhuma nova prometer um lucro em excesso da margem de risco, ocorre a depressão.

Wicksell não estudou muito profundamente essas causas reais de flutuações nos negócios. Concentrou sua atenção nas causas monetárias, que já discutimos. Para eliminar a causa monetária, ele defendia que os bancos estabelecessem uma taxa de juros que não aumentasse nem diminuísse os preços das mercadorias, ou seja, uma em que a taxa de juros bancária se igualasse à taxa de juros normal ou natural. A taxa de juros natural, lembremos, é a taxa que a oferta e a demanda determinariam, se a moeda não existisse e todos os empréstimos fossem na forma de bens de capital. A própria taxa de juros natural, no entanto, não é fixa. Ela flutua com todas as causas reais de flutuações na economia, como a eficiência de produção, a oferta de capital fixo e líquido, a oferta de trabalho e terra, e assim por diante. Uma coincidência exata do mercado e das taxas de juros naturais é, portanto, improvável, a menos que os banqueiros façam alguma coisa sobre isso. Ele escreveu:

> Isso não quer dizer que os bancos devam, na realidade, *verificar* a taxa natural antes de fixar suas próprias taxas de juros. Isso seria, claro, impraticável e também relativamente desnecessário, pois o nível atual de preços das mercadorias fornece um teste confiável do acordo ou desvio das duas taxas. Em vez disso, o procedimento deveria ser simplesmente como se segue. *Desde que os preços permaneçam inalterados, as taxas de juros bancárias devem permanecer inalteradas. Se os preços aumentarem, a taxa de juros também vai aumentar e, se os preços caírem, a taxa de juros deverá cair e, portanto, a taxa de juros deverá ser mantida em seu novo nível, até que um movimento de preços posterior peça uma outra alteração em uma direção ou em outra.*
>
> Quanto mais rapidamente essas alterações forem feitas, menor a possibilidade de flutuações consideráveis do nível geral de preços e menores e menos frequentes terão de ser as alterações nas taxas de juros. Se os preços forem mantidos relativamente estáveis, a taxa de juros terá, simplesmente, de manter o passo com esse aumento ou cair para a taxa natural, como é inevitável.
>
> Em minha opinião, a principal causa da instabilidade de preços reside na incapacidade ou na falha dos bancos em seguir essa regra (...)
>
> A objeção de que uma maior redução nas taxas de juros não pode ser vantajosa para os bancos talvez seja, em si mesma, perfeitamente correta. Uma queda nas taxas de juros pode reduzir a margem de lucro dos bancos mais do que provavelmente aumentar a amplitude de seu negócio. Eu gostaria, portanto, com humildade, de chamar a atenção para o fato de que o principal dever dos bancos não é ganhar muito dinheiro, mas fornecer ao público um meio de troca – e fornecer esse meio na *medida adequada*, para visar à estabilidade de preços. De qualquer maneira, suas obrigações para com a sociedade são muito mais importantes do que suas obrigações privadas e, se forem, em última análise, incapazes de atender às suas obrigações para com a sociedade ao longo dessas linhas de empresa privada – o que eu duvido –, então eles forneceriam uma atividade valiosa para o Estado.[3]

3 WICKSELL, Knut. *Interest and prices*. Trad. R. F. Kahn. Londres: Macmillan, 1936. p. 189-190 [publicado originalmente em 1898]. Reimpresso com permissão da editora.

Wicksell temia que a produção e o estoque de ouro crescentes inflacionassem a moeda, causando, assim, uma queda nas taxas de juros e um aumento nos preços. Portanto, a cunhagem livre de ouro deveria ser suspensa e o mundo deveria passar a utilizar um padrão internacional de papel. Esse padrão é normalmente considerado um meio de atender a uma *escassez* crescente de ouro, mas pode também ser utilizado para corrigir uma *abundância excessiva*:

> De qualquer maneira, um explorador não precisa, em uma investigação mais detalhada, ser causa para consternação. Pelo contrário, uma vez que ele existe, seria, talvez, o sistema atual que soaria como um conto de fadas, com seu envio para lá e para cá de engradados de ouro, com sua escavação de tesouros para novamente enterrá-los nos confins da terra. A introdução desse esquema não oferece nenhuma dificuldade, de qualquer maneira, no lado teórico. Nem uma agência central nem notas internacionais seriam necessárias. Cada país teria seu próprio sistema de notas (e troco). Isso teria de ser resgatável por cada banco central, mas seria permitida sua circulação somente dentro de um país. Seria, então, tarefa simples de cada instituição de crédito regulamentar sua taxa de juros, tanto para manter em equilíbrio a balança de pagamentos internacional, como para estabilizar o nível geral dos preços mundiais. Resumindo, a regulamentação de preços constituiria o principal objetivo da taxa bancária, que não estaria mais sujeita aos caprichos da produção e do consumo de ouro ou da demanda pela circulação de moedas. Ela seria perfeitamente livre para se mover, governada apenas pelos objetivos deliberados dos bancos.[4]

Poupança forçada

Ao discutir poupança e investimento agregados, Wicksell analisou a teoria da poupança forçada. Essa não era uma ideia nova. Bentham havia apresentado essa doutrina, que ele tinha chamado de "frugalidade forçada", em *Manual of political economy*, escrito por volta de 1804, mas publicado em 1843. Ao analisar o papel do governo no aumento de capital, Bentham havia falado dos impostos e do papel-moeda como uma frugalidade forçada. A criação do papel-moeda, ele havia dito, é um tipo de taxação indireta, pois age como um imposto de renda sobre aquelas pessoas com renda fixa. John Stuart Mill, em "On profits, and interest", em *Essays on some unsettled questions of political economy*, escrito em 1829 ou 1830, havia afirmado que, se os banqueiros desvalorizam a moeda, ela opera, até certo ponto, como um acúmulo forçado. Quanto maior o preço do produto, maior a isenção da renda real dos consumidores. Léon Walras havia exposto claramente a teoria da poupança forçada, em 1879, provavelmente inspirando Wicksell e, por meio dele, todos os autores alemães posteriores que lidaram com o assunto.

Wicksell expôs um caso hipotético em que uma nova empresa era financiada por meio de um empréstimo bancário - pura criação de crédito - sem um acúmulo correspondente de capital. Supondo o pleno emprego no início, mais terra e trabalho seriam empregados na produção de bens de capital do que se não houvesse nenhuma criação de crédito para financiar uma nova empresa, deixando menos crédito disponível para rejeição de bens de consumo. No entanto, a demanda por artigos de consumo se elevaria, em vez de diminuir, pois os empresários aumentariam os preços da terra e do trabalho

4 Idem, *Interest and prices*, p. 193-194.

à medida que expandissem seus investimentos. Com o aumento resultante nos preços, os empresários adquiririam menos bens de capital do que teriam contemplado originalmente, com base no tamanho dos empréstimos que negociariam. Ao mesmo tempo, o consumo seria restrito à medida que o preço aumentasse. Essa restrição forçada constituiria, na realidade, o acúmulo real de capital que deve ser obtido se o investimento de capital for aumentar. "A *poupança real* necessária para o período do investimento ser aumentado é, na realidade, *imposta* – exatamente no momento correto – a todos os consumidores."[5]

A concorrência imperfeita segundo Wicksell

Wicksell reconhecia a não adequabilidade do modelo puramente competitivo nos mercados de varejo, antecipando assim, em várias décadas, a teoria monopolista ou da concorrência imperfeita proposta por Edward Chamberlin e Joan Robinson (Capítulo 17). É impressionante que 32 anos tenham se passado entre a declaração de Wicksell sobre o problema e seu posterior desenvolvimento sistemático, mas a ideia da livre concorrência foi central para grande parte do pensamento marginalista, e sua revisão exigiu uma evidência impressionante de tendências monopolistas na economia.

Em 1901, Wicksell escreveu que os varejistas normalmente têm um círculo fixo de clientes e isso lhes permite ter preços fixos, em vez de flutuantes. Embora os preços no varejo realmente respondam a alterações nos preços no atacado, eles o fazem somente após um período de tempo e de uma maneira modificada:

> Praticamente todo varejista possui, em seu círculo imediato, o que podemos chamar de um monopólio real de vendas, mesmo se, como veremos logo, ele for baseado somente na ignorância e falta de organização dos compradores. Ele não pode, claro, como um verdadeiro monopolista, elevar os preços conforme deseja – pois somente em locais distantes dos centros comerciais um aumento dos preços locais ocorre –, mas, se mantiver o mesmo preço e as mesmas quantidades que seus concorrentes, poderá quase sempre contar com sua vizinhança imediata para obter clientes. O resultado, muito frequentemente, é um excesso de varejistas, aparentemente por conveniência, mas realmente para prejuízo, dos consumidores. Se, por exemplo, duas lojas do mesmo tipo fossem situadas em diferentes extremidades da mesma rua, seria natural que seus mercados respectivos se encontrassem no meio da rua. Agora, se uma nova loja, do mesmo tipo, for aberta no meio da rua, cada uma das outras vai, mais cedo ou mais tarde, perder alguns de seus clientes para a nova loja, já que as pessoas que moram no meio da rua acreditam que, se obtiverem os mesmos bens pelo mesmo preço, estarão poupando tempo e trabalho ao fazer suas compras na loja mais próxima. Nisso, no entanto, elas estão enganadas, pois as lojas originais, que perderam agora alguns de seus clientes sem poder reduzir suas despesas gerais a um grau correspondente, serão, gradualmente, obrigadas a elevar os seus preços [pois elas não vão operar mais no ponto mais inferior da sua curva de custo médio] – e o mesmo se aplicará aos novos concorrentes, que foram obrigados, desde o início, a se contentar com um movimento menor nas vendas (...) A solução correta, a menos que um dos concorrentes (como uma loja grande) consiga ofuscar todas as outras, é claramente a formação de alguma forma de organização entre os compradores. Mas, já que uma associação dessas não existe – e entre pessoas

5 Ibidem, p. 155.

> em diferentes posições de vida e sem vínculos mais íntimos é extremamente difícil estabelecê-la –, deve permanecer a anomalia de que a concorrência pode, algumas vezes, aumentar os preços, em vez de reduzi-los sempre, como seria esperado.[6]

Com relação a um monopólio propriamente dito, Wicksell seguiu Cournot e outros, indicando que o volume de vendas é artificialmente restrito, até o ponto que resulta em lucros máximos. Todo aumento no preço reduz a quantidade de bens demandados. "Mas, como a queda na demanda [quantidade demandada] é menor do que a proporcionada pelo lucro por unidade da mercadoria que resulta do preço maior, o lucro líquido total (...) vai aumentar."[7] Inversamente, quando a redução nas vendas é maior do que a proporcionada pelo lucro por unidade, aumentos adicionais nos preços são desvantajosos. É importante observar, disse Wicksell, que custos fixos ou gerais não têm nenhuma influência na determinação do preço de monopólio mais lucrativo. Somente os custos variáveis (custos marginais) devem ser considerados.

IRVING FISHER

Irving Fisher (1867-1947), um matemático de Yale que se tornou economista, foi um homem de muitos projetos. Além de suas várias contribuições escritas para a economia, ele publicou vários livros didáticos de matemática bem-sucedidos. Tendo sofrido de tuberculose quando jovem, ele tornou-se adepto das dietas e da vida saudável e cultivou isso durante toda a sua vida, escrevendo vários livros populares sobre como se manter saudável e ter vida longa. Ele defendia a eugenia e uniu-se a movimentos contra bebidas alcoólicas e o fumo. Muito tempo antes da Primeira Guerra Mundial, propôs uma liga de nações para preservar a paz. Inventou muitos aparelhos mecânicos, um dos quais era o sistema de índice de cartões visíveis, que podia ser montado em um cavalete giratório. Posteriormente, Fisher recebeu cerca de um milhão de dólares por isso, sua única invenção comercialmente bem-sucedida. A fortuna que ele e sua esposa possuíam, que aumentou para cerca de nove milhões de dólares no mercado de ações, foi perdida no *crash* de 1929.

A teoria de juros de Fisher

Em *The rate of interest*, publicado em 1906, Fisher primeiro definiu sua sofisticada teoria de como as taxas de juros são determinadas. Publicou uma versão revisada e ampliada de sua teoria em 1930, em *The theory of interest.* Fisher percebeu dois fatores que interagiam para estabelecer a taxa de juros: a *taxa de impaciência* e a *taxa de oportunidade de investimento.*

A taxa de impaciência é a disposição da comunidade em obter o consumo atual (renda), desistindo do consumo futuro (renda). A comunidade valoriza tanto o consumo atual como o consumo futuro e, embora prefira ter mais dos dois, ela é forçada, pela escassez, em qualquer período no tempo, a desistir do consumo futuro, se desejar ganhar o consumo presente. O montante do consumo futuro do qual está disposta a desistir pelo

6 Idem. *Lectures on political economy*, p. 87-88.
7 Ibidem, p. 90.

consumo atual depende de quão impaciente ela está. Quanto menos impaciente, mais ela estará disposta a poupar e investir, ganhando, portanto, consumo futuro. Quanto mais impaciente, menos ela estará disposta a desistir do consumo atual (poupar) para obter *bens* no futuro. Naturalmente, quanto mais consumo atual a sociedade tem em relação ao consumo futuro, menor o valor relativo do consumo atual, na margem. Ou seja, quando a sociedade tem muito consumo atual em relação ao consumo futuro, o valor relativo de montantes *adicionais* de consumo atual é pequeno.[8]

O segundo fator na determinação da taxa de juros, de acordo com Fisher, é a taxa de oportunidade de investimento. Diferente da taxa de impaciência, que envolve avaliações subjetivas, a taxa de oportunidade de investimento é determinada por fatores reais, como a quantidade, a qualidade de recursos e o estágio da tecnologia. Em um extremo, seria possível dedicar esses recursos à produção de bens apenas para consumo atual. No outro extremo, a sociedade poderia usar todos eles para produzir capital, já que o consumo atual era zero, mas o consumo futuro seria grande. No entanto, à medida que a sociedade se move do primeiro extremo (todo o consumo atual) para o outro extremo (nenhum consumo atual), ela vivencia rendimentos marginais decrescentes. Ou seja, à medida que as pessoas cortam o consumo atual para aumentar o investimento e, portanto, obter maior consumo futuro, a taxa de retorno sobre o investimento - a taxa de oportunidade de investimento - cai. Isso é, simplesmente, o anteriormente discutido princípio de rendimentos marginais decrescentes, associado a adições no estoque de capital.[9]

Nas palavras de Fisher, "Quanto mais investimos e adiamos nossa gratificação, menor se torna a taxa de oportunidade de investimento, porém maior a taxa de impaciência. Quanto mais gastamos e apressamos nossa gratificação, menor se torna a taxa de impaciência, porém maior a taxa de oportunidade."[10] Em outras palavras, à medida que a sociedade poupa e investe, duas coisas acontecem. Primeiro, ela obtém menos e menos consumo futuro de cada unidade adicional de consumo atual anterior. Rendimentos decrescentes para o capital resultam em uma taxa decrescente de retorno sobre o investimento. Segundo, à medida que o consumo atual cai e o consumo futuro aumenta, o valor relativo do consumo atual na margem aumenta. Em outras palavras, a sociedade valoriza o consumo atual relativamente mais do que anteriormente, pois ela tem menos consumo atual do que antes.

Por outro lado, quanto menos poupamos e investimos enquanto sociedade, menor é o valor relativo do consumo atual (taxa de impaciência de Fisher) e maior é a taxa marginal de retorno sobre o investimento.

A taxa de juros de equilíbrio ocorrerá quando a taxa de retorno sobre o investimento e a taxa em que a sociedade está disposta a desistir do consumo atual pelo consumo futuro forem iguais. Vemos, assim, que a taxa de juros depende tanto da *habilidade* tecnológica da sociedade para ganhar maior consumo futuro, desistindo do consumo atual, como da *disposição* da sociedade em desistir do consumo atual para ganhar o consumo futuro. Essa taxa de juros, que normalmente será positiva, refletirá exatamente o ágio que as pessoas estão dispostas a pagar pelo consumo presente, em vez do consumo

8 Na terminologia atual, chamaríamos a taxa de impaciência de taxa marginal de substituição de bens futuros por bens atuais. Fisher está se referindo à inclinação de uma "disposição" ou curva de indiferença que é convexa na origem.
9 Na terminologia atual, Fisher está descrevendo uma curva de possibilidades de produção que é côncava na origem. Fisher, na realidade, apresentou sua teoria graficamente, utilizando curvas de possibilidades de produção e de indiferença.
10 FISHER, Irving. *The theory of interest as determined by impatience to spend income and opportunity to invest it.* Nova York: Macmillan, 1930. p. 427.

futuro. Alguns indivíduos decidirão que é mais vantajoso emprestar moeda (adiar o consumo) a essa taxa de juros, enquanto outros decidirão pedir moedas emprestadas (consumir agora, e não mais tarde). Os montantes que as pessoas desejam pedir emprestados à taxa de juros de equilíbrio corresponderão exatamente ao montante que as pessoas desejam emprestar. Além disso, a poupança será exatamente igual ao investimento.

Fisher apontou que essa taxa de juros *real* pode ou não se igualar à taxa de juros *monetária* ou *nominal*. A taxa de juros nominal depende da taxa de inflação esperada. Se, por exemplo, a taxa de inflação esperada for 5% e a taxa de juros real for 3%, a taxa de juros nominal será aproximadamente 8%. Os emprestadores exigirão 8% para garantir que os mutuários lhes retornem o poder de compra completo do capital emprestado, *mais* a taxa de juros real. Esse efeito da inflação na taxa de juros nominal passou a ser conhecido como o *efeito Fisher*. Um rápido aumento no estoque de moeda pode, inicialmente, reduzir as taxas de juros, mas, de acordo com Fisher, também vai causar a subida dos preços. Como resultado desses preços mais elevados, os credores vão aumentar a taxa de juro nominal em um montante igual à taxa de inflação esperada durante o período de seus empréstimos. Nesse aspecto, altas taxas de juros nominais podem ser provocadas por altas taxas de inflação esperadas, em oposição a fatores reais, como preferências de tempo e taxas reais de retorno sobre o investimento.

A teoria quantitativa da moeda

Fisher reafirmou e ampliou a antiga teoria quantitativa da moeda, com base na equação de troca. Fisher viu cinco determinantes do poder de compra da moeda, ou seu inverso, o nível de preço: (1) o volume de moeda em circulação, (2) sua velocidade de circulação, (3) o volume de depósitos bancários sujeitos a verificação, (4) sua velocidade e (5) o volume de comércio. A economia monetária, o ramo que trata desses cinco reguladores do poder de compra, é uma ciência exata, dizia Fisher, capaz de formulação precisa, demonstração e verificação estatística.

A equação de troca de Fisher é mostrada como a Equação 16.1:

$$MV + M'V' = PT \tag{16.1}$$

em que M é a quantidade de moeda, V é sua velocidade de circulação, M' é a quantidade de demanda por depósitos, V' é sua velocidade de circulação, P é o nível médio de preços e T é a quantidade de bens e serviços transacionados ou vendidos, com cada unidade sendo contada toda vez que é vendida ou revendida.

A versão da equação de troca de Fisher difere da equação de Cambridge ao enfatizar V, a taxa em que o estoque de moeda se movimenta, enquanto subestima k, a fração de renda que as pessoas desejam manter na forma de equilíbrio de caixa. O k de Cambridge é simplesmente $1/V$.

De acordo com Fisher, os preços variam *diretamente* com a quantidade de moeda (M e M') e com a velocidade de circulação (V e V') e *inversamente* com o volume de comércio (T). A primeira dessas três relações é a mais importante, disse Fisher, pois constitui a *teoria quantitativa da moeda*.

Fisher supôs que M', o volume da demanda por depósitos, tende a manter uma relação fixa com M, a quantidade de moeda em circulação, ou seja, os depósitos são normalmente um múltiplo de moeda relativamente fixo e definido. Existem dois motivos para isso. Primeiro, as reservas bancárias são mantidas em taxas definidas fixas para depósitos bancários. Segundo, pessoas, empresas e corporações mantêm taxas relativamente estáveis entre a sua moeda e os balanços de depósitos. Se a taxa entre M e M' for temporariamente alterada, certos fatores entrarão, automaticamente, para restaurá-la. As pessoas depositarão moeda excedente ou resgatarão depósitos excedentes. Períodos de transição de aumento ou queda nos preços também prejudicarão a relação entre M e M', mas apenas temporariamente. Enquanto a relação normal se mantiver no longo prazo, a existência de depósitos bancários aumenta, mas não distorce o efeito no nível de preços produzido pela quantidade de moeda em circulação.

Para propor uma relação de causa e efeito entre a quantidade de moeda e o nível de preço, Fisher também tinha de supor que a velocidade de circulação e o volume de comércio são constantes. Ele reconhecia que ambos flutuam durante o ciclo econômico, mas sempre tendem a retornar a um nível de equilíbrio. A tendência em direção à estabilidade em T também depende do equilíbrio de emprego total, pois com desemprego considerável, um aumento em M pode muito bem elevar T, em vez de P. O volume de comércio também cresce no longo prazo com a alteração na população, a eficiência da produção e assim por diante. Ainda assim, no curto prazo, com uma economia completamente empregada, a quantidade de moeda em circulação normalmente determina o nível de preço. Ele escreveu:

> Voltamos à conclusão de que a velocidade de circulação da moeda ou de depósitos é independente da quantidade de moeda ou de depósitos. Nenhum motivo foi ou é aparente, que possa ser atribuído, para mostrar por que a velocidade de circulação da moeda ou de depósitos deveria ser diferente, quando a quantidade de moeda ou de depósitos é grande, do que ela é quando a quantidade é pequena.
>
> Ainda resta uma maneira aparente de fugir da conclusão de que o único efeito de um aumento na quantidade de moeda em circulação será aumentar os preços. Pode-se dizer - na realidade, já se disse - que esse aumento resulta em um maior volume de comércio. Agora continuamos a mostrar que (exceto durante o período de transição) o volume de comércio, como a velocidade de moeda, é independente da quantidade de moeda. Uma inflação da moeda não pode aumentar o produto de fazendas e fábricas, nem a velocidade da frota de trens ou navios. O fluxo de negócios depende de recursos naturais e de condições técnicas, não da quantidade de moeda. Todo o maquinário de produção, transporte e venda é uma questão de recursos fixos e de técnica, nenhum dos quais depende da quantidade de moeda. (...) Concluímos, portanto, que uma alteração na quantidade de moeda não afetará significativamente as quantidades de bens vendidos em moeda.
>
> Assim, portanto, ao dobrar-se a quantidade de moeda: (1) os depósitos sujeitos a verificação vão normalmente dobrar na mesma proporção e (2) isso não afetará significativamente a velocidade de circulação de moeda ou os depósitos ou o volume de comércio. Ocorre, então, necessária e matematicamente, que o nível de preços deve dobrar. (...)
>
> Podemos reafirmar, portanto, em que sentido causal a teoria quantitativa é verdadeira. Ela é verdadeira no sentido de que *um dos efeitos normais de um aumento na quantidade de moeda é um aumento exatamente proporcional no nível geral de preços.*[11]

11 Idem. *The purchasing power of money.* Nova York: Macmillan, 1911. p. 154-157.

Qual é o "mecanismo de transmissão" por meio do qual aumentos ou reduções em *M* provocam alterações em *P*? De acordo com Fisher, as pessoas desejam manter uma quantidade específica de balanços de caixa em relação aos seus gastos (devemos nos lembrar do *k* de Marshall). O aumento no montante de moeda na economia altera sua taxa ideal, fazendo que os indivíduos reajustem suas relações moeda/gasto aumentando seus gastos. Esse gasto adicionado eleva os preços dos produtos na mesma proporção que o aumento de moeda na economia. Assim, existe um vínculo *direto*, dizia Fisher, entre aumento de moeda e aumento de preços. Lembremos que Wicksell tinha enfatizado um vínculo *indireto*: a criação de moeda provocaria alterações na taxa de juros bancária, que definiria alterações na poupança e no investimento, que provocariam, finalmente, uma alteração no nível de preços.[12]

Política monetária

A teoria quantitativa da moeda oferece uma maneira de estabilizar o nível geral de preços e, portanto, a economia: o controle rígido da quantidade de moeda em circulação. Isso pode ser obtido com papel-moeda resgatável, mas Fisher tinha uma visão obscura da solução, antes da Grande Depressão da década de 1930. O papel-moeda não resgatável em ouro tende a despertar a desconfiança pública, a ser facilmente emitido em demasia pelas autoridades monetárias, a provocar especulação e a alinhar devedores em uma campanha por inflação. O plano que ele defendia faria o papel-moeda resgatável sob demanda, não em qualquer valor necessário, ou moeda, ou ouro, mas em uma quantidade de ouro que representaria um poder de compra constante. O poder de compra do dólar permaneceria, portanto, constante. Quanto mais ouro em um dólar, mais um dólar compraria e menores seriam os preços, e vice-versa.

De acordo com o plano de Fisher, primeiro abandonaríamos as moedas de ouro e utilizaríamos somente certificados de ouro – papel-moeda resgatável em barras de ouro. O governo variaria a quantidade de barras de ouro que ele trocaria por um dólar em papel, ou seja, ele variaria o preço do ouro para manter a estabilidade no nível geral de preços. Se o índice de preços aumentasse 1%, indicando, portanto, que o índice do poder de compra era muito baixo, o valor do dólar em ouro aumentaria 1%. Se o índice de preços caísse 1% abaixo da paridade, o valor do dólar em ouro seria reduzido em 1%. Se essa alteração de valor não corrigisse completamente a alteração indesejável de preços, outras alterações na mesma direção seriam necessárias.

Se um fluxo de ouro entrasse em circulação de fontes domésticas ou externas, certificados de ouro desnecessários ocasionariam um aumento no preço, de acordo com a teoria quantitativa da moeda. A redução no preço do ouro diminuiria a oferta de certificados de ouro por dois motivos: primeiro, o depósito de ouro com o governo seria desestimulado. Segundo, as pessoas trocariam seu papel-moeda por ouro. A moeda em circulação seria, portanto, reduzida e os preços seriam forçados para baixo. Se, de maneira alternativa, o ouro estivesse sendo exportado, os preços cairiam à medida que a moeda em circulação fosse reduzida. O aumento no preço do ouro inverteria o fluxo de saída e, portanto, restauraria o nível de preços anterior:

12 Isso não deve sugerir que Wicksell não tenha reconhecido esse efeito denominado equilíbrio real. Consulte *Interest and prices*, de Wicksell, p. 39-40.

> O plano colocaria um fim, de uma vez por todas, a um mal terrível que, por séculos, tem atormentado o mundo, o mal da desorganização de contratos e entendimentos monetários. Todos os contratos, atualmente, embora realizados nominalmente, são falsificados com pesos e medidas falsos utilizados para fornecer carvão ou grão.[13]

Fisher, como a maioria dos monetaristas, acreditava que as flutuações no preço eram a causa, e não o resultado, de flutuações nos negócios. A estabilização dos preços, portanto, por meio do controle da quantidade da moeda eliminaria o ciclo econômico. Em um artigo publicado em 1925, ele concluiu que as "alterações no nível de preços explicam, quase completamente, as flutuações no comércio, para o período de 1915 a 1923". Anteriormente, ele havia declarado:

> Se eu fosse escolher uma comparação física, não seria o balanço do pêndulo de um relógio, mas o balanço das árvores ou de seus galhos. Se, na floresta, puxarmos um galho e o deixarmos voltar, definiremos um movimento para a frente e para trás. Esse é o ciclo real, mas, se não houver nenhuma outra alteração, o balanço logo cessará e o galho ficará novamente imóvel.
>
> Uma outra objeção à teoria da regularidade cíclica nos negócios é que ela negligencia o "atrito". O galho, depois de curvado e deixado sozinho, logo para de balançar. O mesmo acontece com uma cadeira de balanço e com um pêndulo em um relógio que parou. O atrito os leva ao repouso. Para que eles continuem se movendo, uma força externa deve ser aplicada. Assim, nos negócios, devemos supor que o efeito de qualquer alteração inicial logo se dissiparia, depois de muito poucas oscilações de amplitude rapidamente decrescente. O ciclo comercial resultante pararia rapidamente de uma vez, se dependesse apenas de suas próprias reações. Para que ele continuasse seu movimento, deveria ser aplicada uma força externa. Mas, a menos que essa força externa também seja cíclica, e, além disso, que o ritmo dessa força ou forças esteja em sincronia exata com o próprio pêndulo dos negócios, essas forças externas não perpetuarão, mas, sim, ofuscarão o ciclo, como o vento que sopra nas árvores. Não podemos imaginar nada análogo ao "escape" de um relógio que tão gentilmente temporiza a força externa para manter o balanço natural do pêndulo.
>
> Eu, portanto, não tenho fé nenhuma "no" ciclo econômico. Não duvido que, depois de qualquer alteração em uma direção ou em outra, os negócios tendam a voltar ao normal (e muito pouco além), assim como o faz a árvore.[14]

Após o *crash* de 1929, Fisher viu o crescimento de dívidas como a maior causa de deflação e depressão. Dívidas excessivas levam à liquidação, jogando os bens no mercado. Preços de bens em queda levam a uma maior pressão pela liquidação de dívidas. Fisher passou a acreditar que as flutuações na demanda por depósitos são a maior causa de flutuações nos negócios. Em outras palavras, ele perdeu a fé no relacionamento estável entre a moeda e a demanda por depósitos. Também aceitou, implicitamente, uma crítica de seu plano de estabilização anterior – a de que as contas correntes, como meio de pagamento, são tão vastas, se comparadas às reservas de ouro por trás delas, que pequenas alterações no preço do ouro têm pouco efeito no nível médio de preços.

---

13 Idem. *Stabilizing the dollar.* Nova York: Macmillan, 1920. p. 108.
14 HAWTREY, R.G. *The art of central banking.* Londres: Longmans, Green, 1932. p 167-168. Reimpresso com permissão da editora.

A solução de Fisher era exibir 100% de reservas por trás das demandas por depósitos, separando o processo de criação e destruição de moeda do negócio dos bancos. Primeiro, uma comissão de moeda do governo se ofereceria para comprar ativos bancários líquidos (até 100% dos depósitos em conta corrente dos bancos) para moeda ou emprestar moeda aos bancos com esses ativos como segurança. Em seguida, todo o dinheiro teria de ser 100% garantido pelas reservas de moeda. Em outras palavras, a demanda por depósitos seria, literalmente, depósitos, consistindo em moeda mantida em crédito para o depositante. Os bancos poderiam emprestar somente sua própria moeda ou a moeda colocada em contas de poupança. Isso eliminaria corridas aos bancos, falências bancárias, muito da dívida do governo e a maioria dos ganhos dos bancos. Os bancos teriam de cobrar pelo serviço de depósito para serem compensados por sua perda de ganhos, quando o seu poder para criar crédito fosse destruído. O maior benefício da política de Fisher seria a eliminação de grande inflação e deflação monetárias, mitigando, a partir daí, os *booms* e as depressões econômicas.

Para estabilizar o poder de compra do dólar, a comissão de moeda precisaria comprar títulos quando o índice estivesse abaixo da paridade oficial e vender quando estivesse acima. O mecanismo, hoje familiar, de operações de mercado aberto do sistema do banco central seria um substituto para as variações do preço do ouro, que Fisher defendeu anteriormente. O país já tinha saído do padrão ouro quando ele começou a defender esse plano "100% moeda", e Fisher não era a favor de voltar o padrão ao ouro.

É claro que Fisher não pensava que os ciclos de negócios são inerentes à economia. Ele considerava sua causa quase inteiramente monetária e argumentava que sua cura seria efetuada pela estabilização dos preços. Em 1936, Fisher escreveu:

> Como explicações do chamado ciclo de negócios, ou ciclos, quando eles realmente são sérios, duvido da adequabilidade da produção excessiva, baixo consumo, capacidade excessiva, deslocamento de preço, ajuste errado entre a agricultura e os preços industriais, confiança excessiva, investimento excessivo, poupança excessiva e gasto excessivo.
>
> Eu me aventuro a dar a opinião, sujeita à correção sob submissão de evidência futura, de que nos *booms* e depressões realmente grandes do passado, cada um dos fatores mencionados acima desempenhou um papel subordinado, se comparado a dois fatores dominantes, isto é, (1) o endividamento excessivo (especialmente na forma de empréstimos bancários) em primeiro lugar, (2) e a deflação (ou valorização do dólar) logo em seguida. Além disso, onde todos os outros fatores se tornam conspícuos, eles são geralmente simples efeitos ou sintomas desses dois.
>
> Embora relativamente pronto para mudar minha opinião, tenho, atualmente, uma forte convicção de que essas duas enfermidades econômicas, que podem ser chamadas "doença da dívida" e "doença do dólar", são, nos grandes *booms* e depressões, causas mais importantes que todas as outras juntas.[15]

Fisher fez um trabalho maravilhoso em economia matemática, estatística e em números-índices. Foi um pioneiro no desenvolvimento do novo campo da econometria (Capítulo 18), que tornou os métodos estatísticos uma parte da análise econômica, em vez de simplesmente um mero adjunto dela. Foi honrado por suas contribuições, sendo

15 FISHER, Irving. *100% money*. 2. ed. Nova York: Adelphi, 1936. p. 120-121.

eleito presidente da *American Economic Association*, da *American Statistical Association* e da *Econometric Society*.

RALPH GEORGE HAWTREY

Ralph George Hawtrey (1879-1975) foi um funcionário do tesouro britânico que encontrou tempo para escrever muitos livros sobre a economia monetária. Sua principal preocupação eram as flutuações nos negócios, que ele atribuía muito à instabilidade de crédito. Poderia haver outras causas de flutuações, ele admitia, mas elas são menos importantes e podem ser controladas por dispositivos monetários.

Teoria monetária do ciclo econômico

A principal figura do esquema de Hawtrey não é o produtor, mas o comerciante ou negociante do atacado, e o principal fator é a taxa de juros. Se os bancos aplicarem restrições de crédito, o efeito direto na produção, na agricultura, na mineração e na fabricação provavelmente será pequeno. O lucro dos produtores depende da produção, e eles não podem reduzir o capital de giro abaixo de um certo nível sem reduzir a produção. Se os produtores contarem com empréstimos temporários, a cobrança de juros, mesmo a uma taxa alta, será um item de menor importância entre seus custos.

Os atacadistas, em comparação, são muito sensíveis à taxa de juros. Eles emprestam moeda para manter estoques e, como sua margem comercial é muito pequena, as cobranças de juros são um componente importante de seus custos. Cobranças de taxas de juros mais altas aumentarão o custo do transporte de bens, e eles terão de reduzir seus estoques. Menores taxas de juros facilitarão a manutenção de grandes estoques de bens. Os comerciantes tomam a iniciativa na produção aumentando ou reduzindo pedidos. Suas operações de empréstimo são influenciadas não só pelas condições em que o banqueiro está disposto a emprestar, mas também pelo nível de demanda e pelas perspectivas de movimentos de preços no mercado. Se a expectativa for de aumento nos preços, eles desejarão aumentar os estoques para fazer um lucro extra. Ao fazer isso, devem considerar a cobrança de juros para a moeda adicional que devem pegar emprestada, pois a cobrança de juros extra é certa, enquanto o aumento nos preços é especulação.

Por que ocorrem flutuações no comércio? Por causa da instabilidade de crédito inerente que trabalha, por meio dos comerciantes, para desequilibrar o restante da economia em partidas cumulativas de um equilíbrio estável:

> Se os bancos aumentarem seu empréstimo, ocorrerá uma liberação de moeda e um aumento da renda e do gasto [com consumo e bens de investimento] do consumidor. O aumento no gasto dos clientes significa maior demanda por bens em geral, e os comerciantes veem seus estoques de produtos diminuir. Daí, resultam mais pedidos aos produtores, um aumento na atividade produtiva, na renda e no gasto do consumidor e na demanda, ou seja, uma redução maior de estoques. Uma maior atividade significa maior demanda, e uma maior demanda significa maior atividade. Um círculo vicioso é instalado, uma expansão *cumulativa* da atividade produtiva.

> A atividade produtiva não pode crescer sem limite. À medida que o processo cumulativo leva uma indústria após a outra para o limite da capacidade produtiva, os produtores começam a cotar preços cada vez mais altos. O círculo vicioso não é quebrado, mas o crescimento cumulativo da atividade abre caminho para um aumento cumulativo de preços. O círculo vicioso da inflação está instalado.
>
> Depois que a expansão da demanda foi definitivamente iniciada, ela continuará por si só. Nenhum encorajamento posterior dos bancos aos mutuários é necessário.
>
> Um princípio semelhante se aplica a uma retração da demanda. Suponha que os bancos tomem medidas para reduzir seu empréstimo. Uma absorção de moeda e uma retração da renda e do gasto do consumidor [sobre o consumo e os bens de investimento] se seguirão. A demanda cairá, os estoques de produtos acabados dos comerciantes se acumularão, os pedidos aos produtores serão cortados. Atividade reduzida significa demanda reduzida, e demanda reduzida significa atividade reduzida.
>
> O círculo vicioso da depressão é a contraparte do círculo vicioso de atividade, exceto que ele não encontra nenhum limite definido, como a capacidade produtiva impõe no caminho da atividade crescente. Mas o declínio na atividade certamente será acompanhado por uma queda nos preços no atacado, pois os produtores farão concessões, cada um deles se esforçando para obter a maior participação possível do montante limitado de demanda, para manter sua planta funcionando. Aqui vemos o círculo vicioso da deflação.[16]

Política monetária discricionária

O banco central pode regulamentar o crédito e, portanto, promover a estabilidade. Algumas vezes, ele simplesmente tem de modificar uma tendência à expansão ou à retração. Outras vezes, ele deve inverter a tendência. Como a tendência existente possui um certo momento, é necessária uma força significativa para invertê-la. O maior perigo é que a ação seja tardia demais e o sucesso, portanto, mais duvidoso. Se ocorrer, por exemplo, um círculo vicioso de inflação, pode haver tal pressão por empréstimos que somente uma recusa franca em emprestar pode cancelá-la. O banco central anulará, portanto, sua função como emprestador, de última instância. De maneira semelhante, uma depressão pode causar pessimismo entre os comerciantes e, portanto, eles não serão induzidos a emprestar.

Hawtrey recomendou várias soluções para restringir a instabilidade de crédito e a consequente instabilidade da atividade econômica: operações de mercado aberto do banco central, alterações na taxa de redesconto e variações nos requisitos de reserva dos bancos comerciais. Se a renda nacional tiver de ser mantida constante, tanto o crédito como a moeda devem variar. O aumento nas taxas de juros e a restrição das reservas do banco podem inibir a inflação, pois essas políticas podem sempre ser levadas ao ponto em que se tornam efetivas. Mas o inverso não é necessariamente verdadeiro. Dinheiro barato e maiores reservas bancárias podem não estimular uma retomada. Quando a demanda por bens é baixa, os vendedores no atacado procuram reduzir seus inventários, cortando suas compras a um nível abaixo de suas vendas. Mas se as vendas caírem mais rapidamente do que eles esperam, os bens em estoque poderão, na realidade, aumentar. Em uma situação dessas, os vendedores no atacado não podem ser induzidos a tomar emprestado,

16 HAWTREY, R. G. *Capital and employment*. 2. ed. Londres: Longmans, Green, 1952. p. 79.

mesmo a taxas muito baixas de juros, para aumentar o montante de bens disponíveis. O resultado é o que Hawtrey chamou de um completo bloqueio de crédito, com a estagnação econômica e a profunda depressão, como nos anos 1930. "Um bloqueio é uma ocorrência rara, mas, infelizmente, nos anos 1930, ele veio como uma praga no mundo e surgiram problemas que ameaçaram a civilização de destruição".[17]

Hawtrey decidiu que a maneira de evitar um bloqueio, é adotar a ação adequada durante o *boom* anterior. Uma ação precoce deve ser empreendida para parar a expansão monetária excessiva. Quando a taxa bancária é elevada de maneira suficiente, o *boom* é invertido. Após a inversão, ocorre que a taxa bancária deve ser reduzida rapidamente para evitar uma inflação cumulativa e viciosa:

> Quando supomos que a alta taxa bancária fez o seu trabalho, isso significa que ela superou com êxito o círculo vicioso de expansão e iniciou um círculo vicioso de deflação. Para quebrar o círculo vicioso de deflação, é essencial infundir nos comerciantes uma tendência suficientemente concentrada de aumentar suas compras. Na época em que suas compras ainda estão adaptadas às tendências restritivas de uma alta taxa bancária, uma transição *repentina* para uma baixa taxa bancária terá esse efeito. Se a transição for atrasada e se espalhar por um intervalo maior, seu poder, a qualquer momento, pode ser insuficiente, e o círculo vicioso de deflação continuará a ganhar ímpeto, até que ele se torne irresistível.[18]

Veja O passado como preâmbulo 16-1

O conceito de Hawtrey do mercador como uma figura crucial na vida econômica talvez tenha sido mais adequado para a Inglaterra do que para qualquer outro lugar, pois a Inglaterra era, na época, a líder no comércio mundial. Sua posição declinante no comércio mundial torna essa visão menos controlável hoje. A fé não crítica de Hawtrey na eficácia da política monetária discricionária por meio de operações de mercado aberto tornou-o bem popular nos Estados Unidos durante os anos 1920, pois a ideia que prevalecia na época era a de que o Sistema do Federal Reserve poderia estabilizar a economia com o dispositivo. Sua identificação lúcida das ferramentas de política monetária foi, na realidade, uma contribuição duradoura para a economia. A ênfase precoce de Hawtrey na importância dos inventários recebeu reconhecimento cada vez maior dos economistas em décadas recentes. Alguns economistas identificaram as flutuações no estoque de bens não vendidos como um dos principais fatores no entendimento de expansões e recessões pós-Segunda Guerra Mundial.

Nota: Os capítulos posteriores revelarão que os economistas, mais tarde, refinaram, expandiram e, em alguns casos, reorientaram as contribuições de Wicksell, Fisher e Hawtrey. Alguns dos principais debates econômicos de nossa época estão firmemente enraizados no solo cultivado por esses economistas. Dois exemplos de tais debates são o desacordo em causas de instabilidade macroeconômica e a controvérsia com relação à eficiência relativa da política monetária discricionária *versus* regras monetárias.

17 Ibidem, p. 79.
18 Ibidem, p. 113.

16-1 O passado como preâmbulo

POLÍTICA MONETÁRIA E A GRANDE RECESSÃO

As ferramentas de política monetária de Ralph G. Hawtrey – operações de mercado aberto, taxa de desconto e requerimento de reserva – são um componente essencial do Sistema do Federal Reserve ("Fed") há décadas. O Fed expandiu temporariamente esse "conjunto de ferramentas" da política monetária em 2007 e 2008 em resposta à severa crise financeira e à Grande Recessão. Com as taxas de juros próximas a zero, novos programas foram introduzidos para tentar quebrar o impasse de crédito semelhante ao que Hawtrey descreveu nos anos 1930.

A crise financeira fez que muitos bancos não conseguissem manter seus níveis de reserva. Os excedentes eram baixos demais para promover a expansão por meio de empréstimos. O Fed criou novos programas que visavam aumentar as reservas bancárias e passou a fazer o papel de "credor de última instância". Um desses programas, o Leilão de Liquidez, criou um mecanismo que permitia aos bancos assegurarem quantidades definidas do novo tipo de empréstimo do Fed por meio de leilões de lance selado. O Fed criou também uma série de mecanismos – conhecidos como facilidades de crédito – para manter sua função de credora de última instância. As diversas facilidades de crédito permitiram o empréstimo de reservas de títulos públicos dos Estados Unidos a grandes corporações e instituições financeiras. Além de estabilizar essas grandes empresas, o objetivo do Fed era facilitar os empréstimos regulares a pessoas que estivessem comprando casas, estudantes, consumidores e pequenas empresas.[a]

A grande quantidade de calotes enfrentada pelas instituições financeiras contribuiu para a crise. A pouca probabilidade de receber os pagamentos dos mutuários fez que tivessem insuficiente excesso de reservas para fazer mais empréstimos. O Fed reagiu criando a "flexibilização quantitativa", uma forma ampliada de operações de mercado aberto que usava dinheiro recém-emitido para comprar grandes quantidades de dívidas (tanto boas quanto ruins) das instituições financeiras. O número de títulos hipotecários, de débitos bancários e de títulos do tesouro do Federal Reserve Bank expandiu-se dramaticamente.

Apesar de todos esses esforços do Fed, os bancos estavam relutantes em emprestar, mesmo com taxas de juros baixas, pois sua confiança na economia constantemente fraca estava agora abalada. Pela mesma razão, as empresas e os consumidores hesitavam em tomar empréstimos. Assim, apesar de as ações do Fed terem aumentado substancialmente o excesso de reservas no sistema e estabilizado as taxas de juros entre zero e 25%, o tão desejado estímulo econômico não ocorria. Esse problema de política monetária – uma "armadilha de liquidez" – foi mencionado pela primeira vez por John Maynard Keynes (Capítulo 21). Uma solução para a armadilha de liquidez é a política fiscal expansionista, instituída nos Estados Unidos em 2009 por meio da Lei de Recuperação e Reinvestimento de US$ 787 bilhões.

Com o final da pior fase da crise financeira e da recessão, em junho de 2009, o Fed encerrou em 2010 a maior parte dos instrumentos de empréstimos recentemente criados. No entanto, a economia permanecia apática, o que obrigou o Fed a manter baixas as taxas de juros de curto prazo e a se concentrar em taxas de longo prazo. Lançou-se uma segunda rodada de flexibilização quantitativa (chamada "QE2"), dessa vez com foco na compra de títulos públicos federais de longo prazo. Apesar de o processo ter sido completado em 2011, como a economia ainda mostrava uma recuperação lenta, considerou-se uma "QE3". Quando os preços das ações tiveram grande queda na metade de 2011, o Fed tentou acalmar os investidores e estabilizar os mercados financeiros com a proposta de manter os juros de curto prazo baixos por pelo menos mais dois anos.

Mas essa expansão das atividades de credora de última instância gerou um problema adicional: o "risco moral". Usado principalmente com referência a seguros, o risco moral ocorre quando o fato de proteger alguém dos resultados de uma ação reduz a motivação para evitar esses resultados negativos, promovendo um comportamento de risco.[b] Por exemplo, um seguro que cubra os custos de um reparo pode incentivar o motorista a dirigir de maneira inconsequente. No caso dos empréstimos para bancos em dificuldades, a precipitação do Fed em ajudar as instituições financeiras aumentou a chance de esses bancos virem a se envolver no mesmo tipo de atividade arriscada de empréstimo que precipitou a crise financeira.

a. Para uma descrição e lista atualizada da política de ferramentas monetárias do Fed, visite <www.federalreserve.gov>. Clique em "Monetary Policy" e veja a lista de ferramentas atuais e as já desativadas.

b. Kenneth Arrow (Capítulo 23) foi um dos primeiros economistas a utilizar o termo em Kenneth J. Arrow, Uncertainty and the welfare economics of medical care. *American Economic Review*, n. 53, p. 941-973, dez. 1963.

Perguntas para estudo e discussão

1. Identifique brevemente e estabeleça a importância de cada um dos seguintes pensadores e conceitos para a história do pensamento econômico: Wicksell, taxa de juros normal ou natural, taxa de juros bancária, poupança forçada, Fisher, taxa de impaciência, taxa de oportunidade de investimento, teoria quantitativa da moeda, efeito do equilíbrio real, efeito de Fisher, Hawtrey, operações de mercado aberto e bloqueio de crédito, flexibilização quantitativa, armadilha de liquidez, risco moral.
2. Suponha que a taxa de juros natural simplesmente se iguale à taxa de juros bancária. Ocorrerá inflação ou deflação, de acordo com Wicksell? Explique, relacionando sua resposta a investimento e poupança.
3. Discuta a seguinte declaração: Wicksell pensava que o foco na política monetária deveria ser a taxa de juros; Fisher acreditava que deveria ser o estoque de moeda.
4. Suponha que a sociedade se torne mais impaciente, que seus membros desejem consumir mais bens hoje em vez de esperar consumi-los no futuro. Qual será o impacto na taxa de juros de equilíbrio, de acordo com Fisher?

5. Explique a distinção entre as taxas de juros reais e as nominais. A quem creditamos essa distinção?
6. Suponha que uma nação que tem um sistema bancário de reserva fracional tenha decidido adotar, sem aviso, um outro tipo de medida, um requisito de 100% de reserva. O que você esperaria que acontecesse com o nível de preços? Explique seu raciocínio. Como a proposta de Fisher para um requisito de reserva de 100% espera eliminar esse problema?
7. De acordo com Hawtrey, como um banco central poderia reduzir o estoque de moeda na economia? Com base no conhecimento obtido com lições de economia anteriores, explique cada uma das três ferramentas para a política monetária.
8. O que existe em comum entre as teorias econômicas de Wicksell, Fisher e Hawtrey? Que diferenças distintas existem?
9. Atualize "O passado como preâmbulo 16.1" pesquisando as modificações em produto, inflação e política monetária desde 2011. Os esforços do Fed para estimular a economia tiveram sucesso?
10. Como Wicksell, Fisher e Hawtrey avaliariam a crise financeira de 2007–2008, a Grande Recessão e as ações do Fed diante delas?

Leituras selecionadas

Livros

BLAUG, Mark (ed). *Irving Fisher, Arthur Hadley, Ragnar Frisch, Friedrich Hayek, Allyn Young, and Ugo Mazzola*. Brookfield, VT: Edward Elgar, 1992.

__________. (ed.) *Knut Wicksell*. Brookfield, VT: Edward Elgar, 1992.

CONRAD, J. W. *An introduction to the theory of interest*. Berkeley, CA: University of California Press, 1959. Capítulo 4.

DEUTSHER, Patrick. *R. G. Hawtrey and the development of macroeconomics*. Ann Arbor, MI: University of Michigan Press, 1990.

FISHER, Irving. *The works of Irving Fisher*. Editado por William J. Barber. Londres: Pickering and Chatto, 1998. 14 v.

__________. *The money illusion*. Nova York: Adelphi, 1928.

__________. *The nature of capital and income*. Nova York: Macmillan, 1906.

__________. *100% money*. 2. ed. Nova York: Adelphi, 1936.

__________. *The purchasing power of money*. Nova York: Macmillan, 1911.

__________. *Stabilizing the dollar*. Nova York: Macmillan, 1920.

GORLUND, Torsten. *The life of Knut Wicksell*. Trad. Nancy Adler. Estocolmo: Almqvist and Wiksell, 1958.

HAWTREY, Ralph George. *The art of central banking*. Londres: Longmans, Green, 1932.

__________. *Capital and employment*. 2. ed. Londres: Longmans, Green, 1952.

__________. *Currency and credit*. Londres: Longmans, Green, 1919.

UHR, Carl G. *Economic doctrines of Knut Wicksell*. Berkeley, CA: University of California Press, 1960.

WICKSELL, Knut. *Interest and prices*. Trad. R. F. Kahn. Londres: Macmillan, 1936 [publicado originalmente em 1898].

__________. *Lectures on political economy*. Trad. E. Classen. Londres: Routledge, 1934-1935. 2 v. [publicado originalmente em 1901 e 1906].

Artigos de revistas especializadas

BOIANOVSKY, Mauro. Wicksell on deflation in the early 1920s. *History of Political Economy*, n. 30, p. 219-276, verão de 1998.

CROCKETT JR., John H. Irving Fisher on the financial economics of uncertainty. *History of Political Economy*, n. 12, p. 65-82, primavera de 1980.

DIMAND, Robert W. The fall and rise of Irving Fisher's macroeconomics. *Journal of the History of Economic Thought*, n. 20, p. 191-202, jun. 1998.

Scandinavian Journal of Economics, 80, n. 2, 1978. Contém vários artigos sobre as contribuições econômicas de Knut Wicksell.

TOBIN, James. Neoclassical theory in America: J. B. Clark and Fisher. *American Economic Review*, 75, n. 6, p. 28-38, dez. 1985.

TRESCOTT, Paul B. Discovery of the money-income relationship in the United States, 1921-1944. *History of Political Economy*, n. 14, p. 65-88, primavera de 1982.

17

A ESCOLA NEOCLÁSSICA – AFASTAMENTO DA CONCORRÊNCIA PERFEITA

As teorias da concorrência imperfeita estão bem no escopo e tradição da escola marginalista ou neoclássica. Embora essas teorias não estivessem totalmente desenvolvidas até o início dos anos 1930, elas têm raízes muito mais profundas. Por exemplo, lembremos que Cournot desenvolveu modelos de monopólio e duopólio logo no início de 1838 e que Edgeworth e Wicksell analisaram situações em que as curvas da demanda que os concorrentes enfrentavam eram menos do que perfeitamente elásticas. O interesse na concorrência imperfeita surgiu por causa da lacuna na teoria econômica entre modelos perfeitos de concorrência e monopólio e porque a teoria da concorrência perfeita estava se tornando cada vez mais incontrolável. A concorrência perfeita aplicava-se mais completamente à agricultura, mas mesmo lá a teoria estava se tornando menos adequada para as condições modernas do que tinha sido em épocas anteriores. Quando somente alguns poucos compradores se ofereciam para comprar produtos agrícolas em um mercado local, como o fumo, a carne, o grão e o leite, a concorrência perfeita não mais reinava. Além disso, embora a análise convencional da formação de preços ajudasse a identificar os impactos econômicos secundários da intervenção crescente do governo na agricultura, essa intervenção reduzia a utilidade do modelo de concorrência perfeita.

De acordo com muitos economistas, a teoria neoclássica da concorrência perfeita tinha ainda menos aplicabilidade direta para a produção industrial moderna e o comércio do que para a agricultura. A teoria pressupõe muitos compradores e vendedores, todos lidando com um produto perfeitamente homogêneo, de modo que nenhum indivíduo tenha influência perceptível no mercado. Os compradores, portanto, são completamente indiferentes com relação a qual vendedor escolher. Em um mundo assim, cada vendedor pode dispor de qualquer quantidade de bens ao preço do mercado, e nenhuma publicidade, nenhum nome de marca e nenhuma arte de vender são necessários. Esse, diziam os críticos, é obviamente um mundo relativamente abstrato e simplificado! Hoje, a maioria dos economistas concordaria que o modelo de concorrência perfeita fornece *insights* importantes à natureza e aos resultados da concorrência, mas não descreve de maneira precisa a maioria dos mercados nacionais e internacionais.

A metodologia das teorias de concorrência imperfeita discutidas neste capítulo mostra todas as características da escola neoclássica. A metodologia lida com a abordagem do marginalismo e da microeconomia de uma maneira abstrata, dedutiva e subjetiva, e sua economia supõe um mundo racional, estático e momentaneamente inalterado que tende ao equilíbrio. Pouco existe nessas teorias para explicar as flutuações, o crescimento e a alteração como um processo dinâmico.

Ao mostrar como os monopólios podem elevar os preços acima do equilíbrio competitivo para levar a lucros econômicos no longo prazo, as teorias relativas à concorrência perfeita influenciaram na criação de uma maior disposição entre os economistas em aceitar políticas antitruste mais rigorosas e a regulamentação governamental dos lucros dos monopólios de utilidade. As teorias, portanto, forneciam a base lógica para os objetivos do governo que tinham sido decretados quase meio século antes. Persistia a esperança de que a ação rigorosa do governo para encorajar a concorrência inverteria a tendência na direção de grandes empresas que remontavam a 1870, nos Estados Unidos, e ainda antes, na Inglaterra. As supostas bênçãos da concorrência perfeita que alguns economistas ainda esperam obter representam uma reação ao monopólio e um exercício de futilidade. Não podemos recuperar uma economia do tipo da concorrência perfeita em uma época de concorrência internacional e, mesmo que pudéssemos, não seria uma economia de grande estabilidade, crescimento e eficiência. Na realidade, a concorrência perfeita como uma meta foi amplamente substituída pela "concorrência manejável", que representa um compromisso entre a concorrência perfeita e o oligopólio.

Com essas adições à teoria neoclássica, aprendemos que, sob a concorrência monopolista, mesmo na falta do poder para realizar um lucro de monopólio, os preços provavelmente serão maiores e a produção menor do que na concorrência perfeita. Além disso, em condições de concorrência monopolista e monopsônio, os fatores de produção não recebem rendimentos equivalentes ao valor de suas contribuições marginais. Essas novas teorias, portanto, acabaram com a ideia disseminada de que um sistema de empresa privada *necessariamente* resulta na melhor alocação de recursos produtivos e *necessariamente* recompensa todos os fatores de produção adequadamente.

É admirável que as novas ideias tenham sido completamente desenvolvidas, de maneira independente e quase ao mesmo tempo, por Edward Chamberlin (nos Estados Unidos), Joan Robinson (na Inglaterra) e Heinrich von Stackelberg (na Alemanha). A análise de von Stackelberg o levou a abandonar toda a esperança de uma ordem econômica, com exceção da fornecida pelo Estado. Se o mundo econômico desintegrar em uma luta inútil de monopólios sem uma força de integração, a força do Estado deverá ser chamada para impor a ordem. Não é de admirar que von Stackelberg tenha adotado o fascismo veementemente. Veremos que Chamberlin e Robinson chegaram a conclusões bem menos radicais.

Nossa atenção central, no restante deste capítulo, se concentrará em Chamberlin e Robinson, cuja contribuição coletiva foi explorar várias situações que se encontram entre a concorrência perfeita e o monopólio perfeito. Mas antes de abordar suas teorias, será útil discutirmos resumidamente as ideias microeconômicas iniciais de Piero Sraffa.

PIERO SRAFFA

Piero Sraffa (1898-1983), um italiano que migrou para a Inglaterra, estudou sob a orientação de Marshall, lecionou na Universidade de Cambridge e foi editor da edição definitiva da obra completa e da correspondência de Ricardo. Quando a França caiu sob o ataque alemão em 1940, ele foi capturado pelos ingleses como um inimigo estrangeiro. Keynes denunciou os imbecis que estavam maltratando distintos acadêmicos refugiados e escreveu: "Se ainda houver algum simpatizante dos nazistas existente neste país, devemos procurar no escritório de guerra e no nosso serviço secreto, não nos campos de internação".[1]

Descobriremos, no Capítulo 22, que *Production of commodities by means of commodities* (1960), de Sraffa, o confirmou como um membro principal da escola de economia pós-keynesiana. Como tal, ele era crítico do neoclassicismo. No entanto, seu trabalho anterior estava dentro da tradição metodológica do neoclassicismo e foi seminal na geração da crítica emergente da teoria da concorrência perfeita.

No número de dezembro de 1926 do *Economic Journal*, Sraffa publicou um artigo importante. Nesse artigo, ele apontava que os custos unitários de produção podem muito bem cair, à medida que a empresa aumenta sua escala de produção. Os custos unitários podem ser reduzidos por causa de economias internas, à medida que a empresa expande a produção, porque os custos gerais estão distribuídos por um número maior de unidades produzidas. Os custos unitários em queda são incompatíveis com a concorrência perfeita (no extremo, isso pode levar a um *monopólio natural*). Se a empresa ficar mais eficiente à medida que seu tamanho aumenta, haverá menos empresas e menos concorrência. Assim, é necessário abandonar o caminho da livre concorrência e ir em direção ao monopólio.

Sraffa apresenta uma teoria bem-definida, mas é importante lembrar que tanto a concorrência perfeita como o monopólio natural são casos extremos. Em setores com poucas empresas, as forças competitivas ainda podem prevalecer. Sraffa está correto, no entanto, ao dizer que duas condições podem quebrar a perfeição dos mercados: (1) um único produtor pode afetar o preço do mercado variando a quantidade de bens que ele oferece para venda; (2) cada produtor pode se envolver na produção sob circunstâncias de custos individuais decrescentes.

As duas condições têm mais características de monopólio do que de concorrência perfeita. Um concorrente perfeito é um "tomador de preços" e enfrenta uma curva de demanda horizontal. Como pode vender tudo o que quiser ao preço do mercado, ele expande a produção, desde que o preço do mercado exceda seu custo marginal crescente. Centenas de empresas existem porque cada uma atinge um custo médio mínimo em escala relativamente pequena. Mas uma empresa que tem poder de monopólio deve reduzir seu preço em todas as unidades de produção para aumentar suas vendas. Ela tem, portanto, um incentivo para reduzir a produção para manter seu preço, sua receita e seu

1 HARROD, Roy. *The life of Maynard Keynes*. Harmondsworth: Penguin, 1972. p. 587.

lucro altos. Além disso, como algumas empresas operam custos médios decrescentes em vez de crescentes, elas podem expandir sua escala de operações bem além do tamanho pequeno que é consistente com a concorrência perfeita.

A teoria tradicional diz que a expansão de produção de uma empresa é limitada por custos crescentes. Sraffa disse que essa expansão de produção é limitada por causa da determinação de preços do monopólio.

> Todos os dias, a experiência mostra que um número muito grande de empreendimentos – e a maioria deles produz bens de consumo manufaturados – funciona em condições de custos individuais decrescentes. Quase todo produtor desses bens, se pudesse confiar que o mercado em que ele vende seus produtos estaria preparado para comprar qualquer quantidade deles no preço atual, sem problema nenhum de sua parte, exceto o de produzi-los, ampliaria o seu negócio significativamente. Não é fácil, em épocas de atividade normal, encontrar um empreendimento que restringe, sistematicamente, sua própria produção a uma quantidade menor do que a que poderia vender ao preço atual e que é, ao mesmo tempo, impedida de exceder esse preço pela concorrência. Os homens de negócios, que se consideram sujeitos a condições competitivas, achariam absurda a afirmação de que o limite de sua produção deve ser encontrado nas condições internas de produção de sua empresa, o que não permite a produção de uma maior quantidade sem um aumento no custo. O principal obstáculo contra o qual eles têm de lutar quando querem aumentar gradualmente sua produção não está no custo de produção – que, na realidade, geralmente os favorece nessa direção –, mas sim na dificuldade de vender uma maior quantidade de bens sem reduzir o preço ou sem ter de enfrentar despesas de marketing cada vez maiores. Essa necessidade de reduzir os preços para vender uma maior quantidade de seu próprio produto é apenas um aspecto da curva da demanda normalmente decrescente, com a diferença de que, em vez de estar relacionada com o todo da mercadoria, qualquer despesa de marketing que seja necessária para esse mercado é simplesmente uma iniciativa cara (na forma de publicidade, representação comercial, facilidades para os clientes etc.) para aumentar a disposição do mercado de comprar o produto – ou seja, elevar essa curva da demanda artificialmente.[2]

Em geral, cada empresa desfruta de vantagens especiais em seu próprio segmento protegido do mercado total. Ela não perderia todos os seus negócios se elevasse seu preço e não tiraria os negócios de seus concorrentes se reduzisse seu preço. Portanto, a empresa desfruta de certos elementos de monopólio, mesmo em um mercado que parece competitivo, e a curva da demanda que ela se depara se inclina para baixo e para a direita:

> Somos levados a atribuir a medida correta de importância ao principal obstáculo que impede o jogo livre da concorrência, mesmo onde ela parece predominar, e que ao mesmo tempo possibilita um equilíbrio estável, mesmo quando a curva da oferta para os produtos de cada empresa individual for decrescente – ou seja, a falta de indiferença tanto da parte dos compradores de bens como entre os diferentes produtores. As causas das preferências mostradas por qualquer grupo de compradores para uma empresa específica são da mais diversa natureza e podem variar do longo conhecimento pessoal e personalizado, da confiança na qualidade do produto, da proximidade, do conhecimento de requisitos específicos e da possibilidade de obter crédito até a reputação de

2 SRAFFA, Piero. The laws of returns under competitive conditions. *Economic Journal*, n. 36, p. 543, dez. 1926. Reimpresso com permissão da editora.

> uma marca registrada ou de um sinal ou de um nome com altas tradições ou até recursos especiais de modelagem ou *design* no produto que - sem constituir uma mercadoria distinta com o objetivo de atender a necessidades específicas - têm como principal objetivo distingui-lo dos produtos de outras empresas. O que esses e os muitos outros motivos possíveis para preferência têm em comum é que são expressos em uma disposição (que pode ser geralmente ditada como necessidade) da parte do grupo de compradores que constituem a clientela de uma empresa em pagar, se necessário, alguma coisa extra para obter os bens de uma determinada empresa e não de outra.
>
> Quando cada uma das empresas produtoras de uma mercadoria está nessa posição, o mercado geral para a mercadoria está subdividido em uma série de mercados diferentes. Qualquer empresa que se aventure a se expandir além de seu próprio mercado, invadindo os mercados de seus concorrentes, deve incorrer em pesadas despesas de marketing para superar as barreiras pelas quais eles são cercados, mas, por outro lado, dentro de seu próprio mercado e sob a proteção de sua própria barreira, cada uma delas desfruta de uma posição privilegiada, por meio da qual obtém vantagens que - se não em amplitude, pelo menos em sua natureza - são iguais às desfrutadas pelo monopolista comum.[3]

Em um setor estável, disse Sraffa, uma empresa pode reduzir seu preço e, assim, aumentar suas vendas e lucros em detrimento das empresas concorrentes. Se uma empresa elevar os preços, no entanto, os lucros são aumentados, sem prejudicar a concorrência. Na realidade, empresas concorrentes ganham no aumento dos preços, pois elas são, assim, livres para aumentar seus próprios preços. O segundo método de aumentar os lucros é, portanto, mais aceitável para os homens de negócios do que o primeiro, pois os lucros são considerados mais estáveis se não levarem a uma retaliação dos concorrentes.

O artigo amplamente lido e discutido de Sraffa desencadeou uma avalanche de pensamentos e escritos a respeito dos obstáculos da teoria econômica atual.

EDWARD HASTINGS CHAMBERLIN

Edward Hastings Chamberlin (1899-1967) nasceu em La Conner, Washington, recebeu seu diploma de graduação da Universidade de Iowa e obteve seu doutorado em Harvard, onde posteriormente se tornou um professor. Publicou *The theory of monopolistic competition* em 1933.[4] Esse importante livro uniu as teorias anteriormente separadas de monopólio e concorrência e procurou explicar uma gama de situações de mercado que não são nem puramente competitivas nem totalmente monopolistas. Chamberlin dizia que os preços de mercado são, na realidade, determinados tanto por elementos monopolistas como por elementos competitivos.

A teoria da concorrência monopolista

Um conceito importante da teoria da concorrência monopolista é o da diferenciação de produtos. Dentro de uma classe geral de bens, produtos específicos são "diferenciados

3 Sraffa, op. cit., p. 544-545.
4 Ele tinha sido apresentado em uma versão anterior em 1927 como sua tese de doutorado em Harvard.

se existir qualquer base significativa para distinguir os bens (ou serviços) de um vendedor dos de outros".[5] Isso implica que a curva da demanda de cada empresa se inclina para baixo e, portanto, sua curva de receita marginal deve ficar abaixo da demanda ou da curva de receita média. Chamberlin estava entre os primeiros de muitos teóricos no final dos anos 1920 e início dos 1930 que aplicavam a ideia de receita marginal implícita no modelo de monopólio de Cournot.[6] Como sabemos de discussões anteriores, a receita marginal é a adição à receita total resultante da venda de uma unidade adicional de produção. Na concorrência perfeita, em que cada empresa é capaz de vender toda a sua produção a preço corrente do mercado, a receita marginal é igual ao preço, e as curvas de receita marginal e da demanda são linhas horizontais idênticas. Assim, se um fazendeiro puder vender todos os alqueires de trigo a US$ 5 por alqueire, cada alqueire adicional vendido adiciona US$ 5 à receita total.

A situação é bem diferente em mercados em que a concorrência perfeita não prevalece. Com uma curva da demanda com inclinação para baixo, a curva de receita marginal inclina-se para baixo mais acentuadamente. Por exemplo, se um empresário pode vender um par de sapatos por dia a um preço de US$ 20, dois pares a US$ 18 e três pares a US$ 16, em cada caso, excetuando o primeiro, a receita marginal é menor que o preço. A receita marginal é US$ 20 para o primeiro par, mas somente US$ 16 para o segundo par. Isso pode ser calculado de duas maneiras: (1) a receita total vai de US$ 20 (US$ 20 × 1) para US$ 36 (US$ 18 × 2), um aumento de US$ 16; (2) o par adicional de sapatos é vendido por US$ 18, mas o preço do primeiro par teve de ser reduzido em US$ 2 para vender um segundo par (16 = 18 − 2). De maneira semelhante, a receita marginal obtida com a venda do terceiro par de sapatos é US$ 12.[7]

As curvas de custo que uma empresa comum se depara são as desenvolvidas por Jacob Viner (reveja O passado como preâmbulo 14-1). O custo marginal é a adição ao custo total como o resultado de produzir mais uma unidade de produção. A curva de custo marginal de curto prazo para uma empresa comum tem a forma da letra *U*. Essa forma geral resulta da lei de rendimentos crescentes e decrescentes, ou seja, curvas de custo em forma de *U* são obtidas da função de produção de curto prazo mostrada anteriormente como a Figura 14.3.

Lembre-se de que, quando o custo marginal está abaixo do custo médio, o custo médio necessariamente cai. Quando o custo marginal é maior que o custo médio, o custo médio necessariamente aumenta. Portanto, a curva de custo marginal corta a curva de custo médio no ponto inferior desta última.

A obtenção de maximização do lucro para cada empresa é determinada no ponto de intersecção das curvas de custo marginal e de receita marginal. Como a adição à receita total com a produção de uma unidade a mais excede a adição ao custo total, a adição à produção adiciona ao lucro. Se, por outro lado, o custo marginal estiver aumentando e exceder a receita marginal, ele paga para reduzir a produção. Como Cournot havia apontado, o lucro máximo ocorre somente na produção em que o custo marginal e a receita marginal são iguais. Essa regra única aplica-se tanto à concorrência perfeita como ao monopólio, assim como a uma gama de situações entre eles.

5 CHAMBERLIN, Edward H. *The theory of monopolistic competition*. Cambridge, MA: Harvard University Press, 1933. p. 56.

6 No entanto, Joan Robinson, não Chamberlin, recebeu o crédito por enfatizar a *importância* da receita marginal em teorias da firma.

7 Se você ainda estiver confuso neste ponto, recomendamos rever a explicação da Figura 12.1.

De acordo com Chamberlin, somente quando uma empresa desfruta de monopólio significativo, seu preço excederá o custo médio tanto no longo como no curto prazo. Quando muitas empresas operam na concorrência monopolista, a entrada livre no setor eliminará o lucro do monopólio no longo prazo. À medida que mais empresas se oferecem para vender bens que são substitutos próximos, embora imperfeitos, um para o outro, cada produtor pode vender menos bens a cada preço do que anteriormente. O equilíbrio no longo prazo ocorre quando a receita total de cada vendedor se iguala ao custo total (ou a receita média se iguala ao custo médio). Como um lucro normal é considerado um custo, a empresa está obtendo somente um lucro normal. Esse lucro é o que não atrai mais participantes para o setor, nem faz que empresas saiam dele.

Essas ideias estão ilustradas graficamente na Figura 17.1, baseada na própria representação de Chamberlin. A curva de custo médio da empresa, *AC*, inclui a taxa média de lucro - ou lucro normal - necessária para manter a empresa operando no longo prazo. Os bens podem, portanto, ser vendidos ao custo médio e ainda apresentar um lucro do ponto de vista da contabilidade. O custo marginal, *MC*, é obtido a partir do custo total.

Para entender o pensamento de Chamberlin, vamos, primeiro, examinar a curva da demanda *D* e a curva de receita marginal correspondente, *MR*. A curva da demanda inclina-se para baixo porque a empresa pode aumentar suas vendas reduzindo seus preços. Se ela aumentar seus preços, as vendas cairão. Mesmo os clientes que são fiéis a um vendedor específico ou ao produto (marca) aceitarão produtos levemente diferenciados se o preço se tornar alto demais. A curva de receita marginal *MR* fará intersecção com a

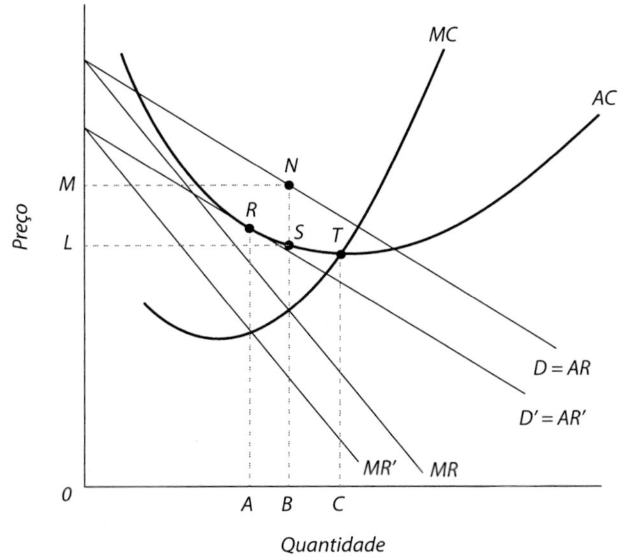

FIGURA 17.1 ■ TEORIA DA CONCORRÊNCIA MONOPOLISTA DE CHAMBERLIN

Dada a curva da demanda *D* e a curva de receita marginal *MR*, o concorrente monopolista produz quantidade *B*, em que *MR* = *MC* e ele obtém um lucro econômico de *LMNS*. Esse lucro econômico atrai novos participantes para o setor, resultando em uma alteração para baixo das curvas da demanda e de receita marginal da empresa *D'* e *MR'*. No equilíbrio no longo prazo, a empresa maximiza o lucro produzindo a quantidade *A*, obtém somente um lucro normal (*P* = *AC*), produz menos do que o concorrente (*A* em vez de *C*) e cobra um preço *(R)* que excede o custo marginal e o custo médio inferior. O resultado é capacidade em excesso e ineficiência alocativa.

curva de custo marginal no nível de produção *B*. Como visto pela curva da demanda *D*, nesse nível de maximização do lucro da produção, a empresa pode alterar o preço *M*. Esse preço também é a receita marginal de *B* unidades e vemos que ele excede o custo médio em *NS*. Como *NS* é o lucro por unidade, o lucro total é a área *LMNS* (*NS* × *LS*).

Se a empresa desfrutar de poder de monopólio no longo prazo – por exemplo, se a participação no setor for bloqueada –, essa situação representará o equilíbrio de longo prazo para os custos e a demanda descritos na Figura 17.1. O lucro extra é lucro de monopólio do tipo identificado por uma longa lista de contribuintes anteriores para o pensamento econômico. Se, no entanto, outras empresas estiverem livres para participar do setor, elas o farão para compartilhar os lucros acima do normal. À medida que as empresas começam a participar do setor, a curva da demanda com que a nossa empresa se depara cairá, declinando, finalmente, para *D*. Uma olhada para a nova curva de receita marginal, *MR′*, revela que a empresa terá agora um nível de produção *A* em que *MR′* = *MC* e cobrará o preço *R*. Nesse preço e quantidade, a receita média iguala-se ao custo médio e, portanto, o lucro econômico desaparece.

Para uma empresa que produz em um mercado de concorrência perfeita, a curva da demanda e a curva de receita marginal são horizontais e idênticas. No longo prazo, seriam produzidas *C* unidades, e o preço por unidade seria *T*. Daí a conclusão significativa de Chamberlin:

> O preço é inevitavelmente maior e a escala de produção inevitavelmente menor na concorrência monopolista do que na concorrência perfeita. (...)
>
> O resultado comum dessa mistura de fatores é excesso de capacidade produtiva [distância horizontal *AC* na Figura 17.1], para a qual não há correção automática. Esse excesso de capacidade pode se desenvolver, com certeza, na concorrência perfeita, devido a erro de cálculo da parte dos produtores ou a flutuações repentinas na demanda ou nas condições de custo. Mas é peculiaridade da concorrência monopolista que ela possa se desenvolver durante longos períodos sem riscos, preços sempre cobrindo os custos, e possa, na realidade, tornar-se permanente e normal por meio de uma falha de funcionamento da concorrência de preço. A capacidade em excesso nunca é eliminada, e o resultado são altos preços e desperdício. A teoria fornece uma explicação desses desperdícios no sistema econômico – desperdícios que são normalmente referidos como "desperdícios da concorrência". Na realidade, eles não poderiam ocorrer na concorrência perfeita, e é por esse motivo que a teoria da concorrência perfeita é e deve continuar silenciosa a respeito deles, apresentando-os, se eles existirem, como "qualificações", em vez de partes da teoria. Eles são desperdícios de monopólio – dos elementos de monopólio em uma concorrência monopolista.[8]

Para recapitular: o modelo de Chamberlin indica que as empresas na concorrência monopolista oferecem produtos diferenciados, cobram preços que excedem seus custos marginais e operam em níveis de produção em que seus custos médios são mais altos do que o mínimo. Consequentemente, os recursos escassos da sociedade não são alocados para seus usos de mais alto valor, ou seja, há *ineficiência alocativa*. A sociedade valoriza as unidades adicionais de bens que essas empresas produzem, mais do que os produtos alternativos que estão sendo produzidos. Além disso, *se* essas unidades adicionais fossem produzidas, o custo médio do produto cairia.

8 Chamberlin, op. cit. p. 88, 109.

Qualificações

Muitos economistas, seguindo a liderança de Chamberlin, reiteraram que a concorrência perfeita resulta em uma produção maior, mais eficiente, e em preços de venda menores do que ocorre na concorrência monopolista. Mas essa conclusão requer duas qualificações.

Primeiro, as conclusões de Chamberlin são obtidas na suposição irreal de que as curvas de custo são as mesmas em cada situação. Se fôssemos ter a concorrência perfeita no setor do aço, poderíamos ter milhares de pequenas empresas produzindo aço. Cada "siderúrgica" poderia ser um pouco maior que a oficina de um ferreiro, e o preço do aço seria muito mais alto do que ele é atualmente, mesmo com alguns produtores desfrutando do poder de monopólio. Tudo o que podemos dizer é que, na concorrência perfeita, cada produtor no longo prazo tende a produzir no ponto mínimo de sua própria curva de custo médio. Supõe-se que as economias de escala são obtidas por todas as empresas.

Se partirmos da concorrência perfeita, a produção total será reduzida e os preços aumentarão, por causa da curva da demanda de inclinação para baixo. Mas, sem dúvida, uma siderúrgica moderna é mais eficiente que a oficina de um ferreiro. Nesse caso, a suposição de que cada empresa obteve economias de escala é irreal. As curvas de custo de uma pequena empresa na concorrência perfeita no aço ficariam muito acima das curvas de custo das empresas modernas. Assim, a concorrência perfeita não forneceria, necessariamente, o maior volume de produção e os menores preços.

Veja
O passado como preâmbulo 17-1

Segundo, os economistas contemporâneos observam que um mundo de concorrência perfeita, em que todos os produtos sejam padronizados, seria na realidade um mundo insípido. A concorrência monopolista resulta em diversas variações de cada produto geral, permitindo, assim, que os consumidores satisfaçam melhor aos seus diversos gostos. Em vez de um hambúrguer *standard*, por exemplo, o consumidor tem a opção de numerosas variações do mesmo produto geral e, como está evidente pelos padrões de compra, pessoas diferentes tendem a preferir uma variação a outras. Assim, a concorrência monopolista fornece benefícios positivos associados à variedade de produto.

JOAN ROBINSON

Joan Robinson (1903-1983), professora de economia de longa data na Universidade de Cambridge, foi aluna de Alfred Marshall. Seu livro *The economics of imperfect competition* foi publicado alguns meses depois do de Chamberlin e abrange substancialmente o mesmo assunto. Nas décadas seguintes ao seu lançamento, em 1933, Robinson expandiu suas atividades e fez importantes contribuições para a economia keynesiana e pós-keynesiana, para o desenvolvimento da economia e para o comércio internacional. Ela será mencionada novamente no Capítulo 22, em nossa discussão sobre economia pós-keynesiana. Além de suas outras contribuições, Robinson ofereceu uma crítica significativa da economia marxista, embora sua posição fosse a de uma delatora amigável. Robinson ficou conhecida em seus anos posteriores como uma crítica da economia convencional, e seus trabalhos gerais não se adaptam facilmente a nenhuma escola de pensamento específica. Esse fato deve ser lembrado à medida que discutirmos suas primeiras contribuições neoclássicas.

17-1 O passado como preâmbulo

PRINCIPAIS, AGENTES E A INEFICIÊNCIA DE *X*

Em *A riqueza das nações*, Adam Smith apontou que não se pode esperar que os principais de empresas associadas (corporações), sendo os gestores do dinheiro de outras pessoas, em vez de seu próprio, cuidem do dinheiro dos proprietários com a mesma atenção que o fariam os proprietários de uma associação privada. Smith afirmou que a negligência e os gastos excessivos, portanto, devem sempre prevalecer no gerenciamento dessas empresas.

Hoje, os economistas chamam essa divergência de interesses de *problema do principal-agente*. Os principais são os proprietários da corporação, são os acionistas da empresa. Esses proprietários contratam agentes, como executivos, gerentes e trabalhadores, para realizar atividades de maximização de lucro em nome do principal. Os agentes, no entanto, tendem a maximizar sua própria utilidade, não necessariamente os lucros dos acionistas anônimos. Eles podem conseguir realizar isso por meio de gastos corporativos que aumentam (não diminuem) os custos de seus empregadores. Por exemplo, eles podem construir sofisticados edifícios comerciais, comprar jatos executivos, contratar subordinados desnecessários, pagar salários excessivos, realizar fusões não lucrativas e assim por diante.[a]

Em um artigo escrito por volta de 1966, Harvey Leibenstein (1922-1993) referiu-se ao resultado de custos excessivos como *ineficiência de X*, para distingui-la da *ineficiência alocativa* (alocação errada de recursos resultante de preços que excedem o custo marginal).[b] A ineficiência de *X*, disse Leibenstein, ocorre quando o custo real de uma empresa que produz qualquer coisa é maior do que o custo mais baixo possível de produzi-la. Em termos da Figura 17.1 (ou Figura B, no passado como preâmbulo 14-1), a ineficiência de *X* seria mostrada como as curvas *MC* e *AC*, acima daquelas mostradas.

Os economistas duvidam que haja lugar para a ineficiência de *X* em empresas concorrentes. Na concorrência perfeita, a participação de empresas a longo prazo equaciona o preço do produto com *AC* mínimo. Uma empresa cujas curvas de custo são posicionadas acima das dos concorrentes verá que seu *AC* mínimo excede o preço do mercado, resultando em uma perda e eventual falência. De maneira semelhante, o concorrente monopolista sofreria uma perda a longo prazo, se suas curvas de custo estivessem acima da curva mais inferior que pode ser obtida (veja a Figura 17.1).

A ineficiência de *X* é mais provável, no entanto, no monopólio e no oligopólio, em que as barreiras de entrada podem abrigar gerentes ineficientes contra pressões dos concorrentes para minimizar o custo. Na realidade, a ineficiência de *X* pode ser da ordem de 10% dos custos para o monopolista típico e 5% para um oligopolista médio em um setor altamente concentrado.[c]

A maioria dos economistas vê a ineficiência de *X* com menos preocupação do que em algumas décadas atrás. Um motivo para o declínio duvidoso na eficiência de *X* pode ser por que as empresas têm, parcialmente, contrabalançado o problema do principal-agente vinculando o pagamento ao lucro. Os planos de opções *de* ações e os esquemas de divisão dos lucros tendem a alinhar os interesses financeiros de executivos, gerentes e trabalhadores com o interesse dos principais (acionistas). Ao elevar o lucro, a redução de custo auxilia, portanto, tanto os agentes, como os principais.

Além disso, o surgimento de um "mercado para controle corporativo" altamente desenvolvido reduziu, sem dúvida, a ineficiência de *X*. As empresas que falham em minimizar os custos tendem a ter menores avaliações no mercado de ações do que se forem eficientes. Isso permite que outras empresas se ofereçam para comprar participações em corporações ineficientes em *X* de acionistas a preços por participação acima dos existentes no mercado de ações. Essas "ofertas impressionáveis" podem resultar nos acionistas vendendo suas participações, permitindo que os compradores tomem o controle corporativo dos executivos existentes. Os novos agentes tentarão, portanto, obter um retorno positivo sobre seu investimento financeiro substituindo executivos e gerentes existentes por aqueles que estão mais sintonizados com a redução de custos e a maximização do valor do acionista. Dessa maneira, as aquisições e a ameaça de aquisições reduzem a ineficiência de *X*.

a. Este é um exemplo de risco moral, uma situação em que as regras e os incentivos estimulam uma parte de um contrato (neste caso, o agente) a se comportar de maneira que possa prejudicar a outra parte (o principal). A ligação entre risco moral e o problema principal-agente foi claramente identificada em Stephen A. Ross: The economic theory of agency: the principal's problem, *American Economic Review* v. 63, n. 2, p. 134-139, maio 1973.

b. LEIBENSTEIN, Harvey J. Allocative efficiency vs. "X-efficiency". *American Economic Review*, v. 56, p. 392-415, jun. 1966.

c. SHEPHERD, William G. *The economics of industrial organizations*. 4. ed. Englewood Cliffs, NJ: Prentice-Hall, 1997. p. 107.

Monopsônio

Ao conceito de concorrência monopolista, Robinson adicionou a ideia de monopsônio, uma situação em que há um único comprador no mercado ou um grupo de compradores agindo como um. Ela analisou os resultados do poder de compra do monopsônio em mercados de produtos e de recursos.

Monopsônio do mercado de produtos. Quando existem muitos compradores de uma mercadoria, sua curva da demanda agregada tem inclinação para baixo e para a direita, pois ela é baseada na utilidade marginal. Quanto mais unidades de um bem uma pessoa adquire, menor sua utilidade marginal e menos ela oferece por uma unidade adicional.

Se houver apenas um único comprador ou se todos os compradores formarem um acordo para agir juntos, podemos supor que a curva da demanda do mercado permanecerá inalterada. Também podemos supor que a curva da oferta permanecerá inalterada, pois ela indica quanto todos os vendedores juntos oferecerão a cada preço. O preço de oferta é baseado no custo de produção de cada quantidade, e esse custo não é alterado na presença de um monopsônio.

Robinson apontou duas generalizações: (1) na concorrência perfeita, o comprador comprará unidades sucessivas de bens a qualquer momento, até o ponto em que o *preço* seja igual à utilidade marginal; (2) no monopsônio, o comprador regulará as compras de maneira que o *custo marginal* para ele (diferente do custo marginal de produção) seja igual à utilidade marginal. Essas propostas importantes são ilustradas na Tabela 17.1.

Primeiro, considere a *concorrência perfeita* entre os compradores. Suponha que o preço de mercado para um produto hipotético *X* seja US$ 4. Nenhum comprador isolado pode influenciar o preço, independentemente do montante que compra. Supomos que os dados de utilidade marginal na coluna 5 sejam para um consumidor específico que compra somente esse bem. Em qualquer momento, a propriedade da primeira unidade do produto fornece ao consumidor US$ 7 de utilidade marginal. Uma segunda unidade fornece US$ 6 de utilidade marginal para ele, a terceira unidade US$ 5, a quarta unidade US$ 4, e assim por diante. Ao preço de mercado de US$ 4, o consumidor comprará quatro unidades do produto, ou seja, ele comprará unidades do produto até o ponto em que o preço (US$ 4 da coluna 2) seja igual à utilidade marginal (US$ 4 da coluna 5).[9]

TABELA 17.1 O monopsônio em um mercado de produtos (dados hipotéticos)

(1) UNIDADES	(2) PREÇO	(3) CUSTO TOTAL	(4) CUSTO MARGINAL	(5) UTILIDADE MARGINAL
1	US$ 1	US$ 1	US$ 1	7
2	2	4	3	6
3	3	9	5	5
4	4	16	7	4
5	5	25	9	3
6	6	36	11	2

Agora, suponha que o mesmo consumidor seja o *único* comprador do produto *X* nesse mercado. A aquisição da primeira das quatro unidades do produto ainda lhe fornece uma utilidade marginal de US$ 7, US$ 6, US$ 5 e US$ 4 (coluna 5). Supondo que as empresas podem aumentar a produção desse produto somente sob condições de aumento de custo (oferta do mercado com inclinação para cima), quanto mais unidades nosso consumidor desejar comprar, mais alto será o preço. Como esse monopsonista é o único comprador, ele deve pagar um preço maior por unidade se desejar comprar um

9 Observe que o nosso consumidor recebe um excedente do consumidor marshalliano de US$ 6 nesse exemplo.

número maior de unidades. Uma produção maior ocorre a um custo de produção mais alto por unidade. Vemos, nas colunas 1 e 2 da Tabela 17.1, que ele pode comprar uma unidade de *X* a US$ 1, mas duas unidades lhe custariam US$ 2 cada, para um custo total de US$ 4. Como mostrado na coluna 4, o custo marginal para ele na segunda unidade é US$ 3 (US$ 4 - US$ 1) em vez de simplesmente US$ 2, o preço real da segunda unidade. Esse custo marginal de US$ 3, no entanto, é menor que a utilidade marginal da segunda unidade (US$ 6) e, portanto, a pessoa escolherá comprar. Observamos, na tabela, que esse consumidor decidirá comprar três unidades do produto, pois, com esse montante, o custo marginal (US$ 5) é apenas igual à sua utilidade marginal (US$ 5).

Conclusão: sob condições normais de uma curva da oferta de inclinação para cima, o monopsonista comprará menos unidades de um produto (3) do que se fossem compradores concorrentes (4) e pagará um preço inferior ao do concorrente (US$ 3 em oposição a US$ 4). O monopsonista pode controlar o preço do produto ajustando a quantidade das compras de maneira muito semelhante à de um vendedor monopolista que pode controlar o mesmo preço ajustando o nível de produção.

Robinson apontou que, na presença de uma curva da demanda perfeitamente elástica, ou seja, em que os custos marginais e os custos médios de produção são iguais, o preço da oferta será constante e a quantidade comprada no monopsônio será a mesma que na concorrência perfeita. Se um setor estiver trabalhando com um preço de oferta decrescente, o custo marginal para o monopsonista será menor que o preço da mercadoria e, portanto, ele comprará mais do produto do que comprariam os concorrentes perfeitos.

Monopsônio do mercado de recursos. Robinson também analisou o monopsônio no mercado de recursos utilizando o mercado de trabalho como uma ilustração. A representação gráfica contemporânea do monopsônio do mercado de trabalho, Figura 17.2, é obtida diretamente da própria representação de Robinson. Para que a representação continue gerenciável, desconsideraremos, inicialmente, a curva rotulada *VMP* na figura. Seguindo a abordagem de Marshall, Robinson declarou que uma curva da demanda de trabalho de curto prazo de um empregador é sua curva de produto de receita marginal, *MRP*. Isso é verdadeiro tanto no mercado monopsonista como no mercado competitivo de trabalho. O produto de receita marginal é o aumento na receita total para o empregador quando ele contrata um trabalhador adicional. É a receita extra que a empresa obtém quando vende a maior produção que o trabalhador adicionado ajuda a produzir. Quando há concorrência perfeita na venda do produto, o produto de receita marginal cai, à medida que mais trabalhadores são contratados unicamente por causa da lei de rendimentos decrescentes. Cada trabalhador adicionado contribui menos para a produção extra e, portanto, menos para a receita marginal do que o fez o trabalhador anteriormente adicionado.

A curva da oferta de trabalho com que um monopsonista se depara é inclinada para cima e para a direita. Como o monopsonista é o único empregador de um tipo específico de trabalho, ele se depara com a curva da oferta de trabalho do mercado. Essa curva também indica o custo do salário médio, *AWC*, pois mostra o salário que deve ser pago *por trabalhador* para atrair um número específico de trabalhadores. No monopsônio, o custo do salário marginal - o custo extra associado ao emprego de mais um trabalhador - excede o custo do salário médio, ou o salário médio. O monopsonista deve aumentar o salário para tirar trabalhadores adicionais do emprego alternativo, da atividade doméstica

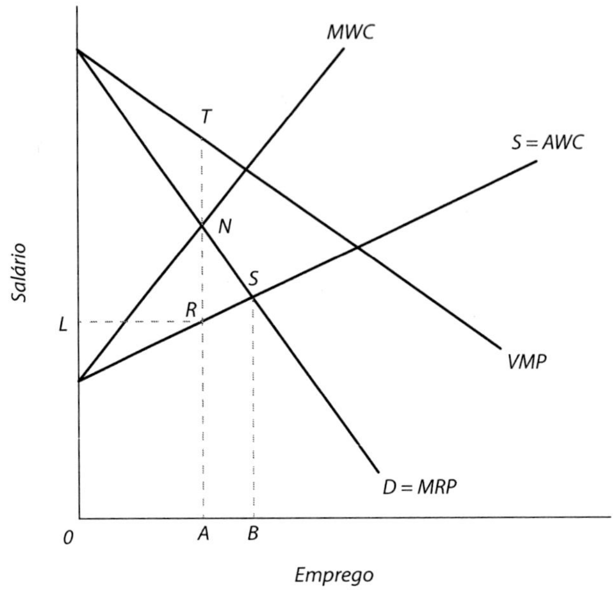

Figura 17.2 ■ Teoria do monopsônio de Robinson

O empregador monopsonista depara-se com uma curva de custo de salário marginal *MWC*, que fica acima da curva da oferta do mercado *S*. Para maximizar seu lucro, ele restringe a contratação (*A* em vez de *B*) para pagar um salário inferior ao dos concorrentes (*R* em vez de *S*). De acordo com Robinson, a exploração monopsonista é *NR*, a diferença entre o produto da receita marginal *MRP* e o salário de monopsônio. Quando existe monopólio ou concorrência monopolista no mercado de produtos, o valor do produto marginal *VMP* excede *MRP*, e a exploração de monopólio é *TN*.

ou do lazer e deve pagar esse salário mais alto a *todos* os trabalhadores. O custo extra de empregar um trabalhador adicional é, portanto, mais do que o salário médio pago a esse trabalhador. Ele também inclui o salário extra pago a trabalhadores que poderiam ter sido atraídos com um salário menor.

Quantos trabalhadores os monopsonistas representados na Figura 17.2 empregarão? A resposta, disse Robinson, é *A*, pois esse é o número em que o produto de receita marginal do último trabalhador se iguala ao custo do salário marginal (ponto *N*). Se *MRP* fosse maior que *MWC*, seria lucrativo para a empresa contratar mais trabalhadores. Se *MRP* fosse menor que *MWC*, o empregador poderia aumentar seus lucros reduzindo o emprego.

O monopsonista mostrado na Figura 17.2 pagará um salário de *L*. Como visto pela curva da oferta, ele pode atrair o número de funcionários que maximiza seu lucro, *A*, com esse salário.

Esse modelo permitiu a Robinson chegar a várias conclusões interessantes. Primeiro, um monopsonista do mercado de trabalho empregará menos trabalhadores do que seriam contratados por empregadores concorrendo um com o outro por trabalhadores (*A* em vez de *B*). O monopsonista reduz o emprego para evitar elevar o salário que deve pagar a todos os trabalhadores. Segundo, no monopsônio, o trabalhador é explorado. Robinson citou uma definição de exploração de trabalho como um fator de produção: ser empregado com um salário que é menor do que o produto de receita marginal da pessoa (*R* em vez de *N*). Se o mercado para o trabalho for perfeito, de modo que cada empregador possa contratar todo o trabalho necessário com o salário do mercado, o custo do salário marginal do trabalho para o empregador individual será igual ao salário. O empregador será induzido pelo interesse próprio a contratar trabalhadores até o ponto em que o produto de receita marginal for igual ao salário do trabalhador. A exploração de trabalho nessa definição normalmente não ocorre em um mercado de trabalho competitivo.

Exploração na concorrência monopolista

Robinson citou outra definição de exploração oferecida por A. C. Pigou (Capítulo 20), seu colega em Cambridge. A exploração ocorre quando o salário do trabalhador é menor que o valor do produto marginal do trabalho (*VMP*). Aceitando essa definição, ela diz que a exploração pode exceder *NR* na Figura 17.2. Se houvesse monopólio ou concorrência imperfeita na venda dos produtos fabricados pelo trabalho, a curva de receita marginal da empresa ficaria abaixo da curva *VMP*, conforme ilustrado na figura. Na concorrência perfeita na venda do produto, a empresa pode vender tudo o que produz pelo preço de mercado e, assim, portanto, o produto da receita marginal é igual ao valor do produto marginal, este último calculado como produto marginal vezes o preço do produto. Quando a empresa tem poder de monopólio e, portanto, se depara com uma curva de demanda do produto com inclinação para baixo, no entanto, ela deve reduzir o preço de seus bens se desejar aumentar as vendas (lembre-se do modelo de monopólio). Como o preço mais baixo se aplicará a *toda* a produção da empresa, sua receita marginal será menor que o preço. Redefinindo, a venda do monopolista de uma unidade adicional de produção não adiciona o montante completo do preço do produto à receita marginal do monopolista. Consequentemente, a receita marginal que a empresa recebe quando contrata um trabalhador adicional e vende a produção maior resultante será menor do que a produção extra (produto marginal) vezes o preço recebido por essas unidades. A empresa terá de vender todas as unidades pelo menor preço, mesmo as que ela poderia ter vendido por um preço mais alto se não tivesse contratado o trabalhador extra. O produto da receita marginal será o produto marginal vezes a receita marginal, não vezes o preço. Nessa definição, *TR* na Figura 17.2 mede a exploração total do trabalho; *NR* mede a exploração devido ao monopsônio; *TN* mostra a exploração resultante do monopólio ou da concorrência monopolista na venda do produto.

Soluções para a exploração

Para solucionar a exploração do trabalho no monopsônio, disse Robinson, um sindicato dos comerciantes ou uma junta de comerciantes deveria impor um salário-mínimo para o setor. Assim, a oferta de trabalho para o setor se tornará perfeitamente elástica com o salário imposto, e o custo de salário marginal do trabalho será idêntico ao custo de salário médio. Consultando a Figura 17.2, se um salário de *S* fosse imposto, o monopsonista não aumentaria mais o preço do trabalho à medida que aumentasse o emprego. A nova curva da oferta seria uma linha horizontal originando-se do eixo vertical e indo até o ponto *S*, e o emprego aumentaria de *A* para *B*. O salário seria igual ao produto da receita marginal, e a exploração com o monopsônio desapareceria.

Para eliminar a exploração no monopólio, o preço de venda teria de ser controlado de modo que fosse igual ao custo marginal e ao custo médio. Para eliminar a exploração na concorrência monopolista, o tipo de mercado mais comum de acordo com Robinson, os mercados teriam de se tornar perfeitos ou puramente competitivos:

> Quando o mercado se tornar perfeito, as empresas se expandirão e, na nova posição de equilíbrio, quando os lucros forem normais outra vez, as empresas estarão em um tamanho ideal, os custos serão menores e o preço da mercadoria terá caído.
>
> A remoção da imperfeição do mercado deve, portanto, reduzir o preço da mercadoria. É provável também alterar a produtividade física marginal do número de homens anteriormente empregados no setor, já que os trabalhadores estão organizados, agora, em empresas ideais, em vez de em empresas subideais. Na posição antiga, eles estavam recebendo menos do que o valor do produto físico marginal na época e, na nova posição, receberão o valor de seu produto físico marginal, mas isso não significa que estarão melhor na nova posição do que na antiga, já que o valor do produto físico marginal pode ter sido reduzido. O produto físico marginal pode ter sido reduzido e o preço da mercadoria deve ter caído.[10]

Os economistas identificaram o poder do monopsônio em vários mercados de trabalho do mundo real. Por exemplo, estudos mostraram que o monopsônio surge em mercados de trabalho isolado, como os de alguns professores de escolas públicas, atletas profissionais (antes do agenciamento livre), enfermeiras, funcionários de jornais, e assim por diante. Mas, na maioria dos mercados de trabalho, os trabalhadores têm empregadores alternativos para quem eles poderiam trabalhar, particularmente quando esses trabalhadores são móveis ocupacional e geograficamente. Além disso, sindicatos fortes surgiram para se contrapor ao poder do monopsônio em vários mercados de trabalho.

Veja O passado como preâmbulo 17-2

Críticas

Chamberlin fez uma crítica à análise da exploração de Robinson. Ele não incluiu a teoria da distribuição na primeira edição de seu livro, mas o fez em edições posteriores. Sua crítica à teoria da exploração de Robinson era a de que *todos* os fatores, não apenas o trabalho, recebem menos do que o valor de seus produtos marginais em condições de concorrência monopolista. A definição da exploração de Pigou-Robinson aplica-se somente à concorrência perfeita na venda do produto, pois é impossível em qualquer outra condição do mercado que todos os fatores obtenham o valor de seus produtos marginais (lembre-se do problema da "soma"). De acordo com a visão de Pigou-Robinson, todos os fatores são explorados, e os empregadores só poderiam evitar a acusação de "exploração" indo à falência.

Duas décadas depois que seu livro apareceu, a própria Robinson criticou o tipo de teoria econômica que ela ajudou a desenvolver:

> *The economics of imperfect competition* foi um livro acadêmico. Ele foi direcionado para analisar os *slogans* de livros didáticos de 20 anos atrás: "o preço tende a ser igual ao custo marginal" e "os salários são iguais ao produto marginal do trabalho"; e ele tratava de perguntas de livros didáticos, como uma comparação do preço e da produção

10 ROBINSON, Joan. *The economics of imperfect competition*. Londres: Macmillan, 1933. p. 284-285.

17-2 O passado como preâmbulo

ROBINSON, MONOPSÔNIO E POLÍTICA PÚBLICA

A principal implicação política da teoria do monopsônio de Joan Robinson é que o governo pode conseguir aprimorar a eficiência alocativa aumentando os preços dos recursos em mercados monopsonizados. Na metade dos anos 1930, o governo dos Estados Unidos promulgou três leis importantes, criadas, em parte, para realizar esse objetivo.

Em 1935, o Congresso aprovou o *National Labor Relations Act*, ou Lei Wagner. Essa lei garantiu os dois direitos da mão de obra:[a] (1) o direito de autoorganização, sem interferência da empresa, e (2) o direito de negociar com os empregadores. Além disso, ela listava e declarava ilegais práticas injustas de mão de obra[b] por empresas contra os sindicatos e seus membros.

A participação em sindicatos e o poder de negociação decolaram com a proteção da Lei Wagner. Consequentemente, os empregadores monopsonistas e oligopolistas enfrentavam, cada vez mais, sindicatos fortes na mesa de negociações. Essas negociações eventualmente resultaram em salários de sindicatos mais altos, não tendo nenhuma semelhança com os salários de exploração do monopsônio. Na realidade, a força crescente dos sindicatos exigiu emendas na Lei Wagner, limitando o poder de negociação da mão de obra (o *Taft-Hartley Act*, de 1947, e o *Landrum-Griffin Act*, de 1959). Hoje, os especialistas em mão de obra concordam que o sindicalismo restringiu, com êxito, o poder potencial do monopsônio em setores oligopolistas, como a fabricação de automóveis, aço, comércio marítimo e transporte doméstico.

Uma segunda manifestação política da teoria do monopsônio de Robinson foi a aprovação do *Robinson-Patman Act*, em 1936 (em homenagem ao legislador do Arkansas, Joseph Taylor Robinson). Esse ato foi uma emenda à Seção 2 do Clayton Act de 1914, que anteriormente havia declarado ilegal a discriminação de preços que reduz a concorrência. A emenda de 1936 adicionou detalhes específicos à lei. Por exemplo, os descontos por volume eram limitados, permitidos somente quando justificados por custos menores. Além disso, a lei declarou ilegais a publicidade livre, descontos promocionais e taxas-fantasma de corretagem fornecidas por empresas a compradores individuais, mas não por seus concorrentes. Assim, pequenas empresas eram protegidas de vantagens de custo injustas fornecidas a grandes concorrentes que poderiam usar seu poder de monopsônio para extrair concessões de preços dos fornecedores.

Muitos economistas são altamente críticos com relação ao *Robinson-Patman Act*, dizendo que a lei "protege os concorrentes, não a concorrência". Ou seja, a lei reduz a concorrência saudável de preços e impede a formação de estruturas de mercado eficientes, resultando em preços de produtos mais altos e em ineficiência alocativa. Os proponentes argumentam que a lei aprimora a concorrência, impedindo que grandes empresas retirem do mercado concorrentes menores de maneira injusta e adquiram poder de monopólio.

O *Fair Labor Standards Act*, de 1938, é uma terceira lei diretamente relacionada ao modelo de monopsônio de Robinson. Essa lei, que definiu um salário-mínimo legal de US$ 0,25 por hora, procurou anular a exploração monopolista em mercados de trabalho de baixo salário. O objetivo aqui era estabelecer um "salário de sobrevivência" para trabalhadores em tempo integral.

Com os anos, o Congresso aumentou o salário-mínimo de US$ 0,25 para US$ 7,25 e ampliou sua cobertura. Embora o salário-mínimo seja popular com o público geral, muitos economistas o criticam. Esses críticos observam que os mercados de trabalho de baixo salário em sociedades industriais avançadas normalmente *não* são aqueles caracterizados por monopsônio. Os trabalhadores desses mercados normalmente têm várias opções de emprego. Em vez de reduzir o poder de monopsônio, dizem esses economistas, o salário-mínimo eleva os salários acima dos níveis competitivos em alguns mercados de trabalho. O resultado é um maior desemprego, particularmente entre os adolescentes. Os defensores do salário-mínimo argumentam que os salários baixos, e possivelmente o monopsônio, permanecem uma realidade potencial em muitos mercados de trabalho de baixo salário. Eles citam os salários de US$ 0,75 ou US$ 1,00 por hora pagos aos trabalhadores pelas empresas dos Estados Unidos em muitos países em desenvolvimento.

Resumindo, o modelo de monopsônio de Joan Robinson ajudou a iniciar ou apoiar três importantes peças da legislação dos Estados Unidos: a Lei Wagner, o *Robinson-Patman Act* e o *Fair Labor Standards Act*. Desses, os dois últimos ainda são, de alguma maneira, controversos.

a. N.R.T. Trabalho, mais especificamente, do trabalhador.
b. N.R.T. Idem.

> de uma mercadoria em condições de monopólio e de concorrência, demanda e custos sendo fornecidos. As suposições que eram adequadas (ou que eu esperava que fossem adequadas) para lidar com essas perguntas são, de qualquer maneira, uma base apropriada para uma análise dos problemas dos preços, da produção e da distribuição que se apresentam na realidade.[11]

Robinson acreditava que, embora fosse teoricamente possível construir um sistema de equações necessário para determinar o preço de maximização de lucro e a quantidade de bens, havia obstáculos para a implementação prática. Afirmava que os dados relevantes não estavam sempre disponíveis e que as limitações em termos de computação tornariam difícil a tarefa de implementar as políticas corretas em tempo hábil. Mesmo que esses problemas fossem resolvidos, os dados de mercado, que se modificam rapidamente, logo tornariam obsoletas as decisões sobre preço e produção. Robinson também reconhecia que as empresas, em seu esforço para divulgar seu trabalho, enfrentavam os desafios de

11 ROBINSON, Joan. Imperfect competition revisited. *Economic Journal*, n. 63, p. 579, 585, 590, set. 1953. Reimpresso com permissão da editora.

conhecer e modificar a demanda em um ambiente em que as condições dinâmicas transformavam a curva de demanda de qualquer empresa em algo "efêmero", em vez de um ponto sólido de referência no qual elas pudessem se basear para tomar decisões. Dando continuidade ao processo de autocrítica, Robinson concluiu que:

> a maior fraqueza de *The economics of imperfect competition* é a que ele compartilha com a classe de teoria econômica à qual pertence - a falha em lidar com o tempo. É só em um sentido metafórico que o preço, a taxa de produção, o salário ou tudo o mais que não pode ser movido em plano ilustrado em um diagrama preço-quantidade. Qualquer movimento deve ocorrer no tempo (...) O ponto não é simplesmente que qualquer ajuste leva um certo tempo para ser concluído e que (como sempre foi admitido) os eventos podem ocorrer enquanto a posição é alterada, de modo que o equilíbrio na direção em que o sistema parece estar tendendo se move antes que possa ser atingido. O ponto é que o próprio processo de movimento tem um efeito no destino do movimento, de modo que não há uma posição de equilíbrio de longo prazo, que existe independentemente do curso que a economia está seguindo em uma data específica.[12]

Alfred Marshall havia antecipado essa última objeção de sua ilustre discípula, embora tivesse considerado essa tendência somente uma interferência sem importância com o maior movimento na direção de um preço de equilíbrio em um mercado para um único bem.

Conforme indicado anteriormente, em anos posteriores, Robinson saiu de suas primeiras teorias microeconômicas e explorou outros campos econômicos em uma tentativa de desenvolver uma análise mais dinâmica e mais realista do mundo econômico.[13]

Perguntas para estudo e discussão

1. Identifique brevemente e estabeleça a importância de cada um dos seguintes pensadores e conceitos para a história do pensamento econômico: Sraffa, Chamberlin, diferenciação de produtos, concorrência monopolista, Robinson, monopsônio, exploração monopsonista, produto de receita marginal e valor do produto marginal.
2. Que papel Sraffa desempenhou no surgimento de teorias de concorrência menos que perfeita?
3. Desenhe um gráfico para uma empresa sraffiana que experiencia custos médios decrescentes em toda a faixa de produção. O que essa curva implica sobre a curva de custo marginal? Rascunhe essa curva de custo marginal. Desenhe também uma curva de demanda e uma curva de receita marginal. Mostre o preço de maximização do lucro da empresa e a quantidade. Explique por que esse monopólio natural iria à falência se o governo o forçasse a cobrar um preço igual ao custo marginal (em que a curva de demanda e as curvas de custo marginal se interceptam).
4. As seguintes características de concorrência perfeita e de monopólio perfeito geralmente estão listadas nos atuais princípios dos livros didáticos de economia: concorrência perfeita (um número muito grande de concorrentes, produtos padronizados, "tomador de preço", entrada livre) e monopólio perfeito (um único vendedor, nenhum substituto próximo, "criador de preços", entrada bloqueada). Construa uma lista semelhante para a concorrência monopolista. Quais das características tendem a ser mais como as do monopólio? Quais tendem a ser mais como as de um mercado competitivo?

12 Ibidem, p. 590.

13 Para uma revisão dessas outras contribuições, consulte Harvey Gram e Vivian Walsh. Joan Robinson's economics in retrospect. *Journal of Economic Literature*, n. 21, p. 518-550, jun. 1983.

5. Indique quais das propostas a seguir sobre a concorrência monopolista são verdadeiras e quais são falsas. Para as que são falsas, explique por quê, consultando a Figura 17.1 ou 17.2.
   a) A preocupação de Chamberlin com a concorrência monopolista estava concentrada a curto prazo; a longo prazo, os concorrentes monopolistas ganham somente um lucro normal e, portanto, a quantidade de produção e o custo médio são os mesmos que seriam em condições de concorrência perfeita.
   b) Os concorrentes monopolistas tendem a ter produtos semelhantes, embora diferenciados.
   c) A teoria de Chamberlin sugere que, independentemente do número de novas empresas que adentrem o mercado, os clientes mais fiéis daquelas que já existem ainda estarão dispostos a pagar por seus produtos quanto estavam antes.
   d) Robinson argumentava que não há exploração do trabalho na concorrência monopolista, desde que o mercado do qual a empresa contrata trabalhadores permaneça competitivo.
6. Nas tabelas que se seguem, os dados de produção à esquerda e os dados de oferta de trabalho à direita representam um monopsonista, conforme descrito por Robinson. Suponha que essa empresa esteja vendendo seu produto por US$ 2 por unidade em um mercado de produtos perfeitamente competitivo (*MRP* = *VMP*).

Unidades de trabalho	Produto total	Unidades de trabalho	Salário
0	0	0	–
1	13	1	US$ 2
2	25	2	4
3	34	3	6
4	41	4	18
5	46	5	10
6	48	6	12

   a) Determine o produto de receita total da empresa e o produto de receita marginal (*MRP*) para cada unidade de trabalho.
   b) Determine o custo total de salário da empresa e o custo do salário marginal (*MWC*) para cada unidade de trabalho.
   c) Quantas unidades de trabalho essa empresa escolherá empregar e qual salário ela pagará?
   d) Se um governo desejasse obter um salário-mínimo socialmente eficiente, qual salário escolheria?
7. Explique por que a curva rotulada *MWC* fica acima da curva rotulada *AWC* no modelo de monopsônio de Robinson (Figura 17.2). Em qual aspecto esse fato é uma *vantagem* para o monopsonista?
8. Utilize a Figura 17.2 para mostrar como cada salário-mínimo legal ou um salário negociado pelo sindicato pode aumentar tanto o salário como o emprego em um mercado de trabalho monopsonizado.
9. Em quais aspectos Chamberlin e Robinson estão claramente na tradição marginalista ou neoclássica?
10. O que é o problema principal-agente? Como ele se relaciona com a ineficiência de *X*? Por que a ineficiência de *X* ocorre, mais provavelmente, no oligopólio e no monopólio perfeito do que na concorrência perfeita e na concorrência monopolista? Você considera a ineficiência de *X* um problema crescente na economia? Explique seu raciocínio.

Leituras selecionadas

Livros

BLAUG, Mark (ed.). *Edward Chamberlin*. Brookfield, VT: Edward Elgar, 1993.

BREIT, William; RANSOM, Roger L. *The academic scribblers*. Edição revista. Chicago, IL: Dryden Press, 1982. Capítulo 6.

CHAMBERLIN, Edward H. *The theory of monopolistic competition*. Cambridge, MA: Harvard University Press, 1933.

FEIWEL, George R. (ed.). *Joan Robinson and modern economic theory*. Nova York: Nova York University Press, 1989. 2 v.

RIMA, Ingrid (ed.). *The Joan Robinson legacy*. Armonk, NY: M. E. Sharpe, 1991.

ROBINSON, Joan. *The economics of imperfect competition*. Londres: Macmillan, 1933.

SHACKLETON, J. R.; LOCKSLEY, Gareth (eds.). *Twelve contemporary economists*. Nova York: Wiley, Halsted, 1981. Capítulos 11 e 13.

TURNER, Marjorie S. *Joan Robinson and the Americans*. Armonk, NY: M. E. Sharpe, 1989.

Artigos de revistas especializadas

American Economic Review, n. 54, maio 1964. Vários artigos desse volume avaliam o impacto histórico da teoria da concorrência monopolista.

EKELUND, Robert B., Jr.; HÉBERT, Robert F. E. H. Chamberlin and contemporary industrial organization theory. *Journal of Economic Studies*, *v.* 17, n. 2, p. 20-31, 1990.

REINWALD, Thomas P. The genesis of Chamberlin's monopolistic competition theory. *History of Political Economy*, n. 9, p. 522-534, inverno de 1977.

ROBINSON, Joan. Imperfect competition revisited. *Economic Journal*, n. 63, p. 579-593, set. 1953.

SRAFFA, Piero. The laws of returns under competitive conditions. *Economic Journal*, n. 36, p. 535-550, dez. 1926.

18

ECONOMIA MATEMÁTICA

O termo *economia matemática* refere-se àqueles princípios econômicos e análises formulados e desenvolvidos por meio de símbolos e métodos matemáticos. Dos economistas que discutimos, Cournot, Dupuit, Jevons, Edgeworth e Fisher, especificamente, definiram teorias em termos matemáticos. Na realidade, o uso de símbolos matemáticos e de gráficos para complementar as explicações verbais é uma prática comum. A economia matemática, portanto, não constitui uma escola de pensamento econômico separada, mas um método distinto. Os teóricos de várias escolas utilizam a linguagem matemática para expressar, de uma maneira clara e consistente, as definições, os postulados e as conclusões de uma teoria. Como declarado por Paul Samuelson: "Em 1935, a economia entrou em uma época matemática. Tornou-se mais fácil um camelo passar pelo buraco de uma agulha do que um gênio não matemático entrar no panteão de teóricos originais".[1] Claro, nem todo conhecimento econômico pode ser expresso em símbolos matemáticos e nem todos os economistas são a favor da abordagem matemática.[2]

Este capítulo desenvolve-se como se segue. Primeiro, distinguiremos entre os variados tipos de economia matemática. Em seguida, examinaremos as ideias econômicas de Walras, Leontief, von Neumann, Morgenstern e Hicks – todos eles, teóricos matemáticos

1 SAMUELSON, Paul. Alvin Hansen as a creative economic theorist. *Quarterly Journal of Economics*, n. 90, p. 25, fev. 1976.

2 Um crítico proeminente afirmou: "O prestígio atribuído à matemática na economia forneceu rigor à economia, mas, além disso, também a morte". Robert L. Heilbroner. Modern economics as a chapter in the history of economic thought. *History of Political Economy*, n. 11, p. 198, verão de 1979.

que promoveram significativamente a disciplina da economia. Finalmente, discutiremos, de modo resumido, a programação linear, que é uma aplicação da teoria de produção microeconômica. Outras contribuições para a economia matemática – por exemplo, as de Samuelson – serão discutidas em capítulos posteriores.

TIPOS DE ECONOMIA MATEMÁTICA

A matemática é utilizada na economia de duas maneiras gerais: (1) para obter e expressar teorias econômicas e (2) para testar hipóteses ou teorias econômicas quantitativamente. Álgebra, cálculo, diferença e equações diferenciais, álgebra linear e topologia são as principais ferramentas empregadas no uso anterior, enquanto técnicas matemáticas como a análise de regressão múltipla são utilizadas para o uso posterior. A econometria, que é uma ferramenta dominante na economia contemporânea, combina esses dois tipos de economia matemática. Antes de irmos para esse tópico, no entanto, será útil examinarmos exemplos simples de cada um dos dois usos gerais.

Teorização matemática

Para ilustrar da maneira mais simples possível como as teorias econômicas podem ser representadas matematicamente, vamos expressar as relações de oferta e demanda como equações algébricas.

Na forma funcional, a relação de demanda pode ser expressa como

$$Q_x = F(P_x, T, C, I, P_n, E) \qquad \textbf{(18.1)}$$

em que:

Q_x = a quantidade do bem X
P_x = o preço de X
T = os gostos dos consumidores
C = o número de consumidores potenciais
I = a renda total dos consumidores e sua distribuição
P_n = o preço de bens relacionados (substitutos e complementares)
E = as expectativas dos consumidores

Portanto, a equação da curva da demanda para X é:

$Q_x = f(P_x)$ ou como formulado por Marshall:

$$P_x = g(Q_x) \qquad \textbf{(18.2)}$$

em que as outras variáveis são mantidas constantes (determinantes de demanda). Uma curva da demanda linear toma a forma

$$P_x = a - bQ_x \qquad \textbf{(18.3)}$$

em que a é o preço em que zero unidades de X são demandadas e b é a taxa em que Q_x aumenta à medida que o preço cai (a é a intersecção vertical de uma curva da demanda e b é sua inclinação). A relação de oferta, por outro lado, é dada pela Equação 18.4:

$$Q_x = F(P_x, N, P_r, P_s, \text{E}, T_n), \tag{18.4}$$

em que

Q_x = a quantidade do bem X
P_x = o preço de X
N = o número de empresas que fornecem X
P_r = o preço dos recursos utilizados para produzir X
P_s = o preço dos bens substitutos que a empresa poderia produzir
E = as expectativas dos produtores
T_n = a gama de técnicas de produção disponíveis

Se mantivermos todos esses parâmetros constantes, excetuando P_x e Q_x, a relação de oferta se tornará

$$Q_x = f(P_x) \text{ ou } P_x = g(Q_x). \tag{18.5}$$

Uma curva da oferta linear toma a forma

$$P_x = c + dQ_x \tag{18.6}$$

em que c é o preço em que zero unidades de X são oferecidas para venda e d é a taxa em que Q_x aumenta conforme P_x aumenta (c é a intersecção vertical de uma curva da oferta e d é sua inclinação).

Para ilustrar como resolveríamos para encontrar o preço e a quantidade de equilíbrio, suponha que soubéssemos que as equações de demanda e de oferta fossem como se segue:

$$P_x = 8 - 0{,}6Q_x \text{ (Demanda)}; \tag{18.7}$$

$$P_x = 2 + 0{,}4Q_x \text{ (Oferta)}. \tag{18.8}$$

Como temos duas equações e duas incógnitas, podemos encontrar P_x e Q_x. Mais especificamente, sabemos que no equilíbrio haverá um preço único, e como P_x na equação de demanda será igual a P_x na equação de oferta,

$$8 - 0{,}6Q_x = 2 + 0{,}4Q_x. \tag{18.9}$$

Para encontrar Q_x, primeiro subtraímos 2 dos dois lados da equação para eliminá-lo do lado direito. Isso nos dá

$$6 - 0{,}6Q_x = 0{,}4Q_x. \tag{18.10}$$

A seguir, adicionamos 0,6 Q_x aos dois lados para eliminá-lo do lado esquerdo. Isso deixa

$$6 = 0{,}4Q_x + 0{,}6Q_x \text{ ou } 6 = 1Q_x. \tag{18.11}$$

Portanto, a quantidade de equilíbrio é 6 (6/1). Você é solicitado a determinar o preço de equilíbrio, P_x, inserindo a quantidade de equilíbrio (6) na equação de demanda ou de oferta (equações 18.7 ou 18.8) e encontrando P_x. O resultado é US$ 4,40.

Essas equações de demanda e de oferta são delineadas graficamente na Figura 18.1. Observe que a intersecção da curva da demanda é 8 e a inclinação é –0,6. A intersecção

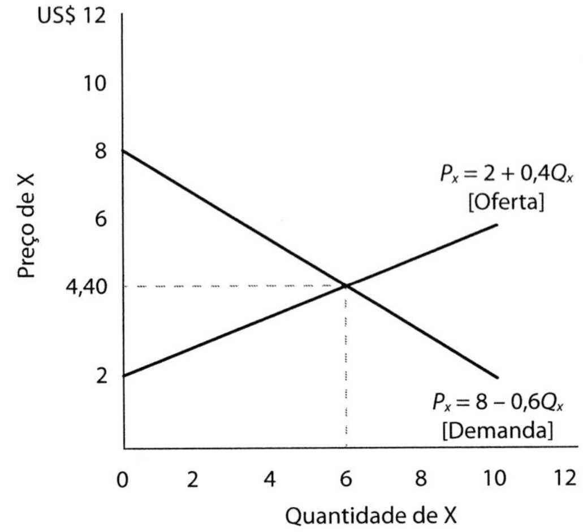

Figura 18.1 ■ Equações de oferta e demanda

Delinear a equação de demanda (Equação 18.7) e a equação de oferta (18.8) resulta nas familiares curvas da demanda e da oferta. A intersecção da curva da demanda é 8, enquanto sua inclinação é –0,6. A intersecção da curva da oferta é 2 e sua inclinação é 0,4. O preço e a quantidade de equilíbrio são US$ 4,40 e seis unidades, respectivamente.

da equação de oferta, por outro lado, é 2, e a inclinação é 0,4. O preço e a quantidade de equilíbrio são US$ 4,40 e seis unidades.

Os economistas geralmente utilizam gráficos para explicar suas teorias matemáticas. Esses gráficos são recursos significativos em quase todos os livros didáticos de economia. Cada linha desses gráficos representa uma equação matemática.

Testes estatísticos

Lembre-se de que um segundo tipo geral de economia matemática é aquele associado a testes estatísticos. Para ilustrar, vamos considerar a técnica comumente utilizada: análise de regressão. Suponha que queiramos testar a teoria de que empresas que possuem maior participação no mercado *(S)* tenderão a ter maior poder de monopólio e, portanto, maiores taxas de retorno sobre o capital dos acionistas (*r*) do que empresas que enfrentam concorrência considerável e, portanto, têm menor participação no mercado. Essas taxas de retorno, *r*, são encontradas dividindo-se o lucro de uma empresa pelo valor do capital dos acionistas, que, por sua vez, consiste de (1) dinheiro recebido pela empresa quando eles emitiram as ações e (2) os ganhos retidos reinvestidos pela empresa durante os anos.

Sabemos, claro, que outros parâmetros, que não sejam a participação no mercado – por exemplo, esforço publicitário *(A)* e grau de barreiras de entrada *(E)* –, são os que mais provavelmente influenciam a taxa de retorno de uma empresa. O pesquisador escolhe, assim, uma forma algébrica específica para resumir as relações. A forma é baseada no tipo de teorização anteriormente discutido. Uma dessas formas é:

$$r = \alpha_0 + \alpha_1 S + \alpha_2 A + \alpha_3 E + e \qquad \textbf{(18.12)}$$

Os αs são os parâmetros da equação. Eles mostram como uma alteração específica na variável no lado direito afeta a taxa de retorno. O *e* é um erro aleatório, necessário, pois nem todos os fatores que influenciam *r* são observáveis.

Inicialmente, vamos ignorar todas as variáveis da equação, exceto a taxa de retorno e a participação no mercado.[3] Isso deixa

$$r = \alpha_0 + \alpha_1 S + e \qquad \textbf{(18.13)}$$

A próxima etapa, então, é identificar uma amostra de empresas para as quais se podem obter dados sobre taxas de retorno e participação no mercado. Suponha isso delineando esses dados fornecidos em um diagrama de dispersão como o mostrado na Figura 18.2. A análise de regressão é, portanto, utilizada para "ajustar" uma linha por meio de pontos de dispersão. A técnica é encontrar uma que minimize a soma das distâncias verticais quadradas entre esses pontos e os pontos na linha. Observe que a linha de regressão na figura representa geometricamente a Equação 18.13; α_0 é a intersecção e α_1 é a inclinação da linha. Essa linha indica que, para nossos dados hipotéticos, cada 20 pontos percentuais de participação no mercado aumentam o lucro em cinco pontos percentuais.[4]

Quão confiantes podemos estar de que qualquer parâmetro estimado dado é o verdadeiro? Os pesquisadores utilizam vários testes estatísticos para determinar a confiabilidade de qualquer estimativa dada. Não é nosso objetivo explicá-los aqui, mas somente indicar que eles incluem o *erro padrão de estimativa* (o montante que o parâmetro estimado

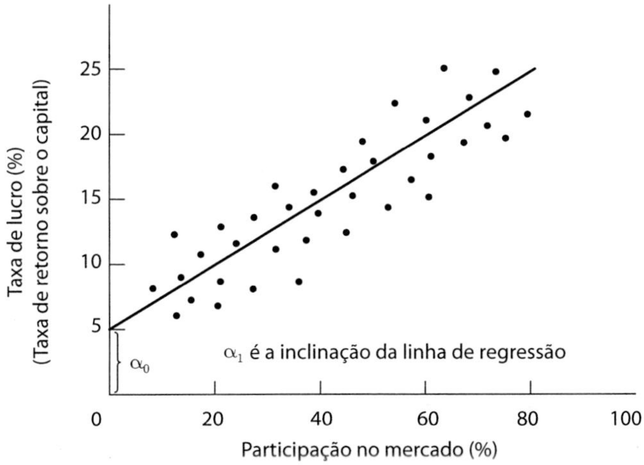

FIGURA 18.2 ■ UMA LINHA DE REGRESSÃO

Regressão é a técnica de ajustar a melhor linha por meio de um conjunto de pontos de dados. Nesse exemplo hipotético, a lucratividade é medida pela taxa de retorno sobre o capital e é positivamente relacionada à participação no mercado. A análise de regressão e outras técnicas estatísticas ajudam os economistas a verificar a validade das teorias econômicas.

3 A omissão dessas variáveis enviesará as estimativas de α_0 e α_1, mas faremos isso por razões de exposição.

4 Esses números estão de acordo, de maneira geral, com as descobertas de vários estudos empíricos realizados sobre o assunto nos Estados Unidos. Se estiver interessado, veja SHEPHERD, William G. *The economics of industrial organization*. 4. ed. Englewood Cliffs, NJ: Prentice-Hall, 1997. p. 99-104.

pode variar com relação ao verdadeiro valor ou o grau de dispersão dos pontos de dispersão) e a *estatística t* (a taxa de estimativa para o erro padrão). Em contraste, a confiabilidade de toda a linha de regressão é medida pelo *coeficiente de determinação*, que é mais comumente chamado R^2, a fração de variação na variável no lado esquerdo (taxa de retorno) que pode ser explicada pela variação nas variáveis do lado direito (participação no mercado). O valor de R^2 pode variar entre 1 e 0 e, normalmente, quanto maior o R^2, melhor o ajuste do modelo.

Ao desenhar a linha de regressão na Figura 18.2, ignoramos dois parâmetros adicionais: esforço publicitário (A) e grau de barreiras de entrada (E). A adição desses parâmetros limita a habilidade de descrever uma linha de regressão graficamente, mas os princípios matemáticos envolvidos nos permitem lidar com qualquer número de variáveis, desde que haja menos variáveis do que observações. Os computadores, claro, ajudam muito no cálculo real de estimativas dos parâmetros. No caso do nosso exemplo, estudos indicam que maior esforço publicitário e maiores barreiras de entrada *realmente* se relacionam com a lucratividade, mas *não* têm, nem de perto, um impacto tão grande como a participação no mercado.

Podemos concluir, então, que o poder de monopólio aumenta com a participação no mercado e causa, portanto, lucro maior do que o normal? Embora muitos acadêmicos aceitem essa interpretação, alguns economistas discordam significativamente. Esses críticos argumentam que a maior participação no mercado resulta em rendimentos crescentes à escala, que reduzem, assim, a produção por unidade e os custos com marketing. Esses custos menores, e não o poder de monopólio aprimorado ganho com a maior participação no mercado, geram os lucros maiores observados. Essa controvérsia realça as limitações de testes quantitativos de teorias econômicas: testes simples das teorias ainda podem deixar ambiguidades. Ela também revela por que os economistas de boa vontade geralmente discordam, mesmo depois de um montante substancial de testes empíricos. Mas, independentemente das várias limitações da pesquisa empírica, está claro que esse tipo de matemática aplicada contribuiu muito para ajudar a distinguir princípios econômicos válidos das centenas de teorias inválidas promovidas durante décadas.

Econometria

Conforme indicamos anteriormente, a econometria combina os dois tipos de economia matemática que acabamos de discutir. Normalmente, o econometrista desenvolve uma teoria em termos matemáticos, depois coleta e testa estatisticamente dados que sustentam a teoria. A teoria é utilizada, portanto, para prever os impactos de alterações nas variáveis. As raízes da abordagem econométrica remontam a centenas de anos. O seguidor de Sir William Petty, Charles Davenant, definiu "aritmética política" como a "arte de raciocinar por números com relação a coisas relacionadas ao governo". Quesnay, o fisiocrata francês, fez um trabalho econométrico genuíno.

O economista e estatístico norueguês Ragnar Frisch, que dividiu o primeiro Prêmio Nobel de Economia em 1969, introduziu o termo *econometria* em 1926. Esse termo foi obtido com base no termo *biometria*, que surgiu no final do século XIX para denotar o campo de estudos biológicos que emprega métodos estatísticos. A econometria, como um método separado de estudar a vida econômica, desenvolveu-se muito rapidamente logo após a Primeira Guerra Mundial. A Econometric Society, que publica a revista especializada *Econometrica*, foi fundada em 1930. Hoje, a econometria é a abordagem metodológica padrão utilizada dentro da disciplina.[5]

A econometria desenvolveu-se como resposta a um profissionalismo crescente na microeconomia e à demanda por previsões de alterações macroeconômicas. Os pesquisadores começaram testando seus modelos matemáticos abstratos utilizando novas técnicas econométricas e os vários conjuntos de dados que estavam cada vez mais disponíveis. A análise econométrica tornou-se importante para as corporações como um método de conduzir um estudo de mercado, incluindo a estimativa de curvas de demanda e elasticidade de demanda. O aumento de grandes corporações, entre outros fatores, tornou o estudo de flutuações macroeconômicas cada vez mais útil, tanto para empresas privadas como para toda a sociedade. Se, por exemplo, uma grande empresa pudesse prever flutuações no negócio com um razoável grau de precisão, ela poderia, até certo ponto, isolar-se de seus efeitos adversos. Além disso, uma grande corporação poderia empregar o pessoal necessário para fazer tais previsões. Além disso, toda a sociedade, como um todo, operando por meio de organizações de pesquisa governamentais e privadas sem fins lucrativos, estava interessada na previsão das tendências dos negócios para controlar, melhorar ou agir contra elas. Uma intervenção crescente do governo na economia, portanto, estimulou a pesquisa econométrica, e os governos nacionais tornaram-se as principais agências governamentais para a obtenção de estatísticas.

A análise econométrica tem sido útil tanto para a previsão do futuro como na condução da análise política. Enquanto a previsão envolve uma projeção de eventos prováveis e suas consequências, a análise política é importante para analisar os efeitos dos programas e políticas do governo. Com a proliferação do governo na saúde, educação, problemas urbanos e uma variedade de outras áreas, surgiu a necessidade de determinar, o mais precisamente possível, quais efeitos esses programas tiveram nos indivíduos e nas instituições. As técnicas econométricas fornecem a estrutura analítica para essas determinações. Quase todas as agências reguladoras utilizam a análise econométrica para avaliar os impactos econômicos de ações privadas e suas próprias políticas.

A análise política provou-se muito mais precisa do que a perigosa arte da previsão. A previsão tem outros méritos, no entanto, do que uma mera previsão de PIB, investimentos e assim por diante. A vantagem real dos modelos de previsão é que eles forçam os economistas e os planejadores a considerar a interdependência intricada em um sistema econômico, ajudando, portanto, os tomadores de decisão a antecipar os tipos de efeitos positivos e negativos de ações alternativas.

Como a tecnologia disponível para resolver grandes processos aritméticos se tornou mais sofisticada, os modelos econométricos aumentaram em tamanho e em complexidade. Os holandeses foram os criadores dos modelos macroabrangentes. Em 1939, o professor Jan Tinbergen iniciou um modelo para a economia holandesa para ser utilizado pelos planejadores do governo. Por esse trabalho, ele dividiu o Prêmio Nobel de Economia em 1969 com Frisch. Nos Estados Unidos, Lawrence Klein, um vencedor do Prêmio Nobel na Universidade de Pensilvânia, levou o crédito por ter um papel importante nessa área. Hoje, várias universidades importantes, empresas privadas de previsão, institutos de pesquisa sem fins lucrativos e agências do governo têm grandes modelos (200 ou mais equações) por meio dos quais analisam alterações na economia dos Estados Unidos.

Veja
O passado como preâmbulo 18-1

5 Folheie um número atual de uma revista especializada em economia, como *The American Economic Review* ou o *Journal of Political Economy* para comprovar esse fato.

18-1 O passado como preâmbulo

AVANÇOS EM ECONOMETRIA

Os modelos de econometria não provam coisa alguma. Se forem corretamente especificados, satisfizerem a certas hipóteses e os dados estiverem coerentes, podem aumentar a confiança em algumas relações econômicas e oferecer até boas previsões. Mas quando não existem condições ideais, certas "doenças" podem acabar surgindo e ameaçando a validade dos resultados. Desde que Ragnar Frisch e Jan Tinbergen ganharam juntos o primeiro Prêmio Nobel de Economia, os econometricistas descobriram novas doenças econométricas e seu tratamento, bem como técnicas para investigar novas questões. Em 2000 e 2003, quatro indicados ao Nobel foram premiados pelos avanços em econometria. James Heckman (1944–) e Daniel McFadden (1937–) dividiram o prêmio em 2000 pelas contribuições para a *microeconometria*; Robert Engle (1942–) e Clive Granger (1934–2009) receberam o prêmio juntos em 2003 pelo desenvolvimento de métodos relacionados à *análise de séries temporais*.

A escolha do modelo econométrico depende do fato de as variáveis serem contínuas (como aquelas medidas em termos monetários) ou discretas (variáveis com intervalos, como no caso da escolha entre dois carros ou de que nota dar a um aluno). O trabalho de McFadden concentrou-se na *escolha discreta* (escolher entre alternativas distintas), e ele desenvolveu o método conhecido como *análise condicional logit* para trabalhar com situações de escolha discreta. Um modelo logit pode ser utilizado para estimar a probabilidade de um grupo que compartilha determinadas características (renda, idade etc.) vir a fazer as mesmas escolhas ou produzir os mesmos resultados. Dois modelos similares, *probit* e *tobit*, foram usados para prever a contagem de medalhas que seriam ganhas nos Jogos Olímpicos de 2000 e 2004. Usando a população e o PIB como variáveis explanatórias para 36 países, os economistas Andrew Bernard e Meghan Busse previram corretamente a contagem de medalhas de ouro para um país, a média de uma medalha para nove países e de três medalhas para 23 países.[a]

Quando os dados são analisados, a amostra deve ser extraída aleatoriamente da população para produzir resultados imparciais. Amostras não selecionadas aleatoriamente são conhecidas como *amostras seletivas*, e por seu trabalho nessa área, Heckman recebeu o Prêmio Nobel. A *influência na seleção* (outro termo para amostras seletivas) geralmente ocorre como resultado do processo de coleta de dados. Pesquisas, um método comum de coleta de dados, ainda que aleatoriamente distribuídas, podem acabar sendo respondidas apenas por determinado tipo de pessoa dentro do universo da população. Ainda que aqueles que respondem à pesquisa estejam sendo honestos, o fato de apenas alguns concordarem em participar gera um problema de *autosseleção*, uma forma específica de influência.

Quem trabalha com dados econômicos nem sempre tem controle sobre os problemas de influência na seleção, sobre o procedimento de coleta ou sobre os recursos utilizados para coletar as informações. Felizmente Heckman desenvolveu um procedimento para lidar com o problema, apropriadamente chamado de *correção de Heckman*. Boa parte das pesquisas de Heckman foi aplicada na solução de problemas do mercado de trabalho (em que a amostra seletiva é o subsistema da população que está empregada), mas suas contribuições foram usadas em outras áreas para investigar uma vasta gama de questões.

Os economistas normalmente se interessam em ver como as variáveis se relacionam ao longo do tempo, e essas relações são investigadas por meio da *análise de séries temporais*. Engle e Granger receberam o Prêmio Nobel por desenvolver os métodos existentes de análise de séries temporais.

Um modelo econométrico requer um termo de erro para refletir o efeito dos fatores que não podem ser medidos e incluídos no modelo (veja a Equação 18.12). As técnicas de econometria básica partem do princípio de que esses erros sejam distribuídos aleatoriamente para que sua média, com o tempo, seja zero (eles não possuem efeito de longa duração sobre a variável dependente, que também deve manter um valor dado em longo período). Mas infelizmente nem todos os processos de erro se comportam dessa maneira. Em um modelo de análise de séries temporais, um erro sistemático pode fazer que uma variável se modifique de tal maneira que o modelo seja incapaz de prever. Engel identificou o problema da *volatilidade variável no tempo*, em que as variáveis apresentam mais flutuação em alguns períodos do que em outros. O trabalho de Granger concentra-se em modelos em que os erros não são aleatórios, e sim relacionados a erros anteriores.

Suponha que a Figura 18.2 represente o relacionamento entre a fatia de mercado e a taxa de lucro de uma empresa ao longo do tempo. Uma simples regressão revelaria um relacionamento positivo α 1, a inclinação da linha de regressão, > 0. Suponha, então, que por razões independentes tanto a fatia de mercado quanto a taxa de lucro de uma empresa estivessem em elevação. A linha de regressão e α 1 sugerem que o aumento da fatia de mercado aumentaria a taxa de lucro, mas o oposto também poderia ocorrer. Ambas poderiam estar em ascensão por razões independentes e de um período para outro se moverem em direções opostas. Mas isso é plausível sob o ponto de vista teórico? Se uma empresa busca agressivamente em um mês uma fatia de mercado por meio do corte de custos, pode vir a ter uma baixa taxa de lucro nesse período. O crescimento da empresa com o tempo pode até fazer aumentar a fatia de mercado e a taxa de lucro, mas algumas estratégias utilizadas para aumentar uma variável podem acabar fazendo que a outra se reduza. Esse tipo de problema é um exemplo de *cointegração*. Granger ficou conhecido por ter identificado a cointegração e também por ter colaborado, juntamente com Engle (e muitos que se seguiram), para o desenvolvimento de técnicas para detectar e corrigir o problema.

À medida que os econometricistas desenvolvem seu conjunto de ferramentas, os pesquisadores estudam os dados mais antigos e às vezes descobrem que as conclusões originais continham erros. Corrigir essas deficiências, quando identificadas, pode literalmente reescrever o curso da história. Os avanços da econometria refletem a evolução do pensamento econômico em outras áreas; as novas gerações identificam os erros das anteriores e muitas vezes tornam as informações mais claras.

a. BERNARD, Andrew; BUSSE, Meghan. Who wins the olympic games: economic resources and medal totals. *Review of Economics and Statistics*, n. 86, p. 413-418, fev. 2004.

LÉON WALRAS

Léon Walras (1834-1910) nasceu em Evreux, França. A parte inicial de sua vida foi muito malsucedida. Ele foi reprovado duas vezes no exame de admissão para a Ecole Polytechnique, escreveu um romance que passou despercebido e fundou um banco que faliu. Mas seu pai era um economista, e o jovem Walras tinha lido *Mathematical principles of the theory of wealth*, de Cournot. Esse assunto e a economia o interessaram, e ele voltou-se para a economia. Em 1870, foi nomeado professor de economia política em Lausanne, Suíça. Lá, ele fundou a Lausanne School of Economics, que enfatizava a aplicação da matemática à análise econômica. Ele foi sucedido por outro famoso participante dessa escola: Vilfredo Pareto, que, devemos nos lembrar, ajudou a iniciar o uso de curvas de indiferença.

Walras é considerado um dos três iniciadores do marginalismo, ao lado de Jevons e Menger. Em *Elements of pure economics*, publicado em 1874, Walras chegou, independentemente, aos princípios marginalistas básicos. Ele também recebeu crédito por ter alertado os economistas para o trabalho anterior de Cournot nessa área.

Walras desenvolveu e defendeu a análise do equilíbrio geral, que considera as inter-relações entre muitas variáveis da economia. Isso contrastava com a análise do equilíbrio parcial utilizada por Jevons, Menger e Marshall. Da mesma maneira que uma rocha atirada em um lago produz círculos de ondulações cada vez maiores, qualquer alteração na economia provoca alterações ainda maiores que são radiadas para fora com força cada vez menor. E, da mesma maneira que essas ondulações algumas vezes atingem a margem e voltam, finalmente, para afetar o ponto inicial de impacto, também há efeitos de retorno de alterações iniciais que ocorrem em mercados únicos na economia. Esse processo de reverberação continua por todo o sistema, até que o equilíbrio seja atingido simultaneamente em todos os mercados.

Um aumento no preço do petróleo fornece uma boa ilustração. De acordo com a abordagem do equilíbrio parcial, se supusermos que tudo o mais permanece inalterado, uma quantidade reduzida de petróleo será comprada pelo preço mais alto, e esse é o fim do problema. Mas vamos considerar algumas outras ramificações exploradas utilizando a perspectiva do equilíbrio geral. A demanda por bens substitutos, como o carvão, aumentará, provocando, provavelmente, aumentos nas quantidades e nos preços de equilíbrio.

O preço maior do petróleo fará que o preço da gasolina aumente. Como ler um romance é, de certa maneira, um substituto para andar de carro pela cidade, a demanda por livros pode aumentar. A demanda por bens complementares, como automóveis e lava-rápidos, por outro lado, pode cair, à medida que o preço da gasolina aumenta. Se a demanda por petróleo e gasolina for relativamente inelástica, a porcentagem da renda do consumidor gasta em derivados de petróleo aumentará, em relação a outros produtos. Isso implica que a demanda por vários bens não relacionados ao petróleo e à gasolina pode cair, de alguma maneira. E, claro, os custos de transporte de bens enviados por caminhão aumentarão, fazendo que os preços desses itens se elevem. Com todas essas alterações nos mercados por bens de consumo, as demandas obtidas para fatores de produção serão alteradas, provocando realocações de recursos. Menos trabalho será necessário em alguns setores (por exemplo, automóveis), mais será necessário em outros (por exemplo, isolamento de casas). O capital também será alterado em resposta a diferentes taxas de retorno sobre o investimento em diferentes setores. Por exemplo, os produtores construirão mais equipamentos de exploração de petróleo e plataformas marítimas e menos novos postos de gasolina. Em algum ponto, as alterações surgidas pela efervescência original terminarão. Um equilíbrio geral terá sido atingido.

A teoria do equilíbrio geral de Walras apresenta uma estrutura que consiste no preço básico e nas inter-relações de produção para a economia toda, incluindo tanto mercadorias como fatores de produção. Seu objetivo é demonstrar matematicamente que todos os preços e todas as quantidades produzidas podem se ajustar a níveis mutuamente consistentes. Sua abordagem é estática, pois supõe que certos determinantes básicos permanecem inalterados, como preferências do consumidor, funções de produção, formas de competição e programas de ofertas de fatores.

Walras mostrou que os preços em uma economia de mercado podem ser determinados matematicamente, reconhecendo a inter-relação de todos os preços. A prova rigorosa da existência de uma solução que utiliza topologia e teoria definida veio posteriormente, nos trabalhos de vários economistas, mais notavelmente John von Neumann, Kenneth Arrow e Gerald Debreu.

A função para a quantidade demandada de um bem depende do preço. Ou seja, o preço é a variável independente, dizia Walras, e a quantidade demandada é a variável dependente. Essa formulação diferia da de Marshall, que dizia que o preço é uma função da quantidade demandada (veja a Equação 18.2). A quantidade demandada de qualquer bem, no entanto, inclui como variáveis os preços de todas as outras mercadorias. Um consumidor não decidirá quanto comprar de um bem, sem saber os preços de todos os outros bens. Se houver um total de n mercadorias, o montante total demandado para qualquer uma delas é determinado pelos preços de todas elas. A quantidade total demandada de cada mercadoria pode ser representada por D_1, $D_2 \ldots D_n$, e os preços por p_1, $p_2 \ldots p_n$. Portanto, uma equação pode ser estabelecida para cada mercadoria que mostra o montante dela demandado como uma função de todos os preços:

$$\begin{aligned} D_1 &= F_1\,(p_1, p_2 \ldots p_n) \\ D_2 &= F_2\,(p_1, p_2 \ldots p_n) \\ &\ldots\ldots\ldots\ldots\ldots\ldots \\ D_n &= F_n\,(p_1, p_2 \ldots p_n) \end{aligned} \qquad \textbf{(18.14)}$$

Em um estado de equilíbrio, a quantidade demandada de qualquer mercadoria específica é igual à quantidade ofertada. Portanto, $D_1 = S_1, D_2 = S_2 \dots D_n = S_n$. Se a oferta for substituída pela demanda nas três equações precedentes, teremos:

$$
\begin{aligned}
S_1 &= F_1\,(p_1, p_2 \dots p_n) \\
S_2 &= F_2\,(p_1, p_2 \dots p_n) \\
&\dots\dots\dots\dots\dots\dots \\
S_n &= F_n\,(p_1, p_2 \dots p_n)
\end{aligned}
\qquad \textbf{(18.15)}
$$

Supomos que a quantidade ofertada é determinada e fixa. Com n mercadorias, existem n preços desconhecidos. Como temos uma equação para cada mercadoria, existem n equações simultâneas que, com certas suposições consistentes com a teoria econômica, são suficientes para determinar um conjunto exclusivo de preços que satisfarão o sistema. Assim que os preços são conhecidos, o montante agregado de qualquer mercadoria específica demandada pode ser calculado. Como esse montante demandado é satisfeito nos preços assim calculados, o problema da distribuição das mercadorias disponíveis é resolvido.

Como os conceitos de equilíbrio geral incluem muitas equações e, portanto, muitas coisas desconhecidas, a solução de um sistema desse tipo torna-se excessivamente complexa. No exemplo utilizado anteriormente, não sabemos o suficiente sobre a economia para prever a magnitude da produção alterada de carvão, de automóveis, de aparelhos para exploração de petróleo, de romances, de lava-rápidos e assim por diante, a qual resultará de, vamos dizer, um aumento de 10% no preço do petróleo. As variáveis são numerosas demais, alteráveis demais e incertas demais para serem trabalhadas precisamente, mesmo com computadores modernos. Além disso, a análise geralmente supõe retornos constantes, a ausência de externalidades, salários e preços perfeitamente flexíveis, concorrência perfeita em todos os mercados e assim por diante. Assim, o conceito de equilíbrio geral de Walras tem sido, basicamente, uma ferramenta teórica que ajuda a entender o projeto do sistema econômico, em vez de um dispositivo estatístico operacionalmente útil.

No entanto, uma consciência da interdependência do fenômeno econômico é importante, pois sem ela poderíamos nos extraviar do caminho. Por exemplo, uma pessoa que perde o emprego porque o setor envolvido é enfraquecido por bens importados mais baratos poderia concluir, razoavelmente, que as importações reduzem o emprego doméstico. Esse é um exemplo de análise de equilíbrio parcial – olhar para a produção doméstica e o emprego em um único setor. No entanto, se estudarmos as repercussões das maiores exportações e descobrirmos que elas aumentam o emprego em portos marítimos domésticos, que os preços menores dos bens importados deixam os consumidores com uma renda maior, que é, portanto, gasta em outros produtos produzidos internamente, e que nossas exportações aumentam por causa de nossas maiores importações, em seguida, nossa conclusão pode bem ser a de que as importações *não* provocam uma redução geral na produção e no emprego internos.

WASSILY LEONTIEF

Wassily Leontief (1906-1999), um economista norte-americano nascido na Rússia, recebeu seu doutorado da Universidade de Berlim em 1928. Emigrou para os Estados Unidos em 1931 e uniu-se ao corpo docente de Harvard. Sua principal contribuição à economia é sua análise de insumo-produto, reminiscente do *Tableau economique* de Quesnay discutido no Capítulo 3. Essa contribuição deu a Leontief o Prêmio Nobel de Economia em 1973. Originalmente, ele procurou apresentar a essência da teoria do equilíbrio geral de uma forma simplificada, adequada para o estudo empírico. Assim, os estudos de insumo-produto são uma forma especial da análise do equilíbrio geral. Essa forma especial simplifica a apresentação dos processos de produção, por exemplo, de maneira que eles fiquem na forma linear, permitindo assim uma conversão mais direta desses processos em estudos empíricos.

Tabelas insumo-produto

Leontief publicou sua primeira tabela insumo-produto em *Review of Economics and Statistics*, em agosto de 1936. Sua tabela descrevia a economia dos Estados Unidos em 1919 como um sistema de 46 setores. O interesse em sua análise de intersetores disseminou-se como resultado da Segunda Guerra Mundial. A expansão de indústrias de guerra criou certos gargalos que tornaram um maior crescimento mais difícil. A maior produção de aviões, por exemplo, requeria maior alocação de aço, alumínio, motores e certas ferramentas de máquinas e outros bens de capital. A análise insumo-produto tentou antecipar esses requisitos e planejar para a expansão desses setores básicos.

Uma tabela insumo-produto descreve o fluxo de bens e serviços entre diferentes setores de uma determinada economia nacional ou regional e tenta medir a relação de um setor específico com outros setores da economia. Por exemplo, de acordo com uma das tabelas de Leontief, para produzir um milhão de dólares adicionais de novos automóveis, o setor teria de comprar US$ 235.000 de ferro e aço, US$ 79.000 de metais não ferrosos, US$ 58.000 de produtos químicos, US$ 39.000 de têxteis, US$ 32.000 de papel e produtos correlatos, US$ 10.000 de serviços financeiros e de seguro, US$ 6.000 de serviços de telefonia e telégrafo e assim por diante.[6]

Leontief fez uma grade de insumo-produto que foi posteriormente expandida pelo Bureau of Labor Statistics. A grade possui informações estatísticas sobre a economia mostrando as fontes, os montantes e os destinos do material. Isso revela a relação de cada segmento da economia com cada um dos outros segmentos. Cada *linha* em uma tabela insumo-produto mostra o *produto* vendido por um setor econômico de cada um dos outros setores e cada *coluna* mostra o *insumo* que cada setor comprou de todos os outros setores.

6 LEONTIEF, Wassily. *Input-output economics*. Nova York: Oxford University Press, 1966. p. 71-73.

Usos e dificuldades

As tabelas insumo-produto nacionais atuais dividem a economia em mais de 400 setores, produzindo uma matriz insumo-produto que tem mais de 400 colunas e 400 linhas. O aumento das grandes corporações e o desenvolvimento de um papel significativo do governo na economia aprimoraram a utilização das tabelas insumo-produto por pelo menos dois motivos principais. Primeiro, o governo tornou-se um vasto comprador de bens e serviços. Assim, tanto o governo como seus fornecedores têm de antecipar os efeitos das alterações nos padrões de compra governamentais. Segundo, a grande corporação, ao antecipar um crescimento das vendas, tem de planejar uma expansão na oferta de alguns produtos. Uma corporação verticalmente integrada pode planejar sua própria oferta de alguns produtos. Outras podem indicar para os seus fornecedores em quanto esperam aumentar suas compras de insumos. Em qualquer dos casos, a análise insumo-produto será útil.

A análise insumo-produto é ainda mais relevante em países menos desenvolvidos, em que o planejamento econômico é mais abrangente. Em uma nação menos desenvolvida que procura o crescimento econômico, a construção de uma grande indústria necessitará da expansão de instalações de suporte. Essas instalações são, muito provavelmente, mais escassas do que em nações altamente desenvolvidas. Suponha que uma fábrica de conservas de carne seja erguida em um país pobre. Essa empresa necessitará de expansão de eletricidade, fornecimento de água, instalações de transporte, moradia para os funcionários, lanchonete, serviços médicos, produção de metal para latas e assim por diante. Essas necessidades, e as posteriores que se apresentarem, podem ser antecipadas pela análise insumo-produto.

Muito naturalmente, as economias socialistas colocaram a análise insumo-produto em uso mais amplamente do que as nações que confiam principalmente na empresa privada. O planejamento econômico total requer que a junta de planejamento aloque materiais e antecipe necessidades futuras. Os planejadores devem garantir que as indústrias coordenem sua expansão para evitar sérios gargalos. Como as preferências do consumidor estão subordinadas ao plano geral, suas vontades e desejos não precisam interferir nos objetivos principais da atividade econômica. Em outras palavras, em uma economia completamente socializada, um aumento repentino no desejo do consumidor por automóveis não tirará a indústria do aço, por exemplo, do setor de ferramentas de máquinas. Portanto, as complicações que confrontam o uso da análise insumo-produto para o planejamento na economia de uma empresa privada não ocorrem no mesmo grau em uma economia centralmente planejada. As economias socialistas mostraram um interesse ativo na economia matemática em geral e na grade de Leontief em especial. Na realidade, a antiga União Soviética dizia que a análise insumo-produto era uma invenção soviética.

A análise insumo-produto não é imune a problemas. Esse tipo de análise é baseado em várias suposições simplificadoras. Como um exemplo, os coeficientes de produção são supostos fixos, ou seja, quantidades constantes de cada fator são necessárias para produzir uma unidade de produção. Como um segundo exemplo, supõem-se que as funções de produção são lineares, sem nenhuma eficiência crescente ou decrescente, à medida que a indústria se expande ou contrai. Supõem-se rendimentos constantes à escala. Essas suposições são um tanto irrealistas. Aumentos na produção geralmente não requerem aumentos proporcionais no insumo, principalmente porque vários fatores são indivisíveis. Por exemplo, pode-se aumentar em 5% as toneladas-milhas de frete transportadas por uma ferrovia, sem aumentar a oferta de locomotivas e carros de frete em 5%. A suposição de coeficientes de produção fixos, por outro lado, impede a possibilidade da substituição de fator. Mas, no mundo real, vemos muitos exemplos dessas substituições. Por exemplo, uma redução no preço relativo do plástico resultou em uma substituição do vidro por plástico no setor de garrafas.

As alterações tecnológicas tornam a grade obsoleta relativamente rápido, e é uma tarefa tremenda revisar as 160 mil entradas que existem em uma tabela que envolve 400 setores. Com a passagem do tempo, a tabela insumo-produto para um determinado ano torna-se cada vez menos precisa para a previsão de requisitos de insumo para anos futuros. Maior precisão pode ser obtida, no entanto, extrapolando-se tendências observadas no passado, antecipando, portanto, avanços tecnológicos constantes. Por exemplo, esse método nos permitiria prever a redução contínua na quantidade de carvão necessária para gerar 1 quilowatt/hora de energia elétrica.

JOHN VON NEUMANN E OSKAR MORGENSTERN

John von Neumann (1903-1957) nasceu na Hungria e lecionou nas universidades de Berlim e Hamburgo. Em 1930, foi para os Estados Unidos, onde assumiu um posto em Princeton. Lá, escreveu *Mathematical foundations of quantum mechanics*, um importante trabalho de física, e conheceu Oskar Morgenstern (1902-1977), um economista de Viena que foi, pela primeira vez, aos Estados Unidos em 1925.[7] Juntos, eles escreveram *Theory of games and economic behaviour* (1944), um livro que continha várias contribuições importantes para a teoria econômica, uma das quais era a teoria dos jogos.[8]

A teoria dos jogos é aplicável a situações análogas a jogos de estratégia, como xadrez e pôquer. Os economistas tinham apontado anteriormente que os duopolistas são como jogadores de xadrez que consideram cuidadosamente os prováveis movimentos de seu oponente antes de ele mover as peças. Nessas situações, há interesses conflitantes, em que cada lado utiliza sua engenhosidade para vencer o outro. Se, por exemplo, uma empresa estiver cogitando um corte no preço de seu produto, fará uma diferença considerável se outros produtores de produtos semelhantes também reduzirem seus preços ou não. Algumas decisões comerciais são tomadas abertamente, como as alterações de preços lançadas publicamente, as alterações em campanhas publicitárias e a fabricação de novos produtos. Esses movimentos são análogos ao xadrez, em que todos os movimentos podem ser facilmente observados pelos dois lados. Outras decisões são secretas, como o desconto de preços *sub rosa*, o comprometimento com novos projetos de pesquisa e o planejamento da invasão de novos mercados. Esses movimentos são análogos ao pôquer. Uma das partes não sabe quais cartas a outra tem nas mãos, até que elas sejam colocadas

7 John von Neumann foi um dos três coinventores da bomba atômica.

8 Outra contribuição que merece ser mencionada é o índice de utilidade *N-M*. Os autores mostraram que uma curva de utilidade marginal para o dinheiro poderia ser obtida submetendo a pessoa a um conjunto de decisões hipotéticas que envolvem risco (jogos de azar). Isso é chamado, algumas vezes, de *análise da utilidade cardinal moderna*. Veja BAUMOL, William J. *Economic theory and operations analysis*. 2. ed. Englewood Cliffs, NJ: Prentice-Hall, 1965, Capítulo 22, ou edições posteriores do livro de Baumol.

na mesa. Se uma empresa coloca um espião (um zelador, por exemplo) na empresa do seu rival para roubar seus segredos, isso é como jogar pôquer com um jogo de cartas marcadas. Se as empresas se unirem em acordos monopolistas, elas ainda devem planejar estratégias para conquistar a "confiança" do público e do governo.

Há uma implicação na teoria dos jogos de que as relações econômicas são baseadas em um tipo de "guerra" econômica, ou seja, de que o ganho de uma pessoa é a perda da outra. Mas a teoria dos jogos também foi utilizada para mostrar que, sob muitas circunstâncias, a melhor estratégia é cooperar com um rival, desde que ele coopere com você (O passado como preâmbulo 4-1).

A lógica subjacente da teoria dos jogos pode ser vista por meio de um exemplo altamente simplificado. Entre jogos de estratégia, podemos distinguir entre jogos de pura sorte e jogos que têm incerteza estratégica. Jogar o dado é um jogo de pura sorte, a menos que o dado esteja viciado. Se um jogador ganha ou perde, e quanto, depende somente de suas próprias escolhas e de sorte. Em um jogo com incerteza estratégica, como o pôquer, entra um fator adicional: o que a outra parte fará?

Suponha que haja somente dois produtores principais, *A* e *B*, de um produto levemente diferenciado e que cada vendedor esteja considerando três estratégias comerciais distintas para aumentar sua participação no mercado: (1) aumentar a publicidade, (2) oferecer uma versão "melhorada" do produto ou (3) reduzir o preço. Presumivelmente, essas empresas acreditam que sua lucratividade a longo prazo está positivamente relacionada com suas participações no mercado. Rotulamos as três estratégias de *A* como A_1, A_2 e A_3, enquanto rotulamos as de *B* como B_1, B_2 e B_3. Para simplificar, supomos que somente estratégias isoladas podem ser utilizadas, ou seja, cada empresa pode selecionar apenas uma única estratégia, em vez de uma combinação das três.

A teoria dos jogos sustenta-se na suposição de que os resultados de cada combinação das duas estratégias da empresa podem ser definidos em uma matriz de pagamentos, como a mostrada na Tabela 18.1. Suponha que cada parte tenha conhecimento desses resultados, mas não saiba qual estratégia a outra parte adotará. Todos os valores na

TABELA 18.1 A teoria dos jogos: a matriz de pagamentos

		Estratégias de *A*			
		A_1	A_2	A_3	Máximos de linhas
	B_1	+6	−8	+5	+6
Estratégias de *B*	B_2	+10	−4	+3	+10
	B_3	−3	−10	+2	+2
Mínimos de colunas		−3	−10	+2	

tabela são ganhos ou perdas de participação no mercado da *empresa A*. Esse é um jogo de soma zero, que significa que o ganho de *A* de participação no mercado é exatamente igual à perda de *B*, e a perda de *A* é exatamente igual ao ganho de *B*. Os valores negativos na tabela, portanto, representam *perdas* para *A*, mas *ganhos* para *B*. A tabela nos diz, por exemplo, que se a empresa *A* utilizar a estratégia A_1, - maior publicidade - e a empresa *B* utilizar uma estratégia idêntica, B_1, o resultado será um ganho de 6% em participação no mercado para *A*. Talvez o nível atual de publicidade da empresa *A* seja baixo, e a publicidade adicional terá um impacto desproporcional nas vendas, em relação ao efeito da publicidade adicional de *B*. Ou vamos tomar um outro exemplo. Suponha que *A* utilize a estratégia A_2 - uma modificação do produto -, enquanto *B* corta o seu preço, B_3. Vemos que o resultado será uma perda de 10% em participação no mercado para *A* e um aumento de 10% em participação no mercado para *B*.

Quais escolhas essas partes farão? Vamos supor que as duas partes sejam avessas ao risco e, portanto, desejem evitar o pior resultado possível. Esses piores resultados estão listados para *A* horizontalmente abaixo das colunas na matriz (Mínimos de colunas). Observe que se *A* selecionar a estratégia A_1 e *B* selecionar a estratégia B_3, *A* sofrerá uma perda de 3% de participação no mercado. Essa perda é o pior resultado possível, com a escolha da estratégia A_1 (haverá um ganho de +6 e de +10 se *B* selecionar B_1 ou B_2). De maneira semelhante, os piores casos para as estratégias de *A*, A_2 e A_3 são uma perda de 10% e um ganho de 2%, respectivamente. Os números mostrados verticalmente à direita da matriz são os piores resultados para cada uma das três estratégias de *B* (Máximos de linhas). Se a estratégia B_1 for escolhida, por exemplo, a perda poderia ser de 6% de participação no mercado (*A* poderia utilizar a estratégia A_1 e ganhar 6%.). Se *B* utilizar a estratégia B_2, o pior resultado será uma perda de 10% de participação no mercado e, se selecionar B_3, poderá perder 2% de participação no mercado.

Percebemos, com esses números, que *A* selecionará a estratégia A_3 e *B* selecionará a estratégia B_3. O resultado é que *A* ganhará 2% de participação no mercado. Esse resultado é denominado uma solução *maximin* ou *minimax*. *A* está maximizando o ganho mínimo com suas várias estratégias e *B* está minimizando a perda máxima. Nenhuma das partes tem um incentivo para mudar estratégias, desde que permaneça avessa ao risco e os valores na matriz de pagamentos permaneçam precisos e conhecidos. Isso não se aplica a nenhuma outra combinação de estratégias na tabela. Por exemplo, suponha que *A* empregue a estratégia A_1, esperando que *B* utilize a estratégia B_2. A empresa *B*, no entanto, responderá a A_1 com a estratégia B_3. A empresa *A* fará, agora, um movimento para anular B_3 e o equilíbrio máximo será obtido.[9]

Uma aplicação prática e interessante da teoria dos jogos pode ser vista no comportamento de marketing dos oligopolistas. Muitas empresas testam o mercado cuidadosamente antes de lançar um novo produto ou marca. Os testes de mercado em alguns setores assemelham-se mais a um jogo de pôquer do que a um experimento científico. Quando um jogador *A* coloca um novo produto ou oferta em um certo mercado, o jogador *B*, que tem um produto semelhante em distribuição nacional, pode elevar as apostas aumentando consideravelmente seu orçamento para publicidade na área em que o joga-

9 Uma estratégia pura de equilíbrio máximo nem sempre precisa existir. Mas uma estratégia mista, sim. Uma estratégia mista permite que os jogadores utilizem, vamos supor, 20% de A_1 e 80% de A_3.

dor *A* está realizando o teste. Isso faz que *A* se depare com uma pergunta difícil: *B* pretende aumentar seu orçamento nacional em grande proporção se *A* colocar seu novo produto em oferta nacionalmente? Ou *B* está simplesmente blefando em uma tentativa de que *A* subestime o potencial de vendas nacionais de seu novo produto?

Veja O passado como preâmbulo 18-2

18-2 O passado como preâmbulo

JOHN NASH: DESCOBERTA, DESESPERO E O PRÊMIO NOBEL

No início dos anos 1950, vários economistas promoveram o trabalho pioneiro de von Neumann e Morgenstern sobre a teoria dos jogos. O mais proeminente desses economistas foi John Nash (1927-), um brilhante economista matemático.

A história de Nash é incomum e, até mesmo, trágica. Aos 22 anos, ele publicou dois trabalhos altamente matemáticos sobre a teoria dos jogos que estabeleceram o que é hoje chamado de *equilíbrio de Nash*. Nove anos depois, sua promissora carreira acadêmica no Massachussets Institute of Technology terminou abruptamente. Nash foi internado contra sua vontade em um hospital da área de Boston com um diagnóstico de esquizofrenia paranoica. Nos 30 anos seguintes, ele lidou com sua doença em relativa obscuridade em Princeton, New Jersey. Depois, em 1994, recebeu notícias surpreendentes de que havia ganhado o Prêmio Nobel de Economia por seu trabalho, quando jovem, sobre a teoria dos jogos.

Conforme relatado na revista *Time*:

> Quando fotografias de John Nash apareceram na imprensa na semana passada, uma reação comum em Princeton, New Jersey, foi um choque de reconhecimento: "Nossa, é ele!" Nash, que dividiu o Prêmio Nobel com John Harsanyi, da Universidade da Califórnia, e Reinhard Selten, da Universidade de Bonn, é um conhecido excêntrico na cidade universitária – um homem quieto e alienado que normalmente passa seu tempo no trem local "Elegante" em sua curta rota entre Princeton e Princeton Junction, lendo jornais descartados por outros passageiros. Alguns o conheciam como o homem das equações matemáticas extremamente complicadas que apareciam nas lousas das salas de aula [de Princeton] de vez em quando – o produto de uma mente brilhante, mas problemática, trabalhando seus pensamentos quando ninguém estava por perto.[a]

A luta pessoal de Nash foi descrita por Sylvia Nassar em *A beautiful mind:* a biography of John Forbes Nash, winner of the Nobel Prize in Economics, 1994 (Nova York: Simon and Schuster, 1998). A Universal Studios adaptou o conteúdo do livro e transformou a história de Nash no longa-metragem *Uma mente brilhante*, ganhador de quatro prêmios da Academia, incluindo o de Melhor Filme em 2001.

Nash concentrou-se em estratégias dentro de um jogo que levavam a um resultado (um equilíbrio de Nash) em que nenhuma das partes pode aumentar sua recompensa mudando sua estratégia atual.[b] Ou seja, um equilíbrio de Nash ocorre quando cada parte, agindo independentemente, já utilizou todos os movimentos vantajosos de que dispunha.

Em alguns jogos, uma das partes ou as duas partes têm uma *estratégia dominante*. Essa estratégia é a que, considerando todas as opções, produz o melhor resultado, independentemente da estratégia escolhida pela outra parte. Os participantes, obviamente, utilizarão estratégias dominantes quando elas estiverem disponíveis, e essas estratégias produzirão um equilíbrio de Nash.

No entanto, em muitos jogos, nenhuma das partes tem uma estratégia dominante e, portanto, a melhor estratégia para cada parte depende daquela utilizada pela outra parte. Cada parte ajusta sua estratégia à estratégia da outra parte, até que nenhuma das partes possa melhorar seus resultados fazendo mais mudanças. Por exemplo, na Tabela 18.1, nem *A* nem *B* têm uma estratégia dominante, mas quando *A* usa a estratégia A_3, e *B* usa a estratégia B_3, os dois têm um incentivo para "manter sua estratégia atual". O equilíbrio de Nash é +2, mostrado na parte inferior direita da célula.

O jogo na Tabela 18.1 é um *jogo não cooperativo*: cada parte decide sua estratégia sem colaboração com a outra parte. Esses jogos são diferentes dos jogos cooperativos, em que os rivais coordenam em conluio suas estratégias para obter um resultado melhor do que se poderia esperar sem a cooperação. Por exemplo, dois oligopolistas poderiam concordar em definir preços altos iguais, de modo que cada um poderia obter lucro de monopólio. Tomadas isoladamente, essas estratégias não são um equilíbrio de Nash, pois as duas partes veem uma oportunidade de aumentar os lucros ainda mais, oferecendo descontos secretos no preço para os clientes da outra parte. Esse é o conhecido jogo do dilema do prisioneiro (O passado como preâmbulo 4-1), em que as duas partes confessam porque supõem que a outra parte o fará.

Mas as partes de um acordo de fixação de preços também podem transformar suas estratégias de preço alto mútuo em um equilíbrio de Nash por meio de ameaças críveis de retaliação contra os descontos de preços oferecidos pela outra parte. Por exemplo, cada empresa pode ameaçar a outra com cortes duradouros e cada vez maiores nos preços se descobrir que ela está vendendo abaixo do preço em conluio. Como nenhuma das partes quer uma guerra de preços, essas ameaças mútuas podem ser críveis. Se forem, o resultado instável de preços altos será convertido em um equilíbrio de Nash, pois nenhuma das empresas ousa trapacear com relação à estratégia de preços altos acordada.

Hoje, algumas das melhores mentes na economia utilizam a teoria matemática dos jogos para obter *insights* sobre oligopólios, leilões, negociação coletiva, comércio internacional, política monetária e assim por diante. Todos devem isso à mente brilhante, mas problemática, de John Nash.[c]

a. *Time*, 24 de out. 1994.

b. A ideia remonta a Cournot. O resultado da produção de equilíbrio na sua teoria de duopólio é, na realidade, um equilíbrio de Nash.

c. Os principais artigos de Nash foram reimpressos em *Essays on game theory*. Brookfield, VT: Edward Elgar, 1997. Sylvia Nassar documenta as lutas pessoais de Nash em *A beautiful mind*: a biography of John Forbes Nash, winner of the Nobel Prize in Economics, 1994. Nova York: Simon and Schuster, 1998.

JOHN R. HICKS

John R. Hicks (1904-1989), professor na Universidade de Oxford, dividiu o Prêmio Nobel de Economia em 1972 por suas contribuições à teoria da economia pura. No mesmo ano, Paul Samuelson (Capítulo 22) denominou Hicks e o outro ganhador do prêmio, Kenneth Arrow (Capítulo 20), como "'os economistas dos economistas'. Não escrevem para a imprensa popular nem concorrem a cargos políticos".[10] Samuelson reconheceu que, apesar de altamente abstratas e técnicas, as contribuições de Hicks são parte integrante do conjunto de ferramentas mais usado pelos economistas atuais, além de terem papel importante na formação de políticas.

As contribuições de Hicks para a economia foram muitas e muito salutares. Por exemplo, ele reavaliou e esclareceu as leis de Marshall de demanda derivada para insumos, ou seja, especificou os determinantes da elasticidade da demanda para trabalho e capital (Capítulo 15). Em 1937, ele escreveu um artigo intitulado "Mr. Keynes and the classics", em que ajudou a criar o que hoje é denominado, em macroeconomia, modelo *IS-LM* (Capítulo 22). Outras contribuições dignas de nota incluem seus refinamentos da noção de Marshall do excesso de oferta do consumidor, suas melhorias na análise do equilíbrio geral de Walras e suas teorias com relação ao crescimento e desenvolvimento econômico.

De interesse central para nós, neste capítulo, no entanto, é a redefinição de Hicks das teorias da demanda e da produção com o menor custo.[11]

Teoria da demanda

Para entender a teoria da demanda de Hicks, devemos examinar várias ideias inter-relacionadas.

Curvas de indiferença. Devemos nos lembrar de que as curvas de indiferença originaram-se com Edgeworth e Pareto. O objetivo, com a ideia, era evitar medir a utilidade quantitativamente. De acordo com as teorias marginalistas padrão de Jevons e Menger, valores cardinais poderiam ser atribuídos a várias quantidades de itens, ou *utils*, que poderiam, assim, ser diretamente comparados. Por exemplo, a primeira unidade de sorvete consumida durante um período específico resultou em 10 *utils* de utilidade para um consumidor específico, a segunda em 5 *utils* e assim por diante. A primeira unidade de hambúrguer pode resultar em 20 *utils*, a segunda em 15 *utils* e assim por diante. Isso implica que, para essa pessoa, a primeira unidade de sorvete possui exatamente duas vezes o valor de utilidade da segunda, mas somente metade da utilidade da primeira unidade de hambúrguer. Essa medição precisa da magnitude da utilidade parecia irrealista e, portanto, foi altamente criticada como um vínculo fraco na teoria geral da demanda.

10 SAMUELSON, Paul. Pioneers of economic thought; past winner says their theory will shape legislation. *The Nova York Times*, p. 71, 26 out. 1972.

11 Outros contribuintes para a teoria da demanda baseada nas curvas de indiferença incluem R. D. G. Allen, um colaborador de Hicks, e o economista russo Eugen Slutsky.

A abordagem da curva de indiferença de Hicks evita a suposição de que a utilidade marginal pode ser medida de maneira cardinal. Tudo o que é necessário é que um consumidor possa esclarecer as preferências de maneira ordinal. Em termos do nosso exemplo, esse esclarecimento implica que a pessoa precisa conseguir dizer apenas: "Prefiro a primeira unidade de hambúrguer à primeira unidade de sorvete" ou, de maneira alternativa, "Sou indiferente entre a combinação *A* (45 unidades de sorvete e 45 unidades de hambúrguer) e a combinação *B* (72 unidades de sorvete e 27 unidades de hambúrguer)". Portanto, sem recorrer à medição de utilidade, o consumidor, teoricamente, poderia determinar as várias combinações de hambúrguer e sorvete que resultariam na mesma satisfação total. Todas essas combinações constituem uma curva de indiferença ou uma curva de utilidade igual, como a rotulada I_1 na Figura 18.3(a). Conforme observamos anteriormente, uma curva de indiferença é análoga a uma linha em um mapa de contorno que une todos os pontos de igual elevação. Cada curva de indiferença une todos os pontos de satisfação total igual para seu consumidor.

As curvas de indiferença geralmente são convexas na origem porque os produtos são, normalmente, substitutos parciais um do outro. Nas extremidades superiores, as curvas de indiferença na figura indicam que a pessoa representada desistirá de uma grande quantidade de sorvete para adquirir uma pequena quantidade de hambúrguer e ainda se sentirá bem. O motivo é que o primeiro é relativamente abundante e o último, relativamente escasso. Na extremidade inferior da curva, como o hambúrguer se torna escasso em relação ao sorvete, esse consumidor desistirá de menos unidades de hambúrguer para adquirir uma outra unidade de sorvete.

A inclinação de uma curva de indiferença indica a *taxa marginal de substituição* do hambúrguer (x) pelo sorvete (y). Simbolicamente, mostramos isso como MRS_{xy}. O valor absoluto da inclinação de uma curva de indiferença é dy/dx. Observe que o valor absoluto da inclinação de cada curva de indiferença declina à medida que nos movemos para baixo nela. Ou seja, a curva é convexa na sua origem.

As curvas de indiferença mais para o nordeste na Figura 18.3(a) indicam níveis mais altos de utilidade total. Isso pode ser verificado desenhando-se uma linha imaginária de 45° a partir da origem e observando que sua intersecção com cada curva de indiferença sucessiva denota montantes maiores tanto de sorvete como de hambúrguer. O consumidor gostaria de chegar a uma curva de indiferença mais alta possível.

Linhas de orçamento. A mais alta curva de indiferença que esse consumidor pode obter depende de sua renda e dos preços das unidades de sorvete e de hambúrguer. Duas linhas de orçamento, ou linhas de combinações que podem ser obtidas, são mostradas na Figura 18.3(a). Inicialmente, vamos desconsiderar a linha *AC*. Suponha que a renda da pessoa seja de US$ 90, que esses dois bens sejam os únicos e que os preços respectivos do sorvete e do hambúrguer sejam US$ 1 e US$ 2 por unidade. Vemos, na linha de orçamento *AB*, que a pessoa poderia obter 90 unidades de sorvete (US$ 90/US$ 1), 45 unidades de hambúrguer (US$ 90/US$ 2) ou combinações dos dois, indicadas por pontos como u_1 na linha. O valor absoluto da inclinação dessa linha de orçamento é a taxa dos preços, p_x/p_y, que, nesse caso, é 2 (US$ 2/US$ 1).

Maximização da utilidade. Dada a linha de orçamento *AB*, esse consumidor escolhe comprar 54 unidades de sorvete e 18 unidades de hambúrguer durante um período

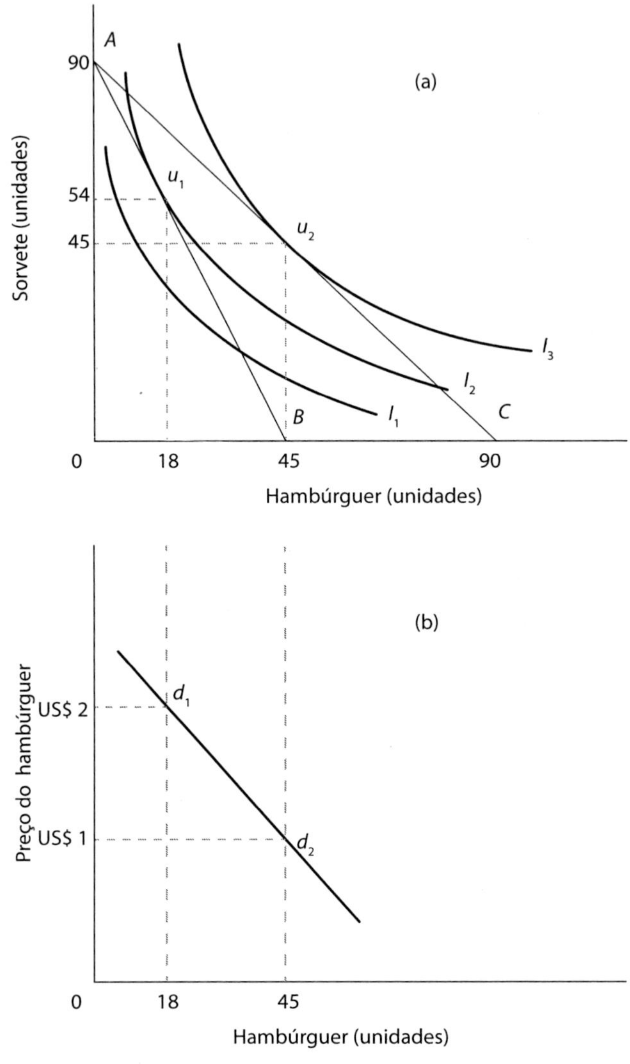

FIGURA 18.3 ■ OBTENÇÃO DE UMA CURVA DA DEMANDA COM BASE EM CURVAS DE INDIFERENÇA

Quando os preços por unidade do sorvete e do hambúrguer são US$ 1 e US$ 2, respectivamente, esse consumidor maximizará a utilidade comprando 54 unidades de sorvete e 18 unidades de hambúrguer (ponto u_1). Mas quando o preço do hambúrguer cair para US$ 1 por libra, a curva de indiferença mais alta I_3 poderá ser obtida aumentando-se as compras de hambúrguer. A curva da demanda para hambúrguer é determinada no gráfico (b) delineando a quantidade de hambúrguer demandada antes e depois da redução no preço.

específico (ponto u_1). Essa combinação, que ocorre onde *AB* é tangente a I_2, permite ao consumidor "obter" a curva de indiferença mais alta possível ou, em outras palavras, obter o nível mais alto de utilidade total. No ponto de tangência, a taxa em que o consumidor está *disposto* a desistir do sorvete para obter hambúrguer (MRS_{xy}) é igual à taxa em que o mercado *exigiria* que ele desistisse do sorvete para obter hambúrguer (p_x/p_y). Para testar sua compreensão desse modelo, você deve explicar (1) por que as combinações dos dois bens a nordeste de I_2 não são obtidas e (2) por que as combinações de dois bens representadas por pontos na linha do orçamento diferentes de u_1 não são tão desejáveis como a mostrada em u_1.

Uma alteração nos preços relativos. Agora, suponha que o preço por unidade do hambúrguer caia de US$ 2 para US$ 1. A nova linha de orçamento torna-se *AC*, pois, no extremo, o consumidor pode agora comprar 90 unidades de hambúrguer (US$ 90/US$ 1), em vez das 45 unidades (US$ 90/US$ 2) que poderiam ter sido compradas pelo preço antigo. O valor absoluto da inclinação da nova linha de orçamento é 1 (US$ 1/US$ 1). Esse declínio no preço do hambúrguer significa que o consumidor poderá agora atingir a curva mais alta de indiferença I_3. No novo ponto de tangência, u_2, o consumidor compra 45 unidades de sorvete e 45 unidades de hambúrguer.

É relativamente fácil traçar a curva da demanda para o hambúrguer. No preço inicial por unidade de US$ 2, esse consumidor comprará 18 unidades e, quando o preço cair para US$ 1, ele comprará 45 unidades. Observe que os eixos horizontais, tanto no gráfico superior como no inferior da Figura 18.3, medem a quantidade de hambúrguer, enquanto o eixo vertical no gráfico inferior mede o preço do hambúrguer. Localizamos dois preços de hambúrguer no eixo vertical do gráfico inferior e desenhamos linhas perpendiculares a partir dos pontos u_1 e u_2 no gráfico superior para o eixo horizontal do gráfico (b). Isso permite delinear os pontos d_1 e d_2 no gráfico inferior. A conexão desses dois pontos nos dá um segmento da curva da demanda dessa pessoa para hambúrguer, *D*. Para reiterar o ponto crucial, a derivação dessa curva da demanda *não* requer a medição cardinal da utilidade.

Efeitos renda e substituição. Hicks apontou que a mudança na quantidade que acompanha uma alteração de preço é o resultado de dois efeitos. Primeiro, há um *efeito de substituição*, ou efeito de preço relativo. Ou seja, à medida que o preço do hambúrguer cai, nosso consumidor redireciona o gasto alto do sorvete em direção ao agora relativamente baixo preço do hambúrguer. Um aumento na quantidade de hambúrguer ocorre por causa da substituição. Formalmente definido, o efeito de substituição é a parte da mudança total na quantidade demandada que se deve unicamente à alteração no preço, mantendo a utilidade constante. Segundo, um *efeito de renda* ocorre, que é definido como a parte da mudança na quantidade que resulta unicamente da mudança na renda real resultante da alteração no preço. Quando o preço do hambúrguer caiu, a renda real do consumidor do nosso exemplo aumentou. Ele agora tinha maior poder de compra de sua renda monetária de US$ 90 do que anteriormente e utilizou parte de sua renda real adicionada para comprar mais hambúrguer.

Embora não tenhamos feito isso aqui, Hicks mostrou como a mudança total na quantidade poderia ser separada em suas duas partes: a parte resultante do efeito de substituição e a parte resultante do efeito de renda.[12] Entre outras coisas, essa distinção entre os efeitos de renda e de substituição foi útil para contrastar bens normais, inferiores e de Giffen. Robert Giffen havia argumentado anteriormente, por meio do uso de

12 Existem maneiras alternativas de distinguir entre esses dois efeitos graficamente. Em termos da Figura 18.3, um procedimento é desenhar uma linha de orçamento hipotética paralela a *AC* e tangente à curva de indiferença original I_2. Você pode desejar desenhar essa linha na figura. Isso mantém a utilidade do consumidor constante e, portanto, isola o efeito de substituição da queda do preço. É a distância horizontal entre u_1, e o ponto de tangência entre a linha de orçamento hipotética e I_2. A distância horizontal remanescente entre u_1 e u_2 é o efeito de renda da alteração de preço.

dados, que os consumidores de baixa renda tinham curvas da demanda com inclinação *para cima* para alguns bens. Isso trouxe à tona a lei da demanda e se tornou conhecido como o "Paradoxo de Giffen". O aparato da curva de indiferença de Hicks ajudou a resolver esse paradoxo. Para *bens normais*, os efeitos de renda e de substituição funcionam na mesma direção – ambos agem para aumentar (reduzir) a quantidade quando o preço cai (aumenta). Mas, para determinados bens incomuns, denominados bens inferiores, o efeito de renda, tomado isoladamente, tende a reduzir (aumentar) compras quando o preço do produto cai (aumenta). Um *bem de Giffen* é aquele para o qual um efeito de renda incomum é tão grande que suplanta o efeito de substituição normal, provocando compras do produto para mover na mesma direção que as alterações de preço. Por exemplo, um declínio no preço do pão em uma nação assolada pela fome permite que os consumidores de baixa renda utilizem sua renda real adicionada para comprar *menos* pão, o que poderia ter sido tudo o que eles poderiam pagar anteriormente e comprar *mais* de outros alimentos, como carne e ave.

Teoria da produção

A técnica de Hicks de maximização de uma função sujeita a restrições também encontraria aplicabilidade na teoria da produção. Por exemplo, ele desenvolveu a ideia de elasticidade de substituição de um recurso por outro no processo de produção. Formalmente definida, essa é uma medida da responsividade da taxa dos dois recursos para alterações em suas produtividades marginais relativas ou, no caso da concorrência perfeita, em seus custos. A microeconomia refinou, portanto, o que hoje chamamos de *análise isocusto-isoquanta*. Os leitores familiarizados com essa análise verão, prontamente, a semelhança entre a restrição de orçamento do consumidor ou a linha de preço relativo e as curvas de isocusto ou as linhas de gasto iguais. As linhas de gasto iguais mostram as várias combinações de dois insumos que podem ser comprados com um gasto específico em dólares, dados os preços dos dois recursos. Isoquantas, por outro lado, mostram as várias combinações de dois insumos que podem resultar em uma quantidade específica de produção física. A combinação de menor custo de recursos para a produção de qualquer produto específico é encontrada no ponto de tangência da curva de isocusto e isoquanta. Essa construção teórica faz surgir uma técnica que permite aos economistas resolver problemas de produção, marketing, transporte e controle de inventário. É para essa aplicação da economia matemática que nos voltamos agora.

PROGRAMAÇÃO LINEAR

A programação linear foi desenvolvida durante e depois da Segunda Guerra Mundial, e uma das primeiras aplicações foi para o planejamento de atividades da Força Aérea Norte-Americana. As empresas utilizam a programação linear para alocação de recursos escassos, para maximizar a realização de um objetivo predeterminado. Ela pode ser utilizada para determinar coisas como a dieta de menor custo para os animais, os calendários da National Footbal League, a maneira mais barata de colocar os bens no mercado, o *mix* de produtos mais lucrativo e a melhor combinação de insumos de fatores. Os custos podem, portanto, ser minimizados e os lucros, maximizados. Tanto técnicas matemáticas como geométricas são utilizadas. A programação linear ajuda a resolver problemas práticos para empresas com os quais a análise marginal não pode lidar de maneira eficaz.

Dois exemplos elementares ilustrarão a programação linear. Suponha que uma pessoa precise de, pelo menos, 15 gramas de um sal iodado e 15 gramas de um sal ferroso por mês para permanecer saudável. A pessoa não pode comprar nenhum deles na forma pura, mas deve comprá-los como remédios de marca comercial patenteada. Existem dois disponíveis: Nostrum 12 contém um grama de sal iodado e dois gramas de ferro por onça e custa US$ 1 por onça. O Quackstuff 31 contém três gramas de iodo por onça e um grama de ferro e custa US$ 2 por onça. O problema do consumidor é determinar qual combinação das duas preparações comprar para obter a medicação necessária pelo menor custo.

Se a pessoa tomar x onças de Nostrum 12 e y onças de Quackstuff 31, obterá $x + 3y$ gramas de iodo (há três vezes mais iodo por onça no Quackstuff 31 do que no Nostrum 12) e $2x + y$ gramas de ferro. Como cada elemento deve totalizar pelo menos 15 gramas, teremos duas equações:

$$x + 3y \geq 15 \text{ (Iodo)}; \qquad \textbf{(18.16)}$$

$$2x + y \geq 15 \text{ (Ferro)}. \qquad \textbf{(18.17)}$$

Essas relações podem ser delineadas como áreas cercadas por linhas retas. Na primeira equação, se $x = 0$, então $y = 5$; se $y = 0$, então $x = 15$. Esses dois pontos estão localizados na linha HG da Figura 18.4. Na segunda equação, se $x = 0$, então $y = 15$, se $y = 0$, então $x = 7{,}5$. A linha FI pode agora ser desenhada.

As combinações de remédio à esquerda e abaixo de cada linha não fornecerão os requisitos mínimos de iodo e de ferro. O ponto A, por exemplo, com 2 onças de Nostrum

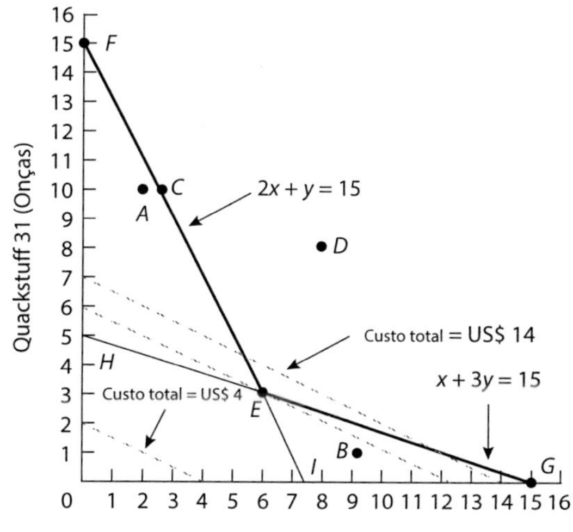

Figura 18.4 ■ Programação linear com duas variáveis

A menor combinação de custos de Nostrum 12 e Quackstuff 31 que fornecerá 15 gramas tanto de sal iodado como de sal ferroso por mês é seis onças de Nostrum 12 e três onças de Quackstuff 31. O custo total será US$ 12 [(6 × US$ 1) + (3 × US$ 2)].

12 e 10 onças de Quackstuff 31, fornece 32 gramas de iodo (2 + 30), mas somente 14 gramas de ferro (10 + 4). O ponto *B*, que mostra 9 onças de Nostrum 12 e 1 onça de Quackstuff 31, fornece 19 gramas de ferro (18 + 1) e somente 12 de iodo (9 + 3). A combinação adequada ficará na grossa linha *FEG* ou à direita dela. Assim, no ponto *C*, com 3 onças de Nostrum 12 e 10 onças de Quackstuff 31, mais do que o suficiente em iodo e ferro será obtido. Isso também é verdade no ponto *D*, com 8 onças de cada.

Qual das combinações aceitáveis custará menos? Suponha que pudéssemos gastar US$ 4 para os dois remédios. Se toda a soma fosse gasta no Nostrum 12, quatro onças poderiam ser compradas a US$ 1 por onça. Se toda a soma fosse gasta no Quackstuff 31, duas onças poderiam ser compradas a US$ 2 por onça. Uma linha reta conectando duas onças no eixo vertical com quatro no eixo horizontal mostrará todas as combinações dos dois produtos que poderiam ser compradas com US$ 4. Essa é uma linha de custo igual ou linha de isocusto. Sua inclinação reflete os preços relativos dos dois produtos. Se US$ 14 estivessem disponíveis para serem gastos nos dois produtos, a linha de custo igual conectaria o 14 no eixo *X* com o 7 no eixo *Y*. Todas as linhas de custo igual são paralelas. A linha de menor custo que fornecerá o iodo e o ferro necessários passará pelo ponto *E* onde está a tangente com *FEG*, a linha de quantidade igual (ou isoquanta). Doze dólares é o custo mais baixo de aquisição de 15 gramas de cada elemento. Três onças de Quackstuff 31 e seis onças de Nostrum 12 serão compradas. Quaisquer outras combinações darão menos que a dosagem mínima do remédio ou custarão mais de US$ 12.

Vemos, assim, que a programação linear é um descendente orientado para a produção da abordagem da curva de indiferença para o comportamento do consumidor desenvolvida por Edgeworth, Pareto, Hicks e outros. A redução no custo da computação resultante da nova tecnologia dos computadores tornou a programação linear cada vez mais importante.

Perguntas para estudo e discussão

1. Identifique brevemente e estabeleça a importância de cada um dos seguintes conceitos e pensadores para a história do pensamento econômico: econometria, Walras, análise do equilíbrio geral, Leontief, tabela insumo-produto, von Neumann e Morgenstern, teoria dos jogos, jogo de soma zero, equilíbrio máximo, equilíbrio de Nash, Hicks, taxa marginal de substituição, restrição de orçamento, efeito de substituição, efeito de renda, bem de Giffen, elasticidade de substituição e programação linear.
2. Suponha que um dos determinantes da oferta tenha sido alterado, de modo que a equação da oferta dada como Equação 18.8 se tornou $P_x = 4 + 0{,}8Q_x$. Se a demanda (Equação 18.7) tiver permanecido inalterada, quais seriam a nova quantidade e o novo preço de equilíbrio? Utilize as noções de Hicks dos efeitos de renda e de substituição para explicar a alteração na quantidade de equilíbrio. Esse bem é um bem de Giffen? Explique por quê.
3. Diante dos recentes Prêmios Nobel, a matemática geral e a econometria, em especial, vêm ganhando importância na disciplina de economia. Como se imagina que Alfred Marshall (Capítulo 15) reagiria a esse desenvolvimento?
4. Compare as análises do equilíbrio geral e parcial. Qual é a principal vantagem de cada uma delas?

5. O que as linhas mostram em uma tabela insumo-produto? O que as colunas mostram? Suponha que os planejadores econômicos em uma economia de comando tenham decidido que é aconselhável aumentar a produção de automóveis em 40% em um período de cinco anos. Como a análise insumo-produto poderia ajudá-los a atingir esse objetivo?
6. Suponha que os pagamentos na seguinte matriz da teoria dos jogos sejam ganhos de salários por hora, conforme vistos por um sindicato que está negociando com um empregador. As estratégias alternativas do sindicato são U_1, U_2 e U_3, e as estratégias do empregador são E_1, E_2 e E_3. As duas partes são avessas ao risco. Qual seria a estratégia ideal de cada parte? Explique.

		Estratégias do empregador		
		E_1	E_2	E_3
Estratégias do sindicato	U_1	40¢	20¢	34¢
	U_2	50	28	16
	U_3	80	24	20

7. Compare o modelo "2 bens, 2 preços" de maximização da utilidade apresentado por Hicks com o associado à regra equimarginal desenvolvida por Gossen, Jevons e Menger.
8. Explique a afirmação: a programação linear está para a teoria da produção econômica como a análise insumo-produto está para a teoria do equilíbrio geral.
9. Especule a respeito dos motivos pelos quais a matemática parece ter feito uma incursão maior na disciplina da economia do que em outras ciências, como a sociologia e a ciência política.
10. Durante a Segunda Guerra Mundial, as campanhas aliadas de bombardeamento foram dirigidas às fábricas de rolamentos alemãs na tentativa de desestabilizar a economia (rolamentos eram um componente essencial de inúmeras máquinas, incluindo veículos). Utilize a análise insumo-produto para explicar a lógica dessa estratégia. Uma análise subsequente revela que, embora os bombardeios tenham causado danos graves à produção de rolamentos da Alemanha, tiveram menos impacto sobre sua máquina de guerra do que o esperado. Utilize novamente a análise insumo-produto para explicar o motivo pelo qual o bombardeio das fábricas de rolamentos teve menos sucesso do que se imaginava.

Leituras selecionadas

Livros

CHIANG, Alpha. *Fundamental methods of mathematical economics*. 3. ed. Nova York: McGraw-Hill, 1984.

DORE, Mohammed; CHAKRAVARTY, Sukhamoy; GOODWIN, Richard. (eds.) *John von Neumann and modern economics*. Nova York: Oxford University Press, 1989.

DORFMAN, Robert; SAMUELSON, Paul A.; SOLOW, Robert M. *Linear programming and economic analysis*. Nova York: McGraw-Hill, 1958.

HAMOUDA, O. F. *John R. Hicks*: the economist's economist. Cambridge: Basil Blackwell, 1993.

HICKS, J. R. *The theory of wages*. 2. ed. Londres: Macmillan, 1963 [primeira edição publicada em 1932].

__________. *Value and capital*. 2. ed. Oxford: Oxford University Press, 1946 [primeira edição publicada em 1939].

LEONTIEF, Wassily. *Input-output economics*. 2. ed. Nova York: Oxford University Press, 1986.

MORGAN, Mary. *The history of econometric ideas.* Nova York: Cambridge University Press, 1990.
SHACKLETON, J. R.; LOCKSLEY, Gareth. (eds.) *Twelve contemporary economists.* Nova York: Wiley, Halsted, 1981. Capítulos 7 e 9.
VON NEUMANN, John; MORGENSTERN, Oskar. *Theory of games and economic behaviour.* 3. ed. Princeton, NJ: Princeton University Press, 1953 [publicado originalmente em 1944].
WALRAS, Léon. *Elements of pure economics.* Trad. William Jaffé. Homewood, IL: Richard D. Irwin, 1954 [publicado originalmente em 1874 e 1877].
WOOD, John C. *Léon Walras*: critical assessments. Londres: Routledge, 1993. 3 v.

Artigos de revistas especializadas

CHRIST, Carl F. Early progress in estimating quantitative economic relationships in America. *American Economic Review*, 75, n. 6, p. 39-52, dez. 1985.
DORFMAN, Robert. Mathematical or "linear" programming: a nonmathematical exposition. *American Economic Review*, n. 43, p. 797-825, dez. 1953.
JAFFÉ, William. Léon Walras's role in the "marginal revolution" of the 1870's. *History of Political Economy*, n. 4, p. 379-405, outono de 1972.
LEONARD, Robert J. From parlor games to social science: von Neumann, Morgenstern, and the creation of game theory 1928-1944. *Journal of Economic Literature*, n. 33, p. 730-761, jun. 1995.
MIROWSKI, Philip. The when, the how, and the why of mathematical expression in the history of economic analysis. *Journal of Economic Perspectives*, n. 5, p. 145-157, primavera de 1991.
SCHOTTER, Andrew; SCHWODIAUER, Gerhard. Economics and the theory of games: a survey. *Journal of Economic Literature*, n. 18, p. 479-527, jun. 1980.
WALKER, D. A. Léon Walras in the light of his correspondence and related papers. *Journal of Political Economy*, n. 78, p. 685-701, jul./ago. 1970.

19

A ESCOLA INSTITUCIONALISTA

A escola institucionalista, uma contribuição americana ao pensamento econômico, começou por volta de 1900 e continua até o presente. Por volta de 1900, seu fundador, Thorstein Veblen, publicou seu primeiro livro e também muitos artigos e críticas de livros.

Neste capítulo, enfatizaremos o institucionalismo tradicional, e não o chamado novo institucionalismo, discutido em O passado como preâmbulo 19-2. Após fornecer uma visão geral sobre a escola institucionalista tradicional, discutiremos Veblen, que dissecou o pensamento ortodoxo de maneira crítica e forneceu métodos teóricos sobre a economia institucionalista; Wesley C. Mitchell, que estimulou a pesquisa empírica com seus estudos estatísticos; e John K. Galbraith, que popularizou diversos temas institucionalistas.[1]

VISÃO GERAL DA ESCOLA INSTITUCIONALISTA

O cenário histórico da escola

No período entre a Guerra Civil e a Primeira Guerra Mundial, as conquistas do capitalismo norte-americano foram marcantes. O rápido crescimento fez dos Estados Unidos o

1 Dois outros institucionalistas norte-americanos tradicionais são John R. Commons (1862-1945), que ajudou a persuadir a nação sobre a necessidade de reforma através de leis federais, e Clarence E. Ayres (1892-1972), um professor da Universidade do Texas que salientou o importante papel da tecnologia e das mudanças tecnológicas para determinar a direção da economia e da sociedade. Um terceiro institucionalista americano notável, Douglass North, representa o "novo institucionalismo" e é o assunto do Passado como preâmbulo 19-2.

maior e mais poderoso sistema industrial do mundo. As melhorias nas condições de vida de muitos assalariados, no entanto, não satisfizeram suas aspirações nem as possibilidades criadas pelo aumento geral na renda nacional. As horas de trabalho eram longas; a moradia, inadequada; a seguridade em tempos de doença, desemprego e aposentadoria, insignificante; a educação superior, inacessível para a maioria dos filhos dos trabalhadores; a segurança no trabalho, inexistente; e as leis de saúde e segurança, inadequadas. Frequentemente, os empregadores organizavam empresas municipais e dominavam os trabalhadores, até mesmo em suas vidas pessoais; a imigração em grande escala tendia a enfraquecer os níveis salariais; a taxação era regressiva; a agiotagem estava difundida; e as recessões periódicas devastavam aqueles que perdiam seus empregos.

Pode-se dizer que a era do monopólio começou na década de 1870 e que esse movimento se acelerou com a virada do século. As vozes conservadoras predominaram nas escolas, na imprensa, no clero e no governo. Os governos estaduais e federais, que proclamaram o *laissez-faire* em relação aos interesses dos trabalhadores, foram ágeis ao utilizar a polícia e a milícia contra os trabalhadores nas disputas industriais. Foram também generosos ao estabelecer proteção tarifária para empresas e ao conceder enormes subsídios às estradas de ferro.

O ambiente político e econômico dos Estados Unidos no final do século XIX levou muitos economistas a questionar as hipóteses e conclusões levantadas pela escola neoclássica. A doutrina de que uma interferência mínima do governo produz grande bem-estar social parecia cada vez mais insustentável. Havia muita preocupação acerca do monopólio, da pobreza, da depressão e da improdutividade. O movimento a favor do controle e das reformas sociais ganhava força, e foi nesse cenário que a economia institucional cresceu.

Nessa época, foram reconhecidos dois métodos principais para a concretização de mudanças sociais: (1) reorganizar a sociedade em linhas socialistas e (2) empreender a reforma social, isto é, melhorar as condições pela intervenção do governo na economia. O objetivo do segundo método era preservar o capitalismo melhorando as condições das massas. Veblen criticava os movimentos sociais e era a favor de uma reconstrução radical da sociedade. No entanto, a escola institucionalista que ele fundou refletia o método reformista. As mudanças trazidas pelo New Deal na década de 1930, por exemplo, foram muito influenciadas pelo institucionalismo.

A influência da escola histórica alemã (Capítulo 11) sobre o institucionalismo americano é bem visível. A maioria dos líderes da American Economic Association, fundada em 1885, estava familiarizada e era a favor do movimento alemão e sua metodologia. Alguns dos ilustres mestres de Veblen estudaram na Alemanha. John Bates Clark, que ensinou e encorajou Veblen no Carleton College, era um deles. Embora a teoria marginalista de Clark não tivesse nada em comum com o historicismo alemão, ele formulou uma doutrina da reforma cristã que tinha muita coisa em comum com o pensamento reformista alemão. Veblen ficou impressionado com as palestras de George S. Morris em Johns Hopkins; Morris foi professor de John Dewey e um dos hegelianos treinados nas universidades alemãs. Richard T. Ely, da Johns Hopkins, foi professor e trabalhou com Veblen e outro institucionalista, John R. Commons. Ely tinha estudado com alguns dos principais economistas históricos na Alemanha e se tornado um ardente seguidor da ideia da superioridade do método indutivo de pesquisa sobre o método dedutivo. Porém, devemos observar que, apesar de certas semelhanças metodológicas entre a escola histórica alemã e o institucionalismo americano, esse último não foi nacionalista e foi mais liberal e democrático em seu panorama.

Principais dogmas da escola institucionalista

As sete ideias principais da escola podem ser descritas da seguinte maneira:

- Perspectiva holística ampla. A economia deve ser examinada como um todo, e não como pequenas partes ou entidades separadas isoladas do todo. Um organismo complexo não pode ser compreendido se cada segmento for tratado como se não estivesse relacionado à entidade maior. A atividade econômica não é simplesmente a soma das atividades de pessoas motivadas individual e mecanicamente pelo desejo de ganho monetário máximo. Na atividade econômica, há também padrões de ação coletiva que são maiores que a soma das partes. Um sindicato, por exemplo, desenvolve um caráter, uma ideologia e um método de operação próprios. Suas características não podem ser deduzidas do estudo dos membros individuais pertencentes a ele.

  Até mesmo o conceito de atividade econômica é muito limitado na visão dos institucionalistas. A economia, na visão deles, está interligada com política, sociologia, leis, costumes, ideologia, tradição e outras áreas de crença e experiência humanas. A economia institucional trata de processos e relações sociais e da sociedade em todas as suas facetas.
- Ênfase nas instituições. Essa escola enfatizava o papel das instituições na vida econômica. Uma instituição não é simplesmente uma organização ou um estabelecimento para a promoção de um objetivo específico como, por exemplo, uma escola, um presídio, um sindicato e um banco federal. É também um padrão organizado de comportamento grupal, bem estabelecido e aceito como parte fundamental da cultura. Ela inclui costumes, hábitos sociais, leis, modos de pensar e modos de vida. A escravidão e a crença nela foram instituições. Outros exemplos são as crenças no *laissez-faire*, no sindicalismo ou em um sistema federal de seguridade social. Sair na véspera do Ano-novo para soltar um rojão é uma instituição. Da mesma forma o eram a ideologia comunista na União Soviética e o anticomunismo nos Estados Unidos. A vida econômica, diziam os institucionalistas, é controlada pelas instituições econômicas, não pelas leis econômicas. O comportamento social do grupo e os padrões de pensamento que o influenciam estão mais ligados à análise econômica do que o individualismo enfatizado na teoria marginalista. Os institucionalistas estavam especialmente interessados em analisar e reformar as instituições de crédito, monopólio, proprietário absenteísta, relações de gerenciamento do trabalho, seguridade social e distribuição de renda. Eles defendiam o planejamento econômico e a mitigação das atividades do ciclo econômico.
- Abordagem evolutiva de Darwin. O método evolutivo deve ser usado na análise econômica, porque a sociedade e suas instituições estão em constante mudança. Os institucionalistas discordavam do ponto de vista estático que procurava descobrir verdades econômicas eternas sem considerar as diferenças de tempo e lugar, sem levar em conta as mudanças que estavam ocorrendo com frequência. Em vez de perguntar "O que é isso?", os institucionalistas questionavam "Como chegamos aqui e para

onde estamos indo?". A evolução e o funcionamento das instituições econômicas deveriam ser o tema central da economia. Essa abordagem exige conhecimento não só de economia, mas também de história, antropologia cultural, ciência política, sociologia, filosofia e psicologia.

- Rejeição da ideia de equilíbrio normal. Em vez da ideia de equilíbrio, os institucionalistas enfatizavam o princípio de causalidade circular ou mudanças cumulativas que podem ser salutares ou prejudiciais para a busca das metas econômicas e sociais. Os desajustes da vida econômica não representam o abandono do equilíbrio normal, mas são normais. Antes da Segunda Guerra Mundial, o desajuste mais significativo foi a queda brusca dos negócios. Então, os problemas de desenvolvimento econômico tornaram-se o centro das atenções. No final da década de 1970, o problema tornou-se estagflação, a ocorrência simultânea de inflação e desemprego, enquanto na metade da década de 1980 surgiram os problemas de déficits comerciais e orçamentários do governo. Os institucionalistas estavam convencidos de que os controles coletivos exercidos pelo governo são necessários para corrigir e superar continuamente as deficiências e os desajustes da vida econômica.
- Choques de interesses. Em vez da harmonia entre interesses que a maioria de seus contemporâneos e predecessores deduziu de suas teorias, os institucionalistas reconheceram sérias diferenças entre eles. Eles diziam que as pessoas colaboram, são criaturas cooperativas. Elas se organizam em grupos em nome do interesse individual dos membros, que se torna o comum do grupo. No entanto, existem choques de interesses entre grupos - por exemplo, grandes empresas contra pequenas, consumidores contra produtores, fazendeiros contra moradores da cidade, patrões contra empregados, importadores contra produtores domésticos e fabricantes contra aqueles que lhes emprestam dinheiro. Aqui, novamente, um governo imparcial e representativo deve reconciliar ou sobrepujar os interesses conflitantes para o bem comum e para que o sistema econômico funcione de maneira eficiente.
- Reforma democrática e liberal. Os institucionalistas aderiram aos princípios reformistas a fim de realizar a distribuição mais equilibrada de bens e de renda. Eles negavam que os preços de mercado eram índices adequados do bem-estar social e individual e que os mercados não regulados levam à alocação eficiente de recursos e a uma justa distribuição de renda. Os institucionalistas condenavam invariavelmente o *laissez-faire* e eram a favor de uma participação maior do governo nos assuntos econômicos e sociais.
- Rejeição da psicologia prazer-esforço. Os institucionalistas repudiavam as bases de Bentham para a análise econômica. Eles buscavam uma melhor psicologia, e alguns deles incorporaram as ideias de Freud e as comportamentais em seu pensamento.

Quem o institucionalismo beneficiou ou procurou beneficiar?

A escola personificou o desejo da classe média por uma reforma em uma era de crescimento das grandes empresas e do capitalismo dos banqueiros. Ela representava as necessidades e os interesses das pequenas empresas agrárias e dos grupos de trabalhadores. Os funcionários públicos, os reformistas, os humanitários, os líderes das organizações dos consumidores e os membros dos sindicatos estavam encantados com as ideias institucionalistas, nas quais colocavam a esperança de mudar os rumos das empresas comerciais particulares, a favor de seus interesses. Muitos acadêmicos de campos diferentes da economia elogiavam a ênfase interdisciplinar dos institucionalistas e sua defesa da mudança social.

Como a escola institucionalista foi válida, útil ou correta em sua época?

Os institucionalistas desafiaram o desenvolvimento da ortodoxia rígida no pensamento econômico. Muitas das críticas à teoria ortodoxa eram válidas e ajudaram a rever esse tipo de teoria para torná-la mais sustentável. A ênfase dada pelos institucionalistas à observância da economia como um todo, como parte de um processo evolutivo e em uma definição institucional, acrescentou elementos de realismo à análise econômica.

Os institucionalistas despertaram tardiamente, mas de forma profunda e duradoura, a preocupação com os ciclos econômicos e os monopólios. Promoveram um movimento reformista que removeu eficientemente muitas das arestas do capitalismo. Em um mundo em que o conhecimento estava cada vez mais fragmentado e compartimentado, eles ansiavam por uma integração mais íntima das ciências sociais. A ênfase dada por alguns de seus membros aos estudos indutivos reduziu o espaço existente entre a teoria e a prática econômica. A coleta e a análise de dados estatísticos tornaram-se populares nos círculos do governo, entre organizações de pesquisa particulares, sem fins lucrativos, em organizações comerciais e de trabalhadores e entre economistas individuais. O National Bureau of Economic Research, fundado por Wesley C. Mitchell e por outros em 1920 e dirigido por ele durante muitos anos, é um monumento a esse método.

Quais dogmas da escola institucionalista se tornaram contribuições duradouras?

A perspectiva mais ampla que os institucionalistas defendiam tornou-se uma realidade dentro da tendência econômica atual, com o surgimento e a grande aceitação da macroeconomia de Keynes. De fato, com seu método agregado, suas prescrições para a estabilização da economia e sua atração para os liberais políticos, o keynesianismo e o pós-keynesianismo tenderam a cooptar e supervalorizar o institucionalismo.

Os movimentos reformistas promovidos pelos institucionalistas permanecem vivos hoje. Pequenos passos em direção ao planejamento econômico nacional de objetivos limitados, como, por exemplo, a conservação, o emprego e a concorrência internacional, estão alinhados com o pensamento institucionalista. A proteção legal ao sindicalismo, ao seguro social e ao salário-mínimo e a regularização das horas máximas de trabalho são heranças do desafio institucionalista ao pensamento econômico ortodoxo.

Com o grande crescimento do interesse pelos problemas do desenvolvimento econômico, nova ênfase desse campo da economia foi dada à influência do ambiente institucional nas relações econômicas. Por sua natureza, os problemas de desenvolvimento econômico envolvem diversos fatores culturais e são dinâmicos e evolucionários. As contribuições duradouras dos institucionalistas também são encontradas em outros campos, como, por exemplo, as relações trabalhistas, o direito e as organizações econômicas e industriais. Ironicamente, algumas dessas contribuições *neoclássicas* mais inovadoras nas três últimas décadas consistem em uma nova análise institucional. Por exemplo, os economistas ortodoxos analisaram instituições divergentes, como os direitos de propriedade, a velhice, as políticas de aposentadoria e a família. Mas, diferentemente dos institucionalistas antigos, esses novos teóricos procuraram determinar a nacionalidade econômica das instituições – a lógica econômica, que é a base desse aparecimento, e de que forma sua presença contribui no momento para a eficiência econômica ou a prejudica.

Os economistas institucionais tradicionais ainda marcam sua presença nos Estados Unidos hoje. A Association for Evolutionary Economics é composta principalmente de economistas orientados a métodos institucionais, a perspectivas políticas ou a ambos. A organização reúnem-se regularmente e publica o *Journal of Economic Issues*. No entanto, a penetração geral do institucionalismo na atual tendência da economia permanece modesta. Sobre esse assunto, a avaliação de R. A. Gordon é uma verdade hoje, assim como o foi há três décadas:

> Está claro (...) que o que passa pela economia ortodoxa é hoje mais institucional do que era antes, digamos, da Grande Depressão. (...) No entanto, em um sentido importante, o núcleo central da teoria econômica é tão "não institucional" como era na época de Veblen. *Foundations*, de Samuelson, ou *Value and capital*, de Hicks, são desenvolvidos muito mais de um vazio institucional do que *Principles*, de Marshall. Economistas com tendências teóricas, com algumas exceções, não apreciam o estudo das organizações institucionais ou o desenvolvimento institucional [eles deixam isso para os historiadores e sociólogos]. Apesar de alguns dos novos desenvolvimentos na teoria da firma e do seu comportamento mercadológico e dos indivíduos, a teoria da microeconomia ainda está preocupada com o tipo de "equilíbrio" que Veblen criticou tão severamente.[2]

A seguir, voltamo-nos para Thorstein Veblen, o gênio enigmático e meditativo considerado o fundador da escola institucionalista.

THORSTEIN BUNDE VEBLEN

Thorstein Bunde Veblen (1857-1929), filho de imigrantes noruegueses, nasceu em uma fazenda fronteiriça em Wisconsin e foi criado na zona rural de Minnesota. Estudou no Carleton College, Minnesota, onde foi aluno de J. B. Clark. Foi concluir sua graduação em Johns Hopkins, onde não conseguiu obter uma bolsa de estudos, e em Yale, onde recebeu o doutorado em filosofia. Porém, não havia nenhum cargo acadêmico para ele, principalmente porque tinha opiniões agnósticas em uma época em que um nível de teologia era considerado um pré-requisito para lecionar filosofia.

Veblen recebeu uma bolsa de estudos para pesquisas em Cornell e na Universidade de Chicago para o trabalho de pós-doutorado. Tornou-se o editor do *Journal of Political Economy* em Chicago. Veblen nunca conseguiu o posto de professor titular, apesar de seus 11 livros e de sua grande reputação mundial.

2 Apud DORFMAN, Joseph et al. *Institutional economics:* Veblen, Commons, and Mitchell reconsidered. Berkeley, CA: University of California Press, 1963. p. 136-137.

Devido a problemas matrimoniais, indiferença por parte da maioria de seus alunos, envolvimento com mulheres e insatisfatórias técnicas de ensino, ele teve de se mudar de várias faculdades. Depois de Chicago, lecionou em Stanford, na Universidade de Missouri e na New School for Social Research. Em 1918, trabalhou por pouco tempo para a Food Administration, em Washington, D.C., e exerceu o cargo de editor do jornal *The Dial*. Um antigo aluno o ajudou financeiramente em seus últimos anos. Ele morreu em agosto de 1929, alguns meses antes da grande quebra da bolsa e do início da depressão que ele previra.

Veblen era um homem amargo, cético, pessimista e solitário. Seus livros, embora escritos de maneira enfadonha e obscura, estão repletos de destreza, sabedoria e ataques sarcásticos às virtudes da classe média. Por exemplo, em uma nota de rodapé em *The theory of business enterprise*, ele definiu o esnobismo com uma insinuação primorosa de sua perspicácia:

> "Esnobismo" é aqui utilizado sem desrespeito, como um termo conveniente para denotar o elemento de peso envolvido na busca por genialidade, por parte de pessoas cuja reputação social habitual é menos alta ou menos autêntica do que suas aspirações.[3]

A classe ociosa

O primeiro e mais popular livro de Veblen foi *The theory of the leisure class* publicado em 1899. A classe ociosa é caracterizada por um consumo conspícuo, uma propensão a evitar o trabalho útil e conservadorismo.

Consumo conspícuo. Veblen defendia que a classe ociosa está comprometida com a obtenção predatória de bens, sem trabalhar por eles. Aqueles que acumulam bens não o fazem simplesmente para cuidar de suas necessidades físicas ou espirituais, estéticas e intelectuais. Em vez disso, desejam consumir de uma maneira que exiba sua riqueza, porque mostrá-la indica poder, prestígio, honra e sucesso em nossa cultura monetária. Para que possa ser respeitado, esse consumo precisa ser devastador. As pessoas mais pobres precisam trabalhar para sobreviver, mas mesmo seu padrão de gasto inclui um elemento de consumo conspícuo esbanjador. Sua visão de vida é imposta pela classe ociosa dominante.

De acordo com Veblen, as mulheres podem ser especialmente úteis para exibir a riqueza e a importância que os homens têm. Usando roupas e sapatos caros que as impedem de fazer um trabalho útil, as mulheres deixam visível que são sustentadas por homens ricos. Atrapalhadas por longas unhas, por penteados incômodos e saias delicadas, algumas delas deixam cada vez mais evidente que são mulheres da classe ociosa, "mantidas" por homens da mesma classe.

O grande lustro do chapéu de um cavalheiro ou do sapato de couro envernizado, dizia Veblen, não tem beleza mais intrínseca do que o brilho semelhante em uma luva puída. As flores que são cultivadas com dificuldade e que, portanto, são caras não são necessariamente mais bonitas do que aquelas que crescem sem cultivo ou com pouco cuidado. Para cultivar gramados, pastos e parques, as vacas são mais úteis que os veados,

3 VEBLEN, Thorstein. *The theory of business enterprise*. Nova York: Scribner's, 1904. p. 388.

mas estes são preferidos porque são mais caros, menos funcionais e não são vulgarmente lucrativos.[4]

Uma pessoa pode se entreter com muitas das modernas evidências do consumo conspícuo de Veblen. Os desfiles anuais de iate, assistidos com admiração por milhares de marinheiros, são comuns em muitas cidades costeiras nos Estados Unidos. Uma pele bronzeada em pleno inverno na parte norte do país sugere que a pessoa passou suas férias em um refúgio na praia (onde provavelmente seu relógio de ouro de US$ 9.000 é necessário para nadar ou mergulhar). Para aqueles que não fazem parte da classe ociosa, mas que gostariam que as outras pessoas pensassem que fazem, surgiu o bronzeamento artificial. Porsches e Mercedes tornaram-se tão comuns que os membros da classe ociosa tiveram de mudar para Rolls-Royces e Bentleys.

Veja O passado como preâmbulo 19-1

19-1 O passado como preâmbulo

OS BENS DE VEBLEN E AS CURVAS DA DEMANDA ASCENDENTES

Embora Thorstein Veblen fosse um crítico famoso da economia neoclássica, sua teoria de que alguns consumidores compram bens luxuosos principalmente para atender ao apelo de seu consumo conspícuo foi integrada à análise neoclássica. Por exemplo, algumas pessoas compram automóveis caros com a finalidade de exibir sua riqueza. Possuir esses carros caros aparentemente confere *status*, uma fonte de utilidade independente da utilidade intrínseca dos carros.

Em um clássico artigo de 1950, Harvey Leibenstein (1922-1993) afirmou que "a utilidade derivada de uma unidade de uma mercadoria utilizada para fins de consumo conspícuo depende não só das qualidades inerentes dessa unidade, mas também do preço pago por ela".[a] Isto é, um "bem de Veblen" produz não apenas a utilidade intrínseca, mas também a utilidade do consumo conspícuo, esta diretamente relacionada ao preço.

A figura que se segue mostra a essência da análise de Leibenstein. As curvas da demanda descendentes D_1, D_2 e D_3 são obtidas permitindo que o preço do produto mude enquanto se assume que a utilidade do consumo conspícuo seja constante em cada curva. A curva D_2, por exemplo, mostra que esse consumidor comprará mais do produto quando o preço cair *se* a utilidade do consumo conspícuo associada à curva D_2 não mudar. A curva D_3 representa maior utilidade do consumo conspícuo do que D_2, mas, assim como a curva D_2, é obtida mantendo constante o maior nível dessa utilidade quando o preço muda.

4 Esse argumento inspirou H. L. Mencken a escrever: "O genial professor, ponderando seus grandes problemas, alguma vez já percorreu o país? E, no curso dessa caminhada, ele já cruzou um pasto habitado por uma vaca? E, ao fazer essa caminhada, já passou perto da vaca? E tendo passado perto dela, já parou descuidadamente e –".

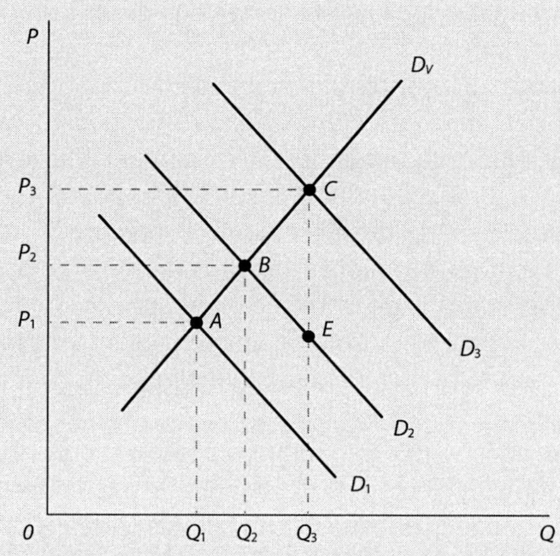

No entanto, a utilidade do consumo conspícuo para os bens de Veblen *não* é constante quando o preço muda; ela cai quando o preço diminui e aumenta quando ele aumenta. Por exemplo, essa utilidade poderia cair se o preço de automóveis caros reduzisse pela metade. Na figura, uma redução no preço de P_3 para P_2 diminui a utilidade do consumo conspícuo e transfere a curva da demanda convencional da esquerda de D_3 para D_2. Uma redução no preço de P_2 para P_1 diminui ainda mais a utilidade do consumo conspícuo do bem, transferindo a curva de demanda convencional da esquerda de D_2 para D_1.

Na análise de Leibenstein, uma queda no preço do produto gera um efeito de preço-padrão e um efeito de Veblen. Considerado isoladamente, o efeito de preço--padrão (constante da utilidade do consumo conspícuo) de P_2 a P_1 é mostrado como a curva da demanda ascendente D_2, de *B* para *E*, e um aumento na quantidade demandada de Q_2 para Q_3. O efeito de Veblen é mostrado como a alteração para a esquerda da demanda de D_2 para D_1, e a redução na quantidade demandada de *E* para *A* (ou de Q_3 para Q_1). Nesse caso, o efeito de Veblen de *EA* suplanta o efeito de preço-padrão de *BE;* uma redução no preço produz um aumento líquido na quantidade demandada de *BA*. Outros casos podem produzir resultados bem opostos. Assim, um declínio no preço aumentaria a quantidade demandada, mesmo para um bem de Veblen.

Observe que reduções de preço de P_3 para P_2 e para P_1, na figura, produzem reduções líquidas na quantidade demandada de Q_3 para Q_2, e para Q_1. Assim, nesse caso, *ABC* traça uma curva da demanda real positiva, *Dv*. Preços mais baixos levam os consumidores a reduzir suas compras desse bem de Veblen. Presumivelmente, os consumidores mudam para outros bens de luxo, cujos preços e utilidade de consumo conspícuo não decaíram. Como outra opção, uma elevação no preço aumentaria tanto a utilidade do consumo conspícuo desse bem que os consumidores comprariam mais unidades dele.

Quão realistas são as curvas da demanda ascendentes para os bens de Veblen? Curvas da demanda *individuais* desse tipo podem existir para alguns bens, mas não foi identificada nenhuma curva da demanda positiva de *mercado* para os bens de Veblen. Embora alguns consumidores possam reduzir seu volume de compras de alguns bens luxuosos quando o preço do produto cai, muitos outros compradores entram no mercado para comprar o bem. Para esses novos compradores, o valor da utilidade intrínseca do bem excede o preço mais baixo. O resultado líquido é o padrão: a quantidade demandada cresce quando o preço do produto cai. No mundo real, o efeito de Veblen não anula a lei da demanda de mercado decrescente.

Todavia, a discussão de Veblen sobre o consumo conspícuo e a análise de Leibenstein sobre a utilidade do apelo desse produto são importantes. Assim também como o não relacionado conceito de um bem de Giffen (Capítulo 18), a noção de um bem de Veblen explica o motivo pelo qual alguns indivíduos podem apresentar curvas da demanda ascendentes para determinados produtos.

a. LEIBENSTEIN, Harvey. Bandwagon, snob, and Veblen effects in the theory of consumer demand. *Quarterly Journal of Economics*, n. 62, p. 203, maio 1950.

Propensão a evitar o trabalho útil. Os membros da classe ociosa devem evitar o trabalho útil e produtivo. Eles devem se permitir apenas tarefas inúteis e esbanjadoras se desejarem permanecer respeitados.

> Essas ocupações são práticas governamentais, esportivas, religiosas e de guerra. Pessoas indevidamente inclinadas a precisões teóricas podem defender que essas ocupações ainda são incidentais ou indiretamente "produtivas", mas deve-se considerar decisiva a questão de que o motivo comum e aparente para a classe ociosa se enquadrar nessas ocupações indubitavelmente não é um aumento de riqueza por esforço produtivo. Nesse momento, assim como em qualquer outra fase cultural, o governo e a guerra são, pelo menos em parte, exercidos para o ganho monetário daqueles que os assumem; mas é o ganho obtido pelo método honorífico de confisco e conversão. Essas ocupações têm natureza de emprego predatório, não produtivo.[5]

Veblen dizia que a força e a fraude estão presentes hoje, da mesma forma que estavam entre o povo bárbaro. Nós as encontramos na luta moderna, nos negócios, nos esportes e nos jogos:

> A estratégia e a astúcia são elementos invariavelmente presentes em jogos e também em perseguições e atividades bélicas. Em todas essas aplicações, a estratégia tende a

5 VEBLEN, Thorstein. *The theory of the leisure class*. Nova York: Random House, Modern Library Edition, 1943. p. 40 [publicado originalmente em 1899].

desenvolver-se com destreza e sofisma. O sofisma, a falsidade e a intimidação ocupam um lugar bem seguro no método de conduta de qualquer competição atlética e em jogos em geral. A utilização habitual de um árbitro e as regulamentações técnicas das atas que controlam os limites e os detalhes das faltas permitidas e vantagens estratégicas atestam o fato de que as práticas fraudulentas e as tentativas de enganar um oponente não são características acidentais do jogo. Na natureza do caso, o hábito do esporte deve levar a um desenvolvimento mais completo da aptidão para a fraude, e a predominância na comunidade desse temperamento predador que inclina os homens aos esportes indica um domínio de prática acentuada e insensível desrespeito ao interesse dos outros.[6]

Conservadorismo. Veblen defendia que a evolução da estrutura social era um processo de seleção natural de instituições. O progresso pode ser atribuído à sobrevivência dos hábitos de pensamento mais adequados e à adaptação forçada dos indivíduos a um ambiente em mudança. As instituições devem sofrer alterações com a mudança das circunstâncias. O desenvolvimento dessas instituições representa o desenvolvimento da sociedade. Infelizmente, existe um conflito entre as crenças atuais (instituições cerimoniais) e as exigências atuais (instituições tecnológicas dinâmicas), devido ao atraso cultural no processo de mudança:

> A situação de hoje molda as instituições de amanhã por meio de um processo seletivo e coercivo, atuando na visão natural que o homem tem das coisas e, assim, alterando ou fortalecendo um ponto de vista ou uma atitude mental herdada do passado. As instituições – o que equivale referir-se aos hábitos do pensamento –, sob cuja orientação os homens vivem, são herdadas de um período anterior. (...) As instituições são produtos do processo antigo, estão adaptadas a circunstâncias do passado e, portanto, nunca estão de total acordo com as exigências do presente. (...) Ao mesmo tempo, os hábitos de pensamento atuais dos homens tendem a persistir indefinidamente, exceto em circunstâncias que exigem mudança. Essas instituições herdadas, esses hábitos de pensamento, pontos de vista, atitudes mentais e aptidões e tudo o mais são, portanto, um fator conservador. Esse é o fator de inércia social, inércia psicológica, conservadorismo. (...) A evolução da sociedade é substancialmente um processo de adaptação mental por parte de indivíduos sob o estresse das circunstâncias que não tolerarão mais os hábitos de pensamento formados sob um conjunto diferente de circunstâncias no passado e de acordo com elas.[7]

Uma parte ou uma classe da sociedade que está protegida contra as forças ambientais adaptará seus pontos de vista mais lentamente à nova situação geral e, portanto, retardará o processo de mudança social. A rica classe ociosa está protegida nessa posição em relação às forças econômicas que contribuem para as mudanças ou os ajustes. A atitude característica dessa classe é indicada na máxima "Seja o que for, está certo". Mas a lei de seleção natural, quando aplicada às instituições humanas, afirma que "Seja o que for, está errado". Isto é, as instituições estão erradas até certo ponto, do ponto de vista evolucionário, porque não mudam suficientemente rápido para entrar em sintonia com sua época.

---

6 Ibidem, p. 273-274.
7 Ibidem, p. 190-192.

Ataques à economia neoclássica

A teoria de Veblen sobre a classe ociosa constituiu um ataque à economia neoclássica, que assumia que os consumidores são soberanos. Com sua "devoção ao dólar", os consumidores determinam a composição das mercadorias produzidas e, consequentemente, a alocação dos recursos da sociedade que vão maximizar o bem-estar. Mas se uma parte do consumo é feita principalmente para impressionar os vizinhos, que procuram desforrar-se comprando itens semelhantes para manter seu *status* relativo, o governo deveria ser capaz de melhorar o bem-estar geral restringindo o consumo "esbanjador" das pessoas. Conforme apontavam Breit e Ransom, "assim, ao transformar o homem econômico em social, Veblen perturbou as implicações das políticas do *lassez-faire* da teoria neoclássica sobre o consumo".[8]

Veblen também atacou diretamente o pensamento neoclássico. Por exemplo, ele declarou que o sistema de John Bates Clark era estático e, consequentemente, inútil e que sua "dinâmica" era essencialmente uma condição estática desajustada. Veblen considerava que o sistema de Clark baseava-se na visão pré-evolucionária da lei natural e da normalidade – uma visão que impedia a conscientização da mudança cumulativa. O hedonismo da escola econômica dominante teria

> um grupo de insulanos das Ilhas Aleútas se sujando todo na lama e surfando com rastelos e fórmulas mágicas para capturar moluscos. (...) para conseguir a façanha do equilíbrio hedonístico em rendimento, salários e juros. E isso é tudo o que existe para ele. De fato, para a teoria econômica desse tipo, isso é tudo o existe para a situação econômica. As magnitudes hedonísticas variam de uma situação para outra, mas, com exceção das variações nos detalhes aritméticos do equilíbrio hedonístico, todas as situações são, na visão da teoria econômica, substancialmente semelhantes.[9]

O hedonismo pressupõe pessoas inteligentes e racionais que agem rápida e calmamente de acordo com sua expectativa de prazer ou esforço. Elas são perspicazes e sagazes:

> A concepção hedonística do homem é a de um calculador rápido de prazeres e esforços que oscila como um glóbulo homogêneo de desejo de felicidade sob o impulso de estímulos que o mudam de uma área para outra, mas o deixam intacto. Ele não tem nem antecedentes nem consequências. É uma condição humana definitiva e isolada, em equilíbrio estável, exceto para os contratempos das forças influentes que o deslocam de uma direção para outra. Autoimposto no espaço natural, gira simetricamente sobre seu eixo espiritual até que o paralelogramo de forças caia sobre ele, depois do que ele segue a linha da resultante. Quando a força do impacto é gasta, ele descansa, um glóbulo reservado de desejos, como antes. Espiritualmente, o homem hedonístico não é um motor principal. Ele não é a base de um processo de vida, exceto quando está sujeito a uma série de permutação imposta a ele por circunstâncias externas e hostis.[10]

Com efeito, Veblen também acusou os neoclássicos de sustentar o esquema atual da distribuição de bens e de renda. Ele achava que a teoria-padrão não é verdadeiramente uma

8 BREIT, William; RANSOM, Roger L. *The academic scribblers*. Ed. rev. Chicago, IL: Dryden, 1982. p. 39.
9 VEBLEN, Thorstein. *The place of science in modern civilization and other essays*. Nova York: Heubsch, 1919. p. 193.
10 Ibidem, p. 73-74.

teoria de nada, mas apenas folclore ou teologia utilizada para justificar a propriedade privada e as rendas da propriedade. A economia comercial foi desenvolvida para defender a comunidade comercial, e as questões que ela levanta e procura responder não são relevantes à população como um todo. Veblen preocupava-se com a economia social em vez de se ater à economia comercial de preço, lucro e propriedade.

Finalmente, é interessante observar que Veblen atacava a noção de concorrência perfeita, que depois dominou a teoria-padrão econômica. Ele reconhecia que a maioria dos homens de negócios tinha certo controle monopolístico sobre os preços que cobrava e que utilizava a propaganda para reforçar sua posição no mercado. Essa análise, publicada em 1904, prenunciou o surgimento da teoria da concorrência monopolística em 1933 (Capítulo 17).[11]

Instinto para o trabalho

Veblen acreditava que o trabalho não é sempre cansativo; caso contrário, a sobrevivência da raça humana seria prejudicada. O grande triunfo da humanidade sobre as outras espécies na luta pela sobrevivência tem sido a capacidade de controlar as forças ambientais. Não é a inclinação das pessoas ao *esforço*, mas ao *empreendimento* que realmente interessa. Quando não estão atormentadas pelo excesso de trabalho, as pessoas não têm aversão a ele, mas apresentam um instinto para o trabalho que as leva ao bem-estar material da raça e ao seu sucesso biológico. As pessoas, inerentemente, desejam trabalhar e fazem isso bem. Elas censuram o desperdício. Aliado ao instinto de paternidade, igualmente importante, o instinto para o trabalho impele a geração atual a melhorar a vida para a posteridade. Basicamente, tentamos evitar a ganância e a indolência, educamos e treinamos nossos filhos, melhoramos a tecnologia e conservamos nossos recursos – tudo devido ao nosso instinto para o trabalho e ao nosso desejo de sustentar nossos descendentes. Esse instinto entra em conflito com a antipatia convencional ao esforço inútil, mas é a força dominante, especialmente entre a grande massa de artesãos, fazendeiros e especialistas em tecnologia.

A produção e o comércio de artesanato em pequena escala gradualmente deram lugar a grandes empresas capitalistas. Antigamente, o mercado era limitado e as empresas eram administradas tendo em vista o ganho para o sustento. O sistema industrial moderno tem como suas principais características o processo automatizado e o investimento para a obtenção de lucro. O crescimento dos mercados e dos investimentos criou novas oportunidades para a manipulação perspicaz. À medida que os donos das indústrias aumentam seu domínio, seus interesses divergem cada vez mais dos interesses do restante da comunidade. Em vez de se interessar pela produção de bens, eles visam principalmente aumentar os lucros.

> O lugar dos homens de negócios na economia natural é "ganhar dinheiro" e não produzir bens. A produção de bens é um processo mecânico, secundário ao processo de ganhar dinheiro, uma vez que ganhar dinheiro é uma operação monetária, realizada por

---

11 Uma afirmação clara das opiniões de Veblen sobre esse assunto pode ser encontrada em seu livro *The theory of business enterprise*, p. 53-55.

> meio de negociação e venda, e não por dispositivos e forças mecânicas. (...) A maior conquista comercial é o método mais direto de se obter algo por nada.[12]

Embora os dois objetivos talvez coincidam, a produção de bens é simplesmente um meio de se obter lucro e, quando os dois objetivos entram em conflito, o primeiro é sacrificado em benefício do último. Se necessário, as coalizões de grandes empresários, as *holdings* de empresas e outros tipos de monopólios são organizados para limitar a produção e aumentar os preços. Quando ganhar dinheiro tem prioridade sobre produzir bens, o instinto para o trabalho representa um obstáculo, porque a produção passa a ser taxada em termos de oportunidades de venda. Os proprietários ausentes, que estão no controle, dificultam o aumento de produção de bens que ocorreria de outra maneira. Essa manipulação impede que os preços caiam. Eles forçam a entrada dos trabalhadores e do capital nos setores mais competitivos da economia, piorando, assim, a situação ali. Eles lucram com os problemas do sistema que podem impedir a produção. Se a economia está instável, crescem as oportunidades de lucro. O operador perspicaz pode ganhar dinheiro com a alta na bolsa de valores durante o crescimento do ciclo econômico e com a baixa durante a queda. O progresso é dificultado pela grande empresa, que está mais interessada na oportunidade de venda dos bens do que na possibilidade de atender às necessidades da sociedade. As pessoas que se interessam pelos problemas de preço em vez de pela produção incluem os empresários do comércio e seus assistentes – vendedores, contadores, publicitários e assim por diante.

Ciclos econômicos e de crédito

De acordo com Veblen, o crédito desempenha um papel importante na economia moderna. O empréstimo de dinheiro pode aumentar os lucros, desde que a taxa atual de ganhos no comércio exceda a taxa de juros. Sob condições competitivas, o que é lucrativo para um empresário torna-se compulsório para todos os concorrentes. Aqueles que aproveitam a vantagem das oportunidades oferecidas pelo crédito estão em uma posição de revender para aqueles que não aproveitam. O recurso do crédito torna-se, assim, difundido e típico. A capacidade de ganhos competitivos de uma empresa depende do capital inicial mais os fundos emprestados que esse capital vai suportar. O uso competitivo do crédito em operações comerciais prolongadas oferece a uma empresa vantagem diferencial contra os outros concorrentes, mas a expansão do crédito não tem nenhum efeito agregado sobre os ganhos ou o total da produção industrial. De fato, os lucros líquidos agregados da indústria são reduzidos pelo total de juros que precisa ser pago aos credores fora do processo industrial.

Por que a expansão do crédito não tem efeito sobre os ganhos totais ou a produção industrial? Não é verdade que os fundos emprestados representam propriedade? Essa propriedade não será convertida em uso produtivo, arrastando para o processo industrial, direta ou indiretamente, os itens de bens materiais que esses fundos representam? Não, respondia Veblen. Embora os empréstimos possam ser cobertos pela propriedade mantida por quem concede o empréstimo, ela pode ficar comprometida de outra forma. Os

12 VEBLEN, Thorstein. *The vested interests and the common man*. Nova York: Viking, 1946. p. 91-94 [publicado originalmente em 1919].

bens imóveis podem sustentar empréstimos mesmo que não possam ser convertidos em bens industriais. Os empréstimos que são concedidos com base em ações corporativas ou em fábricas duplicam os itens materiais que já fazem parte do processo industrial.

Obviamente, Veblen rejeitava o fato de que o crédito bancário permite que as empresas mobilizem uma oferta pelo trabalho entre aqueles que estão desempregados, subempregados ou entre os autônomos (por exemplo, artesãos e fazendeiros). A entrada do trabalho nos grandes estabelecimentos industriais aumenta a produção total. Da mesma forma, o crédito permite mobilização de matéria-prima e equipamento capital e a expansão da oferta. Ele amplia o mercado e estimula a maior produção. As críticas de Veblen acerca do crédito seriam válidas somente se as ofertas dos fatores de produção e dos produtos finais fossem perfeitamente fixas e não pudessem se expandir prontamente.

As opiniões de Veblen sobre o crédito o levaram diretamente à sua teoria do ciclo econômico. A extensão do crédito permite que os empresários concorrentes subam os preços dos bens de capital utilizados na indústria. Quando o valor do dólar aumenta, esses bens servem como garantia para outra extensão do crédito. A extensão dos empréstimos nas garantias, como ações ou imóveis, possui um caráter cumulativo. O crédito aumenta cada vez mais com a organização de monopólios, porque o aumento esperado nos lucros de monopólios e a reputação imputada das novas corporações também são capitalizados nos preços das apólices emitidas.

Essa extensão de crédito cumulativa é firmada sobre uma base instável. Mais cedo ou mais tarde, surgirá uma discrepância entre o valor do dinheiro da garantia e o valor capitalizado da propriedade computada sobre os ganhos esperados. Em outras palavras, o aumento nos ganhos não acompanhará o aumento no valor nominal do capital (capital mais empréstimos). Quando essa discrepância se torna óbvia, inicia-se um período de liquidação. Junto com a liquidação, a crise industrial é acompanhada por supressão de crédito, altas taxas de desconto, queda de preços, vendas forçadas, diminuição da capitalização e redução da produção. O credor toma propriedades comerciais, consolidando a propriedade e o controle em poucas mãos.

Os trabalhadores se beneficiam durante a prosperidade, não pelos níveis mais altos de salários, mas por mais empregos. Quando o nível geral dos preços aumenta, o aumento do custo de vida reduz as taxas reais de salários. Lentamente, os salários aumentam em resposta ao aumento dos preços dos bens, e isso ajuda a colocar um fim à prosperidade, porque as margens de lucro se retraem e os valores do capital caem.

Veblen acreditava que a discrepância entre a capitalização e a capacidade de ganhos é crônica, desde que nenhuma circunstância externa entre temporariamente para anular a tendência dos assuntos comerciais. Portanto, a depressão crônica, mais ou menos pronunciada, é normal sob o regime totalmente desenvolvido da indústria de equipamentos. Porém, as crises econômicas são temporariamente superadas por meio de aumentos especulativos de preços, novas descobertas de metais preciosos e aumento de crédito. A promoção deliberada do monopólio pode restaurar a lucratividade das empresas, restringindo a produção e aumentando os preços, alinhando, assim, a capitalização aceita com a capacidade de ganhos reais. Se houver sucesso, o monopólio neutralizará o barateamento de bens e serviços afetados pelo progresso industrial atual.

A redução dos lucros e a depressão crônica podem ser solucionadas com um aumento no consumo esbanjador e não produtivo de bens e também com o monopólio.

Mas o gasto esbanjador privado em uma escala adequada para contrabalançar a produtividade de excedente da indústria moderna está praticamente fora de questão:

> A iniciativa privada não pode acompanhar o desperdício de bens e de serviços até o ponto exigido pela situação comercial. O desperdício privado é, sem dúvida alguma, grande, mas os princípios comerciais, que levam à economia e aos investimentos perspicazes, estão muito arraigados nos hábitos dos homens modernos para admitir a lentidão efetiva da taxa de economia. Algo mais deve ser feito e, de fato, está sendo feito eficientemente pelos governos civilizados em matéria de desperdício. Força militar, edifícios públicos, estabelecimentos diplomáticos requintados etc. são, de modo geral, desperdícios, no que se refere à questão atual. (...) Mas, por mais extraordinário que possa ter sido esse desperdício público de recursos, ele está aparentemente inadequado ao deslocamento da produtividade excedente da indústria de equipamentos, particularmente quando essa produtividade é suportada pela grande facilidade que a moderna organização comercial oferece para o acúmulo de poupança em relativamente poucas mãos.[13]

Solução: conselho de técnicos

De acordo com Veblen, então, há um conflito entre a indústria, que produz bens, e o comércio, que produz lucros; entre produzir bens e ganhar dinheiro; entre o instinto para o trabalho e as considerações monetárias; entre a comunidade livre e os proprietários ausentes, os donos das indústrias; entre a necessidade de estabilidade e a extensão do crédito; entre os compradores, que desejam mais bens a preços mais baixos, e os monopolistas, que oferecem menos bens a preços mais altos; entre a necessidade de mudança social e o conservadorismo de padrões de pensamento e de ação humanos; entre atender às necessidades básicas das pessoas, que é possível, e atender ao desejo do consumo conspícuo, que não deve satisfazer à demanda por bens enquanto cada um tentar se distinguir dos outros em consumo esbanjador.

Qual é a solução para as dificuldades trazidas pelas grandes empresas comerciais modernas? Veblen, ao mesmo tempo, criticava e apoiava o socialismo, mas, definitivamente, não era um socialista. Ele atacou a teoria valor do trabalho de Marx como sendo, na melhor das hipóteses, tautológica e, no pior caso, uma mistificação divertida não comprovada. Ele renegava a alegação socialista de que os ricos estão cada vez mais ricos e os pobres cada vez mais pobres. O sistema existente, dizia ele, não tornou os trabalhadores mais pobres quando considerado de forma absoluta, mas tende a torná-los relativamente mais pobres em termos da importância econômica comparativa. A sociedade moderna intensifica a rivalidade e a inveja, que levam ao desconforto e contribuem para o socialismo. Com a abolição da propriedade privada, a natureza humana poderia encontrar atividades mais nobres e socialmente mais úteis do que competir uns com os outros.

Veblen acreditava que os engenheiros – os técnicos da sociedade – podem, eventualmente, comandar a revolução social e dirigir a indústria para o bem comum. Eles são aqueles que têm objeções à propriedade, às finanças, à sabotagem, ao crédito e à renda diferida, porque interferem na eficiência e no progresso da tecnologia. Os engenheiros

13 Idem, *The theory of business*, p. 255-257.

são os melhores representantes da comunidade livre, pois o capital e o trabalho, negociando os preços, tornaram-se um interesse adquirido fraco, que busca seus próprios benefícios em detrimento da sociedade. O resultado foram as concessões comerciais e os acordos entre eles. As duas partes jogam um jogo de chances e habilidades, com o sistema industrial tornando-se vítima da interferência em ambos os lados. A prosperidade material da comunidade livre e, mais especificamente, dos trabalhadores depende do trabalho regular do sistema industrial sem interferência. Isso os engenheiros podem alcançar. Diferentemente dos proprietários e dos trabalhadores, eles são motivados pelo interesse próprio. Como os técnicos são mais homogêneos e unidos do que os trabalhadores, eles são líderes naturais, os oficiais da linha, as pessoas com espírito de desempenho tangível e o instinto para o trabalho mais desenvolvido. Veblen afirmava que um conselho de técnicos poderia resolver os problemas da nação, mas as chances de isso acontecer eram remotas. No presente, os homens técnicos são dóceis e inofensivos, geralmente bem alimentados e serenamente satisfeitos com um "prato de jantar cheio" que seus interesses adquiridos permitiam.

Veblen não depositou suas esperanças na reforma - a melhoria das condições sob o capitalismo; na verdade, ele esperava ver o capitalismo totalmente abolido. A ideia de que os engenheiros fariam a revolução social era talvez um pensamento passageiro para ele. Quase no fim de sua vida, ele olhava favoravelmente para a experiência na União Soviética, com sua forte ênfase no planejamento central. Como morreu em 1929, Veblen não conheceu a brutalidade do stalinismo que se desenvolveu na metade da década de 1930. Porém, basicamente, ele permaneceu pessimista, não depositando fé na natureza humana e nas perspectivas futuras da humanidade.

WESLEY CLAIR MITCHELL

Wesley Clair Mitchell (1874-1948) foi o aluno mais brilhante de Veblen. Ele foi o grande iconoclasta que atacou com alegria feroz aquilo que ele considerava os absurdos da teoria ortodoxa que defendia o *status quo;* ele deu ao institucionalismo uma filosofia e uma teoria. Mitchell foi o primeiro grande pesquisador cujo trabalho mais notável concentrava-se em uma análise de instabilidades econômicas; ele deu ao institucionalismo sua inclinação empírica. Ele era muito gentil e discreto para atacar as raízes do neoclassicismo com a ferocidade de Veblen, mas criticou suas abstrações e metodologias irrealistas. Ele sentia que Veblen tinha evoluído muito além dos economistas contemporâneos, devido à sua opinião mais adequada sobre a natureza humana e ao seu vasto conhecimento dos processos culturais. Veblen, também, confiara muito em especulações que não foram verificadas empiricamente. Mitchell acreditava que seus estudos estatísticos produziriam uma base mais sólida para o trabalho pioneiro de Veblen.

Mitchell, que nasceu em Rushville, Illinois, recebeu seu Ph.D. na Universidade de Chicago, em 1899. Ele assumiu um cargo no Census Office em Washington, D.C. e, em seguida, lecionou e fez pesquisas novamente na Universidade de Chicago, assim como na Universidade da Califórnia, na Universidade de Colúmbia e na New School for Social Research.

A importância da investigação empírica

A economia, dizia Mitchell, é uma ciência do comportamento humano. O futuro da disciplina, argumentava ele, está em incrementar mais prática e menos teoria. "Os economistas vão se desenvolver mais produtivamente no lado quantitativo. Os economistas de hoje terão as melhores chances de crescer com o trabalho de seus antecessores, se confiarem cada vez mais nos registros estatísticos mais precisos das observações."[14]

O National Bureau of Economic Research, fundado por Mitchell em 1920 e dirigido por ele por 25 anos, talvez seja o maior monumento a seu método. Sob a supervisão de Mitchell, ele lançou um dos primeiros estudos abrangentes sobre o total e a distribuição da renda nacional. Com os anos, ele publicou um grande volume de análises estatísticas. Hoje, sua lista de associados de pesquisas universitárias indica "quem é quem" na pesquisa econômica dos Estados Unidos. Ironicamente, a maioria desses pesquisadores é formada por economistas altamente ortodoxos.

O estudo de Mitchell sobre os ciclos econômicos

A maior contribuição de Mitchell deu-se no estudo das instabilidades econômicas. É importante perceber que sua principal obra sobre o assunto foi publicada pela primeira vez duas décadas antes da Grande Depressão e da *General theory* de Keynes. Mitchell chamou sua teoria do ciclo econômico de "hipótese de trabalho", porque era experimental e estava sujeita à revisão sob a luz de outras evidências. Em suas mãos, a teoria sobre os ciclos econômicos assemelhou-se a uma explicação de experiência testada, em vez de a um exercício de lógica. Quanto mais intensamente Mitchell pesquisava os fatos para explicar as instabilidades, mais sua explicação estendia-se em uma teoria de como nosso sistema econômico funciona. Em vez de procurar uma única causa decisiva para o ciclo, como os economistas fizeram antes, ele explorou as condições que coletivamente produzem o movimento cíclico do sistema econômico. Se suas ideias são lugar-comum hoje, é porque elas se tornaram amplamente aceitas.

O trabalho empírico de Mitchell sobre o ciclo comercial o levou a quatro grandes conclusões. Cada uma delas merece ser elaborada, como se segue:

- As instabilidades econômicas surgem na *economia monetária*. Mitchell preferia ver as crises e a depressão não como uma doença do capitalismo, mas como um problema que surge em uma sociedade em que as atividades econômicas são realizadas principalmente ganhando e gastando dinheiro. Obviamente, essa é uma característica do capitalismo, mas ele também possui outras características, como, por exemplo, a forma como os meios de produção são possuídos. Mitchell afirmava: "Só quando os usos da moeda atingirem uma fase avançada em um país é que as vicissitudes econômicas assumirão o caráter de ciclos econômicos".[15]
- Os ciclos econômicos são altamente difundidos na economia. Isso ocorre quando as empresas são muito interdependentes. As empresas comerciais estão amarradas umas às outras por vínculos industriais, comerciais e financeiros, de modo que

14 MITCHELL, Wesley C. *Types of economic theory from mercantilism to institutionalism*. Ed. Joseph Dorfman. Nova York: Augustus M. Kelly, 1967. v. 2, p. 749, 761. 2 v.

15 Idem. *Business cycles, the problem and its setting*. Nova York: National Bureau of Economics Research, 1930, p. 75.

nenhuma delas prospera ou entra em decadência sem afetar as outras. O crescimento do crédito aumentou a interdependência financeira. A expansão da organização comercial corporativa, com todas as suas relações dependentes, organiza muitas empresas nominalmente independentes em comunidades de interesses. Os vínculos são também canais por meio dos quais a aceleração ou a lentidão de uma atividade em uma parte da economia podem se espalhar para outras partes.

- As instabilidades econômicas dependem das perspectivas de lucro. As perspectivas de lucro, dizia Mitchell, são os indícios de instabilidade econômica. Uma empresa comercial pode atender à comunidade ganhando dinheiro somente se obtém lucros a longo prazo. A subordinação de serviços à ação de ganhar dinheiro não está fundamentada nos motivos mercenários dos homens de negócios, mas é um resultado necessário de uma economia monetária. Um empresário com tendências públicas que despreza o lucro ficará fora do negócio. Somente as organizações governamentais e filantrópicas podem oferecer serviços sem fins lucrativos.

  O lucro presumido é mais significativo do que os lucros do passado ou as perdas, pois as empresas se preocupam com o futuro e não com o passado. A perspectiva de lucros no futuro desempenha o papel decisivo na identificação da direção da expansão da empresa. O investimento atinge seu ponto mais alto nessa fase do ciclo em que os lucros presumidos são mais atraentes. Assim, uma estimativa de instabilidade econômica em uma economia comercial deve tratar principalmente dos aspectos pecuniários da atividade econômica.

- As instabilidades são sistematicamente geradas pela própria economia. Os ciclos comerciais não representam rompimentos secundários ou acidentais do equilíbrio, mas sim uma parte inerente do processo da economia. Permeando toda a obra de Mitchell está a abordagem evolucionária e dinâmica. Assim, à medida que cada fase do ciclo evolui para sua sucessora, a própria economia passa gradualmente por mudanças cumulativas. Portanto, Mitchell acreditava que os economistas de cada geração provavelmente terão de repensar a teoria dos ciclos comerciais que aprenderam em sua juventude. Segundo Mitchell, os ciclos surgem de forças dentro da economia, com cada uma das fases do ciclo gerando a próxima:

> A reformulação incipiente de uma atividade, por exemplo, evolui para a prosperidade, a prosperidade gradualmente gera uma crise, a crise se converte em recessão, a recessão se torna mais profunda por um tempo, mas provoca uma nova reformulação de atividade, que é o início de outro ciclo. Uma teoria dos ciclos comerciais deve, portanto, ser uma análise descritiva das mudanças cumulativas, por meio das quais um conjunto de condições comerciais se transforma em outro conjunto.[16]

Mitchell escolheu como ponto inicial a fase do ciclo em que a atividade começa a aumentar após um período de recessão. Depois de iniciada, uma reformulação de atividade se espalha rapidamente sobre toda a economia, ou parte dela, por meio de empresas interligadas. Salários mais altos e lucros maiores estimulam o consumo e os investimentos. Os estoques, esvaziados durante os períodos sem movimento, são reabastecidos por revendedores e atacadistas. Uma onda de otimismo inicia-se e espalha-se, produzindo,

16 MITCHELL, Wesley C. *Business cycles and their causes*. Berkeley: University of California Press, 1941, p. ix [publicado originalmente em 1913].

assim, condições de produção que a justificam e intensificam. No último estágio de uma reformulação, os preços começam a subir. As expectativas de um preço maior estimulam a encomenda dos bens. O crédito expande-se quando as condições comerciais melhoram. Os lucros aumentam, também, porque os salários e os custos principais não acompanham o aumento dos preços. Novos investimentos em bens de capital aumentam.

Esse é, então, o movimento crescente de reformulação. Mas por que ele culmina em uma crise? Por que a prosperidade provoca a recessão?

Entre as forças negativas que se acumulam no sistema durante a prosperidade está o aumento lento, mas seguro, nos custos de fazer negócios. Os custos com despesas gerais começam a aumentar à medida que novo capital é investido quando o custo dos bens está aumentando. Novas empresas constroem novas fábricas, incorrendo em custos mais altos quando tentam se estabelecer, e os custos fixos, como aluguel e juros, aumentam. Fábricas e máquinas menos eficientes, gerenciamento menos capaz e trabalhadores menos eficientes são empregados durante a prosperidade, elevando, assim, os preços dos materiais, do trabalho e assim por diante. Contribuindo com a oferta de bens enviados ao mercado, as empresas marginais dificultam o aumento dos preços de venda para compensar o aumento dos custos. Os custos com trabalho aumentam, não apenas porque menos trabalhadores qualificados estão empregados, mas também porque os salários começam a subir com o aumento dos preços. Durante a prosperidade, o crescimento da demanda por bens aumenta a necessidade de trabalho excedente, que é mais caro e menos produtivo que o trabalho normal. A disciplina e a produtividade da mão de obra diminuem, porque os trabalhadores têm menos medo de perder seu emprego do que em tempos ruins. O desperdício na produção aumenta à medida que os empresários descuidados ficam mais otimistas e excessivamente ocupados.

O aumento nos custos de produção supera os lucros, especialmente porque os preços de bens acabados não podem ser elevados com facilidade nas últimas fases da prosperidade. A expansão da capacidade produtiva, que promoveu o crescimento da prosperidade durante o período mais fácil, contribui para a oferta de produtos e serviços, aumentando a dificuldade de elevar os preços de venda. Os compradores, no final das contas, resistem ao aumento dos preços, porque não podem ou não pagarão continuamente mais pelos produtos. Alguns preços não são aumentados de acordo com o custo, devido ao controle público, a contratos e costumes. Uma queda real ou em potencial nos lucros, em poucos mercados importantes, é suficiente para criar dificuldades financeiras em todos os mercados.

Quanto mais longo for o período de prosperidade, mais graves tornam-se essas forças, provocando, inevitavelmente, crise e recessão. A pirâmide de crédito termina quando os credores se tornam apreensivos. No momento de crise, os devedores são obrigados a reduzir seus débitos ou a pagá-los de forma integral. Muitos débitos são liquidados, com os preços sendo reduzidos quando os produtos são lançados no mercado em tentativas desesperadas de se evitar a falência. A expectativa de queda nos preços reduz ainda mais a demanda por bens e, consequentemente, torna real essa expectativa. Como certos custos são fixados para baixo, da mesma forma que o são com o movimento ascendente dos preços, a queda dos preços arrocha ainda mais as margens de lucro. A consternação espalha-se, os gastos com investimentos são reduzidos, os estoques diminuem, o desemprego cresce, a renda e os gastos dos consumidores caem e a economia entra em recessão.

Com tempo suficiente, a recessão gera em si mesma as forças que produzem a prosperidade. Os empresários cortam os desperdícios e os custos o máximo possível. Ao final, os salários, os juros, o aluguel e outros custos fixos caem até se alinharem com os preços dos bens. Os custos com o trabalho também caem, porque o trabalho extra é eliminado, os trabalhadores ineficientes são demitidos e os empregados realizam mais esforços, com medo do desemprego. À medida que a recessão se arrasta, os bens de capital ficam desgastados e obsoletos. Os preços dos novos bens de capital caem, a batalha pela concorrência induz a investimentos em máquinas novas, mais eficientes e de custos menores do que se pode financiar a baixas taxas de juros. Se for realmente possível, os consumidores devem substituir os bens duráveis e semiduráveis que ficaram desgastados. A população continua a crescer, aumentando, assim, a procura por todos os tipos de bens de consumo. Os estoques, que tinham sido reduzidos ao mínimo durante a recessão, devem ser refeitos quando a empresa cresce. O otimismo espalha-se e a economia toma novo impulso.

Planejamento social

A frequente recorrência de crise e recessão econômica, afirmou Mitchell em 1935, é a evidência de que o funcionamento automático do nosso sistema econômico é deficiente. Nossas dificuldades aumentaram devido à ampliação dos mercados, ao crescimento de combinações, à maior importância dos bens semiduráveis que as pessoas podem parar de comprar quando os tempos estão difíceis, ao movimento das pessoas do campo para a cidade e à dependência cada vez maior dos fazendeiros em relação ao mercado, em vez de se tornarem autossuficientes como eram antes. O planejamento comercial não foi capaz de equilibrar o crescimento dos fatores que tornam os ciclos econômico importantes.

A tarefa, então, é promover um planejamento social ou nacional cuidadoso para superar as principais características das instabilidades comerciais, ao mesmo tempo que preserva a liberdade econômica e aumenta a segurança. A confiança de Mitchell no planejamento nacional para melhorar as condições humanas baseava-se, em parte, em sua psicologia pragmática. Ele defendia o planejamento social, negando que fosse um não norte-americano. Nossa história nacional, dizia ele, foi uma história de planejamento, às vezes bem-sucedido, outras não. A Constituição dos Estados Unidos incorporou um plano para governar um país. Hamilton teve um plano de recuperação econômica e, de 1917 a 1918, planejamos a mobilização econômica para ganharmos a guerra. A maior dificuldade no planejamento social tem sido concordar com o que desejamos realizar. De fato, as diferenças de objetivos formam o principal obstáculo para o planejamento em uma comunidade democrática, porque a unanimidade de metas só é alcançada em raras ocasiões.

Uma segunda dificuldade no planejamento origina-se da interdependência de processos sociais. O planejamento gradativo, detalhe por detalhe, geralmente traz resultados indesejados ou não planejados, como ilustrado pelo estabelecimento da Lei Seca, que favoreceu o contrabando e o surgimento de grupos econômicos ricos e infratores. O planejamento social inteligente deve considerar tanto os efeitos diretos quanto os indiretos da ação social. Mas certos resultados não podem ser obtidos por meio de ações individuais. Assim, dizia Mitchell, o planejamento nacional é inevitável. A questão é: ele será fragmentário e irreal ou sistemático e tecnicamente completo?

JOHN KENNETH GALBRAITH

John Kenneth Galbraith (1908–2006) nasceu no Canadá e estudou nas Universidades de Toronto e da Califórnia. Exerceu o cargo de economista-chefe da American Farm Bureau Federation e ocupou altos cargos no governo dos Estados Unidos durante a Segunda Guerra Mundial. Foi membro do conselho de editores da revista *Fortune*, embaixador da Índia durante o governo Kennedy, professor de economia na Universidade de Harvard e presidente da Americans for Democratic Action. Galbraith foi também romancista e especialista em arte do Extremo Oriente.

Considerados como um todo, os principais escritos de Galbraith constituem tanto um ataque ao pensamento econômico neoclássico quanto uma análise do capitalismo moderno. Quase todas as características da escola institucionalista se aplicam a muitas de suas obras.

A sabedoria convencional

Galbraith foi um crítico da "sabedoria convencional" neoclássica: um conjunto de ideias que é familiar a todos, amplamente aceito, mas que não é mais importante. Sua abordagem evolucionária explorou as condições variáveis e examinou a necessidade de mudar nossas ideias para acomodar novas situações. Em uma afirmação semelhante à feita por Veblen, Galbraith disse: "As ideias são inerentemente conservadoras. Elas se rendem não ao ataque de outras ideias, mas ao ataque violento de circunstâncias com as quais não podem competir".[17] Ele foi sagaz em apontar que seu ataque foi à sabedoria convencional, não àqueles que *originalmente* expuseram suas ideias:

> O leitor logo descobrirá que eu penso muito pouco na quantidade de ideias principais da economia. Mas, penso bastante nos homens que deram origem a essas ideias. As deficiências da economia não são erros originais, mas obsolescências incorretas. A obsolescência ocorreu porque o que é conveniente torna-se sacrossanto.[18]

E como essas ideias neoclássicas obsoletas conseguiram sobreviver? Galbraith respondeu o seguinte:

> O sistema neoclássico deve muito à tradição – ele não é improvável como uma descrição de uma sociedade que existiu uma vez. (...)

---

17 GALBRAITH, John Kenneth. *The affluent society*. Boston, MA. Houghton Mifflin, 1958. p. 17.

18 Ibidem, p. 4.

> Ele é também a doutrina disponível. Os alunos chegam; algo precisa ser ensinado; o modelo neoclássico existe. Ele tem também outra força. Ele serve a uma reciclagem teórica contínua. Com uma complexidade cada vez maior, está a impressão de precisão e exatidão cada vez maiores. E com a perplexidade resolvida, está a impressão do entendimento.[19]

Na teoria geral de Galbraith sobre o capitalismo moderno, uma pessoa pode encontrar diversas teorias específicas que desafiam a economia ortodoxa. Duas teorias de particular importância são a sua noção de "efeito da dependência" e a sua teoria do comportamento da empresa.

O efeito da dependência

De acordo com Galbraith, o capitalismo moderno é dominado por grandes empresas e caracterizado por uma enorme variedade de necessidades elaboradas que são o resultado do planejamento corporativo e da propaganda em massa:

> À medida que a sociedade se torna cada vez mais afluente, as necessidades são cada vez mais criadas pelo processo por meio dos quais elas são satisfeitas. (...) Assim, as necessidades dependem da produção. Em termos técnicos, não se pode mais assumir que o bem-estar é maior a um nível de produção superior do que a um nível inferior. Ele pode ser o mesmo. O nível mais elevado de produção tem, simplesmente, um nível mais alto de criação de necessidades que precisam de um maior nível de satisfação. Haverá repetidas oportunidades de se referir à maneira como as necessidades dependem do processo pelo qual elas são satisfeitas. Será conveniente chamá-las de Efeito da Dependência.[20]

No sistema industrial moderno, não são os consumidores que são soberanos, mas as grandes empresas que produzem e comercializam bens e serviços. Na "sequência modificada" de Galbraith, os produtores decidem o que deve ser produzido e, então, moldam os gostos dos consumidores de modo que comprem esses produtos. A economia ortodoxa sustenta que a iniciativa é responsabilidade do consumidor, que compra bens e serviços no mercado em resposta aos desejos e às demandas pessoais. As teorias neoclássicas de escolha do consumidor assumem as necessidades da forma como são. Para dizer que os consumidores maximizam a utilidade deles, afirma Galbraith, pense na importante pergunta de como os consumidores formulam aquelas necessidades, primeiramente. E se as necessidades precisam ser criadas por meio de propaganda, quão urgentes elas podem ser? Além disso, a teoria neoclássica da demanda do consumidor, com sua ênfase à soberania do consumidor, implica que o mercado dita a composição ideal da produção e da alocação de recursos. Esse ponto de vista, dizia Galbraith, faz pouco sentido: "Não se pode defender a produção como necessidades satisfeitas se essa produção cria as necessidades".[21]

A teoria de Galbraith sobre a demanda do consumidor tem uma importante implicação política. Haverá uma subalocação de recursos para os bens públicos. Galbraith

---

19 GALBRAITH, John Kenneth. *Economics and the public purpose*. Boston, MA: Houghton Mifflin, 1973. p. 27.
20 Idem. *The affluent society*, op. cit., p. 158.
21 Ibidem, p. 124.

chamou essa circunstância de "desequilíbrio social". A criação de necessidades artificiais por meio de propaganda e da propensão à concorrência aproxima os recursos para os bens privados e os afasta dos bens públicos que têm maior valor inerente. Novos automóveis são considerados como mais importantes que novas rodovias; aspiradores nos lares são mais desejados do que os limpadores de rua. Bebidas alcoólicas, revistas em quadrinhos e colutórios assumem maior importância agregada do que escolas, tribunais e piscinas municipais. Uma maneira de solucionar esse desequilíbrio, afirmou Galbraith, seriam impostos sobre vendas de bens de consumo e serviços, utilizando o lucro para aumentar a disponibilidade de bens e serviços do setor público.

Teoria da firma de Galbraith

A teoria neoclássica da firma conclui que o comportamento e o desempenho corporativo podem ser mais bem-entendidos assumindo-se que as empresas tentam maximizar os lucros. De acordo com Galbraith, isso pode ser verdadeiro no *setor de mercado*, em que os proprietários de pequenas empresas administram ativamente seus negócios, mas não descreve o *setor de planejamento*, que é muito mais importante – as quase 2 mil maiores empresas que produzem mais da metade da produção da sociedade. No setor de planejamento, a propriedade e o controle são separados. Os proprietários de grandes empresas são os milhões de portadores de ações ordinárias, os quais não têm controle algum sobre a operação da empresa. Em vez disso, o controle é exercido pela tecnoestrutura – uma elite profissional que consiste em executivos, gerentes, engenheiros, cientistas, projetistas, pesquisadores de mercado, pessoal de marketing e assim por diante. O acionista insatisfeito que não gosta do desempenho de uma empresa em particular não tem a opção de demitir a gerência. O recurso comum é vender as ações da empresa e comprar ações de outra. Segundo Galbraith, é ingenuidade assumir que a tecnoestrutura é motivada a maximizar o rendimento aos milhões de acionistas anônimos. A tecnoestrutura obedece muito mais a propósitos complexos, que ele classificou como protecionistas e positivos.

O principal *propósito protecionista* da empresa é sobreviver, o que se traduz na necessidade de obter lucros suficientes para manter a maioria dos acionistas relativamente feliz e proporcionar ganhos suficientes para investimento e crescimento. Uma maneira de assegurar esse lucro "menor que o máximo" é diferenciando o preço do produto do da concorrência. Essa ação pode assumir a forma de fixação direta de preços ou de entendimento informal de preços dentro de um mercado. O objetivo *não* é fixar os preços para limitar a produção e maximizar o lucro comum, como sugere o modelo neoclássico. Em vez disso, o objetivo é garantir que as empresas concorrentes obtenham um nível favorável de lucro, permitindo-lhes, assim, atingir suas metas protecionistas e os objetivos positivos.

O principal *propósito positivo* da empresa é o crescimento corporativo. O crescimento da produção, das vendas e da renda produz maior segurança no emprego e rendimento financeiro para os membros da tecnoestrutura. Na teoria ortodoxa sobre a firma, os oligopolistas limitam sua produção a fim de impulsionar seus preços e aumentar seus lucros: "Nenhum ponto é mais bem aceito pelo modelo neoclássico do que aquele que sugere que o preço monopolista é maior e a produção menor do que o socialmente ideal.

O público é a vítima. Devido a essa exploração, o oligopólio é perverso".[22] Na teoria de Galbraith, os oligopolistas fixam preços a níveis *baixos* - níveis que atinjam um lucro mínimo e permitam a expansão de produção e vendas totais. Grandes despesas com propaganda, campanhas para conquistar fatias de mercado, fusões não lucrativas entre empresas concorrentes e não concorrentes e assim por diante, tudo isso faz muito sentido se o objetivo é o crescimento. De acordo com Galbraith, "o modelo neoclássico descreve uma doença que não existe (altos preços oligopolistas e produção limitada), porque assume um propósito que não é adotado (maximização do lucro)".[23]

A teoria da firma de Galbraith tem diversas implicações políticas importantes. Por exemplo, os esforços dos antitrustes tradicionais devem ser abandonados: "Ainda não aconteceu nada para deter o desenvolvimento e o poder de negociação da tecnoestrutura".[24] As grandes empresas cresceram devido ao autoritarismo da tecnoestrutura. Seu tamanho devem-se aos altos orçamentos de pesquisa e desenvolvimento e à capacidade de incorporar nova tecnologia. Foi e continuará sendo fútil tentar deter essas forças por meio da política pública, afirmou Galbraith:

> Assim, a solução [antitruste] que emerge do modelo neoclássico é inofensiva. Ela não representa nenhuma ameaça ao poder ou à autonomia da tecnoestrutura ou ao seu interesse afirmativo no crescimento. E como a solução é considerada abrangente - uma vez que a concorrência é tida como a solução para todas as doenças industriais -, ela direciona todas as reclamações para um canal essencialmente inofensivo. O que poderia ser uma perigosa perturbação para uma ação efetiva regulatória ou para a propriedade pública ou para o socialismo aparece de forma segura como uma exigência de que as leis antitruste devam ser compelidas. (...) O melhor de tudo, do ponto de vista da tecnoestrutura, seria a imunidade contra todos os ataques. Mas a outra melhor coisa - e uma coisa muito boa - é um sistema de ideias que desvie todos os ataques para os canais que são seguramente fúteis.[25]

A sociedade deveria, então, simplesmente adotar uma política de *laissez-faire*, contando com essas forças econômicas para produzir o bem social? Galbraith respondeu com um "Não" ressonante. No prefácio de seu *Economics and the public purpose*, ele afirmou: "Este livro não poderia ser mais claro sobre qualquer outra conclusão: Sozinhas, as forças econômicas não se planejam para o melhor, exceto talvez para o poderoso".

Embora a exploração dos consumidores não seja um problema do capitalismo moderno, outros problemas graves surgem do exercício do poder pelo sistema de planejamento. O público, por meio do governo, deve tirar o controle do setor de planejamento da economia das mãos da tecnoestrutura, garantindo que ele sirva ao propósito público. Esse controle deverá assumir diversas formas. Por exemplo, um preço público permanente e uma agência de salários devem controlar os preços das empresas maiores na economia e garantir que os ganhos salariais nos principais acordos coletivos não excedam o crescimento de produtividade nacional. Uma autoridade de planejamento público precisa

22 GALBRAITH. *Economics*, p. 119.
23 Ibidem, p. 120.
24 Ibidem, p. 121
25 Ibidem.

ser estabelecida a fim de unir as grandes corporações e os sindicatos para planejar e coordenar a atividade econômica. Essa autoridade de planejamento também deverá coordenar os planos econômicos com outras nações industriais. Junto com essas reformas, Galbraith pedia a redistribuição governamental da renda por meio de controle público dos salários dos executivos, da taxação progressiva, de um aumento no salário mínimo e de um plano de imposto de renda negativo. As empresas no setor de mercado devem ser encorajadas a se unir, a fim de concorrer com mais eficiência com as empresas do setor de planejamento. Assim como Veblen e Mitchell antes dele, Galbraith viu a necessidade de uma participação cada vez maior do governo na economia moderna.

Críticas às ideias de Galbraith

O ataque de Galbraith à economia convencional produziu muitas réplicas. Como um exemplo, os críticos apontaram que, no extremo, ele parece negar que o consumidor tem vontade própria, que o comprador é capaz de determinar os próprios interesses e agir sobre eles. Os economistas ortodoxos rejeitam essa opinião e sua implicação de que uma entidade indefinida, diferente dos próprios consumidores, deveria identificar melhor quais são os verdadeiros interesses dos consumidores. Um outro exemplo: os críticos afirmaram que uma empresa que não consegue maximizar seus lucros a longo prazo corre o risco de se tornar alvo de um "ataque"[26] corporativo. O preço das ações ordinárias da empresa-alvo, o qual reflete o fluxo descontado de seus ganhos futuros, será menor para o maximizador sem lucro do que poderia ser. Oferecendo aos acionistas um preço para suas ações acima do preço de mercado, a empresa adquirente pode obter o controle da empresa-alvo, substituir a gerência, aumentar os lucros e obter ganho de capital sobre seus títulos iniciais.

Concluindo, pode-se dizer que a manifestação de Galbraith na ortodoxia econômica, assim como a de Veblen antes dele, forçou os neoclássicos a interromper temporariamente sua marcha, exigiu que eles reconhecessem e até se comprometessem com a oposição. Galbraith trouxe à tona muito fogo cruzado. Esse fato verdadeiro – que ele não poderia ter ignorado – é um testamento de sua grande inteligência, perspicácia e estilo literário. Todavia, a economia ortodoxa experimentou poucos danos e menos dissidência ainda; de maneira simplista, ela marcha adiante. Para o institucionalismo reaparecer como a grande força no pensamento econômico, ele deve conquistar as mentes de uma futura geração de economistas. Sua melhor esperança de fazer isso é desenvolver um conjunto de teorias, prontamente compreensíveis e receptivas ao ensino, que resista a um cuidadoso exame estatístico e intelectual. Até agora, dizem seus detratores, ele não conseguiu isso.

Veja O passado como preâmbulo 19-2

26 N.R.T. Perder o controle acionário.

19-2 O passado como preâmbulo

DOUGLASS NORTH E O NOVO INSTITUCIONALISMO

O institucionalismo tradicional associado a Veblen, Mitchell e Galbraith critica a economia neoclássica e apoia a intervenção do governo. Por outro lado, o *novo institucionalismo* tende a ser teórico, orientado para o mercado e anti-intervencionista.

Há várias linhas identificáveis desse novo pensamento institucionalista, cada uma enfatizando a importância das instituições no entendimento do comportamento e dos resultados econômicos (e políticos). Uma linha é o trabalho de Harold Demsetz (1930-) sobre o papel dos direitos de propriedade na promoção da eficiência econômica. Uma segunda linha é a análise de Richard Posner (1939-) sobre a relação entre lei e economia. Uma terceira é a ênfase de Ronald Coase (1910-) e Oliver E. Williamson (1932-) sobre os custos de transação na explicação da organização e do comportamento das empresas. Uma quarta é o trabalho de James Buchanan (1919-) e Gordon Tullock (1922-) sobre a teoria da escolha pública, incluindo análises de procura de renda, grupos de interesses, regras de votação e economia constitucional.[a]

No entanto, a linha mais radical do novo institucionalismo é aquela que está associada a Douglass North (1920–), um historiador econômico norte-americano que ganhou o Prêmio Nobel de 1993 por seu trabalho. North critica a economia neoclássica por sua falha em reconhecer a importância das limitações institucionais no processo de tomada de decisão econômica e sua incapacidade de explicar a permanência de diversas instituições econômicas pelo mundo. Diferentemente dos institucionalistas tradicionais como Veblen, no entanto, North adota o método "teórico de escolha" neoclássico, que enfatiza o processo racional de tomada de decisões econômicas.

> O método teórico de escolha é essencial porque um conjunto logicamente consistente e potencialmente analisável de hipóteses deve ser estabelecido sobre uma teoria de comportamento humano. A força da teoria microeconômica é aquela construída sobre a base de suposições acerca do comportamento individual. (...) As instituições são criação de seres humanos. Elas envolvem os seres humanos e são afetadas por eles. Assim, nossa teoria deve começar com o indivíduo. Ao mesmo tempo, os limites que as instituições impõem sobre as escolhas individuais são universais.[b]

As instituições formaram-se porque minimizam os custos da interação humana. Elas podem ser formais (por exemplo, constituições e leis) ou informais (por exemplo, códigos de conduta não escritos). Podem ser criadas especificamente (por exemplo, o sistema monetário dos Estados Unidos) ou simplesmente se desenvolver com o tempo (por exemplo, a tradição de dar gorjetas). As instituições são as *regras* formais e informais que governam o comportamento econômico e político.

Em comparação, os *jogadores* são os indivíduos e as organizações que exploram as oportunidades oferecidas em uma estrutura institucional em particular.

A forma que as instituições assumem se deve muito ao poder de negociação dos indivíduos e dos grupos que os representam. Mas quando as instituições se estabelecem, os comportamentos e os resultados das preferências individuais reforçam sua presença contínua. Por exemplo, a participação dos operários no capital e nos resultados da empresa por meio de planos de pensão reforça o apoio às instituições capitalistas. Como resultado do esforço, as instituições de um país *dependem da trajetória*. A primeira trajetória institucional selecionada (ou imposta) determina a trajetória assumida por um longo tempo. As instituições desenvolvem-se gradativamente porque os "jogadores" às vezes conseguem mudar as "regras" a seu favor. Somente quando fica claro que uma trajetória institucional específica é um beco sem saída para alcançar os objetivos desejados ou quando os objetivos desejados mudam é que a sociedade modifica radicalmente suas instituições.

As limitações impostas pelas instituições variam, portanto, com o tempo e em cada país. As instituições oferecem estruturas estimulantes para vários tipos de atividade econômica e política. As nações ricas são ricas porque os limites das instituições definem um conjunto de compensações para as atividades políticas e econômicas que encorajam o aprimoramento educacional e de habilidades, a expansão de capital, a nova tecnologia e, consequentemente, o crescimento econômico. As nações pobres são pobres porque suas instituições definem um conjunto de compensações para as atividades políticas e econômicas que desencorajam a criação de riquezas. Os direitos de propriedade são definidos e impostos de maneira precária, as mentes mais brilhantes entram para o governo ou imigram, os costumes sociais e religiosos limitam o trabalho e depreciam o ganho material e dá-se maior ênfase à redistribuição da riqueza do que à sua criação.

O talento de North veio para unir a análise neoclássica tradicional à análise das instituições. Fazendo isso, ele explica como as instituições afetam as preferências econômicas e como as preferências econômicas mudam gradativamente as instituições.

a. RUTHERFORD, Malcolm. *Institutions in economics*: the old and the new institutionalism. Nova York: Cambridge University Press, 1994. p. 2-3. Discutimos Coase em O passado como preâmbulo 15-2 e discutiremos Buchanan e Tullock no Capítulo 20.

b. NORTH, Douglass C. *Institutions, institutional change and economic performance*. Nova York: Cambridge University Press, 1990. p. 5.

Perguntas para estudo e discussão

1. Identifique brevemente e estabeleça a importância de cada um dos seguintes conceitos, pensadores e obras para a história do pensamento econômico: institucionalismo, Association of Evolutionary Economics, Veblen, *The theory of the leisure class*, consumo conspícuo, instinto para o trabalho, conselho de técnicos, Mitchell, National Bureau of Economic Research, Galbraith, efeito da dependência, setor de mercado *versus* setor de planejamento, tecnoestrutura e propósitos protecionistas *versus* propósitos positivos da empresa.
2. Compare as características da escola histórica alemã vista no Capítulo 11 com as da escola institucionalista. O institucionalismo está mais alinhado com a versão "antiga" da escola histórica ou com a versão "nova" da escola histórica?
3. A escola clássica está para Isaac Newton assim como a escola institucionalista está para quem? Explique.
4. Use as ideias de Veblen sobre consumo conspícuo para explicar por que uma queda significativa no preço de um produto em particular poderia levar a uma redução na quantidade demandada. Como isso difere do então chamado bem de Giffen (Capítulo 18)?
5. Qual é a distinção feita por Veblen entre ganhar dinheiro e produzir bens? Utilize o modelo de monopólio de Cournot (Capítulo 12) para explicar como poderia ser possível ganhar mais dinheiro produzindo menos bens.
6. Compare as opiniões de Mitchell sobre as causas e a natureza das instabilidades econômicas com as opiniões expressas por Irving Fischer (Capítulo 16).
7. Como as causas e consequências da recessão de 2007-2009 encaixam-se nas quatro maiores conclusões de Mitchell sobre as flutuações do ciclo comercial?
8. Verdadeiro ou falso, se falso, explique por quê: "Galbraith acredita que as empresas no setor do planejamento são excessivamente grandes. Isso devido à sua incessante luta pelo poder do monopólio. Para evitar a exploração monopolística do consumidor, essas empresas precisam se dividir em pequenas concorrentes menores".
9. Tanto Veblen como Galbraith foram descritos como *iconoclastas*. Procure no dicionário e anote uma definição para essa palavra e explique por que ela é adequada.
10. Suponha que o preço aumente de P_2 para P_3 na figura que acompanha O passado como preâmbulo 19-1. Construa linhas adequadas e marque o gráfico para mostrar o efeito de preço-padrão e o efeito de Veblen. Qual efeito domina nesse caso?

Leituras selecionadas

Livros

BLAUG, Mark (ed.). *Thorstein Veblen*. Brookfield, VT: Edward Elgar, 1992.

________. (ed.). *Wesley Mitchell, John Commons, Clarence Ayres*. Brookfield, VT: Edward Elgar, 1992.

BREIT, William; RANSOM, Roger L. *The academic scribblers*. 3. ed. Princeton, NJ: Princeton University Press, 1998. Capítulo 11.

DORFMAN, Joseph et al. *Institutional economics:* Veblen, Commons and Mitchell reconsidered. Berkeley: University of California Press, 1963.

GALBRAITH, John Kenneth. *The affluent society*. Boston: Houghton Mifflin, 1958.

________. *Economics and the public purpose*. Boston: Houghton Mifflin, 1973.

________. *The new industrial state*. Boston: Houghton Mifflin, 1967.

GAMBS, John S. *John Kenneth Galbraith*. Nova York: Twayne, 1975.

MITCHELL, Wesley C. *The backward art of spending money and other essays.* Nova York: Kelley, 1950 [publicado originalmente em 1912-1936].

__________. *Business cycles and their causes.* Berkeley: University of California Press, 1941 [publicado originalmente em 1913].

__________. *Types of economic theory from mercantilism to institutionalism.* Editado por Joseph Dorfman. Nova York: Augustus M. Kelley, 1967 e 1969. 2 v.

SAMUELS, Warren J. (ed.) *Institutional economics.* Brookfield, VT: Edward Elgar, 1989. 3 v.

SHARPE, Myron E. *John Kenneth Galbraith and the lower economics.* Ed. rev. Nova York: International Arts and Sciences Press, 1974.

VEBLEN, Thorstein. *The instinct of workmanship.* Nova York: Huebsch, 1918 [publicado originalmente em 1899].

__________. *The place of science in modern civilization and other essays.* Nova York: Huebsch, 1919.

__________. *The theory of business enterprise.* Nova York: Scribner's, 1904.

__________. *The theory of the leisure class.* Nova York: Random House. Modern Library Edition, 1934 [publicado originalmente em 1899].

Artigos de revistas especializadas

GORDON, Scott. The close of the Galbraithian system. *Journal of Political Economy*, n. 76, p. 635-644, jul.-ago. 1968. [veja também GALBRAITH. Professor Gordon on "The close of the Galbraithian system". *Journal of Political Economy*, n. 77, p. 494-503, jul.-ago. 1969.]

HAYEK, F. A. The non sequitur of the dependence effect. *Southern Economic Journal*, n. 30, p. 346-348, abr. 1964.

Journal of Post-Keynesian Economics, n. 7, outono de 1984. [Contém vários artigos sobre Galbraith.]

LEIBENSTEIN, Harvey. Bandwagon, snob and Veblen effects in the theory of consumer demand. *Quarterly Journal of Economics*, n. 62, p. 183-207, maio 1950.

RUTHERFORD, Malcolm. Wesley Mitchell: institutions and quantitative methods. *Eastern Economic Journal*, n. 13, p. 63-73, jan.-mar. 1987.

WALKER, Donald A. Thorstein Veblen's economic system. *Economic Inquiry*, n. 15, p. 213-236, abr. 1977.

20

A ECONOMIA DO BEM-ESTAR

A economia do bem-estar é o ramo da análise econômica que se preocupa com a descoberta de princípios para maximizar o bem-estar social. Não se trata de um sistema distinto e unificado de ideias. A economia é geralmente definida como o estudo da forma como a sociedade opta por usar seus recursos limitados para obter satisfação máxima. Quase todos os aspectos da economia têm uma dimensão social. Todavia, vários colaboradores importantes para a economia concentraram-se mais especificamente do que outros nestes dois itens ou em apenas um deles: (1) definição da otimização do bem-estar e análise de como alcançar o bem-estar máximo; (2) identificação de fatores que impeçam a realização do bem-estar máximo e sugestões de como remover esses obstáculos. Assim, referimo-nos a esses indivíduos como economistas do bem-estar.

Este capítulo explora as contribuições dos seguintes teóricos: Pareto, Pigou, von Mises, Lange, Arrow e Buchanan. Como indicado na linha do tempo das ideias econômicas, alguns desses indivíduos apoiaram a escola neoclássica, enquanto outros foram contra ela.

Descobriremos que os economistas do bem-estar trataram de tópicos heterogêneos como, por exemplo, regras para obter bem-estar máximo, problemas dos custos e benefícios externos, diferença de renda, possibilidade de alcançar o bem-estar máximo no socialismo, dificuldades associadas ao voto majoritário e processo de tomada de decisão no setor público.

VILFREDO PARETO

A economia do bem-estar remonta às ideias da economia clássica de Smith e Bentham. Vários economistas subsequentes trataram de considerações sobre o bem-estar, incluindo Marshall, que examinou os efeitos sociais dos impostos e dos subsídios no aumento e na redução dos custos nas indústrias. Os historiadores do pensamento econômico, no entanto, consideram Vilfredo Pareto (1848-1923) o criador da "nova" economia do bem-estar, que está enraizada nos princípios de Walras sobre o equilíbrio geral. Filho de italianos, Pareto nasceu em Paris, estudou na Universidade de Turim, na Itália, e mais tarde aceitou a cadeira de economia na Universidade de Lausanne, na Suíça. Lá, ele continuou e expandiu a tradição matemática estabelecida por seu antecessor, Walras. Pareto apresentou suas principais ideias em *Manual of political economy*, publicado em 1906.

O importante papel de Pareto já havia sido mencionado anteriormente na noção refinada de Edgeworth sobre as curvas de indiferença. Edgeworth assumira a existência da utilidade mensurável e, baseado nisso, deduziu as curvas de indiferença. Pareto queria evitar os problemas relacionados à medição e à comparação entre indivíduos, construindo mapas de indiferença que mostram vários níveis de *optimalidade* ou satisfação. As curvas de indiferença de Pareto e sua atenção às condições que permitem mais eficiência são, portanto, antecedentes diretos da moderna análise de curva de indiferença discutida no Capítulo 18.

Otimização de Pareto

De particular importância ao tópico em questão, Pareto aprimorou a análise de Walras sobre o equilíbrio geral e demonstrou as condições para o que chamamos hoje de *otimização de Pareto*, ou bem-estar máximo. Outros economistas estabeleceram, então, a prova matemática mais rigorosa de que um produto perfeitamente competitivo e os mercados de recursos atingiram a otimização de Pareto.

O bem-estar máximo, disse Pareto, ocorre quando já não há mudanças capazes de deixar uma pessoa em melhor situação, sem deixar outras em situação pior. Isso implica que a sociedade não pode reorganizar a alocação de recursos ou a distribuição de bens e serviços de modo a ajudar uma pessoa sem prejudicar outra. Assim, o estado ótimo de Pareto implica (1) uma distribuição ideal de bens entre os consumidores, (2) uma alocação técnica ideal de recursos e (3) quantidades ideais de produção. Podemos demonstrar essas condições supondo a existência de uma economia simples que contenha dois consumidores (Smith e Green), dois produtos (hambúrguer e batatas) e dois recursos (trabalho e capital). As condições para um estado ótimo de Pareto nessa economia simples são aquelas que existiriam em uma economia real que tenha vários consumidores, bens e recursos.

Distribuição ideal de bens. A distribuição ideal de bens – isto é, a distribuição que maximizará o bem-estar do consumidor – ocorre quando Smith e Green têm, cada um, *taxas marginais de substituição* idênticas entre dois bens. Isso pode ser expresso simbolicamente da seguinte maneira:

$$MRS_{hp}S = MRS_{hp}G \tag{20.1}$$

em que $MRS_{hp}S$ e $MRS_{hp}G$ representam as taxas marginais de substituição de hambúrgueres por batatas de Smith e Green, respectivamente. Em nossa discussão sobre as curvas de indiferença, no Capítulo 18, a taxa marginal de substituição é o total máximo de um produto do qual um consumidor está disposto a abrir mão a fim de obter uma unidade adicional de outro produto. É o valor absoluto do grau de inclinação de uma curva de indiferença em determinado ponto da curva. Vamos supor que as taxas marginais de substituição dos dois produtos sejam diferentes para o caso de Smith e de Green ou, mais especificamente, que Smith tenha uma MRS_{hp} de cinco, enquanto Green tenha uma de dois. Isso significa que Smith está disposto a abrir mão de cinco unidades de batatas para obter uma unidade adicional de hambúrguer (ou um quinto de unidade de hambúrguer para obter uma unidade de batata), enquanto Green está disposto apenas a abrir mão de duas unidades de batata para obter uma unidade a mais de hambúrguer (ou meia unidade de hambúrguer para obter uma unidade de batata). Em termos de margem, no entanto, Smith valoriza um pouco mais o hambúrguer e um pouco menos as batatas do que Green. Estabelece-se então a base para a eficiência de Pareto. Smith pode negociar algumas batatas com Green - que as valoriza relativamente mais - e, em troca, receberá hambúrguer, que Smith valoriza relativamente mais. Como a troca coloca ambas as partes em uma situação melhor e não deixa ninguém em pior situação, o bem-estar total na economia das duas pessoas aumenta.

À medida que Smith obtém mais hambúrgueres e Green recebe mais batatas, a MRS_{hp} de Smith cai e a MRS_{hp} de Green aumenta. A troca terminará quando as taxas marginais de substituição forem iguais; isto é, quando não houver mais possibilidades de uma troca que deixe pelo menos uma das partes em melhor situação, sem deixar a outra em pior situação. Portanto, a distribuição ótima de Pareto dos bens entre os consumidores ocorre quando as taxas marginais de substituição dos consumidores são iguais.[1]

Alocação técnica ideal de recursos. Em nosso exemplo de dois bens e dois recursos, a alocação máxima de recursos para usos produtivos ocorrerá quando as *taxas marginais de substituição técnica* entre trabalho (1) e capital (k) na produção de hambúrgueres e batatas forem iguais. A taxa marginal de substituição técnica de trabalho para capital ($MRTS_{lk}$) é o número máximo de unidades de capital que poderiam ser substituídas por uma unidade de trabalho sem alterar o nível de produção.[2] Essa segunda condição para a otimização de Pareto é mostrada simbolicamente da seguinte maneira:

$$MRTS_{lk}H = MRTS_{lk}P \tag{20.2}$$

em que $MRTS_{lk}H$ e $MRTS_{lk}P$ são as taxas marginais de substituição técnica de trabalho por capital na produção de hambúrgueres e batatas.

Se essas taxas diferem entre dois usos, será possível uma melhoria de Pareto. Imagine, por exemplo, que a $MRTS_{lk}$ na produção de hambúrgueres seja dois e, na produção

1 Pareto demonstrou isso com o que chamamos hoje de diagrama da caixa de Edgeworth. Você pode encontrar mais informações sobre isso em qualquer um dos livros-texto sobre teoria da microeconomia intermediária.

2 Se você estudou microeconomia intermediária, deve se lembrar de que a taxa marginal de substituição técnica é a razão entre os produtos marginais de dois recursos; é o valor absoluto da inclinação de uma isoquanta em determinado ponto.

de batatas, seja três. Precisaríamos substituir apenas 2 unidades de capital por 1 unidade de trabalho para manter determinado resultado com relação aos hambúrgueres. Ainda assim, para manter o resultado das batatas constante, precisaríamos substituir 3 unidades de *capital* por uma unidade de trabalho. Pode-se ver então, em termos de margem, que capital é relativamente mais eficiente para produzir hambúrgueres do que batatas. Ou, se observarmos pela perspectiva oposta, o *trabalho* tem uma produtividade relativamente maior na margem na produção de batatas do que na de hambúrgueres. Utilizando mais capital para produzir hambúrgueres e, consequentemente, liberando trabalho para produzir batatas, alcançaríamos o nível mais alto de produção total com base no mesmo nível de uso de insumo. As unidades extras de produção onde fossem adicionados recursos excederiam as perdas na produção onde eles fossem removidos. Como ninguém fica em melhor ou pior situação, essa é uma melhoria de Pareto.

Em determinado ponto, a reorganização de entradas de fatores cessaria, porque os rendimentos decrescentes em cada uso fariam que o produto marginal do recurso adicionado caísse e o produto marginal do recurso removido aumentasse. Quando as taxas marginais de substituição técnica na produção de dois bens se tornassem iguais, nenhuma outra alocação de recursos ajudaria uma pessoa sem prejudicar outra.

Quantidades ideais de produção. Se a produção e a distribuição atenderem às condições de otimização de Pareto, os níveis ideais de produção serão atingidos quando a taxa marginal de substituição de hambúrguer por batata – a taxa em que cada um dos dois consumidores está disposto a abrir mão de batatas para obter hambúrgueres – for igual à *taxa marginal de transformação (MRT)* de batatas por hambúrgueres. Essa é a taxa em que é tecnicamente possível transformar batatas em hambúrgueres. Simbolicamente,

$$MRS_{hp} = MRT_{hp} \tag{20.3}$$

Imagine, por exemplo, que a MRS_{hp} e a MRT_{hp} sejam quatro e três, respectivamente. A taxa em que os dois consumidores estão *dispostos* a abrir mão de unidades de batatas para obter hambúrgueres (quatro para obter uma) excede a taxa em que é *tecnicamente necessário* abrir mão de batatas para obter uma unidade adicional de hambúrguer (três para obter um). Consequentemente, o bem-estar de cada consumidor será maior com o aumento da produção de hambúrgueres e a redução da produção de batatas. Na margem, os ganhos para os consumidores excederão os custos de oportunidade da sociedade. Somente quando a taxa marginal de substituição de um produto por outro for igual à taxa marginal de transformação, não haverá mais oportunidade de aumentar o bem-estar de uma ou mais pessoas sem reduzir o bem-estar de outra.

Avaliação

A teoria do bem-estar de Pareto é uma contribuição significativa para a economia. Ele fez muita coisa para ajudar os economistas a entenderem melhor as condições para a eficiência da economia e para seu significado de bem-estar. No entanto, o principal critério de Pareto, "Uma mudança coloca uma pessoa em uma situação melhor e outra em situação pior?", nem sempre é adequado à avaliação das políticas públicas.

Das várias críticas ao padrão de Pareto, quatro parecem particularmente pertinentes. Primeiro, alguns economistas argumentam que ele não trata da importante questão da justiça distributiva, ou da distribuição justa da renda na sociedade. Em vez disso, ele simplesmente estabelece as condições de eficiência para qualquer distribuição *já existente*. Segundo, e intimamente ligado à afirmação anterior, muitas políticas públicas que aumentam a produção nacional e o bem-estar geral também redistribuem a renda como um produto secundário da política. Por exemplo, embora uma política de comércio exterior livre normalmente impulsione a produção e o bem-estar geral de uma nação, ela também pode prejudicar algumas pessoas que perdem seu emprego por causa da importação. Uma avaliação precisa dos critérios de Pareto impediria a sanção de tal política. Da mesma forma, na maioria das circunstâncias, a imigração de trabalhadores capacitados aumenta a produção total na nação de destino. No entanto, o aumento na oferta de trabalho pode provocar queda dos salários recebidos por trabalhadores nativos nos mercados de trabalho especializado. A imigração deveria ser permitida? Como há um ganho líquido para a sociedade em ambos os exemplos, quem lucra, teoricamente, poderia compensar quem perde, mudando para uma situação que fosse consistente com os critérios de Pareto. Mas o governo deveria legislar políticas como livre-comércio e imigração aberta, mesmo se esses pagamentos compensadores não fossem efetivamente feitos?[3]

Uma terceira objeção aos critérios de Pareto é que eles se baseiam em uma opinião estática de eficiência. Movimentos a curto prazo distantes do conceito de otimização de Pareto poderiam, de forma conceptível, aumentar a eficiência dinâmica ou a longo prazo. Por exemplo, alguns economistas contemporâneos defendem que, enfatizando a eficiência estática, algumas previsões de leis antitruste podem impedir ações particulares - como o desenvolvimento conjunto de novas tecnologias - que aumentariam, a longo prazo, o crescimento da produção e do bem-estar de uma nação.

Finalmente, os julgamentos morais que os critérios de Pareto propositadamente excluem são geralmente fatores legítimos e dominantes na formulação política. Algumas transações privadas - por exemplo, prostituição, venda de bebês e compra de drogas - que podem constituir a otimização de Pareto podem também entrar em conflito com os valores morais da sociedade. Tais valores tolhem as considerações de eficiência econômica nos debates sobre política pública.

ARTHUR CECIL PIGOU

Arthur Cecil Pigou (1877-1959) sucedeu Marshall na cadeira de economia política na Universidade de Cambridge em 1908 e manteve esse cargo até se aposentar, em 1943. Ele foi o líder da economia neoclássica após a morte de seu antecessor e, assim como Marshall, expressou impulsos humanitários em relação aos pobres, esperando que a ciência econômica levasse a uma melhoria social. Em sua maneira cuidadosa, Pigou estava disposto a ir mais adiante que Marshall ao permitir um papel para o governo na melhoria de algumas características indesejáveis da sociedade.

3 Mais tarde, outros economistas do bem-estar desenvolveram critérios de compensação para avaliar se uma mudança proposta na política constitui uma melhoria. Três artigos clássicos são: KALDOR, Nicolas. Welfare propositions in economics and interpersonal comparisons of utility. *Economic Journal*, n. 49, p. 549-552, 1939; SCITOVSKY, Tibor. A note on welfare propositions in economics. *Review of Economic Studies*, n. 9, p. 77-88, nov. 1941; BERGSON, Abram. A reformulation of certain aspects of welfare economics. *Quarterly Journal of Economics*, n. 52, p. 310-334, fev. 1938.

Em *The economics of welfare*, escrito em 1920, Pigou esperava fornecer a base teórica para o governo decretar medidas que promovessem o bem-estar. Como economista, ele preocupava-se com o bem-estar *econômico*, definido como "a parte do bem-estar social que pode ser relacionada, direta ou indiretamente, com a unidade de medida da moeda".[4] Diferentemente de Pareto, que classificou suas teorias em termos de equilíbrio econômico geral, Pigou permaneceu na tradição do "antigo bem-estar" de Smith, Bentham e Marshall, baseando-se principalmente na análise do equilíbrio parcial. Suas contribuições para a economia do bem-estar incluem suas observações sobre a redistribuição da renda e a divergência entre custos privados e custos sociais. Dois outros tópicos que analisaremos são sua discussão sobre a diferenciação de preços e o que hoje é chamado de *efeito de Pigou.*

Redistribuição de renda

Baseando-se no princípio de Jevons e Marshall de que a utilidade marginal da moeda diminui à medida que mais é adquirido, Pigou afirmava que uma maior igualdade de rendas em certas condições poderia aumentar o bem-estar econômico. Pigou insistia que as comparações interpessoais de satisfação *podem* ser feitas de forma adequada quando se lida com pessoas do mesmo nível, que cresceram no mesmo ambiente. Nesse sentido, ele foi mais um reformista do que um economista "puramente científico" que evitava demasiadamente julgamentos de valores e afirmava a impossibilidade de comparar satisfações entre pessoas diferentes. Ele afirmou:

> Qualquer transferência de renda de um homem relativamente rico para um homem relativamente pobre de temperamentos semelhantes, desde que permita que necessidades mais intensas sejam satisfeitas pelo preço de necessidades menos intensas, deve aumentar a soma agregada da satisfação. Assim, a antiga "lei de utilidade decrescente" leva seguramente à seguinte afirmação: Qualquer causa que aumente a parcela absoluta de renda real nas mãos do pobre, desde que não leve a uma diminuição no volume do dividendo nacional sob qualquer ponto de vista, aumentará o bem-estar econômico geral.[5]

Divergência entre custos e benefícios privados e sociais

A diferença mais significativa entre Pigou e a teoria ortodoxa está em sua ênfase na divergência entre custos e benefícios marginais sociais e privados. A ideia de que essa divergência poderia ocorrer não teve origem com Pigou. Henry Sidgwick (1838-1900), escrevendo em 1883, discutiu o mesmo tópico geral, mas de maneira menos concisa.[6] O custo marginal privado de uma mercadoria ou de um serviço é a despesa que o *produtor* tem ao fabricar mais de uma unidade; o custo marginal social é a despesa ou o prejuízo que a *sociedade* tem como consequência de produzir essa unidade do produto. Da mesma forma, o benefício marginal privado de uma mercadoria é medido pela satisfação extra

4 PIGOU, A. C. *The economics of welfare*. 4. ed. London: Macmillan, 1932. p. 11 [publicado originalmente em 1920].
5 Ibidem, p. 89.
6 A relação entre as ideias de Pigou e Sidgwick é explicada por Margaret G. O'Donnell em Pigou: an extension of Sidgwickian thought. *History of Political Economy*, II, p. 588-605, inverno de 1979.

que ela proporciona ao *comprador*, o benefício marginal social é a satisfação extra que a *sociedade* obtém com a produção da unidade extra.

Essas diferenças são significativas porque os atos de produção e consumo podem impor custos ou benefícios em partes diferentes do produtor e do consumidor. Esses custos e benefícios externos, ou externalidades, espalhados sobre outras partes, são às vezes chamados de "efeitos *spillover*".[7] Por exemplo, Pigou afirmava que as faíscas do motor em uma linha férrea podem causar danos às florestas e plantações vizinhas, sem que seus proprietários sejam compensados pelo dano. Os custos sociais (internos mais externos) são maiores que os custos privados[8] (internos) da linha férrea; o produto líquido marginal privado excede a produção líquida social. Da mesma forma, um empresário que constrói uma fábrica em uma área residencial destrói em demasia o valor da propriedade das outras pessoas. O aumento da venda de bebidas alcoólicas é lucrativo para o fabricante da bebida e para o cervejeiro, dizia Pigou, mas há custos externos quando mais policiamento e prisões se tornam necessários.

Pigou afirmava que há casos opostos em que alguns benefícios de ações privadas passam para o benefício da sociedade, mas para os quais a pessoa que concede o benefício não é compensada. Dessa forma, o produto líquido marginal social excede o produto líquido marginal privado. Por exemplo, a expansão de uma empresa em um mercado pode aumentar as economias externas em todo o mercado, o que reduzirá os custos de produção de outras empresas. O investimento privado no plantio de florestas beneficiará os donos de propriedades circuvizinhas. Evitar que a fumaça saia das chaminés das fábricas beneficiará toda a comunidade muito mais do que beneficiaria o proprietário da fábrica. A pesquisa científica é, em geral, de maior valor para a sociedade do que para o pesquisador ou inventor, embora as leis de patente tenham por objetivo criar uma ligação íntima entre os produtos líquidos marginais privados e sociais.

Pigou deduziu uma importante implicação sobre o bem-estar com base em sua análise. Nem todos os mercados concorrenciais produzem níveis de produção que maximizam o bem-estar total da sociedade. O fato é demonstrado na Figura 20.1, que representa as ideias de Pigou.

A Figura 20.1(a) mostra uma situação em que há excessos negativos ou externalidades. A curva da demanda $D_{mpb} = D_{msb}$ reflete os benefícios marginais para os consumidores dos serviços das estradas de ferro (benefícios internos) e os benefícios marginais sociais para a sociedade (sem benefícios externos). A curva da oferta S_{mpc} mostra os custos marginais privados ou internos do fornecimento dos serviços.

Se não houver *nenhuma* externalidade negativa nesse mercado, isto é, se todos os custos fossem internos às estradas de ferro e seus usuários, o preço de equilíbrio do serviço de estrada de ferro seria P_1, e a quantidade de equilíbrio, Q_1. Esse nível de serviço maximizaria o bem-estar combinado da estrada de ferro e seus usuários e, como ninguém mais é afetado, também maximizaria o bem-estar da sociedade.

Seguindo o exemplo de Pigou, vamos imaginar que as estradas de ferro transfiram os custos externos a terceiros. Assim, vemos na Figura 20.1(a) que uma curva da oferta S_{msc} fica acima da curva que reflete os custos marginais privados (S_{mpc}). Em cada nível de serviço, a estrada de ferro não apenas fica sujeita a custos privados, como trabalho e

7 N.R.T. *Spillover* – literalmente, "derramamento em excesso" = subproduto.
8 N.R.T. Particulares.

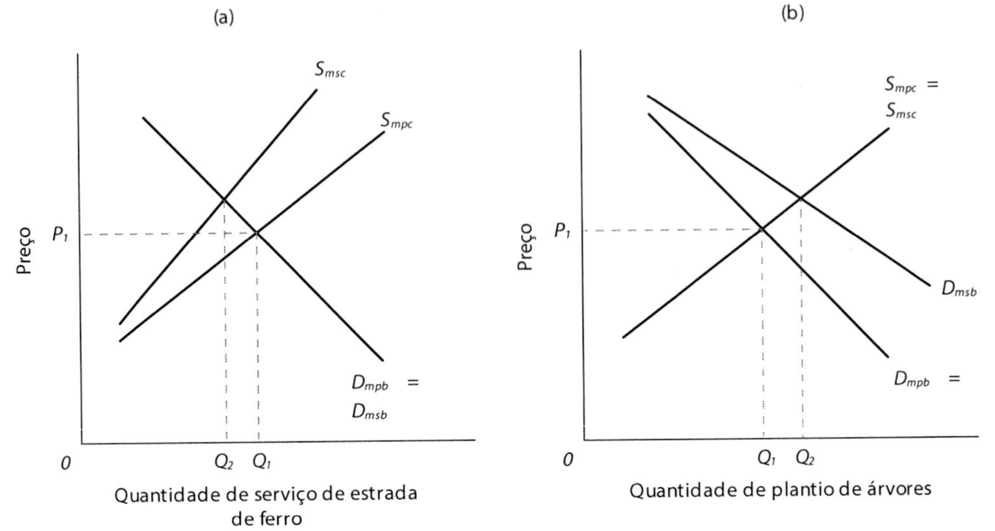

FIGURA 20.1 ■ ANÁLISE DE EXTERNALIDADES DE PIGOU

(a) A presença de custos externos (faíscas das estradas de ferro) significa que os custos marginais sociais são maiores que os custos marginais privados. A quantidade de produção (Q_1) determinada pelo mercado é muito grande para maximizar o bem-estar da sociedade; o custo marginal social excede o benefício marginal social para unidades de produção maiores que Q_2. (b) A presença de benefícios externos (semeadura natural de áreas de florestas vizinhas) resulta em benefícios marginais sociais que são maiores que os benefícios marginais privados. Essa produção de equilíbrio (Q_1) é menor que aquela que seria necessária para maximizar o bem-estar da sociedade; o benefício marginal social é maior que o custo marginal social para todas as unidades de produção menores que Q_2.

combustível, mas também transfere custos externos aos proprietários de terrenos arborizados e glebas cultivadas. O custo marginal social de qualquer nível de serviço ou produção é capturado em S_{msc}; ele consiste nos custos internos marginais mais o custo externo marginal. O mercado competitivo, respondendo aos custos e benefícios privados, resulta no preço P_1, em que a quantidade do serviço ofertado e demandado será Q_1. Mas essa *não* é a quantidade ideal, quando vista sob uma perspectiva do bem-estar. Pelo contrário, a quantidade ideal é Q_2, em que o custo marginal social é igual ao benefício marginal social. Em Q_1, o custo marginal social, mostrado por S_{msc}, excede o benefício marginal social, mostrado por D_{msb}. Isso é verdadeiro para todas as quantidades de serviço de estrada de ferro maiores que Q_2; seu custo para a sociedade na produção de cada uma dessas unidades é maior que os benefícios acrescentados. A conclusão: as externalidades negativas resultam em uma superalocação de recursos (produção em excesso) nos mercados em que ocorrem.

Em outros mercados, os benefícios marginais sociais excedem os benefícios marginais privados. Os resultados relacionados ao bem-estar são mostrados na Figura 20.1(b). Novamente, utilizando um dos exemplos de Pigou, assumimos que D_{mpb} representa o benefício marginal privado, enquanto D_{msb} representa o benefício marginal social. Presumivelmente, o reflorestamento beneficia os donos de propriedades circunvizinhas com a semeadura natural das áreas em que ocorrerá. O total atual de plantio privado de árvores será Q_1, porque nessa produção vemos de D_{mpb} e S_{mpc} que o benefício marginal privado é igual ao custo marginal privado. Mas, novamente, o mercado competitivo não produz bem-estar máximo. Se os benefícios externos fossem considerados, o nível ideal de plantio seria Q_2, em que o benefício marginal social é igual ao custo marginal social. O nível de produção Q_1 determinado pelo mercado é muito pequeno e, portanto, pouquíssimos recursos são alocados para esse uso.

De acordo com Pigou, a tarefa do governo em relação ao bem-estar social é igualar (1) os custos marginais privados e sociais e (2) os benefícios marginais privados e sociais. Isso pode ser feito com o uso de impostos, subsídios ou controle legal. Por exemplo, as opções do governo no caso das estradas de ferro incluem proibição legal contra trens que emitem faíscas, leis que responsabilizem as ferrovias pelos danos provocados, impostos sobre ferrovias ou seus usuários que aumentam o preço do serviço e reduzem o seu nível ou pagamentos aos proprietários de terras que concordaram em não plantar próximo às linhas. Por outro lado, o governo poderia pagar um subsídio às pessoas que plantam florestas a fim de reduzir suas despesas com o plantio de árvores, aumentando, assim, o total de atividade. A análise de Sidgwick e Pigou sobre os custos e benefícios sociais desafiou a ampla perspectiva de que podemos sempre confiar nos mercados competitivos para maximizar o bem-estar econômico da sociedade (otimização de Pareto). Pigou afirmava que há uma função maior para o governo do que aquela prevista pelos defensores do *laissez-faire*.

Veja
O passado como preâmbulo 20-1

20-1 O passado como preâmbulo

AS EXTERNALIDADES SEGUNDO PIGOU E COASE

Em 1959, quando estava na Universidade da Virgínia, Ronald Coase (O passado como preâmbulo 15-1) publicou um obscuro artigo sobre a Federal Communications Commission desafiando as análises de Pigou sobre as externalidades. O artigo, publicado pelo *Journal of Law and Economics*, intrigou seu editor, Aaron Director, e também outros proeminentes economistas de Chicago, que convidaram Coase a ir até Chicago a fim de apresentar suas ideias com mais detalhes. O grupo de economistas - que incluía Martin Bailey, Milton Friedman, Arnold Harberger, Gregg Lewis e George Stigler - reuniu-se com Coase na casa de Director em uma noite. Embora o artigo lhe despertasse o interesse, o grupo ainda defendia que Pigou estava certo e Coase, errado. Após sua apresentação e discussão, no entanto, eles tiveram de mudar de ideia. Quando os economistas deixaram a casa de Director, muitos acreditaram ter testemunhado um avanço significativo na teoria econômica.[a] Um ano depois, Coase publicou The problem of social cost, um artigo que o ajudou a ganhar o Prêmio Nobel em 1991.

Em seu artigo de 1960, Coase afirmou que as externalidades são recíprocas:

> A abordagem [de Pigou] tendia a questionar a natureza da escolha que precisa ser feita. A questão normalmente considerada é aquela em que *A* impõe alguns

prejuízos a *B*, que precisa decidir como conter *A*. Mas isso está errado. Estamos lidando com um problema de natureza recíproca. Evitar prejuízos a *B* imporia prejuízos a *A*. A pergunta real que precisa ser resolvida é: *A* poderia prejudicar *B* ou *B* poderia prejudicar *A*? O problema é evitar os prejuízos mais sérios.[b]

Coase continuou a demonstrar o que Stigler mais tarde chamou de "teorema de Coase". Coase explicava que, quando um dos lados tem direitos de propriedade que são adversamente afetados pela ação do outro, ambas as partes terão uma motivação para negociar um resultado aceitável. Ele utilizou o exemplo do gado de um rancho que pasta sobre as terras de um vizinho e destrói as colheitas.

Se o direito de propriedade é atribuído ao fazendeiro (a lei avalia a responsabilidade para o criador de gado), o criador de gado estará motivado a oferecer um pagamento ao fazendeiro para que ele lhe forneça de um pedaço da terra destinada à produção. Mas qual seria a motivação do fazendeiro para negociar com o criador de gado? Porque, do ponto de vista do fazendeiro, o pagamento que ele poderia receber do criador é apenas o custo pelo cultivo das colheitas. Assim, o fazendeiro desejará ver se pode receber do criador um pagamento que seja maior que a perda da produção da fazenda na região adjacente.

Se o direito de propriedade é atribuído ao criador de gado (o gado pode pastar onde lhe for possível), o fazendeiro tem um incentivo de lhe oferecer um pagamento para reduzir o tamanho de seu rebanho. O criador agora tem um novo custo de oportunidade: se aumentar o tamanho do seu rebanho, perderá o possível pagamento do fazendeiro. Em qualquer um dos casos de atribuição do direito de propriedade, é provável um acordo, sem necessidade de intervenção do governo.

O desfecho do teorema de Coase é que a atribuição justa dos direitos de propriedade pode eliminar a necessidade das taxas e dos subsídios tratados por Pigou em circunstâncias em que os custos de transação sejam insignificantes. O problema, obviamente, é que muitas externalidades do mundo real, como poluição do ar e da terra, afetam um grande número de pessoas, dificultando as negociações. Por exemplo, o problema do superaquecimento global envolve milhares de empresas e milhões de indivíduos em diferentes países. Nesses casos, os custos de negociação são substanciais e a intervenção do governo pode se provar ideal.[c]

a. CHEUNG, Steven N. S. COASE, Ronald. *The new palgrave: a dictionary of economics.* Londres: Macmillan Press, 1987. v. 1, p. 455-457. p. 4 v.
b. COASE, Ronald H. The problem of social cost. *Journal of Law and Economics*, n. 3, p. 1-44, Out. 1960.
c. O impacto geral de Coase sobre a economia é avaliado em MEDEMA, Steven G. (ed.). *The legacy of Ronald Coase in economic analysis.* Brookfield, VT: Edward Elgar, 1995. 2 v.

Outras contribuições

Várias outras teorias apresentadas por Pigou tiveram importância duradoura. Sua ênfase no desejo de poupar cada vez mais – mais tarde deixada de lado na era keynesiana – encontrou aprovação entre muitos economistas e executivos do governo nas décadas de 1980 e 1990. Pigou defendia que as pessoas preferem a satisfação presente à satisfação futura de igual magnitude, porque a faculdade telescópica humana é limitada. Dessa forma, vemos o prazer futuro em uma escala reduzida. Essa tendência contribui para projetar uma desarmonia econômica, porque as pessoas distribuem seus recursos entre o presente, o futuro próximo e o futuro remoto, com base em uma preferência de certa forma irracional. Consequentemente, os esforços direcionados ao futuro remoto são sacrificados por aqueles direcionados ao futuro próximo, enquanto estes se dedicam a aumentar o consumo presente. A criação de novo capital é verificada, e as pessoas são encorajadas a esgotar o capital em um tal nível que as maiores vantagens futuras sejam sacrificadas pelas menores vantagens atuais. Os recursos naturais são consumidos mais rapidamente e de modo devastador, porque as satisfações futuras são depreciadas.

Pigou concluiu que o bem-estar econômico é diminuído pela intervenção do governo que reforça a tendência das pessoas em destinar muitos de seus recursos ao uso presente e tão poucos ao uso futuro. O governo deve, portanto, evitar quaisquer impostos sobre a poupança, incluindo aqueles sobre propriedades, aqueles sobre heranças e aqueles sobre renda progressiva, se desejar maximizar o bem-estar econômico. Altas taxas sobre o consumo são preferidas porque incentivam a poupança, mas têm a desvantagem de prejudicar as pessoas de baixa renda de forma desproporcional.

O desejo de Pigou de aumentar a poupança nacional para promover o crescimento econômico baseou-se em sua ideia ortodoxa de que as economias tendem ao pleno emprego. Nessa correlação, ele deu origem à ideia de que uma queda no nível geral dos preços acompanhando um declínio econômico elevará o valor real do ativo das pessoas. Portanto, as pessoas optarão por economizar menos e consumir mais, aumentando a demanda na economia e empurrando para o pleno emprego. Os economistas incorporaram essa ideia em diversos modelos econômicos contemporâneos. Por exemplo, os autores de livros didáticos sobre macroeconomia normalmente utilizam esse *efeito de Pigou* ou o efeito de equilíbrio real para ajudar a explicar por que a curva da demanda agregada decresce e se inclina para a direita (modelo nível de preço-produção real).

Uma última contribuição é a discussão de Pigou sobre a diferenciação de preços. Foi ele quem classificou a diferenciação de preços em três tipos: primeiro grau, segundo grau e terceiro grau. A diferenciação de preços de primeiro grau ocorre quando os monopolistas cobram de cada consumidor o total exato que ele está disposto a pagar em vez de sair sem a mercadoria. O monopolista recebe todos os excedentes do consumidor como renda. O segundo grau de diferenciação de preços é decorrente do primeiro grau de diferenciação. O vendedor cobra um preço por cada unidade dentro de um bloco inicial de unidades e em seguida baixa os preços das unidades dos blocos subsequentes. As concessionárias de energia elétrica usavam esse tipo de desconto antes das mudanças de taxa nos anos 1970 e 1980. A discriminação de preços de terceiro grau envolve a separação de grupos de consumidores em diferentes classes, cobrando preços variados de acordo com a elasticidade da demanda de cada grupo. Um dos muitos exemplos seria oferecer jornais e revistas comerciais a preço mais acessível para alunos e professores do que para o público em geral.

A análise de Pigou sobre a diferenciação de preços ampliou a teoria de preços monopolistas para além daquela apresentada por Cournot e outros. Por sua vez, Joan Robinson, que já discutimos, formalizou a análise de Pigou em termos de renda e custo marginais.

LUDWIG VON MISES

Várias ideias na economia do bem-estar surgiram de um debate intenso sobre se o bem-estar econômico do ponto de vista de Pareto, e em um sentido mais amplo do termo, pode ser maximizado em um sistema socialista. Uma importante figura nesse debate foi Ludwig von Mises (1881-1973).

Informações biográficas

Ludwig von Mises foi um importante membro da escola austríaca do pensamento econômico. Recebeu seu doutorado na Universidade de Viena, onde estudou com Schumpeter (Capítulo 23) e sob orientação de von Wieser e von Böhm-Bawerk. A publicação de *Theory of money and credit*, em 1912, rendeu-lhe uma nomeação sem remuneração como "professor extraordinário" na universidade. Em 1940, imigrou para os Estados Unidos, onde finalmente tornou-se professor convidado na Universidade de Nova York. Seu estilo carregado de emoção não era apreciado por muitos economistas, que apoiavam um método científico não ideológico para a disciplina. Ainda em 1969, seus colegas da American Economic Association o chamavam de "o companheiro ilustre".

Cálculo econômico no socialismo

Ludwig von Mises iniciou o debate sobre o bem-estar no socialismo em seu artigo de 1920, intitulado Economic calculation in the socialist commonwealth. Mais tarde, ele expandiu seus argumentos antissocialistas e *pro-laissez-faire* em *Socialism* (publicado originalmente em 1922) e em *Human action: a treatise on economics* (1949). Ludwig von Mises defendia que os mesmos tipos de cálculos econômicos que orientam os recursos em direção ao uso de maior valor no capitalismo devem ser feitos pelo planejador socialista que deseja maximizar o bem-estar do consumidor. Sem a posse privada de recursos, mercados livres e empresários, é impossível fazer esses cálculos. Ludwig von Mises mostrou que, apesar das esperanças de alguns socialistas, os mercados e os preços dos *bens de consumo* eram inevitáveis no socialismo, uma vez que esses bens eram privados. O problema surge com *bens de capital*, cujos preços relativos em uma economia de mercado refletem a escassez relativa e os valores produtivos. Os preços de capital mudam rapidamente em resposta às mudanças do gosto dos consumidores, às novas tecnologias, às expectativas dos empresários e assim por diante. Mas no socialismo, em que todo o capital pertence ao Estado, não existe esse mecanismo de preços. Assim, o planejador não consegue avaliar com precisão a escassez relativa e os valores produtivos do capital. "Onde não há mercado livre, não há mecanismo de preços; sem um mecanismo de preços, não há cálculo econômico".[9]

Segundo von Mises, a mudança é a realidade central com a qual o sistema econômico deve competir: "No mundo real, não há Estado imutável, pois as condições sob as quais a atividade econômica ocorre estão sujeitas a alterações constantes, que estão além

9 MISES, Ludwig von. Economic calculation in the socialist commonwealth. *Collective economic planning*. Ed. F. Hayek. Londres: Routledge and Sons, 1935. p. 111.

da capacidade de limitação humana".[10] Assim, o problema do cálculo econômico é a *dinâmica* econômica e não a *estática* econômica. Além dos problemas de minimizar custos e de ter de decidir sobre a alocação adequada de bens, a eficiência econômica envolve o problema de "dissolver, ampliar, transformar e limitar os empreendimentos já existentes, além de estabelecer outros novos".[11]

A economia está constantemente gerando novas informações, embora estas sejam imperfeitas e estejam sujeitas a diferentes interpretações. Dessa forma, de acordo com von Mises, o empreendedorismo é o aspecto central para alcançar o bem-estar econômico dinâmico. Os empresários tentam antecipar o futuro; aqueles que têm maior capacidade de fazer previsões tendem a obter grandes lucros, e os sucessos do passado permitem que eles disponham de mais recursos para outras ações de antecipação. O mercado "tende a confiar a administração de assuntos econômicos a aqueles (...) que conseguiram atender às necessidades mais urgentes dos consumidores".[12] As ações desses empresários criam os preços sob os quais os cálculos estáticos mais comuns - por exemplo, os custos mínimos - são construídos.

Os lucros e as perdas desempenham duas funções importantes que não podem ser reproduzidas no socialismo: (1) eles selecionam aqueles que melhor atendem às necessidades e (2) oferecem incentivos aos empresários para evitar decisões negligentes, audaciosas e exageradamente otimistas. A concorrência entre os empresários garante que os benefícios de suas ações sejam amplamente compartilhados por consumidores, trabalhadores e aqueles que detêm a posse dos fatores de produção.

O socialismo, afirmou von Mises, não pode reproduzir as funções de alocação de capital e de empreendedorismo exigidas para canalizar os recursos com eficiência em uma definição dinâmica. Para os que defendem que um conselho de planejamento socialista pode ser instruído a tomar ações equivalentes àquelas resultantes de um sistema de mercado competitivo, von Mises respondeu:

> O principal engano nessas e em todas as propostas semelhantes é que elas olham para os problemas econômicos sob a perspectiva do escriturário subalterno, cujo horizonte intelectual não vai além de suas tarefas de subordinação. Elas consideram rígidas a estrutura da produção industrial e a alocação de capital em vários segmentos e agregados de produção e não levam em consideração a necessidade de alterar essa estrutura a fim de ajustá-la para as mudanças nas condições. (...)
>
> O sistema capitalista não é um sistema administrativo, é um sistema empresarial. (...) Ninguém jamais sugeriu que o Estado socialista pudesse convidar os promotores e especuladores para continuar suas especulações e distribuir seus lucros ao tesouro público. (...) Não se podem representar especulação e investimento. Os especuladores e os investidores expõem suas riquezas, seus destinos. Esse fato os torna responsáveis pelo consumidor.[13]

---

10 MISES, Ludwig von. *Socialism*, New edition with epilogue. Trad. Kahane. New Haven: Yale University Press, 1981. p. 196 [publicado originalmente em 1951].

11 Essa interpretação e discussão de von Mises seguem aquelas de Peter Murrell. Did the theory of market socialism answer the challenge of Ludwig von Mises? A reinterpretation of the socialist controversy. *History of Political Economy*, n. 15, p. 92-105, primavera de 1983.

12 Idem. *Human action*: a treatise on economics. Auburn, AL: Ludwig von Mises. Institute, 1998. p. 701 [publicado originalmente em 1949].

13 Ibidem, p. 703-705.

OSCAR LANGE

Um segundo importante colaborador para o debate sobre o socialismo – e uma figura significativa na mais ampla história da economia do bem-estar – é Oscar Lange (1904-1965). Ele nasceu na Polônia e estudou e lecionou na Universidade da Cracóvia. Recebeu uma bolsa de estudos de Rockefeller, a qual permitiu que ele visitasse várias universidades americanas. Em 1936, tornou-se conferencista na Universidade de Michigan. Em 1943, Lange recebeu uma cadeira de magistério na Universidade de Chicago. Retornou à Polônia em 1945 e foi imediatamente nomeado embaixador da Polônia para as Nações Unidas, um cargo que desempenhou por quatro anos. De 1955 até sua morte em 1965, foi professor na Universidade de Varsóvia.

Teoria econômica do socialismo

Em um artigo intitulado On the economic theory of socialism, publicado em 1937, Lange definiu um modelo de *socialismo de mercado.* Se administrada de acordo com um conjunto de regras estabelecidas, dizia Lange, essa forma de socialismo resultaria em eficiência econômica e bem-estar social máximo. O socialismo de mercado é caracterizado por (1) propriedade privada de bens de consumo e liberdade de escolha de consumo dos bens disponíveis, (2) liberdade de escolha de emprego e (3) propriedade estatal dos meios de produção. Existem mercados e preços de mercado para bens, serviços e trabalho, mas não para o capital e bens intermediários (por exemplo, produtos componentes que são comprados em conjunto para fabricar o produto final). Mas um preço, dizia Lange, pode assumir uma forma diferente de um preço de mercado; ele pode também ser um *preço imaginário* ou um índice dos termos de troca entre dois itens. Um conselho de planejamento central, por meio de um processo de tentativa e erro, pode definir os preços de bens de capital, ajustando esses preços para eliminar escassez e excedentes. Esse conselho paga a todos os trabalhadores o salário de mercado mais uma parcela do dividendo social determinada pela produção total de bens de capital e recursos naturais. Com esse controle sobre as parcelas do dividendo social, o conselho de planejamento central pode reduzir a grande diferença de renda característica das economias capitalistas.

O conselho de planejamento central instrui os gerentes de empresas estatais a agir como se todos os preços fossem constantes e a seguir duas regras. A primeira regra é combinar recursos na fábrica de modo que o custo médio de produção para qualquer nível específico de produção seja mínimo. Os gerentes fazem isso garantindo que as taxas marginais de substituição técnica entre os recursos sejam iguais (lembre-se da discussão anterior sobre a otimização de Pareto). A segunda regra, de acordo com Lange,

> determina a escala de produção, afirmando que a produção precisa ser fixa para que o custo marginal seja igual ao preço do produto. (...) [Essa regra] desempenha a função que, sob concorrência, é executada pela livre entrada ou saída de empresas em um mercado, isto é, ela determina a produção do mercado.[14]

14 LANGE, Oscar. On the economic theory of socialism. *On the economic theory of socialism*. Ed. Benjamin Lippincott. Nova York: McGraw-Hill, 1964. p. 76-77 [publicado originalmente em 1938].

Segundo Lange, se a contabilidade for feita considerando que os preços sejam constantes, isto é, como se não dependessem das decisões tomadas, a adesão a essas regras significará que os preços definidos de forma incorreta sob o ponto de vista do equilíbrio criarão escassez ou excesso das mercadorias envolvidas. Por tentativa e erro, os planejadores podem ajustar os preços em níveis de equilíbrio. O processo de tentativa e erro é semelhante ao que ocorre no capitalismo, disse Lange, mas pode funcionar melhor no socialismo, uma vez que os planejadores centrais têm acesso a uma gama maior de informações sobre escassez e excesso do que os capitalistas individuais.[15]

Contra-ataques

Por várias décadas, a visão convencional entre os historiadores do pensamento econômico era a de que Oscar Lange "apresentava o *coup de grace* aos críticos antissocialistas".[16] Essa interpretação é exata, uma vez que Lange *realmente* estabeleceu que a eficiência da economia estática do tipo previsto por Pareto é teoricamente possível no socialismo. Mas agora parece irônico declarar que o debate sobre o socialismo foi vitorioso. O contra-ataque, liderado por Friedrich von Hayek (1899-1992), vencedor de um Prêmio Nobel, e por "neoaustríacos" contemporâneos, ganhava cada vez mais aceitação entre os círculos acadêmicos. Suas opiniões foram amparadas pelo colapso das principais nações socialistas com planejamento central e pelo desenvolvimento da economia da informação. Esses contra-argumentos foram de dois tipos.

Primeiro, embora na teoria possa ser possível obter eficiência econômica com planejamento em uma grande economia, realizar isso na prática é uma outra questão. O planejamento central da variedade defendido por Lange - ter o conselho de planejamento servindo como leiloeiro para resolver as questões de Walras - exige uma grande quantidade de informações. Conforme apontado por Samuelson e Nordhaus, "não temos nem o mínimo dos dados necessários para resolver esse grande problema de equilíbrio geral".[17]

O segundo contra-argumento é que o método de Lange não considera a necessidade de dar aos participantes da economia *incentivos* suficientes para alocar recursos de forma eficiente e de buscar oportunidades de aumentar a produção. A eficiência dinâmica do tipo previsto pelos austríacos exige a função empresarial por meio da qual as informações sejam contínua e rapidamente descobertas e utilizadas. Na economia competitiva, a motivação pelo lucro proporciona esse incentivo aos empresários (que podem ser indivíduos ou grupos de indivíduos em uma empresa). Faltam esses incentivos em uma economia socialista, diziam esses críticos, e eles não podem ser incorporados de forma a manter o sistema.

KENNETH ARROW

A história do pensamento econômico mostra uma valiosa variedade de pensadores. Temos visto que alguns deles foram teóricos moralistas; outros, ativistas políticos

15 Outros importantes colaboradores da teoria econômica do socialismo foram Enrico Barone, Fred M. Taylor, H. D. Dickenson, Abba Lerner (Capítulo 22) e Maurice Dobb.

16 NEWMAN, Philip C. *The development of economic thought*. Englewood Cliffs, NJ: Prentice-Hall, 1952. p. 181.

17 SAMUELSON, Paul; NORDHAUS, William. *Economics*. 12. ed. Nova York: McGraw-Hill, 1985. p. 685.

e sociais; outros ainda desenvolveram e aperfeiçoaram teorias já existentes. Há ainda alguns que permanecem na dúvida entre a teoria econômica e a filosofia social. Um desses teóricos é Kenneth Arrow (1921-).

Arrow estudou no City College de Nova York e formou-se na Universidade de Colúmbia. Após receber seu grau, aceitou um cargo na Universidade de Stanford, onde deveria trazer reputação mundial para o Departamento de Economia.

Arrow não apenas demonstrava um raro talento para lógica simbólica, matemática e estatística, mas também tinha um discernimento para novas áreas em que tais talentos poderiam ser aplicados. Sua dissertação, *Social choice and individual values*, tornou-se um clássico na economia do bem-estar. Nesse famoso trabalho, ele avaliou diversos critérios do bem-estar social e sugeriu inconsistências em muitas das ideias defendidas anteriormente.

Trabalhando em Stanford, Arrow continuou sua investigação sobre os princípios da economia do bem-estar. Seus inúmeros artigos em revistas especializadas trataram de questões como: Como podemos saber se a sociedade está em melhor situação como resultado de uma escolha política? Qual é a lógica da preferência coletiva de membros de uma comunidade com preferências individuais? A democracia perfeita é possível? Que ajustes devem ser feitos se não há nenhuma maneira possível de manter uma democracia perfeita? Existem regras para se determinar o que constitui uma distribuição de renda justa?

De particular interesse para nós é o *teorema da impossibilidade* de Arrow ou o "paradoxo do voto". Para garantir a relação entre preferências individuais e escolhas sociais por meio do voto democrático, Arrow estabeleceu primeiro quatro condições mínimas que as escolhas sociais devem atender para que reflitam de forma precisa as preferências dos eleitores individuais: (1) escolhas sociais devem ser transitivas, isto é, devem ser consistentes, de modo que, se *A* é preferido em relação a *B* e *B* é preferido em relação a *C*, então *C* não pode ser preferido em relação a *A;* (2) a decisão do grupo não deve ser imposta por alguém de dentro ou fora da comunidade; (3) as escolhas sociais não devem partir para a direção oposta das escolhas individuais (uma escolha que a sociedade faria nunca deve ser rejeitada simplesmente porque alguém possa gostar mais dela) e (4) uma preferência social entre duas opções deve depender somente de preferências relacionadas a essas duas opções e não de opiniões das pessoas acerca de outras opções.

Arrow, então, verificou os esquemas de voto majoritário para ver se o processo de tomada de decisões democráticas poderia fazer escolhas entre todos os conjuntos de alternativas disponíveis sem violar uma dessas condições. Após cuidadosa investigação, ele chegou a uma surpreendente conclusão: nenhum esquema de voto majoritário simultaneamente respeita as preferências pessoais dos eleitores, garante o bem-estar máximo e não depende da ordem em que os assuntos são votados.

Por exemplo, sugeriu Arrow, imagine uma comunidade que consista em três eleitores (1, 2 e 3) e que tenha três políticas alternativas a serem escolhidas: desarmar (*A*); promover uma guerra fria (*B*) ou promover uma guerra (*C*). De acordo com a teoria do bem-estar, a comunidade organizará a ordem das três alternativas, de acordo com suas preferências, e, então, se possível, escolherá aquela que ocupar o topo da lista. Isso significa que os eleitores afirmarão que preferem a alternativa *A* à *B* e assim por diante. A escala da preferência coletiva pode, então, ser estabelecida utilizando-se a regra da maioria; isto é, poderíamos ter um voto entre *A* e *B* e entre o vencedor e *C*.

A Tabela 20.1 lista as três políticas (*A*, *B* e *C*) e as preferências individuais de três eleitores (1, 2 e 3). Ela nos mostra que o eleitor 1 prefere a política *A* à *B* e a *B* à *C* (implicando uma preferência de *A* em relação a *C*). A primeira opção do eleitor 2 é a política *B*, sua segunda opção, *C*, e a terceira, *A*. Isso significa que ele prefere *B* a *C* e *C* a *A* (implicando uma preferência de *B* em relação a *A*). O eleitor 3 prefere *C* a *A* e *A* a *B* e, portanto, prefere *C* a *B*.

TABELA 20.1 Paradoxo do voto de Arrow

Política	Eleitor 1	Eleitor 2	Eleitor 3
A	1ª opção	3ª opção	2ª opção
B	2ª opção	1ª opção	3ª opção
C	3ª opção	2ª opção	1ª opção

Nossa próxima tarefa é determinar os efeitos de várias disputas hipotéticas de escolhas casadas decididas por voto majoritário. Vamos administrar estes três votos: *A versus B*, *B versus C* e *A versus C*. *A* vencerá na disputa contra *B*, porque os eleitores 1 e 3 preferem *A* a *B*; a votação será dois contra um a favor de *A*. Mostramos esse resultado na Tabela 20.2. Se *B* entrar na disputa contra *C* em uma votação, *B* será o vencedor, porque a política *B* será escolhida pelos eleitores 1 e 2. Sabemos, então, que a maioria dessa comunidade prefere *A* a *B* e *B* a *C*. Portanto, concluímos que ela deve preferir *A* a *C*. Nossa conclusão está correta? Para ter certeza, vamos conduzir uma eleição entre *A* e *C*. Aqui, descobrimos que uma maioria dos eleitores (2 e 3) prefere *C* a *A*! Violamos a exigência de consistência, ou transitividade: *A* tem preferência sobre *B*, e *B* tem preferência sobre *C*, mas *C* tem preferência sobre *A*. Esse esquema de voto majoritário, portanto, falha ao classificar as preferências dos eleitores de forma racional.

TABELA 20.2 Resultados das eleições

Eleição	Vencedor
A vs *B*	*A*
B vs *C*	*B*
A vs *C*	*C*

A análise de Arrow mostrou que precisamos estabelecer nosso processo de tomada de decisão de uma maneira que impeça uma armadilha óbvia. A democracia perfeita é impossível, e temos de tomar a decisão pelo segundo ou terceiro melhor. Alcançar o bem-

-estar econômico em uma economia que tem um grande setor público não é uma questão fácil. A principal contribuição de Arrow foi desafiar as suposições sobre as quais se baseiam os sistemas de pensamento político e econômico. Desde o século XVIII, os filósofos e teóricos políticos têm trabalhado no sentido de melhorar as instituições humanas. Kenneth Arrow é seu sucessor.

JAMES M. BUCHANAN

James M. Buchanan (1919-) é um economista não convencional que, assim como Kenneth Arrow, ampliou consideravelmente os limites da economia do bem-estar. Especificamente, Buchanan é o fundador e um dos principais colaboradores da *teoria da escolha pública* (a economia da política) e seu subconjunto, a *economia constitucional* (a economia das regras).

Buchanan cresceu na pobreza rural do Tennessee. A realidade da Grande Depressão colocou um fim ao seu sonho de estudar direito na Universidade de Vanderbilt. Em vez disso, ele matriculou-se na vizinha Middle Tennessee State e permaneceu em casa enquanto frequentava a universidade. Por quatro anos, de manhã e à noite, ele ordenhou vacas para ajudar a pagar a condução para a escola. A experiência modesta e rural de Buchanan explica seu conhecido desprezo pela ambição e pelo elitismo.

Buchanan começou a estudar economia na Universidade de Chicago, em 1945. Lá, teve grande influência do neoclassicismo de Frank Knight (1885-1972) e, segundo as palavras do próprio Buchanan, converteu-se em "um zeloso defensor da ordem do mercado".[18] Foi também em Chicago que, folheando livros na biblioteca, descobriu a dissertação obscura sobre impostos de Knut Wicksell, de 1896. Em seu ensaio, Wicksell estabelecera o princípio de que somente a unanimidade da preferência coletiva pode garantir justiça e eficiência, por meio da ação do setor público. Wicksell dizia, por exemplo, que se os gastos de um governo "resistem a qualquer previsão de criar custos de utilidade excedentes, sempre será teoricamente possível e quase possível na prática encontrar uma distribuição de custos em que todas as partes considerem o gasto como benefício e possam aprová-lo unanimemente".[19] Buchanan creditava ao pensamento de Wicksell sua inspiração para aplicar suposições e princípios econômicos padrão à análise do comportamento e dos processos políticos.

Após concluir seus estudos em Chicago, a carreira acadêmica de Buchanan logo o levou à Universidade da Virgínia, onde, em coautoria com Gordon Tullock, publicou em 1962 o primeiro livro, *The calculus of consent: logical foundations of constitutional democracy*. De acordo com Buchanan:

> Voltando um pouco ao passado, o interessante para mim é que não houve senso de "descoberta" em nenhum ponto da construção deste livro, nenhum momento de excitação. (...) Tullock e eu achávamos que estávamos apenas aplicando uma análise rela-

18 BUCHANAN, James M. Better than ploughing. *Recollections of eminent economists*. Ed. J. A. Kregel. Nova York: Nova York University Press, 1989. v. 2, p. 282. 2 v.

19 WICKSELL, Knut. A new principle of just taxation. Trad. James M. Buchanan, In: MUSGRAVE, Richard A.; PEACOCK, A. T. (eds.) *Classics in the theory of public finance*. Eds. Richard A. Musgrave e A. T. Peacock. London Macmillan, 1958, p. 89-90.

> tivamente simples da preferência entre regras alternativas de decisões políticas, com resultados mais ou menos previsíveis. Percebemos que ninguém havia tentado fazer o que estávamos fazendo, mas o exercício era essencialmente de "escrever o óbvio" em vez de explorar novas áreas de pesquisa.
>
> Estávamos errados. A escolha pública, como uma subdisciplina em seu próprio direito, surgiu no início da década de 1960, parte pela recepção de nosso livro, parte pelos nossos esforços organizacionais e empresariais que mais tarde surgiram na Society Public Choice e parte por outros trabalhos. Depois que todo o complexo de regras e procedimentos de decisão pública foram explorados em relação à análise econômica, a gama de aplicações pareceu sem fim.[20]

No final dos anos 1960, Buchanan deixou a Universidade da Virgínia para ingressar no Virginia Polytechnic Institute, onde ajudou a organizar o Center for the Study of Public Choice e iniciou a revista especializada *Public Choice*. Em 1983, Buchanan mudou-se com o centro para a George Mason University, onde reside atualmente. Por seu trabalho pioneiro e subsequentes colaborações para a teoria da escolha pública, Buchanan recebeu o Prêmio Nobel de Economia em 1986.

A perspectiva da escolha pública

Buchanan defendia que somente as pessoas sabem o que lhes dá satisfação ou lhes causa descontentamento; nenhuma outra pessoa ou nenhum outro grupo de pessoas pode determinar isso para elas. Os indivíduos têm gostos, capacidades, expectativas, conhecimentos e perspectivas diferentes, mas possuem uma coisa em comum: buscam o interesse próprio de maneira intencional. Essa busca pelo interesse próprio leva a uma *ordem espontânea*, por meio do processo de troca. Os indivíduos buscam trocas que melhorem seu bem-estar; eles maximizam a utilidade até seus limites.

Essa perspectiva reflete a visão do *homo economicus* (homem econômico) e da troca no mercado dos economistas clássicos e neoclássicos. No entanto, Buchanan faz uma pergunta fundamental que não fora levantada pelos economistas anteriores: se os indivíduos procuram seus interesses no mercado, por que esperaríamos que eles buscassem o interesse social no governo ou por meio dele? Para Buchanan, natureza humana é natureza humana; as pessoas maximizam a utilidade até seus limites, independentemente de estarem operando no mercado, em serviços públicos ou na arena política.

De forma sucinta, Buchanan estendeu a conveniente suposição de comportamento de interesse próprio e a ideia do processo de troca "ao comportamento das pessoas em seus papéis e capacidades de escolha pública e política, seja como participantes do processo de eleição ou como agentes atuando no cenário político".[21]

A teoria da escolha pública foi firmando raízes apenas lentamente na economia atual, mas hoje ela pode ser encontrada em quase todos os livros didáticos sobre finanças públicas e princípios econômicos. Essa teoria oferece critérios poderosos, ilustrados por diversos exemplos. Primeiro, a escolha pública ajuda-nos a entender a queda do comunismo. Os líderes comunistas e os administradores do socialismo promoveram os próprios interesses e não o bem social idealizado. Segundo, a escolha pública ajuda-

20 BUCHANAN, em KREGEL, op. cit., p. 286-287.

21 BUCHANAN, James M. *Essays on the political economy*. Honolulu: University of Hawaii Press, 1989. p. 20.

-nos a entender o aumento da dívida pública em muitos países industrializados. Segundo Buchanan, os políticos eleitos se agarram a qualquer argumento para criar déficits de orçamento. Eles permanecem eleitos oferecendo bens e serviços públicos a um custo mínimo de curto prazo aos pagadores de impostos. Os déficits encobrem os custos reais dos bens públicos e, assim, os políticos ficam bem-vistos perante seus eleitores.

Terceiro, os representantes do Congresso empenham-se em conseguir a aprovação de uma lei em troca de votos, porque esse processo lhes dá a força para obter resultados que não seriam conseguidos individualmente. Quarto, os empresários e os grupos de trabalhadores comprometem-se com o *comportamento de busca da renda* (O passado como preâmbulo 8-2). Eles tentam persuadir o governo a limitar a concorrência e a criar regras especiais que aumentem os lucros privados. Finalmente, a visão da escolha pública explica por que a burocracia é endêmica ao governo e tende a gerar mais burocracia. Os burocratas desenvolvem-se e asseguram aumentos salariais tendo mais pessoal sob sua responsabilidade. As agências, inevitavelmente, também encontram cada vez mais "problemas" que exigem maiores orçamentos e mais pessoal para solucioná-los.

Crítica à economia convencional do bem-estar

Buchanan critica a economia convencional do bem-estar por tentar comparar os resultados do mundo real do setor privado com as normas sociais teóricas (por exemplo, a otimização de Pareto). Em alguns esquemas de bem-estar, os oficiais do governo são vistos como agentes que podem identificar a função do bem-estar da sociedade, um conjunto de preferências de utilidade das pessoas. O governo é "bom"; ele identifica e corrige os "maus" produzidos no setor privado, melhorando assim o bem-estar da sociedade.

As objeções de Buchanan a essa linha de raciocínio são duas. Primeiro, como a utilidade pode ser conhecida apenas individualmente, ninguém pode discernir uma função de bem-estar coletivo ou social. Até mesmo os indivíduos não conhecem as suas preferências de utilidade até que lhes sejam apresentadas opções reais, e as opções feitas hoje afetam as funções e as opções de amanhã. Não é adequado atribuir preferências ou metas de utilidade à sociedade dessa forma. Em vez de tentar medir e pesar os resultados de utilidade, a economia do bem-estar deveria enfatizar e melhorar as regras políticas e institucionais.

Segundo, mesmo que a função do bem-estar social fosse conhecida, o setor público não é uma instituição confiável para alcançá-la. Esse setor consiste em pessoas que agem de acordo com seus interesses, e é difícil alinhar esses interesses individuais com o ideal social indefinido. Resumindo, há "falha do governo" e também "falha do mercado".

> Não se assume que, pelo simples fato de os mercados serem imperfeitos, os processos políticos funcionarão melhor. Pelo contrário, como nos lembra a teoria da escolha pública, há bons motivos para se duvidar da capacidade dos processos políticos em atingir o estado de otimização de Pareto. A comparação mais importante deve ser entre duas instituições imperfeitas.[22]

22 BRENNAN, H. Geoffrey; BUCHANAN, James M. *The reason of rules*. London: Cambridge University Press, 1985. p. 116.

Economia constitucional

Embora Buchanan seja pró-individualista e desconfiado do governo, ele não é um anarquista (Capítulo 9). Sem o governo para estabelecer e impingir regras, como os direitos e contratos de propriedade, a busca pelo interesse próprio vai se degenerar até o Estado hobbessiano, em que a vida do indivíduo é "solitária, insignificante, selvagem e curta". Mas Buchanan salientava que, embora as pessoas que buscam seus interesses entendam que o Estado é necessário para limitar o comportamento individual, os indivíduos também reconhecem a necessidade de regras constitucionais para limitar o *Estado*. Idealmente, essas regras básicas também devem ser o resultado do consenso unânime de Wicksell. Esse consenso é possível porque, ao escrever a Constituição, nenhum indivíduo pode ver com certeza como as regras constitucionais vão afetá-lo diretamente no futuro.

> A incerteza que é necessária para que os indivíduos sejam guiados pelos seus interesses, a fim de apoiar as medidas constitucionais que, em geral, são vantajosas para todos os indivíduos e para todos os grupos, parece estar presente em qualquer fase constitucional de discussão.[23]

O consenso mútuo (unanimidade) pode ser possível e desejável quando se estabelecem regras constitucionais básicas, mas as considerações sobre eficiência podem significar que o processo de criação de outras regras venha a exigir menos do que unanimidade, como, por exemplo, uma regra para o voto majoritário. No entanto, não há nada de sacrossanto acerca de uma regra majoritária. A regra ideal para a aprovação de uma medida pode ser alguma porcentagem maior ou menor que 50%. Porcentagens menores que 100% impõem custos para aqueles que se opõem a leis como o aumento nos custos quando a porcentagem exigida para aprovação cai. Por outro lado, alcançar a unanimidade é, por si só, custoso, porque os custos com os acordos e com o processo de tomada de decisão aumentam rapidamente com a elevação da porcentagem dos votos totais necessários para aprovação. Uma regra de votação ideal é aquela que minimiza a soma (1) dos custos para aqueles que se opõem à proposta e (2) dos custos dos acordos e da tomada de decisão da sociedade, associados à obtenção de um consenso maior.

A perspectiva da escolha pública de Buchanan e seu trabalho sobre a economia constitucional o levaram a concluir que o governo cresceu muito. São necessárias novas restrições constitucionais sobre o governo, a fim de proteger o consenso constitucional original. A respeito disso, ele apoiou uma reforma orçamentária equilibrada, que exigiria que o governo federal equilibrasse as receitas e os gastos com impostos anuais, e uma regra monetária que exigisse que o conselho do Federal Reserve aumentasse a circulação de dinheiro a cada ano a uma taxa percentual fixa. Ele também apoiou fortemente as reformas de limitação de impostos.

Essas visões políticas deram a Buchanan uma reputação de certa maneira controvertida, porque a grande maioria dos economistas contemporâneos não compartilha delas. Buchanan e um pequeno grupo de pensadores da mesma linha parecem aceitar essa controvérsia. São ardentes defensores de suas visões e pesquisadores e escritores prolíferos.

23 BUCHANAN, James M.; TULLOCK, Gordon. *The calculus of consent*. Ann Arbor: University of Michigan Press, 1962. p. 78.

A teoria da escolha pública tem sido inserida na economia atual e agora resta ver se Buchanan e seus defensores causarão mais impacto sobre a disciplina.

AMARTYA SEN

Por ter nascido no *campus* de uma universidade em Santiniketan, Índia, Amartya Sen (1933-) parecia já destinado à vida acadêmica. Seu pai era professor de química na Universidade de Dhaka e seu avô lecionava sânscrito e cultura indiana em Vista-Bharati, fundada por Tagore. Após terminar os estudos de sânscrito, matemática e física, Amartya Sen decidiu se dedicar ao que chamava "o charme excêntrico da economia".[24]

Sen passou a maior parte de sua vida em *campi* de universidades de três continentes. Obteve bacharelado da Universidade de Calcutá e de Trinity College, em Cambridge, e Ph.D. também em Cambridge. Joan Robinson foi a orientadora de sua tese de doutorado. Essa tese lhe rendeu o Prize Fellowship no Trinity College. Com o dinheiro do prêmio, pagou os estudos de quatro anos de filosofia. Sen lecionou em Presidency College, Calcutá, Índia, no Trinity College e na Universidade de Harvard, em Cambridge, Massachusetts, com temporadas menores inclusive na Universidade de Delhi, na London School of Economics e na Universidade de Oxford. Esteve também em Berkeley, Cornell, MIT e em Stanford.

Apesar de todo o tempo que passou em círculos acadêmicos, no início Sen enfrentou períodos de fome e pobreza, além da violência a que estão sujeitas as pessoas que tentam sobreviver nessas condições. Depois de muita observação e estudo, concluiu que problemas como a fome estão mais relacionados à falta de acesso do que à de alimentos, algo que normalmente resulta da desigualdade de renda, de instituições não democráticas e de políticas sociais ineficientes. O interesse por esses problemas o levou a trabalhar com o Programa de Desenvolvimento das Nações Unidas (UNDP) para ajudar a desenvolver medidas de combate à pobreza e à desigualdade.

Entre seus maiores trabalhos estão *Collective choice and social welfare* (1970) e *On economic inequality* (1973). Sen recebeu o Prêmio Nobel de Economia em 1998 por suas contribuições para o bem-estar social. A combinação de trabalho teórico e esforços humanitários lhe rendeu o título de "Madre Teresa da Economia" pela revista *Business Week*.[25]

A esposa de Sen, Emma Rothschild, exímia historiadora econômica, também lecionou no MIT e em Cambridge. Trabalha desde 1991 como diretora do Centro de História e Economia da Universidade de Cambridge, já desenvolveu diversas pesquisas e atuou em comissões de desenvolvimento de políticas. Escreveu também diversos livros e artigos, incluindo seu trabalho de 2001, *Economic sentiments: Adam Smith, Condorcet and the enlightenment.*

Escolha social

Como já vimos, Kenneth Arrow concluiu que nenhum sistema de votação majoritária consegue, ao mesmo tempo, ampliar o bem-estar social e respeitar as preferências indi-

---

24 SEN, Amartya. Amartya Sen – Autobiography. The Nobel Foundation, 1998. Disponível em: <http://nobelprize.org/economics/laureates/1998/sen-autobio.html>. Acesso em: 4 fev. 2005.

25 *Business Week*, p. 44, out. 1998.

viduais, independentemente da ordem dos votos. Apesar de concordar com boa parte do trabalho de seus colegas, Sen tentou refutar o teorema da impossibilidade e aperfeiçoar a teoria da escolha coletiva.

Ele considerava que o teorema da impossibilidade poderia ser resolvido com a inclusão de duas reflexões que Arrow (e outros) não havia levado em conta. O modelo de escolha coletiva de Arrow se baseia em uma simples ordem de classificação (prefiro *A* a *B* e *B* a *C*), mas não menciona a *intensidade das preferências* (prefiro *A* muito mais que *B*, e *B* apenas um pouco mais que *C*). Os economistas se referem a essa simples ordem de classificação como medida *ordinal* - que coloca os itens em ordem de preferência, mas não lhes atribui valor numérico para identificação. Medidas *cardinais* (*A* me dá 20 unidades de vantagem; *B* me dá 10) poderiam facilitar o processo ao medir a intensidade de preferências, mas são normalmente descartadas com o pretexto de serem mais difíceis de obter e interpretar (20 unidades de vantagem pode ser muito para uma pessoa e, ao mesmo tempo, pouco para outras).

Como a intensidade de preferências pode fazer diferença na escolha coletiva? Em um esquema de votos de maioria simples não há diferença, exceto pelo fato de que os eleitores que têm pequena preferência pela política *A* em detrimento da política *B* podem decidir que o custo do voto supera os benefícios recebidos ao escolher votar em *A*. Em uma situação de tomada de decisão em que as preferências podem ser mais incorporadas - por exemplo: em um sistema de voto no qual os eleitores estabelecem um número fixo de pontos -, a probabilidade de o paradoxo do voto ocorrer é muito menor. Essas preferências mais fortes têm mais "peso de voto" do que teriam no voto de maioria.

Outra restrição imposta por Arrow (e vários outros) é que *comparações interpessoais* não são permitidas no modelo. A explicação para isso é que tais comparações são, no mínimo, difíceis de estabelecer e sem utilidade na maioria dos casos. Se duas pessoas estabelecem que receberão 20 unidades de vantagem escolhendo um tipo de política oferecido, há a possibilidade de a primeira se interessar bastante pela proposta, enquanto a outra, nem tanto. O problema é a falta de entendimento comum e de escala de unidades de vantagem aceitável para todos.

Mas, para Sen, as comparações interpessoais são importantes e não apresentam dificuldade proibitiva. Ele argumenta em seus trabalhos

> que o uso de comparações interpessoais é largamente considerado arbitrário e que muitos veem tais comparações como algo "sem sentido", não relacionadas ao ato da escolha. Uma maneira de dar sentido a essas comparações é considerar as escolhas entre ser a pessoa *A* em um estado social *x* e a pessoa *B* em um estado social *y*. Pode-se perguntar, por exemplo: "Você prefere ser o Sr. *A*, um trabalhador desempregado no estado *x*, ou o Sr. *B*, um engenheiro bem pago no estado *y*?" Embora a resposta envolva comparações interpessoais, arrisco sugerir que não está totalmente além de nossa capacidade intelectual pensar de maneira sistemática sobre essa escolha.[26]

Sen também sugere que muitas pessoas podem fazer comparações interpessoais ao formular preferências, pensando em como a opção pelas políticas pode afetar não apenas a elas, mas a todos ao seu redor.

26 SEN, Amartya. *Collective choice and social welfare.* San Francisco: Holden-Day, Inc., 1970, p. 4.

> A sociedade em que uma pessoa vive, a classe a que ela pertence e a relação com a estrutura social e econômica são relevantes para sua escolha, não apenas por afetar diretamente a natureza de seus interesses pessoais, mas também por poder influenciar seu sistema de valores e noção de preocupação "devida" para com os demais membros da sociedade. O indivíduo isolado em termos econômicos, que busca satisfazer apenas aos interesses pessoais sem considerar outros aspectos, pode ser referência para a economia tradicional, mas não é um modelo particularmente útil para compreender os problemas de escolha social.[27]

O trabalho de Sen revela grande preocupação com igualdade e justiça na escolha social, não apenas para maximizar o bem-estar total, mas para tornar mais justa a distribuição de renda. A partir da filosofia de John Rawls, Sen sugere um método para gerar decisões igualitárias a que ele chama de "justiça maximin".[28] Nele, os indivíduos escolhem entre diferentes estados sociais a partir de uma posição inicial desconhecida. Ou seja, a justiça maximin solicita à pessoa que escolha uma forma de distribuição na sociedade partindo do princípio de que ainda não tenha nascido. Sen utilizou a palavra "maximin" porque, ao optar entre diferentes estados sociais, as pessoas escolherão o tipo de distribuição que "maximize seu bem-estar mínimo". Ou, se observarmos por outro ângulo, também porque a pessoa que corre o risco de estar na pior posição possível dentro da sociedade escolherá uma em que a pior posição ainda seja bem melhor que em um cenário alternativo.

Desigualdade

Sen argumenta que o modelo tradicional de escolha social, centrado nos conceitos de *utilitarismo* e da *otimização de Pareto*, impossibilita muitas vezes a análise mais significativa dos efeitos igualitários de uma política. O *utilitarismo* de Jeremy Bentham, a filosofia de que a sociedade deve ter como objetivo oferecer o melhor para o número maior de pessoas, promove a maximização da utilidade social total, mas não leva em consideração a igualdade. Sen também demonstrou, usando como ilustração a Figura 20.2, que a aplicação do método utilitário pode levar a resultados menos igualitários.

O diagrama representa uma sociedade de duas pessoas, sendo que o eixo horizontal indica a renda total da sociedade. A renda da pessoa A é medida da esquerda para a direita, e a da pessoa B, da direita para a esquerda, sendo que a renda total da sociedade é igual à soma das rendas da pessoa A e da pessoa B. Verticalmente, Sen mediu a utilidade marginal da renda, sendo que qualquer ponto da linha A_1A_2 indica a utilidade marginal de um dólar extra de renda para a pessoa A naquele ponto. A renda total da pessoa A é a soma das utilidades marginais até atingir o nível de renda que ela recebe, graficamente representada como a área sob a curva. Portanto, se A receber uma renda AC, seus rendimentos totais serão medidos pela área AA_1EC. Se sua renda aumentar para AD, embora sua utilidade marginal sofra queda, seus rendimentos totais subirão para AA_1GD.

Sen iniciou o exemplo partindo do princípio de que A e B tinham funções de utilidade idênticas, sendo A_1A_2 e B_1B_2 imagens exatas um do outro. Isso significa que, para cada dólar de renda, suas utilidades marginais seriam iguais. Usando a regra equimarginal

27 Ibidem, p. 6.

28 Ibidem, p. 135.

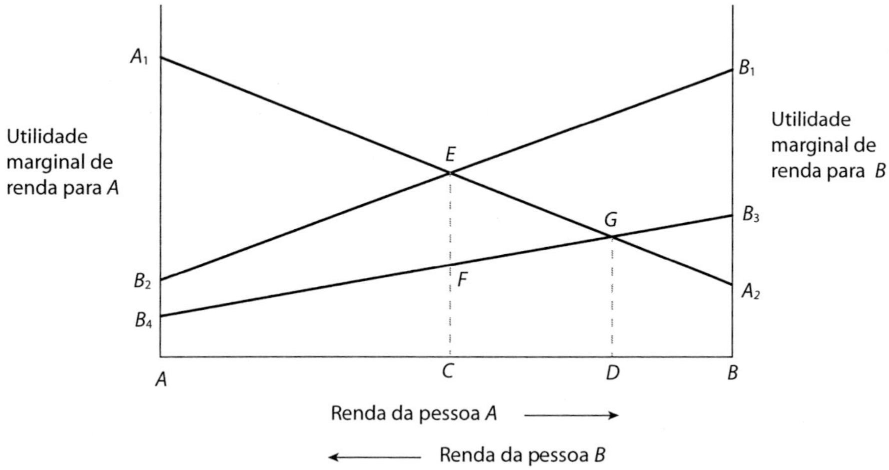

FIGURA 20.2 ■ CRÍTICA DE SEN À FORMA UTILITÁRIA DE DISTRIBUIÇÃO DE RENDA

Se dois indivíduos, *A* e *B*, possuem funções de utilidade idêntica, A_1A_2 e B_1B_2, respectivamente, então a distribuição igualitária de renda, $AC = BC$, pode aumentar o bem-estar total, gerando $AA_1EC + BB_1EC$. A redistribuição de renda de *B* para *A* (ou vice-versa) poderia reduzir o bem-estar total; a utilidade marginal do último dólar recebido por *A* seria menor que a utilidade marginal perdida pela redução de renda de *B*. Agora vamos supor que *B* esteja em uma condição na qual tem menos satisfação (utilidade marginal) por cada dólar recebido, como mostra a função de utilidade B_3B_4. Com distribuição igual de renda, a utilidade total é $AA_1EC + BB_3FC$, mas *B* tem menos bem-estar que *A*. O método igualitário faria a redistribuição de renda de *A* para *B* para igualar a utilidade total de cada pessoa. Já o método utilitário faria o contrário, redistribuindo renda de *B* para *A* (para que *A* receba *AD* e *B* receba *BD*) para aumentar o bem-estar total por *EFG*. Apesar de sua reputação, o modelo utilitário não é igualitário.

que mencionamos anteriormente, o bem-estar total (utilidade) seria maximizado se as duas pessoas tivessem renda igual ($AC = BC$). Vamos supor, em seguida, que a função de utilidade real de *B* seja B_3B_4 de modo que, para cada nível dado de renda, a utilidade de *B* seja a metade da de *A*. (No exemplo de Sen, *B* pode representar alguém física ou mentalmente comprometido e, portanto, incapaz de obter o mesmo que *A* para cada dólar.) Começando com a distribuição original de renda igual ($AC = BC$), a utilidade social total será AA_1EC mais CFB_3B. Se redistribuirmos a renda de maneira que *A* receba *AD* e *B* receba *BD*, a utilidade social total aumentará na proporção da área do triângulo *EFG*. Para Sen, isso implica retirar renda de alguém já menos afortunado (em razão de problema físico ou mental) e dar à pessoa com mais bem-estar social. Isso vai contra qualquer noção de justiça social.

Para Sen, a *otimização de Pareto* também é um critério insatisfatório de distribuição. A condição de otimização de Pareto apenas afirma que ninguém pode se tornar melhor fazendo que outra pessoa fique pior. Mas não menciona a questão da distribuição na sociedade. Há várias situações em que se pode pensar na otimização de Pareto, cada uma delas com níveis completamente diferentes de desigualdade de renda, o que Sen demonstra com o seguinte exemplo:

> Pensemos na divisão de um bolo. Considerando que cada pessoa prefira comer um pedaço maior do que um pedaço menor do bolo, toda possibilidade de distribuição seguirá o conceito de otimização de Pareto, pois qualquer mudança que favoreça uma pessoa desfavorecerá outra. Como o único problema aqui é o da distribuição, o conceito

> de Pareto não afeta diretamente o resultado. A preocupação quase individualista da moderna economia de bem-estar com o conceito de otimização de Pareto não torna esse envolvente ramo de estudo particularmente adequado para investigar problemas de desigualdade.[29]

Para Sen, a economia tradicional de bem-estar não se envolvia com a tarefa de analisar questões de distribuição. E complementa:

> Em suma, não ajuda muito estudar a desigualdade tendo como base as escolas de bem-estar econômico, sejam elas novas ou tradicionais. A literatura sobre a otimização de Pareto (...) simplesmente evita julgamento em questões de distribuição. O conceito-padrão de que "o bem-estar social funciona" por causa da concentração apenas em termos de consumo individual (sem o uso de comparações interpessoais de níveis e intensidade) é falho porque não oferece base para discussões sobre distribuição (...) E, finalmente, o utilitarismo, a fé dominante da "velha" economia do bem-estar, está atrelado demais à questão da soma do bem-estar para se preocupar com o problema da distribuição e é até mesmo capaz de produzir grandes resultados anti-igualitários. Como método de mensuração e avaliação da desigualdade, não é de grande valia. Para o problema de avaliação de desigualdade, os caminhos nobres da economia do bem-estar são estradas tortuosas.[30]

A insatisfação de Sen quanto às teorias sobre o assunto o levou a desenvolver suas próprias conclusões. A questão da distribuição está normalmente focada na desigualdade extrema, muitas vezes insinuando que ela pode até ajudar a melhorar a sociedade. A conclusão lógica desse conceito sugere igualdade total, e Sen enfatiza que a igualdade é importante justamente porque reflete a (justa) distribuição. Para ele, isso pode ser visto de duas maneiras.

> Há duas noções opostas sobre a "correta" distribuição de renda, baseadas em necessidades e recompensas, respectivamente. É fácil observar o contraste entre argumentos do tipo: "*A* precisa de mais renda do que *B*, pois suas necessidades são maiores", e do tipo: "*A* precisa de mais renda do que *B*, pois trabalhou mais e merece recompensa maior". A desigualdade, portanto, pode ser vista não apenas como medida de dispersão, mas também como indicador da diferença entre a distribuição real de renda, por um lado, e, por outro, (i) a distribuição de acordo com as necessidades, ou (ii) de acordo com algum conceito de recompensa.[31]

A atenção de Sen está focada no aspecto das necessidades do argumento e na avaliação de como maximizar o bem-estar social. As necessidades são normalmente classificadas pela literatura como um problema sem solução porque envolvem comparações interpessoais de funções de utilidade difíceis ou até mesmo impossíveis de especificar. Sen apresentou dois casos defendendo a distribuição mais igualitária, reconhecendo e demonstrando a incompatibilidade de funções de utilidade individual.

O igualitarismo probabilístico, desenvolvido a partir do trabalho de Abba Lerner (1903-1982), defende que, precisamente em razão do fator incerteza, a renda deve ser

29 SEN, Amartya. *On economic inequality.* Nova York: W.W. Norton, 1973). p. 7.
30 Ibidem, p. 23.
31 Ibidem, p. 77.

distribuída de forma igualitária. Supondo-se que (1) haja uma quantia fixa de renda a ser distribuída, (2) que tanto a sociedade quanto os indivíduos estejam sujeitos à diminuição de utilidade marginal e (3) que todos tenham probabilidades iguais de obter uma dada função de utilidade, Sen demonstra que a utilidade total esperada é maximizada quando se tem a distribuição igualitária. Isso não significa que a distribuição completamente igualitária venha necessariamente a maximizar o bem-estar total. Na verdade, a teoria reconhece que os indivíduos possuem funções de bem-estar diferentes e sugere que pode haver distribuição desigual que gere mais bem-estar. No entanto, uma vez que não se conhecem as especificações e a distribuição das funções de bem-estar, o máximo que se pode afirmar é que, *na média*, o bem-estar é maximizado com a distribuição igualitária de um resultado fixo total e da renda.[32]

O *igualitarismo maximin*, semelhante à justiça maximin, defende que a sociedade deve escolher o sistema de distribuição que maximize os ganhos da pessoa em situação mais desfavorável. Em circunstâncias em que não se conhecem as necessidades das pessoas, Sen afirma que o bem-estar da sociedade pode ser maximizado com a distribuição igualitária.[33]

E embora seja a favor de uma posição mais igualitária, baseada nas necessidades das pessoas, Sen reconhece que rendas igualitárias podem ser problemáticas tanto sob a perspectiva da justiça quanto da eficiência. Ele apresenta quatro argumentos para o conceito de recompensa.

1. Incentivo. Um sistema baseado em recompensas gera mais incentivo para o trabalho. Para fazer que as pessoas sejam motivadas por suas necessidades, o sistema pode ser estabelecido com bases distribucionais. Caso contrário, é preciso haver outro tipo de base, como a de um total geral de renda obtida.
2. Mérito. Pessoas que executam mais devem receber mais. Sen considera esse método um tanto complicado, pois muitas vezes aqueles que executam mais receberam algum tipo de vantagem, seja genética, de tendência cultural ou simplesmente o fator sorte. E toma o exemplo dos que, embora isentos de culpa, receberiam menos em decorrência de questões como idade, enfermidade ou deficiência genética. Sen enfatiza que "um sistema baseado em necessidades faria mais sentido dentro do complexo conceito a que chamamos humanidade".[34]
3. Exploração marxista. Como vimos no Capítulo 10, a teoria de exploração de Marx defende que o trabalho não recebe o valor total de sua contribuição para o resultado final. Sen explica, no entanto, que "o próprio Marx considerava o direito aos 'frutos' do trabalho como um 'direito burguês' a ser suplantado pelo princípio das necessidades quando a oportunidade surgisse".[35]
4. Teoria neoclássica da produtividade marginal. Sob a perspectiva de Sen, a teoria de J. B. Clark sobre produtividade marginal de distribuição de renda é uma teoria menor que as outras, pobre em questão de essência. O critério primário é a otimização de Pareto, que oferece pouca perspectiva em termos de distribuição adequada.[36]

32 Ibidem, p. 83-85.
33 Ibidem, p. 85-87.
34 Ibidem, p. 104-105.
35 Ibidem, p. 105.
36 Ibidem.

Sen afirma que nenhum desses argumentos para um esquema de distribuição apropriada é tão competente quanto o da questão das necessidades.

Por ter desenvolvido uma teoria neoclássica, Sen é considerado um economista de grande importância. Mas seus esforços para integrar fatores normativos ("o que deveria ser") o colocam em posição diferente da de seus colegas. O Prêmio Nobel que recebeu confirma sua tendência para uma análise exclusivamente positiva ("o que realmente é").

Perguntas para estudo e discussão

1. Identifique brevemente e estabeleça a importância de cada um dos seguintes pensadores e conceitos para a história do pensamento econômico: economia do bem-estar, Pareto, otimização de Pareto, taxa marginal de substituição, taxa marginal de substituição técnica, taxa marginal de transformação, Pigou, externalidade, diferenciação de preços de primeiro, segundo e terceiro graus, efeito de Pigou, von Mises, Lange, Arrow, teorema da impossibilidade, Buchanan, regra da unanimidade, teoria da escolha pública, comportamento de busca da renda, Sen, intensidade de preferências, comparações interpessoais, Rawls, justiça maximin, igualitarismo probabilístico.
2. Explique a seguinte afirmação: "A análise de Pareto sobre o bem-estar está na tradição de Walras, enquanto a análise de bem-estar de Pigou está na tradição de Marshall".
3. Lembre-se, dos cursos anteriores de economia, da noção de uma curva de possibilidades de produção. Desenhe essa curva para dois produtos, de modo que ela seja côncava para a origem. Explique o conceito de taxa marginal de transformação (discutida neste capítulo) da forma como ela se relaciona à sua curva. O que implica a forma côncava da curva de possibilidades de produção?
4. Explique por que uma externalidade negativa na produção resulta em um excesso de bens sendo produzidos sob o ponto de vista da sociedade, enquanto uma externalidade positiva resulta em baixa produção. De acordo com Pigou, como essas alocações a mais ou a menos recursos podem ser corrigidas?
5. Explique o teorema de Coase (O passado como preâmbulo 20-1). Por que a suposição de um custo de transação zero é importante para esse teorema?
6. Fazendo uma referência direta ao modelo de monopólio de Cournot na Figura 12.1(a), explique como um monopolista poderia aumentar seus lucros acima de 12.000 francos estabelecendo uma discriminação de preços de primeiro grau, conforme definido por Pigou. (Dica: a curva da receita marginal na figura torna-se agora coincidente com a curva da demanda.) Compare a quantidade de água mineral vendida no modelo de Cournot com aquela vendida assumindo-se a diferenciação de preços de primeiro grau.
7. Compare as visões de von Mises e de Lange sobre as possibilidades de obter o bem-estar máximo no socialismo de mercado.
8. Discuta: o teorema da impossibilidade de Arrow é um exercício intelectual interessante, mas é de pouca importância prática. Ele dramatiza a extensão em que a economia se deteriorou na ciência do trivial.
9. Relacione a perspectiva da escolha pública de Buchanan a cada um destes itens: (a) subsídios agrícolas; (b) déficits orçamentários do governo; (c) o crescimento da burocracia no governo e (d) a resistência à privatização por parte de muitos administradores de empresas estatais na China.
10. Resuma as críticas de Buchanan sobre a economia tradicional do bem-estar. Imagine que lhe pedissem para rebater as críticas de Buchanan. Que linha de raciocínio você utilizaria?

11. Especule sobre os motivos pelos quais as regras que exigem grande maioria (mais de 60% de aprovação) em geral são aquelas relacionadas à aprovação de constituições, enquanto as regras de maioria simples são normalmente especificadas para a aprovação de leis da estrutura constitucional.
12. Segundo Sen, como o teorema de impossibilidade de Arrow pode ser resolvido?
13. Como Sen responderia à afirmação de Buchanan de que "há boas razões para duvidar que a capacidade dos processos políticos venha a resultar na otimização de Pareto"?
14. Suponha que uma economia de três pessoas produza US$ 100.000 de renda por ano e que haja dois métodos de distribuição disponíveis para essa sociedade: o primeiro método distribuiria US$ 30.000 para dois dos membros da economia e US$ 40.000 para o terceiro. O segundo distribuiria US$ 80.000 para uma pessoa e US$ 10.000 para as outras duas. Como Bentham (Capítulo 8), Marx (Capítulo 10), Pareto e Sen responderiam à pergunta: "Qual distribuição é mais apropriada?"
15. Cite exemplos de economia do bem-estar que representem análises econômicas positivas ("o que realmente é") e exemplos normativos ("o que deveria ser"). Agora reveja os exemplos e identifique em que aspectos as análises positiva e normativa podem se cruzar quando aplicadas a questões específicas. O que sua avaliação sugere sobre o relacionamento entre economia positiva e normativa? Sua avaliação identifica algum ponto falho com que os economistas podem se defrontar ao analisar questões de políticas?

Leituras selecionadas

Livros

ARROW, Kenneth J. *Social choice and individual values.* New Haven, CT: Yale University Press: 1951.

BLAUG, Mark (ed.). *Arthur Pigou.* Brookfield, VT: Edward Elgar, 1992.

__________. (ed.) *Vilfredo Pareto.* Brookfield, VT: Edward Elgar, 1992.

BUCHANAN, James M. *Economics*: between predictive science and moral philosophy. College Station: Texas A&M University Press, 1987.

__________. *Liberty, market, and state*: political economy in the 1980s. Nova York: Nova York University Press, 1986.

__________. *The limits of liberty*: between anarchy and the Leviathan. Chicago: University of Chicago Press, 1975.

BUCHANAN, James M.; TULLOCK, Gordon. *The calculus of consent*: logical foundations of constitutional democracy. Ann Arbor: University of Michigan Press, 1962.

BUTLER, Eamon (ed.). *Ludwig von Mises*: fountainhead of the modern microeconomic revolution. Brookfield, VT: Gower, 1988.

LANGE, Oscar; TAYLOR, Fred M. *On the economic theory of socialism.* Editado por Benjamin E. Lippincott. Nova York: McGraw-Hill, 1964 [publicado originalmente em 1938].

MOSS, Laurence S. (ed.) *The economics of Ludwig von Mises*: toward a critical reappraisal. Kansas City: Sheed and Ward, 1976.

PARETO, Vilfredo. *Manual of political economy.* Trad. Ann S. Schwier e editado por Ann S. Schwier e Alfred Page. Nova York: A. M. Kelley, 1971 [publicado originalmente em 1906].

PIGOU, A. C. *The economics of welfare.* 4. ed. Londres: Macmillan, 1932 [publicado originalmente em 1920].

VON MISES, Ludwig. *Human action*: a treatise on economics. Chicago: Henry Regnery, 1966 [publicado originalmente em 1949].

Artigos de revistas especializadas

MURRELL, Peter. Did the theory of market socialism answer the challenge of Ludwig von Mises? A reinterpretation of the socialist controversy. *History of Political Economy*, n. 15, p. 92-105, primavera de 1983.

O'DONNELL, Margaret G. Pigou: an extension of Sidgwickian thought. *History of Political Economy*, n. 11, p. 588-605, inverno de 1979.

SANDMO, Agnar. Buchanan on political economy: a review article. *Journal of Economic Literature*, n. 28, p. 50-65, mar. 1990.

SEN, Amartya. Social choice and justice: collected papers of Kenneth J. Arrow - A review article. *Journal of Economic Literature*, n. 23, p. 1764-1776, dez. 1985.

TARASCIO, Vincent. Pareto: a view of the present through the past. *Journal of Political Economy*, n. 84, p. 109-122, fev. 1976.

VON HAYEK, Friedrich. The competitive "solution". *Economica*, n. 7, p. 125-149, maio 1940.

21

A ESCOLA KEYNESIANA – JOHN MAYNARD KEYNES

O sistema de ideias keynesiano é uma das escolas mais significativas do pensamento econômico. A escola começou com a publicação de *The general theory of employment, interest and money* de Keynes, em 1936, e atualmente marca importante presença na economia ortodoxa. Ela surgiu da escola neoclássica, com Keynes seguindo a tradição marshalliana. Embora Keynes criticasse severamente certos aspectos da economia neoclássica, a qual considerou junto com as doutrinas ricardianas sob o título de "economia clássica", ele utilizou muitos de seus postulados e métodos. Seu sistema baseava-se em uma abordagem psicológica subjetiva e foi permeado por conceitos marginalistas, incluindo a economia do equilíbrio estático. Keynes desassociou-se dos ataques à teoria neoclássica sobre o valor e a distribuição.

Neste capítulo, forneceremos uma visão geral sobre a escola keynesiana e discutiremos as principais ideias de Keynes. No Capítulo 22, examinaremos as ideias de vários colaboradores da economia keynesiana.

VISÃO GERAL DA ESCOLA KEYNESIANA

O cenário histórico da escola keynesiana

As ideias de Keynes receberam ímpetos da Grande Depressão dos anos 1930, a pior que o mundo ocidental já conheceu. Os fundamentos de suas ideias datam de antes de 1929. O trabalho de muitos economistas, incluindo o de Mitchell e de seus associados no National

Bureau of Economic Research, estava na estrutura da economia agregada, ou macroeconomia, em vez de na microeconomia da escola neoclássica. Keynes também adotou essa abordagem macroeconômica. A Primeira Guerra Mundial e os controles econômicos exigiam uma visão geral da economia. O crescimento da produção e do comércio em larga escala deixou a economia mais suscetível às medidas e aos controles estatísticos, tornando a abordagem agregada indutiva mais provável do que no passado. De fato, seu método tornava-se cada vez mais necessário à medida que o público esperava que o governo tratasse mais ativamente do desemprego.

O pensamento keynesiano também teve suas raízes na grande preocupação com a estagnação secular ou com a taxa decrescente de crescimento. As economias maduras das empresas privadas do mundo ocidental ficaram menos vigorosas depois da Primeira Guerra do que antes dela. A taxa de crescimento populacional estava decaindo; a maior parte do mundo já tinha sido colonizada; não parecia haver espaço para mais expansão demográfica; a produção parecia exceder o consumo à medida que as rendas e as poupanças cresciam e não havia novas invenções, como a máquina a vapor, as estradas de ferro, a eletricidade e o automóvel, para estimular grandes investimentos de capital. Além disso, a queda da concorrência nos preços reduziu a taxa de substituição dos equipamentos antigos por máquinas novas e melhores, e a economia era levada para baixo quando os crescentes fundos de depreciação[1] acumulados dos investimentos do passado não eram gastos com a rapidez necessária. Essas observações sobre a estagnação secular, que se tornou particularmente importante após 1929, baseavam-se em parte nos trabalhos de Marx, John A. Hobson (1858-1940), Veblen e outros e, em parte, nas observações reais e em estudos históricos.

Depois que a Grande Depressão começou, no início dos anos 1930, muitos economistas dos Estados Unidos defenderam políticas que mais tarde seriam chamadas de keynesianismo. É interessante observar que essas políticas estavam presentes antes da publicação de *The general theory*, de Keynes. Importantes figuras dentro e fora da profissão dos economistas insistiam em programas trabalhistas públicos, orçamentos para o governo federal e facilidade de crédito pelo *Federal Reserve Credit System*. Muitos economistas tinham consciência do efeito multiplicador que o aumento nos gastos do governo poderia causar sobre os gastos e a renda totais. Alguns teorizavam que, à medida que a renda nacional crescia, os gastos com consumo aumentavam menos rapidamente do que a renda total, e as poupanças cresciam mais rapidamente. Os salários eram reconhecidos como uma fonte de demanda por bens e também um custo de produção; as reduções salariais eram frequentemente contestadas por não oferecerem solução real ao desemprego. Esse era um pensamento macroeconômico. As pessoas recebiam essas ideias independentemente de Keynes e as discutiam nos Estados Unidos. Mas foi Keynes quem proporcionou a estrutura analítica que integrou essas ideias e traçou a "revolução keynesiana" na economia.

Principais dogmas da escola keynesiana

As principais características e princípios da economia keynesiana estão listados a seguir. Discutiremos esses itens com mais detalhes neste capítulo e no Capítulo 22.

1 N.R.T. Reservas monetárias.

- *Ênfase macroeconômica.* Keynes e seus seguidores preocuparam-se com os determinantes das quantias *totais* ou *agregadas* de consumo, poupança, renda, produção e emprego. Estavam menos interessados, por exemplo, em como uma empresa individual decide sobre seu nível de emprego que maximiza o lucro do que na relação entre gastos totais na economia e o conjunto de tais decisões.
- *Orientação pela demanda.* Os economistas keynesianos reforçavam a importância da *demanda efetiva* (agora chamada de gastos agregados) como o determinante imediato da renda nacional, da produção e do emprego. Os gastos agregados, diziam esses economistas, consistem na soma dos gastos de consumo, de investimentos, do governo e da exportação líquida. As empresas produzem coletivamente um nível de produção real que esperam vender. Mas, às vezes, os gastos agregados são insuficientes para comprar toda a produção. À medida que os bens se acumulam, as empresas demitem funcionários e reduzem a produção. Isto é, a demanda efetiva estabelece a *produção real* da economia que, em alguns casos, é menor que o nível de produção que existiria se houvesse pleno emprego (*produção potencial*).
- *Instabilidade na economia.* De acordo com os keynesianos, a economia tende a aumentos rápidos recorrentes, porque o nível de gastos planejados com investimentos é irregular. As alterações nos planos de investimento fazem que a renda e a produção nacional mudem em quantias maiores do que as mudanças iniciais nos investimentos. Os níveis equilibrados de investimento e poupança – aqueles que existem depois de todos os ajustes – são alcançados por meio de mudanças na renda nacional, em oposição às mudanças na taxa de juros.

  Os gastos com investimentos são determinados pela taxa de juros e pela *eficiência marginal do capital* ou pela taxa de retorno esperada acima do custo sobre novos investimentos. A taxa de juros depende das preferências das pessoas por liquidez e da quantidade de dinheiro.[2] A eficiência marginal do capital depende da expectativa de lucros futuros e do preço de oferta de capital. A taxa de lucro esperada dos novos investimentos é instável e, portanto, uma das causas mais importantes das flutuações econômicas.
- *Inflexibilidade nos salários* e *nos preços.* Os keynesianos apontavam que os salários tendem a ser inflexibilidade para baixo, devido a fatores institucionais como os contratos com os sindicatos, as leis de salário mínimo e os contratos implícitos (entendimentos entre os patrões e seus empregados de que os salários não serão reduzidos durante os períodos de quedas temporárias). Em períodos de queda na demanda agregada por bens e serviços, as empresas respondem às vendas mais baixas com a redução de preços e a demissão de empregados, sem insistir nas reduções salariais. Os preços também caem; a queda na demanda efetiva causa inicialmente reduções na produção e no emprego em vez de queda no nível dos preços. A deflação ocorre somente em condições de recessão extremamente grave.
- *Políticas fiscais* e *monetárias ativas.* Os economistas keynesianos defendiam que o governo deveria intervir ativamente por meio de políticas fiscais e monetárias adequadas, a fim de promover o pleno emprego, a estabilidade dos preços e o crescimento econômico. Para combater a recessão ou a depressão, o governo deveria aumentar seus gastos ou reduzir os impostos, sendo que essa opção aumentaria os

2 N.R.T. Moeda.

gastos com consumo privado. Ele deveria também aumentar a oferta de moeda para baixar as taxas de juros, na esperança de que isso encorajasse os gastos com investimentos. Para conter a inflação causada por gastos agregados excessivos, o governo deveria reduzir seus próprios gastos, aumentar os impostos para reduzir os gastos com consumo privado ou reduzir a oferta de moeda para elevar as taxas de juros, o que refrearia os gastos excessivos com investimentos.

Quem a escola keynesiana beneficiou ou procurou beneficiar?

O grande sucesso da economia keynesiana ocorreu principalmente porque ela tratou de um problema urgente de seus dias: a depressão e o desemprego. Além disso, ela oferecia algo para quase todas as pessoas e racionalizava o que já estava sendo feito por necessidade. A sociedade ganha com o pleno emprego, e os indivíduos ou grupos que perdem por causa dele (por exemplo, os administradores de programas de assistência aos desempregados) podem ser facilmente ignorados. Embora os trabalhadores às vezes se opusessem às propostas keynesianas específicas, eles aprovavam as maiores metas de Keynes. O aumento na demanda agregada compensava a redução nos mercados de trabalho e permitia que os sindicatos negociassem melhores salários e condições de trabalho com menos medo do desemprego. Os contratos do governo beneficiavam os juros e estimulavam o governo a tirar a economia da recessão ou depressão. Quando os banqueiros tiveram reservas excessivas nos anos 1930, encontraram uma vasta e lucrativa área para investimento nos títulos do governo, e o controle governamental deu ao sistema bancário liquidez, segurança e estabilidade. Os reformistas e os intelectuais desfrutaram de aumento do nível de emprego no serviço público e puderam executar com grande fervor as reformas moderadas, seguras e racionais que surgiram do pensamento keynesiano.

Os fazendeiros, por muito tempo, foram favorecidos com políticas monetárias confortáveis e baixas taxas de juros. Também chegaram a confiar fortemente nos programas de gastos públicos para a agricultura. De fato, seus representantes desenvolveram uma teoria incipiente sobre o multiplicador muito antes de ela ser incorporada ao sistema keynesiano. Na defesa da intervenção do governo para aumentar as rendas dos fazendeiros, eles aclamavam que cada dólar recebido pelo fazendeiro gerava um aumento de sete dólares na renda nacional devido aos novos gastos com o aumento dos rendimentos dos fazendeiros.

Nas décadas de 1960 e 1970, os consumidores em geral olhavam de forma favorável para a redução dos impostos e apoiavam os políticos que a sugeriam e votavam a seu favor. Esses cortes, sem a redução geral nas despesas do governo, foram questionados no princípio keynesiano de que eram necessários para estimular a demanda e o crescimento econômico. Na década de 1980, a análise racional da redução dos impostos assumiu uma orientação "para o lado da oferta", mas foi consistente com os princípios keynesianos.

Como a escola keynesiana foi válida, útil ou correta em sua época?

Keynes engrenou a teoria econômica com o processo de criação de políticas. As guerras e as recessões mundiais e as crescentes complicações da vida moderna enfraqueceram o *laissez-faire*. As exigências de que algo deveria ser feito em relação às flutuações econômicas cresciam insistentemente, e Keynes ofereceu uma explicação sobre as flutuações e um programa para minimizá-las. O papel dos economistas e da análise econômica na determinação da direção da política do governo era, assim, maior.

A visão keynesiana de que havia meios alternativos para a redução dos salários nominais, a fim de se atingir o pleno emprego, era particularmente oportuna. Essa prescrição política que havia emergido do pensamento neoclássico encontrou pouco apoio como solução prática para o desemprego em massa. Ainda mais importante, de acordo com Keynes, uma redução profunda e geral dos salários nominais contribui para uma política econômica ruim. Ele sustentava que uma única empresa pode aumentar as vendas e o emprego por meio de reduções salariais, porque a demanda por seus produtos permanecerá inalterada. Uma economia inteira, no entanto, não pode aumentar as vendas com facilidade reduzindo os salários nominais (assumindo-se que ela esteja isolada do comércio internacional), porque os salários são uma fonte da demanda por bens, assim como um custo de produção. Se os salários começam a cair, as pessoas esperam que eles caiam ainda mais; isso pode fazer que as empresas adiem os gastos com investimentos, tornando a recessão ainda pior.

Se a redução dos salários resulta na queda dos preços, isso piora novamente a questão, porque o ônus real das dívidas aumenta, transferindo a riqueza do empresário para *aquele que vive de renda*. Além disso, as margens de lucro tornam-se menores, sufocando os novos investimentos. Como as reduções salariais afetam os assalariados que têm alta propensão marginal ao consumo e ajudam os patrões a ter propensões baixas, a propensão geral do consumo diminui e isso piora ainda mais a situação. Sendo um homem prático, Keynes também discordava das reduções salariais porque elas desencadeariam problemas com a mão de obra. Ele foi preciso ao convencer as pessoas da ideia de que a política salarial deveria ser separada daquelas para conter a recessão. Há maneiras melhores para criar empregos, dizia Keynes.

O método keynesiano tornou-se imensamente útil mesmo para aqueles que não aceitavam as conclusões das políticas de Keynes. Ele estabeleceu um novo conjunto de ferramentas analíticas por meio do qual se poderia ver a economia, encorajou o desenvolvimento da renda nacional, estimulou um esforço produtivo para os estudos empíricos do mundo real, acelerou o desenvolvimento da econometria e criou um novo liberalismo sobre o qual os reformistas poderiam depositar suas esperanças de ajudar aqueles que menos se beneficiavam com o capitalismo desmedido.

Quais dogmas da escola keynesiana se tornaram contribuições duradouras?

Muitas das ideias desenvolvidas por Keynes e seus seguidores tornaram-se elementos ortodoxos da macroeconomia contemporânea. De fato, a economia contemporânea poderia ser considerada uma combinação da microeconomia neoclássica com a macroeconomia inspirada no keynesianismo. Conceitos keynesianos como a função consumo; a propensão marginal a consumir; a função das poupanças; a propensão marginal a poupar; a eficiência marginal do capital; as demandas de transação, preventivas e especulativas pela moeda; o multiplicador; as poupanças e investimentos *ex post* e *ex ante;* a política fiscal e monetária; a análise *IS-LM* e assim por diante são hoje padrão nos livros didáticos de economia. Muitos dos primeiros preceitos keynesianos, como a visão de que a economia pode ser "ajustada" a uma posição de pleno emprego não inflacionário, ficaram muito desacreditados, mas o keynesianismo como método analítico e como sistema de ideias ainda domina a macroeconomia.

Isso sem mencionar que todas as ideias de Keynes e seus seguidores provaram ser corretas. Algumas críticas gerais ao pensamento de Keynes são discutidas na última seção deste capítulo. As críticas às teorias keynesianas oferecidas por monetaristas contemporâneos e pelos "novos clássicos" serão discutidas no Capítulo 24.

JOHN MAYNARD KEYNES

Detalhes biográficos

John Maynard Keynes (1883-1946) era filho de pais eminentemente intelectuais, que viveram mais que ele. Seu pai era John Neville Keynes, um ilustre economista lógico e político. Sua mãe, que se interessava por assuntos públicos e pelo trabalho social, foi juíza de paz, conselheira municipal e prefeita de Cambridge. Entre os professores de Keynes em Cambridge estavam Marshall e Pigou, que reconheceram seu brilhantismo. Aos 28 anos, Keynes tornou-se editor do *Economic Journal*. Também administrou os investimentos de sua editora, a Royal Economic Society, com extraordinário sucesso. Da mesma forma, o King's College da Universidade de Cambridge obteve lucros fenomenais sob a orientação financeira de Keynes. Sua considerável fortuna de meio milhão de libras foi acumulada principalmente por meio de transações em moedas e mercadorias estrangeiras. De fato, ele foi um dos especuladores sobre os quais ele próprio escreveu:

> Os especuladores podem não causar danos quando são apenas bolhas num fluxo constante de empreendimentos; mas a situação torna-se séria quando o empreendimento se converte em bolhas no turbilhão especulativo. Quando o desenvolvimento do capital de um país se torna um produto secundário das atividades de um cassino, provavelmente o trabalho é mal executado. A medida do sucesso alcançado por Wall Street, considerada uma instituição cujo objetivo social é direcionar novos investimentos aos canais mais lucrativos em termos de produção futura, não pode ser aclamada como um dos grandes triunfos do capitalismo do *laissez-faire* – o que não é surpreendente, se eu estiver certo em pensar que os melhores intelectos de Wall Street estiveram, de fato, direcionados para um objetivo diferente.[3]

Keynes foi uma figura importante tanto no mundo dos assuntos práticos como na vida acadêmica. Ele foi presidente de uma empresa de seguros de vida, atuou como diretor de outras empresas e foi membro do corpo administrativo do Banco da Inglaterra. Além de financista, foi um alto oficial do governo, autor de muitos livros e trabalhos teóricos didáticos, jornalista, conhecedor e patrocinador das artes e professor na Universidade de Cambridge. Foi membro ilustre do "Grupo de Bloomsbury", nomeado depois da seção de Londres em que as irmãs Vanessa Bell e Virginia Woolf tinham suas casas. Esse círculo de artistas brilhantes, escritores, críticos e intelectuais, que durou de 1907 a 1930, também incluía Leonard Woolf, Clive Bell, Lytton Strachey, E. M. Forster e outros notáveis. Keynes foi o principal representante do Ministério da Fazenda da Inglaterra, na conferên-

3 KEYNES, John Maynard. *The general theory of employment, interest and money.* Nova York: Harcourt, Brace and World, 1936. p. 159. Reimpresso com permissão da Harcourt Brace and Company.

cia de paz após a Primeira Guerra Mundial, com poder de falar pelo ministro. Suas experiências nas negociações de Paris e sua forte oposição ao estabelecimento da paz imposta à Alemanha o levaram à demissão de seu cargo oficial em 1919 e a escrever seu polêmico *The economic consequences of the peace*. Em 1940, juntou-se novamente ao Ministério da Fazenda para orientar a Inglaterra durante as dificuldades financeiras da guerra. Ele foi o principal negociador de seu país na organização do Fundo Monetário Internacional e do Banco Internacional para Reconstrução e Desenvolvimento e na obtenção do empréstimo pós-guerra dos Estados Unidos para a Inglaterra. Tornou-se barão em 1942 e, para aqueles amigos que o criticaram por ter aceitado o título, sua espirituosa defesa foi: "Eu tive de fazer isso para poder ter alguns empregados".

Em 1926, Keynes publicou um pequeno livro intitulado *The end of laissez-faire*, em que afirmava que os males dos dias de hoje eram frutos de risco, incerteza e ignorância. Um grande negócio é, em geral, uma loteria, em que alguns indivíduos podem tirar vantagens da ignorância e da incerteza. As consequências são grandes diferenças de riqueza, desemprego e desapontamento com as expectativas de negócios razoáveis e diminuição da eficiência e da produção:

> Embora a cura esteja fora das operações dos indivíduos, pode ser do interesse dos indivíduos agravar a doença. Acredito que a cura para essas coisas está, em parte, no controle deliberado da unidade monetária e do crédito por uma instituição central e, em parte, na coleta e disseminação de uma grande porção de dados relacionados à situação econômica. (...) Essas medidas envolveriam a sociedade no exercício de inteligência diretiva por meio de um órgão adequado de ação sobre muitas das intrigas internas das empresas privadas, porém deixaria a iniciativa privada desimpedida. (...)
>
> Os devotos do capitalismo são, normalmente, conservadores em excesso e rejeitam as reformas em suas técnicas, que poderiam, com efeito, fortalecê-lo e preservá-lo, com medo de que elas possam provar ser os primeiros sinais de distanciamento do capitalismo. (...) De minha parte, acho que o capitalismo, bem administrado, pode se tornar mais eficiente para alcançar as metas econômicas do que qualquer sistema alternativo em vista, mas que é, em diversas maneiras, extremamente censurável. Nosso problema é estabelecer uma organização social que seja eficiente sem ofender nossas noções de um modo de vida satisfatório.[4]

Keynes não se afastou dessas opiniões nas duas últimas décadas de sua vida.

O sistema keynesiano

O sistema de ideias que Keynes desenvolveu em *The general theory* consiste em diversos elementos inter-relacionados. O primeiro deles é a função consumo.

Função consumo. Keynes sugeria uma "lei psicológica fundamental" que tratava da relação entre consumo e renda:

> A lei psicológica fundamental, da qual dependemos com grande confiança *a priori* com base no nosso conhecimento da natureza humana e com base nos fatos detalhados da

4 KEYNES, John Maynard. *The end of laissez-faire*. Londres: Hogarth, 1926. p. 47-58.

> experiência, é que os homens tendem, como regra e na média, a aumentar seu consumo à medida que a renda aumenta, mas não tanto quanto o aumento da renda.[5]

Formalmente, (1) há uma relação funcional positiva entre consumo (*C*) e renda nacional (*Y*):

$$C = f(Y) \quad \textbf{(21.1)}$$

e (2) a razão entre a mudança no consumo e a mudança na renda – a propensão marginal ao consumo (*MPC*) – é positiva e menor que 1.

$$MPC = \Delta C/\Delta Y \quad \textbf{(21.2)}$$

Isso implica que as poupanças (*S*) também surgem com a renda; são, também, uma função positiva da renda.

$$S = f(Y) \quad \textbf{(21.3)}$$

Assim como a *MPC*, a propensão marginal a poupar (*MPS*) é maior que zero e menor que 1.

$$MPS = \Delta S/\Delta Y \quad \textbf{(21.4)}$$

Na Figura 21.1, representamos graficamente uma função consumo a curto prazo que mostra os totais que os consumidores gastarão em bens e serviços em diferentes níveis de renda em uma economia hipotética. A inclinação da curva ($\Delta C/\Delta Y$) é a propensão marginal a consumir.

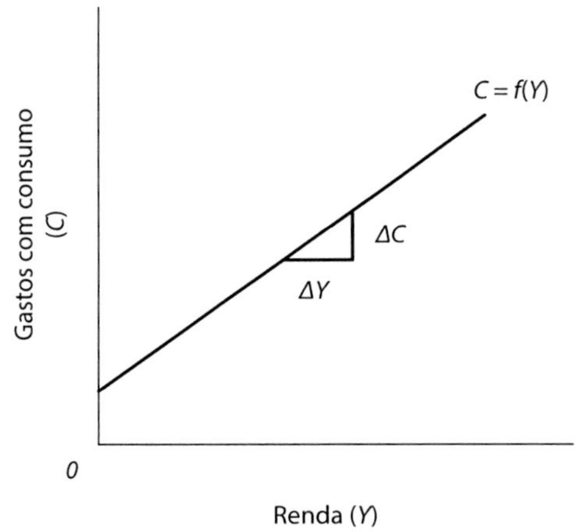

Figura 21.1 ■ A função de consumo

À medida que a renda nacional cresce, o consumo também aumenta, mas não tanto quanto o aumento na renda. A curva (*AC/AY*) da função de consumo *C* = *f(Y)* mede a propensão marginal a consumir.

5 KEYNES, *The general theory*, p. 96

Investimento. Keynes definiu o investimento econômico como a compra de bens de capital. Além disso, o investimento involuntário ocorre quando as vendas caem e os estoques de bens não vendidos aumentam. Observe a diferença entre investimento *econômico* e investimento *financeiro*, que consiste na compra de ações, títulos e outros instrumentos financeiros. O investimento financeiro não é investimento no sentido keynesiano, porque não representa diretamente a compra de bens de capital. Para Keynes, os investimentos financeiros são, simplesmente, repositórios alternativos para a poupança das pessoas.

As empresas assumem investimentos na expectativa de que o novo capital proporcione lucro. Quando uma empresa compra um equipamento de capital, ela "compra o direito à série de retornos esperados, que espera obter vendendo sua produção deduzindo suas despesas de execução para obter a produção durante a vida do ativo".[6] O montante da renda esperada depende (1) da produtividade do capital, (2) do preço ao qual a empresa pode vender a produção agregada e (3) do salário adicional e da despesa de materiais resultantes do uso do capital.

Uma segunda consideração na decisão dos investimentos, dizia Keynes, é o *preço da oferta* ou o custo de substituição do ativo. O preço da oferta do capital é o preço que seria suficientemente justo para fazer que o fabricante do capital produzisse uma unidade adicional. Keynes definiu a *eficiência marginal do capital* como sendo igual à taxa de desconto que torna o valor atual da série de retornos esperados exatamente igual ao preço da oferta do ativo de capital. Isso é expresso matematicamente como

$$K_s = \frac{R}{(1 + r)} + \frac{R_2}{(1 + r)^2} + \dots + \frac{R_n}{(1 + r)^n} \qquad \textbf{(21.5)}$$

em que K_s é o preço da oferta de capital, R é o retorno esperado em um ano específico e r é a eficiência marginal do capital. Por exemplo, se o custo atual de um ativo de capital é US$ 5.500 e há uma expectativa de um retorno anual de US$ 1.000 por seis anos, com os ativos nada valendo ao final desse período, a eficiência marginal do capital é de 2,5%. Em outras palavras, US$ 1.000 ao ano, por seis anos, deduzidos ao valor atual com uma taxa de juros de 2,5%, valeriam US$ 5.500. Ou então, US$ 5.500 investidos a 2,5% produziriam um retorno de US$ 1.000 ao ano por seis anos. A eficiência marginal do capital é sua produtividade marginal como uma porcentagem do custo original do bem de capital, calculada sobre a vida do investimento de capital e descontadas a incerteza e a futuridade. Alternativamente, é a taxa de lucro esperada de um novo investimento, sem deduzir a depreciação ou custos de juros explícitos e implícitos.

Os investimentos continuarão até o ponto em que a eficiência marginal do capital seja igual à taxa de juros – o custo de tomar fundos emprestados para investimento. Por exemplo, se a eficiência marginal do capital for 2,5%, não ocorrerá um investimento a uma taxa de juros de 3%, mas a 2%.

A eficiência marginal do capital é altamente variável; ela flutua a cada mudança das expectativas das pessoas de lucros futuros dos investimentos contemplados. O aumento nos investimentos em determinado tipo de capital, dizia Keynes, reduz a eficiência marginal desse capital. Há dois motivos. Primeiro, os lucros esperados caem à medida que os totais crescentes de investimento competem uns com os outros. Em termos da Equação

6 KEYNES. *The general theory*, p. 135.

21.5, isso implica que os valores de R caem, enquanto o restante permanece na mesma situação; uma queda nesses valores causará uma queda na eficiência marginal do capital, r. Segundo, "as pressões para a produção desse tipo de capital farão que seu preço de oferta aumente".[7] Observe que um aumento em K_s, na Equação 21.5, enquanto o restante permanece como está, também reduz o valor de r. O princípio que emerge, portanto, é que o total de um tipo específico de investimento em capital e sua eficiência marginal estão inversamente relacionados.

As ideias de Keynes sobre a eficiência marginal do capital podem ser utilizadas para construir uma curva da demanda por investimento, como a curva $I = f(i)$, na Figura 21.2. Essa curva mostra a relação inversa entre a taxa de juros (i) e o total de investimento (I) de uma economia em que todos os projetos de investimento relevantes foram classificados em ordem decrescente de eficiência marginal do capital. Se a taxa de juros do mercado for i_1, o montante de investimento será I_1. Para todos os investimentos acima de I_1, a eficiência marginal do capital excederá o custo do empréstimo, enquanto para todos os investimentos além de I_1, o custo excederá a eficiência marginal do capital.

Keynes discordava dos economistas clássicos e neoclássicos que achavam que a taxa de juros produz um equilíbrio automático entre o total de poupanças que as empresas desejam para os novos investimentos e a quantidade de poupanças fornecida. A taxa de juros, dizia ele, não pode ser uma recompensa para a abstinência (Senior) nem uma recompensa para a espera (Marshall). Se uma pessoa acumula suas poupanças em caixa, ela *não* recebe os juros. As poupanças dependem muito mais do *nível de renda* (lembre-se da nossa discussão anterior sobre a função das poupanças). A taxa de juros é uma recompensa pelo sacrifício da liquidez – a facilidade com que um ativo pode ser convertido diretamente em bens e serviços sem perda de seu preço de compra. A taxa de

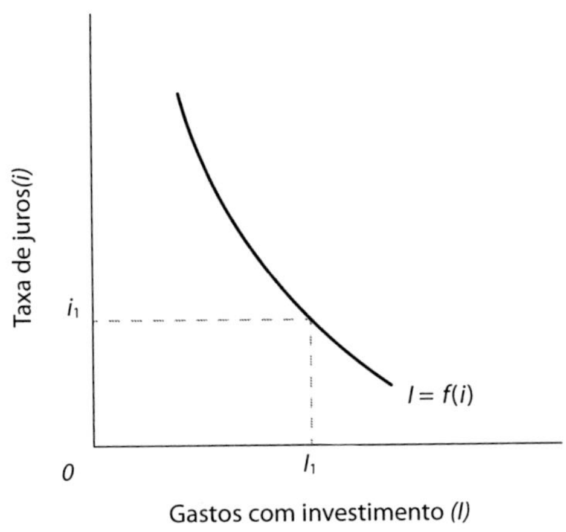

FIGURA 21.2 ■ A CURVA DA DEMANDA POR INVESTIMENTO

A curva da demanda por investimento $I = f(i)$ de uma economia é construída organizando-se os projetos de investimento potencial em ordem decrescente de acordo com a eficiência marginal do capital. A curva é decrescente, refletindo uma relação inversa entre a taxa de juros i (o "preço" financeiro de cada dólar investido) e a quantidade de investimento demandada, I.

7 KEYNES. *The general theory*, p. 136.

juros depende da preferência pela liquidez e da quantidade de dinheiro, *dinheiro* este definido como moeda mais os depósitos demandados. Uma taxa de juros de mercado é aquele preço que equilibra o desejo do indivíduo em poupar em dinheiro com a quantidade de moeda disponível no sistema.

Preferência pela liquidez. A preferência pela liquidez depende de três motivos para se poupar moeda e da relutância em se desfazer dela, exceto quando a taxa de juros age como uma persuasão efetiva. O primeiro é o *motivo de transação*, a necessidade de dinheiro em caixa para pagar as compras atuais de consumo e as exigências dos negócios. O segundo é o *motivo preventivo*, o desejo de ter algum dinheiro disponível para emergências. Finalmente, há o *motivo especulativo*, o desejo de ter dinheiro enquanto se espera que as taxas de juros aumentem, que os preços das ações ou títulos diminuam ou que o nível geral de preços caia. A liquidez permite que as pessoas agarrem rapidamente as oportunidades de investimentos financeiros e econômicos à medida que eles aumentem.

Esses motivos para guardar dinheiro se traduzem em uma curva da demanda por dinheiro[8] como *L* na Figura 21.3. A curva é decrescente, indicando que as pessoas desejarão guardar mais dinheiro a taxas de juros menores. Quando a taxa de juros é baixa em relação a uma taxa de juros normal, as pessoas esperam por seu aumento. Quando a taxa de juros aumenta, os preços dos títulos caem e aqueles que têm títulos perdem. Assim, as pessoas guardam maiores volumes de dinheiro em caixa[9] e menos títulos quando a taxa de juros é baixa. Por razões inversas, elas adquirem mais títulos e guardam quantias menores de dinheiro quando a taxa de juros é alta.

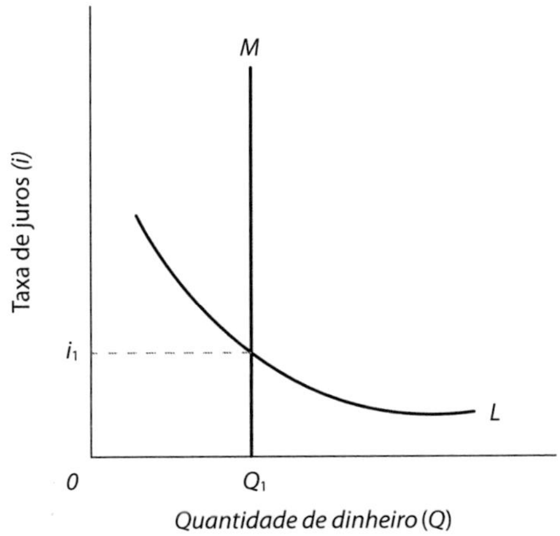

FIGURA 21.3 ■ PREFERÊNCIA PELA LIQUIDEZ, OFERTA DE MOEDA E TAXA DE JUROS

A curva da demanda por moeda (*L*) é decrescente porque taxas de juros menores reduzem o custo de guardar dinheiro em caixa. A curva da oferta de moeda (*M*) é vertical, refletindo a quantia específica de moeda colocada em circulação pelo banco central. A taxa de juros de equilíbrio (aqui i_1) é determinada na interseção da curva da preferência pela liquidez (curva da demanda por moeda) com a curva da oferta de moeda.

8 N.R.T. Ou curva da demanda por moeda.
9 N.R.T. Obviamente, em uma economia estável. Se houver inflação, a regra não vale.

A quantidade de dinheiro em circulação depende da política do Banco Central. Ela pode aumentar ou diminuir a oferta de moeda com mudanças nas operações do mercado aberto, com as necessidades de reserva[10] e com a taxa de desconto. A quantidade de moeda fornecida é considerada independente da taxa de juros; assim, a curva da oferta de moeda *M* na Figura 21.3 é vertical ou perfeitamente inelástica.

Observamos no gráfico que a taxa de equilíbrio dos juros é i_1. Um aumento na quantidade de moeda – um deslocamento de *M* para a direita – diminuiria a taxa de juros, a menos que a preferência do público pela liquidez estivesse crescendo mais do que a quantidade de moeda. Um ponto importante surge aqui: uma taxa de juros menor não *reduz* as poupanças, como assumiam os economistas clássicos e neoclássicos. Em vez disso, ela estimula os gastos com investimentos (Figura 21.2). Se a economia estivesse operando a um nível de emprego menor, a renda nacional cresceria, e as poupanças *aumentariam.*

Resumindo, o nível de investimentos na economia depende da interação (1) da eficiência marginal do capital, que define a curva da demanda por investimentos, e (2) da taxa de juros do mercado. A taxa de juros do mercado depende da demanda por moeda (preferência pela liquidez) e da oferta da moeda.

Renda e emprego equilibrados. Keynes assumiu que há uma forte correlação entre a renda nacional e o nível de emprego. Obviamente, isso não é, necessariamente, verdadeiro. Grandes investimentos em capital de economia de trabalho,[11] por exemplo, podem fazer que a produção interna real e a renda nacional cresçam mais rapidamente do que o emprego. No entanto, Keynes preocupa-se principalmente com o curto prazo. Ele defendia essa ênfase de forma espirituosa: "A longo prazo, vamos todos morrer". A curto prazo, podemos ignorar as mudanças tecnológicas; depois, podemos concordar que o nível de renda determina o nível de emprego, e as duas variáveis podem ser utilizadas de forma alternada.

Se ignorarmos o governo e o comércio internacional, os determinantes imediatos da renda e do nível de emprego são os gastos com consumo e investimentos. Esses dois componentes de consumo constituem as despesas agregadas na economia. A renda nacional de equilíbrio ocorre quando os níveis combinados de gastos com consumo e investimentos se igualam ao nível de renda atual. Simbolicamente, é onde

$$Y = C + I \qquad \textbf{(21.6)}$$

Como as economias são diferentes entre a renda e o consumo, então

$$S = Y - C \qquad \textbf{(21.7)}$$

Resolvendo as duas equações, obtemos uma condição alternativa da renda do equilíbrio:

$$S = I \qquad \textbf{(21.8)}$$

A apresentação-padrão didática do modelo keynesiano simples é mostrada na Figura 21.4. Paul Samuelson formalizou essa apresentação, que é conhecida como o modelo

10 N.R.T. Principalmente compulsória.

11 N.R.T. Racionalizar o trabalho para reduzir custos e melhorar a produtividade.

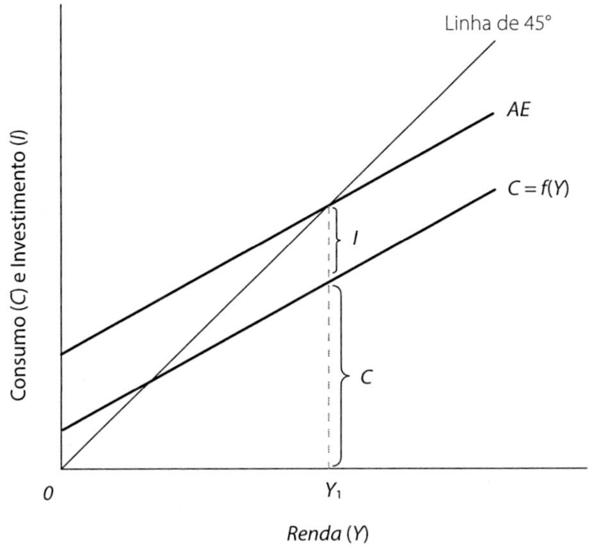

FIGURA 21.4 ■ RENDA DE EQUILÍBRIO

As despesas agregadas (AE) consistem em $C + I$ no modelo keynesiano mais simples. A renda de equilíbrio ocorre quando a curva AE cruza a linha de 45°, porque as despesas planejadas ($C + I$) são iguais ao nível de renda (Y_1). Além disso, nos investimentos planejados de equilíbrio, I se iguala às poupanças (a distância vertical entre a linha de 45° e a função de consumo).

cruzado de Keynes. Assim, ela seria mais bem compreendida como "a economia keynesiana" do que especificamente como "a economia de Keynes".[12]

A curva de despesas agregadas AE mostra o nível combinado de gastos com consumo e investimentos apresentados em cada nível de renda. A distância vertical entre AE e a função de consumo $C = f(Y)$ é o nível de investimento (I_1 na Figura 21.2). A distância vertical entre a função de consumo e o eixo horizontal é o nível de consumo. A renda de equilíbrio é Y_1, porque nesse ponto a curva das despesas agregadas cruza a linha de 45°, indicando que $C + I$ se iguala ao nível de renda já existente, Y_1 (a altura da linha de 45°, em Y_1, é igual à distância horizontal OY_1).

Podemos também demonstrar que as poupanças se igualam aos investimentos desejados em Y_1. Lembre-se da Equação 21.7 que o nível de poupanças é encontrado subtraindo-se o nível de consumo do nível da renda. Na Figura 21.4, o nível de poupanças em qualquer nível de renda é, portanto, a distância vertical entre a linha de 45° e a função de consumo. Somente em Y_1 é que essa distância vertical - poupança (S) - se iguala ao nível de investimentos planejados (I).

Como a recessão poderia ocorrer?, perguntava Keynes. Sua resposta é facilmente demonstrada com o modelo simples que acabamos de desenvolver. Imagine que o nível de renda Y_1 na Figura 21.4 seja aquele com pleno emprego. Assuma também que, por algum motivo, os empresários se tornem pessimistas em relação às perspectivas econômicas futuras e que o resultado seja uma revisão decrescente dos retornos esperados em

12 Axel Leijonhufvud fez a distinção entre "economia keynesiana" e a "economia de Keynes" em *On Keynesian economics and the economics of Keynes*. Nova York: Oxford University Press, 1968.

um novo investimento. Isso se traduz em uma queda na eficiência marginal do capital e um deslocamento para a esquerda da curva da demanda por investimento (Figura 21.2).

De acordo com a Figura 21.5, a queda nos gastos com investimentos reduz as despesas agregadas de AE_1 para AE_2. Em resposta à queda nas vendas e ao aumento dos inventários, as empresas reduzem o nível de emprego e a produção. A renda nacional, portanto, cai de Y_1 para Y_2. Observamos que a renda de equilíbrio cai mais do que o próprio investimento. A razão é o efeito multiplicador de uma mudança inicial nos gastos com investimento. Keynes adotou essa teoria de R. F. Kahn, seu colega de Cambridge, e a incorporou diretamente a seu modelo. O multiplicador mede o efeito de uma mudança nos gastos sobre a renda; é a mudança na renda dividida pela mudança nos investimentos.

O tamanho do multiplicador depende da inclinação da curva de despesas agregadas. Vamos assumir que a propensão marginal a consumir – a inclinação de AE_1 e AE_2, nesse caso em particular – seja 0,6. Isto é, quando a renda das pessoas cresce em US$ 1, elas gastam 60 centavos e poupam 40 centavos (*MPS* = 0,4). E quando a renda cai em US$ 1, elas reduzem o consumo e as poupanças em US$ 0,60 e US$ 0,40, respectivamente.

Imagine que a redução nos gastos com investimentos em nosso exemplo seja de US$ 10 bilhões. Isso reduzirá imediatamente a renda em US$ 10 bilhões, porque a receita para os vendedores de bens de capital cairá em um total igual. Enfrentando uma redução de renda de US$ 10 bilhões, os vendedores reduzirão os gastos com consumo em US$ 6 bilhões [0,6(US$ 10 bilhões)] e suas poupanças em US$ 4 bilhões [0,4(US$ 10 bilhões)]. A queda de US$ 6 bilhões nos gastos com consumo provocará *mais* redução de renda de US$ 6 bilhões, o que, por sua vez, reduzirá os gastos com consumo de outra pessoa em

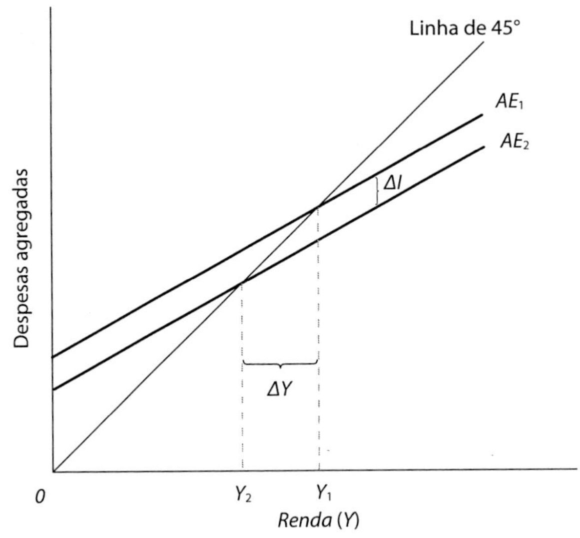

FIGURA 21.5 ■ MUDANÇAS NA RENDA DE EQUILÍBRIO

Uma queda nas despesas agregadas de AE_1 para AE_2 – nesse caso causada por uma queda nos gastos com investimentos – resulta na diminuição da renda de Y_1 para Y_2 e em um aumento no desemprego (não mostrado). O multiplicador keynesiano simples é a razão entre a mudança na renda (ΔY) e a mudança inicial nos gastos com investimentos (ΔI). Keynes dizia que o governo poderia conter a queda na renda, iniciando uma política fiscal de expansão que deslocaria a curva de despesas agregadas de AE_2 de volta para AE_1.

um *adicional* de US$ 3,6 bilhões [0,6(US$ 6 bilhões)]. As poupanças cairão em outros US$ 2,4 bilhões [0,4 (US$ 6 bilhões)]. Esse processo continuará. Quando a queda total na renda atingir US$ 25 bilhões, o equilíbrio será restaurado. A queda de US$ 25 bilhões na renda reduzirá as poupanças em um total igual à redução inicial de US$ 10 bilhões nos gastos com investimentos [0,4 (US$ 25 bilhões)]. O multiplicador nesse caso é 2,5, que, como mostrado em *k* na Equação 21.9, é o recíproco da propensão marginal a poupar.[13]

$$k = \frac{1}{MPS} \qquad \textbf{(21.9)}$$

Políticas para promover o nível de emprego e a estabilidade. Keynes propôs um grande papel ao governo para estabilizar a economia em um nível de emprego da renda nacional. Para combater o alto índice de desemprego como aquele associado à renda Y_2, na Figura 21.5, Keynes propôs meios para aumentar as despesas agregadas. Por exemplo, o governo deveria estimular os investimentos privados durante um período de recessão, forçando a queda da taxa de juros, o que seria realizado por meio de uma política do Banco Central. Mas há limites de como diminuir as taxas de juros. Observando rapidamente a Figura 21.3, verificamos que a curva da preferência pela liquidez (demanda por moeda) torna-se perfeitamente reta com taxas de juros baixas. Qualquer dinheiro novo injetado na economia pelo Banco Central será poupado pelas pessoas como saldos ociosos, em vez de ser utilizado para comprar títulos, e a taxa de juros não cairá. Por causa dessa *armadilha da liquidez*, a política monetária não se torna uma maneira efetiva de reduzir as taxas de juros e de aumentar os gastos com investimentos durante um período de grande recessão.

Uma segunda e mais eficaz maneira de superar a recessão é o governo assumir uma política fiscal expansiva. Os gastos do governo, como os investimentos privados, servem como fonte de despesas agregadas. Esses gastos, afirmava Keynes, poderiam ser aumentados, elevando, assim, as despesas agregadas e produzindo um aumento múltiplo na renda nacional. Isso seria mostrado na Figura 21.5 como um *aumento* nas despesas agregadas de AE_1 para AE_2. Se os investimentos privados forem insuficientes para absorver as poupanças privadas no nível de renda do emprego, o governo deveria se apoderar do excesso de poupanças e gastá-las em projetos de investimentos sociais.

O principal problema, segundo Keynes, é que, quanto mais rica se torna a sociedade, mais ela poupa e mais difícil fica para manter o nível de emprego. Uma economia empreendedora privada pode encontrar dificuldades em manter investimentos privados adequados. O governo, portanto, talvez precise provocar déficits orçamentários e "socializar" os investimentos. Isso significa que o Estado decidiria sobre o total agregado de investimentos públicos e privados necessários para obter o pleno emprego. A vida econômica como um todo não precisa ser socializada, porque o sistema existente não emprega mal os fatores de produção que estão em uso. O governo deveria identificar o volume, e não a composição, do emprego.

Veja
O passado como preâmbulo 21-1

13 Na economia dos Estados Unidos, a propensão marginal a poupar em relação a um aumento na renda considerada constante é de aproximadamente 0,1, o que implicaria que o multiplicador é 10 (1/0,1). Descobriremos no Capítulo 22, no entanto, que há outras "fugas", além das poupanças nas economias no mundo real, e, portanto, que o multiplicador estimado para os Estados Unidos fica entre 2,2 e 2,7.

21-1 O passado como preâmbulo

KEYNES E A ESCOLA DE ESTOCOLMO

A escola de Estocolmo, baseada na análise de Wicksell sobre o processo cumulativo, estudou os processos econômicos agregados de uma maneira muito semelhante a Keynes. Durante anos, os economistas ingleses não tiveram consciência dos desenvolvimentos na Suécia, embora a economia sueca tenha se confrontado e, de alguma forma, se antecipado aos keynesianos. O economista Gunnar Myrdal (1898-1987), ganhador do Prêmio Nobel, repreendia Keynes por sua "originalidade desnecessária". Em 1913, como resultado da recessão mundial, o governo sueco pediu que seus principais economistas analisassem diferentes políticas para combater o desemprego. Para isso, os economistas tiveram de resolver certos problemas teóricos. De que forma a produção e o investimento podem sair de um estado de recessão quando as poupanças são muito pequenas? Quando os investimentos se expandem sem que poupadores decidam poupar mais, em que sentido o investimento excede a poupança? Os investimentos exigem poupanças; de onde vêm as poupanças?

Em 1933, o professor Myrdal publicou uma análise que hoje parece reforçar o conceito de Keynes sobre a renda de equilíbrio e suas mudanças. Myrdal esboçou uma distinção entre a renda esperada, as poupanças e os investimentos, que chamou de *ex ante*, e as categorias opostas, ou *ex post*. Assim, o investimento *ex ante* é o investimento planejado para um período futuro em uma renda *ex ante*, ou planejada. As poupanças *ex ante* também estão baseadas na renda e nos investimentos futuros esperados. As poupanças, os investimentos e a renda *ex post* foram realizados em algum momento do passado e podem ser examinados no registro estatístico.

Para explicar as flutuações, é necessária uma análise *ex ante*. É preciso examinar as expectativas e os planos para o futuro. Embora as expectativas e os planos para o futuro sejam, de alguma forma, baseados em experiências e condições atuais ou passadas, não existe nenhuma ligação mecânica direta entre eles.

Como as poupanças e os investimentos planejados são, em geral, assumidos por diferentes pessoas e com diferentes motivos, as duas variáveis provavelmente não coincidem, exceto acidentalmente. As discrepâncias entre elas representam desequilíbrios na economia que forçam mudanças em direção a um novo equilíbrio. O resultado é que essa renda se desloca para um novo nível em que as poupanças e os investimentos *ex post* são iguais. Assim, se as poupanças planejadas excederem os investimentos planejados, a renda cairá até que as poupanças e os investimentos planejados sejam equiparados. Se os investimentos planejados excederem as poupanças planejadas, talvez pela expansão do crédito bancário, a renda crescerá até que as poupanças e os investimentos fiquem iguais. A igualdade entre as poupanças e os investimentos *ex ante* produz um equilíbrio que, normalmente, manifesta-se como uma ausência de ganhos ou perdas nas poupanças e nos investimentos *ex post.*

Imagine que, devido a previsões otimistas, os investidores decidam aumentar seus investimentos em uma economia que apresente certo nível de desemprego. Os poupadores não optarão por poupar mais do que antigamente. As vendas totais crescerão, mais bens serão produzidos, a renda agregada aumentará e as pessoas pouparão mais dinheiro. No final do período, as rendas realizadas excederão as esperadas, e as poupanças realizadas excederão as planejadas.

Quando Keynes, em seu *Treatise on money* (1930), escreveu que a diferença entre poupança e investimento provoca mudanças no nível de renda e emprego, ele queria dizer *ex ante.* Quando, em *The general theory* (1936), ele escreveu que as poupanças e os investimentos sempre são iguais, ele queria dizer *ex post.* Em qualquer nível de renda, as poupanças *ex post* são iguais aos investimentos *ex post*, porque as mudanças nos estoques agem como um item de equilíbrio que equipara os investimentos (compras de bens de capital *mais* as mudanças nos estoques) às poupanças reais apresentadas. Em sua discussão sobre as expectativas e as mudanças na renda, no entanto, Keynes obviamente escreveu considerações *ex ante* para sua teoria.

Críticas

O pensamento estático de curto prazo de Keynes o levou a exagerar a tendência à estagnação secular. Assim como muitos economistas antes dele, Keynes acreditava que a lucratividade de novos investimentos diminuiria à medida que projetos mais lucrativos fossem assumidos em primeiro lugar, deixando projetos menos atrativos para uma exploração futura:

> O Antigo Egito foi duplamente próspero e, sem dúvida alguma, graças à sua fabulosa fortuna, trazida por *duas* atividades, a construção de pirâmides e a busca por metais preciosos, cujos frutos não permaneceram em abundância. A Idade Média construía catedrais e cantava hinos fúnebres. Duas pirâmides, duas missas para os mortos, são duas vezes melhores que uma, mas não como duas linhas férreas de Londres a York.[14]

Keynes subestimou as possibilidades de mudanças tecnológicas e os novos investimentos de capital que elas trariam.

Keynes era limitadamente provinciano em relação ao espaço e ao tempo. Ele parecia acreditar que o desemprego teria se tornado um problema no Antigo Egito e na Idade Média se não tivessem construído pirâmides e catedrais. Sua análise sobre o mercantilismo implicava que os problemas de 1636 fossem iguais aos de 1936: "Houve uma ten-

14 KEYNES. *The general theory*, p. 131.

dência crônica em toda a história humana para que a propensão a poupar fosse mais forte que a disposição em investir".[15] Ele acreditava que, durante toda a história, a fraqueza da persuasão a investir tinha sido a chave para o problema econômico.

Keynes também pode ser criticado por ter aceitado tão rapidamente os gastos inúteis do governo. Ele preferia que o Estado financiasse projetos úteis, em vez dos inúteis. Mas reconheceu que a comunidade econômica poderia condenar os trabalhos públicos úteis se eles competissem com as empresas privadas. Nessa situação, os gastos esbanjadores eram preferíveis aos projetos úteis e eram muito melhores do que nada fazer:

> A construção de pirâmides, os terremotos, até mesmo a guerra podem servir para aumentar a riqueza, se a educação de nossos estadistas sobre os princípios da economia clássica impedir a realização de algo melhor. (...)
>
> Se o Ministério da Fazenda tivesse de encher garrafas velhas com cédulas, enterrá-las em profundas minas de carvão abandonadas que são, então, enchidas completamente com resíduos da cidade e deixar que as empresas privadas nos bem segmentados princípios do *laissez-faire* as desenterrem novamente (o direito para fazer isso é, obviamente, adquirido oferecendo contratos de território de produção de notas), não precisaria haver mais desemprego e, com a ajuda das repercussões, a renda real da comunidade e também os bens de capital, provavelmente, tornar-se-iam um bom negócio. De fato, seria mais sensível construir casas e coisas do tipo, mas se há dificuldades políticas e práticas que impedem isso, fazer o exposto acima seria melhor do que nada.[16]

Keynes concordava com os gastos com o consumo privado inútil, assim como com o desperdício público. Ele defendeu *The fable of the bees: or, private vices, publick benefits* (1705) de Bernard de Mandeville, que falava da condição pavorosa de uma comunidade próspera que, de repente, abandonou a vida luxuosa com o objetivo de poupar. O professor Calvin B. Hoover, da Duke University, relatou a extravagância de Keynes sobre esse assunto em um hotel de Washington:

> Enquanto me preparava para jantar com Keynes em sua suíte no hotel de Washington, em 1934, ele sutilmente ridicularizou minha elegância em escolher uma toalha da prateleira a fim de não bagunçar as outras. Ele fez alguns movimentos com os braços e bateu duas ou três vezes no chão. Afirmou: "Tenho certeza de que sou mais útil para a economia dos Estados Unidos estimulando o emprego desarrumando essas toalhas do que você com seu cuidado em evitar o desperdício".[17]

Obviamente, Keynes não foi o único na história do pensamento econômico a exagerar seu caso como uma maneira de persuadir seus ouvintes e leitores. E ele persuadiu seus ouvintes e leitores! Seu sistema de ideias gradualmente se tornou a referência da macroeconomia convencional em todas as economias industrializadas.

---

15 KEYNES. *The general theory*, p. 347.
16 Ibidem, p. 128-129.
17 HOOVER, Calvin B. Keynes and the economic system. *Journal of Political Economy*, n. 56, p. 397, Out. 1948.

Perguntas para estudo e discussão

1. Identifique brevemente e estabeleça a importância de cada um dos seguintes pensadores, obras e conceitos para a história do pensamento econômico: John Neville Keynes, John Maynard Keynes, *The general theory of employment, interest and money*, função de consumo, propensão marginal a consumir, propensão marginal a poupar, eficiência marginal do capital, preferência pela liquidez, renda e emprego equilibrados, Myrdal, poupanças e investimentos *ex ante* versus *ex post*, política fiscal e política monetária.

2. Compare os principais dogmas da escola keynesiana discutidos neste capítulo com aqueles da escola marginalista apresentados no Capítulo 12.

3. Explique a importância da "lei psicológica fundamental" de Keynes para sua teoria da renda e emprego equilibrados.

4. Utilize as informações da tabela para responder às questões a seguir. Assuma inicialmente que não há nenhum gasto ou impostos do governo nessa economia hipotética.

Renda (*Y*)	Consumo (*C*)	Poupanças (*S*)	Investimentos (*I*)
US$ 0	US$ 20	US$ -20	US$ 40
100	100	0	40
200	180	20	40
300	260	40	40
400	340	60	40

a) Qual é a propensão marginal a consumir nessa economia? Qual é a propensão marginal a poupar?
b) Qual é o nível de equilíbrio de renda? Explique, utilizando as equações 21-6 e 21-8.
c) Imagine que os gastos com investimentos caíssem em US$ 20. Quais seriam a nova renda de equilíbrio e o novo nível de consumo? Qual é o tamanho do multiplicador? Por que seria razoável assumir que um aumento na taxa de desemprego estaria associado à queda da renda nacional?
d) Quais medidas, segundo Keynes, poderiam ser tomadas pelo governo para restaurar o nível de equilíbrio que você determinou na questão *b?*

5. Utilizando o conceito de Keynes sobre a eficiência marginal do capital, explique como é possível reduzir os gastos com investimentos, mesmo que a taxa de juros do mercado permaneça inalterada.

6. Imagine que a tabela a seguir reflita a demanda de investimento programada de uma economia.

Taxa de retorno esperada	Total acumulado de investimento com essa taxa de retorno ou uma mais alta (bilhões de dólares)
12%	US$ 10
10	20
8	30
6	40
4	50
2	60

a) Explique como as várias taxas de retorno esperadas mostradas na primeira coluna seriam determinadas de acordo com Keynes.
b) Se a taxa de juros na economia é de 8%, quanto seria apresentado de gastos com investimentos? Explique.

7. Imagine que as pessoas em uma economia desejam, por motivos de transação, guardar uma quantia de moeda igual a um quarto da renda nacional. A tabela a seguir mostra as quantias combinadas de moeda que as pessoas querem guardar por motivos preventivos e especulativos.

Taxa de juros	Quantia de moeda demandada
12%	US$ 80
10	100
8	120
6	140
4	160
2	180

a) Se a renda nacional for US$ 400 e a taxa de juros for 10%, qual será a quantia total de moeda que as pessoas guardarão?
b) Se a renda nacional for US$ 800 e a oferta de moeda for US$ 340, qual será a taxa de juros de equilíbrio?

8. Discuta as duas afirmações a seguir. Com qual você concorda?

Até certo ponto, é possível comparar a influência das teorias econômicas sobre a sociedade com a dos filólogos sobre a linguagem. As linguagens são formadas sem o consentimento dos filólogos e são corrompidas apesar deles; mas seus trabalhos deram luz às leis da formação e da decadência das linguagens. [...] [COURNOT, 1838]

As ideias dos economistas e dos filósofos políticos, tanto quando estão certas como quando estão erradas, são mais poderosas do que é normalmente entendido. De fato, o mundo é governado por um pouco mais. Homens práticos, que acreditam que são imunes à qualquer influência intelectual, são geralmente os escravos de economistas extintos. Os alienados em autoridade, que ouvem vozes no ar, estão espalhando sua loucura a partir de algum escrevinhador acadêmico de alguns anos atrás. [KEYNES, 1936]

Leituras selecionadas

Livros

BLAUG, Mark (ed.). *John Maynard Keynes.* Brookfield, VT: Edward Elgar, 1992. 2 v.
DILLARD, Dudley. *The economics of John Maynard Keynes.* Nova York: Prentice-Hill, 1948.
HANSEN, Alvin H. *A guide of Keynes.* Nova York: McGraw-Hill, 1953.
HARCOURT, G. C. (ed.). *Keynes and his contemporaries.* Nova York: St. Martin's, 1985.
HARROD, R. F. *The life of John Maynard Keynes.* Nova York: Harcourt, Brace and World, 1951.
HAZLITT, Henry (ed.). *The critics of Keynesian economics.* Princeton, NJ: D. Van Nostrand, 1960.
KEYNES, John Maynard. *The end of laissez-faire.* Londres: Hogarth, 1926.
________. *The general theory of employment, interest and money.* Nova York: Harcourt, Brace and World, 1936.
________. *A treatise on money.* Londres: Macmillan, 1930. 2 v.
LEIJONHUFVUD, Axel. *On Keynesian economics and the economics of Keynes.* Nova York: Oxford University Press, 1988.
SHAW, G. K. (ed.). *Schools of thought in economics*: the Keynesian heritage. Brookfield, VT: Edward Elgar, 1968.
SKIDELSKY, Robert. *John Maynard Keynes*: hopes betrayed, 1883-1920. Nova York: Viking, 1986.
________. *John Maynard Keynes*: the economist as savior, 1920-1937. Nova York: Viking, 1993.

Artigos de revistas especializadas

HANSEN, Bent. Unemployment, Keynes, and the Stockholm school. *History of Political Economy, n.* 13, p. 256-277, verão de 1981.
JENSEN, Hans E. J. M. Keynes as a Marshallian. *Journal of Economic Issues*, n. 17, p. 67-94, mar. 1983.
KEYNES, John Maynard. The general theory of employment. *Quarterly Journal of Economics*, n. 51, p. 209-223, fev. 1937.
LERNER, Abba. From *A treatise on money* to *The general theory. Journal of Economic Literature*, n. 12, p. 38-43, mar 1974.
SALANT, Walter S. Keynes and the modern world: a review article. *Journal of Economic Literature*, n. 23, p. 1176-1185, set. 1985.
TOBIN, James. How dead is Keynes?. *Economic Inquiry*, n. 15, p. 459-468, out. 1977.

22

A ESCOLA KEYNESIANA – DESENVOLVIMENTOS APÓS KEYNES

Diversos economistas importantes ajudaram com suas versões da abordagem de Keynes para a economia na transformação da tendência atual da teoria da macroeconomia. Entre os mais proeminentes estavam Alvin Hansen e Paul Samuelson.[1] As duas primeiras seções deste capítulo abrangem as ideias de Hansen e de Samuelson. A terceira seção mostra as ideias dos "economistas pós-keynesianos", que defendiam que a *síntese neoclássica contemporânea* (síntese entre a macroeconomia keynesiana e a microeconomia neoclássica) não apenas apresenta falhas graves, mas também é incompatível com as próprias ideias de Keynes. Finalmente, discutimos as ideias dos economistas "novos keynesianos" contemporâneos.

ALVIN H. HANSEN

Alvin H. Hansen (1887-1975) nasceu em Viborg, Dakota do Sul, onde passou os primeiros anos de sua vida escolar em uma casa-escola com uma única sala de aula. Cursou o ensino médio na Sioux Falls Academy e, em seguida, matriculou-se no Yankton College, onde se formou em 1910. Recebeu seu Ph.D. na Universidade de Wisconsin, em 1918, e

1 Vários outros economistas ajudaram a desenvolver a economia keynesiana, mas as limitações de espaço impedem a discussão de suas ideias. Quatro desses economistas ganharam o Prêmio Nobel por seus esforços. São eles: James Tobin, Lawrence Klein, Franco Modigliani e Robert Solow. Outros importantes colaboradores norte-americanos à escola keynesiana inicial incluem James Duesenberry, Arthur Okun e Walter Heller.

de lá foi lecionar na Brown University e na Universidade de Minnesota. Em Minnesota, publicou *Business cycle theory* (1972), um livro que lhe concedeu reputação como um dos principais estudiosos da macroeconomia.

Em 1937, um ano após a publicação de *The general theory* de Keynes, Hansen entrou para a Universidade de Harvard. Anteriormente, ele apontara um erro no *Treatise on money* de Keynes, e sua reação inicial a *The general theory* foi menos entusiasmada. Estudando profundamente o sistema de ideias de Keynes, Hansen logo mudou de opinião. Por vários anos, ele e seus alunos de Harvard tornaram a obra de Keynes e suas implicações políticas a ênfase central do Fiscal Policy Seminar (Seminário sobre Política Fiscal). Muitos daqueles que assistiram a esse seminário tornaram-se mais tarde importantes colaboradores da economia e da política pública. Segundo Richard Musgrave, um dos que participaram do seminário:

> O seminário causou um grande impacto sobre o futuro desenvolvimento da macroeconomia e da política pública dos Estados Unidos. Os novos critérios da ciência econômica e a situação da economia decadente combinaram-se para dar um sentido de importância a esse empreendimento. As novas ferramentas estavam à mão e, se utilizadas de forma correta, proporcionariam uma solução ao grande problema do desemprego.[2]

Além de Musgrave, os alunos de Hansen incluíam importantes economistas, como Evsey Domar, John Dunlop, Walter Salant, Paul Samuelson, Paul Sweezy, James Tobin e Henry Wallich.

Em 1941, Hansen publicou *Fiscal policy and business cycles*, que apoiava a análise de Keynes sobre os problemas da macroeconomia na década de 1930 e endossava as políticas ativas e contínuas do governo para estabilizar a economia. Hansen, notado por sua sempre presente viseira verde, por várias vezes testemunhara, perante os comitês do Congresso, suas opiniões políticas e os princípios keynesianos. Devido à sua forte defesa da intervenção do governo para promover o nível de emprego, as pessoas o chamavam de "o Keynes norte-americano". Mas segundo Paul Samuelson:

> Hansen foi muito mais que o Keynes norte-americano, sendo um importante criador por seus próprios méritos. (...) Quando um estudante utiliza hoje a conhecida (...) fórmula $C + I + G$ da determinação de renda, está simplesmente aplicando uma versão diluída daquilo que Hansen estava criando no final da década de 1930 e o que alguns de nós em seu círculo formalizamos e acondicionamos para uso educacional.[3]

A influência de Hansen foi internacional. Dez de seus livros foram publicados em um ou mais idiomas, totalizando 29 traduções.[4] Um deles, *A guide to Keynes*, tornou-se conhecido por milhares de estudantes universitários que o utilizaram em sua batalha para compreender as seções mais obscuras de *The general theory* de Keynes.

---

2 MUSGRAVE, Richard A. Caring for the real problems. *Quarterly Journal of Economics*, n. 90, p. 5, fev. 1976. Para obter mais informações a respeito do Seminário sobre Política Fiscal de Hansen, consulte Walter S. Salant. Alvin Hansen and the Fiscal Policy Seminar. *Quarterly Journal of Economics*, n. 90, p. 14-23, fev. 1976.

3 SAMUELSON, Paul A. Alvin Hansen as a creative economic theorist. *Quarterly Journal of Economics*, n. 90, p. 25, 31, fev. 1976.

4 BREIT, William; RANSOM, Roger L. *The academic scribblers*. Ed. rev. Chicago: Dryden, 1982. p. 84.

A síntese Hicks-Hansen

Um ano após a publicação de *The general theory*, John R. Hicks (Capítulo 18) publicou um importante artigo: "Mr. Keynes and the classics: A suggested interpretation". Hicks afirmou que a teoria de Keynes sobre a taxa de juros - e, consequentemente, sua teoria sobre o equilíbrio da renda - era indeterminada. A Figura 21.3 do capítulo anterior mostra que Keynes via a taxa de juros como algo determinado pela preferência pela liquidez (a demanda de dinheiro) e o suprimento de moeda. Quando a taxa de juros do mercado é determinada, o nível de investimento torna-se conhecido (Figura 21.2). Juntamente com os gastos de consumo, o investimento determina os gastos agregados e, portanto, o nível da renda nacional e a produção doméstica. Mas Hicks observou corretamente que a preferência pela liquidez de Keynes depende do nível da renda nacional. A níveis de renda mais altos, as pessoas desejam guardar mais dinheiro para comprar o maior volume de bens e serviços disponíveis; elas têm uma maior demanda por moeda. O nível de renda, então, depende da taxa de juros (por meio de investimentos), mas a taxa de juros depende do nível de renda (por meio de preferência por liquidez)!

Hicks sugeriu uma maneira de resolver essa indeterminação e, fazendo isso, desenvolveu um modelo econômico unificado que sintetizou as perspectivas keynesiana e neoclássica. Hansen aperfeiçoou o artigo de Hicks em sua *Monetary theory and fiscal policy* (1949) e no Capítulo 7 de *A guide to Keynes*. Hoje, referimo-nos à síntese Hicks-Hansen como o modelo *IS-LM*. *IS* simboliza a igualdade entre investimento (*I*) e poupança *(S)* depois de feitos os ajustes do multiplicador; *LM* representa a igualdade entre a demanda por moeda *(L)* e a oferta de moeda *(M)*. Todos os valores no modelo *IS-LM* são em termos reais, não nominais.

***A curva* IS.** A curva *IS* representa todas as combinações de taxas de juros e níveis de renda em que os investimentos planejados se igualam às poupanças planejadas. Se definida de outra forma, a curva representa pontos possíveis de equilíbrio no *mercado de bens* (diferente de *mercado monetário)*. A curva *IS* está representada na Figura 22.1. Para demonstrar a derivação, começaremos com o gráfico (*a*) da figura e continuaremos em sentido horário para (*b*), (*c*) e (*d*). O gráfico (*a*) mostra a curva da demanda de investimento de uma economia hipotética, indicando a relação inversa entre a taxa de juros (*i*) e o total de despesas de investimento (I). Lembre-se de que a localização dessa curva depende da eficiência marginal do capital. Imagine que a taxa de juros seja i_1. Então, como vemos em A_1, na curva, o nível de investimento será I_1. No gráfico (*b*), que se encontra diretamente acima da curva da demanda de investimento, a linha de 45° nos permite medir os gastos com investimento horizontal e verticalmente. Estendendo a linha para cima de A_1 no gráfico (*a*) para o ponto B_1, na linha de 45° em (*b*), transferimos o I_1 de investimento dos eixos horizontais do gráfico (*a*) para os eixos verticais em (*b*).

O gráfico (*c*) mostra a função de poupança de Keynes. À medida que a renda (Y) aumenta, o nível de poupança (*S*) aumenta em uma fração. Essa fração é a inclinação da função de poupança e representa a propensão marginal a poupar de Keynes. Um possível nível de equilíbrio de renda ocorrerá em C_1, na função de poupança, porque esse ponto I, de investimento é equivalente a um total de poupança S_1. Descendo uma linha vertical para baixo do ponto C_1, da função de poupança até o eixo horizontal do gráfico (*c*), descobrimos que a renda é Y_1. Estendendo a linha para baixo, em direção ao gráfico (*d*),

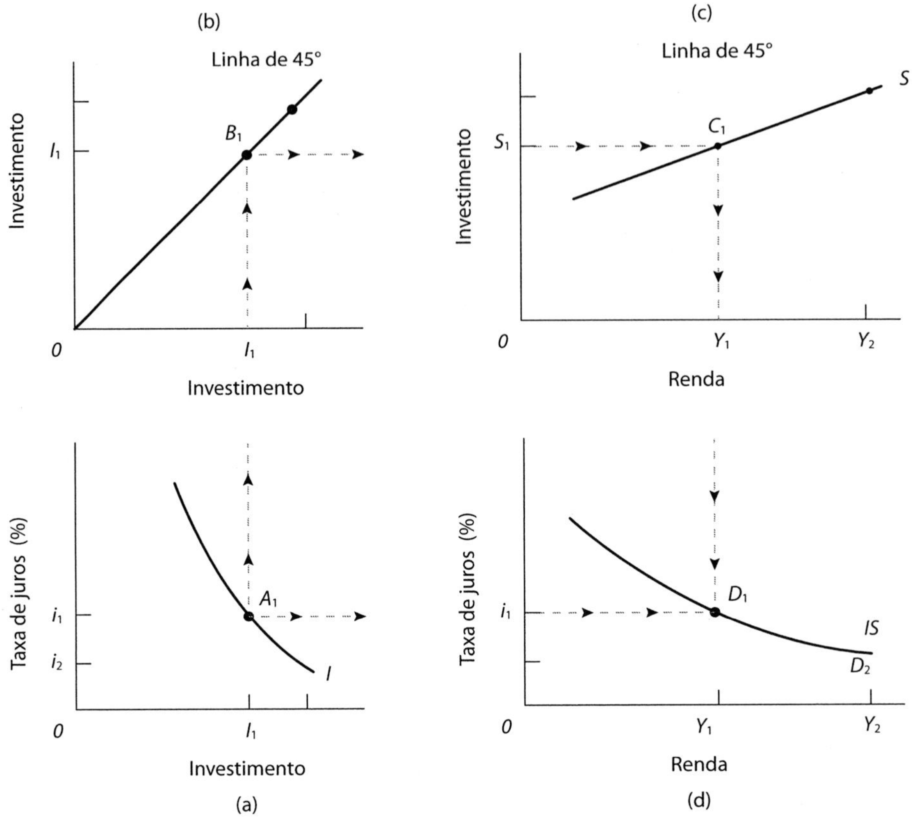

Figura 22.1 ■ Derivação da curva *IS*

A curva *IS* (*d*) mostra todas as combinações de taxas de juros e renda em que a poupança se iguala aos investimentos. Ela é derivada da função da demanda de investimento (*a*), de uma linha de 45° (*b*) e da função de poupança (*c*).

estabelecemos o ponto D_1. A uma taxa de juros de i_1, o nível de renda consistente com o equilíbrio nos mercados de bens é Y_1. Selecionando outras taxas de juros no gráfico (*a*) e seguindo o mesmo procedimento, são identificadas outras combinações de taxas de juros e renda em que o investimento igual à poupança será determinado. A uma taxa de juros de i_2, por exemplo, os investimentos e a renda são maiores que em I_1. Nosso procedimento, portanto, estabelece o ponto D_2 no gráfico (*d*). Ligando todos os pontos, como D_1 e D_2, teremos a curva *IS*. Nenhum nível de renda é determinado nesse caso. Dependendo da taxa de juros, a renda pode estar a qualquer nível representado pela curva *IS*.

***A curva* LM.** A curva *LM* (Figura 22.2) mostra possíveis pontos de equilíbrio no mercado monetário; ela indica todas as combinações entre taxas de juros e níveis de renda em que a moeda ofertada e a moeda demandada são iguais. A técnica geral para a derivação dessa curva é semelhante àquela utilizada para a curva *IS*. Começamos com o gráfico (*a*), que mostra a taxa de juros (*i*) para o total de moeda que as pessoas querem guardar para fins especulativos (L_s). É esse elemento da demanda total por moeda que dá à curva

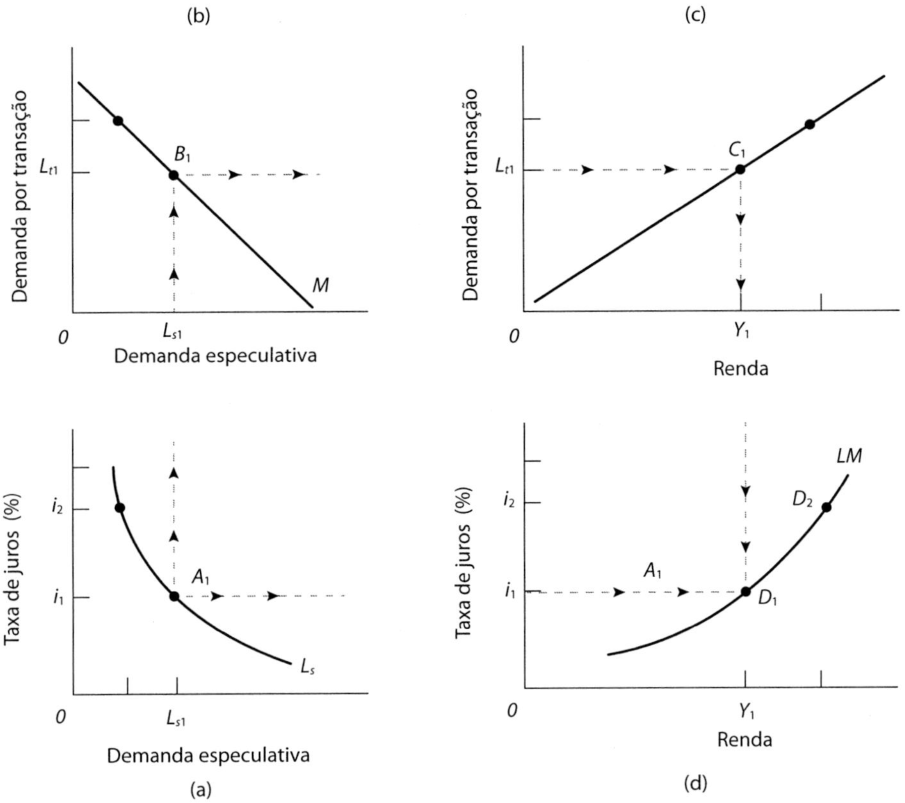

FIGURA 22.2 ■ DERIVAÇÃO DA CURVA *LM*

A curva *LM* (d) mostra todas as combinações de taxas de juros e renda em que a demanda por moeda se iguala à oferta de moeda. Ela é derivada da demanda especulativa por moeda (*a*), da oferta de moeda (*b*) e da demanda por transação de moeda (*c*).

de preferência pela liquidez de Keynes sua inclinação decrescente. Com taxas de juros baixas, as pessoas manterão maior volume de moeda em caixa para fins especulativos e poucos títulos, porque o aumento esperado na taxa de juros fará que o preço dos títulos caia. Esse aumento criaria perda de capital para aqueles que mantêm os títulos. Por outro lado, com altas taxas de juros, as pessoas economizarão ao manter seus saldos de caixa, porque o custo de oportunidade é considerado muito grande. Selecionamos uma taxa de juros específica, por exemplo i_1, no gráfico (*a*), e observamos que as pessoas desejarão manter L_{s1} para fins especulativos.

O gráfico (*b*) mostra a oferta total de moeda. Os aumentos na oferta de moeda seriam mostrados como movimentos paralelos da linha. No equilíbrio, a quantidade de moeda oferecida (*M*) deve ser igual ao total de moeda demandada (*L*). A demanda por moeda consiste na moeda desejada para fins especulativos (L_s), que nesse caso determinamos como L_{s1}, e no total que as pessoas desejam para comprar bens e serviços (L_t). Estendendo uma linha para cima, de A_1 a B_1 observamos que o total de moeda necessária para fins de transação é L_{t1} (*M* menos L_{s1}). Esses saldos de transação suportarão a renda nacional de Y_1, como mostrado por C_1 no gráfico (*c*). Em seguida, descemos uma linha vertical de C_1 e estendemos uma linha horizontal a partir de A_1 para obter o ponto D_1 no gráfico (*d*). Esse ponto – assim como ocorre para todos os pontos da curva *LM* – representa o equilíbrio potencial entre oferta e demanda no mercado monetário. Se a taxa de juros for i_1, o nível de renda nacional necessário para o equilíbrio no mercado monetário será Y_1. Outros pontos, como D_2, são similarmente derivados, e o lugar geométrico desses pontos constitui a curva *LM*.

***O equilíbrio* IS-LM.** A Figura 22.3 combina as curvas *IS* e *LM*. A taxa de juros de equilíbrio e o nível de renda são i_0 e Y_0. Esses são os únicos níveis em que o mercado de bens e o mercado monetário ficam simultaneamente em equilíbrio; são os únicos níveis em que $S = I$ e $L = M$.

Hansen e outros demonstraram que é fácil adicionar gastos e taxações do governo ao modelo *IS-LM* e usá-lo para analisar os efeitos de políticas fiscais e monetárias alternativas à taxa de juros e à renda. Os gastos do governo são adicionados ao nível de gastos com investimentos, e as taxas são adicionadas ao nível de poupança. O modelo produz várias conclusões interessantes, mas listamos apenas duas delas aqui.

A política fiscal desloca a curva IS. Isso ocorre porque as mudanças nas despesas alteram o nível de receita a cada taxa de juros. Por exemplo, um aumento nas despesas do governo desloca a curva IS para a direita, provocando um aumento na taxa de juros e no nível de renda.[5] No entanto, o tamanho do multiplicador será menor no caso simples de Keynes, porque o aumento na renda elevará o total de moeda necessária para as transações. Isso se traduz em um aumento na demanda por moeda e uma taxa de juros mais alta, que não impede uma parte do gasto com investimento que de outra forma teria ocorrido. A eficiência da política fiscal dependerá da elasticidade da curva *LM*. Se ela for altamente elástica, um deslocamento da curva *IS* para a direita elevará a renda sem provocar um aumento substancial na taxa de juros.

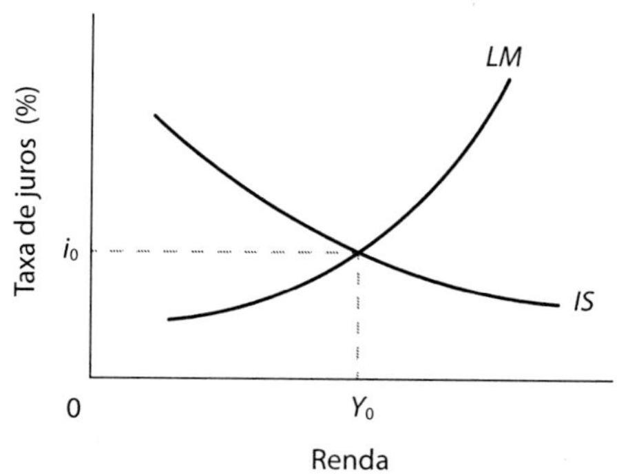

FIGURA 22.3 ■ EQUILÍBRIO ENTRE JUROS E RENDA

O equilíbrio entre a taxa de juros e o nível de renda é determinado onde ocorre a interseção das curvas *IS* e *LM*. Essa é a única combinação entre juros e renda em que há um equilíbrio tanto no mercado de bens quanto no mercado monetário.

5 Um aumento nos gastos do governo pode ser mostrado desenhando-se uma linha paralela acima da linha de 45° da Figura 22.1(*b*), com a distância vertical entre a nova linha e a linha de 45° sendo o nível de gastos do governo.

A política monetária desloca a curva LM. Por exemplo, um aumento na oferta de moeda, mostrado como um deslocamento para fora de *M* no gráfico (*b*) da Figura 22.2, deslocará a curva *LM* da Figura 22.3 para a direita. A eficiência do aumento na oferta de moeda no aumento da renda dependerá (1) da extensão da queda da taxa de juros e (2) da elasticidade da demanda por investimento. Se a demanda por investimento é altamente elástica, a curva *IS* também tenderá a ser elástica, e uma queda na taxa de juros causará pouco efeito sobre os investimentos e a renda.

Veja
O passado como preâmbulo 22-1

22-1 O passado como preâmbulo

CONTRIBUIÇÃO MUNDELL-FLEMING PARA O *IS-LM*

O modelo *IS-LM* apresentado na Figura 22.3 supõe uma economia fechada, sem comércio internacional. Incluir o setor estrangeiro no modelo é relativamente simples. Seguindo a álgebra de Samuelson (apresentada mais adiante neste capítulo), a equação para o mercado de bens passa a ser $Y = C + I + G + X - M$. Então, em vez de $S = I$, o equilíbrio no mercado de bens ocorre quando $S + T + M = I + G + X$.

A adição do comércio internacional tem dois efeitos primários no modelo *IS-LM* de mercado aberto. O primeiro é relativamente simples: exportações (X_0) e importações (M_0) são fatores que podem modificar a curva *IS*. O aumento das despesas com a exportação autônoma inclina a curva *IS* para a direita, enquanto o aumento das despesas com importação autônoma inclina a curva *IS* para a esquerda.

O segundo impacto do setor estrangeiro sobre o *IS-LM* baseia-se nas contribuições independentes de Robert Mundell (1932-) e de J. Marcus Fleming (1913-1976), conhecidas como o modelo Mundell-Fleming.[a] Mundell, cidadão canadense, desenvolveu a maior parte de seu trabalho no Fundo Monetário Internacional (FMI) e na Universidade de Colúmbia, em Nova York. Recebeu o Prêmio Nobel de Economia em 1999 por suas contribuições sobre os efeitos da política monetária e fiscal em sistemas de taxa de câmbio tanto fixa quanto variável. Fleming atuou durante vários anos no departamento de pesquisas do FMI como diretor adjunto.

Com a introdução do mercado internacional no modelo, as taxas de câmbio e o equilíbrio de pagamentos tornaram-se fatores importantes a serem considerados. Sob a perspectiva da economia dos Estados Unidos, a *taxa de câmbio* indica a quantidade necessária de dólares norte-americanos para adquirir uma unidade de outra moeda. Se a taxa de câmbio sobe, mais dólares são necessários para adquirir outra moeda. Em outras palavras, o dólar *se deprecia*.

O *equilíbrio de contas de pagamento* registra as transações financeiras reais que ocorrem entre as nações. Para um país, o fluxo líquido de câmbio real e financeiro deve ser igual a zero. Se, por exemplo, os Estados Unidos importarem mais do que exportarem bens e serviços (um déficit no comércio), os dólares norte-americanos a mais recebidos pelos estrangeiros devem retornar aos Estados Unidos de alguma forma, seja por meio da compra de recursos financeiros norte-americanos (como títulos de capitalização) ou reais (bens físicos, como prédios de escritórios). Para alguém nos Estados Unidos comprar moedas em quantidade necessária para superar o excesso de importações, os bens reais ou financeiros norte-americanos devem ser vendidos aos detentores da moeda estrangeira.

O que isso significa em termos de modelo *IS-LM* é que, além de exigir o equilíbrio entre o mercado de bens (*IS*) e o mercado monetário doméstico (*LM*), o equilíbrio macroeconômico geral também requer o equilíbrio de pagamentos (*BP*). Se o saldo de pagamentos está em desequilíbrio, ou seja, se os países apresentam excesso ou escassez de reservas de câmbio, é sinal de que as taxas de câmbio, as taxas de juros ou ambas devem mudar para que o equilíbrio seja restaurado. O modelo Mundell-Fleming aplica-se tanto às taxas de câmbio fixas quanto variáveis, mas, para efeito desta discussão, vamos supor que as taxas de câmbio sejam fixas.

Na figura a seguir, apresentamos a curva *BP*, que reflete a combinação de renda e a taxa de juros consistente com o equilíbrio do balanço de pagamentos. A curva *BP* está em ascensão: à medida que a renda aumenta, cresce a necessidade de importações. Um aumento nas importações gera uma saída de dólares dos Estados Unidos. Isto gera desequilíbrio no balanço de pagamentos, a menos que esses dólares retornem ao país. As taxas de juros devem subir para induzir os detentores estrangeiros de moeda a enviá-la de volta aos Estados Unidos investindo em recursos financeiros.

Com a adição da curva *BP*, a taxa de juros de equilíbrio (i_0) e o nível de renda (Y_0) são determinados pela intersecção das curvas *IS*, *LM* e *BP*.[b]

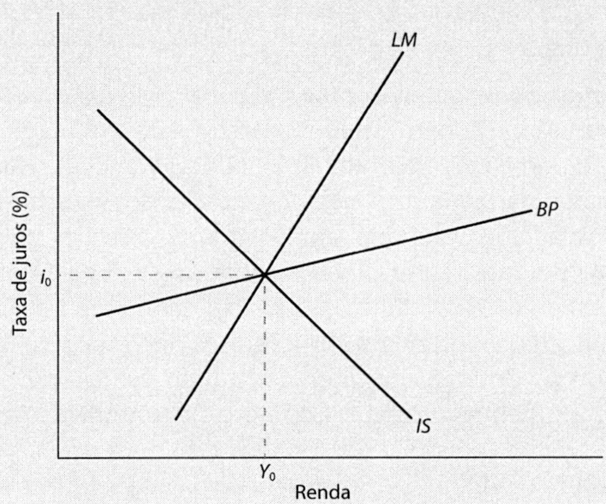

a. Rudiger Dornbusch sintetizou o trabalho independente de Mundell e Fleming em 1976, integrando-o ao modelo *IS-LM*. Dornbusch refere-se ao modelo como sendo de Mundell-Fleming, que é a maneira como ele é realmente mais conhecido, mas há certa controvérsia quanto ao fato de Fleming merecer ser referido em primeiro lugar. Para isso, é interessante consultar James BOUGHTON, M. On the origins of the Fleming-Mundell model, *FMI Staff Papers* 50, n. 1, p. 1-6, 2003, e MUNDELL, Robert. On the history of the Mundell-Fleming model: keynote speech. *FMI Staff Papers* 47, special issue, p. 215-227, 2002.

b. Isso indica uma *mobilidade imperfeita de capital* (os recursos não transitam livremente de uma nação para outra). Quando há mobilidade perfeita de capital, a curva *BP* é horizontal. Para uma explicação mais ampla sobre esse tema e o restante do funcionamento do modelo, sugere-se consultar um livro de nível intermediário sobre macroeconomia.

Tese sobre estagnação

Hansen compartilhou a preocupação de Keynes de que os gastos do governo seriam cada vez mais inadequados para que a economia atingisse todo o seu potencial. Em *Full recovery or stagnation?* (1938), Hansen argumentou que a capacidade produtiva da economia aumenta quando se adiciona capital e com o uso de tecnologia mais avançada. Para que a renda e a produção aumentem no mesmo ritmo, novos gastos com investimentos devem ocorrer; caso contrário, a poupança planejada – que é uma função da renda – excederá o investimento planejado, fazendo que o nível de produção real da economia caia a um nível abaixo do seu potencial. De acordo com Hansen, era improvável que os gastos com investimento se expandissem suficientemente de um ano para o outro ao longo de décadas para manter a economia completamente ativa e crescendo a um nível saudável. O crescimento da população, aparentemente, não mantinha mais o nível anterior, o ritmo de estabelecimento de novas áreas tinha diminuído consideravelmente, o avanço tecnológico ocorria com grande vigor e novos grandes mercados, como os das estradas de ferro e dos automóveis, não apareciam em cena. Consequentemente, quantias cada vez maiores de investimento pareciam menos prováveis.

No entanto, é importante reconhecer que Hansen não era um pessimista como Malthus. Hansen acreditava que o governo poderia superar a tendência de estagnação secular por meio de *finanças compensatórias*. Em outras palavras, aumentando suas despesas, o governo poderia compensar a inadequação de investimentos e preencher o espaço entre a demanda do setor privado e a produção em potencial (renda).

A preocupação de Hansen acerca da estagnação secular, assim como a de Keynes, parece ter sido infundada. Os Estados Unidos passaram por um forte crescimento econômico nas décadas que se seguiram à expressão dessa tese. Em defesa de Hansen, podemos observar que os gastos do governo *aumentaram* como uma porcentagem do PIB durante essas décadas. Se a taxa de crescimento do PIB seria tão alta sem esse crescimento relativo da demanda é assunto de muita discussão.

Veja O passado como preâmbulo 22-2

PAUL A. SAMUELSON

Quando se anunciou que Paul A. Samuelson (1915–2009) havia sido o primeiro economista norte-americano a receber o Prêmio Nobel, em 1970, poucos se surpreenderam. Samuelson era conhecido como um dos melhores economistas do país, tanto por seus colegas quanto pelo público em geral. Seu trabalho era reconhecido por inúmeros profissionais da área e seu livro, *Economics*, por milhões de pessoas que cursaram economia. Samuelson nasceu em Gary, estado de Indiana, e era filho de imigrantes poloneses. Seu pai era farmacêutico.

Após se formar em administração na Universidade de Chicago, Samuelson matriculou-se no curso de economia em Harvard. Em Harvard, Samuelson acompanhou o início da revolução keynesiana; Alvin Hansen foi um de seus professores. Já considerado um brilhante aluno em matemática, Samuelson decidiu aplicá-la à teoria econômica, descrita a ele como “um estábulo augiano cheio de contradições, sobreposições e falá-

22-2 O passado como preâmbulo

ABBA LERNER E O "VOLANTE KEYNESIANO"

Imediatamente após Keynes ter publicado *The general theory*, em 1936, Abba P. Lerner (1903-1982), então na London School of Economics, reconheceu sua importância e, a partir daí, voltou sua atenção à exploração e à ampliação da macroeconomia keynesiana. Ele saiu de Londres para os Estados Unidos em 1939 e publicou vários artigos e livros enquanto passava de uma universidade para outra, incluindo Colúmbia, Michigan State e a Universidade de Califórnia-Berkeley.

Lerner dizia que a economia é como um automóvel sem volante, descendo por uma estrada ampla com um meio-fio em cada lado. O carro bateria no meio-fio e, então, mudaria para o lado oposto da estrada, onde atingiria o outro meio-fio, que, por sua vez, mandaria o carro novamente para o outro lado. Para evitar os ciclos econômicos – isto é, para manter a economia em um curso mais estável –, a sociedade precisa equipar o carro com um volante. Em *The economics of control* (1944) e *The economics of employment* (1951), Lerner estabeleceu os instrumentos fiscais e monetários básicos para controlar a economia durante os períodos extremos de depressão e inflação de demanda. De acordo com Lerner, o governo deveria seguir três leis de finanças funcionais.[a]

- *Ajustar os gastos do governo* e *a taxação de modo que a demanda agregada na economia fosse suficiente apenas para comprar o nível de emprego da produção a preços correntes.* A obediência a essa lei garante o emprego e a estabilidade dos preços. Como o objetivo é equilibrar a economia, e não o orçamento, o governo não precisa se preocupar se essa política produz déficits ou excedentes. Os impostos nunca deveriam ser cobrados, pelo simples motivo de que os gastos do governo excedem as receitas com impostos, ou reduzidos, porque as receitas com impostos excedem os gastos do governo.
- *Fazer empréstimos ou pagar a dívida nacional somente se for desejável alterar a taxa de juros.* Pegar dinheiro do público reduz a oferta de moeda, enquanto pagar a dívida nacional – comprando obrigações do Tesouro – a aumenta. Essas ações deveriam ser tomadas somente quando fosse necessário alterar a taxa de juros e influenciar os investimentos privados e os gastos de crediário dos consumidores. Imprimir moeda pode superar os déficits dos orçamentos financeiros destinados a combater os gastos privados inadequados. Os excedentes orçamentários criados pelas políticas fiscais e destinados a reduzir a inflação deveriam ser mantidos pelo governo, em vez de utilizados para reembolsar a dívida.
- *Colocar ou tirar de circulação o total de moeda necessário para acomodar as políticas assumidas a fim de adotar as duas primeiras leis.* Simplificando, o governo deve usar a política monetária de forma coordenada com a política fiscal a fim de atingir suas metas macroeconômicas.

As leis de Lerner para as finanças funcionais foram além das políticas defendidas por Keynes em *The general theory*. De fato, Keynes inicialmente se opunha a algumas partes da linha de raciocínio de Lerner. Sobre isso, Lerner escreveu:

> Em uma palestra no Federal Reserve, em Washington, em 1944 [Keynes] demonstrou preocupação com o fato de que haveria "excesso de poupança" após a guerra. Quando demonstrei que o governo [aumentando seus gastos ou reduzindo os impostos] poderia sempre provocar gastos suficientes, incorrendo em déficits para aumentar a renda, ele, inicialmente, alegou que isso causaria apenas "mais poupança" e, depois, considerou uma "bobagem" a minha sugestão de que os déficits necessários para provocar os gastos suficientes poderiam ser sempre financiados aumentando-se a dívida nacional. (Devo acrescentar aqui que Evsey Domar, ao meu lado, sussurrou: "Ele deve ler *The general theory*" e que um mês depois Keynes retirou sua denúncia).[b]

Segundo a afirmação de Colander, "o que, por fim, se tornou conhecido como as políticas keynesianas nos livros escolares foram, em muitos casos, as interpretações de Lerner sobre as políticas de Keynes (...)".[c]

a. Como resumido por Tibor Scitovsky, Lerner's contributions to economics. *Journal of Economic Literature*, n. 22, p. 1559-1560, dez. 1984.
b. Abba Lerner. Keynesianism: Alive, if not so well. *Fiscal responsibilities in a constitutional democracy.* Ed. James Buchanan e Richard Wagner. Boston: Martinus Niijhoff, 1978. p. 67.
c. David C. Colander. Was Keynes a Keynesian or a Lernerian? *Journal of Economic Literature*, n. 22, p. 1573, dez. 1984.

cias herdadas".[6] O resultado de seus primeiros esforços foi sua tese de doutorado, *The foundations of economic analysis*, publicada como livro em 1947. Nesse trabalho, que lhe granjeou aclamação acadêmica, ele utilizou a matemática para estabelecer e comprovar as principais proposições na economia. Após receber seu doutorado, Samuelson começou a procurar uma universidade em que pudesse lecionar e continuar sua pesquisa. Surpreendendo a todos aqueles que conheciam o jovem estudante, Harvard não lhe ofereceu um cargo, embora ele tivesse publicado 11 artigos enquanto ainda estudava. Sem desanimar, Samuelson assumiu um cargo no vizinho Massachusetts Institute of Technology. O MIT sempre tivera uma grande reputação pela excelência científica e engenharia, mas não tinha reputação paralela em economia. Samuelson logo mudou isso!

Em 1948, Samuelson publicou seu primeiro texto introdutório econômico, *Economics*, que provou ser tão inovador no ensino da micro e da macroeconomia elementar quanto *Foundations* havia sido ao formular as proposições da teoria econômica. Desde sua primeira impressão (a 19ª edição foi uma versão de coautoria em 2010), milhões de estudantes em todo o mundo têm aprendido os princípios da economia com ele. Embora não seja mais o principal livro na área, todos os outros que o superaram em popularidade ainda aplicam a ordem básica de apresentação estabelecida pela primeira vez por Samuelson.

6 H.W. Wilson Company. *Current Biography Yearbook*, 26. Universidade de Michigan: H.W. Wilson Company, 1996. p. 357.

Samuelson tem publicado inúmeros artigos nas mais prestigiosas revistas especializadas em economia. Muitos desses artigos são altamente matemáticos e muitos interessam principalmente aos especialistas da área. Samuelson não era empírico; na verdade considerava a si mesmo um interessado em expandir a teoria, e não em testá-la.

É difícil enquadrar Samuelson em uma escola econômica específica. Ele poderia simplesmente ter sido inserido no capítulo sobre economia matemática ou naquele sobre economia do bem-estar. Seus artigos abrangem diversos tópicos como, por exemplo, comportamento do consumidor, programação linear, capital e crescimento, metodologia econômica, história de teoria econômica, economia do bem-estar, teoria das despesas públicas, determinação da renda nacional e políticas fiscal e monetária. Seus artigos reunidos foram reimpressos em cinco grandes volumes.

A interação multiplicador-acelerador

Em 1939, Samuelson publicou dois estudos em que identificava e explorava a interação entre os princípios do multiplicador e acelerador. Essa interação tornou-se um dos fundamentos da teoria moderna do ciclo econômico. Nenhuma das ideias isoladas era nova. Vimos no capítulo anterior que Kahn desenvolveu a noção de multiplicador e que Keynes a utilizou como uma característica central de sua teoria. John Maurice Clark (1884-1963), filho de John Bates Clark, discutiu o *princípio da aceleração* no começo do ano de 1917.[7] Ele argumentou que as instabilidades na produção e nos preços de bens de capital são muito maiores do que aquelas nos bens de consumo que elas produzissem. Mesmo que a demanda por bens de consumo continue a crescer, uma alteração no nível de crescimento retornará com força ou aceleração ao setor de bens de capital. Uma interrupção no crescimento da demanda por bens finais leva, assim, a uma diminuição da demanda por bens de capital.

Hansen tinha consciência de que havia uma interação entre os dois princípios e sugeriu a Samuelson que ele utilizasse sua habilidade matemática para explorar a ideia. Utilizando equações de diferença, Samuelson demonstrou que as mudanças na renda (consumo) dependerão do tamanho da propensão marginal a consumir e do tamanho do coeficiente acelerador. O primeiro determina o multiplicador, e o último representa a mudança nos gastos com investimentos introduzida por uma alteração no nível de crescimento da renda. Samuelson mostrou que, dependendo dos valores do multiplicador e do acelerador e se um aumento dos investimentos é contínuo ou não, um aumento autônomo inicial nos investimentos poderia produzir uma grande variedade de resultados, desde um aumento não duradouro na renda até um nível de renda cada vez maior.

A álgebra simples da determinação de renda

Grande parte da álgebra da determinação de renda encontrada nos manuais de macroeconomia originou-se com Samuelson (lembre-se de que o diagrama cruzado de Keynes também foi uma invenção de Samuelson).

7 CLARK, John M. Business acceleration and the law of demand. *Journal of Political Economy*, n. 25, p. 217-235, mar. 1917.

A fim de ilustrar a essência da abordagem de Samuelson, vamos começar com a identidade básica keynesiana:

$$Y = C + I + G + X - M \tag{22.1}$$

em que Y representa a renda, C o consumo, I os investimentos, G os gastos do governo, X a exportação e M a importação.

Os gastos com consumo, as receitas dos impostos, os gastos com investimentos (causados pelo princípio de aceleração) e as importações, tudo isso aumenta à medida que a renda cresce. As razões de seu aumento no crescimento da renda são a propensão marginal a consumir, a propensão marginal à taxação, a propensão marginal a investir e a propensão marginal a importar. As despesas do governo e o nível de exportação, por outro lado, são considerados *autônomos* – isto é, são determinados independentemente do nível de renda.

Pode-se formular uma equação para cada uma das variáveis independentes na identidade. A equação mais complexa é aquela relacionada a C, que derivamos da seguinte maneira:

$$C = a + bY \tag{22.2}$$

$$C = a + b\ (Y - 7) \text{ ou} \tag{22.3}$$

$$C = a + bY - bT \tag{22.4}$$

$$T = T_0 + tY \tag{22.5}$$

$$C = a + bY - b\ (T_0 + tY) \text{ ou} \tag{22.6}$$

$$C = a + bY - bT_0 - btY \tag{22.7}$$

A Equação 22.2 é a função do consumo, em que a representa o total de gastos com consumo, que independe do nível de renda, e b é a propensão marginal a consumir. O consumo total antes da taxa, C, é igual ao nível autônomo de consumo mais o consumo relacionado ao nível de renda. O último é encontrado multiplicando-se Y pela propensão marginal a consumir (b). Mas, conforme demonstrado na Equação 22.3, a renda e, portanto, o consumo serão diminuídos pelos impostos (T). Na Equação 22.5, vemos que os impostos incluem aqueles que precisamos pagar independentemente do nível da renda (T_0) e aqueles que aumentam à medida que a renda cresce (tY). A propensão marginal à taxação é t. Substituindo a Equação 22.5 na 22.4, obtemos a Equação 22.6. Fazendo a multiplicação na Equação 22.6, obtemos a Equação 22.7.

As outras equações necessárias para formular uma equação de determinação de renda são as seguintes:

$$I = I_0 + zY \tag{22.8}$$

em que I_0 representa os investimentos que são independentes da renda e z representa a propensão marginal a investir. O termo z mostra a alteração de investimento que ocorre quando a renda cresce. Essa é a noção de aceleração. Outras equações são:

$$G = G_0 \tag{22.9}$$

$$X = X_0 \tag{22.10}$$

$$M = M_0 + mY \tag{22.11}$$

em que G_0, X_0 e M_0 são níveis autônomos de gastos do governo, gastos com exportação e gastos com importação, respectivamente, e m é a propensão marginal a importar. Observe que os gastos totais com importação dependem do nível da renda.

Substituindo cada equação na identidade básica (Equação 22.1) e, depois, manipulando os termos, podemos derivar a seguinte equação de determinação de renda:

$$Y = \frac{1}{I_0\, s + bt + m - z}(a - bT_0 + I_0 + G_0 + X_0 - M_0) \qquad \textbf{(22.12)}$$

Essa equação não é tão complexa como parece à primeira vista. A renda total depende dos gastos agregados, que, por sua vez, consistem em duas partes: aquela que não depende do nível de renda e aquela que depende. Os gastos autônomos são capturados pelos termos que estão entre parênteses. Os dois termos negativos simplesmente subtraem itens (gastos com impostos e importações) que não contribuem diretamente com a demanda por bens produzidos internamente. Novamente, os itens que estão entre parênteses representam os gastos autônomos totais na economia.

A fração na Equação 22.12 é o multiplicador complexo. Lembre-se de que o multiplicador simples era 1/*MPS*. Os termos no multiplicador complexo são os seguintes: s é a propensão marginal a poupar $(1 - b)$, bt é a propensão marginal a consumir multiplicada pela propensão marginal à taxação, m é a propensão marginal a importar e z é a propensão marginal a investir. Observe que todos os termos no denominador são positivos, com exceção de z. Concluímos que o multiplicador será menor quanto maiores forem a propensão marginal a poupar, a propensão marginal à taxação e a propensão marginal a importar. O motivo é que a poupança, os impostos e as importações são perdas do fluxo da renda que ocorrem quando a renda aumenta. O multiplicador complexo será maior quanto maior for a propensão marginal a investir, z, ou quanto maior for o aumento no investimento resultante do crescimento da renda. Multiplicando-se os gastos líquidos autônomos pelo valor do multiplicador complexo, determinamos o equilíbrio de renda total, Y. Você pode testar seu entendimento sobre o modelo apurando o impacto de várias modificações nos termos da equação sobre o valor de Y.

A matemática de Samuelson sobre a determinação da renda ajudou a esclarecer as complexidades do sistema keynesiano. Outros economistas construíram modelos similares em que aumentaram o número de equações e inseriram valores estimados. Conforme indicamos no Capítulo 18, esses modelos econométricos são utilizados para prever mudanças na renda nacional.

A álgebra de Samuelson também demonstrou que os multiplicadores complexos são menores que aqueles baseados unicamente na propensão marginal a poupar. Nos modelos econométricos keynesianos atuais, por exemplo, o multiplicador dos gastos varia entre 2,2 e 2,7.

A curva de Phillips

Lembre-se de que Lerner havia identificado a possibilidade de inflação prematura ou inflação que ocorreria antes de a economia atingir "o pleno emprego". Em 1958, A. W. Phillips, da London School of Economics, apresentou alguns dados mostrando a relação entre o desemprego e o nível de mudança nas taxas salariais no Reino Unido durante os anos de 1861 a 1957. Sua representação gráfica dos dados ficou conhecida como curva de Phillips.

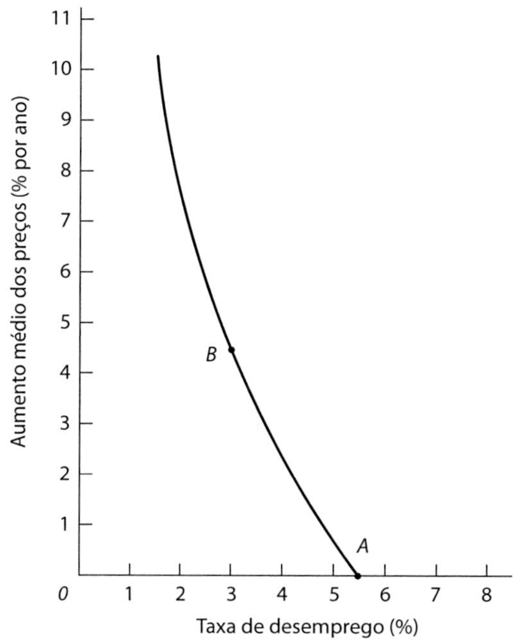

Figura 22.4 ■ A curva de Phillips de Samuelson-Solow para os Estados Unidos, 1960

Escrevendo em 1960, Samuelson e Solow afirmaram: "Essa curva mostra as várias opções entre diferentes graus de desemprego e estabilidade de preços, conforme estimado a partir dos últimos 25 anos de dados norte-americanos".

Em 1960, Samuelson e Robert Solow delinearam graficamente o diagrama de Phillips para os Estados Unidos, a partir do qual puderam fazer uma estimativa aproximada da curva de Phillips envolvendo a economia em 1960 (Figura 22.4). Eles escreveram:

> Tudo isso é mostrado em nossa modificação do nível de preços da curva de Phillips [Figura 22.4]. O ponto *A*, correspondendo à estabilidade de preços, é considerado como envolvendo aproximadamente 5,5% de desemprego, enquanto o ponto *B*, correspondendo a 3% de desemprego, é visto como envolvendo um aumento de preços de aproximadamente 4,5% ao ano. (...) Não entramos aqui na importante questão de quais reformas institucionais poderiam ser introduzidas para reduzir o grau de desarmonia entre o pleno emprego e a estabilidade de preços. Isso poderia envolver problemas amplos como, por exemplo, controles diretos de preços e salários, legislação antissindicalista e antitruste e várias outras medidas desenvolvidas para deslocar a curva norte-americana de Phillips para a esquerda e para baixo.[8]

Certa vez, Samuelson referiu-se à curva de Phillips como o conceito mais importante da nossa época. Qual é a sua principal lógica econômica? Qual ponto da curva deveria ser assumido como meta da sociedade? Quais políticas poderiam deslocar a curva internamente?

8 SAMUELSON, Paul A.; SOLOW, Robert M. Analytical aspects of anti-inflation policy. *American Economic Review*, n. 50, p. 192-193, maio 1960.

Essa curva é estável ao longo do tempo? O que causou os pontos de dispersão nos anos 1970 para o alto e para a direita nessa curva? É possível que a curva de Phillips a longo prazo seja perfeitamente vertical? Essas e outras questões tornaram-se o principal foco da análise macroeconômica durante as décadas de 1960 e 1970.

Outras contribuições

Samuelson, sozinho ou com outros, desenvolveu uma superabundância de ideias adicionais de grande importância para a economia. A lista a seguir está longe de ser completa:

- *Estática comparativa.* A teoria econômica baseia-se na ideia de equilíbrio. Dado um conjunto de forças, assim como nos modelos de oferta e demanda, será alcançado um estado em que não exista nenhuma tendência de mudança. Essa é uma posição estática. Quando permitimos que as forças mudem – por exemplo, a renda das pessoas –, então temos uma situação dinâmica. Consequentemente, um novo equilíbrio é alcançado. O método estático comparativo de Samuelson compara dois estados de equilíbrio sem considerar a forma de ajuste. Ele estava bem-informado em 1947 quando formulou a abordagem da estática comparativa de que uma importante parte do problema havia sido deixada de lado – o conhecimento da forma de ajuste. Mas a abordagem da estática comparativa permite que se façam inferências sobre a forma de ajuste.
- *Teoria reveladora de preferências.* Ao desenvolver um mapa de indiferenças a partir do qual uma curva da demanda foi derivada, Hicks e outros postularam que um consumidor é capaz de estabelecer as preferências entre todas as combinações possíveis de duas mercadorias. Samuelson substituiu uma abordagem alternativa que não exige que o consumidor seja capaz de providenciar informações sobre suas preferências. A abordagem permite ao teórico reconstruir curvas de indiferenças simplesmente observando o comportamento de compra real do consumidor em diferentes preços.
- *Teoria dos mercados eficientes.* Junto com outros, Samuelson desenvolveu a noção de que "os preços antecipados adequadamente flutuam aleatoriamente". Essa ideia tem sido chamada de *a teoria dos mercados eficientes.*[9] Um mercado financeiro eficiente é aquele em que todas as informações novas são prontamente entendidas e rapidamente incorporadas ao mercado de preços. Assim, qualquer preço de mercado existente – por exemplo, o preço de uma ação da IBM – já está baseado em todas as informações disponíveis. Qualquer mudança subsequente no preço do ativo não estará relacionada a informações já existentes ou à mudança nos preços antigos. Uma importante implicação dessa teoria é que, como especulador a distância: "Você não pode superar o mercado. Não há lucros fáceis".[10]
- *Teoria da equalização do fator preços.* Os economistas clássicos reconheceram que os fatores de produção fluiriam para áreas em que pudessem comandar os preços mais altos. Samuelson proporcionou uma prova matemática para mostrar que a mobilidade dos produtos – comprar e vender produtos em regiões ou países diferentes de onde foram produzidos – é um substituto para o fator mobilidade nas

9 Outro importante colaborador para essa ideia foi Franco Modigliani.
10 SAMUELSON, Paul; NORDHAUS, William D. *Economics.* 12. ed. Nova York: McGraw-Hill, 1985. p. 288.

diferenças decrescentes nos salários e nos preços de outros fatores. Outros colaboradores para essa ideia foram Abba Lerner e Bertil Ohlin.

- *Teoria dos gastos públicos.* Junto com Wicksell, Erik Lindahl e Richard Musgrave, Samuelson foi um dos principais colaboradores para a teoria dos gastos públicos. Ele definiu um bem público como "aquele que traz utilidade para duas ou mais pessoas". A ideia é que os bens públicos possuem *externalidades de consumo* – seus benefícios são indivisíveis. Observado de forma diferente, o custo marginal de oferecer o benefício a consumidores adicionais seria zero e seria impossível impedir os usuários não pagantes de receber o benefício. Como os consumidores receberão o benefício de um bem público independentemente de pagar ou não por ele, os possíveis compradores não terão nenhuma motivação para revelar suas verdadeiras preferências. Consequentemente, a demanda do mercado será insuficiente para oferecer aos produtores a receita adequada para cobrir seus custos. Resumindo, o mercado não perceberá que oferece bens para os quais o benefício marginal social excede o custo marginal social.

De que forma a quantidade ideal de um bem público poderia ser determinada, pelo menos na teoria? Samuelson e outros responderam a essa pergunta desenvolvendo as ideias que compõem a Figura 22.5. Imagine que haja somente dois consumidores, Avery e Baker, cujas curvas da demanda para um determinado bem sejam D_a e D_b. Essas curvas são *curvas de pseudodemanda*, porque esses consumidores não as revelam ao mercado. A curva de pseudodemanda para todo o mercado é *D*. Ela é derivada da soma vertical de D_a e D_b, em vez da soma horizontal, como no caso dos bens privados. Avery e Baker consomem o total de bens públicos, e o preço associado que estão dispostos a pagar por ele é a soma dos totais que *cada* um está disposto a pagar. O total ideal do bem público (Q) é determinado pela interseção das curvas de demanda e oferta de mercado, *D* e *S*. O preço que cobrirá os custos é P_t, que é a soma dos preços de P_a e P_b. A quantidade Q_1 é ideal do ponto de vista do bem-estar social, porque o benefício marginal social (mostrado pelo ponto relevante em *D*) é igual ao custo marginal social (mostrado pelo ponto relevante em *S*). O governo, portanto, deve oferecer Q_1 unidades do bem público.

OS PÓS-KEYNESIANOS

Graças a Samuelson e a outros, a economia atual incluiu os princípios keynesianos da macroeconomia transplantados nos princípios neoclássicos da microeconomia. Nem todos os alunos de Keynes aceitaram essa *síntese neoclássica*. Alguns negaram a interpretação de Keynes sobre o modelo *IS-LM* e a microeconomia padrão. Entre esses críticos pós-keynesianos estava um grupo de economistas em Cambridge, na Inglaterra, incluindo Piero Sraffa (Capítulo 17), Nicolas Kaldor (1908-1986), Joan Robinson (Capítulo 17) e Luigi Pasinetti (1930-). John K. Galbraith (Capítulo 19), Sydney Weintraub (1914-1983) e uma gama de outros economistas contribuíram para essa escola do pensamento nos Estados Unidos. Muitos desses pós-keynesianos se basearam no trabalho do economista polonês Michal Kalecki (1899-1970), que, em 1933, ofereceu uma teoria do emprego "de tipo keynesiana" antes de *The general theory*. Pesquisas feitas por estudantes pós-keynesianos modernos podem ser encontradas no *Journal of Post-Keynesian Economics*.

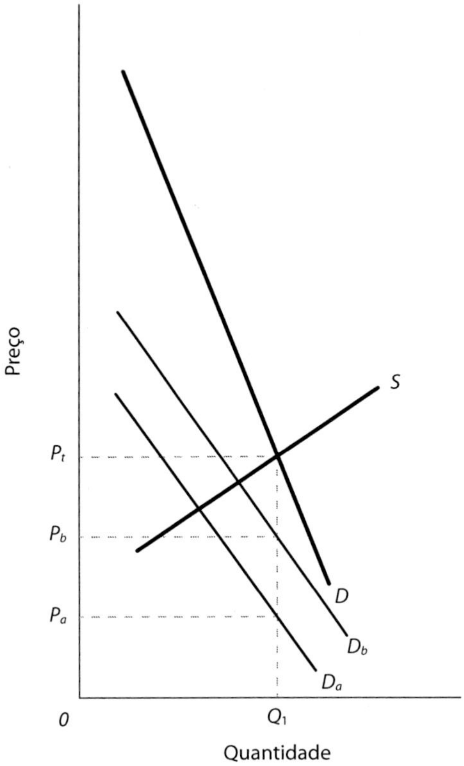

FIGURA 22.5 ■ A QUANTIDADE IDEAL DE BEM PÚBLICO

Embora a curva da demanda de um bem público (*D*) não se revele no mercado, podemos encontrá-la teoricamente pela soma vertical das curvas que representam o quanto os indivíduos estão dispostos a pagar (aqui D_a e D_b) em cada quantidade. A quantidade ideal do bem público representada é Q_1 porque, nessa produção, o benefício marginal social (mostrado pelo ponto relevante em *D*) é igual ao custo marginal social (mostrado pelo ponto relevante em *S*).

Principais dogmas

Os pós-keynesianos são um grupo pequeno e distinto de economistas. Algumas das ideias de cada indivíduo nesse paradigma diferem daquelas expressas por outros. No entanto, podemos discernir vários dogmas básicos desse conjunto de ideias.

- Visão neorricardiana sobre produção, valor e distribuição. Em 1960, Piero Sraffa publicou *Production of commodities by means of commodities*: A prelude to a critique of economic theory, que reconstruiu a teoria de Ricardo sobre produção e valor de uma forma moderna. Segundo Sraffa, o padrão de demanda de diversos produtos não afeta o padrão de preços, muito pelo contrário. Afeta apenas a escala de produção de cada indústria. Os valores reais (preços) dos bens dependem das parcelas de outras mercadorias necessárias para produzi-los. Os valores relativos (preços) e os lucros (se os salários forem determinados) são estabelecidos pelas técnicas de produção utilizadas para produzir uma mercadoria padrão composta que consista nas mercadorias básicas na economia. Essas mercadorias básicas são bens que entram na produção de todas as outras mercadorias. São essencialmente bens de "capital" que aparecem como entradas e saídas. A principal característica da mercadoria padrão composta é que uma mudança nos salários e nos lucros afeta as entradas exatamente da mesma forma que afeta as saídas. Assim, dizia Sraffa, a mercadoria padrão composta é a medida invariável de Ricardo do valor ou dos preços relativos.

De particular importância à discussão atual, a teoria de Sraffa produziu uma nova conclusão: o nível de produção interna é totalmente independente da forma como ela é distribuída entre salários e lucros. Qualquer distribuição de salários e lucros é consistente com um nível privado de produção.

Robinson e outros pós-keynesianos expandiram o tema não convencional de Sraffa. A distribuição real de renda entre salários e lucros, diziam eles, dependerá da luta de classes, das políticas públicas que alteram a distribuição e da taxa de investimento (taxas maiores aumentando a divisão de lucros). Robinson argumentava que é desejável e possível que a sociedade controle a distribuição de renda. Isso pode ser feito pela socialização de investimentos, pela propriedade pública dos meios de produção ou pelas políticas de renda (políticas do governo para controlar salários e preços). Robinson acreditava que essas políticas estão firmemente enraizadas na interpretação correta de *The general theory* de Keynes. A esse respeito, ela se autodenominou "a ala esquerda keynesiana". Ela escreveu:

> Você poderia dizer que sou o arquétipo da ala esquerda keynesiana. Eu estava tirando conclusões muito radicais de *The general theory* muito antes de sua publicação (eu estava na posição privilegiada de ser de um grupo de amigos que trabalhou com Keynes enquanto a obra estava sendo escrita). Assim, fui a primeira a cair no rótulo de "a ala esquerda keynesiana". Além disso, represento hoje uma grande porcentagem dessa ala, porque grande parte dela se dispersou.[11]

- Marcação de preços. Os preços são definidos por corporações oligopólicas. Essas empresas financiam investimentos a partir dos lucros mantidos. Para obter os níveis desejados de lucro e, assim, realizar os planos de investimentos, os oligopólios definem preços acima dos custos atuais. Os preços, então, não refletem as condições normais de demanda, mas as exigências dos fundos para os gastos com investimentos planejados que a empresa considerar necessários, caso tenha de ajustar sua capacidade a um nível suficiente a fim de atender à demanda futura esperada.[12] Quando os custos aumentam, as empresas elevam os preços para manter a marcação sobre os custos.
- Dinheiro endógeno. Contrários à opinião mantida por Fisher (Capítulo 16) e Friedman (Capítulo 24), os pós-keynesianos consideravam a reserva de moeda como essencialmente endógena à economia, que muda em resposta às alterações no nível dos salários. As necessidades do mercado ditam a oferta de moeda. O próprio Keynes apontava que o dinheiro "chega junto com dívidas". A inflação surge da disputa sobre as participações da distribuição de renda. Os aumentos de salário fazem que os custos de produção subam, gerando uma maior demanda por parte das empresas para

11 ROBINSON, Joan. *Collected economic papers*. Cambridge, MA: MIT Press, 1980. v. 4, p. 264. 5 v.

12 KENYON, Peter. Pricing. *A guide to post-Keynesian economics*. Ed. Alfred S. Eichner. White Plains, NY: M. E. Sharpe, 1979, p. 40.

criar capital, a fim de financiar seus bens em andamento mais caros e seus estoques. Assim, os empréstimos comerciais aumentam e a reserva de moeda diminui.

- Instabilidade cíclica pronunciada. A economia é inerentemente instável. O investimento deve crescer o suficiente para manter a renda nacional e o crescimento da produção a uma taxa instável. Devido aos períodos de alternância de otimismo e pessimismo no ambiente de negócios, isso não ocorre com frequência. Quando o investimento é menor que o necessário para manter a taxa de crescimento estável, a economia retrocede e o desemprego aumenta.
- Necessidade de uma política de rendimentos. Uma política de rendimentos limita o aumento médio anual de salários à taxa de crescimento de produtividade da nação. Da mesma maneira, as empresas ficam limitadas à faixa de aumento de preços que conseguem praticar. Uma política bem-sucedida de rendimentos mantém baixa a inflação, minimiza a redistribuição de renda decorrente da inflação e evita a perda de bens e serviços associada às políticas anti-inflacionárias fiscais e monetárias. Segundo os pós-keynesianos, a "luta de classes" pelas ações geradoras de rendimentos e as remarcações de preços pelos oligopolistas requerem uma política permanente de rendimentos:

> Se há talvez um ponto com o qual os economistas pós-keynesianos provavelmente concordem é que a inflação não pode ser controlada por meio de instrumentos convencionais de política fiscal e monetária. Isso porque eles consideram a inflação como resultado não necessariamente de qualquer "demanda em excesso" por bens, mas de um conflito mais fundamental sobre a distribuição da renda e da produção disponíveis. Os instrumentos de política convencional, restringindo o nível de atividade econômica, simplesmente reduzem o total de renda e de produção disponíveis para distribuição, reforçando, assim, o conflito social que é a base do processo inflacionário. (...) É por esse motivo que os economistas pós-keynesianos, em vez de perguntar se uma política de renda é necessária, preferiram questionar como uma política de renda pode ser feita de modo que funcione eficiente e equitativamente.[13]

OS NOVOS KEYNESIANOS

A maioria dos keynesianos modernos rejeita a teoria do valor neorricardiana dos pós-keynesianos. Rejeitam, também, o apelo dos pós-keynesianos às políticas de renda, citando a equivocada alocação de recursos resultante dessas políticas e o sucesso histórico insatisfatório dos controles de preços e salários no processo de redução da inflação.[14]

Preços decrescentes e inflexibilidade salarial

Os macroeconomistas keynesianos modernos seguiram uma linha mais limitada de pesquisa do que os pós-keynesianos. Os teóricos do novo keynesianismo concentraram novamente a sua atenção na tradicional questão keynesiana sobre os motivos da recessão. Sua resposta é que as quedas na demanda agregada produzem redução na produção real e

13 EICHNER. *A guide to post-keynesian economics*, p. 17-18.
14 Veja BLINDER, Allan. *Economic policy and the great stagflation*. Nova York: Academic Press, 1979. Capítulo 6.

aumento correspondente no nível de desemprego, porque o nível do preço e os salários nominais são inflexíveis para baixo. A importância de preços e salários rígidos é demonstrada na Figura 22.6.

Para ilustrar, vamos primeiro imaginar que os preços e os salários nominais sejam perfeitamente flexíveis. Suponha também que a demanda agregada caia de AD_1 para AD_2 e que a oferta agregada permaneça em AS_1. O nível de preço, portanto, cairá de P_1 em *a* para P_2 em *b*, e a produção real cairá temporariamente do nível Q_f de pleno emprego para um nível Q_1, de produção menor que a do emprego. Esse nível de preço mais baixo e maior desemprego permitirá que os produtores reduzam os salários nominais, de modo que deixem o salário real inalterado. À medida que os salários nominais caírem, a curva da oferta agregada vai se deslocar para a direita, de AS_1 para a linha pontilhada AS_2. Na interseção *c* da demanda agregada AD_2 com a oferta agregada AS_2, a produção real volta a Q_f e a recessão automaticamente acaba. Esse processo simplesmente descreve as visões clássica e neoclássica (Capítulo 24). A economia é autocorretiva e, portanto, as políticas de estabilização do governo são desnecessárias.

Mas os novos keynesianos enfatizam que o cenário é bem diferente se os preços e os salários nominais são, durante um tempo, inflexivelmente decrescentes. Em vez de deslocar a economia rapidamente de *a* para *b* para *c*, uma queda na demanda agregada de AD_1 para AD_2 deslocará a economia de *a* para *d*, e a produção real cairá de Q_f para Q_2. Como os salários são inflexivelmente decrescentes, o desemprego associado à produção real Q_2 persistirá até que a demanda agregada volte a AD_1. A política fiscal e monetária ativa pode ser necessária para efetivar essa mudança para a direita da curva da demanda agregada.

Economistas neokeynesianos, como Joseph Stiglitz, de Stanford, Oliver Blanchard, de Harvard, Stanley Fisher, do MIT, George Akerlof, de Califórnia-Berkeley, Assar Lindbeck, da

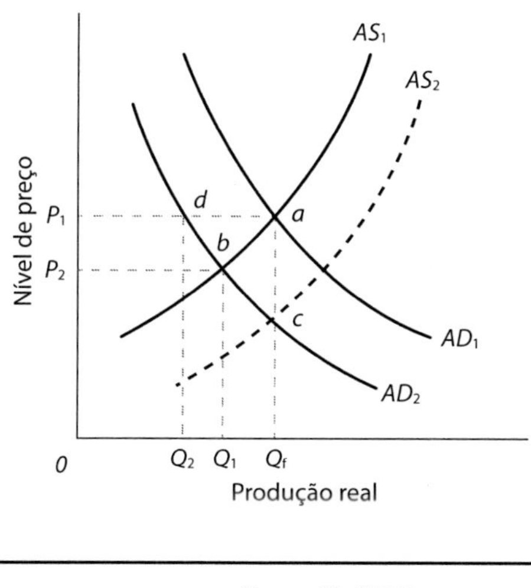

FIGURA 22.6 ■ NOVO KEYNESIANISMO: PREÇOS E SALÁRIOS INFLEXÍVEIS

De acordo com os novos keynesianos, fatores como custos de menu, contratos formais e implícitos, salários de eficiência e relações *"insiders/outsiders"* criam inflexibilidade decrescente de preços e salários. Consequentemente, uma redução na demanda agregada, como de AD_1, para AD_2, desloca a economia de *a* para *d*, e não de *a* para *b* para *c*, como previa a macroeconomia clássica e a neoclássica. Podem ocorrer baixa produção e alto desemprego constantes, e não um deslocamento automático para a direita da curva da oferta agregada, a menos que o governo empreenda uma política fiscal e monetária expansiva para aumentar a demanda agregada.

Universidade de Estocolmo, e Robert Gordon, de Northwestern, ofereceram várias explicações possíveis para o preço decrescente e a inflexibilidade salarial.

Custos de menu. Algumas empresas precisam contrair custos quando diminuem preços: por exemplo, um restaurante deve imprimir um novo menu. Da mesma forma, outras empresas estabelecem e imprimem novas listas de preços; comunicam os preços reduzidos aos clientes, talvez por meio de novas propagandas; imprimem e postam novos catálogos e colocam os novos preços nas mercadorias em estoque. Quando os *custos de menu* como esses são altos, as empresas às vezes relutam em diminuir seus preços, mesmo quando se deparam com queda na demanda. Além disso, as empresas nos mercados oligopolistas podem ter uma preocupação de que a redução de um preço unilateral possa estabelecer reduções mais profundas pelos concorrentes. Assim, quando a demanda agregada na economia diminui, os preços (pelo menos durante um tempo) podem permanecer fixos enquanto a produção e o nível de emprego caem.[15]

Contratos formais e implícitos. Os novos keynesianos afirmam que os sindicatos geralmente assinam contratos de longo prazo que contêm aumentos de salários nominais embutidos. As reduções salariais simplesmente não são uma opção quando ocorrem quedas inesperadas na demanda agregada. Em vez disso, as empresas demitem seus funcionários. Mesmo quando os contratos estão sendo negociados, os sindicatos geralmente resistem com vigor a "permutas" salariais. Os líderes sindicais, eleitos pela maioria dos associados, normalmente preferem a demissão de poucos à redução salarial para muitos.

Embora muitos trabalhadores não sindicalizados não trabalhem sob contratos formais ou explícitos, eles podem operar sob contratos implícitos, que são contratos informais.[16] Um acordo comum pode fazer que as empresas mantenham os salários nominais já existentes durante os períodos de queda da demanda pelo produto. Esse "seguro" contra reduções salariais pode beneficiar as empresas, permitindo-lhes atrair trabalhadores mais qualificados que exigem menos supervisão. Em troca da garantia contra reduções salariais, os trabalhadores comprometem-se a não se opor ao direito da empresa de demitir funcionários em resposta a quedas na demanda de produtos.

Se os contratos formais e implícitos permeiam o local de trabalho, as quedas nos salários não são prováveis quando a demanda agregada diminui. Nos termos da Figura 22.6, a economia passa do ponto *a* para *d*, e ocorre a recessão.

Salários de eficiência. Um salário de eficiência é um salário de ajuste acima do nível do mercado que minimiza o custo salarial de um funcionário por unidade efetiva de serviço empregado. Normalmente, acharíamos que o salário de mercado é o salário de eficiência. No entanto, quando os custos de supervisão e monitoramento de funcionários são altos ou a rotatividade de pessoal é grande, as empresas descobrem que um salário acima do mercado diminuirá os custos com mão de obra. Os salários mais altos aumentam o valor do trabalho na visão de cada trabalhador; eles também aumentam o custo da demissão. O preço elevado de estar desempregado ou de uma demissão voluntária resulta em menos rotatividade de empregados, o que aumenta a produtividade.

---

15 Para obter mais detalhes sobre custos de menu, consulte N. Gregory Mankiw e David Romer (eds.). *New Keynesian economics*. Cambridge, MA: MIT Press, 1991.

16 As principais contribuições a essa literatura estão reunidas em Costas Azariadis e Joseph E. Stiglitz. Implicit contracts and fixed-price equilibria. *Quarterly Journal of Economics*, n. 98, p. 1-22, suplemento de 1983.

As empresas que pagam salários de eficiência relutarão em reduzir os salários em resposta às quedas da demanda agregada, porque esses cortes encorajarão o abandono do trabalho e o aumento no número de demissões, desestimulando a produtividade e aumentando os custos das empresas com a mão de obra. Resumindo, os cortes nos salários serão autodestrutivos.[17] Dessa maneira, os salários de eficiência podem contribuir para a flexibilidade dos salários decrescentes e para o desemprego cíclico.

***Teoria dos* insiders-outsiders.** No "modelo *insiders-outsiders*" de Assar Lindbeck para os salários fixos, "*insiders*" são os trabalhadores empregados que possuem alguma força de mercado; "*outsiders*" são os desempregados que são incapazes ou que não estão dispostos a receber salários menores do que os já existentes para obter emprego.[18] Os *outsiders* podem ser *incapazes* de receber salários menores porque os empregadores podem considerar muito altos os custos de suas contratações. Os empregadores podem vir a se preocupar com o fato de os funcionários que se mantiveram nos cargos, com salários mais altos, virem a considerar os funcionários que substituem os outros como "ladrões" de emprego. Se esses funcionários "internos", mais bem pagos, deixarem de cooperar no trabalho de equipe com os funcionários novos, de salários mais baixos, a produção e os rendimentos da empresa podem ser afetados.

Mesmo que as empresas estejam dispostas a admitir *outsiders* a um salário mais baixo do que o existente, esses desempregados talvez não queiram oferecer seus serviços por menos que o salário existente. Isto é, eles podem recear o ressentimento por parte dos funcionários mais bem pagos. Assim, os *outsiders* podem permanecer desempregados, esperando por um aumento na demanda agregada para serem empregados novamente, em vez de reduzir suas faixas salariais. Os salários, portanto, serão inflexíveis para baixo na presença de demanda agregada deficiente e desemprego cíclico.

Veja O passado como preâmbulo 22-3

22-3 O passado como preâmbulo

TEORIAS CONFLITANTES SOBRE A GRANDE RECESSÃO

Em 2007, a economia dos Estados Unidos enfrentou sua maior recessão desde a Grande Depressão. O PIB caiu 5,1% e a taxa de desemprego subiu de 4,4% para 10,1%. Diferentemente da recessão gerada pela Segunda Guerra Mundial, esta foi iniciada por uma grave crise financeira. A severidade da Grande Recessão reacendeu um antigo debate tanto sobre as causas dos períodos de retração econômica quanto sobre a melhor maneira de resolvê-las.

17 Para obter mais informações sobre esse assunto, consulte AKERLOF, George A.; YELLEN, Janet L. (eds.). *Efficiency wage models of the labor market*. Cambridge: Cambridge University Press, 1986.

18 LINDBECK, Assar; SNOWER, Dennis. *The insider-outsider theory of employment and unemployment*. Cambridge: Cambridge University Press, 1988.

Como vimos nos dois últimos capítulos, o modelo keynesiano atribui os períodos de retração econômica à demanda efetiva insuficiente (ou seja, agregada), normalmente resultante da volatilidade de despesas de investimento. Para restaurar o nível total de empregos é preciso estimular despesas agregadas, normalmente usando políticas de expansão fiscal e monetária.

As ideias keynesianas, já bem integradas na corrente de teorias modernas, ressurgiram com força durante a Grande Recessão, embora outras expressões, muitas esquecidas há algum tempo, também tenham ressurgido.

Friedrich A. Hayek (1899-1992), descendente da escola austríaca e covencedor do Prêmio Nobel de 1974, explicou os períodos de retração econômica (a "queda" no "ciclo de crescimento e queda") com relação a erros dos empresários que levam a investimentos ineficazes.

> Uma explicação para as crises econômicas deve necessariamente incluir a hipótese de que empresários cometeram erros. Mas o simples fato de que empresários cometem erros não é explicação suficiente para as crises. Atitudes errôneas, que levam a perdas em geral, somente podem ser consideradas prováveis se pudermos mostrar por que os empresários podem cometer, ao mesmo tempo, os mesmos tipos de erro.[a]

Para Hayek, taxas de juros excessivamente baixas estabelecidas pelo banco central enviam uma mensagem equivocada às empresas, incentivando o erro simultâneo do investimento excessivo em bens de capital. Esse exagero deixa as empresas com excesso de capacidade produtiva, fazendo que a economia esteja a todo vapor no momento de quebra que ocorre quando a produção obrigatoriamente se desacelera. A sugestão de Hayek para prevenir essa situação é promover um crescimento monetário neutro – mudanças no suprimento de moeda que facilitem o comércio, mas não causem alterações nos preços. Quando ocorrem momentos de queda, as políticas fiscais e de expansão perpetuam a distribuição incorreta de recursos, e por isso devem ser evitadas. A política monetária simples do Federal Reserve e a grande expansão de crédito do ciclo anterior de crescimento criaram as condições de baixas taxas de juros consistentes com a explicação de Hayek sobre a queda subsequente.

A "hipótese de instabilidade financeira" do pós-keynesiano Hyman Minsky (1919-1996) tem como foco o papel das bolhas especulativas nas flutuações dos ciclos comerciais. Minsky identifica três tipos de mutuários no sistema: (1) mutuários *hedge* – aqueles capazes de pagar suas parcelas e os juros; (2) mutuários especulativos – capazes de pagar juros, mas que precisam refinanciar constantemente as parcelas; e (3) mutuários Ponzi – incapazes de cumprir com as parcelas ou cobrir os juros e que dependem de ativos crescentes para evitar a inadimplência. A mistura de tipos de mutuários sempre pode afetar a estabilidade do sistema financeiro e, consequentemente, a estabilidade econômica. Como explica Minsky,

O primeiro teorema da hipótese da instabilidade financeira é que a economia possui regimes financeiros sob os quais é estável e regimes financeiros sob os quais é instável. O segundo teorema (...) estabelece que, em períodos prolongados de prosperidade, a economia transita entre as relações financeiras que permitem um sistema estável e as que promovem um sistema instável.

Especificamente em períodos positivos prolongados, as economias capitalistas tendem a migrar da estrutura financeira dominada por unidades financeiras *hedge* para a estrutura em que há grande peso para as unidades envolvidas com finanças Ponzi e especulativas.[b]

Quando há excesso de mutuários Ponzi e especulativos, o sistema está pronto para um "momento Minsky", em que investidores altamente endividados são forçados a vender bens para pagar empréstimos, causando a queda dos preços dos bens. Essa venda se intensifica à medida que o declínio nos preços dos bens força mais mutuários Ponzi a vender. Então a bolha de bens se rompe. A inevitável inadimplência de bens que acompanha esses eventos diminui a liquidez do sistema financeiro, impedindo que o setor privado consiga manter ou aumentar os níveis de consumo e investimento.[c]

a. HAYEK, Friedrich A. Price expectations, monetary disturbances and malinvestments. *Readings in business cycle theory.* Homewood, IL: Richard D. Irwin, Inc., 1951, p. 354. Para mais detalhes sobre essa teoria, veja F. A. Hayek. *Prices and production.* Londres: G. Routledge & Sons, 1935) [publicado originalmente em 1931].
b. MINSKY, Hyman P. The financial instability hypothesis. *Working Paper* n. 74, maio 1992, p. 7–8. Para mais detalhes sobre a discussão, veja Minsky, *John Maynard Keynes* (Columbia University Press, 1975), e *Stabilizing an unstable economy* (Yale University Press, 1986).
c. KINDLEBERGER, Charles (1910–2003) narra o surgimento das maiores bolhas de patrimônio da história mundial em seu livro *Manias, panics, and crashes: A history of financial crises*. 5 ed. Palgrave Macmillan, 2005. [Publicado originalmente em 1978]. Em seu trabalho, há uma importante discussão sobre a racionalidade dos mercados e seus participantes, uma característica assumida na maioria dos modelos econômicos.

Perguntas para estudo e discussão

1. Identifique brevemente e estabeleça a importância de cada um dos seguintes pensadores e conceitos para a história do pensamento econômico: Hansen, Seminário sobre Política Fiscal, análise *IS-LM*, tese da estagnação, finanças compensatórias, finanças funcionais de Lerner, Samuelson, acelerador, curva de Phillips, teoria da preferência revelada, teoria dos gastos públicos, Sraffa, pós-keynesianos, novos keynesianos, custos de menu, contratos formais e implícitos, salários de eficiência e teoria dos *insiders-outsiders*.
2. Comente a seguinte afirmação de Keynes: "Eu entendo que Hansen seja conhecido nos Estados Unidos como o Keynes norte-americano; talvez eu pudesse ser conhecido como o Hansen inglês".
3. O que motivou Hicks e Hansen a desenvolverem a análise *IS-LM?* Explique de que forma a política fiscal poderia ser utilizada para deslocar a curva *IS* para a direita. Explique como a política monetária poderia ser utilizada para deslocar a curva *LM* para a esquerda. O que aconteceria ao equilíbrio da renda e à taxa de juros em cada um dos casos?

4. Como a teoria de Lerner sobre as finanças funcionais (O passado como preâmbulo 22-1) está relacionada a esta sua afirmação?

> "Obviamente não temos volante", diz, zangado, um dos ocupantes [do carro] (...) "Imagine que tivéssemos um volante e alguém o segurasse quando atingíssemos o meio-fio! Essa pessoa poderia evitar que a roda voltasse automaticamente e o carro certamente viraria!"

5. De que maneira as reservas de moeda, os impostos e os gastos com importação se assemelham entre si? Explique por que o multiplicador complexo tende a ser menor que o multiplicador simples de Keynes.
6. Explique por que é necessário somar curvas da demanda individuais *verticalmente* para obter uma curva da demanda total de um bem público, enquanto o procedimento para um bem particular é somá-las *horizontalmente*.
7. Avalie criticamente a seguinte argumentação de Eichner e Kregel: o objetivo da teoria pós-keynesiana é "explicar o mundo real conforme ele é observado empiricamente", enquanto o objetivo da teoria neoclássica é "demonstrar a otimização social se o mundo real tivesse de se assemelhar ao modelo".
8. De acordo com os novos keynesianos, por que a economia não é autocorretiva quando se depara com uma queda na demanda agregada?
9. Em quais pontos os novos keynesianos discordam dos pós-keynesianos?
10. As explicações de Hayek e Minsky para os períodos de retração econômica (O passado como preâmbulo 22-3) são conflitantes ou se complementam? E se de alguma maneira se complementam, isso significa que Hayek e Minsky concordam em como se podem prevenir ou corrigir as recessões? Explique.

Leituras selecionadas

Livros

EICHNER, Alfred S. (ed.) *A guide to post-Keynesian economics.* White Plains, NY: M. E. Sharpe, 1979.

HANSEN, Alvin H. *Business cycle theory*: development and present status. Boston, MA: Ginn & Co., 1927.

__________. *Fiscal policy and business cycles.* Nova York: W. W. Norton, 1941.

__________. *Full recovery or stagnation?* Nova York: W. W. Norton, 1938.

__________. *A guide to Keynes.* Nova York: McGraw-Hill, 1953.

LERNER, Abba P. *The economics of control*: principles of welfare economics. Nova York: Macmillan, 1944.

__________. *Economics of employment.* Nova York: McGraw-Hill, 1951.

LINDBECK, Assar; SNOWER, Dennis. *The insider-outsider theory of employment and unemployment.* Cambridge: Cambridge University Press, 1988.

MANKIW, N. Gregory; ROMER, David (eds.). *New Keynesian economics.* Cambridge, MA: MIT Press, 1991.

SAMUELSON, Paul A. *The collected scientific papers of Paul Samuelson.* Volumes 1 e 2 editados por Joseph E. Stiglitz, v. 3 editado por Robert Merton, v. 4 editado por Hiroki Nagatani e Kate Crowley, v. 5 editado por Kate Crowley. Cambridge, MA: MIT Press, 1966, 1972, 1977, 1986. 5 v.

__________. *Foundations of economic analysis.* Cambridge MA: Harvard University Press, 1947.

SRAFFA, Piero. *Production of commodities by means of commodities*: prelude to a critique of economic theory. Cambridge: Cambridge University Press, 1960.

Artigos de revistas especializadas

BARBER, William, J. The career of Alvin Hansen in the 1920s and 1930s. A study in intellectual transformation. *History of Political Economy*, n. 19, p. 191-205, verão de 1987.

COLANDER, David. Was Keynes a Keynesian or a Lernerian? *Journal of Economic Literature*, n. 22, p. 1572-1575, dez. 1984.

GORDON, Robert J. What is new-Keynesian economics? *Journal of Economic Literature*, n. 28, p. 1115-1117, set. 1990.

HICKS, J. R. Mr. Keynes and the classics: a suggested interpretation. *Econometrica*, n. 5, p. 147-159, abr. 1937.

Quarterly Journal of Economics, n. 40, fev. 1976. Essa edição contém artigos sobre Hansen escritos por Richard A. Musgrave, Gottfried Haberler, Walter S. Salant, Paul A. Samuelson e James Tobin.

SAMUELSON, Paul A. A. P. Lerner at sixty. *Review of Economic Studies*, n. 31, p. 169-178, jun. 1964.

________. Interaction between the multiplier analysis and the principle of acceleration. *Review of Economics and Statistics*, n. 21, p. 75-78, maio 1939.

SAMUELSON, Paul A.; SOLOW, Robert M. Analytical aspects of anti-inflation policy. *American Economic Review*, n. 40, p. 177-194, maio 1960.

SCITOVSKY, Tibor. Lerner's contributions to economics. *Journal of Economic Literature*, n. 22, p. 1547-1571, dez. 1984.

23

TEORIAS DO CRESCIMENTO E DESENVOLVIMENTO ECONÔMICO

Os partidários de diversas escolas e pensadores ecléticos semelhantes dedicaram muito tempo pensando no crescimento e desenvolvimento econômico. *Crescimento econômico* é o aumento da produção real de um país (PIB) que ocorre durante determinado período. Ele resulta de (1) maior quantidade de recursos naturais, recursos humanos e capital; (2) melhorias na qualidade dos recursos e (3) avanços tecnológicos que impulsionam a produtividade.

O PIB real *per capita* de um país – isto é, o padrão de vida – eleva-se quando sua produção real aumenta mais rapidamente do que sua população. O *desenvolvimento econômico* é simplesmente o processo pelo qual uma nação melhora seu padrão de vida durante determinado período. Especialistas em desenvolvimento econômico analisam as forças e as políticas que causam ou impedem a elevação dos padrões de vida em nações de renda baixa ou média.

Especialmente desde 1945, tem ocorrido grande expansão do conhecimento sobre crescimento e desenvolvimento. Há vários motivos para isso. O primeiro é que o crescimento econômico é altamente variável entre as nações. Por que algumas nações têm crescido mais rapidamente que outras? O segundo motivo é que os países industrialmente desenvolvidos têm superado os piores excessos de recessão econômica por meio de políticas de estabilização e mercados mais flexíveis. A ênfase, portanto, passou para o modo de atingir altos índices de crescimento. O terceiro motivo é que a maioria dos países pobres, muitos deles colônias antes da Segunda Guerra Mundial, é hoje politicamente livre e busca estratégias para promover o crescimento e o desenvolvimento econômico.

Antes chamadas de "atrasadas" ou "não desenvolvidas", essas nações são hoje denominadas países "em desenvolvimento" ou "emergentes". O quarto motivo é que a queda do socialismo marxista na Europa Oriental e na União Soviética chamou muito a atenção sobre o desenvolvimento e o crescimento dessas regiões. Os últimos países comunistas podem mudar sua economia para o capitalismo e atingir o desenvolvimento econômico mais rapidamente? Finalmente, o aumento no padrão de vida em países em desenvolvimento tornou-se importante para as nações industrialmente desenvolvidas em termos de investimentos diretos, comércio internacional e finanças internacionais.

Este capítulo examina cinco análises diferentes sobre o crescimento e o desenvolvimento econômico. Começamos com uma discussão sobre o modelo de crescimento keynesiano, estabelecido por Harrod e Domar. Em seguida, examinamos o modelo de crescimento neoclássico de Solow. Depois, estudamos a teoria de desenvolvimento econômico e mudança institucional de Schumpeter. E depois veremos algumas discussões sobre Nurkse e Lewis, que oferecem ideias importantes sobre o desenvolvimento econômico.

SIR ROY F. HARROD E EVSEY DOMAR

Sir Roy F. Harrod (1900-1978) e Evsey Domar (1914-1997) contribuíram separadamente para o que hoje se conhece como a análise de Harrod-Domar sobre o crescimento. Eles estabeleceram suas teorias dentro da estrutura keynesiana, discutida nos dois capítulos anteriores, e, assim, são membros da ampla escola keynesiana. Em 1947, Harrod, um inglês, apresentou suas ideias em uma série de palestras na Universidade de Londres.[1] Nesse mesmo ano, Domar, que mais tarde assumiria cargos na Johns Hopkins e no MIT, publicou um artigo contendo uma teoria semelhante em *American Economic Review*.[2] Como as teorias chegaram a conclusões semelhantes e são, da mesma forma, complexas, discutiremos somente o modelo de crescimento de Domar.[3]

O efeito da criação da capacidade de investimento

Domar observou que os gastos líquidos com investimento contribuem para o estoque de capital do país, aumentam a capacidade produtiva da economia e elevam seu nível *potencial* de renda. Ele afirmou que a mudança na capacidade produtiva, ΔY_q, dependerá do nível de investimento, I, e da "produtividade média social provável de novos investimentos", σ. Simbolicamente:

$$\Delta Y_q = I\sigma \qquad \textbf{(23.1)}$$

Para demonstrar o ponto importante de Domar, vamos imaginar que o valor de σ seja 0,3. Isso nos diz que cada dólar de gastos com investimento aumentará a capacidade da eco-

1 HARROD, R. F. *Toward a dynamic analysis*. Londres: Macmillan, 1948.

2 DOMAR, Evsey D. Expansion and employment. *American Economic Review*, n. 37, p. 34-55, mar. 1947. Também, The problem of capital accumulation. *American Economic Review*,n. 38, p. 77-94, dez. 1948.

3 Um excelente resumo do modelo de Harrod é apresentado por Wallace C. Peterson. *Income, employment, and economic growth*. 5. ed. Nova York: Norton, 1984. Harrod publicou um esboço "preliminar e experimental" sobre uma teoria dinâmica do crescimento, em 1939. Veja An essay in dynamic theory. *Economic Journal*, n. 49, p. 14-33, mar. 1939.

nomia em gerar renda futura em 30 centavos. Podemos também assumir que a propensão a poupar (marginal = média) é de 0,2. Se o equilíbrio da renda é USUS$ 500 bilhões, então a poupança será USUS$ 100 bilhões (0,2 × USUS$ 500 bilhões). O investimento líquido, portanto, também deve ser de USUS$ 100 bilhões, porque o investimento deve corresponder às poupanças no nível de equilíbrio da renda. Esses USUS$ 100 bilhões de investimento aumentarão a capacidade produtiva e a renda potencial da economia em USUS$ 30 bilhões (0,3 × USUS$ 100 bilhões). Se a renda no próximo período permanecesse em USUS$ 500 bilhões, a economia teria capacidade ociosa e desemprego. Os investimentos expandem a capacidade de uma nação de gerar produção e renda.

O efeito da criação da demanda do investimento

Como a função consumo no modelo keynesiano é considerada estável, os gastos adicionais com consumo aparecem apenas em resposta ao aumento da renda. Consequentemente, os gastos com investimento são a fonte dos aumentos da demanda agregada de um período para o outro. Os gastos com investimento no novo período deverão exceder o total no período anterior, se o potencial de renda adicional do investimento passado tiver de ser realizado. O aumento necessário na demanda efetiva é fornecido pela Equação 23.2:

$$\Delta Y_d = \Delta I \times \frac{1}{\alpha} \tag{23.2}$$

em que ΔY_d é a mudança na renda, ΔI é a mudança nos gastos líquidos com investimentos e α é a propensão a poupar. A fração $1/\alpha$ é o multiplicador de investimento keynesiano simples, discutido no Capítulo 21.

A necessidade de crescimento equilibrado

Domar definiu o crescimento equilibrado como a taxa de crescimento da renda em que o emprego pleno dos recursos é mantido durante determinado período de tempo. Ele é obtido quando as mudanças na capacidade de produção (ΔY_d na Equação 23.1) se igualam às mudanças na demanda efetiva (ΔY_d na Equação 23.2).

$$\Delta Y_q = \Delta Y_d \tag{23.3}$$

Substituindo os valores anteriores de ΔY_q e ΔY_d na Equação 23.3, obtemos a Equação 23.4.

$$I\sigma = \Delta I \times \frac{1}{\alpha} \tag{23.4}$$

Multiplicando os dois lados da Equação 23.4 por α e depois dividindo por I, obtemos a Equação 23.5.

$$\frac{\Delta I}{I} = \sigma\alpha \tag{23.5}$$

Assim, Domar chegou às suas principais conclusões. A economia precisa crescer a fim de manter o pleno emprego de seus recursos. Para realizar a taxa de crescimento de renda necessária para alcançar o crescimento da capacidade de renda, os investimentos devem aumentar anualmente a uma taxa percentual igual ao produto da produtividade média social potencial de investimento, σ, e a propensão a poupar, α.

Em nosso exemplo anterior, a renda deve aumentar de US$ 500 bilhões para US$ 530 bilhões (6%). Como a propensão a poupar é de 0,2, o multiplicador será 5 (1/0,2). Para obter um aumento de renda de US$ 30 bilhões, os investimentos devem, portanto, crescer em US$ 6 bilhões (US$ 30/5). Os investimentos no ano anterior eram de US$ 100 bilhões. Neste ano, devem ser de US$ 106 bilhões. Isto é, eles também devem crescer em 6% (US$ 6/US$ 100). Confirmamos esse fato com a Equação 23.5, em que vemos que essa taxa (0,06) é igual a σ vezes α, ou o produto da produtividade de capital (0,3) e a propensão a poupar (0,2). Quanto mais altos forem os valores, maior será a taxa de crescimento dos investimentos necessária.

Domar e Harrod duvidavam que o crescimento anual dos investimentos fosse *automaticamente* suficiente para manter o nível de emprego. Seus modelos reforçaram a conclusão keynesiana de que a economia é inerentemente instável. De fato, seus modelos implicam que a economia é um "fio de navalha". Se os investimentos não crescessem na taxa necessária ou segura, a economia retrocederia. Por outro lado, se o crescimento dos gastos com investimentos excedesse a taxa necessária ou segura, o resultado seria a inflação causada por demanda.[4]

ROBERT M. SOLOW

Robert M. Solow (1924-) nasceu no Brooklyn, Nova York, e obteve seu doutorado na Universidade de Harvard, em 1951. Passou toda a sua carreira acadêmica no MIT, onde ocasionalmente colaborava com Paul Samuelson. Em 1979, foi eleito presidente da American Economic Association e, em 1987, ganhou o Prêmio Nobel por seu trabalho sobre crescimento econômico.

Solow tem contribuído para várias facetas da economia, incluindo programação linear, teoria macroeconômica, economia ambiental e economia do trabalho. Durante vários anos, ele defendeu sua síntese moderna sobre a microeconomia neoclássica e sobre a macroeconomia baseada em Keynes, disputando intelectualmente com os defensores do monetarismo, do pós-keynesianismo e, mais recentemente, da nova macroeconomia clássica. Na visão de suas "opiniões keynesianas clássicas e neokeynesianas", é de certa forma irônico que sua teoria sobre o crescimento macroeconômico esteja enraizada no neoclassicismo, e não no keynesianismo.

Teoria do crescimento de Solow

Em 1956, Solow publicou uma influente análise sobre o crescimento econômico. Diferentemente da teoria de Harrod-Domar, que sugeria que o caminho para o crescimento de

4 Nem todos os economistas aceitam a interpretação de "fio de navalha" da análise de Harrod. Consulte KREGEL, J. A. Economic dynamics and the theory of steady growth: an historical essay on Harrod's "knife-edge". *History of Political Economy*, n. 12, p. 97-123, primavera de 1980.

uma economia é inerentemente instável, a teoria de Solow apoiava a visão neoclássica de que a economia se ajusta internamente para obter crescimento equilibrado estável. A teoria do crescimento de Solow contém vários elementos-chave.[5]

Produção, a força de trabalho e o investimento equilibrado. Solow começa sua análise estabelecendo uma função de produção agregada em que a tecnologia é constante e a produção total depende do estoque de capital e do fluxo de entrada de trabalho. A curto prazo, um aumento no trabalho, considerando-se um estoque de capital fixo, gera rendimentos decrescentes, assim como um aumento no capital, dado um número fixo de trabalhadores. A longo prazo, a função de produção exibe rendimentos constantes à escala. Se o capital e o trabalho aumentarem, por exemplo, em 1%, a produção (e a renda) também crescerá em 1%.

Vamos imaginar que o crescimento da força de trabalho aumente em uma taxa constante n a cada ano. A força de trabalho, portanto, expande-se em nN, em que N é o tamanho da força de trabalho do início do ano. Por exemplo, se n for 0,01 (ou 1%) e N for 200 milhões, a força de trabalho crescerá em 2 milhões (0,01 × 200 milhões) durante o ano e será 202 milhões no início do próximo ano.

Se o total de *capital por trabalhador* permanecer constante, a taxa de crescimento do estoque de capital, K, deve ser igual à taxa de crescimento da força de trabalho, n. O crescimento do estoque de capital, obviamente, é um investimento líquido (investimento bruto menos a depreciação). Os investimentos líquidos devem, portanto, aumentar em nK a cada ano para se igualarem ao crescimento da força de trabalho nN. Por exemplo, se n for 0,01 conforme supomos e se o estoque de capital for US$ 30 trilhões, então os investimentos líquidos serão de US$ 300 bilhões (0,01 × US$ 30 trilhões). O acréscimo de US$ 300 bilhões ao estoque de capital é suficiente para manter constante o total de capital por trabalhador. Chamamos esse total de investimento necessário de *investimento equilibrado*, porque equilibra perfeitamente o crescimento da força de trabalho e o estoque de capital, garantindo um total constante de capital por trabalhador.

Poupança e investimento real. Solow assume que a poupança é proporcional à renda ($MPS = APS$). Todo ano, os participantes da economia guardam uma parte da renda, s, e consomem uma parte dela, $1 - s$. A taxa de poupança, s, e o nível de renda, Y, juntos determinam a poupança total, sY. Por exemplo, se s for 0,2 (ou 20%) e a renda for US$ 2 trilhões, a poupança total será de US$ 400 bilhões (0,2 × US$ 2 trilhões). Como os investimentos líquidos absorvem toda a reserva de poupança na economia, o *investimento real* é também sY. Investimento real é o total de investimento líquido realmente apresentado em um ano e é sempre o mesmo que o total de poupança.

O ponto estável. Combinamos os principais elementos da teoria do crescimento de Solow na Figura 23.1, em que as variáveis são convertidas em uma "base por trabalhador". As poupanças por trabalhador (iguais aos investimentos por trabalhador) são medidas no eixo vertical, enquanto o capital por trabalhador é medido no eixo horizontal.

---

5 SOLOW, Robert M. A contribution to the theory of economic growth. *Quarterly Journal of Economics*, n. 70, p. 65-94, fev. 1956. Nossa discussão simplificada segue a de Robert E. Hall e John B. Taylor. *Macroeconomics*. 5. ed. Nova York: W. W. Norton, 1997, p. 70-74. Para obter um tratamento matemático sobre o modelo de crescimento de Solow, consulte ROMER, David. *Advanced macroeconomics*. Nova York: McGraw-Hill, 1996, p. 5-25.

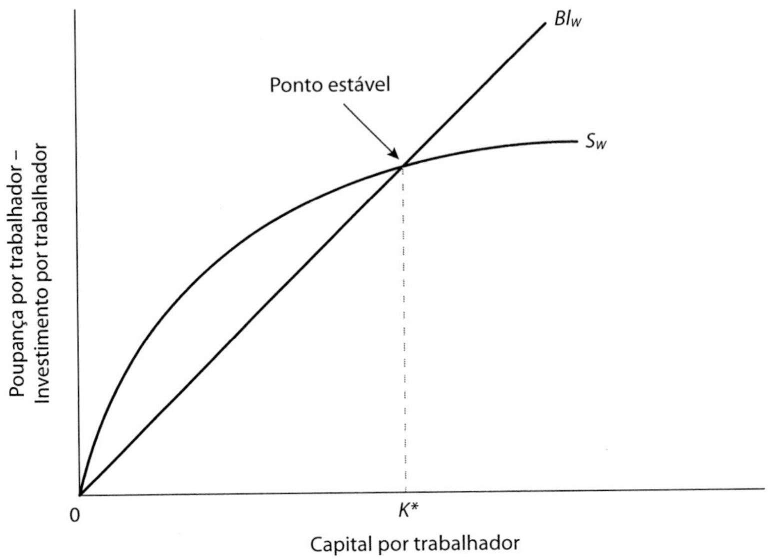

FIGURA 23.1 ■ TEORIA DO CRESCIMENTO DE SOLOW

De acordo com Solow, a economia tende a se direcionar a um ponto estável em que os investimentos reais (conforme medidos em S_w,) são iguais aos investimentos equilibrados (conforme medidos em BI_w). Os investimentos equilibrados representam o total de investimento necessário para manter o crescimento do estoque de capital na mesma taxa que a força de trabalho. Se os investimentos reais excederem os investimentos equilibrados, o capital por trabalhador aumentará; se os investimentos reais forem menores que os investimentos equilibrados, o capital por trabalhador diminuirá. No capital por trabalhador *(k*)*, as taxas de crescimento do estoque de capital, a força de trabalho e a produção são iguais.

Como a tecnologia é constante, a produção por trabalhador depende exclusivamente do total de capital por trabalhador.

A linha reta BI_w, na Figura 23.1, representa os investimentos equilibrados. Ela mostra o total de investimento por trabalhador que deve ocorrer a fim de manter cada nível de capital por trabalhador. Em contraste, a curva de poupanças por trabalhador, S_w, mostra o investimento real por trabalhador que ocorre em cada soma de capital por trabalhador. A forma da curva S_w reflete os rendimentos decrescentes. As poupanças por trabalhador aumentam a uma taxa decrescente, porque cada unidade adicional de capital por trabalhador proporciona menos incrementos adicionais de produção e renda. Menores incrementos de produção e renda, multiplicados por uma taxa constante de poupanças, significam menos aumentos nas poupanças. Como os investimentos líquidos são iguais às poupanças, os investimentos reais aumentam a uma taxa decrescente à medida que o capital por trabalhador diminui.

A interseção das curvas produz um *ponto estável* em que os investimentos reais se igualam aos investimentos equilibrados. Nesse ponto estável, o capital por trabalhador é k^*, e as taxas de crescimento de produção por trabalhador, a força de trabalho, as poupanças totais e os investimentos são todos iguais. Em k^*, a economia está em um caminho de crescimento estável equilibrado. A taxa de crescimento existente de produção real (não mostrada) continuará.

Solow reconheceu que os investimentos reais inicialmente poderiam ser menores ou maiores que os investimentos equilibrados. Se alguma dessas hipóteses ocorresse, a economia ajustaria os totais relativos de capital e trabalho utilizados até que os investimentos reais fossem iguais aos investimentos equilibrados. Essas substituições de capital-trabalho e trabalho-capital estavam ausentes no modelo de crescimento de Harrod-Domar.

Para entender o processo de ajuste, primeiro consideremos os níveis de capital por trabalhador que são menores que k^*, na Figura 23.1. Observe que os investimentos reais (conforme determinados na curva S_w) excedem os investimentos equilibrados (determinados na linha BI_w). O estoque de capital, portanto, cresce mais rapidamente do que a força de trabalho, e o total de capital por trabalhador aumenta. Esse processo continua até que o ponto estável seja alcançado. Nesse ponto, os investimentos reais são os mesmos que os investimentos equilibrados. E se o capital por trabalhador for maior que k^*? Então, os investimentos reais serão menores que os investimentos equilibrados, e o estoque de capital crescerá menos rapidamente que a força de trabalho. O capital por trabalhador cairá até que o ponto estável seja alcançado. Solow, assim, mostrou que as mudanças automáticas no uso relativo do capital e do trabalho permitem que a economia atinja um ponto de crescimento estável.

Solow e o progresso tecnológico

Solow enfatizou a importância do avanço tecnológico (mantido constante na Figura 23.1) para os padrões de vida mais elevados. Para Solow, o avanço tecnológico inclui não apenas as técnicas aprimoradas de produção, mas também as melhorias na *qualidade* do trabalho e capital. A nova tecnologia está geralmente embutida no capital; está incorporada nos novos equipamentos e nas fábricas. Quando Solow introduz o avanço tecnológico em sua teoria do crescimento, a economia hipotética atinge taxas mais altas de crescimento produtivo, independentemente dos aumentos no total de capital por trabalhador.

Para testar essa previsão do modelo, Solow desenvolveu novas técnicas para medir as contribuições relativas dos fatores que causam o crescimento econômico. Ele descobriu que os aumentos no trabalho e nos fluxos de entrada de capital explicam menos da metade do crescimento econômico. Segundo ele, o resíduo é resultado do progresso tecnológico.[6]

JOSEPH ALOIS SCHUMPETER

Vida e influências

Joseph Alois Schumpeter (1883-1950), filho de um fabricante de tecidos, nasceu na província austríaca de Morávia (hoje uma região da República Tcheca) e estudou direito e economia na Universidade de Viena. Exerceu a advocacia por vários anos, ensinou economia política e, em 1913 e 1914, foi para a Universidade de Colúmbia. Foi nessa época que ele e Wesley C. Mitchell começaram sua longa amizade. Durante a Primeira Guerra Mundial, Schumpeter não fez segredos de seus sentimentos pacifistas, pró-britânicos e

6 SOLOW, Robert M. Technical change and the aggregate production function. *Review of Economics and Statistics*, n. 39, p. 312-320, Aug. 1957.

antigermânicos. Ele serviu, por um pequeno período, como ministro das Finanças da república austríaca, em 1919. Em 1921, tornou-se presidente de uma casa bancária particular altamente respeitada em Viena. Quando o banco entrou em decadência em 1924, após a grande inflação da Alemanha, ele retornou ao mundo acadêmico e aceitou um cargo de professor na Universidade de Bonn. De 1932 até sua morte, lecionou em Harvard e atuou como presidente da American Economic Association, o primeiro economista estrangeiro a alcançar essa distinção. Suas obras *The theory of economic development* (1911), *Capitalism, socialism, and democracy* (1942) e sua enciclopédica *History of economic analysis* (1954), editada por sua esposa após sua morte, são monumentos a suas grandes conquistas.

As duas principais influências intelectuais na vida de Schumpeter foram Léon Walras e Karl Marx. De Walras, Schumpeter herdou sua ênfase à interdependência das quantidades econômicas. Schumpeter tinha forte aversão ao marxismo, mas admirava o conhecimento de Marx sobre o processo de mudança econômica. Schumpeter foi devoto ardoroso das instituições capitalistas e via com alarme as forças provocadas pelo sucesso do capitalismo, porque acreditava que elas destruiriam o sistema. Ele concordava com Marx que o capitalismo entraria em decadência, embora por diferentes motivos e com profundo pesar.

Desenvolvimento econômico e instabilidades nos negócios

Schumpeter construiu um sistema teórico para explicar os ciclos econômicos e a teoria do desenvolvimento econômico. O principal processo na mudança econômica é a introdução de inovações, e a inovação central é o empreendedor. A inovação é definida como mudanças nos métodos de oferta de mercadorias, por exemplo, a introdução de novos bens ou novos métodos de produção; a abertura de novos mercados, conquistando novas fontes de suprimento de matéria-prima ou bens semimanufaturados; ou a reorganização da indústria, como a criação ou quebra de um monopólio. A inovação é muito mais do que invenção. A invenção não será inovação se estiver fadada ao fracasso – isto é, se não for utilizada. Uma invenção se torna uma inovação somente quando é aplicada a processos industriais.

O empreendedor é a pessoa que executa novas combinações e introduz inovações. Nem todos os dirigentes das empresas, gerentes ou industriais são empreendedores; alguns podem estar gerenciando um negócio sem tentar novas ideias ou novas maneiras de fazer as coisas. Nem os empreendedores correm riscos. Essa função é deixada para os acionistas, que são tipicamente capitalistas, mas não empreendedores. Os empreendedores devem ter apenas ligações temporárias com as empresas individuais, como financiadoras ou promotoras. Mas são sempre pioneiros na introdução de novos produtos, novos processos e novas formas de organização comercial ou na penetração de novos mercados. São pessoas com excepcionais habilidades, que aproveitam ao máximo as oportunidades que passam despercebidas por outras ou que criam oportunidades por meio da ousadia e da imaginação.

Sem inovação, a vida econômica atingiria um equilíbrio estático, e seu fluxo circular seguiria essencialmente os mesmos canais, ano após ano. O lucro e os juros desapareceriam, e o acúmulo de riquezas cessaria. O empreendedor, buscando lucro com a inovação, transforma essa situação estática no processo dinâmico de desenvolvimento econômico.

Essa pessoa interrompe o fluxo circular e desvia o trabalho e a terra para o investimento. Como as economias geradas pelo fluxo circular são inadequadas, o empreendedor confia no crédito para oferecer os meios à sua empresa. O desenvolvimento econômico resultante surge do próprio sistema econômico, em vez de ser imposto externamente.

As inovações não ocorrem de forma contínua, mas sim em grupos. As atividades da maioria dos empresários empreendedores e arrojados criam um clima favorável em que os outros podem segui-los. O crédito expande-se, os preços e a renda aumentam e a prosperidade prevalece. Mas não para sempre. O *boom* econômico gera condições desfavoráveis para seu progresso contínuo. O aumento nos preços desvia o investimento, e a concorrência entre produtos novos e antigos causa perdas econômicas. Quando os empresários pagam suas dívidas, o processo deflacionário é intensificado, e a recessão substitui a prosperidade. As instabilidades econômicas, portanto, representam o processo de adaptação à inovação. O sistema tende ao equilíbrio, exceto que as inovações sempre quebram essa tendência. O processo que gera desenvolvimento econômico também leva a instabilidades, e cada recessão representa uma luta a favor de um novo equilíbrio.

A queda do capitalismo

Schumpeter acreditava que a sociedade capitalista havia permanecido, por algum tempo, em um estado de decadência. Mas discordava, como a maioria dos economistas, sobre a natureza exata da queda. Ele rejeitava a ênfase ricardiana no papel dos rendimentos decrescentes e o princípio populacional de Malthus, que se opunham ao progresso. Também se opunha ao argumento de Marx de que as contradições econômicas produziriam sucessivamente mais crises graves. Rejeitava a tese keynesiana sobre a estagnação em vários aspectos. As oportunidades para grandes inovações não foram exaustivas; a tendência de as inovações se tornarem poupanças de capital não foi demonstrada de forma convincente; embora o processo de desenvolvimento de novos países tenha sido concluído, outras oportunidades podem bem substituir aquelas e, finalmente, a queda na taxa de nascimento pode se tornar economicamente significativa no futuro, mas não pode explicar os eventos dos anos 1930.

Schumpeter escreve que, se o sistema capitalista seguisse o padrão de crescimento estabelecido nos sessenta anos que precederam 1928, poderíamos alcançar os objetivos dos reformistas sociais sem interferência significativa no processo capitalista. Mas isso não é provável. As bases econômicas e sociais do capitalismo estão começando a se desintegrar, afirmou Schumpeter, devido (1) à obsolescência da função empreendedora, (2) à destruição das classes políticas protecionistas e (3) à destruição da estrutura institucional da sociedade capitalista.

Obsolescência da função empreendedora. A função empreendedora está se tornando cada vez mais obsoleta. Dessa forma, as bases econômicas e sociais do capitalismo estão se degenerando. A inovação está se reduzindo à rotina. O progresso tecnológico está se tornando cada vez mais o negócio de equipes de especialistas treinados que verificam o que é necessário e fazem que funcione de maneiras previsíveis. O progresso econômico está se tornando despersonalizado e automatizado. O trabalho de agências e comitês substitui a ação individual. Os empreendedores não têm mais oportunidades de entrar em cena;

estão se tornando apenas gerentes, pessoas nem sempre difíceis de serem substituídas. Isso levou Schumpeter a afirmar: "Como a empresa capitalista, dentro do próprio ritmo de desenvolvimento, tende a automatizar o progresso, podemos concluir que ela também tende a se fazer supérflua – a quebrar em decorrência da pressão do próprio sucesso (...) Os verdadeiros marcadores do ritmo do socialismo não foram os intelectuais ou os agitadores com seus discursos, e sim os Vanderbilts, os Carnegies e os Rockefellers."[7]

Destruição das classes políticas. A destruição das classes políticas, que ofereciam a maior defesa da sociedade capitalista, representa o segundo motivo para a autodestruição do sistema capitalista. Schumpeter concordava com Marx que a grande empresa destrói a pequena e a média empresas. Na política democrática, esse processo enfraquece a posição política da burguesia industrial, porque vários proprietários de pequenas empresas são mais poderosos politicamente do que poucos executivos assalariados e grandes acionistas. A substituição de ações por instalações físicas e equipamento diminui o apego e o

> "desejo de lutar econômica, física e politicamente por 'sua' fábrica e pelo controle sobre ela, e de morrer por ela se necessário for (...) A posse desmaterializada, desfuncionalizada e ausente não envolve nem suscita defesa moral como a forma anterior, de propriedade essencial. Com o tempo ninguém mais se importará realmente – ninguém se desgastará com o peso das grandes preocupações".[8]

O capitalismo, dizia Schumpeter, cria, educa e subsidia um grupo intelectual com um interesse legítimo na inquietação social. Os intelectuais não têm responsabilidade direta pelos negócios práticos, eles estão do lado de fora, observando. Eles têm a força da palavra dita e escrita. A liberdade de discussão pública envolve liberdade de mordiscar as bases da sociedade capitalista, e o grupo intelectual não pode ajudar, porque vive da crítica. Os graduados que são incapazes de exercer um trabalho profissional e que se opõem às ocupações manuais aumentam o grupo dos descontentes e desenvolvem hostilidade à ordem capitalista ao racionalizar as próprias imperfeições. Os intelectuais também invadiram o movimento dos trabalhadores e o radicalizaram a fim de obter apoio das pessoas que naturalmente suspeitam deles.

Destruição da estrutura institucional. O terceiro motivo para a desintegração das bases do capitalismo está na destruição da estrutura institucional da sociedade capitalista. Baseado em seus estudos sobre a Europa e os Estados Unidos nos anos 1920 e 1930, Schumpeter concluiu que as políticas anticapitalistas reduzem as expectativas de lucro, minando investimentos e inovação. Essas políticas incluem taxação que é tão alta e progressiva que impede acumulação privada; gastos públicos; legislação trabalhista que trata de questões de salários, horas de trabalho e disciplina na esfera política; e regulamentação severa do comportamento de grandes empresas sob a ameaça de execução:

> Nessas condições, a geração de renda pública vai se tornar automaticamente permanente, bem independente dos fatores reforçados pelas teorias formadas para provar suas carências resultantes de causas inerentes no processo poupança-investimento da

7 SCHUMPETER, Joseph A. *Capitalism, socialism, and democracy*. 3. ed. Nova York: Harper &Row, 1950. p. 134. Copyright 1942, 1947 de Elizabeth Boody Schumpeter. Copyright 1950 de Harper & Row.
8 Ibidem, p. 142.

> sociedade capitalista. Esse sistema, sem dúvida alguma, ainda vai se chamar capitalismo. Mas é um capitalismo no balão de oxigênio – mantido vivo por dispositivos artificiais e paralisado em todas as funções que promoveram seu sucesso no passado. A pergunta sobre o motivo pelo qual ele deve permanecer vivo, portanto, deve vir à tona em breve.[9]

Schumpeter via os gastos do governo como uma política permanente que se expande dentro do planejamento de investimentos governamentais, em que as decisões sobre como investir são tomadas com base em uma visão política. Esse "capitalismo guiado" tende a se tornar "capitalismo de estado" conforme determinadas medidas de nacionalização forem sendo adotadas. Nesse capitalismo de estado, o governo detém e regula determinados setores industriais, controla o trabalho e o mercado de capital e atua intensamente sobre os empreendimentos domésticos e externos. Chamemos a isso socialismo ou não, segundo Schumpeter trata-se de um estado que acaba sofrendo com o próprio atrito e a ineficiência, algo que pode ser eliminado retornando-se ao puro capitalismo ou avançando-se definitivamente em direção ao socialismo total. Por outro lado, ele achava que o capitalismo de estado tendia a preservar muitos dos valores humanos que se perdem com os outros sistemas.

Veja O passado como preâmbulo 23-1

23-1 O passado como preâmbulo

SCHUMPETER, A DESTRUIÇÃO CRIATIVA E A POLÍTICA ANTITRUSTE

A visão-padrão neoclássica sobre a concorrência é a de várias empresas vendendo produtos idênticos ou similares. Quando as empresas de um mercado específico obtêm grandes lucros, surgem novas empresas. Essa entrada no mercado aumenta a oferta de produtos, o que reduz seu preço e causa queda dos lucros aos seus níveis normais. A concorrência, portanto, beneficia os consumidores, produzindo preços que são suficientemente justos para cobrir os custos de produção marginais e médios dos produtores, incluindo os lucros normais. A concorrência beneficia a sociedade, canalizando seus recursos para seus usos de maior valor.

Nessa visão neoclássica da concorrência, o monopólio é prejudicial aos consumidores e à sociedade. Os monopolistas definem preços mais altos do que os da concorrência, resultando em uma produção menor que a da concorrência e uma subalocação de recursos para o produto monopolizado. Por esses motivos, os países têm leis antitruste que proíbem que as empresas dominantes assumam práticas como, por exemplo, estabelecer preços para eliminar os concorrentes, exigir que os clientes comprem exclusivamente delas, comprar ou fundir-se com os concorrentes ou reprimir a entrada de possíveis concorrentes no mercado. Os Estados Unidos aplicaram leis antitruste para eliminar ou restringir as práticas de monopolistas declarados, como Standard Oil (1911), Alcoa (1945), Xerox (1975) e AT&T (1982). Em 1998, o governo moveu uma ação antitruste contra a Microsoft,

9 SCHUMPETER, Joseph A. *Essays*. Ed. Richard V. Clemence. Reading: MA: Addison-Wesley, 1951. p. 180.

alegando que ela utilizara seu monopólio no mercado de sistemas operacionais para computadores para reprimir a concorrência nos mercados relacionados.

Schumpeter tinha uma visão mais ampla sobre a concorrência e o monopólio. Ele enfatizava que a concorrência é um processo a longo prazo em que as empresas competem desenvolvendo novos produtos e processos. O monopólio não pode se manter por longos períodos porque seus preços e lucros criam um incentivo poderoso para que os empresários concorrentes produzam novos produtos e descubram novos métodos de produção. Consequentemente, essa inovação empresarial resulta em *destruição criativa*: ela simultaneamente *cria* novos produtos e métodos de produção e *destrói* a força do monopólio existente. Conforme a afirmação de Schumpeter:

> Na realidade capitalista (...) trata-se da (...) concorrência da nova mercadoria, da nova tecnologia, da nova fonte de suprimento, do novo tipo de organização comercial – concorrência que comanda um custo decisivo ou uma vantagem na qualidade e que luta não nas margens do lucro das empresas já existentes, mas em suas bases e suas vidas. Esse tipo de concorrência é (...) tão (...) importante que se torna uma questão de indiferença comparativa se a concorrência funciona mais ou menos prontamente; a poderosa alavanca que a longo prazo aumenta a produção e reduz os preços é constituída de outras coisas.[a]

A implicação política dessa visão a longo prazo da concorrência e do monopólio difere da visão neoclássica. Se a destruição criativa é uma parte inevitável do capitalismo dinâmico, a monopolização de um mercado gera pouca preocupação. Consequentemente, novos empreendedores desenvolverão novos produtos e métodos que tornam o antigo monopólio inofensivo. Exemplos históricos: as linhas aéreas destruíram o monopólio das estradas de ferro; os cinemas trouxeram nova concorrência ao teatro; os CDs e fitas cassetes substituíram os LPs. Na opinião de Schumpeter, o governo não precisa colocar um fim ou restringir um monopólio já existente, porque o monopólio é parte do processo competitivo dinâmico a longo prazo. Todos os monopólios são temporários, a menos que o governo os proteja.

A maioria dos economistas contemporâneos concorda que a destruição criativa pode ocorrer, e ocasionalmente ocorre. Mas eles duvidam que ela seja inevitável em todas as situações. Desestimulados pela lei, os monopolistas podem "erguer abrigos contra tempestades (...) para se protegerem contra a destruição criativa",[b] tomando medidas para obter controle sobre novos e inovadores produtos ou para evitar o seu desenvolvimento. Uma dessas ações, por exemplo, seria absorver novos concorrentes assim que eles surgirem. Evitando essas ações anticoncorrência, a política antitruste pode contribuir não apenas para a eficiência a curto prazo, mas também para o processo a longo prazo da destruição criativa.

a. SCHUMPETER, Joseph A. *Capitalism, socialism, and democracy.* 3. ed. Nova York: Harper & Row, 1950. p. 84-85.
b. ADAMS, Walter; BROCK, James. *The structure of American industry.* 9. ed. Englewood Cliffs, NJ: Prentice-Hall, 1995. p. 310.

Schumpeter em retrospecto

Na perspectiva de hoje, fica claro que Schumpeter, assim como Marx, era muito pessimista em relação ao futuro próximo do capitalismo. Desde a época em que Schumpeter escreveu, o capitalismo continua a se expandir e a prosperar em muitas partes do mundo. Além disso, a queda do comunismo levou diversas ex-economias socialistas a abraçar o capitalismo como a última meta dos seus esforços reformistas. O empreendedorismo tem prosperado no mundo, conforme se evidencia pelo grande sucesso de algumas empresas novas e pela grande inovação relacionada a computação pessoal, comunicações, engenharia genética e Internet.

A contribuição geral de Schumpeter para a economia, portanto, consiste menos em suas opiniões sobre o destino do capitalismo em longo prazo do que em sua ênfase na importância dos empreendedores e das inovações para alcançar o crescimento econômico. Novas e melhores tecnologias, muitas delas comercializadas por empreendedores, explicam boa parte do crescimento econômico dos países industrializados desenvolvidos.

RAGNAR NURKSE

Ragnar Nurkse (1907-1959) nasceu na Estônia. No começo dos anos 1930, sua família imigrou para o Canadá, e ele foi estudar na Universidade de Edimburgo e na Universidade de Viena. Como funcionário da Liga das Nações, publicou alguns estudos ilustres sobre a economia internacional. Após a Primeira Guerra Mundial, aceitou o cargo de professor na Universidade de Colúmbia e lá permaneceu até sua morte precoce, em Genebra, enquanto estava de licença.

Nurkse deu grande ênfase às economias externas. Quanto maior o volume de investimentos feitos, mais viável se torna assumi-los. Portanto, as economias de baixa renda exigem o progresso em uma atitude ampla, com expansão simultânea de mercados que suportam uns aos outros e aumento nas chances de sucesso. A maior dificuldade é que a pobreza dos países tem limitado a formação de capital.

O círculo vicioso da pobreza

Por que os países permanecem pobres?, perguntava Nurkse. Segundo a citação que se segue, sua resposta enfatizava o "círculo vicioso da pobreza":

> O "círculo vicioso da pobreza" (...) implica, obviamente, uma constelação circular de forças que tendem a agir e reagir umas sobre as outras, de modo a manter um país pobre em um estado de pobreza. Exemplos particulares dessas constelações circulares não são difíceis de imaginar. Por exemplo, um homem pobre pode não ter o suficiente para comer; sendo subnutrido, sua saúde pode ser debilitada; sendo fisicamente debilitado, sua capacidade de trabalho pode ser baixa, o que significa que ele é pobre, o que, por sua vez, significa que ele não terá dinheiro para comer, e assim por diante. Uma situação como essa, aplicada a um país inteiro, pode ser resumida na famosa afirmação: "um país é pobre porque é pobre".
>
> As relações circulares mais importantes desse tipo são aquelas que afetam o problema de formação de capital nos países economicamente subdesenvolvidos.

> O problema do desenvolvimento econômico é em grande parte, embora não totalmente, um problema de acúmulo de capital. As então chamadas áreas subdesenvolvidas, em oposição às desenvolvidas, não são providas de capital, em relação à sua população e a seus recursos naturais.
>
> Há dois lados no problema de formação de capital real: o da demanda e o da oferta. A demanda por capital é controlada pelos incentivos ao *investimento;* a oferta de capital, pela capacidade e disposição de *poupar.* Em países subdesenvolvidos, existe uma relação circular nos dois lados do problema. No lado da oferta, temos a pequena capacidade de poupar, resultando no baixo nível da renda real. Mas a baixa renda real é reflexo de baixa produtividade, que, por sua vez, é decorrente, em grande parte, da falta de capital. A falta de capital é resultado da pequena capacidade de poupar e, assim, o círculo fica completo.
>
> No lado da demanda, a persuasão ao investimento pode ser baixa, devido ao baixo poder de compra da população, o que se deve à baixa renda real, que, por sua vez, é decorrente da baixa produtividade. O baixo nível de produtividade, no entanto, é resultado do pequeno total de capital utilizado na produção, que, por sua vez, é causado pela baixa propensão a investir.[10]

Nurkse dizia que talvez pareça surpreendente que possa haver uma deficiência na demanda por capital. "Na maioria dos casos, a demanda por capital não é enorme?",[11] questionava ele. Sua resposta era "não". O incentivo dado às empresas privadas para o investimento é gravemente limitado pelo pequeno tamanho do mercado interno. O tamanho do mercado é determinado pelo nível geral de produtividade. Vista integralmente, a "capacidade de comprar não depende apenas da capacidade de produção, mas é, na verdade, definida por ela".[12]

Desenvolvimento equilibrado

Nurkse argumentava que, se os países pobres devem se desenvolver, eles precisam confiar muito na industrialização, em vez de confiar na produção e na exportação de matéria-prima. Os países não industrializados, afirmava ele, são quase todos da classe de baixa renda e comercializam muito pouco entre si. Os países industrialmente ricos mostram grandes avanços na renda real *per capita*, ainda que não estejam transmitindo sua taxa de crescimento para o restante do mundo por meio de um aumento proporcional na demanda por produtos primários. Há seis grandes motivos para isso: (1) Nas economias desenvolvidas, a produção industrial está mudando de indústrias "pesadas" para "leves" (por exemplo, engenharia e química) e, portanto, requer menos matéria-prima em relação aos produtos acabados; (2) à medida que os serviços se tornam importantes nos países mais ricos, a demanda pela matéria-prima fica em defasagem em relação ao aumento do produto doméstico; (3) a elasticidade da renda da demanda do consumidor por várias mercadorias agrícolas tende a ser baixa; (4) o protecionismo agrícola tende a reduzir as importações de produtos primários nos países industrializados; (5) economias

---

10 NURKSE, Ragnar. *Some aspects of capital accumulation in underdeveloped countries.* Cairo: National Bank of Egypt, 1952. p. 1-3. Reimpresso com permissão do editor.

11 Idem. *Trade and Development.* Rainer Kattel, Jan A. Kregel e Erik S. Reinert (eds). Nova York: Anthem Press, 2009, p. 103.

12 Idem. *Some aspects of capital accumulation*, op. cit., p. 3.

substanciais foram alcançadas nos usos industriais de materiais naturais por meio de desenvolvimentos como a recuperação sistêmica por revestimento eletrolítico e o reprocessamento de metais; e (6) os países industrializados tendem cada vez mais a substituir a matéria-prima por material sintético.

Se a produção primária para exportação não oferece oportunidades atraentes para o crescimento, a alternativa é a industrialização. Pode haver dois tipos de industrialização: aquela destinada a produzir bens manufaturados para exportar aos países industrializados e aquela fornecida principalmente aos mercados internos nos países de baixa renda.

O segundo tipo geralmente requer um avanço complementar na agricultura interna, enquanto o primeiro, não. Nenhum tipo exige o abandono nem a contratação de exportação de matéria-prima que um país está naturalmente adaptado para produzir.

A produção de bens manufaturados para exportação em países industrializados oferece pouca esperança de sucesso. Portanto, as regiões de baixa renda devem expandir o mercado local para bens acabados. No entanto, o tamanho do mercado depende do volume de produção. A dificuldade é que a população agrícola pobre não pode comprar os bens manufaturados oferecidos para venda, devido às baixas produtividade e renda. Nem a economia local está apta a fornecer o alimento necessário para sustentar os novos trabalhadores industriais. Assim, o desenvolvimento industrial para os mercados locais requer um aumento simultâneo da produtividade agrícola internamente.

O mesmo princípio se aplica à esfera dos manufaturados. Sozinha, uma única empresa não pode criar demanda suficiente para sua produção, porque as pessoas que trabalham nas indústrias não vão querer gastar seu salário com os próprios produtos:

> Assim como é possível que toda a indústria falhe se os lavradores não conseguirem produzir o excedente comercializável e forem muito pobres para comprar qualquer coisa das fábricas, também é possível que um único ramo da indústria falhe, por falta de suporte de outros setores da indústria e da agricultura, isto é, por falta de mercado. (...) Resumindo, embora seja verdade que os setores ativos tenderão a empurrar os setores passivos para a frente (e era isso o que alguns defensores do "crescimento desequilibrado" tinham em mente), é igualmente verdade que os setores passivos tenderão a segurar os ativos. Não seria melhor se cada setor fosse, de alguma forma, "ativo" no sentido de desenvolvimento espontâneo, imbuído de certo entusiasmo expansivo próprio, em vez de esperar pelos sinais dos outros? Os incentivos e as limitações dos preços seriam, então, necessários somente para manter a taxa de desenvolvimento de cada setor alinhada com o padrão de demanda da comunidade. O princípio de expansão equilibrada pode ser observado como um meio de acelerar a taxa geral de crescimento da produção.[13]

Existem limites para a diversificação da produção. A necessidade de manter um porte eficiente é uma consideração prática importante que geralmente limita a diversificação da indústria em qualquer país. Portanto, a industrialização para os mercados internos nos países em desenvolvimento deve sempre incluir produção voltada à exportação para o mercado de outro país. Isso é particularmente importante para países com pequeno poder de compra, que têm muito a ganhar com a união de procedimentos alfandegários entre os países em desenvolvimento.

---

13 NURKSE, Ragnar. *Patterns of trade and development*. Estocolmo: Almqvist and Wiksell, 1959. p. 43.

O progresso econômico, dizia Nurkse, não é espontâneo ou automático. Pelo contrário, forças do sistema tendem a segurá-lo em determinado nível. Porém, quando o círculo vicioso da estagnação é quebrado, as relações circulares tendem a compensar o avanço cumulativo. O investimento sincronizado de capital em uma ampla gama de mercados ampliará a indústria para todos eles, embora cada indústria, considerada separadamente, não se mostre atrativa para os investimentos. A maioria das indústrias que abastecem o consumo em massa é complementar, no sentido de que suprem os mercados umas das outras. A produtividade marginal social do capital é, na sua essência, maior que a produtividade marginal privada.

Nurkse acreditava que, em países com baixa renda, as forças que combateriam o poder da estagnação econômica devem ser deliberadamente organizadas por meio de uma direção central ou empresa coletiva. Os investimentos reais poderiam ser feitos por empresas privadas, embora o Estado pudesse reforçar as poupanças compulsórias e, então, coordenar o investimento. A deficiência da demanda por capital surge somente no setor privado da economia. Para a economia como um todo, não existe, obviamente, essa deficiência. Portanto, a maioria dos países em desenvolvimento precisará de uma combinação de ação privada e governamental sobre as poupanças e os investimentos. Cada país deve trabalhar sua própria combinação, de acordo com suas necessidades e oportunidades.

No caso dos países pobres emergentes de hoje, o crescimento equilibrado oferece um caminho possível para o progresso econômico. O problema desse método é que ele requer grande volume de capital, que os países pobres têm dificuldade em adquirir. Outra opção que tem sido proposta e implementada em alguns países é promover o crescimento com a substituição da importação. Se um país já está importando produtos manufaturados, ele pode impor barreiras para a importação e assumir a produção desses produtos internamente sem necessitar de crescimento equilibrado. Outra opção é encorajar investimentos estrangeiros diretos de modo a aumentar as ações de capital disponíveis para uso por trabalhadores domésticos.

Veja
O passado como preâmbulo 23-2

W. ARTHUR LEWIS

Em 1979, dois proeminentes economistas especializados em economia do desenvolvimento compartilharam o Prêmio Nobel de Economia. Um deles era Arthur Lewis (1915-1991); o outro, Theodore Schultz. Lewis é o objeto imediato de nossa atenção.

W. Arthur Lewis nasceu nas Índias Ocidentais Britânicas, em 1915. Estudou e, mais tarde, lecionou na London School of Economics, transferindo-se posteriormente para a Universidade de Manchester. Em 1949, ele publicou *The principles of economic planning*, em que advertia sobre a impraticabilidade do planejamento central e sustentava o planejamento por meio de mercados. Esse importante trabalho foi seguido em 1954 por seu famoso artigo sobre desenvolvimento, Economic development with unlimited supplies of labour.[14] Um ano mais tarde, Lewis publicou *The theory of economic growth*, no qual enfatizava o processo de crescimento em países em desenvolvimento (em oposição às

14 LEWIS, W. Arthur. Economic development with unlimited supplies of labour. *Manchester School*, n. 22, p. 139-191, maio 1954.

23-2 O passado como preâmbulo

YUNUS, MICROCRÉDITO E O PRÊMIO NOBEL DA PAZ

Um dos principais objetivos das políticas dos economistas de desenvolvimento é descobrir maneiras pelas quais as nações mais pobres e seus cidadãos possam quebrar o círculo vicioso da pobreza de Nurske. Uma das condições para a quebra desse círculo é o investimento em capital produtivo, que gera oportunidades de trabalho. Esse investimento é um grande desafio para a população em termos de subsistência, já que ela não tem acesso às fontes tradicionais de crédito e tem dificuldade para acumular economias. Uma alternativa para esse dilema é o microcrédito – pequenos empréstimos de longo prazo com termos de liquidação mais simples –, mais especificamente o tipo sugerido por Muhammad Yunus (1940-) e oferecido pelo Grameen Bank.

Yunus e o Grameen Bank receberam o Prêmio Nobel da Paz em 2006 por promoverem o desenvolvimento econômico por meio do uso do microcrédito. Yunus obteve o Ph.D. em economia na Universidade de Vanderbilt, em 1969, e mais tarde tornou-se chefe do departamento de economia da Universidade de Chittagong, em Bangladesh. Sua inspiração para o sistema de microcrédito e para o Grameen Bank surgiu durante a viagem a um vilarejo pobre em 1974. Segundo a biografia de Yunus,

> Eles entrevistaram uma mulher que fazia banquinhos de bambu e descobriram que ela tinha de tomar emprestado o equivalente a 15p para comprar bambu para cada banquinho. Após pagar o intermediário do material, muitas vezes com altas taxas de 10% por semana, ela ficava com apenas um *penny* de margem de lucro. Se pudesse tomar empréstimos com taxas melhores, ela conseguiria acumular algumas reservas e sair do nível de subsistência mínima em que estava.
>
> Percebendo que havia alguma coisa extremamente errada com a economia que ensinava, Yunus tomou em suas mãos o caso e emprestou do próprio bolso o equivalente a US$ 27 a 42 confeccionadoras de cestos. Descobriu que com essa pequena quantia podia não apenas ajudá-las a sobreviver, mas também despertar nelas o espírito de iniciativa pessoal e de empreendedorismo necessário para tirá-las da pobreza.[a]

Yunus, chamado de "Banqueiro dos Pobres", fundou o Grameen Bank em Bangladesh, mantido pelos próprios membros, em 1983. Mas o empreendimento teve origem em sua pesquisa de 1976 junto ao Programa de Economia Rural da Universidade de Chittagong. A intenção inicial do banco era oferecer empréstimo a empreendedores mais pobres, especialmente mulheres, que não tinham como obter financiamento junto aos bancos tradicionais. O Grameen Bank cresceu e passou a oferecer empréstimos aos pobres para projetos como compra de casas, educação, instalação de telefones em vilarejos e também para criar seguros de vida para os mutuários. Em 2009 o banco já tinha cerca de oito milhões de mutuários-proprietários (que detinham 90% das ações) em mais de 83 mil vilarejos, sendo 95% deles mulheres, com empréstimos de valor médio de US$ 123. As taxas de liquidação dos empréstimos excediam os 96%. Mais de 57% das 2.562 agências do banco tinham taxas de liquidação de 100%.[b] Diversas formas de microcrédito inspiradas no modelo de Grameen são usadas hoje em 58 países, incluindo economias avançadas como o Canadá, a França, a Holanda, a Noruega e os Estados Unidos.[c]

O modelo de crédito de Grameen pode ter ajudado muitos a escapar da pobreza, mas oferece apenas uma solução parcial para o desenvolvimento econômico. Segundo o Comitê do Prêmio Nobel, "a visão de longo prazo de Yunus visa eliminar a pobreza no mundo. Mas o sistema de microcrédito não é suficiente para isso. Ainda assim, Muhammad Yunus e o Grameen Bank mostraram que o microcrédito representa uma grande parte dentre os esforços para eliminar a pobreza".[d]

a. Grameen Bank, Biography of Dr. Muhammad Yunnus, www.grameen-info.org, 2011.
b. Grameen Bank, Annual Report 2009, www.grameen-info.org, 2011.
c. Grameen Bank, Biography of Dr. Muhammad Yunnus.
d. Norwegian Nobel Committee, Press Release – Nobel Peace Prize 2006, www.nobelprize.org, 2011.

teorias de crescimento de Harrod, Domar e Solow, que enfatizavam os países capitalistas desenvolvidos).

Lewis manteve muitos cargos distintos durante sua carreira, incluindo o de vice-chanceler da Universidade das Índias Ocidentais, presidente do Banco de Desenvolvimento do Caribe e presidente da American Economic Association. De 1963 até sua aposentadoria, permaneceu na faculdade da Woodrow Wilson School of Public and International Affairs, na Universidade de Princeton. Lewis morreu em 1991.

O modelo de dois setores de Lewis

O modelo dual de Lewis para o desenvolvimento econômico divide a economia em dois setores: um *setor de subsistência rural* tradicional e um *setor industrial urbano* moderno. O setor rural possui tanto trabalho excedente em relação ao capital e aos recursos naturais que muito desse trabalho poderia ser transferido para o setor urbano sem diminuir a produção agrícola. Na extremidade oposta, o produto marginal desse trabalho redundante é zero.

O setor urbano é industrializado e lucrativo. Parte desses lucros é poupada e investida em bens de capital. Devido a essa expansão de fábricas e equipamentos, o setor urbano possui uma demanda crescente por trabalho. Tem também uma média salarial substancialmente maior que o setor rural. Portanto, os trabalhadores no setor agrícola serão atraídos para o setor urbano.

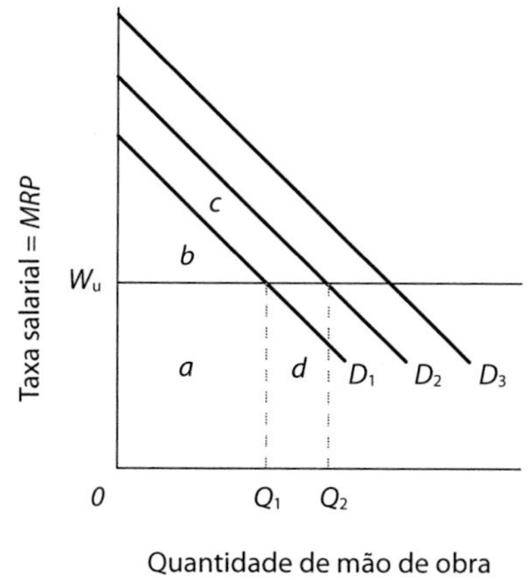

Figura 23.2 ■ O modelo de Lewis para o desenvolvimento econômico: Oferta ilimitada de mão de obra

No modelo de Lewis, os empregadores no setor industrial urbano deparam-se com uma curva de oferta de trabalho perfeitamente elástica, porque há uma mão de obra excedente no setor agrícola rural (não mostrada) e a taxa salarial urbana, W_u,excede a taxa salarial rural (não mostrada). Se a demanda por trabalho é D_1 no setor urbano, os capitalistas empregarão Q_1 trabalhadores e obterão rendas de juros e lucros, mostradas pela área *b*. O reinvestimento dessa renda expandirá o estoque de capital, aumentará a produtividade da mão de obra e deslocará a curva da demanda pela mão de obra para a direita, isto é, para D_2. Portanto, o emprego urbano aumentará, assim como os salários totais, a renda capitalista e a produção nacional. O processo continuará até que a mão de obra excedente no setor rural seja completamente absorvida no setor industrial urbano.

Os mecanismos do modelo de Lewis são representados na Figura 23.2, que mostra a demanda e a oferta de trabalho no setor industrial urbano. Imagine que um volume fixo de capital esteja disponível nesse setor e que a demanda para o trabalho seja D_1. Essa curva da demanda pelo trabalho é simplesmente a curva do produto da receita marginal (*MRP* = produto marginal × receita marginal) derivada dos trabalhos de John Bates Clark [Figura 14.4(a)] e Alfred Marshall.

Observaremos que a oferta de trabalho, *S*, para o setor urbano na Figura 23.2 é perfeitamente elástica na taxa salarial urbana W_u. Lewis observou que a taxa salarial urbana média nos países em desenvolvimento era aproximadamente 30% mais alta do que a taxa salarial rural média. Consequentemente, uma grande oferta de mão de obra rural redundante está disponível para o setor industrial urbano. Na taxa salarial W_u, os empregadores urbanos podem contratar menos ou mais trabalhadores, conforme desejarem.

Na Figura 23.2, os empregadores urbanos optarão por contratar Q_1 trabalhadores, porque o produto da receita marginal no nível de desemprego se iguala à taxa salarial (custo de recursos marginais). Relembrando Clark, a produção industrial urbana é a área abaixo da curva da demanda D_1; é a área $a + b$. Dessa quantia, os trabalhadores receberão a área *a* como salários; os capitalistas receberão a área restante *b* como juros e lucros.

Os capitalistas reinvestirão parte de seus lucros no novo capital no setor urbano, aumentando a produtividade da mão de obra nesse setor. Esse aumento no produto marginal da mão de obra se traduz em um deslocamento para a direita na curva da demanda pela mão de obra, por exemplo, de D_1 para D_2. Com a nova demanda pela mão de obra D_2, as empresas do setor urbano contratarão Q_2 trabalhadores. Os salários totais aumentarão da área a para a área $a + d$. Enquanto isso, a renda dos capitalistas aumenta da área b para a área $b + c$. Q_1Q_2 trabalhadores rurais são absorvidos no setor industrial urbano e, como seu produto marginal era zero no setor rural, a produção total da nação passa da área $a + b$ para a área $a + b + c + d$. Esse processo se repete: novos investimentos ocorrem, os estoques de capital aumentam, a demanda por mão de obra cresce, ocorre a migração para o setor urbano e a produção nacional se expande.

Implicações

O modelo de Lewis ajuda a explicar como um país em desenvolvimento, que anteriormente estava poupando e investindo uma pequena porcentagem de sua renda nacional, converte-se em uma economia que voluntariamente poupa e investe altas porcentagens de sua renda nacional. Quando o processo de Lewis começa, a expansão da produção e da renda nacional ocorre quase automaticamente. Por essa razão, o modelo de dois setores de Lewis segue a tradição da teoria econômica clássica de Smith. O círculo vicioso da pobreza de Nurkse é quebrado quando a mão de obra rural excedente migra para o setor industrial urbano. Essa migração aumenta a renda capitalista, que, por sua vez, promove maior volume de poupanças e investimentos. O país experimenta o aumento de capital e de produção nacional sem um deslocamento direto de recursos de bens de capital para bens de investimento.

Eventualmente, dizia Lewis, toda a mão de obra excedente no setor rural é absorvida no setor industrial urbano. A curva da oferta de mão de obra na Figura 23.2 desloca-se, então, para cima, porque mais expansão de demanda no setor urbano exigirá taxas salariais mais altas para atrair mão de obra do setor rural. Nessa fase do desenvolvimento, ocorre a análise neoclássica de taxas salariais, com sua curva decrescente da demanda pelo trabalho e a curva crescente da oferta de trabalho. Outros aumentos na demanda pelo trabalho no setor urbano elevarão a taxa salarial e o emprego.

Embora o modelo de Lewis tenha sido criticado como sendo inaplicável a muitas nações atuais menos desenvolvidas (O passado como preâmbulo 23-3), ele descreve o processo de desenvolvimento experimentado historicamente pelos Estados Unidos e por várias outras economias hoje industrializadas. Até mesmo os críticos das opiniões de Lewis o reconhecem como uma das figuras mais importantes no surgimento da economia do desenvolvimento.

Veja O passado como preâmbulo 23-3

23-3 O passado como preâmbulo

AS CRÍTICAS DE TODARO A LEWIS E SCHULTZ

A visão positiva de Lewis sobre a migração rural-urbana do trabalho e a ênfase de Schultz[a] aos investimentos em capital humano foram alvos das críticas de economistas do desenvolvimento, particularmente preocupados com os países mais pobres em desenvolvimento dos dias de hoje.

Um crítico proeminente é Michael Todaro (1942-), que observa que o modelo de Lewis não se enquadra nos fatos de desenvolvimento em muitos países de baixa renda. Ele observa que uma emigração sem precedentes de pessoas das áreas rurais para as urbanas ocorreu em países em desenvolvimento da África, Ásia e América Latina e que o resultado não foi o crescimento autossustentável sugerido pelo modelo de Lewis. Em vez disso, a taxa de migração rural-urbana esgotou a capacidade das áreas urbanas em criar emprego, aumentando as taxas de desemprego urbano e gerando a miséria urbana.

O modelo de Lewis assume que a taxa salarial urbana permanecerá constante à medida que o capital se expande. Mas Todaro observa que as taxas salariais urbanas nos países em desenvolvimento aumentaram com o tempo, tanto em termos absolutos quanto em relação às rendas médias rurais. Uma combinação de pressão empresas-sindicatos, salários mínimos altos (em relação aos salários médios) e políticas de salários altos das empresas multinacionais elevou as taxas salariais no setor urbano, mesmo na presença de um substancial nível de desemprego decorrente da emigração rural. Ao mesmo tempo, os governos nos países em desenvolvimento trouxeram o preço do capital abaixo do custo real, por meio de taxas de juros subsidiadas, tratamento protecionista dos impostos e outros incentivos ao investimento. O resultado do trabalho por um preço muito alto e do capital abaixo do preço tem sido o uso difundido de capital intensivo (economia de mão de obra), assim como o uso difundido de trabalho não intensivo e economia de mão de obra (uso da mão de obra), tecnologias. Todaro afirma: "Vislumbrar novas fábricas com os mais modernos e sofisticados equipamentos automatizados é um recurso comum das indústrias urbanas, enquanto os trabalhadores ociosos se reúnem fora dos portões da fábrica."[b]

Resumindo, Todaro afirma que o grande aumento no emprego urbano previsto por Lewis não ocorreu: "Para cada novo emprego criado, dois ou mais migrantes que estavam produtivamente ocupados nas áreas rurais chegam à cidade".[c] Todaro argumenta que a melhor política para a maioria dos países em desenvolvimento é reduzir o fluxo de mão de obra da área rural para a urbana. Em vez disso, os governos dos países em desenvolvimento devem buscar um desenvolvimento mais equilibrado entre os setores rural e urbano.

Todaro também questiona a ênfase de Schultz no investimento em capital humano nos países em desenvolvimento. As altas taxas de desemprego urbano resultam em filas de trabalhadores qualificados à procura de empregos disponíveis.

E a uma taxa salarial específica do mercado, os empregadores normalmente contratam os candidatos que tenham um nível de educação mais elevado. Assim, os trabalhadores ficam ansiosos por aproveitar as oportunidades de melhorar seus conhecimentos. Respondendo a essa demanda, os países em desenvolvimento geralmente aplicam totais cada vez maiores dos recursos escassos da sociedade na educação. Entretanto, as realizações educacionais e relacionadas às habilidades adquiridas normalmente estão acima daquelas necessárias para as vagas disponíveis nos países em desenvolvimento. Assim, os investimentos em capital humano são excessivos, eles simplesmente aumentam o nível educacional dos desempregados.

Por outro lado, outros economistas foram contra a análise de Todaro. Fica claro que essa diferença de opinião permanece em relação ao caráter dos mercados de trabalho nos países em desenvolvimento, à natureza da migração rural-urbana e à política pública adequada. Conforme afirmado por Lewis, em 1984, "se o conflito e os debates são índices de atividade intelectual, nosso assunto (economia do desenvolvimento) parece adequadamente controverso".[d]

a. TODARO, Michael P. *Economic development in the third world*, 3 ed. Nova York: Longman, 1985, p. 242. A base teórica da crítica de Todaro pode ser vista em John R. Harris e Michael P. Todaro. Migration, unemployment and development: A two-sector analysis. *American Economic Review*, n. 60, p. 126-142. Mar. 1970.
b. Ibidem, p. 262.
c. LEWIS, W. Arthur. The state of development theory. *American Economic Review*, n. 74, p. 10, Mar. 1984.

Perguntas para estudo e discussão

1. Identifique brevemente e estabeleça a importância de cada um dos seguintes pensadores e conceitos para a história do pensamento econômico: crescimento econômico, desenvolvimento econômico, Domar, taxa equilibrada de desenvolvimento de Domar, Solow, ponto estável, Schumpeter, inovação schumpeteriana, Nurkse, círculo vicioso da pobreza, Lewis, setor de subsistência rural, setor industrial urbano, Schultz e capital humano.
2. Explique a seguinte afirmação de Evsey Domar: "Em termos keynesianos, não é suficiente que as poupanças de ontem sejam investidas hoje ou, em outras palavras, que o investimento se equipare às poupanças. O investimento de hoje deve sempre exceder as poupanças de ontem".
3. Imagine que os dados relevantes para uma economia do setor privado nacional fossem os seguintes: (a) α = 0,25, (b) σ = 0,1 e (c) renda equilibrada no período 1 = US$ 600 bilhões. Utilize o modelo de Domar para determinar a taxa percentual de crescimento de investimento que seria necessária para manter o emprego pleno. Qual seria o nível de renda no período 2? Em quantos milhões de dólares os gastos com investimentos teriam de aumentar no período 3?
4. Estabeleça as diferenças entre investimento equilibrado e investimento real de acordo com a teoria do crescimento de Solow. Explique: Cada ponto na curva BI_w,na Figura 23.1 *poderia ser* um ponto estável, mas apenas um ponto da curva é o ponto estável.
5. Como poderíamos demonstrar um aumento na taxa de poupanças no modelo de Solow (Figura 23.1)? Por que k^* não será mais o total estável de capital por trabalhador? Explique o ajuste que ocorrerá para se atingir o total estável de capital por trabalhador.

6. O que Nurkse quer dizer quando afirma que um país é pobre porque é pobre? Por que a relação circular implicada pela afirmação anterior oferece esperança de desenvolvimento cumulativo quando um país quebra o círculo de pobreza?
7. Quais são os dois setores no modelo de Lewis? Como os aumentos na demanda pelo trabalho são explicados no seu modelo? Por que a produção nacional aumenta quando a mão de obra migra?
8. Quais são as principais críticas ao modelo de Lewis?

Leituras selecionadas

Livros

DOMAR, Evsey D. *Essays in the theory of economic growth.* Nova York: Oxford University Press, 1957.

HARROD, Roy F. *Toward a dynamic analysis.* Nova York: St. Martin's, 1966 [publicado originalmente em 1948, pela Macmillan].

LEWIS, W. Arthur. *The principles of economic planning.* London: Allen and Unwin, 1949.

_________. *The theory of economic growth.* Homewood, IL: Richard D. Irwin, 1955.

NURKSE, Ragnar. *Patterns of trade and development.* Estocolmo: Almqvist and Wiksell, 1959.

_________. *Some aspects of capital accumulation in underdeveloped countries.* Cairo: National Bank of Egypt, 1952.

RAWLS, JOHN. *A theory of justice.* Cambridge, MA: Harvard University Press, 1971.

SCHULTZ, Theodore W. *The economic value of education.* Nova York: Columbia University Press: 1963.

_________. *Transforming traditional agriculture.* New Haven, CT: Yale University Press, 1964.

SCHUMPETER, Joseph A. *Capitalism, socialism, and democracy.* 3. ed. Nova York: Harper, 1950 [publicado originalmente em 1942].

_________. *History of economic analysis.* Editado com base nos manuscritos de Elizabeth B. Schumpeter. Nova York: Oxford University Press, 1954.

_________. *The theory of economic development.* Trad. Redvers Opie. Nova York: Oxford University Press, 1961 [publicado originalmente em 1911].

SEIDL, Christian (ed.). *Lectures on Schumpeterian economics*: Schumpeter's centenary memorial lectures, Graz 1983. Nova York: Springer, 1984.

SEN, Amartya K. *Collective choice and social welfare.* San Francisco: Holden-Day, 1970.

_________. *On inequality.* Nova York: Oxford University Press, 1973.

Artigos de revistas especializadas

BOWMAN, Mary J. On Theodore W. Schultz's contributions to economics. *Scandinavian Journal of Economics*, 82, n. 1, p. 80-107, 1980.

DOMAR, Evsey D. Expansion and employment. *American Economic Review*, n. 37, p. 34-55, mar. 1947.

FINDLAY, Ronald. On W. Arthur Lewis' contributions to economics. *Scandinavian Journal of Economics*, 82, n. 1, p. 62-76, 1980.

LEWIS, W. Arthur. Economic development with unlimited supplies of labour. *Manchester School*, n. 22, p. 139-191, maio 1954.

_________. The state of development theory. *American Economic Review*,n. 74, p. 1-10, mar. 1984.

PARAYIL, Govindan. Schumpeter on invention, innovation and technologial change. *Journal of the History of Economic Thought*, n. 13, p. 78-89, primavera de 1991.

SCHULTZ, Theodore W. Investment in human capital. *American Economic Review*, n. 51, p. 1-17, mar. 1961.

SEN, Amartya K.; PATTANAIK, Prasanta K. Necessary and sufficient conditions for rational choice under majority decision, *Journal of Economic Theory* n. 1, p. 178-202, ago. 1969.

SOLOW, Robert M. A contribution to the theory of economic growth. *Quarterly Journal of Economics*, n. 70, p. 65-94, fev. 1956.

__________. Technical change and the aggregate production function. *Review of Economics and Statistics*, n. 39, p. 312-320, ago. 1957.

24

A ESCOLA DE CHICAGO – O NOVO CLASSICISMO

A fase moderna da escola econômica de Chicago começou em 1946, quando Milton Friedman ingressou na faculdade da Universidade de Chicago.[1] Ele e George Stigler, que chegou em 1948, estabeleceram solidamente a identidade exclusiva da escola. Gary Becker, Robert Lucas e vários outros economistas proeminentes em Chicago continuaram a tradição, com alguns economistas assumindo diferentes cargos na academia, nos negócios e no governo. Assim, as ideias associadas à escola de Chicago não estão mais confinadas exclusivamente à universidade que deu origem ao nome da escola.

Descobriremos que os dogmas da escola de Chicago seguem as principais tradições clássicas-neoclássicas. A perspectiva de Chicago é uma variante do neoclassicismo e é conhecida como "novo classicismo".

Após fornecer uma visão geral da escola de Chicago moderna, discutiremos os trabalhos de três de suas principais figuras: Friedman, Lucas e Becker. Em O passado como preâmbulo 24-1, discutiremos a economia da informação associada a Stigler. Também Ronald Coase (O passado como preâmbulo 20-1) e Theodore Schultz (O passado como preâmbulo 23-3) lecionaram em Chicago.

1 Frank Knight (1885-1972), que com Coase desafiou a teoria de Pigou sobre o custo social, e Henry Simons (1900-1946), que foi um forte proponente do *laissez-faire*, foram os primeiros colaboradores do que se tornou a tradição de Chicago. Assim também o foi Jacob Viner (O passado como preâmbulo 14-1). Um bom resumo de suas contribuições pode ser encontrado em William Breit e Roger L. Ransom. *The Academic scribblers*. Ed. rev. Chicago: Dryden, 1982. Capítulos 12 e 13.

VISÃO GERAL DA ESCOLA DE CHICAGO

O cenário histórico da escola de Chicago

Muitos dos importantes desenvolvimentos no pensamento econômico desde a época de Marshall estimularam, ou pelo menos racionalizaram, um maior envolvimento do governo na economia. A ideia de Pigou sobre as externalidades sugeria que o governo poderia melhorar a alocação de recursos por meio de impostos e subsídios seletivos. A teoria de Robinson sobre um mercado de um só comprador (monopsônio) sugeria que o governo deveria estabelecer um salário mínimo e promover o sindicalismo dos trabalhadores. As teorias da concorrência imperfeita e a força do monopólio levaram muitos a concluir que o papel regulador do governo na economia deveria ser expandido. Os monopólios naturais deveriam ser controlados como empresas de utilidade pública, e os monopólios artificiais, divididos por meio de ações antitruste. Devido à falta de concorrência, os reguladores precisam monitorar a administração das empresas a fim de impedir resultados inconsistentes com os objetivos de eficiência e igualdade da nação. A teoria econômica sobre o socialismo de mercado convenceu muitos de que o Estado conseguiria alocar recursos e produzir bens e serviços com a mesma eficiência das empresas privadas. As tão aceitas teorias do desenvolvimento econômico sugeriam que o governo era o único instrumento disponível para quebrar o círculo vicioso da pobreza em países em desenvolvimento. A revolução keynesiana firmara raízes sólidas. Sua premissa básica de que o governo deveria utilizar políticas fiscais, monetárias e de renda para estabilizar a economia tornara-se a nova ciência convencional. As análises racionais da redistribuição pública da renda surgiram das análises marginalista e keynesiana.

Membros da escola de Chicago se opuseram a toda essa linha de raciocínio. Nos primeiros anos dessa escola, seus seguidores não conseguiram convencer muitas pessoas. Os proponentes da perspectiva de Chicago estavam avançando contra uma forte corrente intelectual e histórica. Mas a experiência econômica dos anos 1970 lançou dúvidas sobre a validade de muitos aspectos da nova ortodoxia econômica. A corrente se enfraqueceu e se desfez, colocando os seguidores da visão de Chicago à frente de uma nova onda de ideias intelectuais, com inúmeros economistas mais jovens seguindo sua orientação.

Principais dogmas da escola de Chicago

Os princípios e as características mais importantes da escola de Chicago podem ser resumidos da seguinte maneira:

- Comportamento ideal. Os membros da escola de Chicago reforçam o princípio neoclássico de que as pessoas tendem a maximizar seu bem-estar; isto é, elas se comprometem a otimizar o comportamento no momento de suas decisões. A unidade econômica básica é o indivíduo. Os indivíduos organizam-se em unidades maiores – famílias, grupos de interesses políticos, organizações de negócios – como uma maneira de obter ganhos com a especialização e a troca. As preferências tendem a ser estáveis e independentes de preço. As pessoas fazem escolhas racionais, embora estas nem sempre produzam os resultados esperados. Os benefícios e os custos são incertos. Para reduzir essa incerteza, a pessoa que toma as decisões busca informações, mas somente até o momento em que o benefício marginal trazido com as informações extras seja igual ao custo marginal de obtê-las. Os consumidores, os trabalhadores e as empresas respondem aos incentivos e obstáculos monetários.

- Preços e salários controlados tendem a ser uma boa estimativa dos preços e salários da concorrência a longo prazo.[2] Os preços e os salários refletem custos de oportunidade para a sociedade na margem. As divergências entre preços reais e os da concorrência provocadas por monopólio ou *monopsônio* são, em geral, irrelevantes. Os preços em um monopólio persistem no longo prazo somente em circunstâncias em que o governo bloqueia a entrada competitiva. Até mesmo nesses casos, a concorrência consequentemente gerará novos produtos e tecnologias que enfraquecerão a posição do monopolista. O estabelecimento de direitos de propriedade bem definidos e o encorajamento de negociações privadas podem minimizar as externalidades. As disposições institucionais - pagamento de aposentadoria, salários dos altos executivos, acordos com sindicatos, e assim por diante - que superficialmente definem salários e preços independentemente das forças do mercado em geral existem porque as partes envolvidas as consideram eficientes.
- Orientação matemática. A escola de Chicago confia muito na teorização matemática (diferentemente dos neoaustríacos, por exemplo), utilizando o método de equilíbrio marshalliano e a abordagem de equilíbrio geral de Walras. As verificações empíricas são reforçadas, mas, às vezes, deixadas a outros.
- Rejeição do keynesianismo. A economia é autoajustável e reguladora, com pequenas flutuações autorrestritivas. Recessões e depressões profundas são resultantes de política monetária inadequada, e não de mudanças autônomas nos gastos. As mudanças no estoque de moeda provocam mudanças diretas no produto interno bruto nominal, em vez de operar exclusivamente por meio de taxas de juros. A política fiscal é geralmente ineficiente, a menos que seja acompanhada por alterações na oferta de moeda, e, em último caso, é impotente na presença das expectativas racionais. A teoria da inflação provocada pelos vendedores ou pelos custos é errônea, pois a inflação é sempre um fenômeno monetário.
- Governo limitado. O governo é inerentemente ineficiente como um agente para atingir os objetivos que podem ser satisfeitos por meio de trocas privadas. Os funcionários do governo têm objetivos próprios, que procuram otimizar e que, inevitavelmente, desviam boa parte dos recursos à sua disposição para objetivos diferentes daqueles que beneficiam os pagadores de impostos. Em vez de se concentrar no interesse público, o controle do governo normalmente beneficia aqueles que buscam o controle ou aqueles que aprendem a dispor deles em vantagem própria.

Quem a escola de Chicago beneficiou ou procurou beneficiar?

Os defensores das ideias de Chicago ajudaram a convencer a população em geral e os governantes eleitos de que o sistema do mercado concorrencial, se deixado relativamente livre da intervenção do governo, produz liberdade econômica máxima, que, por sua

2 Essa característica da escola de Chicago é reforçada por Melvin W. Reder. Chicago economics: permanence and change. *Journal of Economic Literature*, n. 20, p. 1-38, mar. 1982. Este é o melhor artigo sobre a escola de Chicago.

vez, gera bem-estar individual e coletivo máximo. Na medida em que essa proposição é válida, as ideias de Chicago beneficiam toda a sociedade.

Muitos interesses corporativos se beneficiaram com a ampla aceitação das opiniões da escola de Chicago. De fato, algumas pessoas patrocinaram e ajudaram a defender essas ideias. Os novos economistas clássicos ajudaram a justificar menos controle e burocracia do governo. Eles também afirmavam, para deleite de muitas empresas, que o monopólio é irrelevante ou efêmero, que as uniões de empresas são um elemento necessário no "mercado de controle corporativo" e que a propaganda ajuda a criar a produção competitiva, fornecendo informações sobre as escolhas que podem ser feitas pelos consumidores. Uma pessoa poderia argumentar também que, ao defender que o sistema de impostos deveria ser utilizado para aumentar as receitas e não para redistribuir a renda, os economistas de Chicago beneficiaram grupos de alta renda.

Os dogmas da escola de Chicago, no entanto, "abrem dois caminhos". Por exemplo, eles impedem ações do governo, como a concessão de empréstimos para empresas que estão entrando em decadência ou a imposição de cotas de importação sobre produtos estrangeiros. Da mesma forma, eles se opõem a barreiras como a concessão de licenças desnecessárias que aumentem a remuneração em alguns cargos, dificultando a entrada de novos profissionais.

Por outro lado, grupos e indivíduos que esperam subsídios, empregos, controle ou uma legislação especial do governo perdem aceitando a política das diretrizes da escola de Chicago. Por exemplo, os interesses agrícolas que defendem a ajuda e os subsídios de preços por parte do governo se opunham à perspectiva de Chicago. Os sindicatos e os grupos profissionais que representam os funcionários do governo anunciaram com veemência seu descontentamento com a economia do estilo de Chicago. Os oficiais do governo que obtêm seus empregos e rendas pessoais das regulamentações governamentais da atividade econômica também resistem a essas ideias.

Embora muitos dos economistas mais recentes da escola de Chicago sejam apolíticos, a escola toda serviu à causa do conservadorismo político nos Estados Unidos. Conforme afirmação de Melvin W. Reder, ele mesmo um membro da escola de Chicago:

> O notável sucesso da escola de Chicago durante a terceira parte deste século deveu-se, em grande parte, ao fato de que ela foi capaz de assumir um papel importante tanto na pesquisa científica como na proteção ao conservadorismo. Sua capacidade de executar essas duas funções se deve à feliz combinação de talento científico e habilidade expositiva de Friedman e Stigler, mas talvez ainda mais à falência do conservadorismo intelectual e ao fim da Segunda Guerra Mundial.
>
> O efeito combinado da Grande Depressão no descrédito do capitalismo do *laissez-faire* e das suspeitas de Hitler sobre qualquer tipo de doutrina nacionalista-conservadora foi deixar o direito político com muito pouco apoio intelectual. Embora houvesse outros representantes do *laissez-faire* (por exemplo, o grupo de Mises), a valorização profissional e os cargos acadêmicos dos economistas de Chicago e também sua habilidade em comunicação não técnica lhes deram uma grande vantagem na disputa pela atenção e apoio do público conservador durante as décadas que se seguiram a 1945.[3]

3 REDER, op. cit., p. 35.

Como a escola de Chicago foi válida, útil ou correta em sua época?

A revolução keynesiana tendia a colocar o avanço da microeconomia em espera, com muitos dos melhores estudiosos da profissão direcionando sua atenção para a expansão do sistema keynesiano de ideias. Entre eles estavam os primeiros microeconomistas proeminentes, como Joan Robinson e John R. Hicks. De certo modo, a escola de Chicago mantinha e fortalecia a tradição marginalista em um momento em que sua popularidade havia caído. Ela ajudou a manter o grande legado das economias clássica e neoclássica, enquanto a revolução keynesiana vinha dominando o cenário intelectual. Isso não significava que a revolução keynesiana havia terminado, mas sugere que os economistas tinham, mais uma vez, se voltado à microeconomia para estender seus critérios às questões do dia a dia, incluindo aquelas que antes pareciam ser do domínio exclusivo dos teóricos da macroeconomia. Por exemplo, a análise do desemprego agora inclui a ênfase nas teorias do trabalho da microeconomia e a substituição intertemporal entre o trabalho e o lazer.

A escola de Chicago também foi útil em sua época ao manter vivas as visões monetárias de Fisher durante um período em que poderiam ter sido permanentemente isoladas com o peso das ideias de Keynes. A rápida inflação dos anos 1970 e do início dos anos 1980 desviou a atenção da nação da principal preocupação do keynesianismo – o desemprego – para a preocupação de Fisher e Friedman – a inflação. A inflação e o desemprego simultâneos desse mesmo período levaram muitos keynesianos a exigir políticas de renda, embora eles reconhecessem que essas políticas provavelmente produziriam efeitos colaterais negativos sobre a eficiência. Argumentando que, a longo prazo, a troca entre inflação e desemprego era ilusória, os novos clássicos mantinham a perspectiva clássica otimista de que a eficiência econômica, a estabilidade de preços e uma taxa natural de emprego pleno eram mutuamente alcançáveis.

Quais dogmas da escola de Chicago tornaram-se contribuições duradouras?

Devido à recente safra de ideias associadas à nova escola clássica, talvez seja prematuro afirmar quais delas vão se tornar contribuições duradouras para a economia. Por exemplo, o monetarismo perdeu muito de seu apoio durante as décadas de 1980 e 1990. Basta dizer que as novas ideias clássicas têm penetrado cada vez mais nos currículos das universidades norte-americanas. Por exemplo, todos os principais livros didáticos sobre princípios da economia apresentam capítulos sobre a nova perspectiva macroeconômica clássica, incluindo discussões a respeito de uma taxa natural de desemprego, expectativas racionais, uma curva de Phillips vertical a longo prazo e uma oferta agregada a curto prazo *versus* a longo prazo. As teorias de Chicago sobre capital humano, a produção nacional, a procura por emprego e a discriminação são todas discutidas nos livros didáticos sobre economia do trabalho contemporânea. O caso das taxas de câmbio flexíveis é padrão nos livros de economia internacional. O teorema de Coase sobre as externalidades (O passado como preâmbulo 20-1), embora ainda discutível, é tratado nos livros sobre finanças públicas e economia ambiental. Em resumo, várias das ideias apresentadas por membros da escola de Chicago, amplamente definidas, são aparentemente de valor duradouro. No entanto, uma avaliação final sobre essas contribuições deve esperar a aprovação de nossos filhos e netos.

MILTON FRIEDMAN

Milton Friedman (1912-2006), a principal figura da visão de Chicago, concluiu seus estudos na Rutgers University e recebeu seu diploma da Universidade de Chicago e da Universidade de Colúmbia. Enquanto estava estudando em Chicago, foi fortemente influenciado por Frank Knight. Em 1948, Friedman ingressou na faculdade em Chicago e permaneceu lá até sua aposentadoria, em 1977. Após sair de Chicago, foi membro da Hoover Institution da Universidade de Stanford. Foi presidente da American Economic Association em 1967 e ganhou o Prêmio Nobel de Economia em 1976. As ideias de Friedman são conhecidas por boa parte do público norte-americano. Ele foi colunista da *Newsweek*, escreveu livros populares, participou de uma série da televisão educativa e dedicou atenção a vários grupos.

Função consumo

Em 1957, Friedman publicou *A theory of the consumption function*, em que sugeria que a função consumo dos keynesianos era muito simplista:

> Imagine um grande número de homens ganhando US$ 100 por semana e gastando US$ 100 por semana em consumo atual. Imagine-os recebendo seus pagamentos uma vez por semana em parcelas, de modo que um sétimo seja pago no domingo, um sétimo na segunda e assim por diante. Imagine que coletemos uma amostra dos dados orçamentários desses homens para um dia escolhido aleatoriamente, definamos os rendimentos como entradas em caixa e o consumo como saída de caixa. Um sétimo dos homens seria registrado como tendo uma renda de US$ 100, seis sétimos como tendo uma renda igual a zero. Esses homens poderiam gastar mais em um dia de pagamento do que em outro, mas também teriam despesas em outros dias, de modo que registraríamos um sétimo com uma renda de US$ 100 como tendo poupanças positivas e outros seis sétimos como tendo poupanças negativas. (...) Esses resultados não nos dizem nada de significativo sobre o comportamento do consumo; eles simplesmente rejeitam o uso de conceitos inadequados sobre a renda e o consumo. Os homens não adaptam suas despesas com consumo às entradas em caixa a curto prazo. (...)[4]

Friedman afirmou que, aumentando o período de observação de um dia para uma semana, eliminaríamos o erro nesse exemplo simples. Mas, em termos de dados reais de consumo-rendimento, o uso de um período de até mesmo um ano não consegue corrigir o problema.

De acordo com Friedman, um consumo doméstico é determinado por renda *permanente* e não por renda *atual*, em que a renda permanente é definida como a renda média que as pessoas esperam receber em um período de anos. As pessoas tentam manter um padrão de vida razoavelmente estável de um ano para o outro, e as mudanças na renda que são consideradas temporárias ou transitórias não aumentarão nem diminuirão muito o consumo atual das pessoas. Em outras palavras, o consumo *não* responde a cada mudança na renda provocada por alterações nos gastos com investimentos ou do

4 FRIEDMAN, Milton. *A theory of the consumption function*. Princeton, NJ: Princeton University Press, 1957. p. 220.

governo; ele responde somente a alterações na renda que as pessoas consideram permanentes e duradouras. A implicação é que a propensão marginal a consumir fora das mudanças na renda atual é menor do que sugeriria a teoria de Keynes. Isso significa que o multiplicador do investimento é pequeno, o que, por sua vez, implica que a suposta instabilidade interna na economia é exagerada.[5]

Teoria monetária

Friedman é famoso por suas ideias sobre o papel da moeda na economia. Sobre essa questão, ele discutiu vários tópicos relacionados, incluindo a demanda por moeda, a teoria quantitativa da moeda, as causas da Grande Depressão, a ineficácia da política fiscal, a curva vertical de Phillips a longo prazo e a "regra monetária".

A demanda por moeda. Friedman considerava a demanda por moeda como a demanda por saldo de caixa. As pessoas demandam saldos de caixa porque eles lhes oferecem utilidade. Diferentemente de Keynes, Friedman não fazia distinção entre tipos de moeda, isto é, entre os saldos ociosos e os saldos ativos ou entre saldos transitórios e saldos especulativos. Há três importantes determinantes para a quantia de moeda que as famílias e as empresas desejarão guardar em qualquer período de tempo. Esses determinantes independem de fatores que influenciam a oferta de moeda.

- Riqueza total. A riqueza total em todas as suas formas, incluindo capital humano, pode ser medida melhor pela renda permanente. Quando a riqueza ou a renda permanente aumentam, a quantia de moeda que as pessoas desejam guardar como saldos de caixa também aumenta.
- Custo de poupar dinheiro. O segundo principal determinante da demanda por moeda é o custo de poupar dinheiro. Custos mais altos resultarão em menos dinheiro poupado. Esses custos variam de acordo com a taxa de juros, a taxa esperada da inflação e o nível dos preços.

  Um custo de poupar dinheiro consiste na "taxa de juros" previamente determinada em outras formas de riqueza que poderiam ser economizadas. Se os rendimentos sobre ativos que não sejam dinheiro, como ações e títulos, aumentam, o custo de oportunidade de poupar dinheiro também se eleva, e menos dinheiro é demandado. No entanto, a quantidade de dinheiro demandado é geralmente insensível às mudanças nas taxas de juros. A margem de lucro produzida entre rendimentos em transações (dinheiro) e outras formas de transação que não envolvam dinheiro (ações, títulos) é relativamente estável. Por exemplo, quando as taxas de juros, em geral, aumentam, os bancos competem para manter seus registros bancários, oferecendo juros mais altos sobre essas contas ou aumentando outros benefícios (qualidade de serviço, conveniência, cofres "sem custos"). Consequentemente, o relativo

5 Em 1963, Albert Ando, da Universidade da Pensilvânia, e Franco Modigliani, do MIT, desenvolveram uma teoria similar em que o consumo está relacionado à renda durante toda a vida das pessoas. Assim como a hipótese de Friedman, essa teoria do "ciclo de vida" implica que o consumo em um período determinado pode ser menos sensível a mudanças na renda atual do que sugeriram alguns keynesianos. Albert Ando e Franco Modigliani. The hypothesis of saving: aggregate implications and tests. *American Economic Review*, n. 53, p. 55-84, mar. 1963. Modigliani ganhou o Prêmio Nobel de Economia em 1985 por seu trabalho.

custo de oportunidade de poupar dinheiro não se altera de forma significativa com as mudanças na taxa de juros na economia, e a demanda por dinheiro é inelástica.

Outro custo de poupar dinheiro está relacionado à expectativa de inflação. Esse é o custo de oportunidade dos ganhos de capital sobre os ativos reais; é o "retorno" sacrificado sobre os ativos que são estimados em valor. As expectativas de inflação mais altas aumentam as perspectivas por ganhos de capital e, assim, elevam seus custos de poupar dinheiro. Portanto, as pessoas reduzem seus saldos de caixa atuais quando esperam inflações mais elevadas.

Um último custo de poupar dinheiro está relacionado ao *nível* de preço (diferente da expectativa de inflação). Quanto mais elevado for o nível dos preços, menor será o custo nominal de poupar dinheiro, porque cada dólar guardado comprará menos. Os aumentos no nível dos preços, por exemplo, quando medidos pelo índice de preços ao consumidor, provocam aumentos proporcionais na quantia de dinheiro demandada. As pessoas desejarão aumentar seus saldos em caixa a fim de mantê-los constantes em termos reais; isto é, desejarão guardar mais dinheiro em caixa para comprar os bens de preços mais altos.

- Preferências. As preferências, ou atitudes básicas, relacionadas a poupar e usar dinheiro são o terceiro grande determinante da demanda por moeda. Friedman declarou que essas preferências permanecem relativamente constantes "com aumentos significativos de espaço e tempo".

Resumindo, Friedman afirmou que a quantia de moeda demandada varia diretamente com a renda real permanente e com o nível dos preços, inversamente com a expectativa de inflação e de forma insignificante com as alterações nas taxas de juros.

Teoria quantitativa moderna da moeda. De acordo com Friedman, a demanda por moeda é relativamente estável a curto prazo. O Federal Reserve (FED) System controla a oferta de moeda. Um aumento na oferta de moeda levará as pessoas a manterem saldos de caixa que vão além do desejado. Elas tentarão se livrar desses excessos de ativos transitórios gastando dinheiro e passando cheques. Mas a comunidade toda não pode se livrar dos saldos de caixa em excesso; os gastos de uma pessoa deixam mais saldo na carteira ou na conta bancária de outra. Assim, a tentativa das pessoas de se livrar dos saldos de caixa aumenta a demanda por bens e serviços e eleva a produção, os preços e alguma combinação de cada um deles. Em circunstâncias em que a economia está operando em seus níveis naturais de emprego e produção, somente os preços aumentarão no longo prazo. Quando o nível dos preços aumenta, a demanda por moeda também se eleva (reveja nossa discussão anterior) porque a comunidade deseja guardar dinheiro extra para comprar bens de preços mais altos. Consequentemente, o equilíbrio entre a quantidade de moeda fornecida e a demandada é restaurado, mas a um nível de preços mais alto.

Assim, de acordo com Friedman, a teoria quantitativa moderna da moeda é estabelecida. Ela não assume que a velocidade seja uma constante, como assumia a teoria quantitativa antiga, mas que a demanda por moeda é "altamente estável – mais estável que funções como a função consumo, que são oferecidas como relações alternativas importantes". A inflação, afirmava Friedman, "é sempre e em qualquer lugar um fenômeno monetário, produzido em primeira instância por um crescimento excessivamente rápido na quantidade de moeda".[6] Essa relação entre o estoque de moeda e os preços, dizia Friedman, é confirmada pela evidência empírica. Referindo-se a estudos feitos por outros, ele afirmou, em 1956:

> Talvez não haja nenhuma outra relação empírica na economia que pareça ocorrer de forma tão uniforme sob uma variedade tão ampla de circunstâncias quanto a relação entre mudanças substanciais em pequenos períodos no estoque de moeda e nos preços: uma está invariavelmente ligada à outra e está na mesma direção; essa uniformidade é, eu imagino, da mesma ordem que muitas das uniformidades que formam a base das ciências físicas.[7]

Em 1963, Friedman e Anna Schwartz publicaram *A monetary history of the United States, 1867-1960,* em que apresentaram suas descobertas empíricas relacionando o crescimento do estoque monetário e a taxa de inflação. Friedman considera este o mais importante de seus livros.

A causa da Grande Depressão. No Capítulo 7 do livro, Friedman e Schwartz chegaram à discutível conclusão de que a política monetária era bastante responsável pela Grande Depressão da década de 1930.[8] Mais tarde, Friedman expressou sua posição da seguinte forma:

> Keynes e a maioria dos outros economistas da época acreditavam que a Grande Depressão dos Estados Unidos ocorreu apesar das agressivas políticas de expansão das autoridades monetárias - eles fizeram o melhor, mas o melhor não foi o suficiente. Estudos recentes demonstraram que os fatos são exatamente opostos: as autoridades monetárias dos Estados Unidos seguiram políticas altamente deflacionárias. A quantidade de moeda nos Estados Unidos caiu em um terço durante a recessão. E caiu não porque não houvesse quem estivesse disposto a tomar emprestado. Caiu porque o Federal Reserve System forçou ou permitiu uma acentuada redução na base monetária, porque ela não conseguiu exercer as responsabilidades que lhe foram atribuídas no Ato do Federal Reserve para oferecer liquidez ao sistema bancário. A Grande Depressão é um trágico testemunho da força da política monetária - não como Keynes e muitos de seus contemporâneos acreditavam.[9]

A curva vertical de Phillips de longo prazo. Lembremos que Wicksell diferenciara as taxas de juros reais das naturais. Friedman afirmava que há uma distinção semelhante entre as taxas reais e as naturais de desemprego: "Eu utilizo o termo 'natural' no mesmo sentido de Wicksell - para tentar separar as forças reais das forças monetárias".[10] A taxa natural de desemprego, dizia Friedman, é aquela que ocorrerá quando a taxa real de inflação e a expectativa da taxa de inflação forem iguais. As autoridades só podem empur-

6 FRIEDMAN, Milton. *Dollars and deficits*. Englewood Cliffs, NJ: Prentice-Hall, 1968. p. 18.

7 Idem, The quantity theory of money - A restatement. In: *Studies in the quantity theory of money*. (ed.) Chicago: University of Chicago Press, 1956. p. 20-21.

8 Esse capítulo foi publicado separadamente como a principal parte da obra de Friedman e Schwartz, *The great contraction*. Princeton University Press, 1963.

9 Idem, The quantity theory of money - A Restatement. In: *Studies in the quantity theory of money*, Idem, (ed.) University of Chicago Press, 1956, 20-21.

10 Idem, The role of monetary policy. *The optimum quantity of money and other essays*. Chicago: Aldine, 1969, p. 105. Esse estudo foi apresentado como o discurso presidencial à American Economic Association, em 1967.

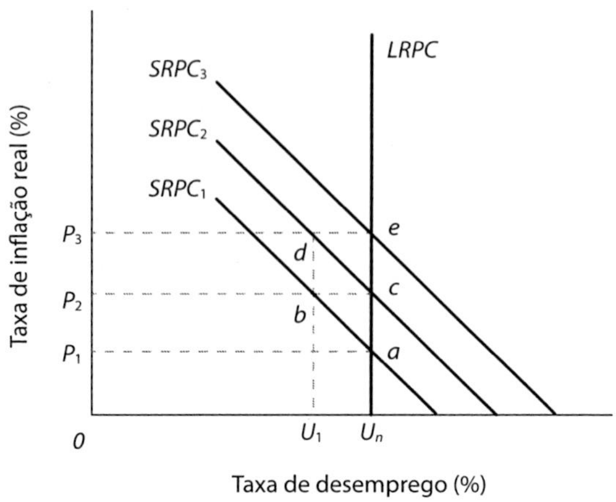

FIGURA 24.1 ■ CURVA VERTICAL DE PHILLIPS DE LONGO PRAZO DE FRIEDMAN

Cada curva de Phillips de curto prazo mostra as combinações de inflação e desemprego possíveis quando a taxa real de inflação diverge da expectativa de taxa. Quando a inflação é mais alta que o esperado, por exemplo P_2 em vez de P_1, o desemprego cai temporariamente para um nível abaixo de sua taxa natural (de U_n para U_1, como mostrado em *b*). Mas quando P_2 se torna a nova expectativa de taxa, a curva de Phillips de curto prazo se desloca de $SRPC_1$ para $SRPC_2$ e a taxa de desemprego volta a seu nível natural (ponto *c*). No longo prazo, dizia Friedman, não há trocas entre inflação e desemprego. A curva de Phillips de longo prazo é vertical, indicando que uma das várias taxas de inflação é compatível com a taxa natural de desemprego.

rar a taxa real de desemprego temporariamente para baixo da taxa natural gerando um nível de inflação maior que o esperado. Mas, como as pessoas ajustam suas expectativas de acordo com a nova taxa alta de inflação, a taxa natural de desemprego vai retornar.

A análise de Friedman está formalizada na Figura 24.1.[11] Nossa primeira abordagem expositiva será estabelecer uma curva de Phillips de curto prazo e, depois, explicar como as curvas de curto prazo podem se deslocar para cima, a fim de produzir uma curva vertical de longo prazo. Essa figura é às vezes chamada de versão Phelps-Friedman da curva de Phillips. Edmund Phelps (1933-) articulou as mesmas ideias e recebeu o Prêmio Nobel de Economia em 2006 por seu trabalho.[12]

Inicialmente, vamos nos concentrar na curva de Phillips de curto prazo $SRPC_1$, da Figura 24.1. Imagine que a taxa de inflação seja P_1 e que o desemprego esteja no nível natural U_n (ponto *a*). Depois, suponha que as autoridades monetárias desejem fixar a taxa real de desemprego em U_1, indicando uma disponibilidade de acertar a inflação mais alta (P_2 em vez de P_1) para uma taxa inferior de desemprego. Imagine que as autoridades monetárias aumentem a oferta de moeda para conseguir fazer isso. Isso consequentemente aumenta a taxa de inflação para P_2 e reduz temporariamente o desemprego para U_1 (ponto *b*). Os motivos? As empresas descobrem que os preços dos seus produtos estão aumentando mais rapidamente do que os custos de trabalho por unidade. Os contratos trabalhistas sob os quais muitos empregados estão trabalhando foram definidos na

11 Friedman desenvolveu as ideias exibindo essa figura em sua apresentação no Nobel, reimpressa como: Inflation and unemployment. *Journal of Political Economy*, n. 85, p. 451-472, jun. 1977.

12 PHELPS, E. Phillips curves, expectations of inflation and optimal unemployment over time. *Economica* n. 34, 254-281, 1967. Outros nomes para a Figura 24.1 incluem *a curva de Phillips Friedman-Phelps* e a *curva Phillips de expectativas argumentadas*.

expectativa de que a inflação continuaria a ser P_1. Como os preços aumentam e os salários nominais permanecem inalterados, as taxas salariais reais caem e os empresários respondem aumentando o nível de emprego. Além disso, os trabalhadores desempregados que estão procurando emprego começam a receber ofertas de salário nominal mais altas do que as empresas oferecem por novos empregados. Se os trabalhadores confundem esses aumentos dos salários nominais com melhores ofertas de salário real, eles reduzirão o tempo de busca por emprego. O resultado será uma menor taxa de desemprego conflitante. Conclusões: (1) Quando a taxa real de inflação exceder a expectativa de taxa (P_2 em vez de P_1), o desemprego cairá (de U_n para U_1) e (2) os pontos de uma curva de Phillips de curto prazo (por exemplo, $SRPC_1$) mostram as várias taxas de desemprego associadas a taxas de inflação real que diferem da expectativa de taxa.

A economia não permanecerá em *b* na curva $SRPC_1$, dizia Friedman. As pessoas adaptam suas expectativas de acordo com a alta taxa de inflação P_2 e esperam que ela permaneça. Quando um ajuste assim acontece, a curva de Phillips de curto prazo desloca-se para cima até $SRPC_2$. Expectativas de taxas mais altas de inflação traduzem-se em posições mais altas na curva de Phillips de curto prazo. Quando os contratos antigos expiram, os salários aumentam, os custos reais com trabalho crescem aos níveis anteriores, as empresas dispensam funcionários e a taxa natural de desemprego se restabelece (ponto *c*). A taxa natural agora é associada a uma expectativa de inflação real mais alta.

Imagine que as autoridades monetárias tentem restabelecer a taxa de desemprego U_1. Aumentando a oferta de moeda, elas podem novamente conseguir isso temporariamente (ponto *d*). Mas, os ganhos com emprego têm vida curta. A curva de Phillips de curto prazo desloca-se para cima para $SRPC_3$, e a economia muda em direção ao ponto *e*. No longo prazo, não há mudança entre inflação e desemprego. A curva de Phillips (*LRPC*) é perfeitamente vertical à taxa natural de desemprego. As autoridades monetárias só podem reduzir o desemprego a um nível abaixo do seu nível natural no longo prazo aumentando continuamente a taxa de inflação. Segundo Friedman:

> Para confirmar a conclusão de forma diferente, há sempre uma troca temporária entre inflação e desemprego; não há troca permanente. A troca temporária não vem da inflação *per se*, mas da inflação não esperada, o que geralmente significa de uma taxa crescente de inflação. A crença de que há uma troca permanente é uma versão sofisticada da confusão entre "alta" e "crescente" que todos reconhecemos em suas formas mais simples. Uma taxa crescente de inflação pode reduzir o desemprego, uma taxa alta, não.[13]

A regra monetária. Lembremos que Lerner havia comparado a economia a um carro sem volante (reveja O passado como preâmbulo 22-1). Para evitar uma batida violenta contra um meio-fio e outro, o carro precisava de um volante - finanças funcionais - utilizado por um motorista habilidoso. Friedman opôs-se da seguinte forma:

> O que precisamos não é de um condutor monetário habilidoso para o veículo econômico que continuamente gire o volante para se ajustar às irregularidades inesperadas da rota, mas sim de alguns meios de manter o passageiro monetário que está no banco

13 Idem. *The optimum*... op. cit., p. 104.

> traseiro como um lastro para ocasionalmente inclinar-se e dar um tranco na direção para manter o carro na estrada.[14]

O carro descerá a estrada muito bem, desde que o governo não o desestabilize. O Federal Reserve deverá abandonar seu uso de política monetária arbitrária e aderir à regra monetária: aumentar a oferta de moeda anualmente a uma taxa estável que corresponda à taxa de crescimento de capacidade a longo prazo. Há quatro motivos pelos quais essa regra se torna necessária:

- O desempenho passado do Fed.[15] De acordo com Friedman, "Em toda a sua história, o Fed tem declarado que está usando suas forças para promover a estabilidade econômica. Mas os registros não sustentam tal afirmação. Pelo contrário, o Fed tem sido a maior fonte de instabilidade".[16]
- Limitações do conhecimento econômico. Há um atraso entre as mudanças na oferta da moeda e as mudanças na produção e nos preços, e esses atrasos são variáveis e imprevisíveis. Tentativas de ajustar a economia contribuem tanto para a instabilidade como para corrigi-la.
- Confiança. Uma regra monetária permitiria que as empresas, os consumidores e os trabalhadores estabelecessem contratos confiando que o Fed não os surpreenderia mais tarde.
- Neutralização do Fed. "Uma regra monetária isolaria a política monetária tanto da força arbitrária de um grupo de homens que não se sujeitam ao controle do eleitorado como das pressões de curto prazo das políticas partidárias".[17]

Liberalismo econômico

Friedman se descrevia como um liberal do século XIX. Obviamente, ele referia-se ao liberalismo econômico que associamos aos economistas clássicos que enfatizavam a liberdade econômica. Assim, com o passar dos anos, ele defendeu uma série de reformas que depositariam menos confiança no governo e mais confiança no mercado. Segundo Friedman, o sistema de mercado protege não só a liberdade *econômica*, mas também a liberdade *política*. "Pode uma nação verdadeiramente ter liberdade política quando a imprensa escrita pertence ao Estado e os trabalhadores são funcionários do governo?", perguntava Friedman. Sua resposta era negativa.

Muitas das melhorias de Friedman foram incorporadas, outras ainda são assunto de debate público. Alguns exemplos de suas propostas incluem o sistema internacional de taxas de intercâmbio flexíveis, determinadas pelo mercado; um exército de voluntários norte-americanos; interpretação menos rigorosa das leis antitruste; o fim das experiências do país com políticas de renda; um imposto de renda negativo; um certificado educacional que desse aos pais uma opção para a escola de seus filhos; um imposto de renda com taxa-padrão; legalização de drogas recreativas e "privatização" de vários serviços públicos.

---

14 FRIEDMAN, Milton. *A program for monetary stability*. Nova York: Fordham University Press, 1959. p. 23.
15 N.R.T. Federal Reserve System.
16 Idem, *An economist's protest:* Columns in political economy. Glen Ridge, NJ: Thomas Horton, 1972. p. 65.
17 Ibidem, p. 66.

Os admiradores e os críticos de Friedman concordam que ele ajudou a estabelecer essas questões monetárias na economia. Eles também concordariam que o próprio Friedman foi assunto ou fez a diferença na história do pensamento econômico e no curso da política pública. Conforme afirmou Samuelson: "Se Milton Friedman não tivesse existido, teria sido necessário inventá-lo".[18]

Veja
O passado como preâmbulo 24-1

24-1 O passado como preâmbulo

DE STIGLER A "ABACAXIS"

No início dos anos 1960, o economista da escola de Chicago George J. Stigler (1911-1992) afirmou que as informações são um bem econômico. Os consumidores decidem quanto querem adquirir desse bem comparando o benefício marginal e o custo marginal.[a]

Considere um exemplo de um consumidor no mercado de carros novos. O benefício marginal (BM) de mais informações inclui a utilidade associada a encontrar uma marca e um estilo específicos que correspondam às inclinações de uma pessoa e também àquela associada a descobrir um preço baixo. Embora o benefício total aumente à medida que mais informações são obtidas, o benefício marginal das informações adicionais cai. Em compensação, o custo marginal (CM) de informações adicionais geralmente aumenta à medida que os consumidores obtêm mais informações. Esses custos incluem transporte e outras despesas de pesquisa, o custo de oportunidade de tempo e o sacrifício da utilidade por atrasar a compra.

O consumidor procura todas as informações para as quais o benefício marginal excede o custo marginal, e o processo de pesquisa termina quando BM = CM. Aí, dizia Stigler, o consumidor obtém a quantidade de informações ideal. Assim, uma distribuição de preços, e não um único preço de varejo, existe para automóveis novos da mesma marca. As informações extras necessárias para eliminar a variação de preços impõem um custo marginal maior do que o benefício marginal. Se a situação não mudar, quanto maior for o custo marginal das informações, maior será a dispersão de preços em um mercado.

Em 1970, George A. Akerlof (1940-), da Universidade da Califórnia em Berkeley, estendeu a análise de Stigler sobre as informações. Akerlof fez uma pergunta bem simples: "Por que um carro novo perde tanto valor assim que o comprador sai da loja com ele?" Se a depreciação física é a culpada, então por que o mesmo carro novo fica parado na loja durante semanas e até mesmo meses sem perder o valor?" A resposta de Akerlof, que lhe deu uma parte do Prêmio Nobel de Economia em 2001, era que alguns mercados contêm *informações assimétricas*.[b]

18 SAMUELSON, Paul Antony; SAMUELSON, William. *Economics*. Chicago: McGraw-Hill, 1980, p. 791.

Os vendedores de automóveis têm informações melhores sobre a condição de seus carros do que os futuros compradores; as informações não são simétricas em ambos os lados do mercado. Como os compradores carecem de informações importantes sobre carros usados, surge um *problema de seleção adversa*. Os proprietários de carros com defeitos ("abacaxis") desejam vendê-los, mas a maioria dos proprietários de carros de alta qualidade da mesma marca, ano e modelo não quer. O resultado é que a maioria dos carros usados no mercado é de qualidade inferior aos dos mesmos modelos que não estão à venda. Como os futuros compradores de carros usados sabem disso, a demanda por carros usados é reduzida, assim como o preço do mercado. Esse baixo preço de carros usados reduz ainda mais a motivação das pessoas em ofertar bons carros usados para venda. Carros de baixa qualidade, portanto, tendem a expulsar os carros de alta qualidade, e muitas transações possíveis que aumentam o bem-estar não ocorrem. Quando um comprador sai com o carro novo da concessionária, o carro imediatamente assume o valor que lhe é atribuído no "mercado de abacaxis", embora esteja em perfeitas condições.

Os economistas contemporâneos descobriram vários mercados em que há informações assimétricas, incluindo restaurantes, hotéis, serviços médicos, equipamentos eletrônicos e alguns mercados de seguro e mão de obra. No entanto, eles nos lembram de que muitas organizações do setor privado emergiram para ajudar a reduzir a assimetria das informações. Os exemplos incluem garantias de produtos transferíveis, franquias e o estabelecimento de nomes de marca. Além disso, o problema é reduzido porque os fornecedores de informações privadas, como empresas que imprimem relatórios sobre os consumidores, produtores de guias de viagem, agências de crédito, corretores e outros intermediários, lucram oferecendo informações. Finalmente, o acesso barato às informações oferecidas na Internet pode também reduzir o problema de informações assimétricas.

a. STIGLER, George J. The economics of information. *Journal of Political Economy*, n. 69, p. 213-225, jun. 1961.
b. AKERLOF, George A. The market for lemons: Qualitative uncertainty and the market mechanism. *Quarterly Journal of Economics*, n. 84, p. 488-500, ago. 1970.

ROBERT E. LUCAS, JR.

Robert E. Lucas, Jr. (1937-) nasceu em Yakima, Washington, e recebeu seus graus de bacharelado e Ph.D. na Universidade de Chicago. Durante o início de seus estudos universitários, foi influenciado por Friedman, que lecionou microeconomia no primeiro ano do programa de graduação, e por *Foundations of economic analysis*, de Samuelson. Lucas comentou: "*Foundations* diz: 'Esta é a forma de fazer [a análise econômica]'. Ela lhe conta o segredo de como participar do jogo, em vez de iludi-lo com grandes promessas. Acho que foi a combinação do livro de Samuelson e a aula de Friedman que me meteu nessa."[19]

19 KRAMER, Arlo. *Conversations with economists*. Totowa, NJ: Rowman & Allanheld, 1983. p. 30.

Lucas passou os primeiros onze anos de sua carreira em Carnegie-Mellon e depois, em 1974, retornou a Chicago. Em 1995, recebeu o Prêmio Nobel de Economia por suas contribuições à macroeconomia. Por ironia do destino, sua ex-esposa recebeu metade de seu prêmio de US$ 1 milhão, porque sete anos antes ela havia inserido uma cláusula no contrato de divórcio que previa tal possibilidade. A cláusula deveria expirar em 1996.

Expectativas racionais

A teoria de Friedman sobre a relação inflação-desemprego (Figura 24.1) baseia-se na suposição de *expectativas adaptáveis*. As pessoas determinam suas expectativas sobre inflação futura tendo como base a inflação passada e presente e as modificam somente quando novos eventos despontam. Lucas vai além da análise de Friedman, dizendo que os agentes econômicos criam *expectativas racionais* sobre resultados futuros da política de estabilização atual. Embora a ideia de expectativas racionais não fosse original, foi Lucas quem desenvolveu suas implicações para a teoria e a política macroeconômicas.[20]

Lucas dizia que os participantes do mercado meditam sobre seus erros, utilizam e processam todas as informações disponíveis e conseguem eliminar as regularidades em erros ao prever mudanças futuras nos níveis de preços. Como as pessoas entendem que as políticas de expansão fiscal e monetária produzem inflação, elas imediatamente ajustam suas expectativas em relação à inflação a um nível superior quando o governo sanciona essas políticas. Os mercados de recursos e financeiros imediatamente se ajustam de modo que esses trabalhadores recebam salários nominais mais altos, os fornecedores de matéria-prima e outros bens de capital recebam preços mais altos e aqueles que emprestam dinheiro obtenham taxas de juros nominais mais elevadas.

Essas reações à expectativa de inflação desenvolvem políticas fiscais e monetárias ineficientes. Em vez de aumentos temporários em lucros, produção e emprego causados pela mudança de *a* para *b* na Figura 24.1, a economia muda diretamente de *a* para *c*. Isto é, as políticas de expansão fiscal e monetária aumentam direta e imediatamente a taxa de inflação de P_1 para P_2, para cima ao longo da curva vertical de Phillips de longo prazo.

Análise da oferta agregada de Lucas

A análise de Lucas distinguia entre a oferta agregada de curto e de longo prazos. Na Figura 24.2(a) e (b), os eixos verticais medem o nível de preço, não a taxa da inflação, e os eixos horizontais medem a produção real, não a taxa de desemprego. No novo modelo clássico representado pelas figuras, uma mudança *imprevista* na demanda agregada *afeta* o nível da produção real, mas só temporariamente. Em comparação, uma mudança *prevista* na demanda agregada não tem nenhum efeito sobre a produção e o desemprego reais.

Imagine que a economia esteja inicialmente no ponto *a* da Figura 24.2(a) e que uma onda inesperada de gastos com investimentos aumente a demanda agregada de AD_1 para AD_2. Os produtores imediatamente experimentam preços crescentes e concluem que

20 John J. Muth deu origem à ideia de expectativas racionais em Rational expectations and the theory of price movements. *Econometrica*, n. 29, jul. 1961. As contribuições de Lucas estão compiladas em *Studies in business-cycle theory*. Cambridge, MA: MIT Press, 1981 e *Models of business cycles*. Oxford, Inglaterra: Basil Blackwell, 1987. Thomas Sargent e Neil Wallace também contribuíram com a teoria das expectativas racionais de forma significativa.

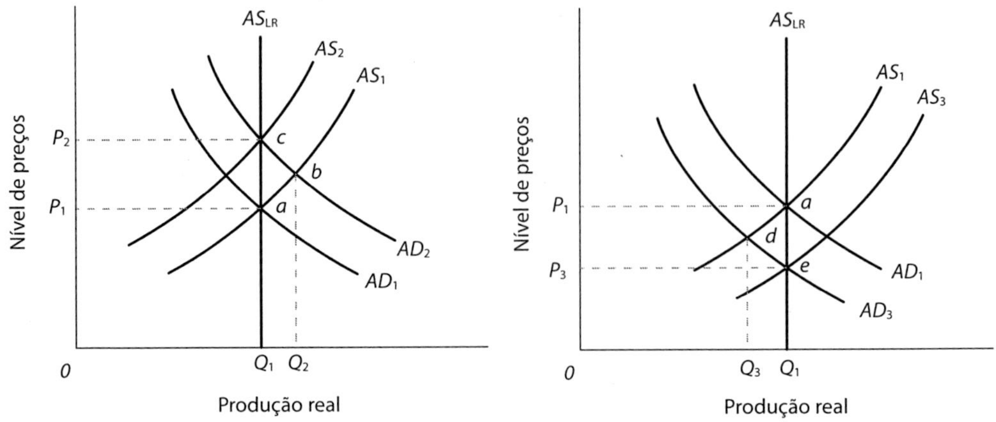

FIGURA 24.2 ■ NOVA MACROECONOMIA CLÁSSICA DE LUCAS

(a) Um aumento inesperado na demanda agregada de AD_1 para AD_2 desloca a economia temporariamente de *a* para *b*. A economia, então, se move para *c* devido aos aumentos nos salários nominais e nos preços de outros insumos, que deslocam a curva da oferta agregada de curto prazo para a esquerda, de AS_1 para AS_2. Um aumento previsto na demanda agregada desloca a economia diretamente de *a* para *c* ao longo da curva da oferta agregada de longo prazo AS_{LR}. (b) Uma queda inesperada na demanda agregada de AD_1 para AD_3 desloca temporariamente a economia de *a* para *d*. As quedas nos salários nominais e nos preços de outros insumos deslocam a curva da oferta agregada de curto prazo para a direita, de AS_1 para AS_S, e a economia desloca-se para *e*. Uma queda esperada na demanda agregada desloca a economia diretamente de *a* para *e* ao longo da curva da oferta agregada de longo prazo AS_{LR}.

esses preços aumentam em relação a outros preços (e a preços do trabalho). Esperando lucros mais altos, eles aumentam o emprego e a produção, deslocando a economia de *a* para *b*. Observe que a curva da oferta agregada a curto prazo AS_1 é crescente: o aumento inesperado no nível dos preços de P_1 para P_2 aumenta a produção real de Q_1 para Q_2.

Mas, na verdade, todos os preços, incluindo o preço do trabalho e de outros insumos, estão crescendo devido ao aumento geral na demanda agregada. As empresas passam coletivamente por custos crescentes, fazendo que a curva da oferta agregada da economia se desloque para a esquerda de AS_1 para AS_2. A economia move-se de *b* para *c*, revertendo o incremento prévio em produção. Em longo prazo, a curva da oferta agregada da economia é simplesmente uma linha vertical (AS_{LR}), procedendo de Q_1 por pontos como *a* e *c*.

Uma *queda* imprevista na demanda agregada de AD_1 para AD_3, na Figura 24.2(b), funciona de maneira oposta. Inicialmente, as empresas não percebem que os preços em queda estão restritos a seus produtos. Prevendo lucros menores, elas reduzem o emprego e a produção, e a economia passa de *a* para *d*. No entanto, as empresas logo reconhecem que *todos* os preços estão caindo, incluindo os salários e outros preços de insumos. Quando os custos nominais caem, a curva da oferta agregada de curto prazo desloca-se para a direita, de AS_1 para AS_3. A economia passa de *d* para *e*, a produção real cresce de Q_3 para Q_1, e a recessão automaticamente termina. A economia é autocorretiva, diz Lucas, exatamente como os economistas clássicos pensavam. Por esse motivo, sua teoria é conhecida como *nova macroeconomia clássica*.

Quando as mudanças na demanda agregada são previstas, a produção real permanece constante. Por exemplo, imagine que na Figura 24.2(a) o Banco Central aumente a oferta de moeda a fim de expandir a demanda agregada de AD_1 para AD_2. Como a ação do Fed é pública, e o resultado inflacionário é previsto, as empresas imediatamente reconhecem que os preços mais elevados recebidos por seus produtos fazem parte da inflação geral prevista. Elas entendem que as mesmas forças que estão elevando seus preços também estão aumentando seus custos, deixando seus lucros inalterados. A curva da oferta agregada a curto prazo desloca-se para a esquerda, de AS_1, para AS_2, simultaneamente ao aumento para a direita na demanda agregada, de AD_1 para AD_2. A economia move-se diretamente de *a* para *c* na curva da oferta agregada de longo prazo AS_{LR}. A produção real permanece inalterada em Q_1, e somente a inflação ocorre. A curva da oferta agregada de longo prazo é a única curva da oferta agregada relevante quando os aumentos da demanda agregada são antecipados. Isso é verdade também para as *quedas* antecipadas na demanda agregada, por exemplo, de AD_1 para AD_3 na Figura 24.2(b). Nesse caso, a economia desloca-se diretamente para baixo ao longo de AS_{LR}, de *a* para *e*.

Avaliação

Ninguém que tenha estudado seriamente as teorias de Lucas olha para a macroeconomia como antes. E, realmente, a ideia de expectativas racionais faz agora parte da macroeconomia moderna. No entanto, muitos macroeconomistas rejeitam as novas proposições clássicas de autocorreção automática e ineficiência política. A maioria dos economistas defende que os preços e os salários não são perfeitamente flexíveis, particularmente em uma direção descendente. Assim, a correção automática para as recessões deduzidas na Figura 24.2(b) não acontece, e a política monetária e fiscal pode ser necessária para tirar a economia da recessão (reveja a Figura 22.6). Os economistas modernos também contestam a premissa básica do novo classicismo de que as políticas fiscais e monetárias de expansão são sempre inflacionárias. Se os economistas discordam desse ponto, por que esperaríamos que o público em geral igualasse essas políticas impedindo a inflação e agisse de acordo com nossa expectativa? Com efeito, Lucas estendeu as teorias microeconômicas da concorrência perfeita, do comportamento racional e do equilíbrio walrasiano para a macroeconomia. Este é um debate interessante sobre como sua teoria descreve as verdadeiras tarefas da economia moderna e da economia real.

GARY S. BECKER

Gary S. Becker (1930-) nasceu em Pottstown, Pensilvânia, fez sua faculdade em Princeton e recebeu seu doutorado da Universidade de Chicago. Entre 1957 e 1969, foi professor da Universidade de Colúmbia. Em 1970, ingressou na faculdade em Chicago, onde atualmente é professor de economia e sociologia. Foi presidente da American Economic Association em 1986 e, de acordo com um historiador do pensamento econômico, "é uma das mentes mais originais da economia moderna".[21] Teórico perfeito, Becker parece mais confortável em apresentar suas teorias positivas sobre a economia do que em desafiar as perspectivas políticas associadas a Friedman e à escola de Chicago. Na metade dos anos

21 BLAUG, Mark. *Great economists since Keynes*. Totowa, NJ: Barnes and Noble, 1985. p. 15.

1980, no entanto, ele começou a escrever colunas para a *Business Week*, o que aumentou sua exposição ao grande público. Em 1992, Becker recebeu o Prêmio Nobel de Economia.

Becker ficou conhecido como um "imperialista intelectual". Isso significa que ele ampliou a abordagem econômica com suas suposições combinadas de comportamento maximizado, preferências estáveis e equilíbrio de mercado, para os domínios tradicionais da sociologia, da ciência política, das leis, da biologia social e da antropologia. Sua forte crença na importância da abordagem econômica para uma ampla gama de tópicos vai se tornar evidente à medida que formos examinando muitas de suas ideias.

Discriminação

Em 1957, Becker publicou *The economics of discrimination*, que foi uma versão atualizada da sua dissertação de doutorado de 1955. Mais tarde, ele afirmou que "foi meu primeiro esforço publicado para aplicar a abordagem econômica a um problema fora dos campos convencionais da economia e foi recebido com indiferença ou hostilidade pela grande maioria dos profissionais da economia".[22]

Na metade nos anos 1970, no entanto, o modelo de discriminação de Becker, embora ainda controverso, recebeu uma proeminente discussão na maioria dos principais livros didáticos sobre economia do trabalho. Becker via as discriminações como uma preferência ou uma "inclinação" pela qual o discriminador está disposto a pagar:

> Supõe-se que os indivíduos devam agir como se tivessem "inclinações à discriminação", e essas inclinações são a causa imediata mais importante para a discriminação real. Quando um empresário discrimina seus empregados, age como se não estivesse obrigado a custos de produção físicos e pecuniários por empregá-los (...)
>
> O coeficiente da discriminação de um empresário em relação a um empregado mede o valor depositado no custo não pecuniário por contratá-lo, uma vez que representa a diferença percentual entre o dinheiro e a taxa real ou líquida "paga" a ele. Se π for a taxa de salário em dinheiro pago, então $\pi(1 + d)$ será a taxa salarial líquida, em que d representa o coeficiente de discriminação.[23]

Um exemplo concreto ajudará a esclarecer essas ideias. Imagine que a taxa salarial do mercado seja US$ 6 e que o d do empresário seja 0,50. Então, na perspectiva do empresário, a taxa salarial para o grupo discriminado é de US$ 9 [$\pi(1 + d)$ = *US$* 6(1 + 0,50)]. Isso implica que o empresário discriminador estaria disposto a pagar um prêmio de até US$ 3 por hora na contratação de empregados preferidos em oposição ao grupo-alvo da discriminação. Valores mais altos de d sugerem inclinação à discriminação. Por outro lado, se d é zero, o empresário é imparcial.

Se os coeficientes de discriminação forem positivos em toda a economia, a demanda pelos trabalhadores preferidos será maior do que seria sem a inclinação à discriminação. Como resultado, a taxa salarial de mercado para trabalhadores preferidos excederá aquela para os trabalhadores discriminados, mas igualmente produtivos. Esse fato traz uma importante implicação: os empresários discriminadores terão custos salariais mais elevados do que aqueles que não fazem distinções. Essas empresas discriminadoras terão

22 BECKER, Gary S. *The economic approach to human behavior*. Chicago: University of Chicago Press, 1976. p. 15.
23 Idem, *The economics of discrimination*. 2. ed. Chicago: University of Chicago Press, 1971. p. 153-154.

de pagar um extra no salário, ou um "preço" por suas inclinações. As empresas que não têm essa inclinação à discriminação, ou cuja inclinação é baixa em relação ao diferencial de salário, contratarão os trabalhadores discriminados, mas igualmente produtivos, a um salário mais baixo e, portanto, ganharão uma vantagem de custo sobre os concorrentes discriminadores. Teoricamente, somente os produtores com custos menores podem sobreviver a longo prazo em uma economia de mercado competitivo; os discriminadores terão custos médios que excederão os preços determinados pelo mercado, isto é, terão perdas.

Portanto, a teoria de Becker é consistente com a visão do novo classicismo: no longo prazo, o sistema de mercado competitivo vai impor custos sobre os discriminadores, que reduzirão o tamanho da discriminação, seja ela por sexo, raça ou preferência religiosa. O papel do governo em acelerar esse processo deve ser para resistir às pressões impostas pelos grupos de interesse para bloquear a livre escolha profissional.

Investimento em capital humano

Em *Human capital* (1964), Becker apresentou a teoria sobre o investimento em capital humano em sua forma generalizada e moderna. Esse livro ampliou bastante o trabalho desenvolvido por seu antigo colega de Chicago, Theodore Schultz. A Figura 24.3 mostra a teoria aplicada a um indivíduo hipotético o qual está se decidindo entre entrar ou não para a faculdade. A decisão de frequentar a faculdade por motivos de investimento depende do retorno esperado sobre o investimento de uma pessoa. Sem a faculdade, o indivíduo ao qual as informações na figura se aplicam poderia esperar os rendimentos anuais mostrados pela linha *HH*. Com a faculdade, a linha dos rendimentos torna-se *CC*. Frequentar a faculdade por quatro anos envolve (1) *custos diretos*, como mensalidade e livros, e (2) *custos indiretos*, que assumem a forma de rendimentos renunciados

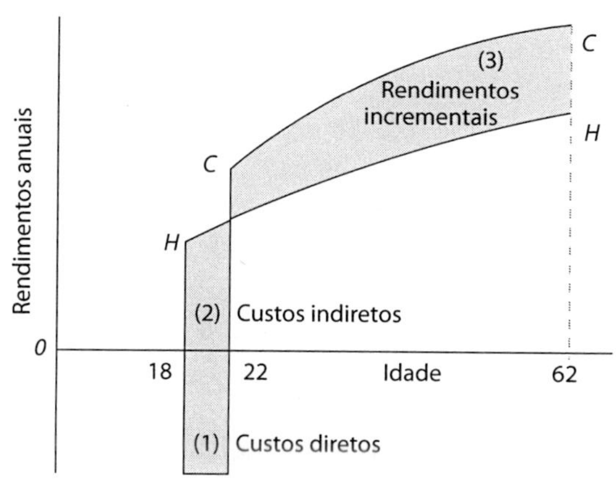

FIGURA 24.3 ■ INVESTIMENTO EM CAPITAL HUMANO: EDUCAÇÃO SUPERIOR

Os investimentos em uma educação superior requerem sacrifícios no presente, a fim de alcançar um grande fluxo de ganhos durante toda a vida (*CC* em vez de *HH*). Os custos de quatro anos de faculdade consistem em custos diretos, como mensalidades e livros (1), e custos indiretos de renunciar aos rendimentos durante a faculdade (2). O valor presente desses valores é comparado ao valor presente dos rendimentos incrementais esperados (3) resultantes do grau universitário. Se o valor presente de (3) exceder o valor presente de (1) e (2), o investimento ocorrerá.

durante o período de investimento. Quando o aluno ingressa no mercado de trabalho, ele ganha mais do que ganharia se não tivesse um diploma universitário. A diferença entre os dois fluxos de rendimentos é mostrada como (3). A decisão pelo investimento requer uma comparação entre o valor atual dos aumentos anuais de rendimentos (3) e o valor atual dos custos diretos e indiretos (1 e 2). Se o primeiro exceder o último – isto é, se o valor atual *líquido* for positivo –, o investimento ocorrerá. O princípio básico da Figura 24.3 aplica-se a todas as decisões de investimento em capital humano como, por exemplo, uma decisão tomada por um trabalhador de se mudar para outro local para trabalhar, uma decisão tomada por uma empresa de oferecer treinamento *on-the-job* a seus empregados ou uma decisão tomada por um país em desenvolvimento de usar recursos para melhorar a saúde geral da força de trabalho. Em cada caso, a pessoa responsável por tomar as decisões pesa os ganhos futuros contra os sacrifícios do presente.

Becker foi o primeiro a distinguir o treinamento geral do específico. O *treinamento geral* aumenta a produtividade marginal dos trabalhadores não apenas em seu emprego atual, mas também em qualquer outro em que ele venha a se envolver. O *treinamento específico* aumenta a produtividade marginal somente dentro da empresa que o oferece. Assim, algumas de nossas habilidades são específicas a uma empresa ou situação em particular *(capital específico)*, enquanto outras podem ser amplamente utilizadas em várias situações ou direcionamento do trabalho *(capital geral)*.

Becker afirmava que a teoria do capital humano ajuda a explicar a "ampla gama de fenômenos empíricos que têm recebido interpretações *ad hoc* ou que têm confundido os pesquisadores"[24]. Esses fenômenos incluem evidências de que (1) os rendimentos aumentam tipicamente com a idade a uma taxa decrescente, e a taxa de aumento tende a estar positivamente relacionada ao nível de habilidade; (2) as taxas de desemprego tendem a ser menores para aqueles que têm mais habilidades; (3) pessoas mais jovens mudam de emprego com mais frequência e recebem mais treinamentos educativos e *on-the-job* do que as pessoas mais velhas; e (4) as pessoas que possuem mais habilidades recebem mais educação e treinamento *on-the-job* durante a vida toda do que as outras.

Na última sentença de *Human capital*, Becker afirmou: "Eu me aventuraria a dizer que o capital humano será uma peça importante do pensamento sobre desenvolvimento, distribuição de renda, rotatividade da mão de obra e muitos outros problemas que ainda estão por vir". Ele foi profético. Nas duas últimas décadas, o capital humano tem sido assunto de vários livros e de centenas de artigos em revistas especializadas.

Veja O passado como preâmbulo 24-2

A teoria da alocação de tempo

A teoria neoclássica do comportamento do consumidor assumia que o consumo é instantâneo. Becker argumentou que o consumo demanda tempo e que o tempo é escasso e tem valor. O tempo gasto para consumir um bem não está disponível para um uso alternativo – por exemplo, para obter renda. Alguns bens de consumo precisam de mais tempo para serem consumidos do que outros. Assim, segundo Becker, as pessoas levam em consideração o "custo total" ou o "preço total" dos bens ao tomar suas decisões de compra.

24 Idem, *Human capital:* A theoretical and empirical analysis. Nova York: National Bureau of Economic Research, 1964. p. 7.

24-2 O passado como preâmbulo

FORMAÇÃO DO CAPITAL HUMANO? OU SELECIONAR E SINALIZAR?

O trabalho de Theodore Schultz (1902-1998) e Gary Becker (1930-) propõe que a formação do capital humano por meio da educação aumenta a produtividade e a receita. O efeito da educação sobre a receita é bem documentado. Graduados em universidade em 2009 já recebiam 82% a mais do que os que tinham apenas o ensino médio.[a] Da mesma maneira, as diferenças salariais podem ser grandes entre graduados de universidades conceituadas e aqueles de universidades menos conhecidas. Mas o efeito da educação universitária sobre a produtividade, independentemente das habilidades pré-educacionais, é menos claro.

A renda mais alta dos graduados de Ivy League reflete mais aquisição de capital humano ou há outro processo envolvido? O trabalho de Michael Spence (1943-) e de Joseph Stiglitz (1943-), ganhadores do Prêmio Nobel de Economia em 2001 (juntamente com George Akerlof), oferece explicações alternativas. Os vendedores de mão de obra possuem mais informações sobre suas habilidades que seus possíveis empregadores. Como informações detalhadas sobre cada candidato são normalmente caras, os empregadores procuram meios mais baratos de avaliar as diferenças de qualidade entre eles. Uma maneira de filtrar candidatos é por meio das instituições em que se formaram. Se a instituição tem fama de formar indivíduos com alta qualidade, os empregadores podem considerar mais prudente contratar seus formandos do que aqueles de instituições menos afamadas. O sistema de *screening*, assim denominado por Stiglitz, permite aos empregadores identificar candidatos com mais habilidades com base nas escolas em que eles estudaram. Stiglitz desenvolveu o conceito de *screening* dentro do contexto da indústria de seguros, mas ele também se aplica ao mercado de trabalho.

Sabendo que os empregadores utilizam mecanismos de *screening*, os candidatos podem sinalizar sua educação como destaque, conforme afirma Spence. Partindo do princípio de que as escolas com mais prestígio ajudam na contratação, mas são mais caras, os estudantes precisam decidir se os ganhos potenciais excedem os custos de cursar essas instituições de ensino.

A questão subjacente é: o que está sendo avaliado no *screening* e o que está sendo sinalizado pelos candidatos? As universidades com mais destaque realmente geram mais capital humano que outras instituições ou simplesmente atraem alunos com mais capacidade? O *screening* e a sinalização ocorrem logo no início do processo, quando a maior reputação institucional atrai os melhores candidatos e afasta aqueles com menos habilidades. Estudantes de ensino médio que pretendem cursar uma faculdade podem sinalizar suas habilidades se matriculando em cursos preparatórios de mais prestígio. Entretanto, os conselhos de admissão das faculdades também selecionam os alunos pela fama das escolas de ensino médio que eles frequentaram.

Se considerarmos que renda mais alta reflete mais produtividade, pode-se dizer que os graduados de escolas com mais prestígio tendem a ser mais produtivos. Ainda assim, persiste a questão das contribuições de Spence e Stiglitz: Mais produtividade resulta do melhor processo educacional ou de os alunos trazerem consigo melhores qualidades e aplicá-las às escolas em que estudam? Será que o maior desenvolvimento de capital humano ocorre em escolas de prestígio ou essas escolas e seus alunos estão meramente sinalizando potenciais funcionários com mais qualidade e capacidade de produção?

a. Bureau of Labor Statistics. Back to College, Spotlight on Statistics. *Current Population Survey*, www.bls.gov, set. 2010. Em 1981, os que possuíam diploma do ensino superior ganhavam apenas 57% a mais do que os com diploma do ensino médio.

O preço total de um bem consiste no seu preço de mercado mais o valor do tempo necessário para seu consumo.

Essa importante contribuição levou Becker a sugerir uma reconstrução da teoria da escolha. A família, sendo a unidade para decisões básicas, deveria ser considerada um produtor e um consumidor de "mercadorias" que produzem utilidade. A produção de mercadorias ocorre pela combinação de bens (bens e serviços) trazidos no mercado com o tempo. Para obter o rendimento necessário para comprar os bens utilizados para produzir mercadorias, a família precisa despender seu tempo no mercado de trabalho. Para produzir e consumir a mercadoria no lar, ela precisa despender tempo de produção e consumo. Um exemplo é a produção e o consumo de uma refeição, por exemplo, o café da manhã. Ele é produzido combinando-se produtos (pão, manteiga, leite, frios), o tempo de produção (o período de tempo necessário para preparar a refeição) e o tempo de consumo (o tempo gasto para comê-la).

A família deve decidir quais mercadorias deseja consumir e como vai produzi-las. Essas decisões são tomadas diariamente. Um fator complexo é que algumas mercadorias exigem muito tempo e não muitos bens para serem produzidas, enquanto outras exigem muitos bens e pouco tempo. Um exemplo de um *bem que consome muito tempo* é o bronzeado natural obtido depois de vários dias na praia. Um exemplo de um *bem que consome muitas mercadorias* é uma refeição rápida.

Becker apontou diversas implicações interessantes sobre seu modelo, e outros citaram implicações extras. Três exemplos ajudarão a demonstrar os tipos ilustrados pelo modelo. A primeira implicação é a de que um aumento nos rendimentos pelo tempo no mercado de trabalho provavelmente fará que as pessoas alterem seus padrões de consumo, de mercadorias que exigem tempo para mercadorias que consomem bens. A razão é que o custo de oportunidade do tempo de produção e consumo doméstico aumenta. Uma pessoa pode conseguir um bronzeado passando pequenos períodos de tempo em um salão de bronzeamento artificial em vez de se deitar por horas em uma praia, ou comer em um restaurante em vez de preparar e consumir uma refeição fresca e feita em casa. A segunda implicação é que um aumento na produtividade do tempo de produção doméstica, por exemplo, com o desenvolvimento de fornos de micro-ondas, compressores de lixo e lavadoras e secadoras de roupa, libera tempo de consumo (assistir a novelas, fazer aulas de ginástica), tempo de mercado de trabalho (emprego de meio-período ou período integral) ou uma combinação de ambos os casos. A terceira é que, quando o casal tem capacidade de obter rendimentos mais elevados no mercado de trabalho, as famílias provavelmente têm menos filhos e promovem mais experiências familiares que consomem bens do que as famílias em que um dos pais tem baixo potencial de renda e opta por não trabalhar.

Sobre a família

No prefácio de *The treatise on the family* (1981), Becker escreveu:

> Este volume utiliza as suposições de comportamento maximizado, preferências estáveis e equilíbrio nos mercados implícitos e explícitos para proporcionar uma análise sistemática sobre a família. Construí minha pesquisa durante a última década para analisar a alocação do tempo para os filhos e para o mercado de trabalho, o casamento e o divórcio em sociedades poligâmicas e monogâmicas, o altruísmo e o egoísmo nas famílias, a mobilidade entre gerações e muitos outros aspectos relacionados à família. Embora nem todos sejam considerados, o tratamento sistemático e unificado dos aspectos importantes talvez justifique o título ultrapassado de "tratado".[25]

Teoria sobre o casamento. O casamento permite a divisão do trabalho, possibilitando que os parceiros maximizem sua produção agregada e o consumo de "mercadorias", o que proporciona bem-estar econômico. Ter e criar filhos são "mercadorias" centrais que o casamento facilita. Em outras palavras, os parceiros de uma família desprendem-se de interesses econômicos individuais. As diferenças em habilidades que permitem os ganhos na sociedade resultam de experiências passadas diferentes e de outros investimentos em capital humano. O indivíduo que dispõe das melhores oportunidades salariais do mercado muito provavelmente entra no mercado de trabalho, enquanto a produção doméstica será executada pelo indivíduo que tem a maior produtividade relativa a esses esforços. Tradicionalmente, as mulheres casadas têm se especializado em criar filhos e em outras atividades domésticas. Como resultado:

> elas têm exigido de seus maridos "contratos" de longo prazo para protegê-las contra o abandono e outras adversidades. Praticamente todas as sociedades têm desenvolvido proteção de longo prazo para mulheres casadas; pode-se dizer que o "casamento" é definido por um compromisso de longo prazo entre um homem e uma mulher.[26]

Até mesmo diferenças relativamente pequenas nas capacidades produtivas entre os parceiros do casamento implicam diferenças na alocação de tempo entre o tempo no mercado de trabalho, tempo na produção doméstica e tempo de consumo. A razão é que o comprometimento em uma atividade aumenta o estoque de capital humano específico de uma pessoa, o que, por sua vez, aumenta a produtividade nessa atividade. Porém, isso

25 BECKER, Gary S. *A treatise on the family*. Cambridge: Harvard University Press, 1981. p. ix-x.
26 Ibidem, p. 14-15.

nem sempre resulta em especialização completa. Em alguns casos, por exemplo, um dos parceiros pode optar por trabalhar meio-período.

O casamento geralmente envolve "escolha positiva" entre homens e mulheres de "alta qualidade". Um motivo é complementar a produção. As características positivas de um dos parceiros aumentam a contribuição marginal do outro na produção da "renda total", amplamente definida para a inclusão de "mercadorias".

Fertilidade. A família gera filhos ("capital durável"), que contribuem para a renda total da família ou para o bem-estar econômico. Mas as famílias não geram filhos em números biologicamente possíveis, e a razão é que os filhos são dispendiosos. Sobre essa questão, Becker dizia que eles têm um "preço". Esse preço envolve custos diretos, como despesas com alimentação, moradia, vestuário, assistência médica, educação e assim por diante, e indiretos, na forma de custos de oportunidade de tempo. Filhos pequenos, particularmente, são bens que consomem muito tempo. A fertilidade dependerá do preço dos filhos, da renda dos pais e da compensação que os pais percebem entre a quantidade de filhos e sua qualidade. Quando as oportunidades salariais aumentam para as mulheres, o preço de cada filho eleva-se (o custo de oportunidade aumenta), e os pais optam por ter menos filhos, mas com "qualidade mais alta" (mais saudáveis, com melhor nível escolar).

As famílias rurais no passado tinham mais filhos do que as urbanas, porque o custo de criá-los era menor nas áreas rurais. Os programas de bem-estar social, dizia Becker, reduzem o custo de ter filhos e aumentam a fertilidade.

Altruísmo. O altruísmo, definido em termos de utilidade conjunta, é uma importante característica de uma família. Uma pessoa é altruísta quando sua utilidade aumenta porque a utilidade de outra pessoa cresce. O altruísmo contribui para os ganhos em potencial do casamento, porque o consumo de uma mercadoria permite que a utilidade cresça mais do que o aumento na utilidade para o consumidor. A alegria de um membro da família contribui para a alegria dos outros membros.

Naquilo que Becker brilhantemente chamou de "teorema do filho problemático", ele estabeleceu que o altruísmo na família tenderá a superar o egoísmo. Becker descreve esse teorema basicamente desta maneira: cada beneficiário, independentemente de seu grau de egoísmo, maximiza a renda familiar de seu benfeitor. Em outras palavras: as crianças mais problemáticas não vão querer fazer nada que possa reduzir sua possível herança.[27]

A ideia aqui é que uma ação que reduza a renda total da família resultará que o indivíduo altruísta da família terá menos renda total para transferir a cada um dos benfeitores. As crianças egoístas reconhecem que prejudicar a família vem à custa de prejudicar a si mesmas. Esse princípio é geral, pois se aplica a interações entre todos os altruístas e os benfeitores. Mas o efeito limitador do altruísmo sobre o interesse próprio diminui com o número de benfeitores, isto é, com o tamanho da família ou da organização.

Divórcio. Os parceiros do casamento procuram informações sobre futuros companheiros, mas

27 Ibidem, p. 183.

> o tempo, o esforço e outros recursos dispendiosos devem ser gastos com pesquisa e, quanto mais extensa for a pesquisa, mais demorados serão os ganhos com o casamento. Uma pessoa racional continuará a pesquisar sobre a "margem extensiva" de probabilidades adicionais e sobre a "margem intensiva" de grandes probabilidades, até que o custo marginal e o benefício marginal em cada margem sejam iguais.[28]

Como resultado, as pessoas geralmente se casam mesmo tendo informações incompletas sobre seus companheiros. Quando essas informações se revelam ao longo do casamento, o divórcio torna-se a nova decisão ideal. Os divórcios são mais prováveis no início do casamento do que mais tarde, porque o acúmulo de informações ocorre durante os primeiros anos do casamento. A sorte ou o azar inesperado (tornar-se uma estrela, sofrer de infertilidade) aumentam a probabilidade do divórcio, uma vez que transformam uma união ideal naquela em que um dos lados não a considera mais dessa maneira. O aumento na produtividade das mulheres no mercado reduz os ganhos com especialização e eleva a probabilidade de divórcio.

Fica claro que o trabalho de Becker nessa área é pioneiro, provocativo e profundo. Como você pode suspeitar, é também controverso. Conforme afirmou Ben-Porath:

> Então, quando tudo está dito e feito, o casamento entre economia e família é interessante: ele pode não ser feliz e, certamente, não é pacífico, mas dificilmente acabará em divórcio. Ele também vai gerar uma descendência de conhecimento que se pode confirmar? Isso ainda precisa ser visto.[29]

Perguntas para estudo e discussão

1. Identifique brevemente e estabeleça a importância de cada um dos seguintes pensadores e conceitos para a história do pensamento econômico: escola econômica de Chicago, Friedman, renda permanente, teoria quantitativa moderna, *Monetary history of the United States, 1867-1960*, curva vertical de Phillips de longo prazo, taxa natural de desemprego, regra monetária, Lucas, expectativas racionais, Stigler, informações como um bem econômico, Akerlof, "abacaxis", Becker, coeficiente de discriminação, treinamento específico *versus* geral, Spence, sinalização, Stiglitz, *screening* e "mercadorias".
2. Identifique as diferenças entre os principais dogmas da escola de Chicago, da escola marginalista e da escola institucionalista.
3. Relacione a seguinte afirmação de *sir* Dennis Robertson ao lugar ocupado pelo novo classicismo na história do pensamento econômico: "A opinião dos intelectuais é como uma lebre caçada; se você esperar o suficiente, ela voltará ao lugar de onde saiu".
4. Quais são os principais determinantes da demanda por moeda de acordo com Friedman? Essa demanda é estável ou instável em curto prazo? Como um aumento na oferta de moeda que exceda o crescimento da produção em longo prazo provoca um aumento no nível geral dos preços?
5. Explique esta afirmação de Friedman: "Uma taxa crescente de inflação pode reduzir o desemprego; uma taxa alta, não".

28 Ibidem, p. 220.
29 BEN-PORATH, Y. Economics and the family – Match or mismatch? A review of Becker's A treatise on the family. *Journal of Economic Literature*, n. 20, p. 62-63, mar. 1982.

6. Explique a distinção feita por Lucas entre a oferta agregada de curto e longo prazos. Relacione essas ideias à distinção de Friedman entre as curvas de Phillips de curto e de longo prazos.
7. O que é "clássico" sobre a nova macroeconomia clássica de Lucas? Com base em seu entendimento dessa teoria, você considera que Lucas era a favor da política fiscal e monetária ativa defendida por Lerner (O passado como preâmbulo 22-2) ou de regras fiscais e monetárias como aquelas propostas por Friedman e Buchanan (Capítulo 20)? Explique seu raciocínio.
8. Resuma a teoria de Stigler sobre a informação (O passado como preâmbulo 24-1). Relacione sua teoria com a teoria de Becker sobre o casamento e o divórcio.
9. De que maneira os problemas de informação assimétrica e seleção adversa (O passado como preâmbulo 24-1) estão relacionados aos processos de sinalização e *screening* (O passado como preâmbulo 24-2)?
10. Utilize as teorias de Becker para explicar cada um dos seguintes itens:
    a) A discriminação será dispendiosa para uma empresa que esteja operando em um mercado competitivo.
    b) Os jovens, em geral, recebem mais treinamento educacional e *on-the-job* do que as pessoas mais velhas.
    c) O número de refeições consumidas nos restaurantes nos Estados Unidos tem aumentado mais rapidamente do que o das consumidas em casa.
    d) O altruísmo contribui para os possíveis ganhos no casamento.
11. Com qual das afirmações a seguir você concorda? Explique seu raciocínio.

    Nenhum outro pré-requisito é mais importante para clarear o pensamento da economia do que reconhecer seu espaço limitado entre os interesses humanos em geral. [Frank Knight]

    O cerne do meu argumento é que o comportamento humano não é segmentado; às vezes baseado na maximização, às vezes, não; às vezes motivado por preferências estáveis, às vezes por preferências inconstantes; às vezes resultando em um acúmulo ideal de informações, às vezes não. Em vez disso, o comportamento humano pode ser visto como envolvendo participantes que maximizam sua utilidade com base em um conjunto estável de preferências e acumulam um volume ideal de informações e outras entradas em vários mercados. [Gary Becker]

Leituras selecionadas

Livros

BECKER, Gary S. *The economic approach to human behavior.* Chicago: University of Chicago Press, 1976.

_________. *The economics of discrimination.* 2. ed. Chicago: University of Chicago Press, 1971 [publicado originalmente em 1957].

_________. *Human capital*: a theoretical and empirical analysis with special reference to education. Nova York: National Bureau of Economic Research, 1964.

_________. *A treatise on the family.* Cambridge: Harvard University Press, 1981.

FRIEDMAN, Milton. *Capitalism and freedom.* Chicago: University of Chicago Press, 1962.

_________. *Essays in positive economics.* Chicago: University of Chicago Press, 1953.

_________. *The optimum quantity of money and other essays.* Chicago: Aldine, 1969.

_________. (ed.). *Studies in the quantity theory of money.* Chicago: University of Chicago Press, 1956.

_________. Theory of the consumption function. Princeton, NJ: Princeton University Press, 1957.

FRIEDMAN, Milton; SCHWARTZ, Anna J. *A monetary history of the United States, 1867-1960.* Princeton, NJ: Princeton University Press, 1963.

HIRSH, Abraham; MARCHI, Neil de. *Milton Friedman*: economics in theory and practice. Ann Arbor: University of Michigan Press, 1990.

LUCAS, Robert E. *Studies in business – cycles theories*. Cambridge, MA: MIT Press, 1981.

__________. *Models of business cycles*. Oxford: Basil Blackwell, 1987.

SAMUELS, Warren J. (ed.). *The Chicago school of political economy*. East Lansing, MI: Michigan State University, 1976.

SHACKLETON, J. R.; LOCKSLEY, G. (eds.). *Twelve contemporary economists*. Nova York: Wiley, Halsted, 1981. Capítulos 2 e 4.

STIGLER, George J. *The economist as preacher and other essays*. Chicago: University of Chicago Press, 1982.

WOOD, John Cunningham (ed.). *Milton Friedman*: critical assessments. Londres: Routledge, 1990. 4 v.

Artigos de revistas especializadas

BEN-PORATH, Yoram. Economics and the family – match or mismatch? A review of Becker's A treatise on the family. *Journal of Economic Literature*, n. 20, p. 52-64, mar. 1982.

CHARI, V. V. Nobel laureate Robert E. Lucas, Jr.: Architect of modern macroeconomics. *Journal of Economic Perspectives*, n. 12, p. 171-186, inverno de 1998.

HANNAN, Michael T. Families, markets, and social structures: an essay on Becker's A treatise on the family. *Journal of Economic Literature*, n. 20, p. 65-72, mar. 1982.

REDER, Melvin W. Chicago economics: permanence and change. *Journal of Economic Literature*, n. 20, p. 1-38, mar. 1982.

SYMPOSIUM on the Chicago school. *Journal of Economic Issues*, n. 9 e n. 10, dez. 1975 e mar. 1976.

THYGESEN, Niels. The scientific contributions of Milton Friedman. *Scandinavian Journal of Economics*, 79, n. 1, p. 56-98, 1977.

25

PENSAMENTOS DE CONCLUSÃO

Quais as conclusões, se houver alguma, que podemos tirar do nosso estudo sobre a história do pensamento econômico? Outros observadores provavelmente esboçarão variadas conclusões. Aqui estão as nossas.

A economia é uma disciplina dinâmica. Nosso entendimento sobre os princípios e o trabalho da economia tem progredido ao longo dos anos e ainda está em desenvolvimento. Novas ideias e desenvolvimentos no campo da economia tenderam a ser seguidos por outras ideias e desenvolvimentos. Alguns dos pensamentos subsequentes têm estendido, ampliado e melhorado a base do conhecimento já existente; outras teorias e estudos desafiam as novas ideias. Assim, novamente notamos as linhas brancas *versus* as pretas na linha do tempo das ideias econômicas. Lembre-se de que as linhas brancas indicam escolas essencialmente antagônicas às predecessoras. Essa expansão e concorrência de ideias nem sempre produziram "verdades" no sentido científico da palavra, mas generalizaram um grupo de princípios básicos da economia quase universalmente aceitos. Tais princípios ainda estão surgindo no campo da economia.

- Nem os fatos atuais nem o aumento da profissionalização explicam o desenvolvimento da teoria econômica. Em alguns casos, são as questões críticas diárias que têm estimulado novos desenvolvimentos na teoria econômica. Um exemplo é o debate sobre o nascimento das teorias clássicas de rendimentos decrescentes e o rendimento de terras. Em outros casos, os fatos e problemas atuais têm voltado a atenção dos profissionais e do público para as teorias – por longo tempo antes que progredissem – que repentinamente têm nova importância. Um exemplo é a atenção à teoria de ciclo comercial resultante da severa recessão que atingiu diversas economias industriais avançadas em 2007. Mas, ainda em outras situações, o avanço de novas teorias chegou de forma bem independente das preocupações atuais. O aumento do profissionalismo entre os economistas, junto com o interesse reforçado no entendimento de paradoxos não resolvidos e a melhoria das teorias já existentes, tem sido um fator importante para o avanço da disciplina. Um exemplo importante é o desenvolvimento da análise do equilíbrio geral.

- Economistas individuais têm se preocupado. Os pensadores econômicos fazem o pensamento econômico. Temos visto que economistas individuais têm feito a diferença na história da teoria e do método econômico. Smith, Ricardo, Marx, Marshall, Walras e Keynes, apenas citando alguns, estão para a economia assim como Newton e Einstein estão para a física e Darwin está para a biologia. Obviamente, isso não quer dizer que o desenvolvimento da economia se deva inteiramente àqueles que discutimos neste livro. Para cada economista estudado, houve centenas de outros que contribuíram significativamente para o desenvolvimento da disciplina. Cada livro e artigo de revista especializada escritos sobre o assunto contribuíram direta ou indiretamente para o desenvolvimento do pensamento econômico.

Veja O passado como preâmbulo 25-1

25-1 O passado como preâmbulo

OS LAUREADOS COM O NOBEL DE ECONOMIA

Em seu testamento, em 1895, o industrial sueco Alfred Nobel estabeleceu cinco grandes prêmios monetários a serem concedidos anualmente por notáveis conquistas em fisiologia ou medicina, química, física, literatura e paz. Em 1968, o Banco Central da Suíça acrescentou o Prêmio Nobel de Economia.[a]

A tabela a seguir lista os vencedores do Nobel de Economia, suas nacionalidades e as áreas de suas principais conquistas.[b] Uma breve análise na tabela revela muitos dos economistas que discutimos neste livro. Além disso, observe que suas áreas de contribuição são diversas, envolvendo tanto a macro como a microeconomia. Finalmente, observe que os Estados Unidos têm sido um terreno particularmente fértil para avanços na economia.

Ano da premiação	Nome (nacionalidade)	Principais contribuições
1969	Ragnar Frisch (Noruega)	Estudos econométricos
	Jan Tinbergen (Holanda)	Estudos econométricos
1970	Paul Samuelson (Estados Unidos)	Economia matemática e keynesiana
1971	Simon Kuznets (Estados Unidos)	Contabilidade da renda nacional

Ano da premiação	Nome (nacionalidade)	Principais contribuições
1972	Kenneth Arrow (Estados Unidos)	Economia do bem-estar
	John R. Hicks (Reino Unido)	Teoria microeconômica
1973	Wassily Leontief (Estados Unidos)	Análise de entradas e saídas
1974	Gunnar Myrdal (Suécia)	Macroeconomia e economia institucional
	Friedrich von Hayek (Reino Unido)	Macroeconomia e economia institucional
1975	Leonid Kantorovich (União Soviética)	Programação linear
	Tjalling Koopmans (Estados Unidos)	Programação linear
1976	Milton Friedman (Estados Unidos)	Teoria monetária; economia política
1977	Bertil Ohlin (Suécia)	Teoria do comércio internacional
	James Meade (Reino Unido)	Política do comércio internacional
1978	Herbert Simon (Estados Unidos)	Comportamento administrativo; racionalidade
1979	W. Arthur Lewis (Reino Unido)	Economia do desenvolvimento
	Theodore Schultz (Estados Unidos)	Agricultura; capital humano
1980	Lawrence Klein (Estados Unidos)	Previsões econométricas
1981	James Tobin (Estados Unidos)	Macroeconomia e economia financeira
1982	George Stigler (Estados Unidos)	Organização industrial; teoria da informação
1983	Gerald Debreu (Estados Unidos)	Economia do bem-estar
1984	Richard Stone (Reino Unido)	Contabilidade da renda nacional
1985	Franco Modigliani (Estados Unidos)	Teoria da poupança
1986	James Buchanan (Estados Unidos)	Preferência pública
1987	Robert Solow (Estados Unidos)	Teoria do crescimento
1988	Maurice Allais (França)	Preços no setor público
1989	Trygve Haavelmo (Noruega)	Econometria
1990	Harry Markowitz (Estados Unidos)	Economia financeira
	William Sharp (Estados Unidos)	Economia financeira
	Merton Miller (Estados Unidos)	Economia financeira
1991	Ronald Coase (Estados Unidos)	Direitos de propriedade; teoria organizacional
1992	Gary Becker (Estados Unidos)	Capital humano, discriminação; comportamento familiar
1993	Robert Fogel (Estados Unidos)	História econômica
	Douglass North (Estados Unidos)	História econômica; análise institucional
1994	John Harsanyi (Estados Unidos)	Teoria dos jogos
	John Nash (Estados Unidos)	Teoria dos jogos
	Reinhard Selten (Alemanha)	Teoria dos jogos
1995	Robert Lucas, Jr. (Estados Unidos)	Macroeconomia
1996	James Mirrlees (Reino Unido)	Economia de informação

Ano da premiação	Nome (nacionalidade)	Principais contribuições
	William Vickrey (Estados Unidos)	Economia de informação
1997	Robert Merton (Estados Unidos)	Economia financeira
	Myron Scholes (Estados Unidos)	Economia financeira
1998	Amartya Sen (Índia/Reino Unido)	Economia do bem-estar; desenvolvimento econômico
1999	Robert Mundell (Canadá)	Macroeconomia em economia aberta
2000	James Heckman (Estados Unidos)	Microeconomia
	Daniel McFadden (Estados Unidos)	Microeconomia
2001	George Akerlof (Estados Unidos)	Informações assimétricas
	A. Michael Spence (Estados Unidos)	Informações assimétricas
	Joseph Stiglitz (Estados Unidos)	Informações assimétricas
2002	Daniel Kahneman (Israel/Estados Unidos)	Tomada de decisão diante da incerteza
	Vernon Smith (Estados Unidos)	Economia experimental
2003	Robert Engle (Estados Unidos)	Econometria
	Clive Granger (Reino Unido)	Econometria
2004	Finn Kydland (Noruega)	Macroeconomia dinâmica
	Edward Prescot (Estados Unidos)	Macroeconomia dinâmica
2005	Robert Aumann (Israel)	Teoria dos jogos
	Thomas Schelling (Estados Unidos)	Teoria dos jogos
2006	Edmund Phelps (Estados Unidos)	Macroeconomia
2007	Leonid Hurwicz (Estados Unidos)	*Design* de mecanismos (microeconomia)
	Eric Maskin (Estados Unidos)	*Design* de mecanismos (microeconomia)
	Roger Myerson (Estados Unidos)	*Design* de mecanismos (microeconomia)
2008	Paul Krugman (Estados Unidos)	Economia internacional e regional
2009	Elinor Ostrom (Estados Unidos)	Governança econômica
	Oliver Williamson (Estados Unidos)	Governança econômica
2010	Peter Diamond (Estados Unidos)	Mercados com custos de pesquisa
	Dale Mortenson (Estados Unidos)	Mercados com custos de pesquisa
	Christopher Pissarides (Reino Unido)	Mercados com custos de pesquisa
2011	Thomas J. Sargent (Estados Unidos)	Macroeconomia
	Christopher A. Sims (Estados Unidos)	Macroeconomia

a. Para obter informações sobre os critérios para o prêmio e os processos de seleção, consulte Assar Lindbeck. The Sveriges Riksbank (Bank of Sweden) Prize in economic sciences in memory of Alfred Nobel 1969–2000. In: *The Nobel Prize: The first 100 years*, LEVINOVITZ, Agneta; RINGERTZ, Nils. eds. Londres: Imperial College Press and World Scientific Publishing Co., 2001. Também de interesse, Bernard S. Katz, (ed.). *Nobel laureates in economic science: a biographical dictionary*. Nova York: Garland, 1989. Finalmente, William Breit e Roger W. Spencer, eds., reuniram documentos autobiográficos interessantes de 13 ganhadores do Prêmio Nobel em: *Lives of the laureates: thirteen Nobel economists*. 3. ed. Cambridge, MA: MIT Press, 1997.

b. N.R.T. Para obter a lista completa dos laureados, assim como mais informações, visite o site http://www.nobel.se.

- Novas ideias raramente levam ao abandono total da herança já existente. Novos conhecimentos na economia normalmente estão ligados a um grupo anterior de pensamento e, embora possam modificar ou transformar as tradições mais antigas, eles raramente as substituem. Keynes, por exemplo, seguiu o conhecimento e a metodologia neoclássicos. Revolucionárias, as ideias keynesianas não substituíram a tradição neoclássica. Lembre-se de que o próprio Keynes não teve nenhuma discussão com o principal grupo da teoria macroeconômica de Marshall. Da mesma forma, embora a teoria da concorrência monopolística desenvolvida por Robinson e Chamberlin à primeira vista parecesse desafiar a ortodoxia econômica, ela simplesmente se tornou parte dela. Conforme afirmou Stigler: "Uma das proeminentes lições da história do pensamento humano é que novas ideias não levam ao abandono da herança passada; as novas ideias são absorvidas pelo *corpus* existente, que é, consequentemente, um pouco diferente. E, às vezes, um pouco melhor."[1]
- A economia tem se especializado cada vez mais. Com o crescimento do corpo geral do conhecimento econômico, os economistas individuais achavam cada vez mais necessário e útil se especializar em um único campo ou um número limitado de campos da disciplina. Essa especialização tem se tornado particularmente notável nas últimas décadas. Não só existe especialização na economia (economia internacional, economia do bem-estar, crescimento e desenvolvimento econômico, economia do trabalho e assim por diante), mas também nos campos da economia (teoria do capital humano e mobilidade e migração, ambos na economia do trabalho).

  A Tabela 25.1 apresenta o sistema de classificação utilizado pelo *Journal of Economic Literature* para novos livros de economia. As letras indicam os principais campos da economia, enquanto os parênteses incluem o número de subcategorias em cada campo principal. Observe que a história do pensamento econômico, por exemplo, é B. Durante algumas décadas passadas, aqueles que se especializavam em uma ou mais áreas da economia tinham o maior impacto agregado na disciplina. O "pense grande" - o posicionamento das teorias amplas e abrangentes - ainda ocorre, mas tende a ficar apenas nas subáreas específicas da economia. Bastante atenção é dada ao "pense pequeno", que tenta colocar uma pequena peça perdida no grande quebra-cabeça da economia. Nosso estudo sobre a história do pensamento econômico sugere que há uma alocação ideal de esforços entre o pensamento "grande" e o "pequeno" para obter a produção máxima do conhecimento econômico.

1 STIGLER, George J. *Five lectures on economic problems*. Londres: Longmans, Green, 1949. p. 24.

TABELA 25.1 Sistema de classificação do *Journal of Economic Literature* para livros: principais temas (número de subtemas)

A	Economia e Ensino Geral (3)
B	História do Pensamento Econômico, Metodologia e Método Heterodoxo (6)
C	Métodos Matemáticos e Quantitativos (10)
D	Microeconomia (10)
E	Macroeconomia e Economia Monetária (7)
F	Economia Internacional (6)
G	Economia Financeira (4)
H	Economia Pública (9)
I	Saúde, Educação e Bem-Estar (4)
J	Trabalho e Economia Demográfica (9)
K	Direito e Economia (5)
L	Organização Industrial (10)
M	Administração de Empresas e Economia Empresarial; Marketing; Contabilidade (6)
N	História Econômica (10)
O	Desenvolvimento Econômico, Mudança Tecnológica e Crescimento (6)
P	Sistemas Econômicos (6)
Q	Economia dos Recursos Agrícolas e Naturais; Economia Ambiental e Ecológica (6)
R	Economia Urbana, Rural e Regional (6)
Y	Categorias Diversas
Z	Outros Tópicos Especiais (2)

Fonte: American Economic Association, *Journal of Economic Literature*, www.aeaweb.org/jel/guide/jel.php, 2011.

- O pensamento econômico positivo e o pensamento econômico normativo têm sido importantes para a economia. Durante séculos, a disciplina da economia mudou de "economia política", com sua ênfase na proteção e em "o que poderia ser", para "economia positiva", que evita julgamentos de valores e enfatiza a descoberta e a formalização de diferenças entre os fenômenos econômicos ("o que é"). Exemplos da economia positiva são a teoria do valor ou do preço, teorias da firma, princípios dos ganhos com a especialização e comércio, teorias da função consumo etc.

  Mas o nosso estudo também revela que a "economia política", ou economia normativa, tem contribuído para a conscientização pública acerca dos princípios econômicos e tem ajudado a desenvolver a própria disciplina da economia. Isso é verdadeiro até mesmo no passado mais recente, conforme evidenciado pelas palavras de pessoas como Buchanan, Samuelson, Galbraith, Friedman e Sen.
- Cada vez mais, a economia tem incorporado a matemática e a estatística à sua metodologia básica. Vários economistas importantes, como Cournot, Walras e Pareto autodenominavam-se economistas matemáticos. Outros, como Jevons e Wicksell, utilizaram a matemática intensamente. Nas últimas décadas, a econometria tem se tornado um caminho-padrão nas tradições neoclássica e keynesiana. Já no ano de 1952, Samuelson escreveu:

> De fato, quando me volto para o passado recente, fico perplexo pelo fato de que as espécies de economistas matemáticos puros e simples parecem estar agonizando

> e em extinção. Em vez disso, como um de meus amigos mais antigos se queixou comigo: "Atualmente, é difícil distinguir um economista matemático de um economista comum". Entendo o sentido em que ele fez tal afirmação, mas deixe-me inverter sua ênfase concluindo com a pergunta: "Isso é ruim?"[2]

Cada vez mais, os economistas têm respondido na negativa. O perigo é que as ferramentas disponíveis geralmente impõem quais tarefas devem ser assumidas. Em outras palavras, uma pessoa hábil no uso de um martelo pode tender a pensar apenas em projetos que exijam o uso de pregos. A matemática, afirmam alguns, é mais adequada ao "pense pequeno" do que ao "pense grande" e, portanto, tem distanciado a disciplina deste último. Os economistas de tendências atuais contestam que não haja nada de inerente na abordagem matemática para impedir seu uso para formular teorias mais complexas. A teoria de Becker sobre o casamento e a família é um caso na questão.

- Futuros desenvolvimentos na economia e a própria economia são difíceis de prever. Em qualquer ponto da linha do tempo das ideias econômicas, teria sido quase impossível prever com certeza o curso dos fatos e desenvolvimentos subsequentes tanto na ciência econômica quanto na economia. Nosso estudo revela que podemos ser extremamente cautelosos sobre as teorias econômicas que predizem a utopia, o julgamento ou outros resultados "inevitáveis". As pessoas e os sistemas econômicos em que elas trabalham têm mostrado uma notável resiliência em face de circunstâncias econômicas variáveis. Devemos também resistir à tentação de concluir que a onda de hoje é necessariamente a onda de amanhã. A predominância da economia keynesiana na metade do século XX pode ter levado o observador participante de economia a concluir que as ideias neoclássicas estavam permanentemente em declínio. O ressurgimento subsequente da economia neoclássica pode ter facilmente – e prematuramente – levado à conclusão oposta: que a economia se resume à economia neoclássica. Nas duas últimas décadas, alguns economistas adotaram a mentalidade "keynesiana de curto prazo e neoclássica de longo prazo", recorrendo às duas tradições na tentativa de criar uma teoria macroeconômica mais completa e unificada. As ideias institucionalistas e socialistas também estão ainda muito vivas e podem vir a dominar a economia no futuro.

  Além disso, há atividade hoje em várias linhas de grupos de economistas insatisfeitos com a ortodoxia atual. Isso inclui os novos austríacos, que rejeitam a orientação matemática da disciplina e a definição estática da eficiência que permeiam muitos dos pensamentos atuais. Há também os economistas do mercado que advogam políticas para incrementar o crescimento da produção e estimular a produtividade e que rejeitam o monetarismo estrito. Há institucionalistas e socialistas tradicionais, hoje na defensiva, mas ainda trabalhando para formalizar e popularizar suas ideias. Há pós-keynesianos, discutidos no Capítulo 22, que estão trabalhando para desenvolver modelos em que os preços e os salários sejam "fixados" por meio do exercício do poder, em vez de serem determinados livremente no mercado. Não se pode simplesmente predizer qual dessas linhas de raciocínio resultará no conhecimento

---

2 SAMUELSON, Paul A. Economic theory and mathematics – An appraisal. *American Economic Review*, n. 42, p. 56-67, maio 1952.

de importância suficiente para ditar sua inclusão no próximo capítulo da história do pensamento econômico. Mas nossa revisão dos registros históricos demonstra claramente uma coisa: novos desenvolvimentos ocorrerão na economia. O que conhecemos hoje sobre economia não será suficiente para durar toda a nossa existência. De forma um tanto irônica, o estudo do passado na economia mostra-nos a importância da corrente resistente. Ele também nos implora para manter uma mente aberta e perspicaz.

Perguntas para estudo e discussão

1. Identifique brevemente e estabeleça a importância de cada um dos seguintes conceitos para a história do pensamento econômico: economia positiva, economia normativa, "pense grande" e "pense pequeno".
2. Comente a seguinte afirmação de C. R. McConnell, em 1955:

   > Toda a questão da defesa e análise da economia pode ser uma variação do problema de alocação de recursos. É razoável esperar que um certo equilíbrio na alocação de economistas (ou de seu tempo) entre política e economia positiva e as diversas variações levarão a um papel ideal de desenvolvimento na própria economia.

3. Discuta esta afirmação de Samuelson: "Obviamente, você pode se tornar um grande teórico econômico sem conhecer matemática. Também é justo dizer que você terá de ser muito mais inteligente e brilhante".
4. Você acha que os principais economistas devem ser estudados em um curso sobre a história do pensamento econômico? Explique seu raciocínio.
5. John Maynard Keynes afirmou que "[...] as ideias dos economistas e filósofos políticos, estejam eles certos ou não, têm mais força do que se imagina. O mundo é gerido basicamente por elas. Pessoas práticas, que se acreditam isentas de influências intelectuais, são normalmente as maiores escravas de economistas já falecidos". Escolha um economista ou figura política da atualidade e faça um levantamento de sua linhagem intelectual.
6. Escolha um debate político atual e discorra sobre o que diferentes escolas de pensamento econômico teriam a dizer sobre o assunto.

Leituras selecionadas

Livros

BLAUG, Mark. *Great economists since Keynes*. Totowa, NJ: Barnes and Noble, 1985.

KLAMER, Arjo. *Conversations with economists*. Totowa, NJ: Rowman & Allanheld, 1984.

REDER, Melvin. *Economics:* the culture of a controversial science. Chicago: University of Chicago Press, 1999.

ROBINSON, Joan. *Economic heresies:* some old-fashioned questions in economic theory. Nova York: Basic Books, 1973.

SHACKELTON, J. R.; LOCKSLEY, Gareth (eds.). *Twelve contemporary economists*. Nova York: Wiley, Halsted, 1981.

SHAND, Alexander H. *The capitalist alternative:* an introduction to neo-Austrian economics. Nova York: Nova York University Press, 1984.

SPIEGEL, H. W.; SAMUELS, W. J. *Contemporary economists in perspective*. Greenwich, CT: JAI Press, 1984.

SZENBERG, Michael. *Eminent economists:* their life philosophies. Cambridge: Cambridge University Press, 1992.

Artigos de revistas especializadas

ANDERSON, Gary M.; LEVY, David M.; TOLLISON, Robert D. The half-life of dead economists. *Canadian Journal of Economics*, n. 22, p. 174-183, fev. 1989.

BORDO, David Michael; LANDAU, Daniel. The pattern of citations in economic theory 1945-68: an exploration towards a quantitative history of thought. *Journal of Political Economy*, n. 11, p. 240-253, verão de 1979.

FRANKLIN, Raymond S.; TABB, William K. The challenge of radical political economy. *Journal of Economic Issues*, n. 8, p. 124-150, mar. 1974.

HEILBRONER, Robert L. Analysis and vision in the history of modern economic thought. *Journal of Economic Literature*, n. 28, p. 1097-1114, set. 1990.

__________. Modern economics as a chapter in the history of economic thought. *History of Political Economy*, n. 11, p. 192-198, verão de 1979.

RIMA, Ingrid H. The role of numeracy in the history of economic analysis. *Journal of the History of Economic Thought*, n. 16, p. 188-201, outono de 1994.

WALKER, Donald A. The relevance for present economic theory of economic theory written in the past. *Journal of the History of Economic Thought*, n. 21, p. 7-26, nov. 1999.

A1

O ESTRUTURALISMO E A TEORIA ECONÔMICA LATINO-AMERICANA

Sebastião Neto Ribeiro Guedes[1]

O método como elemento de unidade

Otávio Rodríguez afirmou a presença de um pensamento econômico latino-americano próprio, forjado nos embates políticos e intelectuais entre correntes favoráveis e opostas ao projeto nacional de industrialização das economias nacionais da América Latina.[2] Esse contexto propiciou a elaboração de proposições e conceituações que constituíram uma teoria econômica de explicação do subdesenvolvimento de notável unidade e coerência, apesar das idiossincrasias individuais dos seus teóricos principais. Isso graças ao método – o estruturalista – que permaneceu subjacente ao longo das várias e distintas fases do pensamento econômico latino-americano. Por essa razão, o traço característico do pensamento econômico latino-americano é o método: a adesão e aplicação de um determinado modo de fazer ciência econômica que recusa modelos dedutivos atemporais e de elevada abstração, fundados em poucas e definidas proposições de validade supostamente universal, a partir das quais são deduzidas conclusões logicamente consistentes.

1 O autor é doutor em economia pela Unicamp, professor-assistente do departamento de economia da Unesp e coordenador do programa de pós-graduação em economia da Unesp.

2 RODRÍGUEZ, O. *O estruturalismo latino-americano*. Rio de Janeiro: Civilização Brasileira/Cepal, 2009.

O método dos economistas latino-americanos, ao contrário, é histórico-estrutural na medida em que dirige a reflexão para certos aspectos das estruturas econômicas em determinados contextos sociais. É histórico porque a constituição e a mudança das estruturas acontecem no tempo, e por isso são percebidas historicamente. Além disso, ele é "não reducionista" por combater toda tentativa de reduzir os fenômenos econômicos a um dado comportamento econômico e a mecanismos automáticos de autoajuste. Por fim, ele é "não determinista", pois "se partirmos do princípio de que o devir concreto do desenvolvimento não depende apenas de suas bases econômicas, mas também da interação entre elas e complexos fenômenos sociopolíticos e culturais, não há como negar a existência de diferentes combinações desses elementos, todas facilitadoras de seu desenvolvimento conjunto".[3]

A Cepal e o estruturalismo latino-americano

A teoria econômica da Comissão Econômica para a América Latina da ONU (Cepal) constituiu-se na contribuição mais fértil dos economistas estruturalistas latino-americanos à teoria e à política econômica. Por essa razão, ela será tomada aqui como representando a totalidade do pensamento econômico latino-americano, embora estejamos bastante conscientes da imprecisão desse recorte.

A Cepal é o órgão regional da Organização das Nações Unidas (ONU), criada em 1948, com o objetivo de elaborar estudos e alternativas para o desenvolvimento de países latino-americanos. Sua sede está localizada em Santiago, Chile, e ela congrega todos os países da América Latina e do Caribe, tendo, como membros associados especiais, os Estados Unidos, a Grã-Bretanha, a França e a Holanda. Sua maior referência intelectual foi Raúl Prebish, economista argentino que foi secretário-executivo da Cepal entre 1948 e 1962.

Em relação à contribuição para a teoria econômica, Rodríguez[4] identificou pelo menos quatro contribuições[4] da Cepal: a) a teoria do sistema centro-periferia; b) a teoria da deterioração dos termos de troca no comércio internacional; c) uma interpretação particular do processo de industrialização e d) uma teoria da inflação. O texto a seguir se esforçará para comentar, rapidamente, cada uma dessas contribuições.

A ideia de que o sistema econômico mundial é hierarquizado e não tende espontaneamente à homogeneidade é o ponto de partida do conceito de centro-periferia. Intuído pela primeira vez por Raúl Prebish, nas décadas de 1930 e 1940, e formulado e desenvolvido posteriormente nos relatórios da Cepal no final da década de 1940, o conceito apresentava uma visão do sistema mundial baseada em dois polos distintos, mas articulados entre si: o centro e a periferia. O primeiro estava associado aos países que primeiro se constituíram como nações de capitalismo avançado; o segundo reunia os países que constituem economias capitalistas atrasadas do ponto de vista tecnológico e organizativo. A Cepal privilegiou o estudo dos países periféricos, nos quais o fenômeno do subdesenvolvimento se manifestava. A ideia era a de que as diferenças entre centro e periferia do sistema econômico mundial eram de natureza estrutural e tendiam — se deixadas espontaneamente ao jogo do livre mercado — a se reproduzir indefinidamente. No centro, a estrutura

3 Rodríguez, op. cit. p. 48.

4 RODRÍGUEZ, O. *Teoria do subdesenvolvimento da Cepal*. Rio de Janeiro: Forense-Universitária, 1981.

produtiva é diversificada, com elevado grau de homogeneidade produtiva. Na periferia, ao contrário, predominavam a especialização e grande heterogeneidade produtiva.

Conforme a Cepal, o sistema centro-periferia tem sua origem na forma desigual com que o progresso técnico é difundido pelo sistema econômico mundial, gerando as distintas estruturas produtivas. No centro, origem das inovações, sua difusão pelo interior da economia eleva a produtividade do trabalho de uma maneira homogênea a todos os setores/ramos da atividade econômica, gerando excedentes que financiam novo processo acumulativo e de inovação. Com o passar do tempo, a classe trabalhadora se organiza e reivindica uma parcela do excedente, que se traduz em elevação moderada dos salários reais e redução mais incisiva dos preços, principalmente dos bens de consumo não duráveis. Ao mesmo tempo em que induz nova rodada de inovação, a distribuição de parte dos frutos do progresso técnico para os trabalhadores alarga o mercado interno de consumo, permitindo a produção em massa, com ganhos de escala e o aumento da densidade de capital por unidade de trabalho para todos os setores da economia. A estrutura econômica dos países centrais é introduzida em um círculo virtuoso do qual não sai mais.

Na periferia, acontece o contrário. Incorporada ao sistema mundial no bojo da expansão do capitalismo nos países centrais, a periferia incorpora-se tardiamente ao sistema mundial, especializando-se na produção e exportação de bens primários de baixo valor agregado. Nesse setor, voltado às exportações, o progresso técnico e a produtividade são relativamente elevados, mas no restante da economia, que emprega a grande massa de pessoas, predominam formas arcaicas de produção, com baixa produtividade, pequena capacidade de inovação e modesta inserção nos mercados (interno e externo). A renda nacional fica dependente dos preços e quantidades exportadas, cujas oscilações são transmitidas, pelo canal das exportações, a toda a economia, ora como expansão, ora com recessão. Localizado no setor exportador, o progresso técnico não se difunde pelo interior da economia, significando que parte substancial dos frutos do progresso técnico é apropriada pelos setores exportadores, conforme a dinâmica da demanda por esses produtos nos países centrais. A outra parte dirige-se para fora, por meio dos termos de intercâmbio, desfavoráveis, no longo prazo, aos países periféricos. A existência de estruturas econômicas atrasadas e o crescimento vegetativo tornam abundante a oferta de trabalho que, aliada à baixa organização sindical, joga para baixo os salários reais. Na periferia, reproduz-se o círculo vicioso.

A TEORIA DA DETERIORAÇÃO DOS TERMOS DE TROCA

Uma importante contribuição da Cepal diz respeito à natureza das relações comerciais entre o centro e a periferia. Essa contribuição identificava no comércio uma das engrenagens que travavam o desenvolvimento da periferia. A teoria procurava ajustar contas com a percepção liberal, contida, por exemplo, na teoria das vantagens comparativas, segundo a qual o comércio livre baseado na especialização, conforme as vantagens comparativas, tenderia a elevar o produto mundial e o bem-estar, viabilizando aos países exportadores de bens primários preços cada vez maiores, como consequência dos custos crescentes da renda diferencial. O que a Cepal observou, contudo, foi que, no esquema centro-periferia, a divisão internacional do trabalho — o centro produzindo e exportando manufaturados e importando bens primários, e a periferia, o contrário — beneficiava os países centrais, uma vez que a elasticidade-renda dos primários era baixa, ao passo que a demanda de manufaturados importados pela periferia era bastante elástica em relação à renda. Daí resultava uma tendência de declínio dos termos de troca em prejuízo da periferia. Em outras palavras, a deterioração dos termos de troca implica que o poder de compra de bens industriais de uma unidade de bens primários de exportação se reduz com o transcorrer do tempo. Isso era agravado ainda mais, dado o caráter relativamente fechado do novo país hegemônico do centro – os Estados Unidos. Quando a recessão mundial acontecia, o preço dos primários caía agudamente, não sendo compensado, nos períodos de expansão, por uma elevação proporcional de preços, dada a natureza mais fechada da economia norte-americana. O resultado é que o balanço de pagamentos dos países periféricos tendia ao desequilíbrio estrutural.

Rodríguez apresentou uma versão do modelo cepalino[5] em que, mesmo na ausência de flutuações de preços desfavoráveis aos primários, a tendência à deterioração dos termos de troca se fazia valer. Isso porque a heterogeneidade produtiva da periferia, que se refletia em taxas de produtividade médias do trabalho desiguais e inferiores às do centro, pressionava para baixo as rendas médias da periferia, quando comparadas às do centro. A equação abaixo expressa isso:

$$Y = Lp \cdot Pp / Lc \cdot Pc$$

A renda média (Y) da periferia em relação ao centro tendia a cair porque: 1) as produtividades eram desiguais, sendo maiores no centro (a fração Lc do denominador); 2) a deterioração dos preços (em razão das elasticidades, da pressão da oferta de trabalho excedente na periferia e do maior poder de mercado dos empresários do centro) diminuía o resultado da razão Y, fazendo que a renda real média na periferia crescesse a uma taxa menor do que sua produtividade média. Isso implicava dizer que a periferia transferia parte da sua renda agregada para os centros. Embora pudessem ser desprezíveis nesses, eram recursos escassos importantes naqueles.

Desse modo, os maiores ganhos de produtividade no centro se expressavam numa queda da renda média da periferia, significando a transferência de renda desta para aquela. A situação ficava ainda pior quando se incorporava ao modelo a deterioração dos preços dos primários em relação aos bens industriais. A produção e o emprego eram então articulados. Na periferia, em função das desigualdades setoriais de produtividade, o emprego sofria de dois problemas: desemprego e baixos salários. O processo de desenvolvimento implica que a elevação da renda desloca a demanda setorial, aumentando a de produtos industriais e diminuindo (relativamente) a de bens agropecuários. A produtividade do trabalho garante o aumento da oferta de bens secundários, mas exige modificações na estrutura do emprego e da ocupação. Aumenta a demanda de trabalho no setor secundário, proveniente do setor primário, que pode liberar mão de obra devido aos ganhos de produtividade do setor agrícola. A absorção plena dessa mão de obra na indústria e a organização sindical pressionam por aumentos salariais, que se refletem, no âmbito do comércio exterior, em preços mais elevados do que os primários. Na periferia ocorre o contrário. Incapaz de absorver plenamente os trabalhadores liberados da agricultura, o setor exportador, junto com o incipiente setor industrial, testemunha abundância

5 Ibidem.

de mão de obra, que pressiona para baixo os salários e desestimula o aumento de densidade de capital por trabalhador. A deterioração ocorre, assim, devido aos baixos salários pagos na periferia.

O DESENVOLVIMENTO PARA DENTRO

O processo de industrialização da América Latina, sobre o qual a Cepal tem enorme contribuição, foi interpretado como a transição do desenvolvimento "para fora", com a exportação de bens primários, para o desenvolvimento "para dentro", por meio do processo de substituição de importações. Aproveitando-se das crises do balanço de pagamentos do período entre a crise de 1929 e a Segunda Guerra Mundial, os países periféricos testemunharam um movimento espontâneo de industrialização. Reduzido o valor das exportações e comprometida a capacidade de importar da periferia, tem início a produção local de bens para o consumo interno que eram antes importados. A substituição inicia-se por indústrias de baixo conteúdo tecnológico (ou conteúdo universalizado) e pequenas barreiras à entrada, como foi o caso da indústria de bens de consumo não duráveis. À medida que avançava, o processo alcançava indústrias mais sofisticadas, potencializando as contradições implícitas nesse processo.

O avanço no processo exigia a importação de bens de capital, que era restringida pelo gargalo da capacidade para importar. Na verdade, o processo de industrialização não relaxaria a vulnerabilidade externa porque, por muito tempo à frente, manter-se-ia na periferia latino-americana a condição de exportadora de produtos primários, de demanda inelástica nos países cêntricos e de importadora de produtos industriais, de alta elasticidade da demanda na periferia. Assim, enquanto não fosse concluído o processo de industrialização, a periferia enfrentaria permanentemente uma tendência ao desequilíbrio estrutural do balanço de pagamentos, uma vez que o processo substitutivo "aliviava" as importações por um lado, mas impunha novas exigências, derivadas tanto da nova estrutura produtiva que criava como do crescimento da renda que gerava. Por essa razão, apenas alterava-se a composição das importações, renovando-se continuamente o problema da insuficiência de divisas.

As economias periféricas dão início ao processo de industrialização em condições de superabundância de mão de obra - peculiares à sua especialização e heterogeneidade estrutural - ao mesmo tempo em que se veem obrigadas a utilizar técnicas intensivas em capital, geradas ao longo da lenta e gradual evolução econômica dos centros, e inadequadas à periferia, tendo em vista a dotação relativa dos recursos desta. Não é de causar estranheza, portanto, que a demanda de força de trabalho marche com atraso com relação à oferta gerada pelo próprio processo, na medida em que esse desloca mão de obra dos setores produtivos tecnicamente atrasados, artesanais ou agrícolas e atua sobre as variáveis demográficas, acelerando o crescimento da população. Ademais, os efeitos multiplicadores sobre o emprego e a renda da compra de bens de capital se transferem da periferia para o centro, onde são produzidos e de onde são importados pela periferia. Problemas comuns estão vinculados à inadequação das técnicas que foram se desenvolvendo nos centros, paralelamente ao aumento sustentado de sua renda média.

Quando a periferia atravessa a fase de desenvolvimento pela via da industrialização, torna-se necessário adotar essas mesmas técnicas de grande escala e elevada densidade de capital, em condições de atraso no que diz respeito aos níveis de renda e de capacidade de poupar, atraso que se reflete em problemas de utilização e acumulação de capital. Por um lado, as técnicas traduzem-se em unidades produtivas de grande escala, ao passo que as baixas rendas determinam insuficiências de mercado, com a consequente subutilização desse recurso. Por outro lado, ao mesmo tempo em que se desperdiça capital, a insuficiente capacidade de poupar não permite que se supere o hiato do atraso, isso é, que se elevem, substancial e rapidamente, os níveis de produtividade em múltiplos setores e atividades, de tal maneira que continuam comprometidas a eficácia do sistema e a própria capacidade de poupar.

A TEORIA DA INFLAÇÃO

Opondo-se claramente à explicação clássico-monetarista, a Cepal buscou a origem dos processos inflacionários crônicos da América Latina nas estruturas econômicas de cada país. Para ela, a inflação originava-se da própria dinâmica do desenvolvimento que envolvia a mudança de estruturas econômicas. Eles identificavam dois focos de pressões inflacionárias: o balanço de pagamentos e o setor agrícola.

O balanço de pagamentos era um foco importante na medida em que o processo de substituição de importações acontecia num contexto no qual as exportações dos países subdesenvolvidos, compostas em sua maioria de *commodities*, apresentavam tendência ora à queda de preços, ora à queda de demanda internacional (baixa elasticidade-renda da demanda). De outro lado, as importações, principalmente de insumos e máquinas industriais, tendiam a aumentar, assim como seu preço. O resultado eram crônicos déficits no balanço de pagamentos, que eram financiados por empréstimos (aumentando o endividamento externo) ou pela desvalorização da taxa de câmbio. Era precisamente esse último mecanismo que gerava pressões inflacionárias, uma vez que o câmbio desvalorizado encarecia os bens importados, os custos de produção internos e elevava os índices de preços domésticos. A segunda fonte de pressões inflacionárias era o setor agrícola. Acreditava-se que a estrutura fundiária baseada no latifúndio improdutivo impedia que a oferta agrícola acompanhasse a demanda impulsionada pelas indústrias e pela população urbana, crescente. Nesse sentido, a inelasticidade da oferta agrícola encarecia principalmente os bens de consumo que compunham a cesta de consumo dos trabalhadores, pressionando por elevações salariais e, posteriormente, por novas elevações de preços do setor industrial.

Os dois focos se fariam propagar pelo sistema econômico por meio do conflito distributivo. Os grupos sociais disputariam a preservação ou o aumento da sua participação no produto social da seguinte forma: os trabalhadores reivindicariam maiores salários para repor as perdas do processo inflacionário, elevando os custos no setor industrial, o que reforçaria a espiral salário-preços; de outro lado, o governo dispunha de um sistema tributário incipiente. Ancorada quase exclusivamente nas exportações, a receita pública crescia a taxas muito inferiores à despesa, que era financiada com emissão de moeda. Desse modo, as emissões de moeda, os déficits orçamentários e os aumentos salariais são apenas sintomas, cujas causas deitam raízes nas estruturas econômicas disfuncionais.

A terapia recomendada pela ortodoxia não tinha eficácia alguma enquanto persistissem os problemas fundamentais, de ordem estrutural.

A DEFESA DO PLANEJAMENTO

O processo de industrialização da periferia ocorria espontaneamente, como decorrência das próprias contradições do sistema centro-periferia. A Cepal acreditava, contudo, em contraposição ao ideário liberal, que, se deixada por si só e ao sabor da dinâmica do mercado, a industrialização demandaria muito tempo e reproduziria os desequilíbrios estruturais que ela tão bem soube analisar e denunciar. No lugar do movimento espontâneo e descoordenado, ela propôs a ação consciente e articulada do Estado na forma do planejamento econômico. Por possuir autonomia relativa e ser capaz de "costurar" interesses econômicos e coordenar ações de longo prazo, a intervenção planejadora do Estado era vista como necessária para viabilizar a superação do estado de subdesenvolvimento.

CRÍTICAS AO PENSAMENTO CEPALINO

Em relação às limitações da contribuição Cepalina, Rodríguez aponta as seguintes:[6]

1. O enfoque estruturalista. Esse enfoque, apesar da elevada coerência interna, opera em um nível muito elevado de abstração e abrangência, circunscrevendo-se à comparação de certos aspectos do desenvolvimento das forças produtivas em economias periféricas com aqueles tidos como adequados, tendo em vista o desenvolvimento dos países centrais. O subdesenvolvimento seria o resultado de uma série de desproporções e desequilíbrios no emprego dos recursos, cuja solução exigiria intervenção consciente para restaurar aquelas proporções. Em outras palavras, a análise desenvolve modelos mentais das estruturas produtivas do centro e da periferia, cujo contraste auxilia na compreensão das especificidades do subdesenvolvimento latino-americano. O modelo, contudo, abstrai as relações de produção (os agentes, os grupos sociais, suas motivações, instituições e relações) que estão na base do processo de industrialização e das mudanças de estrutura e as conexões entre estas e as forças produtivas. O resultado é que o enfoque estruturalista é limitado para analisar a evolução a longo prazo do sistema econômico no seu conjunto, que envolve mais elementos do que a simples mudança da estrutura produtiva.
2. A ausência da tônica sobre a acumulação de capital nas relações econômicas internacionais. O contraste entre centro e periferia e as relações entre esses dois polos foram pensados em termos das desproporções nas estruturas dos dois polos. Mas essas desproporções dependem também das condições gerais em que se produz a acumulação em escala mundial e da medida em que essas condições favorecem, entorpecem ou bloqueiam o crescimento da produção de um ou outro polo.
3. A concepção do progresso técnico. A concepção tradicional da Cepal em relação ao progresso técnico era semelhante à da vertente neoclássica, pois o concebia como

6 Ibidem.

> estando incorporado aos processos e bens, principalmente bens de capital. À medida que avançava na internalização da industrialização, a periferia passava a produzir tais bens de capital com tecnologia moderna. Dessa feita, o progresso técnico era: a) exógeno às atividades produtivas e às empresas e b) exógeno também aos sistemas produtivos e econômicos que conformam a periferia. Para Rodríguez, contudo, baseado na reflexão neoschumpeteriana, o progresso técnico não se apresenta apenas nos processos produtivos de bens e serviços, mas também em inovações organizacionais, que transformam a própria empresa. O progresso técnico é endógeno às atividades produtivas e às empresas, que as desenvolvem e implementam. São as empresas as protagonistas, mas o contexto favorável de interação com outros agentes e instituições sociais é crucial. As duas estabelecem um "sistema nacional de inovação", que pode resultar mais ou menos favorável à geração e incorporação de progresso técnico e ao aumento dos níveis de competitividade internacional de cada economia.

As críticas comentadas acima desencadearam, desde o final dos anos 1980, um esforço de teorização no interior da Cepal que a levou a incorporar não apenas as críticas, mas também um enfoque teórico que permitisse lidar melhor com o problema da inovação, de natureza claramente microeconômica. Hoje, o enfoque é conhecido como neoestruturalista e preocupa-se com os problemas de eficiência produtiva com justiça social, assim como com propostas que visam ao combate à pobreza e às desigualdades sociais.

Perguntas para estudo e discussão

1. Identifique brevemente e estabeleça a importância de cada um dos seguintes conceitos para a história do pensamento econômico: estruturalismo, subdesenvolvimento, centro-periferia, Cepal, progresso técnico.
2. Explique e discuta o papel do conceito Cepalino de substituição de importações na explicação do processo de industrialização latino-americano.
3. Quais as causas da inflação no pensamento estruturalista? Por que ela não tem origem na expansão da oferta de moeda?
4. Explique a natureza da crítica Cepalina à teoria das vantagens comparativas no comércio exterior.

Leituras selecionadas

FAJNZYLBER, F. Industrialização na América Latina: da "caixa-preta" ao "conjunto vazio". In: BIELSCHOWSKY, R. (org). *Cinquenta anos de pensamento na Cepal.* Rio de Janeiro: Record, 2000.

MELLO, João Manuel Cardoso de. *O capitalismo tardio*. 8. ed. São Paulo: Brasiliense, 1990.

PREBISCH, R. *Transformação e desenvolvimento*: a grande tarefa da América Latina. Rio de Janeiro: FGV, 1973.

RODRÍGUEZ, O. *Teoria do subdesenvolvimento da Cepal.* Rio de Janeiro: Forense-Universitária, 1981.

________. *O estruturalismo latino-americano.* Rio de Janeiro: Civilização Brasileira/Cepal, 2009.

________. et al. Cepal: velhas e novas ideias. *Economia e Sociedade*, Campinas, n. 5 dez. 1995.

A2

PANORAMA DAS IDEIAS ECONÔMICAS NO BRASIL

Sebastião Neto Ribeiro Guedes[1]

Este texto pretende apresentar em largas pinceladas – conforme o próprio título sugere – o desenvolvimento das principais ideias cultivadas no Brasil por economistas e outros cientistas sociais preocupados ou interessados em interpretar o lento e tortuoso processo de constituição do capitalismo em um país periférico, com passado colonial e escravista, como foi o caso brasileiro. Nesse esforço interpretativo, eles dialogaram com importantes tradições em economia e ofereceram, não raro, *insighs* teóricos significativos, em seu empenho por adaptar e combinar matrizes teóricas distintas para analisar o complexo processo de desenvolvimento econômico brasileiro. Por razões de espaço e de escopo, omitiremos neste texto referências ao pensamento individual dos grandes economistas e pensadores sociais brasileiros, de antes e de agora. Um esforço dessa magnitude estaria

1 O autor é doutor em economia pela Unicamp, professor-assistente do departamento de economia da Unesp e coordenador do programa de pós-graduação em economia da Unesp.

fora do escopo deste anexo e, em alguma medida, foi realizado com êxito por autores como Mantega,[2] Gremaud[3] e Bielschowsky.[4]

Nesse sentido, comunga-se aqui da abordagem sugerida por Bresser Pereira, para quem as ideias econômicas no Brasil somente podem ser compreendidas no contexto geral conformado pelas idas e vindas do processo de industrialização brasileiro, das quais elas emergem, refletindo projetos e interesses de classe e grupos sociais distintos. De Bresser Pereira vem também a inspiração para a proposta de periodização das ideias econômicas, realizada aqui com pequenos ajustes e adaptações.

Desse modo, tentaremos lidar com a complexidade das ideias econômicas no Brasil a partir da seguinte periodização: 1) o pensamento econômico brasileiro antes de 1930; 2) o deslanchar da industrialização, seus problemas, dinâmicas e características (1930-1960); 3) modernização autoritária e os dilemas do capitalismo brasileiro (1964-1980); 4) crise, estagnação e a resposta neoliberal.

Ideias econômicas no Brasil antes de 1930

Não é difícil identificar o momento em que têm início as reflexões econômicas mais sistematizadas no Brasil. Ele tem relação com uma importante mudança institucional na colônia brasileira, ocorrida em 1808, com a vinda da família real portuguesa ao Brasil, em busca de refúgio e proteção devido à ocupação dos exércitos napoleônicos. Esse evento não apenas transferiu para o Brasil a corte portuguesa, mas também algumas de suas instituições, além de ter emulado vários aspectos da vida cultural/intelectual da colônia. É nesse período que assoma a figura do primeiro economista e professor de economia do Brasil: José da Silva Lisboa, o visconde de Cairu. Homem culto, administrador público, político, foi o autor do primeiro livro de economia publicado no Brasil, no ano de 1804: o livro, intitulado *Princípios de economia política*, defendia os pontos de vista do liberalismo de Adam Smith. Lisboa condenou o emaranhado de normas, regras e dificuldades criadas pela burocracia estatal impeditivas da ação econômica individual e enfatizou em especial o papel saneador da liberdade de comércio ao promover a opulência entre as nações.

Além de ideólogo, Lisboa foi homem prático, que serviu com lealdade a D. João VI. Suspeita-se que foi dele a redação da Carta Régia que liberou os portos do Brasil ao comércio "das nações amigas". Saudou com entusiasmo o alvará de 1º de abril de 1808, que revogava a anterior proibição de instalação de manufaturas no Brasil, o que beneficiou, quase exclusivamente, os interesses econômicos britânicos. Pragmático, adaptou-se, com elevado senso de oportunidade, quando a independência do Brasil se tornou inevitável, empenhando apoio ao novo regime.

Após a independência, o Império abraçou a ideologia do liberalismo econômico (enquanto recusava a do liberalismo político), que passou a divulgar em disciplinas de

2 MANTEGA, G. *A economia política brasileira*. Petrópolis: Vozes, 1984.

3 GREMAUD, A.; SAES, Flávio A. M. de. *Das controvérsias teóricas à política econômica: pensamento econômico e economia brasileira no Segundo Império e na Primeira República (1840-1930)*. Tese (Doutorado) – FEA, Universidade de São Paulo, São Paulo, 1997.

4 BIELSCHOWSKY, R. Ideologia e desenvolvimento: Brasil, 1930-1964. In: LOUREIRO, M. R. (org.) *50 anos de ciência econômica no Brasil*. Petrópolis: Vozes, 1997.

economia política, eventualmente ministradas nos cursos de direito e engenharia. De relevo nesse sentido foi a criação, em 1827, de duas faculdades de direito, uma em São Paulo e outra em Olinda, nas quais a disciplina de economia política ocupava um lugar no quinto ano do currículo.[5] Os docentes que ministravam tais disciplinas eram seguidores dos economistas clássicos e também seus divulgadores no meio intelectual da época. Por exemplo, Pedro Autran da Mata Albuquerque, professor da Faculdade de Direito de Pernambuco, traduziu o livro de John Stuart Mill, *Elementos de economia política.* Na Faculdade de Direito do Largo de São Francisco, em São Paulo, João da Silva Carrão traduziu o economista britânico Henry MacLeod, em 1873.

A mudança na forma de governo, de Império para República, nada mudou nesse aspecto. O liberalismo econômico servia bem a uma sociedade na qual a baixa complexidade econômica (baixa divisão do trabalho e elevada especialização produtiva) e a estratificação social relativamente rígida e estável acomodavam-se à opção política por uma inserção subordinada na estrutura internacional do comércio. Ademais, o ideário liberal em economia favoreceu os interesses das oligarquias regionais, que detinham prerrogativas de autonomia em relação ao uso de recursos e sua normatização.

De fato, a estrutura produtiva voltava-se "para fora", ou seja, organizava-se para atender à demanda por produtos primários no mercado internacional. Embora hoje os historiadores econômicos tenham relativizado a afirmação acerca do baixo grau de monetização e divisão do trabalho interno, bem como das relações mercantis afirmada, por exemplo, na obra de Caio Prado Jr., de uma maneira estilizada pode-se afirmar que a dinâmica da economia brasileira antes de 1930 era ditada pela demanda e pelos preços internacionais, cujas oscilações comandavam a renda e o emprego agregados.

Esse tipo de especialização em bens primários era não apenas reconhecido, mas defendido como expressão das "vantagens comparativas" da nossa estrutura produtiva. O discurso da economia política brasileira foi hegemonicamente liberal nesse período, exaltando nossa "vocação" agropecuária, que coincidia ser a atividade por excelência das oligarquias regionais que conduziam a gestão da política econômica. Esta focou o câmbio, principalmente no período da República Velha, o qual foi utilizado para estabilizar a renda dos exportadores, principalmente cafeicultores.

Um episódio na República Velha dá a dimensão da adesão das elites oligárquicas à ideologia do liberalismo econômico. Trata-se da tentativa por parte de Washington Luís, de reintroduzir, em pleno ano de 1929, o padrão-ouro no Brasil. No período comentado, não existiu um pensamento econômico brasileiro original, mas a adoção, com adaptações, da teoria padrão dominante nos países centrais que, como vimos, era liberal. Além disso, as questões monetárias e cambiais tomavam quase todo o interesse daqueles que refletiam sobre a ciência econômica.

O deslanchar da industrialização, seus problemas, dinâmica e características (1930-1964)

As duas primeiras décadas do século XX viram crescer, no Brasil, revoltas e motins principalmente de setores médios urbanos, insatisfeitos com o *status quo* prevalecente na

5 ORDEM DOS ECONOMISTAS DE SÃO PAULO. *História da Ordem dos Economistas de São Paulo: 1935-2000*. São Paulo: Narrativa-um, 2002.

República Velha. Em 1930, eles desaguaram naquilo que foi chamado pela literatura de Revolução de 1930. Um novo bloco de poder, sob liderança de políticos de forte apelo popular, toma as rédeas do Estado e lidera um processo consciente de industrialização. Essa ruptura política, econômica e social reflete sobre as ideias econômicas ao pôr fim à hegemonia da ideologia liberal no pensamento econômico. De fato, a partir de 1930, dois grandes eixos de ideias vão competir em termos de influência e liderança junto ao processo de pensamento econômico. Bielschowsky[6] caracterizou-as como sendo: 1) as ideias desenvolvimentistas e 2) o antigo ideário liberal. Este enfatizava a vocação agropecuária brasileira, defendia a especialização produtiva baseada nas vantagens comparativas de David Ricardo e condenava o ativismo estatal. Em suma: eram partidários da intervenção mínima do Estado na economia, defendiam o compromisso permanente com políticas econômicas de equilíbrio monetário e financeiro. Ademais, eram favoráveis à presença do capital estrangeiro na economia e veementemente contrários a empresas estatais. Aquelas viam na industrialização o meio para superar o subdesenvolvimento do Brasil, que não poderia se concretizar sem forte e previdente intervenção do Estado, principalmente por meio do planejamento econômico, bem como pela criação de novas instituições promotoras da industrialização (tais foram os casos do BNDE, das Comissões Executivas do Plano de Metas etc). Nos próximos parágrafos, pretende-se detalhar cada uma dessas grandes correntes de pensamento.

Cabe comentar que essa polarização se dava em um momento em que o ensino da ciência econômica no Brasil apenas engatinhava, havendo poucos cursos profissionais, em geral subordinados à influência do direito ou da engenharia. Por essa razão, os protagonistas do debate econômico da época possuíam, com raras exceções, pouco domínio técnico e conceitual da disciplina. No debate entre Gudin e Roberto Simonsen, por exemplo, o ponto alto da crítica do primeiro ao segundo foi a tentativa de desqualificar tecnicamente seu interlocutor, apontando na análise dele vários equívocos teórico-conceituais. A origem e posição social dos contendores também foram específicas: eram homens de negócios, funcionários públicos, intelectuais reconhecidos etc., e raramente o economista acadêmico que depois passou a pontificar no debate econômico, o que talvez tenha contribuído, compensando eventuais deficiências técnicas, por tornar explícito o engajamento do pensamento econômico com projetos econômicos e sociais particulares.

A vertente liberal aglutinava-se no interior da Fundação Getúlio Vargas, da Confederação Nacional do Comércio e da Associação Comercial de São Paulo, vocalizando suas ideias principalmente na *Revista Brasileira de Economia* (RBE), *Revista do CNE* e *Digesto Econômico*. Ela teve em Eugênio Gudin sua principal liderança[7]. Nascido em 1886, Gudin formou-se em engenharia e, no início do século XX, construiu várias estradas de ferro no Nordeste brasileiro, contratado por empresas estrangeiras. Em 1938, assumiu a docência na Faculdade de Ciências Econômicas da Universidade Federal do Rio de Janeiro. Foi o delegado brasileiro na Conferência de Bretton Woods (1944) e diretor do Fundo Monetário Internacional (FMI) e do Banco Mundial (Bird). Em 1954, assumiu o Ministério da Fazenda no governo Café Filho. Foi ativista liberal e autor de vários livros e artigos científicos sobre economia. Morreu em 1986.

6 BIELSCHOWSKY, op. cit.

7 Além de Gudin, outros autores liberais de relevo foram Daniel de Carvalho, Dênio Nogueira, Alexandre Kafka e Octavio Gouveia de Bulhões.

Gudin defendia o *status quo* primário-exportador, argumentando que o Brasil não estava preparado para industrializar-se, já que as forças de mercado não direcionavam os recursos produtivos nessa direção. Apesar disso, reconheceu algumas especificidades de uma economia "reflexa", tais como a inelasticidade da oferta e da demanda dos produtos primários, bem como a fragilidade da economia brasileira aos ciclos oriundos das economias desenvolvidas.

Em relação à inflação, sua leitura, conforme transparece no livro *Inflação: crédito e desenvolvimento*, publicado em 1956, reproduz o diagnóstico monetarista, ao atribuir as causas da inflação brasileira ao excesso de moeda e crédito disponibilizado ao público pelo governo. O receituário para combatê-la implicava: 1) a restrição da oferta de moeda e crédito alcançada pelo revigoramento da Instrução 108 da Superintendência da Moeda e do Crédito (Sumoc), que limitava em 50% a disponibilidade para crédito dos novos depósitos bancários, recolhendo o restante dos depósitos à Sumoc; 2) a fixação de tetos máximos de crédito em cada carteira do Banco do Brasil; 3) o combate aos déficits orçamentários dos três entes da federação; 4) a contenção da reposição salarial ao patamar de elevação do custo de vida; 5) a realização de investimentos compatíveis com as disponibilidades de recursos públicos e privados. Desse modo, na visão de Gudin, os problemas inflacionários brasileiros nada tinham a ver com as particularidades ou dificuldades próprias do processo de industrialização de uma economia subdesenvolvida, mas unicamente com a incúria governamental no que diz respeito à gestão da política monetária.

Em oposição, a vertente desenvolvimentista[8] foi a mais relevante no período indicado porque instrumentalizou teórica e praticamente os interesses econômicos e sociais favoráveis à industrialização. Apesar disso, o desenvolvimentismo não constituiu um bloco monolítico, podendo ser identificadas pelo menos quatro tendências. A primeira é do desenvolvimentismo do setor privado, que se ancorava institucionalmente na Confederação Nacional das Indústrias (CNI) e tinha como seu principal representante o empresário Roberto Simonsen. As propostas dessa vertente conduziam à conciliação entre a defesa da industrialização planejada e a proteção dos interesses do capital industrial privado. Simonsen, por exemplo, reconhecia que o Brasil dos anos 1940 e 1950 vivia uma ampla reestruturação produtiva irreversível, nucleada na indústria. Acreditava, ainda, que o êxito da industrialização dependia de forte apoio estatal e da presença do Estado (por meio de empresas públicas) em setores nos quais a capacidade de investimento da iniciativa privada fosse inviável.

Outra vertente de economistas desenvolvimentistas foi batizada de desenvolvimentismo no setor público. Ela se bifurcava entre as alas não nacionalista e nacionalista. Não nacionalistas incluíam Horácio Lafer, Valetim Boucas, Ary Torres, Glycon de Paiva e, o mais arguto deles, Roberto Campos. Esse grupo formou-se no início dos anos 1950, no contexto da Comissão Mista Brasil-Estados Unidos (1950-1954) e do BNDE. Defendiam a industrialização e o planejamento econômico, mas acreditavam que o capital estrangeiro deveriam participar desse esforço industrializante, principalmente em complemento às deficiências técnico-financeiras do capital privado nacional. Para eles, ao capital estrangeiro deveriam ser franqueados todos os setores econômicos, inclusive os ditos "estratégicos". Como para esse grupo o Estado não deveria ocupar o espaço econômico do capital privado, preferiam

8 Bielschowsky caracterizou o desenvolvimentismo como a ideologia da superação do subdesenvolvimento com base numa estratégia de acumulação de capital na indústria (BIELSCHOWSKY, op. cit., p. 92).

a opção do capital estrangeiro ao capital estatal; ademais, expressavam forte compromisso com o combate à inflação, apoiando medidas duras de estabilização monetária.

A ala desenvolvimentista nacionalista nutriu-se na nova institucionalidade do segundo governo Vargas (1950-1954), materializada em órgãos como o Departamento Administrativo de Serviço Público (Dasp), o Conselho Federal do Comércio Exterior, o Conselho Nacional de Petróleo e, principalmente, o Banco Nacional de Desenvolvimento Econômico (BNDE). Seus principais representantes foram Barbosa Carneiro, Macedo Soares, Rômulo de Almeida, Jesus Soares Pereira e Celso Furtado. Defendiam, assim como os demais desenvolvimentistas, a industrialização do Brasil. Mas, à diferença daqueles, propugnavam forte intervenção do Estado na economia, mediante políticas desenhadas para favorecer e apoiar a industrialização. O planejamento econômico integraria tais políticas, dando-lhes consistência e capturando suas sinergias. Em oposição aos desenvolvimentistas não nacionalistas, defendiam os investimentos estatais – na forma de empresas públicas – em setores básicos ou considerados "estratégicos" do ponto de vista dos objetivos industrializantes. Apesar disso, conforme observou Bielschowsky (1997:85), eles não eram hostis à participação estrangeira em outros ramos e setores da economia brasileira. Exemplo disso foi o fato de que foi Lúcio Meira – um notório nacionalista – o articulador no Plano de Metas de Juscelino Kubitschek da vinda do capital estrangeiro para a indústria automobilística no Brasil.

Duas características adicionais fecham o perfil dos desenvolvimentistas públicos nacionalistas: 1) eles defendiam a subordinação das políticas monetárias e fiscais à política de desenvolvimento, opondo-se a medidas de estabilização desvinculadas daqueles objetivos. Por essa razão, seu diagnóstico da inflação tomou emprestada a interpretação cepalina, que vinculava os surtos inflacionários às deficiências estruturais próprias do processo de industrialização em países subdesenvolvidos; 2) demonstraram interesse por medidas econômicas de conteúdo social, preocupados que estavam com a pobreza (principalmente rural), desemprego, atraso cultural e institucional do Brasil.

A quarta vertente desenvolvimentista é aquela do pensamento socialista. Ela se nucleava em duas instituições principais: o Partido Comunista Brasileiro (PCB) e o Instituto Superior de Estudos Brasileiros (Iseb). Seus principais intelectuais foram Caio Prado Júnior, Nelson Werneck Sodré e Alberto Passos Guimarães. Essa corrente de pensamento partilhava aspectos teóricos comuns com os desenvolvimentistas público-nacionalistas: defendiam a industrialização, como expressão do desenvolvimento das "forças produtivas" capitalistas, eram favoráveis à presença do Estado – por meio de empresas públicas – em todo e qualquer setor da economia brasileira, reconheciam a necessidade de subordinar os instrumentos de política econômica aos objetivos maiores da industrialização, entre outros. A diferença, contudo, em relação àquela vertente reside no fato de que os desenvolvimentistas socialistas submetiam sua análise ao projeto político de pavimentar a sociedade brasileira para a transição socialista, objetivo que estava fora do escopo de todas as demais vertentes de pensamento econômico brasileiro. Esse último fato limitou, segundo Bielschowsky,[9] a contribuição para o pensamento econômico brasileiro dos socialistas. De fato, temas caros às demais correntes foram ou ignorados, ou negligenciados na análise dos seus representantes, tais como do problema o câmbio e o da inflação.

---

9 BIELSCHOWSKY, Ricardo. *Pensamento econômico brasileiro*: o ciclo ideológico do desenvolvimento (1930-1964). 5. ed. Rio de Janeiro: Contraponto, 2004. v. 1. p. 496.

Modernização autoritária e os dilemas do capitalismo brasileiro

Em princípios dos anos 1960, o pacto político-social, sob a roupagem do populismo, que viabilizou a industrialização, mostrou suas fragilidades e contradições. Seu colapso aconteceu em 1964, que entronizou na vida política brasileira, por meio do golpe civil-militar, uma nova correlação de forças. O regime militar deu continuidade ao projeto industrializante, retirando-lhe, contudo, seu componente popular e democrático. Os principais formuladores e operadores da política econômica do regime autoritário foram Roberto Campos, Mario Henrique Simonsen, Delfim Netto e Affonso Celso Pastore. Esses autores foram influenciados pela literatura internacional acerca do desenvolvimento que floresceu na segunda metade dos anos 1950, em especial por Ragnar Nurske, que vinculava o problema do subdesenvolvimento à escassez de poupança e à exiguidade do mercado interno dos países periféricos. A solução apontada por Nurske foi adotada pela área econômica do novo regime, constituindo-se em dois pilares: a redução do consumo dos setores populares de elevada propensão a consumir e o estímulo à participação do capital estrangeiro nos investimentos domésticos. Além dessas medidas, outras as complementaram: a modernização da agropecuária, tendo à frente a grande propriedade fundiária articulada ao grande capital industrial e financeiro; investimentos em infraestrutura e bens de capital liderados pelo investimento público etc.

O pensamento econômico crítico desse período escudou-se em duas grandes vertentes. Uma, de coloração esquerdista, denunciava a inserção subordinada da economia brasileira à divisão internacional do trabalho e a situação que daí resultava: exploração dos países subdesenvolvidos por meio dos termos de troca internacionais, que transferia parte do excedente econômico para os países centrais e bloqueava as possibilidades de desenvolvimento das periferias do sistema econômico mundial. Além disso, faziam observar que a burguesia nacional era fraca e incapaz de liderar o movimento de emancipação econômica do Brasil. O dilema, então, era o seguinte: ou se permanecia nos quadros da divisão capitalista internacional do trabalho, reproduzindo indefinidamente o subdesenvolvimento, ou se buscava ação coletiva para romper com essa divisão internacional, por meio da revolução socialista. Foram representantes desse ponto de vista intelectuais como André Gunder Frank, Rui Mauro Marini e Theotônio dos Santos.

A segunda vertente era mais ampla e heterogênea e colocava os termos da crítica em um contexto que excluía a alternativa socialista. Em geral, ela reconhecia a impossibilidade para o Brasil de um desenvolvimento autônomo, com exclusão do capital estrangeiro, como era o desejo de parte dos economistas nacional-desenvolvimentistas. Observaram que no Brasil estava em curso um tipo de desenvolvimento capitalista específico, porque distinto do padrão clássico de desenvolvimento visto em países desenvolvidos. Por aqui, o que acontecia era uma simbiose de classes nacionais com interesses econômicos internacionais que viabilizava um padrão de expansão capitalista dependente e associado ao grande capital internacional. Em suma, para os autores congregados nesse grupo, a estagnação econômica da primeira metade dos anos 1960 não era permanente, podendo o Brasil crescer de maneira robusta, mas amarrado a um projeto de desenvolvimento capitalista dependente e consorciado com o capital internacional. Os principais representantes dessa vertente foram Maria da Conceição Tavares, José Serra, Paul Singer, Fernando Henrique Cardoso, João Manuel Cardoso de Mello, entre outros.

Cabe observar também uma mudança em termos de "formação" e "recrutamento" dos pensadores de economia nesse período. A partir da segunda metade dos anos 1960, o ensino de economia ganha autonomia como área de saber e formação de outras áreas das ciências sociais, tais como o direito, a administração, a contabilidade e a sociologia. Isso se materializou em uma maior especialização curricular nos cursos de graduação e criação, na década de 1970, dos programas de pós-graduação em economia. Não é casual, portanto, que grande parte das reflexões teóricas em economia desse período tenha sido feita por pessoas com vínculos com universidades brasileiras, tais como a USP, a Unicamp, a UFRJ, entre outras.

Crise, estagnação e a resposta neoliberal

O fim do regime militar, ocorrido em 1984 por meio de eleições indiretas para presidente da República, tem relação direta com a deterioração do quadro econômico no início dos anos 1980, marcado por elevada inflação, alto nível de desemprego e crise da dívida externa, que exigiu recorrentes acordos com o Fundo Monetário Internacional (FMI). A transição democrática da Nova República prolongou-se até 1989, quando as primeiras eleições diretas realizadas desde 1964 colocaram no poder o presidente Fernando Collor que sinalizou uma inversão na trajetória da economia brasileira, conhecida na literatura como neoliberal. O governo de Fernando Henrique Cardoso, eleito em 1994, não apenas deu prosseguimento à nova tendência, como a aprofundou. Tornou-se hegemônica a visão liberal em economia, que condenava a intervenção do Estado na economia e atribuía ao setor privado, nacional e estrangeiro, a primazia pela dinâmica econômica do período. A prioridade coube a processos de privatização, que reduziram a presença de empresas estatais na economia. Aliada a isso, promoveu-se uma ampla abertura comercial, que visava modernizar o setor produtivo doméstico, ao mesmo tempo em que se atraiu o capital estrangeiro na forma de empréstimos e de investimentos diretos. Essa perspectiva ganhou legitimidade eleitoral em função do Plano Real, um plano de estabilização monetário que conseguiu estabelecer um tipo de coordenação de preços em mercado livre bastante original. Ancorado em um câmbio valorizado e em fluxos de investimento direto bastante elevados, o Plano Real pôde garantir inflação razoável até o último ano do governo Fernando Henrique, em 2002, quando a inflação superou os 12%a.a. Economistas de relevo que apoiaram as reformas neoliberais dos anos 1990 foram José Serra, Luiz Carlos Bresser Pereira, Edmar Bacha, além dos idealizadores do Plano Real: Francisco Lopes, André Lara Resende e Pérsio Arida. Embora minoritária no debate do período, a tradição desenvolvimentista permaneceu ativa, criticando seja o projeto econômico contido no neoliberalismo, seja seus efeitos sociais. Nessa trincheira de resistência convém destacar os economistas Maria da Conceição Tavares, Paulo Nogueira Batista, Luiz Gonzaga Belluzzo.

Os anos 2000 viram o ressurgimento, no governo do presidente Luiz Inácio Lula da Silva, do discurso e práticas econômicas com fortes tinturas desenvolvimentistas, mas comprometida, contudo, com alguns fundamentos macroeconômicos do período anterior. Beneficiado por um ciclo favorável aos preços de bens agrícolas exportados pelo Brasil, os dois governos Lula puderam atacar, com políticas vigorosas de emprego e combate à pobreza, o problema da desigualdade social. Em relação ao pensamento econômico, pode-se afirmar que a tradicional clivagem entre desenvolvimentistas e liberais permaneceu, sendo seus principais atores os mesmos presentes nos debates dos anos 1990.

Perguntas para estudo e discussão

1. Identifique brevemente e estabeleça a importância de cada um dos seguintes conceitos para a história do pensamento econômico: pensamento econômico liberal no Brasil, desenvolvimentismo, nacionalismo.
2. Que papel tiveram a crise de 1929 e a Revolução de 1930 no surgimento de ideias econômicas opostas ao liberalismo econômico no Brasil?
3. Compare e estabeleça as diferenças entre as vertentes dos economistas desenvolvimentistas e dos monetaristas.
4. Seria correto afirmar que a corrente econômica neoliberal que predominou no Brasil nos anos 1990 é herdeira da tradição liberal anterior à década de 1930? Por quê?

Leituras selecionadas

Livros

BIELSCHOWSKY, Ricardo. Ideologia e desenvolvimento: Brasil, 1930-1964. In: LOUREIRO, Maria Rita (org.). *50 anos de ciência econômica no Brasil*. Petrópolis: Vozes, 1997. p. 71-106.

_________. *Pensamento Econômico Brasileiro*: o ciclo ideológico do desenvolvimento (1930-1964). 5. ed., Rio de Janeiro: Contraponto, 2004. v. 1. p. 496.

GREMAUD, Amaury P.; SAES, Flávio A. M. de. - *Das controvérsias teóricas à política econômica*: pensamento econômico e economia brasileira no Segundo Império e na Primeira República (1840-1930). Tese (Doutorado) - FEA, Universidade de São Paulo, São Paulo, 1997.

GUDIN, Eugênio. *Inflação*: crédito e desenvolvimento. Rio de Janeiro: Agir, 1956.

MANTEGA, Guido. *A economia política brasileira*. Petrópolis: Vozes, 1984.

ORDEM DOS ECONOMISTAS DE SÃO PAULO. *História da Ordem dos Economistas de São Paulo*: 1935-2000. São Paulo: Narrativa-um, 2002.

Artigos em revistas especializadas

CARDOSO, José Luís. O liberalismo econômico na obra de José da Silva Lisboa. *História Econômica & História de Empresas*. v. 1, p. 147-164, 2002.

GENNARI, Adilson Marques. O pensamento de Roberto Campos: um esboço sobre desenvolvimento econômico, inflação e institucionalização política. *Revista da Sociedade Brasileira de Economia Política*, n. 17, p. 92-111, 2005.

ÍNDICE ONOMÁSTICO

Adams, Walter, 516n
Akerlof, George A., 83n, 497, 499n, 549
Alchian, Armen, 316n
Alcott, Amos Bronson, 176
Allen, R. D. G., 386n
Ando, Albert, 535n
Antoinette, Marie, 44
Aquino, Tomás de, 1, 43n, 139
Aristóteles, 1
Arrow, Kenneth, 399n, 377, 439-442
Ashenfelter, Orley, 152n
Axelrod, Robert, 63
Ayres, Clarence E., 395n
Azariadis, Costas, 498n
Bailey, Martin, 433
Barone, Enrico, 439
Barro, Robert, 121n
Bastiat, Frédéric, 267-268
Baumol, William J., 123n, 200n, 381n
Baysinger, B., 17n
Becker, Gary S. Veja Índice de Assuntos.
Bell, Clive, 460
Bell, Vanessa, 460
Ben-Porath, Yoram, 553
Bentham, Jeremy. Veja Índice de Assuntos.
Bergson, Abram, 429n
Bernard, Andrew, 374
Bernstein, Eduard, 168
Bertrand, Joseph, 239
Blanc, Louis, 167, 183-184
Blanchard, Oliver, 497
Blau, Francine D., 152n
Blaug, Mark, 8, 545n
Blinder, Allan, 496n
Boughton, James M., 484n
Breit, William, 406n, 478n, 529n, 560n
Brennan, H. Geoffrey, 444n
Brisbane, Albert, 176
Brock, James, 516n
Bronfenbrenner, Martin, 200n
Bronson, Orestes, 176
Buchanan, James, 17n, 144, 421, 442-445, 487n
Busse, Meghan, 374
Cain, Glen G., 152n
Cantillon, Richard, 56-59, 143
Carlos II, 14
Carlyle, Thomas, 98
Chamberlin, Edward Hastings, 278n, 349-353, 360
Channing, William Henry, 176
Cheung, Steven N. S., 434n
Clark, John Bates. Veja Índice de Assuntos.
Clark, John Maurice, 488
Clower, Robert W., 394n
Coase, Ronald H., 315-316, 421, 433, 529
Cobb, Charles, 281n
Colander, David C., 487
Colbert, Jean Baptiste, 27-29
Cole, G. D. H., 169
Commons, John R., 395n, 396
Condorcet, Marquês de, 93
Cournot, Antoine Augustin, 234-239
Crabbe, George, 166
Dale, David, 179-180
Dana, Charles A., 176
Darwin, Charles Robert, 190
Davenant, Charles, 26-27, 372
Debreu, Gerald, 377
Demsetz, Harold, 316n, 421
Dickenson, H. D., 439n
Dingwall, James, 261n
Director, Aaron, 433
Dobb, Maurice, 439n
Domar, Evsey, 478, 506-508
Dorfman, Joseph, 400n
Dorfman, Robert, 97n, 412n
Dornbuch, Rudiger, 484n
Douglas, Paul, 281n
Due, John E, 394n
Duesenberry, James, 477n
Duncan, Greg J., 83n
Dunlop, John, 478

Dupuit, Jules, 240-243
Edgeworth, Francis Y. Veja Índice de Assuntos.
Eichner, Alfred S., 495n
Ekelund, R. B. Jr., 17n, 156n, 158n
Elliot, R. F., 83n
Ely, Richard T., 396
Emerson, Ralph Waldo, 176
Engels, Friedrich, 189-191
Engle, Robert, 374-375
Euzent, Patricia J., 145n
Ferber, Marianne A., 152n
Feuerbach, Ludwig, 191
Fisher, Irving. Veja Índice de Assuntos.
Fisher, Stanley, 497
Fleming, J. Marcus, 483
Forster, E. M., 460
Fourier, Charles, 175-176
Franklin, Benjamin, 267-268
Franklin, Julia, 175n
Friedman, Milton. Veja Índice de Assuntos.
Frisch, Ragnar, 372-374
Fuller, Margaret, 176
Galbraith, John Kenneth. Veja Índice de Assuntos.
George, Henry, 38, 289
Giffen, Robert, 389-390
Godwin, William, 92
Gorbachev, Mikhail, 42n
Gordon, Barry, 42n
Gordon, Robert A., 400, 498
Gossen, Herman Heindrich, 243-244
Gournay, Vincent de, 461n
Gram, Harvey, 363n
Granger, Clive, 374
Greeley, Horace, 176
Groenewegen, Peter, 46n
Hafer, R. W., 156n
Hall, Robert E., 509n
Hamilton, Alexander, 224
Hansen, Alvin H., 477-485, 487
Harberger, Arnold, 433
Harrod, Sir Roy F., 506-508
Hawthorne, Nathaniel, 176
Hawtrey, Ralph George, 316-318
Hayek, Friedrich A., 500-501
Hayek, Friedrich von, 436n, 439
Hébert, Robert E., 158n
Heckman, James, 374-375
Hecjscher, Eli, 128
Hegel, Georg, 191
Heilbroner, Robert L., 367n
Heller, Walter, 477n
Henrique VIII, 16
Hicks, John R., 311n, 384-390, 479, 533
Hinrichs, A. Ford, 266n
Hirst, Margaret E., 216n
Hitler, Adolf, 226
Hobbes, Thomas, 142
Hobson, John A., 456
Hollander, Jacob H., 54n
Hollander, Samuel, 131n
Holmlund, Bertil, 83n
Hoover, Calvin B., 472
Hoselitz, Bert E., 261n
Hotelling, Harold, 279n
Hume, David, 45, 59-64, 69, 85
Humphrey, Thomas M., 123n
Hutcheson, Francis, 69
Jaffe, Matthew, 23
Jevons, William Stanley. Veja Índice de Assuntos.
Kahn, R. E., 327n, 468
Kahneman, Daniel, 300-301
Kaldor, Nicolas, 429n, 451, 493
Kalecki, Michal, 493
Katz, Bernard S., 506n
Kautsky, Karl, 190
Kenyon, Peter, 495n
Kerry, John, 23
Keynes, John Maynard. Veja Índice de Assuntos.
Keynes, John Neville, 214-215, 222n, 460
Kindleberger, Charles, 501n
Kingsley, Charles, 167, 184-187
Klein, Lawrence, 373, 477n
Knight, Frank, 43, 442, 549n, 534
Kordsmeier, William F., 156n
Kramer, Arlo, 542n
Kregel, J. A., 442n, 508n
Krugman, Paul, 128
Lange, Oscar, 438-439
Lassalle, Ferdinand, 148, 226
Layard, Richard, 152n
Leibenstein, Harvey, 354, 402
Leijonhufvud, Axel, 467n
Lenin, Vladimir, 201n
Leontief, Wassily, 379-380
Lerner, Abba P., 439n, 450, 487, 493
Lewis, Gregg, 433
Lewis, W. Arthur, 520-527
Lindahl, Erik, 325n
Lindbeck, Assar, 497, 560n
Lippincott, Benjamin, 438n
List, Friedrich, 215-219
Locke, John, 142
Lowry, S. Todd, 136n
Lucas, Robert E., Jr., 542-545

Luís XVI, 45
Malthus, Daniel, 91-92
Malthus, Thomas Robert. Veja Índice de Assuntos.
Malynes, Gerard, 25
Mandeville, Bernard de, 16, 472
Mankiw, N. Gregory, 498n
Markham, E. M. H., 174n, 174n
Marshall, Alfred. Veja Índice de Assuntos.
Martin, Thomas L., 145n
Marx, Karl. Veja Índice de Assuntos.
Matile, G. A., 217n
McFadden, Daniel, 374
Medema, Steven G., 434n
Meek, Ronald L., 42, 199n, 200n
Mencken, H. L., 402
Menger, Carl, 222, 258-263
Mill, James, 162, 164n
Mill, John Stuart. Veja Índice de Assuntos.
Minsky, Hyman, 501
Mitchell, Wesley Clair, 4, 411-416, 511
Modigliani, Franco, 477n, 492n, 535n
Montaigne, Michel de, 14
Moreshima, Michio, 200n
Morgenstern, Oskar, 63, 381-384
Morris, George S., 396
Mun, Thomas, 21-25
Mundell, Robert, 484
Murrell, Peter, 437n
Musgrave, Richard A., 442n, 478
Muth, John J., 543n
Myles, Jack C., 211n
Myrdal, Gunnar, 325n, 470
Nash, John, 384-385
Nassar, Sylvia, 384
Newman, Philip C., 439n
Newton, Isaac, 49
Nobel, Alfred, 558
Nordhaus, William D., 439n, 492n
North, Douglass, 421-422
North, Sir Dudley, 54-56
Nurkse, Ragnar, 517-520
O'Brien, D., 131n
O'Donnell, Margaret G., 430n
O'Driscoll, Gerald, 121n
Ohlin, Bertil, 128, 325n, 493
Okun, Arthur, 477n
Owen, Robert, 179-182
Paine, Thomas, 93
Pareto, Vilfredo, 276, 425-429
Parker, Theodore, 176
Pasinetti, Luigi, 493
Patinkin, Don, 43n
Peacock, A. T., 442n
Peterson, Wallace C., 506n
Petty, Sir William, 29-32
Phelps, Edmund, 538
Phillips, A. W., 490-492
Pigou, Arthur Ceci. Veja Índice de Assuntos.
Place, Francis, 95
Platão, 1
Posner, Richard, 421
Pratten, Clifford R., 73n
Proudhon, Pierre-Joseph, 167
Quesnay, François, 40-43, 372
Rae, John, 62n
Ransom, Roger L., 406n, 478n, 529n
Rashid, Salmin, 100n
Rawls, John, 448
Reder, Melvin W., 531n, 532
Ricardo, David. Veja Índice de Assuntos.
Ripley, George, 176
Robbins, Lionel, 19
Robinson, Joan. Veja Índice de Assuntos.
Romer, David, 498n, 509n
Roncaglia, A., 131n
Roscher, Wilhelm, 220-221
Rothschild, Emma, 446
Rutherford, Malcolm, 422n
Saint-Simon, Henri, Conde de, 172-175
Salant, Walter S., 478n
Samuelson, Paul. Veja Índice de Assuntos.
Sandy, R., 83n
Sargent, Thomas, 543n
Savage, L. J., 257
Say, Jean-Baptiste, 6, 143-145
Schapiro, I. Salwyn, 93n
Schelle, Gustave, 46n
Schmoller, Gustav, 221-224
Schultz, Theodore W., 3, 527, 529, 549
Schumpeter, Joseph Alois, 511-516
Schwartz, Anna, 537
Scitovsky, Tibor, 429n, 487n
Sen, Amartya, 103, 446-452
Senior, Nassau William, 147-150
Shaw, George Bernard, 141
Shepherd, William G., 355n, 371n
Sidgwick, Henry, 430
Sismondi, Simonde de, 177-179
Slutsky, Eugen, 386n
Smith, Adam. Veja Índice de Assuntos.
Snower, Dennis, 455
Solow, Robert M., 477n, 490-491, 508-511
Sombart, Werner, 226
Sorel, Georges, 169
Spence, Michael, 549-550
Spencer, Roger W., 560n
Spengler, Joseph J., 84n

Sraffa, Piero, 347-349, 493
Stackelberg, Heinrich von, 239
Stark, W., 137n, 140n
Stigler, George, 5, 433, 541-542, 561n
Stiglitz, Joseph E., 497, 497n, 549-550
Strachey, Lytton, 460
Sweezy, Paul M., 200n, 478
Tawney, R. H., 225
Taylor, Fred M., 439n
Taylor, Harriet, 151
Taylor, John B., 509
Temin, Peter, 537n
Temple, William, 16
Thweatt, William O., 146n
Tinbergen, Jan, 373-374
Tobin, James, 293n, 477n, 478
Todaro, Michael, 526-527
Tollison, R. D., 17n
Townsend, Charles, 68
Tullock, Gordon, 144, 421, 442, 445n
Turgot, Anne Robert Jacques, 43, 45-47, 51
Tversky, Amos, 300-301
Veblen, Thorstein Bunde. Veja Índice de Assuntos.
Viner, Jacob, 281-283, 529
von Böhm-Bawerk, Eugen, 266-270
von Mises, Ludwig, 436-437
von Neumann, John, 63, 377, 381-384
von Stackelberg, Heinrich, 239, 346
von Thunen, Johann Heinrich, 244-248
von Westphalen, Jenny, 190
von Wieser, Friedrich, 263-266
Wagner, Richard, 487n
Wallace, Neil, 543n
Wallich, Henry, 478
Walras, Léon, 376-378, 512
Walsh, Vivian, 363n
Webb, Sidney e Beatrice, 168
Weber, Max, 224-227
Weintraub, Sydney, 464
West, Edwin G., 156n, 206
Wicksell, Knut. Veja Índice de Assuntos.
Williamson, Oliver E., 316n, 421
Woolf, Virginia, 460
Woolf, Leonard, 460
Yellen, Janet L., 83n, 499n
Yeltsin, Boris, 209
Yunus, Muhammad, 521-522

ÍNDICE REMISSIVO

A

Abordagem evolucionária, 212, 397
Abordagem indutiva/histórica, 213
Abstinência, 148
Acúmulo de capital, 88
Álgebra de determinação de renda, 488
Altruísmo, 552-554
Ampliação do mercado, 88
Análise
  de equilíbrio parcial, 376
  de regressão, 370-372
  de regressão múltipla, 370-372
  do equilíbrio geral, 376-379
  isocusto-isoquanta, 390
Anarquismo, 167
Armadilha da liquidez, 465
Arrendamento
  Buchanan, 445
  Marshall, 312
  Petty, 31
  Ricardo, 112, 123
  Say, 144
  Smith, 85
Artigos de revistas
  especializadas, 11
Association for Evolutionary Economics, 399
Atos da fábrica, 149-150
Atos de navegação britânicos, 15
Autobiography (Mill), 150

B

Bem público, 492-493
Bens
  de capital, 437
  de consumo, 438
  de Giffen, 389-390
  de Veblen, 402-403
  inferiores, 389
  normais, 390
Bloqueio de crédito, 337
Brook Farm, 162
Bulionismo, 19
Business cycle theory (Hansen), 478

C

Caixa de Edgeworth, 276, 427
Cálculo
  da felicidade, 136-137, 142
  econômico, 437
  esforço-prazer, 136-137, 142
Calculus of consent: Logical foundations of constitutional democracy, The (Buchanan/Tullock), 442
Capital humano, 523-524, 547-548
Capitalismo dirigido, 517
Capitalism, socialism, and democracy (Schumpeter), 512
Cartistas, 182, 185
Casamento, 551
Center for the Study of Public Choice, 443
Chamberlain, 349-353
  concorrência
  monopolística, 349-353
  monopsônio, 355-360
  Robinson, 353-363
  Sraffa, 347, 349
  Wicksell, 329-330
Ciclo de vida das empresas de negócios, 314-316
Ciclos de negócios
  Jevons, 255
  Mitchell, 412-415
  Sismondi, 178
  Veblen, 408
Cinco perguntas importantes, 3-8
Círculo vicioso da pobreza, 517-518
Classe estéril, 42
Classe ociosa, 404-407
Coeficiente de determinação (R0), 372
Coeficiente de elasticidade, 305
Coeficientes de discriminação, 546
Comportamento
  do interesse próprio, 73-74

econômico do interesse próprio, 51-52
econômico racional, 230-231
Composição orgânica de capital, 200
Comunismo, 168, 208
Conceito de custo alternativo, 266
Concorrência imperfeita, 345-365
Concorrência monopolística, 350-353
Conflito de classes, 203
Conselho de técnicos, 410-411
Conservadorismo, 405
Considerations on representative government (Mill), 155
Consumo conspícuo, 401
Consumo não produtivo, 99-100
Contratos
explícitos, 498
formais, 498
implícitos, 498
Controles positivos da população, 95-97
Controles preventivos da população, 95
Cooperativa de produtores, 181
Cooperativa dos consumidores, 181
Crédito, 408
Crescimento e desenvolvimento econômico, 505-529
definições, 505
Lewis, 520-523
modelo de crescimento de Harrod-Domar, 506
Nurkse, 517-474 Schultz, 524
Schumpeter, 511-461
Smith, 87-89
Solow, 508-511
Crescimento equilibrado, 507
Curva
da demanda por investimento, 463
de consumo, 241
de contrato, 244
de Phillips, 490-491, 538-539
do custo marginal, 281-284
do custo médio, 281, 284
IS, 479-480
LM, 481-482
vertical de Phillips de longo prazo, 537-539
Curvas
de custo, 281, 285
de indiferença, 274-276, 388, 426
de pseudodemanda, 493
de reação, 237
Custo de transação, 315
Custos comparativos (vantagem comparativa), 125-129
desemprego, 101, 129-130
detalhes biográficos, 109-111
distribuição de renda, 119, 122
equivalência de financiamento dívida/ impostos, 120
implicações políticas, 124-127
lucros, 122-123
Malthus e, 96, 113
população, 97
preços relativos, 119
questão da moeda, 111-112
renda, 112-116, 123
rendimentos decrescentes, 112-113
salários, 122
valor de troca, 116-119
Custos de menu, 497-498
Custos e benefícios sociais, 430-435
Custos fixos, 306
Custos principais, 306
Custos suplementares, 306
Custos variáveis, 306

D

Das Kapital (Marx), 190-191, 194, 203
Débito, 86-87
Defense of usury (Bentham), 140
Defesa de tarifas nas indústrias em desenvolvimento, 217
Demanda
eficiente, 457-458
elástica, 491
elástica unitária, 304-305
inelástica, 304
por moeda, 535-536
recíproca, 158
Dependência da trajetória, 422
Deseconomias de escala, 292
Desemprego. Veja também Curva de Phillips
Friedman, 538-539
Keynes, 469
Ricardo, 129-130
Desemprego esperado, 82
Desenvolvimento econômico, Veja também Crescimento e desenvolvimento econômico, 505
Desenvolvimento equilibrado, 518-519
Desequilíbrio social, 419
Despesas agregadas, 457
Destruição criativa, 515
Diferenças salariais de compensação, 82
Diferenciação de preços do terceiro grau, 436
Diferenciação de produtos, 351-353
Dilema do prisioneiro, 63
Dinâmica, 159
Dinheiro endógeno, 495
Direitos das mulheres, 151
Discourse of trade from England unto the East Indies, A (Mun), 20

Discourses upon trade (North), 54
Discriminação, 546
de preços
Dupuit, 242-243
Pigou, 433, 435
de preços de primeiro grau, 436
de preços de segundo grau, 436
Distribuição, 155
Distribuição de renda
Marshall, 310-315
Ricardo, 119-124
Distribuição funcional da renda, 119
Distribution of wealth, The (Clark), 284
Divisão do trabalho
Petty, 31
Smith, 72-73
Divórcio, 553
Duopólio Cournot, 234-236
Edgeworth, 276-279

E

Econometria, 372-376
Economia constitucional, 445-452
Economia do bem-estar, 425-455
Arrow, 440-442
Buchanan, 442-452
custos e benefícios sociais, 430-435
discriminação de preços, 5, 436
economia constitucional, 445-452
impossibilidade, 440, 442
Lange, 438-407 Otimização de Pareto, 426-428
Pareto, 426-396 Pigou, 429-436
socialismo, 438-406 teorema da socialismo, 403 teoria econômica do teoria da preferência pública, 443-444
von Mises, 436-439
Economia matemática, 367-395
definição, 367
econometria, 372-376
Hicks, 383, 385
Leontief, 379-380
programação linear, 390-392
tabelas de entrada-saída, 379-380
teoria dos jogos, 381-383
teorias matemáticas, 368-370
testes estatísticos, 370-372
von Neumann/Morgenstern, 381-384
Walras, 376-378
Economia monetária, 323-342
Fisher, 330-336
Hawtrey, 337-339
Wicksell, 324-330
Economia normativa, 146, 563
Economia positiva, 147, 561
Economias de altos salários, 81
Economias de escala, 292
Economias externas, 316-317
Economias internas, 316
Economic consequences of the peace, The (Keynes), 461
Economic development with unlimited supplies of labour (Lewis), 520
Economic of imperfect competition, The (Robinson), 353
Economics and the public purpose (Galbraith), 420
Economic science (Roscher), 220
Economics of control, The (Lerner), 487
Economics of discrimination, The (Becker), 545
Economics of employment (Lerner), 487
Economics of welfare, The (Pigou), 429
Economics (Samuelson), 485
Efeito
de dependência, 417
de Fisher, 332
de Pigou, 433
de substituição, 18, 302, 389
do saldo real, 334, 436
renda, 18, 302, 389
spillover, 431
Eficiência marginal do capital, 457, 464, 466
Elasticidade
da demanda, 304-305
de oferta, 157
de substituição, 389
Elements of pure economies (Walras), 376
Empreendedor, 56
Empreendedorismo, 143
Empresas de negócios, ciclo de vida, 314
End of laissez faire, The (Keynes), 460
Enfranchisement of women (Mill/Mill), 151
Engenheiros, 411
England's treasure by forraign trade (Mun), 23
Enquiry concerning political justice and its influence on general virtue and happiness, An (Godwin), 91
Envolvimento mínimo do governo, 51-52, 232
Equação de Cambridge, 323
Equalização de diferenças salariais, 82
Equilíbrio de Nash, 384
Erro padrão da estimativa, 372
Errors of historicism (Menger), 222
Escola austríaca, 258
Escola clássica, 49-148
Adam, 67-90
Bentham, 135
Cantillon, 56-58
cenário histórico, 49-51

cinco perguntas
contribuições duradouras, 53-59
dogmas, 51, 53
Hume, 59-63
importantes, 52-54
John Stuart, 249-261
Malthus, Thomas
Ricardo. Veja também Ricardo, David, 109-136
Robert, 91-99
North, 54-56
Say, 143-146
Senior, 146
Smith. Veja também Smith, Adam, 67-90
Escola de Economia de Estocolmo, 324, 470
Escola econômica de Chicago, 529
Becker, 545-553
cenário histórico, 530
cinco perguntas importantes, 532-535
contribuições duradouras, 535
dogmas, 532
Friedman, 534-541 Lucas, 541-545
Escola fisiocrata, 35-47
cenário histórico, 35-37
cinco perguntas principais, 39
contribuições duradouras, 39
dogmas, 37-39
Quesnay, 40-43
Turgot, 44-46
Escola histórica alemã, 211-229
cenário histórico, 211-213
cinco perguntas
dogmas, 212-214
importantes, 214
List, 215-220
Roscher, 220-221
Schmoller, 221-224
Sombart, 226
Weber, 224-225
Escola institucionalista, 395-425
cenário histórico, 395-396
cinco perguntas importantes, 398-400
contribuições duradouras, 399-400
dogmas, 397-399
Galbraith, 416-420, 423
institucionalismo tradicional *vs.* novo institucionalismo, 395, 421
Mitchell, 411-384
Veblen, 400-411
Escola keynesiana, 455-502
cenário histórico, 483, 487
cinco perguntas principais, 458-460
contribuições duradouras, 459
curva de Phillips, 490-491
dogmas, 456
Hansen, 477-485
Keynes, Veja também Keynes, John Maynard, 456-460
modelo IS-LM, 479-482
novos keynesianos, 496-501
pós-keynesianos, 493-496
Samuelson, 485, 493
tese da estagnação, 485
Escola marginalista, 229-295
cenário histórico, 233
cinco perguntas importantes, 233
Clark, 283-292
contribuições duradouras, 234
Cournot, 235-240
dogmas, 230, 233
Dupuit, 241-243
Edgeworth, 273-280
Jevons, 249-257
Menger, 258-263
von Bõhm-Bawerk, 271-272
von Thunen, 245-248
von Wieser, 266-271
Escola neoclássica, 295, 364
Chamberlin, 349-353
concorrência imperfeita, 345
economia monetária, 323-342
Fisher, 330-336
Hawtrey, 337-339
Marshall. Veja também Marshall, Alfred, 295, 321
Robinson, 353-335
Sraffa, 347-349
Wicksell, 324-305
Escolha racional, 253
Escolha racional do consumidor, 299
Espera, 148, 306
Essai sur la nature du commerce en général (Cantillon), 56-57
Essay on the East-India trade, An (Davenant), 26, 25
Essay on the principle of population, An (Malthus), 94-99
Essay on the probable means of making people gainers in the balance of trade, An (Davenant), 26-28
Essay on trade and commerce (Temple), 16
Essence of Christianity (Feuerbach), 191
Essentials of economic theory (Clark), 288
Estado do capitalismo, 517
Estado fixo, 124, 161
Estática comparativa, 492
estatística t, 371
Estratégia dominante, 384

Excedente do consumidor, 139, 242, 302, 304
Excesso de oferta de mercado, 100-101
Exemplo veado-cervo, 78
Expectativas adaptativas, 543
Expectativas racionais, 542-543
Exploração, 195-201, 358-360
Exploração monopolística, 358-359
Externalidades, 431-433
Externalidades de consumo, 493

F
Fable of the Bees: or private vices, publick benefits, The (Mandeville), 473
Fabricação de alfinetes, 73
Fair Labor Standards Act, 361
Falanges, 176
Família, 551-553
Fertilidade, 552
Fiação New Lanark, 179-181
Finanças
  de compensação, 485
  funcionais, 487
  funcionais de Lerner, 479
Fio de navalha, 508
Fiscal policy and business cycles (Hansen), 478
Fiscal Policy Seminar, 478
Fluxograma circular, 43
Fome, 97
Fome dos dias de hoje, 99
Fontes de informações, 10-12
Fontes principais, 10
Força de trabalho, 195
Foundations of economic analysis, The (Samuelson), 485, 487
Full recovery or stagnation (Hansen), 485
Função consumo, 461-462, 534

G
Ganhadores do Nobel, 558-560
General theory, The (Keynes), 455, 461-464, 469
Glasnost, 208
Governo, 161-163
Governo limitado, 531
Grande Depressão, 537
Grau final de utilidade, 251-253
Grupo de Bloomsbury, 460
Guide to Keynes, A (Hansen), 479
Guildas de artesãos, 36

H
Harmonia de interesses, 52, 73
Hedonismo, 136, 403, 405
História do pensamento econômico, 10
  Web site
History of England (Hume), 59
Human action: A treatise on economics (von Mises), 437
Human capital (Becker), 546-548

I
Iluminismo, 68
Imputação, 261-262
Index of economic articles, 11
Index of economic literature, 11
  índice de utilidade N-M, 381
Industry and trade (Marshall), 296
Ineficiência alocativa, 352, 354
Ineficiência de X, 354
Informação, 541
Informação assimétrica, 541
Inovação schumpeteriana, 513, 517
Instabilidade cíclica pronunciada, 496
Instinto pelo trabalho, 408-410
Interação multiplicador-acelerador, 488
Introduction to the principles of morals and legislation, An (Bentham), 138
Investigação empírica, 412
Investimento, 463-464
  econômico, 463
  financeiro, 463
  involuntário, 463
Investimentos e economias *ex ante vs. ex post*, 470

J
Jahrbucb (Schmoller), 221
Jevons, 250-234
Jogo de soma zero, 381
Jogo não cooperativo, 384
Jogos
  cooperativos, 385
  de azar, 255
  repetidos, 63
Jornada de trabalho, 195
Jornada de trabalho socialmente necessária, 194
Juros
  Marshall, 312-313
  von Böhm-Bawerk, 269-270

K
Keynes, John Maynard, 147, 460-473
  críticos de, 470-473
  desemprego, 453
  equilíbrio da renda e do emprego, 462-465
  função consumo, 462
  investimentos, 466
  política fiscal/monetária, 453
  preferência pela liquidez, 466

L

Laissez-faire, 37, 75-76
Lei da demanda, 302
Lei da vantagem absoluta no comércio internacional, 75-76
Lei da vantagem comparativa, 126, 129
Lei de ferro dos salários, 45, 122
Lei de mercados, 146-147
Lei de movimento do capitalismo, 193-202
Lei de Say, 143-146
Lei dos rendimentos decrescentes
  Gossen, 243
  Ricardo, 112
  Turgot, 46
Lei do valor internacional, 158, 160
Lei Speenhamland, 92
Lei Wagner, 361
Leis antitruste, 515
Leis de delimitação, 50
Leis de demanda derivada, 311
Leis de desenvolvimento, 213
Leis dos cereais, 92, 101, 125
Leis dos pobres, 92, 96-97, 101, 149
Leis econômicas, 52
Lex mercatoria: or, the ancient law merchant (Malynes), 25
Liberalismo econômico, 51, 539
Ligas de comércio, 149
Linha de regressão, 371
Linhas orçamentárias, 387
Localização agrícola, 245
Lucro
  Marshall, 312
  Ricardo, 122-123
  Smith, 84-85

M

Malthus, Thomas Robert, 91-106, 120
  cenário histórico, 91-92
  cenário intelectual, 92-94
  contribuições de, 101-105
  improdutivo, 99-100
  leis precárias, 96-97
  necessidade de consumo, teoria da população, 94-99
  teoria do excesso de oferta do mercado, 99-101
Manifesto of the Communist Party (Engels/Marx), 189
Manual of political economy (Bentham), 328
Manual of political economy (Pareto), 425
Mão invisível, 72, 74
Marcação de preços, 495
Margem extensiva de cultivo, 114-115
Margem intensa de cultivo, 114-115
Marshall, 297-299
Marshall, Alfred, 129, 158, 287, 296-321
  análise monetária, 298 ciclo de vida das empresas de negócios, 315-316
  detalhes biográficos, 297-299
  distribuição de renda, 310-315
  economia interna *vs.* externa, 316-317
  efeitos de taxas/subsídios sobre bem-estar, 316-319
  elasticidade da demanda, 304-305
  escolha racional do consumidor, 299
  excedente do consumidor, 302-304
  juros, 312-313
  lei da demanda, 302
  lucros, 313
  oferta, 305-307
  preço de equilíbrio, 307-310
  quase renda, 312
  renda, 312
  regras de demanda derivada, 310
  retornos à escala crescentes/decrescentes, 317
  salários, 310-311
  tempo, e, 363
  utilidade marginal, 297-299
Marx, Karl, 148, 189-210
  acúmulo/crise de capital, 201-202
  acúmulo de capital/queda na taxa de lucros, 200-201
  centralização de capital, 202-203
  concentração de riqueza, 202-203
  conflito de classes, 203
  contribuições duradouras, 204
  críticas de/falhas analíticas, 205-210
  detalhes biográficos, 189
  influências intelectuais, 191
  lei do movimento, 193
  teoria da exploração, 195-199
  teoria da história, 192-193
  teoria do valor do trabalho, 194-195
  transformação, 167, 189, 209
Marxismo soviético, 168, 208
Materialismo, 191
Mathematical foundations of quantum mechanics (von Neumann), 381
Mathematical physics (Edgeworth), 274
Mathematical principles of natural philosophy (Newton), 50
Matriz de pagamentos, 382
Maximização da utilidade, 387, 389
Maximizando soluções, 383
Mecanismo preço-espécie-fluxo, 59, 127
Mercado de "abacaxis", 541
Mercadoria que consome muito tempo, 548

Mercadorias, 551
não reprodutíveis, 116
que consomem muitos bens, 548-551
reprodutíveis, 116
Mercantilismo, 13-35
cenário histórico, 13
cinco perguntas principais, 17-20
Colbert, 28-29
contribuições duradouras, 20
Davenant, 26
dogmas, 14-17
lucro, 84-85
Malynes, 25-26
mercantilismo, 75
moeda/dívida, 85-86
Mun, 20, 23-25
oferta de trabalho, 18
Petty, 29-33
remanescentes atuais da doutrina, 23
Smith, Adam, e, 74-77
Methodenstreit, 222
Método dedutivo abstrato, 230
Mill, John Stuart, 39, 141, 150-162
dinâmica, 159-161
direitos das mulheres, 151-152
distribuição, 155
governo, 161-163
poupança forçada, 328-329
produção, 152-153
reservas salariais, 155-156
troca, 157-158
valor internacional, 158
vida/influências, 150-153
Modelo cruzado keynesiano, 466
Modelo de crescimento Harrod-Domar, 506-508
Modelo de dois setores, 520-522
Modelo IS-LM, 479-442
Friedman, 535-540
Smith, 85-86
Monetaristas, 323
Monetary history of the United States, A (Friedman/ Schwartz), 537
Monetary theory and fiscal policy (Hansen), 479
Monopólio Cournot, 234-236
Dupuit, 242-243
Schumpeter, 515
Sraffa, 347
Wicksell, 330
Monopólio natural, 348
Monopsônio, 355-358
do mercado de produto, 355-357
do mercado de recursos, 357-358
Moral sentiments, 69-70
paradoxo água-diamante, 72
problema do diretor-agente, 354
renda, 85, 144
salários, 80-81, 84
valor, 77-80
Wealth of nations, 72-77
Motivo
especulativo, 465
preventivo, 465
protecionista da empresa, 419
transação, 465
Mr. Keynes and the classics: A suggested interpretation (Hicks), 479
Multiplicador, 468

N
Nacionalismo, 14
National Bureau of Economic Research, 412
National Equitable Labour Exchange, 182
National Labor Relations Act, 258
National system of political economy (List), 200
Nature of the firm, The (Coase), 315
Necessidade de consumo não produtivo, 99-100
Neo-austríacos, 439
New principles of political economy (Sismondi), 177
North American Phalanx, 176
Nova macroeconomia clássica, 544
Novo classicismo. Veja também Escola econômica de Chicago, 529
Novo institucionalismo, 421
Novos keynesianos, 496-501
Números-índice, 255

O
Observation sur un memoire de M. de Saint-Peravy (Turgot), 46
Oferta agregada, 543-498
On liberty (Mill), 162
Of interest (Hume), 60
Of money (Hume), 60
Of the balance of trade (Hume), 59-60
Of the jealousy of trade (Hume), 61
O medo de bens, 14
On profits, and interests (Mill), 328
On the economic theory of socialism (Lange), 405
Operações de *open-market*, 337, 340
Ophelimity, 425
Ordem espontânea, 443
Ordem natural, 37
Organization of work (Blanc), 183, 192
Origem das espécies (Darwin), 190
Otimização de Pareto, 426

P
Papel positivo do governo, 213

Paradoxo
água-diamante, 78
da votação, 441
de Giffen, 390
do valor, 263
Pensamentos de conclusão, 557-565
Pense grande, 563
Pense pequeno, 563
Perdas de peso morto, 143
Perdas eficientes, 143
Perestroika, 208
Philosophy of economic science, The (Bentham), 137-138
Planejamento
da demanda, 157-158
nacional, 415
social, 415
Plano monetário#100%, 336-337
Política fiscal, 469
Política monetária, 469
Política pública Jevons, 257
Political anatomy of Ireland, The (Petty), 32
Political arithmetick (Petty), 30-31
Political economy and its method (Schmoller), 223-224
monopsônio, 361
Robinson, 361
Wicksell, 326-328
Ponto estável, 509-510
Poor Law Amendment, 97
População
Malthus, 94-99
Senior, 147
Pós-keynesianos, 494-496
Poupança, 148
Poupanças forçadas, 328-329
Preço
de equilíbrio, 158, 307-308
de mercado, 80
imaginário, 438
justo, 42
natural, 80
nominal, 80
real, 80
Preços e salários inflexíveis, 497
Preços relativos, 119
Preferência pela liquidez, 466
Princípio
da aceleração, 488
da acumulação de capital, 147
da população, 147
de maximização de renda, 147
de rendimentos decrescentes, 148
do custo de oportunidade, 266
Principle of political economy (Malthus), 111
Principles of economic planning, The (Lewis), 520
Principles of economics (Marshall), 296-320
Principles of economics (Menger), 258
Principles of political economy and taxation (Ricardo), 97, 116, 129
Principles of political economy (Mill), 150-162
Principles of political economy (Roscher), 220-221
Problema
da soma, 292
de seleção adversa, 542
de transformação, 199
diretores-agentes, 354
Problem of social cost, The (Coale), 433
Processo dialético, 192
Produção, 152-153
Produção indireta, 269
Production of commodities by means of commodities (Sraffa), 347, 494
Produtividade marginal, 246
Produto
de receita marginal, 357
marginal, 279-280
médio, 280
total, 280-281
Programação de demanda, 157
Programação linear, 391-392
Progress and poverty (George), 289
Proletariado, 178
Propensão marginal a consumir, 462
Propensão marginal a poupar, 452, 462
Propósito positivo da empresa, 420
Protecionismo List, 217-220
Schmoller, 223-224
Protestantismo, 224-226
Publicações específicas, 12
Publicações gerais, 11
Pure theory of monopoly (Edgeworth), 240

Q
Quaresma Política, 14
Quase-renda, 313
Queda do capitalismo, 513-517
Questão da moeda, 111-112

R
Radicais filosóficos, 141
Rate of interest, The (Fisher), 330
Razões capital-mão de obra, 116
Razões diferenciadas capital mão de obra, 117
Redistribuição de renda, 430
Reflections on the formation and the distribution of riches (Turgot), 44
Reforma conservadora, 213

Reforma social, 223-224
Regra
da unanimidade, 445
da votação otimizada, 445
de votos majoritários, 445
equimarginal, 253-257
monetária, 539-540
Regras de demanda derivada, 311
Renda e emprego equilibrados, 466-469
Renda permanente, 534
Reservas de salário, 80, 155-156
Retornos à escala, 292, 317
constantes, 292, 317
decrescentes, 292
Retornos crescentes à escala, 257, 292, 317
Retornos decrescentes. Veja Lei de retornos decrescentes
Revisionismo, 168-169
Revistas especializadas em economia na Web, 12
Revolução científica, 49-50
Revolução Industrial, 50
Ricardo, David, 109-132
avaliação de contribuições, 130
Robinson-Patman Act, 361
Rochdale Pioneers' Cooperative, 182

S

Sabedoria convencional, 416
Salários
Marshall, 310-311
Ricardo, 122
Smith, 80-81, 84
Salários de CEO, 290
Salários de eficiência, 81-82
Salários de executivos, 290
Santa Aliança (1815), 212
Scandinavian Journal of Economics, 12
Setor
de mercado, 417
de planejamento, 417-419
de subsistência rural, 297
industrial urbano, 522
Sindicalismo, 169
Síntese Hicks-Hansen, 479
Síntese neoclássica, 477-493
Sistema de classificação do *Journal of Economic Literature*, 561
Sites da internet, 12
Sketch of the intellectual progress of mankind (Condorcet), 93
Smith, Adam, 62
capital humano, 524
desenvolvimento econômico, 87-89
detalhes biográficos, 67
divisão do trabalho, 87-89
exemplo do veado-castor, 78
harmonia de interesses/governo limitado, 73-77
Hume e, 73, 69
influências importantes, 68-69
lei de rendimentos decrescentes, 46
preço de mercado, 80
Social choice and individual values (Arrow), 440
Socialismo, 165-189
Blanc, 183
cenário histórico, 165-166
cinco perguntas importantes, 170-172
contribuições duradouras, 171-182
Fourier, 175-177
Kingsley, 184
Lange, 438-439
Marxismo, Veja também Owen, 179-182
Marx, Karl, 168, 189-210
Saint-Simon, 172-175
Sismondi, 177-178
teoria econômica do, 438-439
tipos de, 169
von Mises, 436-439
Socialismo científico, 190
Socialismo cristão, 167
Socialismo da guilda, 169
Socialismo do Estado, 167
Socialismo marxista. Veja também Marx, Karl
Socialismo utópico, 166
Socialism (von Mises), 437-438
Socialista de cadeira, 215
Sociedade econométrica, 372
Soluções minimax, 381-383
Subjection of women, The (Mill), 151, 162
Summary view of the principle of population, A (Malthus), 94
System of logic (Mill), 162

T

Tabelas de entrada-saída, 379-380
Tableau economique (Quesnay), 40-42
Taxa
de impaciência, 330-331
de juros bancária, 326
de juros normal, 325
de lucro, 198
de oportunidade de investimento, 331
marginal
de substituição, 387, 426
de substituição técnica, 427
de transformação, 428
natural de desemprego, 538-539
natural de juros, 325

Tecnoestrutura, 419
Teorema
  da criança problemática, 552
  da impossibilidade, 440
  de Coase, 433
Teoria
  da alocação de tempo, 548-551
  da demanda, 388-390
  da equalização dos preços dos fatores, 492
  da equivalência ricardiana, 120
  da escolha, 547
  da exploração, 195-199
  da firma, 415-419
  da história, 192-193
  da localização, 244, 246
  da localização agrícola, 245-246
  da preferência pública, 443-444
  da preferência revelada, 492
  da produção, 390
  de distribuição da produtividade marginal, 283-288
  de preço orientado pela demanda, 231
  do capital humano, 84
  do ciclo das manchas solares, 255
  do ciclo de vida, 535
  do excesso de oferta no mercado, 100
  dos custos comparativos, 125-129
  dos gastos públicos, 493
  dos jogos, 63, 381-383
  dos mercados eficientes, 498
  do valor controlado pelo trabalho, 78
  do valor do custo do trabalho, 78
  do valor do trabalho, 33, 78, 194
  econômica do socialismo, 438
  insider-outsider, 498, 502
  monetária, 535-540
  quantitativa da moeda, 332-334, 536-537
  quantitativa moderna, 536
Teorias dos salários de eficiência, 82
Tese da estagnação, 485
Teses de mudança científica, 10
Testes estatísticos, 370-372
Testes matemáticos, 368-370
Theories of surplus value (Kautsky), 190
Theory of economic growth (Lewis), 520
Theory of games and economic behavior (von Neumann/Morgenstern), 381
Theory of interest, The (Fisher), 330
Theory of money and credit (von Mises), 436
Theory of monopolistic competition, The (Chamberlin), 349
Theory of moral sentiments, The (Smith), 69-72
Theory of political economy, The (Jevons), 250, 253-255
Theory of the consumption function, A (Friedman), 534
Theory of the leisure class, The (Veblen), 401
Tomador de preços, 347
Trabalho não produtivo, 153
Trabalho produtivo, 149, 137
Trabalho, 253-255
Tratados sobre a história do pensamento econômico, 10
Treatise of taxes and contributions, A (Petty), 31, 33
Treatise on human nature, A (Hume), 63
Treatise on money (Keynes), 470
Treatise on political economy, A (Say), 143
Treatise on the family, A (Becker), 551
Treinamento específico, 548
Treinamento geral, 548
Troca Jevons, 235 Mill, 157-158

U
Uncover Web, 12
Usura, 140
Utilidade
  cardinal moderna, 381
  excedente, 242
  marginal decrescente, 137
  marginal Dupuit, 240-242
  subjetiva, 231
Utilitarismo, 136
Utility' relative, 242

V
Valor
  de troca, 116-117
  excedente, 195-199
  internacional, 158
  intrínseco, 57
  Marx, 194
    Menger, 258-261
    Say, 143
    Smith, 77-79
Valor natural, 263-264
Vantagem comparativa, 126
Velocidade, 31
Verbum sapienti (Petty), 32
Volante keynesiano, 479
von Wieser, 263-266

W
Wealth of nations (Smith), 72-78, 82, 524
Web sites, 12
Wobblies, 169